新编21世纪政治学系列教材

当代西方政治制度导论

第三版

唐晓 王为 王春英 著

Introduction to Contemporary Western Political Institution

中国人民大学出版社
·北京·

内容简介

由外交学院唐晓教授、王为教授、王春英教授合力撰写的教材《当代西方政治制度导论》较为系统全面地介绍了当代西方政治制度，自2011 年出版以来，颇受读者欢迎。第三版对部分章节的结构进行了补充和调整，同时根据新近的发展和变化对有关内容进行了更新和补充。

与同类教材相比，本书的特点主要体现在：其一，内容结构上，首先对主要西方国家的政治制度进行概述，其后分为七个专题即西方国家的宪法、选举制度、政党制度、议会制度、行政制度、司法制度、社会监督制度进行介绍和分析。其二，信息资料上，注意总结吸收目前国内外学者的最新研究成果。其三，分析方法上，以制度分析方法、比较分析方法为主，同时结合了政治哲学、历史学、政治经济学、政治文化学等领域的分析方法。

作者简介

唐晓　外交学院外交学与外事管理系教授。主要从事比较政治分析和政治学理论方面的教学和研究工作，开设“当代西方国家政治制度”“政治学原理”“比较政治分析”等课程，著有《议会监督》、《政治科学基础》（合著）、《当代西方国家政治制度》（合著）等，发表专业学术论文多篇。

王为　外交学院外交学与外事管理系教授。主要研究方向为比较政治制度。长期担任本科生、研究生的“当代西方国家政治制度”“比较政治制度”“美国政府与政治”“台湾地区政治研究”等课程的教学工作。著有《当代西方国家政治制度》（合著）等，发表论文若干篇。

王春英　外交学院外交学与外事管理系教授。1985—1992年在北京大学政治学与行政管理系学习，分别获得法学学士学位和法学硕士学位。1992年起在外交学院任教，主要研究方向为中外政治制度、比较政治学。著有《当代中国政府》《当代西方国家政治制度》（合著）。

总序

改革开放是新中国成立以来的又一次革命。过去40多年的改革开放已经给中国带来革命性变化。这种革命性变化不仅体现在经济、政治等层面的现实生活上，而且还体现在因现实的变迁而带来的理论上的创新和发展以及由此带来的政治学学科建设上的成就方面。

在我国，计划经济体制已经让位于社会主义市场经济体制，同时由经济变革带来的政治体制上的变化也是有目共睹的。首先，在民主法治建设上，政治的制度化正在加强，其中一个重要标志就是终身制的废除和退休制度的形成。其次，在国家结构上，过去在计划经济时期的简单的单一制已经转变为更加复杂的国家结构关系。中央与地方、地方政府与地方政府之间的关系有了更多的市场经济特征。再次，在国家与社会之间的关系上，过去是“大政府（国家），小社会”，现在正向“大政府（国家），大社会”的方向变化。最后，在意识形态上，过去那种对待马克思主义、毛泽东思想的封闭、激进而又教条的态度已经转变为开放、理性而又灵活的态度，因而形成了引导改革开放事业的中国特色社会主义理论体系。所有这些变革，都是我们在40多年前所无法想象的。当然，在政治进步的同时，存在的问题也不容回避。那就是迫切需要建立一套约束政府权力、使人民群众的真实意愿和利益诉求能够得到顺畅表达的机制，以便从根本上保证社会的稳定与和谐。这些问题的解决，不仅需要实际工作者在体制创新方面的实践，更需要政治学学科的发展和政治学专业人才的智慧与理论贡献。

我国的政治变革既是对政治学研究工作的挑战，又是促使政治学发展的良好机遇。我国的政治学在这种压力与机遇并存的环境中正在快步前进。首先，在学科分类上，政治学已经从法学中独立出来而成为一级学科。其次，在学科分支上，政治学从马克思主义政治理论、制度史、思想史发展成为学科门类更加丰富、更加有特色的一门学科，诸如新政治经济学、政治社会学、政治心理学、政治文化、政治学方法论等。再次，在研究方法上，从单一的阶级分析法发展成为以历史唯物主义为基础的多元化方法论，诸如行为主义、理性选择主义以及方兴未艾的新制度主义。最后，在问题研究上，无论是深度还是广度，我国政治学界都取得了可喜的成就，为中国的政治发展和政治变革做出了自己应有的贡献。当然，在看到成绩的同时，也不能无视发展中的不足。作为中国政治学学科建设和发展的见证人，我们不能不为政治学发展中的结构性缺失而忧心忡忡。比如，就专业刊物而言，不要说与经济学、法学和历史学比较，就是和政治学的二级学科国际关系比较，政治学专业刊物的数量也是少之又少。这种现象严重制约了我国政治学的发展，很多优秀的研究成果只能散见于综合性学术刊物和大学学报。

中国政治学学科发展的基础是高校政治学专业建设。自 1980 年恢复政治学专业以来，政治学系或政治与行政管理学系已经成为很多高校的普遍性建制。而且在各高校政治学专业竞相发展的过程中，我们很高兴地看到各个高校的政治学学科建设，无不生机勃勃，成就斐然。其中特别值得一提的是中国人民大学。人所共知，中国人民大学一直是中国近代政治制度的研究重镇。同时，中国人民大学在学科发展中非常注重教材建设，经过专业优化组合的“新编 21 世纪政治学系列教材”在全国享有很高的声誉，是我国很多高校政治学专业和行政管理学专业的必备教科书。从已经出版的教材来看，我认为，“新编 21 世纪政治学系列教材”具有如下特点：

第一，体系上的创新性与独特性。教科书固然应该有通用的内容，但是在教材林立的今天，千篇一律而了无特色的教材是难以立足的，也难以为社会所认可和接受。“新编 21 世纪政治学系列教材”中的每一本教材在体系上的创新性与独特性都是很突出的。

第二，内容上的研究性与新颖性。体系上的独特性应该由内容上的研究性与新颖性构成。教科书不但要介绍一般性的概念和理论，还应该容纳最新的理论研究成果以及对有关理论成果的看法与评价。该系列教材的一个重要特征是，这些教材都是作者们基于自己多年的教学与研究心得而撰写的具有新意的研究性作品。一本好的教科书之所以享有盛名，就在于其因体系上的独特性和内容上的研究性而形成的权威性。

第三，观点上的全面性与选择性。教科书是一种通论性的著作，因而包容的学术观点、理论应该尽量全面。但是，在信息爆炸的时代，一本书企图容纳所有的观点是不可能，也是不必要的。因为有的观点不过是个别学者的偶发奇想而不具有普遍性。这就需要撰写者去伪存真，认真取舍。我很高兴地看到，本系列教材在追求观点的全面性时，也没有忘记选择性原则。

第四，方法论上的马克思主义原则性与包容性。我国的社会科学研究离不开马克思主义的基本方法论，尤其离不开历史唯物主义的指导，政治科学更是如此。但是马克思主义并不是凭空产生的，它是在吸纳人类精神文明优秀成果的基础上产生的，马克思主义的发展同样少不了与其他理论流派的碰撞以及对人类文明成果的借鉴与扬弃。封闭的马克思主义是没有生命力的，坚持马克思主义并不排除对其他理论流派的介绍与分析。正是基于这样的指导思想，本套教材在介绍马克思主义政治学的同时，能运用历史唯物主义的基本原理兼容并蓄地介绍和分析其他理论流派。

本套教材的上述特点决定了它们不但是有关专业的教师和学生必备的教学和学习用书，也是政治学研究者的重要参考书籍。虽然具有上述优点和特征，但是十全十美的社会科学著作是不存在的，因此，本套教材中的缺点与不足在所难免。衷心希望专家学者、广大读者积极批评、热情指正！

赵宝煦

第三版修订说明

近些年来，中国与世界都发生了比较大的变化。在习近平新时代中国特色社会主义思想的指引下，中国的发展取得了举世瞩目的成就，彰显了中国执政党的道路自信、理论自信、制度自信和文化自信。与此同时，西方国家面临逆全球化、经济低迷、移民浪潮冲击、民粹主义兴盛、传统政党格局变化不定等诸多挑战。随着时代的发展和变迁，西方国家政治制度本身的结构性缺陷、政治制度运行中出现的问题，以及政治制度功能的衰退导致的各种社会问题日渐凸显。

西方政治制度结构性缺陷主要反映在：(1) 在以私有制为基础的资本主义制度下，国家政权名义上是由民众平等选举产生的，但现实中却是由社会中的富人凭资本实力把持的，这种国家与社会、政治与经济相分离的制度造成事实上的不平等。尽管它实现了政治生活中社会成员政治权利的形式平等，却没有实现社会成员经济和社会权利的平等，因此是残缺不全的。(2) 分权制衡体制成为政党政治斗争的有力工具，政治共识不足而权力制衡有余。议会制国家中的组阁危机、总统制国家中的政府部门关门、立法过程的曲折难产等，使集体行动的成本大大增加，有时甚至寸步难行，成为一种制造政治僵局的“否决型”体制。(3) 选举制度规则和制度安排的不公平大量存在。如议会选举制度中的相对多数计票规则，使当选者只需要获得选区选民票数比其他候选人多的相对多数而非过半数的简单多数即可当选，其当选合法性大打折扣。又如美国总统选举人团制度，其实行的相对多数计票制不仅使当选总统可能无法赢得多数普选票，代表性不足；而且具体选举规则由各州自行决定，易发生乱象；还有“胜者全得或赢者通吃”的计票制度加剧了各州地位不平等、各党地位不平等，造成巨大选票浪费并抑制了选民投票率。

西方政治制度运行中出现的问题主要体现在：(1) 金钱政治贯穿选举、立法、行政的所有环节。大企业、少数富人以及强势利益集团出手阔绰，想方设法钻法律的空子，成为选举资金的主要来源，政治献金几乎被视为“合法的贿赂”。金钱政治和游说团体扭曲了普通民众发声的渠道，多数表达真实意愿的声音被少数强势利益集团掩盖。形式上平等普选产生的议员当选后，往往倾力为其背后的金主服务，而不是为普通民众发声，由此实际上限制了民众的参政权利，使其经济地位的不平等转变为政治地位的不平等，资本使富人拥有了更强大的政治影响力。(2) 代议制民主下的政党政治实际上成为社会中各种精英集团结党营私的精英政治。在英美两党制国家，传统两大党为了捍卫两党轮流“坐庄”的既得利益，常常联合起来共同抵制和削弱第三大党或其他新兴政党的崛起，远不能代表社会发展变化中多元分化的政治利益。在国家政策制定过程中，政党政客常常为了自身的利益，不顾社会多数民意，为反对而反对，将政党利益置于国家和社会利益之上。在美国一些州，两党常常通过不公正划分选区实现在选举中赢得尽可能多的议席或巩固自身优势地位，即将反对党选民集中划入少数特定选区，牺牲这些选区以换取其他选区绝对安全，或将反对党选民相对集中的地区拆分划入周边不同选区，从而稀释反对党选票。在多党制国家，政党应对国内外政治发展和变化的能力越来越差，传统政党越来越面临社会基础衰退而政治代表性不足、极右翼政党异军突起、反精英建制的民粹主义政党方兴未艾、政党体制碎片化严重、政党政治动荡不定的挑战。(3) 某些西方大国罔顾世界上不同国家和地区在经济发展水平和历史文化传统上存在的巨大差异，强行输出西方政治制度和价值理念，推行“民主改造”，策划“颜色革命”，肆意干涉他国内政，甚至颠覆他国政权，导致许多国家和地区深陷动荡、冲突和战争泥潭。

西方国家各种现实社会问题折射政治制度功能的衰退主要表现在：(1) 贫富分化持续加重。几十年来，西方国家富裕阶层的收入加速增长，中产阶层规模逐渐萎缩，尽管西方各国财富不平等的变化各不相同，但在全球金融危机爆发后，美国和英国的贫富差距快速拉大。这从政治结果反映了西方“民主”政治制度作为调节和分配社会资源财富的规则体系，更多地代表和维护资本利益的本质属性。(2) 种族矛盾有增无减。尽管西方国家废除了种族隔离制度，但现实生活中对黑人和其他少数族裔的歧视依然系统性地存在。在教育领域，有色人种儿童在学校受到更为密切的监视；在司法领域，有色人种尤其是黑人更容易成为被针对的目标；在经济和就业领域，从求职到获取贷款，少数族裔在整个经济环境中受到歧视。科技创新和经济全球化给西方国家传统制造业带来巨大冲击，饱受战乱和经济发展落后的国家和地区发生的移民浪潮、西方国家经济衰退导致的内部贫富分化加剧，使西方国家的种族矛盾和冲突此起彼伏，西方政治制度调解社会矛盾和冲突的功能明显衰退。(3) 政治极化、社会分裂。围绕移民、种族和身份政治、持枪、气候变化和堕胎等问题，美国两党党内精英政见、国会领袖辩论、总统与国会权力之争，以及媒体舆论之间和两党选民之间的交锋，导致空前激烈而持久的政治极化和社会分裂。欧洲国家传统政党社会基础的衰退、极右翼政党和民粹主义政党的兴起、政党和议会制度在社会民众中的信誉度明显下降……这些无不说明西方政治制度在协调不同利益、凝聚政治共识和维护社会稳定及秩序的功能在明显衰退。

世界上没有完全相同的政治制度模式，政治制度不能脱离特定社会政治条件和历史文化传统来抽象评判，不能定于一尊，不能生搬硬套外国政治制度模式。2021 年 10 月，习近平总书记在中共中央人大工作会议上指出：评价一个国家政治制度是不是民主的、有效的，主要看国家领导层能否依法有序更替，全体人民能否依法管理国家事务和社会事务、管理经济和文化事业，人民群众能否畅通表达利益要求，社会各方面能否有效参与国家政治生活，国家决策能否实现科学化、民主化，各方面人才能否通过公平竞争进入国家领导和管理体系，执政党能否依照宪法法律规定实现对国家事务的领导，权力运用能否得到有效制约和监督。民主不是装饰品，不是用来做摆设的，而是要用来解决人民需要解决的问题的。一个国家民主不民主，关键在于是不是真正做到了人民当家作主，要看人民有没有投票权，更要看人民有没有广泛参与权；要看人民在选举过程中得到了什么口头许诺，更要看选举后这些承诺实现了多少；要看制度和法律规定了什么样的政治程序和政治规则，更要看这些制度和法律是不是真正得到了执行；要看权力运行规则和程序是否民主，更要看权力是否真正受到人民监督和制约。如果人民只有在投票时被唤醒、投票后就进入休眠期，只有竞选时聆听天花乱坠的口号、竞选后就毫无发言权，只有拉票时受宠、选举后就被冷落，这样的民主不是真正的民主。这些重要论述，都应成为我们认识和评价当代西方国家政治制度必须坚持的基本原则和指导思想。

本次修订在具体结构和内容上主要有以下变化：一是对部分章节的结构进行了补充和调整。如第一章第一节，对“政治制度”的概念进行了简化。第二章第二节，增加了有关“直接民主”新的统计资料，完善了“法治主义”理论阐述。第四章第二节，增补了议会的政治代表、辩论审议、产生政府的职权。第五章第三节，增加了公务员制度的作用。第七章第二节，增加了相关国家检察机关的组织体系。二是根据新近的发展和变化对有关章节的内容和信息进行了及时跟进和补充。如第三章第三节，对主要国家政党制度的变化和发展进行了及时的跟进和补充。第八章补充了一些新近发生的事件，作为观点的佐证。第八章第三节，对新媒体给政治生活带来的变化进行了简要的论述。三是对各章节内容涉及的有关数据和信息进行了更新和补充。四是对全书部分中英文参考文献进行了更新和补充。

作者

2021 年 12 月于北京

修订版说明

2015 年修订版修订的主要内容包括三个方面：一是对有些章节个别地方不够恰当的表述进行纠正和更新，特别是对基础性概念的定义及内涵的阐述，力求更准确、更明晰。二是对有关章节的内容进行了进一步充实和数据更新。如第二章宪法概述部分，在涉及“人民主权”原则和制度部分，就当前世界范围内广泛出现直接民主的现象，对新世纪以来主要国家进行“公民投票”情况作出统计。第三章选举制度部分，在涉及选举监督的内容中增加了现代政治制度视角下政治监督制度的重要价值和功能的阐述，强调现代政治制度的完整性和系统性功能。第四章政党制度部分，对西方主要国家政党制度近期的变化和发展情况进行了阐述和说明。第五章议会制度部分，进一步充实了有关国家议会监督权的内容。第六章行政制度部分，增加了主要几类政府结构简明图表，对主要国家政府机构调整和变化情况进行数据资料更新。第八章社会监督制度部分，增加了一些新的数据和例子，其中政府对媒体的影响部分，重新梳理了逻辑顺序，使之更全面。三是丰富和充实了有关课外阅读资料和参考文献。每一章后面增加了一些新的课外阅读网址，便于读者拓展阅读。参考书目部分增加了一些新近的中外文参考文献。

本修订版获得外交学院“外交学”国家重点学科建设专项经费资助。

作者

2015 年 11 月于北京

第一版序言

本书“当代”的时间范围指20世纪40—50年代以来即第二次世界大战结束以来的时期，此间西方国家经过世界大战的深刻教训和战后的回顾反思，民主制度进入了新的发展阶段：选举权更加广泛而普及，不同种族和性别的公民争取平等选举权的斗争取得丰硕成果，直接选举和秘密投票成为西方国家普遍的选举方式；政党制度和政党行为越来越纳入国家宪法或法律的规范之内；代议制由于普选制和政党制的发展和进步而具有更加广泛的代表性、公开性和程序性，在立法、监督和充当国家公共论坛方面发挥着重要作用；行政权力在实践中作用更加凸显，行政与立法的分权与制衡问题更加突出，行政改革成为国家政治改革的主旋律；司法独立、司法公正、司法民主原则更加重要，司法机构在权力制衡和维护社会公平与正义中发挥积极能动的作用；社会监督制度随着公民权利的扩大、集团政治的兴起和大众传媒政治影响力的增强而得到前所未有的发展，开始成为民主制度中的重要组成部分。

本书“西方”既是一个地理概念，也是一个政治概念。地理概念中的西方指欧美资本主义发达国家，特别指英国、美国、法国、德国、意大利、加拿大、澳大利亚等主要欧美发达国家。政治概念中的“西方”涵盖在政治制度上实行普选制、竞争性政党制，以三权分立与制衡以及法治作为国家宪政制度指导原则的国家。因此，“西方”不仅包括欧美发达资本主义国家，而且还包括仿效欧美国家宪政原则及其政治制度建立起来的以日本、印度、韩国、俄罗斯等为代表的新兴工业化国家、发展中国家以及转型中的国家。

语意学上的政治制度指规范政治活动的规则和程序。政治学意义上的政治制度指关于国家政权组织形式及其运作以及与国家政权密切相关的国家政治过程的一系列规则和程序安排，具体包括：国家的政体形式、国家结构；国家权力机构及其运作规则，如立法制度、行政制度、司法制度；与国家政权相联系的组织制度，如政党制度；与国家政权相联系的社会一切政治参与行为规则，如选举制度、政治决策程序等；与国家权力运作目的密切关联的保护公民权利的法律保障制度。

政治制度与政治系统、政治体制密切相连但有所区别：政治制度（political institutions）主要体现为政治机构、政治组织以及政治运作过程的规则，在现实生活中主要表现为宪法和法律制度以及能够对社会政治生活产生重大影响的政治惯例。政治系统（political systems）则是由相互影响的各种政治因素（包括政治行为体、政治文化、政治行为、政治经济环境等）组成的有机整体，它强调政治系统整体内部各部分的相互作用与相关性，以及系统整体与外部环境的互动与平衡。政治体制（political regime，or political system）通常与政治制度混用，主要强调政治制度在具体时空中的表现形式，是制度的具体体现，一种政治制度在不同时期或不同政府主政下可能会有不同的具体表现形式。

总体上说，当代西方国家政治制度的基本内容是有关国家政治权力、政治组织机构、政治过程以及公民政治权利的规则和程序。具体来说，包括宪法（政治制度的基本原则）、政体与国家结构（国家公共权力的横向和纵向配置及其规则）、选举制度（国家公共权力的产生、获取、转移和监督，体现民意政治和责任政治）、政党制度（实行国家权力分权与制衡，体现多数人统治、少数人反对）、议会制度（通过政治利益的表达、聚合和确立，体现主权在民、民主代议精神）、行政制度（通过执行法律实现政治利益）、司法制度（通过裁决纠纷实现政治利益的维护和纠错）、社会监督制度（实现社会权利对国家公共权力的监督）。

政治是一个十分复杂的系统，研究政治当然有许多分析和研究方法，制度分析只是其中的一种分析方法。与研究政治的哲学分析方法、经济分析方法、文化分析方法、行为分析方法等相比较而言，制度分析的意义主要在于：(1) 制度的实然性。制度是政治关系在组织机构实体上的表现形式，一般具有一定的法规、一定的组织机构、一定的人员等可确定性和可把握性，它是政治关系真实的表现形式。(2) 制度的规范性。制度是通过宪法和法规予以规范的，研究制度就必须研究与之相关的宪法和法律。制度的规范性使制度分析更加确定和可以把握。(3) 制度的基础性和核心性。制度起初产生于人们的政治互动行为，但制度一经产生就反过来对内决定组织机构内部的政治行为，对外决定影响整个政治系统的互动行为。制度是现代社会生活赖以运行的基础和关键。制度规约着个人的期望，修正着个人偏好。制度的科学合理的设计与制度创新对社会整体的发展尤为重要。(4) 制度的相对独立性和稳定性。组织机构和规则作为公共政治行为的结果，具有独立于个体政治行为的特性，有其自身的利益偏好、目标和期望，并作出自己的选择。政治制度一旦产生，就将独立地影响全部社会生活和社会环境。制度一般由宪法和法规予以规范，表明制度本身具有公意性和权威性，制度的形成与制度的更改一样，都需要经过法定的程序和多数人的同意，相对于个人行为，制度具有无比的稳定性。(5) 制度的整合性。组织制度不过是人们实现一定目的的工具。制度浓缩了人类的经验、行为准则和社会秩序，不仅包含历史事件的道德价值，而且还包含着历史必然性。通过制度可以理解政治生活的前后一致性，界定政治活动和政治经验，理解政治策略。

当然，对西方国家政治制度的研究仅仅依靠制度分析方法是远远不够的。因为一个国家的政治制度与其所处的经济、文化、社会环境，以及人们的行为方式乃至国际社会有着千丝万缕的联系，因而越来越多的学者开始将政治研究的其他分析方法与制度分析方法有机地结合起来。如运用历史唯物主义与辩证唯物主义的哲学分析方法来分析政治制度的成因及作用；运用比较分析方法对不同国家政治制度的原则、表现形式、内容进行比较；运用历史分析方法来分析政治制度建立的时代背景及其与历史传统习惯的关系；运用政治行为分析方法来分析政治行为与政治制度的相互作用；运用政治文化分析方法来分析政治文化与政治制度的相互作用关系；运用政治经济学的分析方法来分析制度建立及制度变迁与社会经济之间的相互作用关系；运用政治系统分析方法来分析政治系统内部不同制度的相互作用以及政治系统与外部系统之间的相互关系，等等。本书也力图运用上述这些分析方法，以实现对西方国家政治制度进行比较客观的介绍和实事求是的评价。

了解和学习当代西方国家政治制度的意义在于：从宏观层面看，是中国对内改革对外开放，谋求国家科学发展、实现和谐社会与和谐世界的需要。一方面，改革是为了实现国家政治经济文化社会更好更快地发展，由此需要对外开放，吸取和借鉴包括西方国家在内的世界其他国家和民族的有益经验和长处。当代西方国家政治制度具有比较悠久的反专制反独裁的民主传统、强烈的法治主义精神，以及比较成熟的保护公民权利的程序和规则，贯穿其中的主权在民原则、权力制衡原则、法治主义原则、保障公民权利原则既是西方国家政治制度的共性，也是人类政治文明的共同财富，值得我们虚心学习和科学借鉴。另一方面，开放是为了实现中国国富民强并与世界各国共同发展，以发展促进世界和平，实现人类共同进步。改革离不开开放，开放是为了改革，因此，我们在学习西方国家政治制度的过程中，必须清醒地认识到中国的国情，坚持一切从实际出发、实事求是，力戒盲目模仿和照搬西方国家的政治制度。实际上，西方国家政治制度的建立和发展过程，始终离不开各国将上述共有的基本原则本土化的探索和实践，每一个国家政治制度各有其特点，都是各国结合自己国情的产物，并随着时代的变迁不断地进行调整和改革。改革和开放的过程实际上是世界不同政治经济文化制度相互认识、彼此借鉴、相互促进的过程。胸怀祖国，放眼世界，洋为中用，走适合中国国情的政治改革与政治发展道路，应该是我们了解和学习西方国家政治制度的基本出发点。从个人微观层面看，了解和学习当代西方国家政治制度将有助于学习和掌握相关的专业知识和信息，构建专业知识结构；有助于了解、掌握分析和研究政治制度的方法，为认识和分析其他政治现象奠定基础；有助于优化从自然人走向政治人的政治社会化过程，即培养敏锐的政治意识，积累丰富的政治知识，培育成熟的政治心理，塑造完善的政治人格。

与同类教材相比，本书的特点主要体现在：其一，在内容上对主要西方国家的政治制度以专题介绍与分析为主，以国别介绍与分析为辅，并试图将这两种比较分析方法有机地结合起来。其二，在信息资料上注意总结和吸收目前国内外学者的最新研究成果，包括新近出版的国内外有关专著、教材及有关的专业论文。其三，在篇章结构上，首先对西方国家政治制度进行概述，接着对承载西方国家政治制度的宪法进行介绍和分析，然后从政治制度建立和政治过程的逻辑出发，分别介绍和分析当代西方国家的选举制度、政党制度、议会制度、行政制度、司法制度、社会监督制度。其四，在分析方法上，以制度分析方法、比较分析方法为主，同时结合政治哲学分析方法、历史分析方法、政治经济分析方法、政治文化分析方法、政治行为分析方法以及政治系统分析方法。其五，在体例上，鉴于西方国家政治制度内容的专业性，本书在有关中文专业术语后附上了相应的英文表达形式，便于读者在英文阅读中更加便捷准确地理解有关的基本概念和基本知识。此外，在每章后面列举了拓展阅读网址，试图为读者提供更广阔的学习空间。

本书的出版得到了中国人民大学出版社郭晓明编辑的大力支持和帮助。对此，我们深表感谢！

全书写作分工如下：第一、二、三章由王为撰写，第四、五、六章由唐晓撰写，第七、八章由王春英撰写。由于本书所涉及的国家比较多，专题覆盖面比较广，书中难免有纰漏，诚请广大读者批评指正。

唐晓

2010年12月于北京外交学院

目录

第一章
西方国家政治制度概述

西方国家政治制度是政治学学科的重要分支，作为一门经验科学，它有着源远流长的发展过程，从其制度的产生、发展到确立，经历了漫长的历史演进过程。对政治制度的研究开始于古代西方，并且为政治学的研究和发展奠定了基础。西方古典政治学基本上是以对不同政治制度的比较和探讨为基本路径的。这一研究方法至今仍然具有重要意义。

西方国家政治制度是指近代以来产生于西欧、北美等国的政治制度。16—17 世纪西方社会开始进入资本主义发展阶段，与资本主义经济发展相适应，在政治上逐渐建立起一系列具有法律规范的制度形式。这套政治制度传承古代欧洲民主制度及其思想的精髓，形成了比较系统、科学的制度框架，确立了重要的制度原则，被称为“民主政治制度”。西方民主政治制度一经产生便显现出它所具有的稳定性，其基本制度结构确定。此后经历了 300 多年的完善过程，进入当代以来，这一完善过程基本完成。由此，该制度又表现出发展的特征。

西方国家政治制度首先具有明确的地域界定，即集中于西欧、北欧及北美地区。在这里，普遍存在着民主制度的生长环境，其制度形成具有必然性。直至 20 世纪上半叶，实行民主制度的国家也不过 20 多个。[①] 但是，西方国家政治制度确实产生了相当大的影响。19 世纪以来，世界上很多国家开始效仿这种制度，并且出现“民主化”过程。所谓“民主化”，是指从权威主义体制向民主体制的政治转型。特别是进入当代，在世界诸多地方出现了“民主化”浪潮。[②] 于是，民主政治制度开始超出欧美国家的地域范畴，在世界其他地区广泛出现。

综上所述，当代西方国家政治制度一方面表现出不断完善和发展的特征；另一方面则产生广泛影响，已超出原有地域范围。本书中，有关西方国家政治制度的举例也不仅仅限于纯粹的欧美国家，而是出现了世界其他地区国家的政治制度的范例。

---

① 迈耶，等．比较政治学：变化世界中的国家和理论．北京：华夏出版社，2001：33.

② 亨廷顿．第三波：20 世纪后期民主化浪潮．上海：上海三联书店，1998：1.

如前所述，对政治制度的研究是政治学研究的基础，是自古典政治学研究之初就已经采取的重要方法，因此，对西方国家政治制度进行探讨，首先需要理解政治制度的相关概念及其内涵，这是本章的主要内容。在此基础上，本章将对西方国家政治制度的形成和发展脉络进行梳理，以阐释其制度实质。此外，现代民族国家形成于西方，对于国家形式等基础性概念的理解需要回溯到近代西方国家的建立过程。而国家形式是政治制度的具体内容之一，是一国其他政治制度的载体，相关阐述又构成本章节的另一内容。

第一节　政治制度基本概念及西方国家政治制度的历史传承与发展

一、政治制度的基本概念及其研究

政治制度（political institutions）是人类社会复杂的社会制度的组成部分。在政治学界，对政治制度的概念存在着一些不同的解释，其具体区别在于对政治制度理解有广义和狭义之分。如美国学者罗斯金等人在其著作《政治科学》一书中对政治制度做了相对狭义的解释，将政治制度基本定义为政治机构，确切地说就是政府结构，包括国家结构、政府权力机关等。① 著名学者塞缪尔·亨廷顿在其著作《变化社会中的政治秩序》中强调，政治制度是以解决政治共同体不同利益争端，维持一定秩序而产生的政治组织和程序安排。② 中国学者也有类似的定义，如政治制度是“同本国社会性质相适应的国家权力机构和基本制度”③。而对政治制度做宽泛解释的如法国著名政治学者迪韦尔热认为，“可以把一个有统治者与被统治者之分的特定社会团体的形式称作政治制度”；还有中国政治学者认为，“政治制度是社会政治领域各项制度的总和”④；政治制度是“统治阶级通过组织政权以实现其政治统治的原则和方式的总和，它包括国家的阶级本质、国家政权的组织形式和管理形式、国家结构形式和公民在国家中的地位”⑤；“政治制度是统治阶级……采取的统治方式、方法的总和”⑥。由于对政治制度概念范畴解释存在差异，在其具体的学术研究中就表现出不同的研究角度和内容。有的学者集中探讨各国政府制度，即对不同国家政府的设置、政府机构的相互关系、政府运作的程序等做重点研究。有的学者则把对政治制度的研究置于政治过程中，在动态中探讨政治制度的适应性，探讨政府在政治决策中的角色作用以及政府决策行为与诸多影响因素的相互关系。比如 20 世纪 50 年代在美国政治学研究领域出现了政治系统理论，它在一定程度上克服了传统政治制度研究局限于法律规范及组织机构设置等方面的弊端。政治系统（political systems）理论以政治结构和政治过程为基本研究框架，强调政治系统“是由一系列与决策有关的互动行为和互动角色组成的有

---

① 罗斯金，等．政治科学．北京：华夏出版社，2001：261.
② 亨廷顿．变化社会中的政治秩序．上海：上海人民出版社，2008：7.
③ 杨祖功，等．西方政治制度比较．北京：世界知识出版社，1992：4.
④ 郑楚宣，等．当代中西政治制度比较．广州：广东人民出版社，2002：1.
⑤ 中国大百科全书总编辑委员会．中国大百科全书：政治学．北京：中国大百科全书出版社，1992：514.
⑥ 杨柏华，明轩．资本主义国家政治制度．北京：世界知识出版社，1984：17.

机整体”[①]，认为参与政治运作的各个要素之间形成相互作用和相互依赖的关系。由此，政治系统理论使政治制度研究有了更广泛的议题空间。

综合上述各种观点，本书试就政治制度的概念做出如下表述：政治制度是关于国家政权组织形式及其运作以及有关国家政治过程的一系列规则和安排，它包括国家的政体形式、国家结构；包括依据国家宪法和法律建立的国家权力机构及其运作程序；包括社会一切政治参与行为及其制度，如政党制度、选举制度、政治决策过程等。政治制度的性质表现出以下特征：政治制度是在一定的社会经济基础上产生的，它与一定的经济体制相适应，并构成社会制度的重要组成部分。政治制度一经建立便具有相对的稳定性，在社会经济结构不发生根本性变化的情况下，政治体制基本结构不会改变。政治制度的运行还会受到其他社会制度（如经济制度、文化制度、宗教制度等）及外部环境（如国际关系、自然环境等）的制约。此外，政治制度的确立往往决定着统治者的统治方法，即统治者如何运用国家权力机器。比如，如果一国政治制度体现了法治化、民主化，必然决定着统治者要按照制度规定的程序，采用民主的手段实施治理。从一定意义上讲，统治者采取的统治方法体现着国家权力运作、政治决策以及其他政治过程所需遵循的基本原则，从而体现政治制度的性质。

美国当代政治学者亨廷顿强调政治制度是为了解决社会利益分配过程中的利益冲突而产生的。伴随人类政治共同体的形成，各种复杂的政治关系便形成，同时也出现各种复杂的政治活动。在社会利益分配的过程中，不同人群存在着不同的利益要求，这种利益的差异性可能形成一定的冲突，甚至导致社会矛盾不断加剧。政治组织和机构的建立正是为了通过一定的手段平衡不同利益之间的矛盾和争执，以达到某种和谐。[②] 所以，从本质上讲，政治制度的建立就是为了建立或维持一定的政治秩序。而且，社会利益冲突越是复杂，其共同体越是有赖于政治制度的功效。政治机构通常是在解决各种社会歧见、平衡各种社会利益的过程中，逐渐形成组织形态乃至运作程序的。

二、西方国家政治制度的产生

欧洲国家于 17 世纪率先进入资本主义发展阶段，并逐渐建立起一系列具有法律规范的民主制度。这一事实曾经引发人们的追问：是什么促使西方社会最初出现民主制度形式？它的发生过程是怎样的？阐释这类问题有助于理解民主政治的深刻内涵，并有助于认识民主制度的基本逻辑。鉴于此，首先需要分析影响西方国家政治制度建立的诸多因素，而其中主要有经济体制因素和政治文化因素。

（一）商品经济发展对西方国家政治制度形成的影响

就整个政治体制而言，西方国家的政治制度应该是与经济体制相适应的。很多学者从经济学、社会学以及政治学的角度对此做出阐释，即西方社会长期以来实行商品经济是其政治制度产生的根本性原因。正如美国学者罗伯特·达尔所说的，商品经济与民主政治有共生的关系。这种以经济主体自主化、市场交换为主要形式的经济活动具有普遍、平等参

---

① 俞可平. 权利政治与公益政治. 北京：社会科学文献出版社，2003：19.

② 亨廷顿. 变化社会中的政治秩序. 上海：上海人民出版社，2008：8.

与和竞争性的特征。它在本质上鼓励平等竞争，促进利益多元化的形成。具体地说，商品经济发展致使西方社会产生以下主要的社会、政治变化：

第一，商品经济发展是现代民族国家建立的重要影响因素之一。商品经济运行既需要市场的拓展，同时又创造着市场。西方社会商品经济发展由来已久，到了 14 世纪的时候已经具备相当的规模，社会对于形成统一市场的需求越来越迫切。而当时欧洲社会的封建割据状态对商品经济发展造成巨大阻碍，因此新兴的资产阶级迫切要求建立统一国家，促使形成资本主义统一市场。这极大加大了世俗国家力量与传统教会势力之间的矛盾。16 世纪现代民族国家形成，同时也正是资本主义发展的重要时期。统一和稳定的国家秩序无疑对民主政治发展具有重要意义，民主制度产生的前提之一就是要有世俗国家的建立。

第二，商品经济发展促进生产方式多元化，在此基础上出现社会利益多元化的发展趋向。商品经济不同于自给自足的农业经济的重要特点就是社会经济角色多样化。在市场交易过程中，不同的经济角色或从事生产活动，或完成交易过程，形成不同的实际利益需求；以不同经济利益为基础，必然逐渐产生不同的政治诉求，由此奠定了资本主义社会政治利益多元化的基础。民主政治恰恰是以政治多元化为基础的，它是一种试图在不同利益群体之间做出积极利益分配的制度安排。

第三，商品经济发展有益于经济繁荣，而经济繁荣对促进民主制度发展具有积极作用。市场经济建立在保护私有制原则以及自由竞争原则基础之上，它能够有效刺激人们的生产力、创造力，从而促使经济和社会效益最大化，带来经济的繁荣发展。而经济繁荣可以产生这样的社会效果：一是有助于减少社会贫困，在改善社会生活水平的基础上，无论对个人还是对社会来说都可能利用剩余资源支持教育的发展，由此提高整个社会的教育水平。而能够接受良好的教育通常成为有效进行社会政治参与的重要条件。二是促进中产阶级人口规模的扩大。一般说来，中产阶级是社会发展和资源分配合理化的产物，在政治上，中产阶级具有较强的公民权利意识和政治参与能力；在经济上，中产阶级拥有较稳定的收入和一定的经济基础，由此，中产阶级人口规模的扩大，有可能构成社会稳定的因素，① 而稳定的社会秩序则是产生民主制度的必要条件。

第四，商品经济是竞争性经济。在众多竞争者参与的过程中，参与主体的利益需要得到公平的保障，因此需要创造出一种秩序；而这种秩序的产生是基于竞争者在自利的和拥有充分信息的条件下自觉避免经济冲突而成就并渐以形成互惠规则的，② 同时商品经济的市场运作过程能够锻炼和产生具有自主性和决策能力的竞争参与者，从而降低产生强大政府的必要性。③ 总之，市场经济对规则需求的事实，在很大程度上培养了社会普遍的规则意识，而且这种规则意识引入政治生活，促使人们对建立政治规则具有了强烈的意愿和需求，从而西方社会有关法律、制度的建立也就势在必行。比如，早期西方社会最重要的经济规则莫过于古罗马时代确立的保护私有财产的原则。依据此原则，古罗马时期出现了以民法形式（罗马法）规范各种社会关系的法律制度，如债权法、借贷法、赔偿法、继承法、婚姻法等等，这些成为后来市场经济的重要的法律规范，也成为重要的宪法原则。

---

① 亨廷顿．变化社会中的政治秩序．上海：上海人民出版社，2008：239.

②③ 达尔．论民主．北京：商务印书馆，1999：175.

总之，商品经济对运作规范的需求以及由此形成的价值观念是民主制度产生的重要土壤。同时，商品经济下逐渐成长起来的新兴资产阶级，成为推动民主政治建立的中坚力量。

（二）西方古典政治制度及其文化的历史传承

"近现代西方国家政治制度是古代和中世纪西方政治制度的延伸，是在继承和改革古代和中世纪政治制度的过程中不断发展和完善起来的。"① 对西方国家政治制度形成和发展的考察，还需要追溯到 2 500 多年前发端于地中海沿岸区域古希腊、古罗马的政治制度。当时的古代城邦已经出现一些民主制度形式，这些制度形式及其所体现的政治价值逐渐内化为政治文化，促使社会形成一定的政治共识和价值取向，影响着近现代西方政治制度的建立。进入中世纪以后，虽然西方社会出现了严酷的政治压制，但由于当时存在着各种复杂交错的政治势力并形成某种制衡，古典民主价值仍得以保留，甚至在一定范围内仍实行民主制度。随着文艺复兴运动兴起，个人主义、自由主义思想的传播使民主制度进一步发扬光大。从古希腊、古罗马发端而来的政治制度及其文化到底留下了怎样的遗产？对此做出以下概括。

第一，民主观念的确立。民主的概念产生于古希腊城邦民主制度。英语词汇中的"democracy"一词，来源于古希腊语中的"demos"（人民）和"kralos"（统治）两个词的组合。很显然，"人民的统治"是古希腊民主概念的核心价值，这一价值在制度上的具体体现就是古希腊以雅典城邦为典型的"公民大会"制度。公民大会由全体公民参加，具有选举政治官吏和进行司法审判等职能。这是一种直接的民主方式，即由民众直接参与政治过程，是从制度上对"人民的统治"这一原则的实践。由此，最初的民主概念就是公众进行直接的政治参与。这对后来民主制度确立"人民主权"原则具有重要的思想影响，也成为某些国家建立制度的范本。

第二，共和制原则的产生。依据美国政治学者罗伯特·达尔的论证，共和的概念是从古罗马共和政体的建立中产生的。② 拉丁语中 res（事务）和 publicus（公共）构成了英语中的 republic（共和国）一词。显然，"共和"指的是公共的事务，意含国家政治发展是基于共同的财富、共同的利益和共同的权力。因此，在共和国体制下，平民的权利是平等的，并且首先体现为政治参与权，即通过平民大会制度行使选举权和其他政治决定权，如对重要事务进行表决，通过投票选出执政官、保民官等高级官吏，行使治理国家的职能。这样形成了共和的原则，内含平民大会制度、公民选举制度等，既有公民直接民主的形式，也有通过选举产生官吏的间接民主形式。

可以说共和制是实现"人民的统治"的另一种制度实践，它和民主原则的异曲同工之处在于都强调人民参与是实现其利益的前提。

（三）"限权原则"的延续

所谓限权，即限制统治者的权力。在西方国家政治制度发展过程中，限权思想始终贯穿其中，并形成政治原则指导各国政治实践。限权思想源远流长，在古希腊、古罗马建立

① 马啸原．西方政治制度史．北京：高等教育出版社，2000：前言．

② 达尔．论民主．北京：商务印书馆，1999：15-16．

的政治制度中都体现了这样的思想，如在雅典民主制下，以公民大会的制度形式限制君主、贵族的权力；在罗马共和国时期，有平民大会对元老院权力的制约、保民官对其他高级官吏权力的制约。进入中世纪以来，限权原则开始作为某种法律制度逐渐确定。当时，由于封建土地分封制度的存在，特别是采邑制度的实行，欧洲社会出现了强大的封建领主阶层，形成贵族势力。这股势力在政治上、经济上与封建国王形成抗衡。13 世纪初，英国的封建领主与国王之间发生激烈冲突并演变成战争，最终获得战争胜利的封建领主迫使国王签署了著名的《自由大宪章》（Magna Carta）。该宪章以限制国王权力为主要内容，规定国王在做出增加赋税等重大决定之前必须征得当时由封建领主组成的“大会议”的同意。《自由大宪章》作为英国立宪渊源确定了限权原则，该原则从对国王滥用权力进行规约、限制，逐渐体现为通过宪法规定对政府做出权力规范（具体内容参见第二章）。

（四）公民权利观念形成

在西方社会，公民概念的产生由来已久，古希腊、古罗马时期就有了公民的概念。特别是古典政治学家已经开始关注对公民资格的学术性探讨，试图从公民行为角度解释当时社会存在的战争与安全、贫富悬殊等一系列政治问题。比如，亚里士多德曾经就公民与政治权威的关系、一国公民的规模与其国家稳定的关系等进行了深入的研究。其中具有价值的政治结论之一，就是公民在法律上应该是平等的。古罗马时代以民法形式确立了保护私有财产原则，应该说是对公民权利最重要、最具体的保护。正是有了保障公民财产权的基础，公民的人格独立、社会尊严才可能实现，其他公民权利才逐渐被提出。实践证明，保护私有财产权原则是有效促进经济发展、实现分配公平的保障，也成为民主制度建立的基础。

进入中世纪后期，关于公民概念及其他相关问题的讨论再次兴起。在此期间，自由主义政治学理论开始产生重要影响，很多政治学家运用自然法学理论和社会契约论来解释国家与社会、统治者与被统治者之间的关系。自然法学理论认为，人类社会和自然界一样存在着某种固有的规则，这就是在自然状态下人们具有与生俱来的权利，这些权利构成了国家法律的基础内容。自然法学理论为国家制定法律提供了基本的理论依据，即国家法律不能够违背、抗拒人类固有的自然权利。社会契约论则解释了国家和社会的关系问题，提出在社会自然状态的存在具有必然性的理论前提下，国家的产生及其合法性是基于人们的某种契约，即人民让渡一部分权力给国家，由国家进行统治，因此国家具有了权力，而且产生了相应的义务；国家的统治是基于人民的同意，同时人民有义务服从国家的法律。总之，自由主义政治学理论积极主张公民的权利，并以此为基础阐释国家的产生。这些理论为后来公民权利原则的提出和论证提供了强有力的逻辑思辨。尽管在相当长的历史时期，“公民”概念的法律界定有着极大的局限性，但无论如何“公民权利”概念的提出是极具政治价值的。

三、西方国家政治制度的内容及其发展完善

（一）资本主义国家的建立及民主制度的主要内容

近代以来，随着资本主义经济因素的不断增长，资产阶级经济实力也迅速加强。但是，在封建君主专制体制下，资产阶级自身的经济利益却受到来自国家的剥夺和威胁，政

治上更是处于软弱的地位。为此，一场以反对封建专制主义为目的的资产阶级革命发生了。资产阶级从争取自身权利和利益出发，提出“天赋人权”的口号，指出人人享有与生俱来的权利，即包括生命权、财产权、平等权及自由权，并将此概括为基本人权。从保障自身权利的目的出发，资产阶级提出了限制政府权力的政治主张。这场资产阶级革命以及后续资本主义国家的建立，从理论上承袭了以往民主政治的基本原则。此外，在实践中更是论证和尝试建立能有效制约政治权力和保障公民权利的机制。最初，资产阶级试图从两个方面实现反对封建君主专制的目标，一方面是要求实现法治，主张以法律规范约束封建君主的权力，以此达到对其权力范围的限制。这就是法治主义原则，最终体现出对国家最高权力的限制。这一原则成为后来资产阶级建立国家权力的指导性原则。由此可见，西方国家民主制度是以实现法治为路径的，民主和法治构成了目标和手段的统一。

另一方面则是资产阶级谋求广泛参与国家政治决策，主要体现为要求进入封建等级会议①，以此实现参与议政的目的。后来资产阶级正是以等级会议为阵地展开对君主专制的斗争，并试图将封建等级会议变为民意机构和国家最高权力机构——议会。这一过程在历史上被称为“议会斗争”的过程。资产阶级革命的胜利带来议会制度的建立，而以议会制度为基础衍生出代议制原则，从而成为民主制度的基础性内容。

由此可见，随着资本主义的发展，民主的概念在不断充实，它逐渐成为以维护社会公共利益为目的建立在法律规范之上的一系列制度的总和。西方国家民主制度应该概括为以下基本内容。

第一，代议制政府（representative government）。代议制是现代民主制度的体现。它首先表明国家通过建立专门的权力机构行使权力，其权力是由公民通过选举选出国家领导人或民意代表，进行授权。与古代西方社会直接民主制度相比，代议制是一种间接民主形式。它强调国家权力属于人民，国家统治者要对人民负责，因此它必然要求建立相应的国家的责任制度。代议制并非某种单一的制度，在其基础上必然产生其他一系列政治制度，包括选举制度、政党制度、政治监督等制度，因此代议制事实上是一系列现代制度的总和。西方国家普遍实行代议制，“现代的大规模民主政府都是代议制政府”。②

第二，普选制（general election）。选举是古代西方社会早已存在的政治活动方式。随着资本主义的发展以及自由主义价值观的广泛传播，选举制度逐渐建立起来。但是，西方国家是在经历了长期的政治民主发展和完善过程之后，在 20 世纪逐渐推行普选权原则，建立了普选制。普选制成为衡量一个国家民主政治发展水平的标志性指标，它既是公民参与国家政治生活的重要方式，也是现代西方国家确定其政权合法性的唯一标准。

第三，政党竞争制度（competitive party system）。近代以来西方国家形成了政党政治。“政党是当代社会的专业化利益综合结构。从历史上看，政党是随着公民选举权的扩大，各种集团试图通过动员选民去支持那些对不同利益都有吸引力的政策以谋求公职而得

---

① 英国封建等级会议是 1265 年由封建领主西门·德·孟福尔创立的。当时为议事、咨询机构，由分别代表僧侣、贵族、骑士、平民等阶层的等级代表组成。14 世纪后，资产阶级加入其中，并逐渐致力于将其变为国家权力机构。

② 达尔. 论民主. 北京：商务印书馆，1999：94.

到发展的。”[①] 政党政治作为一种现代政治结构和行为模式，它摒弃了封建家族政治模式，对促进社会政治沟通、利益聚合、政治参与、政治竞争起到了积极的作用，并调整了政治权力分配原则。由于西方国家具有特殊的经济、政治条件，因而形成多党政治，即公民普遍拥有组织政党的自由，政党拥有参与政治权力竞争的自由。在多党政治的条件下，确定了政治竞争的基本形式，各个政党通过合法的竞选争取国家的执政权，并且处于各种政治力量的制约之下。因此，竞争是西方国家重要的政治价值之一，也是其政党生存的常态。它否定任何政治力量独享国家权力，同时通过政党竞争向选民提供选择的机会，使选民选举具有实际意义。

第四，以分权制衡原则（separation of powers with checks and balances）建立的政府制度。分权制衡原则是西方国家政权机构的组织原则，它是针对封建专制体制提出的，旨在限制国家权力，防止政府滥用职权。近代西方资本主义国家建立后，基本遵循这一原则构建政府权力结构，并在制度上摸索不同的权力制衡模式，构成对国家权力的有效控制。

第五，确定和保障公民的基本权利（guarantee of civil rights）。西方国家民主制度旨在体现以实现人的基本价值为终极目标的政治理想，具体地说，就是要通过宪法规范规定公民的基本权利，并且建立切实的保障制度。这是国家权力设置的边界，也是国家法律制度重要的道德基础。

第六，政治监督制度（political supervision）。建立有效的监督制度是西方国家民主制度中不可或缺的一部分。政治监督作为一种普遍的政治原则体现在西方国家制度建设的各个方面。在西方国家政治权力运作过程中，有各种不同的权力监督机制发挥着作用，有政府机构之间形成的政治监督，也有社会公众对政府的政治监督，由此形成多层次的监督体系。

以上内容构成了民主制度的核心部分。尽管西方学界对民主制概念的理解和解释仍然不断变化、不断扩展，但是大都没有离开上述民主制度的基本范畴。例如，20 世纪 40 年代以来，西方国家政治学界出现了所谓“程序民主”的理论，并且产生了极大的影响。提出这一理论的主要学者有美籍奥地利经济学家约瑟夫·熊彼特以及美国当代政治学家西蒙·马丁·李普塞特、罗伯特·达尔等人。他们从不同的角度论证了民主政治的关键是程序安排，实现民主在于执行民主政治的程序。正如熊彼特所指出的，民主就是为实现政治决策而做出的一种制度上的安排，在这种安排中，某些人通过竞争人民的选票而得到进行决策的权力。[②] 熊彼特强调按照制度规定的程序进行操作决定着民主政治的最终实现。当代很多政治学者趋向采用“程序民主”的定义，认为民主社会首先“是通过或多或少定期安排的竞选来选择他们的政府的”。[③] 罗伯特·达尔在提出“程序民主”的同时，又提出“参与民主”的概念。这也代表了一些实证主义政治学家普遍具有的倾向，“他们曾经关注的问题是公民个人的地位以及他们的自治权利，现在开始转移到关注统治者和使统治者得以上台执政的公开竞争上来”。[④] 罗伯特·达尔从公民政治参与的角度论证了民主应该具

---

① 阿尔蒙德，鲍威尔. 比较政治学：体系、过程和政策. 北京：东方出版社，2007：217.

② 熊彼特. 资本主义、社会主义和民主主义. 北京：商务印书馆，1979：337.

③ 迈耶，等. 比较政治学：变化世界中的国家和理论. 北京：华夏出版社，2001：36.

④ 奥罗姆. 政治社会学导论. 上海：上海世纪出版集团，2006：105.

有规范的程序。他说，一个国家实现民主的基本标准就是社会成员能有效地参与政治，做到这一点，成年人除了应该享有公民资格、享有平等的投票机会之外，还需要享有充分的知情权，从而掌握对政治议程的控制权。① 罗伯特·达尔所指的政治议程不外乎民主政治的一系列制度安排。可见，“程序民主”理论建立在民主制度完善的基础之上，进一步地说，民主制度的规范性、有效性和可操作性是至关重要的。这表明，西方学界对民主制度的研究与强调始终是解析民主政治的关键所在。

西方国家民主理论包含了十分丰富的内容，在思想理论层面上体现为民主原则及其价值、精神的不断探讨与阐释，在现实政治生活层面则是通过具体的制度创制和运作，将民主原则变为有形的制度及法律规范等。总之，民主逐渐成为一种具有普遍意义的衡量社会政治发展的价值标准。

（二）资本主义的发展促使民主政治制度完善

民主政治制度是以适应资本主义市场经济体制为特征的。这套制度一经建立，便显现出对资本主义经济的有效保障和促进作用，促使资本主义国家迅速完成工业化进程，实现现代化的发展。与此同时，资本主义的发展无疑也成为驱使民主制度不断走向完善的动力。可以说，19 世纪以来西方国家工业化的发展进程，促使资本主义进入新的历史阶段——垄断资本主义时期，因此西方国家开始面对新的社会政治议题，其政治制度更是面对严峻考验；最终民主制度以其内在张力，在有效解决现实问题的同时得到了不断巩固，进一步确定了民主政治制度的合法性。

19 世纪以来，西方国家普遍经历工业革命，实现社会化大生产。这是促使资本主义快速发展的重要过程，自由资本主义开始过渡到垄断资本主义时期。然而，垄断资本主义的形成，在很大程度上改变了原有的市场经济秩序，以往遵循的公平竞争的市场规则受到挑战。特别是由于一些大企业生产、资本规模的扩大，形成极强的社会资源占有能力，对中小企业的生存与发展构成严重威胁，因此衍生出经济发展不平衡的矛盾。此外，伴随工业化，西方国家出现城市化的发展过程，随之而来的社会变迁导致社会阶层急剧分化，不断催生新的社会阶级矛盾。社会贫富悬殊的现象越来越突出，社会分配不公构成了西方社会严重的政治隐患。同时，大资本利用财富与政治权力进行勾结，权钱交易之下产生的政治腐败极大威胁着资本主义政治体制。对此，社会民众表现出强烈的不满情绪，导致社会动荡加剧，各种社会运动的出现显现出资本主义国家陷入了危机。

总之，19 世纪中后期，资本主义国家面临如何有效规范市场经济秩序、重建公平竞争原则，有效调整社会矛盾、妥善解决社会不公问题，有效整治政治腐败现象、确立政治合法性等一系列问题。对此，西方国家基本通过完善政治制度和加强社会管理两个层面加以解决。

首先，通过建立和完善公务员制度，加强政府内部管理。规范政府行政权的操作，建立严格的政府责任制度，加强政府的行政效能；同时还通过完善和实现普选制、完善社会监督和司法监督等制度，扩大社会政治参与，形成有效遏制政治腐败的机制，从而缓解社会对政府的信任危机。其次，西方国家政府进一步强化行政管理能力，实施有效的社会管

---

① 达尔．论民主．北京：商务印书馆，1999：43-44.

理。譬如政府通过宏观调控手段对市场经济进行管理，通过制定反垄断法规等措施，对市场经济活动进行规范，加强公平竞争的市场原则。为有效解决社会公平问题，一方面通过完善税收制度等手段增加国家收入，并建立社会再分配机制；另一方面则通过建立社会保障制度解决贫困人口的基本生存问题。此外，加强政府的管理职能，提高政府的管理能力，特别是加强应对经济危机、战争等突发事件的应对能力，有效承担社会责任，消除民众的不安全感。总之，上述治理措施有效解决了 19 世纪中期以来西方国家面临的社会、政治、经济矛盾，基本恢复了资本主义发展的秩序，极大地巩固了西方民主制度。

20 世纪中期以来，资本主义民主政治发展面临新的契机。伴随第三次科技革命的发生，西方国家在经济上实行促进产业结构调整的战略，新兴产业迅速成长，取代了传统产业在国民经济中的主导地位。由此也促使社会结构出现进一步的变迁，中产阶级队伍日益强大，构成国家政治稳定的社会基础。与此同时，西方社会进入了信息化时代。大众传媒迅速发展，公众可以更平等地享有获取社会信息的权利，公共舆论平台的建立为社会政治参与提供了有利的条件。在新闻媒体主导下兴起了公民“知情权”运动，无疑对民主政治的发展产生巨大的推动作用。西方国家政府也逐渐开始通过建立政府信息公开制度推动政治公开化，接受广泛的政治监督，增强政府的合法性和权威性。所有这些都是践行和推动法治主义原则和制度建设的过程。除此之外，各国政府同时寻求行政改革的有效路径，为此，20 世纪 70 年代一场新公共管理运动在一些国家悄然兴起。这场以提高政府效能、加强政府政治权威的行政改革运动开始倡导新的政府管理理念，试图建构治理型政府、服务型政府，用以取代传统的政府管理方式。这一切无一不是产生于民主制度的基础之上，并且对巩固民主制度起到极大的促进作用。

从历史发展看，西方国家民主制度的演进从来不是风平浪静的，它不断面对社会政治冲突，在重大的历史转折时期甚至出现严重困境。本章提到它的发展完善，事实上是指在发展困境中其政治制度表现出的某种调节功能，使其国家政治转危为安，或其政府和社会最终达成某些解决问题的政策方案。20 世纪末以来，西方国家又在经历重大的挫折。由于现代化的急剧发展，科技进步突飞猛进，极大地改变着西方社会的社会结构，民众再次经历生活环境、生活方式等方面的剧变和打击。加上全球化发展带来社会利益分配外移等现实问题，使其各种社会、政治矛盾加剧，政治极化现象严重化，民粹主义兴起。由此，对代议制民主的质疑和不信任也逐渐蔓延，国家权力与社会利益失衡问题引发诸多问题。民主政治体制何去何从？整个世界似乎都在发问。西方社会政治、社会学界一直在关注自身面临的问题，积极寻找问题的症结及其解决问题的途径。有评论家直接指出西方国家的决策体系是以往工业革命阶段设计并逐渐完善的，而这些体系无法满足解决今天的社会政治问题；显然，现有的问题绝不是采取单一手段，或从单一层面可能解决的，需要系统性创新；[①] 而当下国家领导水平明显不够，对正在发生的变化认识不足，缺少管理创新的能力。也有学者分析指出在强调分权制衡原则的某些国家出现政府功能被削弱的问题，其与三个权力部门权力失衡有关；同时，在保障社会权利原则下某些社会集团出现了“特权”

① 施瓦布．第四次工业革命：转型的力量．北京：中信出版社，2016：117.

问题。[①] 显然这些思考是深刻的，对我们观察和研究西方民主制度具有理论指导意义，对深入认识西方国家政治发展问题提供了新视角。

第二节 国家形式

国家形式构成政治制度的重要内容。现代国家的建立面临着更为复杂的国家治理的需要，统治者势必要建立起适应于自身利益要求的政权组织形式和相应的国家结构，以便实施有效的统治与管理。这种政权组织形式及国家结构就是国家形式。一般说来，国家形式是与一定经济发展水平相适应的，体现着一定生产方式条件下各主要社会阶级、阶层相互间的关系，更体现着统治集团的根本意志。除此之外，国家形式还会受到诸如历史传统、政治文化、国内外政治环境等多种因素的影响。因此，国家形式是多种多样的，相同政治制度的国家可能存在不同类型的国家形式；即使在同一个国家，随着政治、经济、文化等条件的变迁，其国家形式也可能发生改变。

国家形式包括两方面内容，一方面是国家政权机构的组织形式，即政体；另一方面则是国家整体与部分、中央机关与地方机关之间的关系结构，即国家结构。

一、政体

政体（polity），即国家政权机构的组织形式，通常是指国家权力机关，如立法机关、行政机关、司法机关等的组织结构、产生方式、职权范围、运行程序等。在很多中外学术著作中“政治制度”一词和“政体”一词是混合使用的。

西方国家在政治实践过程中形成了各具特色的国家政体形式。不同国家政体形式上的差别主要表现为国家权力主体的设置、产生、职权范围以及行使权力的方式等有所不同。比如，在当代西方国家，有以议会立法机构作为权力核心的政体形式，也有以国家首脑为权力核心形成的政体。即不同国家政权组织形式的实质性差异就在于掌握国家核心权力的机构不同。

任何国家权力机构的组织及活动都必须遵循一定的原则。在政治实践中，西方国家产生了诸如议会至上、权力分立等原则，这些也成为其国家政权组织机构的组织原则，以此形成了政治权力产生和运行的指导思想。

再有，政体形式不是一成不变的，很多国家的政体都经历了一定的历史演变，甚至经历多次变更。人类社会发展的历史经验表明：政体需要适应国情，需要适应具体的历史环境，否则它将难以长久维持下去。

纵观西方国家，其主要的政体形式有议会制和总统制，在这两种政体基础上又形成了“半总统制”（或曰“混合制政体”）。除此之外，在某些国家还存在特殊的政体形式，如“委员会制”。

（一）议会制

议会制（parliamentary system）是最早形成的政体形式，在资产阶级革命过程中，封

---

① 福山. 政治秩序与政治衰败：从工业革命到民主全球化. 南宁：广西师范大学出版社，2020：433.

建国家君主专制体制转变成为君主立宪制，或曰议会君主制。后来，这种政体形式又逐渐繁衍出议会共和制形式。所以，目前在西方国家中实行的议会制政体形式有两种类型，即议会君主制和议会共和制。

1. 议会君主制（君主立宪制）

概括地说，议会君主制是从封建君主制演变而来的一种政体形式。换言之，当今西方实行议会君主制的国家，大都有较长的封建君主专制的历史。作为一种现代国家政体形式，议会君主制是在17世纪后期英国资产阶级革命胜利后创立的。它保留了封建君主的职位，但君主的权力受到议会以及国家法律的限制。19世纪以来，欧洲大陆国家纷纷仿效英国建立议会君主制；19世纪末20世纪初，该政体又在亚洲、非洲大陆盛行。在当代国家中，议会君主制仍然是一种重要的国家政权组织形式。

英国议会君主制（君主立宪制）政体经历了从17世纪末到18世纪上半叶几十年的形成、演变和发展的过程，最终被确立下来。早期英国资产阶级是以议会为阵地进行反对封建专制主义斗争的。资产阶级推崇和坚持“议会至上”的政治原则，强调要改变封建君主专制体制，对封建国王的政治权力要加以限制；强调议会应该成为国家最高权力机构，通过制定法律来规范和制约君主权力。这场长时期的斗争最终以1688年“光荣革命”完结。“光荣革命”后，资产阶级掌握的议会制定了一系列宪法性法案，如1689年颁布的《权利法案》、1701年颁布的《王位继承法》（Act of Settlement）等。根据这些法律文件，君主立宪制政体得以确立。由此，议会成为国家最高权力机关，拥有立法权及决定国家财政预算等重大事务的权力；英国国王保留了行政权，但其权力受到法律限制，如根据1689年《权利法案》，国王未经议会同意不得颁布法律或停止法律之实施，不得征收和支配税收，不得保留常备军，臣民有向国王请愿的权利，议员在议会中有发表言论的自由，国王不得设立特别法庭等对臣民施以刑罚，等等。《王位继承法》对王位继承者做出了具体安排，限制国王的宗教信仰，并且规定国王所通过的一切决议均需由大臣签署、负责等。这也是英国古老的封建君主制留下的政治惯例——“国王不会为非”（“King can do no wrong”），即君主不会做错事，故对自己的政治行为既不负有政治责任，也不负有法律责任，表现了君主至高无上的权威。但后来这一惯例也成为议会君主制国家对国王“虚位元首”地位的合理诠释。

总之，英国早期君主立宪制是在限制国王权力的基础上确立的资产阶级和国王共享政治权力的政体形式。美国学者罗斯金对君主立宪制政体做出这样的评价：“君主执行了一种整体性功能，可以在脆弱的民主化阶段整合不同的社会群体。社会中的传统部分——教士、军队、官员和大地主——常常反对民主制且可能试图发动政变来阻止民主制的建立。但这些群体在政治取向上同样是拥护君主制的，如果国王和女王支持民主制，传统的群体同样会支持它。国王就这样成为中世纪传统政治体系与现代政治体系的桥梁，并使一个向另一个的转化变得容易。”①

此后，英国在18世纪上半叶经历了从国王执掌行政权到变为虚位元首的过程，行政权逐渐转到内阁手中，并且逐渐确立了内阁对议会负责的责任内阁制度。这样，英国议

① 罗斯金，等. 政治科学. 北京：华夏出版社，2001：264.

会、内阁、国王的地位及其相互关系便最终确立下来，并延续至今。

概括地说，当代西方国家议会君主制政体的主要特点有以下方面：(1) 议会既是立法机关，又是国家最高权力机关；议会通过全国普选产生议员，议会中的多数党组成内阁。(2) 内阁对议会负责，当议会多数对内阁所实行的政策提出不信任案时，或内阁向议会提出要求信任案但未被议会通过时，内阁需要集体辞职以示承担政治责任，或提请国家元首（国王）解散议会，重新举行大选，由新选出的议会决定本内阁的去留。(3) 国王是虚位元首，世袭产生，终身任职，是国家和民族的象征。

英国议会君主制政体形式首先在欧洲大陆产生较大影响，后来又被世界其他地区的一些国家仿效。现在实行议会君主制的国家主要有西班牙、比利时、挪威、丹麦、荷兰、瑞典、卢森堡、加拿大、澳大利亚、新西兰、泰国等。

2. 议会共和制

共和制是一种通过选举产生国家元首或国家最高权力机关的体制。这种体制并非是在现代国家中才出现，早在古希腊、古罗马时代就出现了共和制的雏形。近代以来，西方国家共和制已发展成为比较完善、成熟的体制形式，议会共和制即是其中一种。

在议会共和制政体下，议会不仅是国家立法机关，而且是国家最高权力机关，即为国家政治权力的中心。政府是由占议会中多数席位的政党组成的，并对议会负责。这些特征也是议会君主制政体所具备的，议会共和制区别于议会君主制的主要地方在于国家元首是总统而不是君主。历史上典型的议会共和制政体曾有 1870 年法兰西第三共和国、1946 年法兰西第四共和国、1919 德国魏玛共和国等；在当代国家中，德国、意大利、芬兰、奥地利、葡萄牙、希腊、冰岛、印度、新加坡、捷克等很多国家都实行议会共和制。

议会共和制国家的总统由选举产生，而且规定了一定的任期。根据国家宪法规定，总统作为国家元首，是国家的代表和象征；他一般拥有批准、公布法律的权力，对政府官员有一定的任命权，任命和接受外交使节，在一定条件下具有批准国家条约权，负责主持国家礼仪性事务；等等。但是，他在行使政治权力时往往受到宪法的限制，通常不能单独行使权力。如《意大利共和国宪法》规定："共和国总统之任何法令，如未经提出此项法令并对其负责的各部部长之签署，均无效"；"具有法律效力的法令以及其他依法颁布的指令，亦须经内阁总理签署"；总统对议会通过的法律没有否决权，只能请求两院重新审议，如果两院重新通过，总统必须予以公布。① 总之，议会共和制国家的总统并不掌握实际的政治权力，这一点与议会君主制国家的君主很相似，所以也被称为"虚位元首"。但是，有的国家的宪法也规定了总统拥有较多的权力。如《印度共和国宪法》规定，总统拥有一定的行政权；对议会具有一定的制约作用，如对议会通过的立法可以退回要求复议；有权对议会提出劝告或召集两院联席审查会议等。《德国基本法》也规定，联邦总统拥有任免总理及政府成员、任免联邦其他官员的权力，拥有签署和公布法律、与外国签订条约的权力，在特殊条件下依据宪法中的限制性规定解散联邦议会或宣布国家进入紧急状态等。

综上所述，议会共和制下的总统拥有一定的政治权力，因此，他具有相应的政治责

---

① 中国人民大学法律系. 中外宪法选编. 北京：人民出版社，1982：155，152.

任。总统作为国家元首，享有不受普通法律管辖的特权，但是，如果犯有叛国罪或违宪渎职时，将受到议会的弹劾。如《德国基本法》规定，联邦议院和联邦参议院可以对联邦总统蓄意损害《德国基本法》或其他联邦法律的行为向宪法法院提起诉讼，联邦宪法法院如确认该起诉属实，可宣布总统职权失效。《意大利共和国宪法》也规定，在出现总统叛国或违宪情况时，由议会参、众两院联席会议以绝对多数票提出控告，交宪法法庭进行审理裁决。这一点与议会君主制国家的君主不承担政治和法律责任有所不同。

（二）总统制

总统制（presidential system）政体是与议会制政体并存的另一种政体形式，同时它也是共和体制，即通过选民选举产生国家元首。总统制作为一种政体形式，其总统既是国家元首，又是政府行政首脑。总统领导的政府行政机构与立法机构、司法机构权力分离、相互制衡。总统制最早是由美国创立的政体，并且逐渐发展成为一种稳定的、具有广泛影响的政权组织形式。现在，实行总统制的国家还有墨西哥、巴西、哥伦比亚、萨尔瓦多、哥斯达黎加、委内瑞拉、尼日利亚、塞内加尔、斯里兰卡、印度尼西亚、韩国、乌克兰等。

总统制的主要特点可以概括为以下三点：

第一，总统掌握国家最高行政领导权，有权任命政府高级官员；对议会通过的法律行使批准权，并负责贯彻和执行国家法律；有权对有关国家行政的一切事项做出决定，有权指挥和监督国家一切行政机构执行行政决策；有权任命法官；作为国家武装部队总司令，拥有最高军事统率权；拥有与外国缔结国际条约等外交权。

第二，议会由选民选举产生，行使国家立法权，并有权监督政府行政，对总统以及高级官员违宪或渎职等行为可予以弹劾。

第三，总统领导下的行政机构设有内阁，但内阁作为总统的咨询机构，只对总统负责，而不对议会负有政治责任，议会不能以通过不信任案的方式推翻内阁。如美国的内阁由总统、副总统及各主要行政部门的部长和总统指定的官员组成；它不是决策机构，而只是总统的咨询机构；总统在认为有必要的时候举行内阁会议，对内阁会议提出的建议和意见可自行决定是否采纳。

（三）半总统制

所谓半总统制（semi-presidential system）亦称混合制政体，即融合了议会制和总统制某些特点的特殊政体形式。这种政体最初见于1958年法兰西第五共和国，而20世纪后期以来，在一些民主化转型的国家或地区也有实行该政体的，如俄罗斯等国家。

法国形成半总统制政体有其深刻的历史和现实政治原因。从19世纪70年代至20世纪50年代，法国经历了第三、第四共和时期，在此期间实行议会共和制政体形式，即议会不仅是最高立法机关，同时还是国家最高权力机关。政府内阁由议会中的多数党组成，实行责任制政府，向议会负责。总统作为国家元首由国会参议员选举产生，是不具有实际权力的虚位元首。法国实行这种政体形式逐渐显露出致命的问题：法国传统上是一个政党繁多的国家，20世纪40年代曾有200多个政党存在，即使经过竞选，可以进入议会的政党也曾达到数十个之多。因此，议会中主要政党的得票率最多不曾超过20%，形成议席分散的状况。议会中的多数党只能联合其他党派组成联合政府执政。而联合政府往往面临强势而分裂的议会的监督，在诸多议题上得不到议会多数的信任，只有选择下台。据统计，1946 年成立的法兰西第四共和国，其每一任政府都遭受被议会推翻的命运，最长的政府执政不足一年。因此，法国政局处于急剧动荡、混乱不稳的状态，政府行政力低下，无力领导行政事务。尤其在法国被法西斯德国占领时期，其政府的无能已到了无以复加的地步。其时，身为将军的戴高乐早已萌生了变革法国政治制度的想法。

1958 年，戴高乐当选法国总统，开始推行政治改革。他意在改变法兰西第三、第四共和国时期政府软弱无力的状况，改革的基本路径是削弱议会权力，改变议会中多党林立的状况，加强以总统为核心的行政权力。其一，通过实行单记名两轮多数投票制[①]的选举方式，促使议会中分散的政党形成比较稳定的政党联盟，并由政党联盟产生比较稳固的政府；其二，削弱议会的原有职权，使其立法权受到一定的控制；其三，加强总统实际权力，变原有政体下的虚位元首为具有实权的国家元首。以上改革主张在《法兰西第五共和国宪法》（又称《戴高乐宪法》、1958 年《宪法》）中都有所体现，由此形成了混合制政体，或曰半总统制政体。此外，还应该提到，1960 年，戴高乐利用宪法规定的总统可将国家重要法律草案诉诸全民公决的权力，提出“总统由选民直接选举产生”的公投议案，最终获得通过。由此进一步强化了法国总统权力的合法性。

概括起来，半总统制政体具有以下特征：第一，从融合总统制政体的角度看，其总统拥有重要的国家政治权力。总统作为国家元首，是由选民直接选举产生的，在行政方面，他拥有任免总理并根据总理提名任免政府其他成员的权力，有权主持内阁会议；有权任命国家文职人员、军职人员，包括行政法院法官、审计院审计官、省长、将级军官、学区首长、中央行政机关长官等；在立法方面，总统有权对议会通过的法律提出进行重新审议的要求，对此要求议会不得拒绝；总统有权将有关公共权力机构组织的法律草案提交公民投票（全民公决）；总统有权在征询总理和议会两院议长的意见后宣布解散国民议会。此外，总统作为军队统帅负责主持最高国防会议和国防委员会；有权在一定的条件下采取非常权力；在外交上，有权对外派遣或接受外交使节，有权议定和批准外交条约，审查并批准国际条约；在司法方面，总统作为最高司法委员会主席，是司法独立的保障人；等等。

第二，从融合议会制政体的角度看，以总理为行政首脑的政府掌管行政事务，议会有权监督政府行政，总理就政府的施政纲领或某一政策向国民议会承担政府责任；国民议会可以通过一项不信任案追究政府责任；如果议会通过不信任案或对政府提出的施政纲领（政策）表示不赞同，总理必须向总统提出政府辞呈。

总之，法国政体既有总统制国家总统拥有行政权、与议会分立制衡的特点，又有议会制实行“责任制政府”的某些特点。

如前所述，后来有些民主化的国家实行了半总统制，比较典型的如俄罗斯。1993 年俄罗斯联邦以全民公决的方式通过了《俄罗斯联邦宪法》（又称 1993 年《宪法》），建立了所谓总统制政体。但是，从宪法内容看，俄罗斯政体实际上表现出明显的半总统制特征。依据该宪法，作为国家元首的俄罗斯联邦总统经全体公民选举产生，并拥有广泛的政治权力。在立法方面，可以根据宪法和相关法律确定国家杜马选举；有权向国家杜马提出法律草案，并签署和颁布国家杜马通过的联邦法律；可以举行全民公投，特别是可以依据法定

---

① 参见本书第三章“当代西方国家的选举制度”的相关内容。

程序解散国家杜马（这是议会制国家元首拥有的权力）。在行政方面，联邦总理是国家最高行政首脑，但事实上，总统掌握着行政大权：有权提名任命（解除）俄罗斯联邦政府总理、联邦中央银行行长（须经国家杜马批准），并根据总理提名任命（解除）副总理及各部部长；有权主持俄罗斯联邦政府会议；有权向联邦委员会提出任命俄罗斯联邦宪法法院、俄罗斯联邦最高法院、俄罗斯联邦高等仲裁法院法官以及俄罗斯联邦总检察长等职位的候选人。此外，总统还担任俄罗斯联邦武装力量最高统帅一职，并有权宣布国家进入紧急状态。以上规定充分显示出俄罗斯总统的强势地位。但是，俄罗斯也融合了某些议会制国家政体的特点，诸如联邦政府须向国家杜马负责，杜马可以通过对联邦政府的不信任投票等推翻政府，这种责任制政府制度又是典型的议会制政体特征。

除了以上主要政体形式外，还有其他的政体形式。但基本上是在以上政体基础上的一些改变。其中最典型的国家如瑞士委员会制，它是一种接近议会共和制的政体形式。瑞士联邦委员会是由联邦议会选举出 7 名委员组成的，是一个集体领导机构。7 名委员分别担任 7 个部的部长，任期为 4 年。联邦委员会在联邦议会的监督下负责执行联邦法律，决定国家的行政事务；有权对军队发布动员令；协调联邦各州；对外拥有签订国际条约的权力。联邦委员会实行集体领导，即所做出的政府决定必须有 4 名委员同意才能够生效。联邦委员会设有主席和副主席，由联邦议会两院联席会议在 7 名委员中选出，任期 1 年，不得连任。联邦委员会主席同时兼任国家元首——瑞士联邦主席，其主要权力有：对外接受国书和从事外交礼仪方面的活动；对内负责主持联邦委员会会议，但没有最高裁决权。联邦委员会与联邦议会的关系是：联邦委员会必须服从联邦议会通过的法律，接受联邦议会的监督；联邦委员会无权解散议会，议会也无权推翻联邦委员会。

在西方国家历史上也曾出现过类似的委员会制，如 1792 年法兰西第一共和国成立后，曾在一个时期内实行过督政府制度（1795—1799 年）。根据当时的《共和三年宪法》（又称 1795 年《宪法》）规定，经五百人院提名，元老院选举出 5 人组成督政府。督政府执掌行政权，统率武装力量，有权任免官吏，掌管国家财政大权。5 名督政官轮流担任主席，任期为 3 个月，掌握国玺和国家法令的签署权。5 名督政官每年改选 1 人，卸任的督政官在 5 年内不得重新当选。1799 年拿破仑发动政变，推翻了督政府，开始实行军事独裁统治，这段短暂的“委员会制”的历史宣告结束。

二、国家结构

国家结构（state structure）是明确国家整体与部分之间、中央政权机关与地方政权机关之间关系的制度形式。一般说来，国家结构有两种形式，即单一制国家和联邦制国家。

（一）单一制国家

所谓单一制国家（unitary state），就是“使最终的政府权威掌握在全国性或中央政府手中”，①“主要的政府机构即立法、行政和司法机关对该国领土内所有地区和国民行使全权的国家。……地方或其他政府机构拥有中央政府委任或授予它们的某些权力……”，②

① 施密特，等. 美国政府与政治. 北京：北京大学出版社，2005：50.

② 《牛津法律大辞典》翻译委员会. 牛津法律大辞典. 北京：光明日报出版社，1988：905.

中央政府通常通过财政、人事等控制手段对地方政府进行一定的控制。对单一制国家可以归纳出以下方面的特征：单一制国家有全国统一的宪法，有统一的国家权力机构，国家拥有一个司法系统，其司法人员由中央任命；国民具有统一的国籍；国内各地方政权和自治单位均受中央政府统一领导，对外不具有国家的外部标志；单一制国家在对外关系上是一个国际法主体。

西方社会单一制国家的形成主要源于以下两方面的历史因素。其一，资本主义经济规模迅速发展。14 世纪以来，欧洲社会的资本主义生产方式基本呈现，并且不断扩大其发展势头。首先就是传统的、自给自足的农业经济中开始渗入规模经营及商品生产的元素。同时较大规模的制造业、纺织业等产业相继出现，并且逐渐汇集了传统农业剩余的劳动力，促使劳动力人口出现巨大的转移。随之，雇佣劳动出现了，城市出现了，新兴的资产阶级成为一种新的生产力代表。但是，资本主义工商业的发展，却受到了现实的社会政治经济结构的阻碍。当时欧洲社会处于封建割据状态，这种以封建的土地所有制关系为基础的政治形态，表现为封建领主各自占据一方，在自己的领地上行使最高的政治权力，并与以国王为代表的国家形成抗衡之势。这种状况对需要市场、资本、劳动力自由流动的资本主义经济的发展极为不利。因此，从 14 世纪到 17 世纪初，以新兴资产阶级为主的政治力量首先争取的就是建立统一的国家，形成统一的市场、统一的货币等资本发展机制，建立资本经济自由流通的大环境。

其二，民族国家的发展趋势。中世纪以来，西欧一直存在着以封建国王为代表的世俗政治力量与以罗马教皇为首的基督教宗教势力之间的斗争，其斗争的焦点就是争夺对世俗社会的政治统治权。以英、法国王为代表的势力希望通过建立统一的民族国家，加强封建国家的政治统治权威；而教会势力则试图以宗教教义统治世俗社会，以教皇之神权压制各国的政治权力。在罗马教皇统治下的欧洲国家曾长期处于软弱、分裂的状态。中世纪后期，这一政治斗争趋向明朗化、尖锐化。在此期间，欧洲出现了诸如马基雅维利、让·博丹、霍布斯等重要的政治理论家，他们从不同角度阐述了以王权为代表的国家政治权力高于教会权力的思想，为建立民族国家奠定了理论基础。

在欧洲民族国家建立的过程中，封建国王和新兴的资产阶级暂时组成了同一阵营，成为促进封建集权国家形成的主要政治力量。这场政治斗争最终以世俗政治力量的胜利而告结束，现代民族国家开始建立。英国、法国等早期资本主义国家以法律形式确定了国家主权的统一性、不可分割性，由此促成了现代单一制国家的出现。

除此之外，当代民族国家中还有相当一部分是在反对殖民主义压迫的过程中建立起来的。19 世纪以来，随着资本主义的迅速发展，西方国家出现了原料匮乏、市场短缺等一系列矛盾，极大地限制其发展规模。为了扩展经济发展空间，它们凭借军事手段开始疯狂地扩张，导致资本主义国家出现全面争夺殖民地的战争。从 19 世纪后期至 20 世纪中期，在世界范围内，殖民地国家广泛掀起民族解放运动，在此过程中一批批殖民地国家纷纷摆脱宗主国而宣告独立，为此，又诞生了大量的单一制民族国家。

当代西方国家中大多数实行单一制，如英国、法国、意大利、日本、挪威、瑞典等。

单一制国家就其国家权力集中的程度不同，可分为中央集权制国家和非中央集权制国家两种。实行中央集权制的国家，其地方权力较小，地方政府由中央任命并授予权力，中央往往通过人事任命等政治、行政手段以及财政拨款等经济手段控制地方。对于中央政府的指令，地方政府必须服从。在实行非中央集权制的国家中，其地方权力机构具有一定程度的自治性，即地方自治。地方行政首脑或立法机构通常由选民直接选举产生，其立法机构可以就地区一般性事务进行立法，地方政府在解决地方事务中拥有一定的自主权。因此，是否实行“地方自治”成为衡量国家权力控制地方程度的重要标志。

英国被认为是典型的非中央集权制国家，长期以来实行地方自治。除了在英格兰王国、苏格兰王国、威尔士王国和北爱尔兰实行地方自治之外，其乡村、市镇（城市）也都有实行地方自治的历史。

可以说，地方自治始终是西方国家重要的民主价值之一，而当今时代实行地方自治更成为一种潮流。地方自治是公民实现自我管理的过程，而且成为公民参与的重要方式。现在，在大多数西方国家都存在不同程度、不同形式的地方自治。

法国历史上被认为是传统的中央集权制国家。中央政府通过人事和财政拨款等手段对地方进行控制。1958 年《宪法》还明确规定了省、海外领地等地方单位需由中央政府派出代表“负责维护国家利益、监督行政并且使法律获得遵守”。但是，1982 年，法国通过《权力下放法》实行地方分权体制。通过将一些具体的经济规划权由中央下放地方，加强地方政府的权力。同时，在法国市镇等基层区域，普遍实行了具有地方自治性质的管理模式，如市镇议会由选民选举产生，负责具体管理区域规划、经济发展、公共服务等事务。但其自治权不仅接受公民的监督，而且还要接受上级或中央政府的监督。

还有另外一种地方自我管理方式也引起广泛关注，这就是 20 世纪后期日本逐渐出现的地方公民复决活动。日本也是一个曾长期实行中央集权制的国家，但是，地方公民复决的活动一经产生便快速蔓延。一个“复决投票立法论坛”称，自 1996 年以来，日本共计举行了 370 多次地方性公民复决。① 这些公民复决活动大多是针对市镇合并、市政建设规划等议题进行的。另外，在像冲绳这样设有美国军事基地的地区，也要求减少或转移复决投票活动。各地方进行复决投票的程序并不统一：有的地方是由市民征集签名，一般需要有 1/6 以上选民签名方可进行公民复决投票；有的地方由行政单位设立一个常设机构，负责组织选民签名征集活动并可以对任何议题进行复决投票；还有的地方行政长官可以建议举行复决投票，并且通过散发传单等方式促进选民了解议题，组织选民进行深入讨论。这些活动完全是公民自行管理的具体举措，可以归纳为地方自治的一种形式。

总之，在单一制国家始终存在中央政府如何管理国家以及如何处理中央与地方权力关系的问题。然而，应该说，实行地方自治及多种形式的公民自行管理机制，确实成为西方国家带有普遍性的潮流。

（二）联邦制国家

所谓联邦制（federalism）国家，即由几个联邦组成单位（如州、省、邦等）结合在一起组成的联盟国家，“通过其存在和权威都受到宪法保障的中央政府与区域性政府之间

① 法国更新治理研究院. 治理年鉴 2007. 北京：新星出版社，2007：142.

的分权而将统一性和地区多样性一起纳入一个单一的政治体制之中”。[①] 联邦制国家具有以下特点：整个联邦拥有统一的宪法（国家的根本法）和法律，拥有最高国家权力机关；作为一个国家实体存在，在对外关系上是一个独立的国际法行为主体，其国民具有统一的国籍；联邦各个组成单位也拥有自己的宪法和法律，但其原则和内容不得与联邦宪法发生抵触，否则以违宪论之；联邦各组成单位拥有通过民选产生的立法或政府行政机构，在其区域范围内行使权力；在对外活动中，不具有国际法主体的地位，不具有独立外交权；联邦及联邦组成单位之间的关系是依据宪法而划定其不同的权力范围。有关全国的外交、军事、国家财政等事务由联邦政府（中央政府）管辖，联邦各组成单位自行管辖本地区的财政、经贸、文化教育等具体事务。美国于 1787 年建立了第一个现代联邦制的国家，除此之外，当代西方国家中还有加拿大、澳大利亚、德国、俄罗斯、瑞士、巴西、比利时等实行联邦制。

每个联邦制国家的形成都有其不同的历史原因，美国联邦制是从邦联制（confederation）[②] 演变而来的。18 世纪北美 13 个州原本是独立存在、各自为政的英属殖民地，它们最初是为了反对英国的殖民统治而建立了各州代表参加的联席会议——大陆会议。1776 年，13 个州的代表在费城召开第二次大陆会议，发表了脱离英国的《独立宣言》，正式宣布美利坚合众国成立。1777 年制定了《邦联条例》（Articles of Confederation），并于 1781 年由各州给予批准，从而使 13 个州在法律上结成了邦联。《邦联条例》重申要尊重和保障各州的主权、独立和自由以及其他权利；邦联所做的决定对各州具有约束力，但是，只有通过各州政府发布命令，联邦的决定才对本州人民产生法律效力。然而，独立战争结束后，邦联逐渐陷入困境，其主要问题是：没有统一的、具有最高权威的国家权力机构的领导，缺乏必要的财政权、军事权、外交权等，在面临重重外患的情况下，很难实施有效的领导；在 13 个州内部，由于各自为政的现实存在，经贸发展受到严重影响，各个州为了维护自身利益，竞相设置贸易壁垒，提高关税，结果反使西欧国家乘机对 13 个州进行商品倾销，捞取经济利益。总之，邦联国家结构并未能促使独立后的北美 13 个州走向安全、和平与发展，相反却使之内外受困。因此，修改《邦联条例》，建立更加巩固的国家结构，成为越来越迫切的需要。1787 年，北美 13 个州的 55 名代表聚集费城，制定了《美利坚合众国宪法》，由此诞生了联邦共和国，完成了从邦联制向联邦制国家结构的转变。此后，美国又通过向外扩张等手段在 100 年的时间里将其领土扩大了 10 多倍。

德国联邦制的形成也经历了比较复杂的历史过程。中世纪以来的德意志帝国一直是众多独立的王国和封建领地的松散联盟，其中，普鲁士、奥地利等王国势力较强；但由于缺乏中央集权的政治统一和权威，诸王国处于分裂状态，商品经济的发展严重滞后。18 世纪末至 19 世纪初，由于受到法国资产阶级大革命的冲击以及拿破仑对普鲁士、奥地利等国的攻击，德意志试图以政治改革来加强自身的实力。1814 年维也纳会议通过了《邦联法案》，据此于 1815 年组成德意志联盟——德意志邦联。邦联设立了由各个邦的代表参加

---

① 米勒，等. 布莱克维尔政治学百科全书. 北京：中国政法大学出版社，2002：270.

② 邦联制是一种国家联盟的形式，即一些主权国家为了达到某种政治、经济、军事的目的，以共同的条约为基础组成国家联盟。它不具有主权国家特征。邦联的维持有待于各成员国的共同协商和权力让渡，是以共同同意为基础的。

的邦联议会，由奥地利国王担任主席。但是，邦联内部的 30 多个邦和自由市仍然保留政治上的独立并享有主权，使德意志邦联事实上仍处于封建割据的状态，统一问题迫在眉睫。在邦联内部，普鲁士王国和奥地利王国一直在争夺统一德意志的领导权，致使邦联内部纷争迭起，尤其是普鲁士王国奉行“铁血政策”，誓以战争方式自上而下地实现统一，终于在 1866 年爆发了普奥战争，最终奥地利失败，退出了邦联。1867 年，以普鲁士为首建立了北德意志联邦。1870 年又爆发了争夺欧洲霸权的普法战争，这场战争以普鲁士胜利而告终，普鲁士也因此完成了德意志的统一，建立起德意志联邦。然而，此时的德意志联邦仍然是典型的封建君主制国家，普鲁士在帝国中占据着统治地位，普鲁士国王即德意志联邦的皇帝，拥有政治、军事、外交等重要权力；普鲁士首相也是联邦的宰相，掌握联邦最高行政权，由皇帝任免，对皇帝负有政治责任。这样一个封建帝国维持了 30 多年，终于在 1914 年欧洲爆发第一次世界大战之际，在其内部掀起了资产阶级民主革命。这场革命推翻了霍亨索伦王朝的统治，更改帝国为共和国，并于 1919 年制定了《魏玛宪法》，确立了总统制政体，使德意志联邦从封建君主制国家转变为资产阶级共和国。

再有像加拿大、澳大利亚原来曾经是英国占领下的殖民地，并且在宗主国治下逐渐形成联邦制国家。1867 年英国议会通过《不列颠北美法案》，将其北美殖民地加拿大省、新不伦瑞克、诺瓦斯科舍合并为一个联邦，成为英国的自治领；此后几十年里，其他省亦相继加入联邦。1926 年英国承认加拿大拥有“平等的地位”，加拿大开始享有外交权。1931 年英国议会通过《威斯敏斯特法案》，确认加拿大为英联邦内的独立国家。然而，直至 20 世纪 80 年代加拿大才拥有完整的主权，即 1982 年英国女王签署了加拿大新宪法，确认其拥有立法、修宪等权力。澳大利亚则是于 1900 年在英国议会通过的《澳大利亚联邦宪法》和《不列颠自治领条例》下，组成澳大利亚联邦，成为英国的自治领（1901 年 1 月 1 日正式实施）。同样是 1931 年英国议会通过的《威斯敏斯特法案》，确认澳大利亚为英联邦内的独立、自由国家。

此外，还有一些国家是从单一制转变为联邦制。这些国家转变为联邦制的原因是多重的，有的是因为国家领土扩大，不便实行中央集权管理；有的是因为地方势力较大，民族矛盾、宗教冲突、文化差异较严重，要求自治的呼声很强烈。建立联邦制，能够在给予地方一定自主权的基础上，缓解国家矛盾，减轻中央政府的负担，并能够比较有效地避免国家分裂。历史上巴西曾在 1889 年通过给予各地方自治权而建立了联邦制共和国；当代有比利时于 1995 年开始实行国家结构的转换。比利时是一个多民族、多语言、多宗教的国家，在这个国家，有讲法语、城市化程度较高的瓦龙人，有讲弗莱芒语、宗教色彩浓厚、城市化程度较低的弗莱芒人；还有讲法语的布鲁塞尔人和讲德语的部分社群。“社会中的各部分成员在很大程度上互相隔离，以至于一个团体中的个人不可能与其他团体中的个人有什么互相作用。……由于缺乏个人的相互作用来减缓不容忍情绪的确定和成型，分裂社会将会使党派敌对进一步恶化，使对民主政治过程来说必不可少的谈判和妥协的运作变得更加困难。”① 1994 年议会参、众两院通过新宪法，扩大地方政府的政治权力。实行联邦制后的比利时，地方政府包括 4 个语言区，即法语区、弗莱芒区、布鲁塞尔双语区和德语

① 迈耶，等. 比较政治学：变化世界中的国家和理论. 北京：华夏出版社，2001：47.

区；及 3 个地区政府，即瓦龙区、弗莱芒区和布鲁塞尔首都区。地方政府权力扩大，部分地满足了地区分权的需要，各区域间的矛盾逐渐缓解，分离主义行为有所减少。

联邦制国家中央政府（联邦政府）和联邦各组成单位之间的关系，一般是通过联邦宪法划分其各自的权力范围。但是，各国宪法在规定联邦及其各组成单位的权力时，采取了不同的规定方式。比如，美国宪法采取的是对联邦权力进行“肯定列举”，对州权力进行“否定列举”的方式。所谓“肯定列举”，即明文规定联邦所拥有的权力；所谓“否定列举”，即明文规定各州不能行使的权力。美国宪法同时规定没有明确列举的权力内容属于人民和各州。瑞士、澳大利亚等国也采取类似的规定。加拿大宪法对联邦和各州的权力均进行“肯定列举”，同时规定宪法中未提及的权力内容归属联邦政府。《德国基本法》则列举了联邦的专有权力以及联邦和各州的共同权力，规定未被列举的权力属于各州。

综观联邦制国家，联邦政府的主要权力有：宣战与媾和，外交，统率军队，管理国家或州际（包括铁路、水路、航空）交通、邮政、通信等，管理国家税制和贸易，制定货币和度量衡制度，保护著作权和专卖权，募集国债，审理各种联邦诉讼和各州之间产生的法律诉讼，等等。属于联邦和各州共同拥有的权力，一般不适于由一方单独行使，必须由双方共同行使，如国会议员的选举、总统和副总统的选举、宪法的制定和修改等均属于联邦与联邦组成单位共同拥有的权力范围。

此外，联邦制国家在中央权力机构的设置上也体现联邦组成单位的权力地位及其对国家政治决策的参与。通常的做法就是在国家立法机构建立两院制，其中有一院（一般是参议院）的议员要体现其所在州的利益。比如美国的参议院是由各州两名议员组成的，它表明各州平等参与国家政治决策，在国家权力结构中包含各州的权力。德国联邦参议院的议员则是由各州政府任命的，并根据不同州的人口比例在联邦参议院中分配议席。俄罗斯联邦立法机构的上议院称为联邦委员会，其成员则是由各加盟共和国挑选出立法委员或行政官员组成，以此代表本区域政府参与国家立法与政治决策过程。

第二章

当代西方国家宪法概述

近代资本主义国家建立以来逐渐建立一系列民主制度，并经历 300 多年的政治实践，塑造了民主政治秩序，并形成一定的合法性和权威性。民主制度的内在价值无疑是产生合法性的基础，然而通过国家最高法律——宪法形成有效的规范，则是产生强制力的重要来源。宪法既是政治制度建设的法律依据，同时也构成政治制度的组成部分。于是，民主制度的特征之一就是具有宪法的基础。由此可见，宪法是关乎一个国家基本政治制度的法律，是规范人们政治行为和活动的最高原则。要研究西方国家政治制度首先需要了解其宪法。以宪法为蓝本探讨其政治制度的基本内容是重要的研究方法之一。

"宪法"一词古已有之。英文"constitution"一词最初源于拉丁文"constitutio"；在古罗马帝国时代，"constitutio"意为皇帝颁布的诏书、谕旨。在古典政治学研究领域，古希腊政治学家亚里士多德提出了关于"constitution"的概念，并解释为规范国家机构的法律，由此与普通法律加以区别。在中世纪的欧洲，constitution 一词也往往用于表示封建国家制度的规则、章程等等。直到近代这一概念才发生根本性的变化。

现代意义上的宪法概念与近代资产阶级革命有密切的关系，资产阶级在反对封建专制主义的斗争过程中，试图运用法律形式规范国家的最高权力（封建国王的权力），并且取得了完全的胜利，确立了宪法作为国家根本法的地位。17—18 世纪，英国、美国、法国等主要西方国家开始制定宪法，这些宪法不仅体现资产阶级的利益要求，而且还借鉴了反对封建专制主义斗争中取得的政治经验，确立了现代西方国家政治制度的基本原则，其中很多原则一直沿用至今。当今世界的文明国家几乎都有一部宪法，宪法概念也被注入全新的内涵。从早期认为宪法是旨在限制国王权力，国王权力来源于宪法的认识，[①] 发展到现在普遍以宪法约束国家政治权力。同时，随着宪法的出现，宪法学这一重要的法学分支学科也逐渐形成。西方国家建立宪制的实践无疑为总结系统科学的宪法学理论提供了宝贵的实证研究资料。

---

① 米勒，等. 布莱克维尔政治学百科全书. 北京：中国政法大学出版社，2002：25.

第一节　宪法的概念及宪法类型

一、宪法的概念

什么是宪法？宪法是具有多层次内涵的法律概念，很难用一个简单定义对其做出完整、准确的概括。我们试图从西方国家宪法的产生以及宪法的具体内容和形式进行探讨，归纳出宪法固有的基本特征，并通过这些基本特征认识和理解宪法的概念。

（一）宪法的内容特征

现代西方国家宪法产生于近代资产阶级革命，是资产阶级反对封建专制主义斗争的产物，由此决定了宪法所确立的原则及其内容都必定体现资产阶级的利益要求和政治理想，即全面否定专制主义政治，构建权力分享的政治格局。在此之前，所有法律的制定大都以规范社会行为、对民众实施法律约束为基本目的，只有资产阶级革命提出对国家最高权力——君主权力进行规范和约束，因此它赋予宪法崇高的政治使命，这也决定了宪法无论从内容上还是形式上，都具有某些不同于一般法律的特征。从宪法学研究的角度，宪法被定义为国家的根本法，是国家一切法律规则的规则，或称元规则。

宪法之所以被称为国家的根本法，首先体现在其内容上。现代意义上的宪法概念特别强调宪法的内容必须体现“限权原则”。西方国家宪法学明确指出，“无限权原则，无宪法可言”，表明了一种对宪法概念的认知。“限权原则”是西方社会广为流传的政治原则，源于中世纪之初封建贵族对王权制衡的诉求和主张，并且被写进了相关法典。资产阶级所以承袭这一古老的政治原则，与它进行反对封建专制主义斗争的目的密切相关。而且，资产阶级根据其自身的政治经验，把“限权原则”从对封建君主权力的限制拓展为一种具有普遍适用性的政治原则，提出对国家权力实施普遍性的限制。因此，宪法的概念产生了重大变化，即它的目的就“在于提出限制和控制政权的范围，把规定的权力从统治者的绝对控制下解放出来，使……在活动过程中取得合法的分享”。[①] 限制国家权力具有两方面的含义：一是防止国家权力机构的权力相互渗透，避免形成一种凌驾于一切之上的政治权力；二是防止国家权力机构滥用权力而造成对公民基本权利的侵害。以上两方面的含义体现在宪法中，就有了宪法必不可少的两方面的内容：为了避免形成一种凌驾于一切之上的政治权力，宪法需要对国家权力做出划分和规范；为了防止政府权力被滥用侵害公民的权利和利益，宪法必须规定公民的基本权利及其保障制度的内容。由此可见，限制政府权力与保障公民的基本权利是互为条件和结果的。由于政府掌握着国家强力机器，拥有行使政治权力的优势，具有支配社会资源的能力，对社会具有某种扩张性，因而易形成对公民利益的侵犯和攻击，因此，限制政府的权力正是以保障公民基本权利为目的，而保障公民权利则须以有效规范和限制政府权力为前提。1789 年，法国大革命之后产生的《人权宣言》（Declaration of the Rights of Man and of the Citizen）明确指出，“凡权利无保障和分权未确立的社会，就没有宪法可言”。《人权宣言》一直作为法国宪法重要的序言部分，充

---

① 罗豪才，吴撷英．资本主义国家的宪法和政治制度．北京：北京大学出版社，1983：3．

分表明了法国的立宪原则。

一般来说，宪法首先赋予政府权力，使国家政治权力合法化。民主的政府应该有能力履行其职责，特别是在出现危机等紧急状态下政府仍然能够有效履行其职责，避免或减少危机造成的公共损失。然而，宪法需要使政府权力规范化，即规定政府权力的范围以及政府行使权力的法定程序，任何超越法律规范的权力都有可能造成对社会的威胁。因此，宪法需要促进政府权力的可控性。这具体体现为规定政府的产生和轮换制度，规定政府的决策程序，规定政府的责任制度，最后使政府的一切政治行为置于公开的过程中。英国在“光荣革命”后立即通过立法规范了国王的权力。1689 年英国议会通过《权利法案》（Bill of Rights）规定国王未经议会同意不得终止任何法律的执行，不得设置宗教事务机构，不得征收和支配税收，不得保有军队等。1701 年议会又通过了《王位继承法》，其中规定了王位继承顺序以及继任国王的宗教信仰，规定国王所通过的一切决议须由同意该决议的大臣签署并负责等。

此外，宪法之所以能够提供民主制度运行的必要条件，正在于它对公民权利内容的规定。英国在资产阶级革命过程中就不止一次提出保障公民基本权利的主张和诉求。1628 年曾经提出《权利请愿书》（Petition of Right），列举了公民应该享有的一系列权利；针对封建国王随意对人实施非法拘禁等行为提出了保障公民司法参与权的要求，并迫使英王詹姆斯二世于 1679 年 5 月签署《人身保护法》（Habeas Corpus Act），规定禁止对英国公民实施非法拘禁，任何被拘捕人员必须经过法院司法审判确定其是否有罪；法院认为无正当拘捕理由的，必须立即释放；对获得缓审的控犯经正当司法程序可在缴纳保证金的情况下加以释放；严禁将本国公民流放异国；等等。1689 年通过的《权利法案》又明确规定公民有权向国王请愿，议员在议会中享有自由发表言论的权利等。

而美国 1787 年在费城制宪会议上制定的《美利坚合众国宪法》，在履行各州批准程序过程中遭到了当时民主派的强烈质疑，指出宪法中没有关于“公民基本权利”的规定。为此，1791 年美国又通过了宪法修正案，以补充公民基本权利的内容。

（二）宪法的法律特征

宪法是法律的一种类型，但区别于一般的法律，它构成了一个国家法律体系的核心，是一切法律规范的规范。宪法和普通法有以下几方面的区别：

法律规范内容有所不同。宪法具有特殊的规范内容，是规范和调整国家及社会关系的法律，因此其主要内容涉及国家的政治制度，包括国体（国家主权所有者、统治权力掌握者、宪法的制定者）、政体（国家政权机构的组织形式）、国家结构形式（国家整体与部分、中央与地方的关系）、国家权力机构的相互关系及其权力运作的方式、公民的基本权利与义务、宪法的保障制度等。而普通法则是调整和规范国家及社会生活某些具体方面、调整社会关系的法律，是由国家立法机关依据宪法规定的立法程序、立法原则等制定的，通过国家行使权力对社会公共利益进行维护。

法律效力有所不同。宪法的根本法地位决定了它具有最高的法律权威和法律效力。国家任何其他立法都是次一级的规范，诸如法律规则、行政决议、各种条例等必须在宪法规定的范围之内。立法机构必须按照宪法规定的立法原则、立法程序制定具体法律法规，立法的内容必须符合宪法原则，否则，该项立法便可能失去法律效力。很多国家的宪法对此都有明确的规定，如日本《宪法》规定：“本宪法为国家最高法规，凡与本宪法条款相违反的法律、命令、诏敕以及有关国务的其他行为之全部或一部，一律无效。”法国1958年《宪法》也规定：“被宣布为违反宪法的规定，不得予以公布，也不得实施。”由此可见，宪法具有最高法律效力，普通法因为执行宪法而产生法律效力。

创制与修改的程序有所不同。就宪法创制而言，一般说来，人民是国家的主体，宪法的制定权应该属于人民，在宪法的制定中应该体现人民的意志。人民拥有制宪权的具体体现是“宪法的制定必须由一个国家所有符合条件的公民参与讨论、提出立宪的建议，然后通过特殊的程序予以通过”。① 但是，具体国家的制宪实践是有所不同的。有的国家是由国家最高权力机关制定宪法，其最高权力机关因为是民选而具有代表人民意志的合法地位，如英国、比利时、巴西、波兰、捷克等。有的国家则是由专门的制宪机关制定，专门制宪机构因被认为具有政治超然性而能够体现公意，如意大利、美国等。1787年美国来自各州、各行业的55名代表聚集费城组成制宪会议，起草了美国宪法，并依据宪法草案规定交给各州批准；1791年经法定的3/4州的批准，该宪法才得以生效。1789年法国大革命后成立的制宪会议起草了著名的《人权宣言》和1791年《宪法》。还有的国家规定宪法经由专门机构或立法机构起草之后须交给全国公民投票表决，法国1958年《宪法》制定后，即交由全国公民投票通过才生效。全民投票表决被西方国家认为是直接的民意表达方式，认为对宪法草案进行全民公决最接近“宪法制定权属于人民”的理念。20世纪70年代以来，通过全民公决制宪的国家越来越多，像1978年的西班牙，1987年的韩国和墨西哥，20世纪90年代以后的罗马尼亚、俄罗斯、瑞士等国都是以全民公决的方式产生国家宪法的。

就宪法修改而言，各国修宪程序比普通法修改程序要严格、特殊，具体可概括为程序较复杂、通过的门槛较高。如日本《宪法》规定：“宪法的修订，必须经议院全体议员2/3以上赞成，由国会创议，向国民提出，并得其承认。此种承认，必须在特别国民投票或国会规定的选举时进行投票，必须获得半数以上赞成。”法国现行《宪法》规定：“宪法的修改，必须在公民投票通过后才能最后确定。但如果共和国总统决定将宪法修改草案提交召开两院联席大会的会议时，即无须提交公民投票……修改草案必须获得有效投票3/5的多数赞成才能通过。”美国宪法也规定了修改宪法的程序：经国会参、众两院2/3的议员同意可以提出宪法修正案，或者根据2/3的州议会的请求召开制宪会议提出宪法修正案；但该修正案必须经过3/4的州议会或3/4的州制宪会议的批准，才可以作为宪法的一部分生效。对宪法的创制和修改规定了如此复杂、严格的程序，其目的就在于保障宪法至高无上的法律地位。

（三）宪法的政治取向

宪法也会具有政治和意识形态的特征。② 历史上，资本主义国家宪法和社会主义国家宪法针锋相对，表现出强烈的意识形态对抗。但是从另一角度看，也可以看到了随着现代化不断发展，不同国家逐渐认识到维系人类生存发展有赖于最基本的价值。基本价值的回

---

① 许崇德. 宪法. 北京：中国人民大学出版社，1999：10.

② 米勒，等. 布莱克维尔政治学百科全书. 北京：中国政法大学出版社，2002：176.

归逐渐使意识形态的对立和斗争退居次要位置，宪法更呈现了作为国家根本法的基本功能。宪法体系、功能的完善体现了现代政治的基本价值和理念。毋庸置疑，人类最崇高的政治道德是对人性的关怀，以创造人的自由发展空间为基本价值。近代以来，宪法的出现驱使人类开始对这一政治目标做出努力。宪法的内容要求影响着不同制度的国家自觉或不自觉地校正自身的发展方向，在价值取向上开始重视政治道德的基本价值。追求人的平等，追求社会公平、正义成为被普遍接受的宪法政治价值。例如，1947 年《意大利共和国宪法》明确提出："意大利为民主共和国，其基础为劳动。主权属于人民"，"全体公民……均有同等的社会身份，并在法律上一律平等"，"共和国的任务在于消灭经济及社会方面的障碍——实际上限制公民自由与平等的障碍，阻碍人格充分发展及全体劳动者真正参加国内政治、经济及社会组织的障碍"。法国 1958 年《宪法》开篇写道：法兰西共和国将根据公民权利及国家主权原则和人民自决原则"提供以自由、平等、博爱的共同理想为基础的，并且为其民主发展而设计的新体制"。①

此外，宪法作为法律，最初的产生只是政治妥协的产物，资产阶级通过规范和限制封建王权的方式，实现了政治权力的分享。由此说明，早期民主制度的建立是各种政治力量妥协而产生的权宜性安排。但是，随着资本主义的发展，这种权宜性的安排逐渐成为广泛遵守的规则，而宪法内容也更趋向强调"对多数派决策（majority decision）的一些限制，更具体地说，指的是那些在某种意义上自我施加的限制"。换言之，宪法从最初以限制政治对手为目的变为具有广泛约束力和公信力的法律规范。

在西方国家宪法实践过程中，逐渐建立起宪制，宪制在政治学中成为越来越重要的概念。所谓宪制，就是指一种政治秩序，具体说就是依照宪法规定建立起来的政治制度。宪制的根本性质在于对国家和政府权力做出限制，保障公民的基本权利。

二、宪法的类型

从宪法发展的历史看，各国宪法的产生、存在形式、制定与修改方式等都存在差异。如果说我们学习宪法的概念主要是通过其内容的层面了解宪法实质的话，那么，学习宪法的分类，则有助于认识不同国家各种类别宪法的特征，从其形式层面对宪法规范及其实质加以理解。

以宪法学研究的角度看，通常把宪法划分为以下几个类型：

（一）成文宪法和不成文宪法

成文宪法是以一个成文的法典形式呈现的宪法，它集中、明确地表述和规定了有关宪法规范的内容。美国于 1787 年颁布的《美利坚合众国宪法》是人类历史上第一部成文宪法，至今它仍在继续沿用。如今，世界上绝大多数国家都有一部成文宪法。而且，从某种意义上说，但凡一个新国家诞生，或者一个新生政权建立，往往都以颁布一部成文的新宪法昭示天下其新政治里程的开始。

成文宪法没有统一的模式，但在实践中，各国宪法的内容结构大致相同。概括地说，主要的内容结构包括：（1）序言。该部分内容一般不具有法律的意义，有的序言要陈述国

① 中国人民大学法律系．中外宪法选编．北京：人民出版社，1982：139，114．

家的基本象征，包括国旗、国徽、国歌、首都等。有的序言着重阐明制宪的目的、建国的宗旨、人民共同的信念和理想、保卫祖国的责任或国家发展的目标。有时，从这一部分内容可以看出宪法制定者的世界观、政治信仰等。(2) 正文。该部分主要对国家权力机构和公民基本权利做出具体规范，即国家权力机构（包括立法机构、行政机构、司法机构）的产生、职权范围、组织方式、运作规则，以及公民的基本权利。这是现代国家成文宪法中最为重要的规范。(3) 宪法保障制度。这一部分包括宪法的修改程序、宪法的解释制度等内容，以确保当宪法发生变更等情况时严格按照程序进行，维护宪法的权威性。(4) 附则。主要规定宪法实施的时间，以及为实施宪法必须做到的法律和组织上的准备等。

不成文宪法则没有成文的法典，其宪法规范是通过在历史演进中形成的一系列具有宪法性质的文件表现出来的。当代西方国家中只有英国、以色列实行不成文宪法。英国不成文宪法的历史十分悠久，其史上著名的《自由大宪章》(1215 年通过）被称为宪法渊源。它是当时各封建领主与国王之间政治斗争的产物，在其内容中体现了对国王权力的限制，由此形成的限权原则成为后来西方国家宪法的重要原则。可以说《自由大宪章》为英国宪法奠定了法律基础。此外，英国的宪法体系还非常庞杂，包括宪法性法案、法院判例及宪法惯例等。首先就宪法性法案来说，其中重要的有：1628 年通过的《权利请愿书》，这是以英国资产阶级和新贵族为主要力量的社会阶层对国王提出的禁止滥用征税权、保护私有财产权等的要求。1679 年 5 月通过的《人身保护法》，规定禁止对英国公民实施非法拘禁，保障司法公正等。1689 年通过的《权利法案》，进一步规定了对国王权力的限制，禁止国王征税、颁布法律、保持常备军等权力，并规定议员在议会中享有自由发表言论的权利以及臣民享有政治请愿的权利等。1701 年通过的《王位继承法》明确规定了王位的继承制度。20 世纪英国重要的宪法性法案有 1911 年通过的《议会法》和 1918 年通过的《人民代表法》。《议会法》调整了英国议会两院的权力结构，加强了下院的立法权；《人民代表法》则进一步扩大了选民的选举权。另外，英国是实行判例制的国家，在其法院的判例中也有涉及宪法原则的判决，如法官司法独立和陪审制度就是通过司法判例做出规定的。再有，英国宪法体系中还有很多宪法惯例存在，比如，责任内阁制度就是以宪法惯例出现的。1714 年到 1783 年，英国行政制度逐渐形成一系列具有宪法效力的实践原则，包括国王不出席内阁会议、内阁首席大臣主持内阁会议、内阁向议会下院负责等，从而实现了由国王执掌国家行政权向内阁行使行政领导权转移的制度性变化。

谈到宪法性惯例，不论在成文宪法国家还是在不成文宪法国家都可能存在。在实施宪法的过程中，有时会遇到一些宪法内容没有具体规定的情况，对此需要做出某种实践；而且这种实践经过多次重复，便形成了宪法惯例。宪法惯例的存在往往是不成文的。如具有成文宪法的美国也会出现宪法惯例，其历史上长期存在总统任职不得超过两届的宪法惯例。① 总之，宪法惯例具有以下特点：第一，它是政治实践的产物，是在政治过程中一些涉及权力运作的实际方法。虽然它没有形成明确的法律规范，但因其能够有效调节国家权力机构之间的政治关系，为权力结构所接受，故而能够产生宪法约束力。第二，实施宪法惯例有时会出现一定的可变性，比如在英国的责任内阁制中，当内阁得不到议会下院

① 美国首位总统华盛顿曾在担任两届总统之后自动辞职，由此形成美国总统任期不超过两届的宪法惯例。

支持的时候，既有“内阁集体辞职”的惯例，也有“内阁请求国王解散议会下院，重新进行大选”的惯例。具体采取哪种做法，则取决于当时内阁和议会下院政治力量对比以及国内的政治形势。另外，20 世纪 30—40 年代由于处于经济危机和世界战争的非常环境，出现了罗斯福连任四届总统的情况，打破了美国长期遵循的宪法惯例（二战后 1947 年美国国会立即提出了“当选担任总统职务不得超过两届”的《宪法》第 22 条修正案，并于 1951 年批准生效，使原有的宪法惯例变成成文的宪法条款）。

（二）刚性宪法和柔性宪法

刚性宪法是指宪法的制定或修改程序比较严格，往往具有特殊的程序安排。而柔性宪法则是指宪法制定或修改程序与普通法的制定与修改程序基本一样。

从当代西方国家宪法来看，大多数国家宪法属于刚性宪法，以此昭示宪法作为国家根本法的地位。对此，美国宪法最具典型性。美国宪法规定，如果修改宪法，必须由国会参、众两院 2/3 议员提出，或者由州议会请求召开制宪会议提出宪法修正案；所提出的宪法修正案必须通过 3/4 州议会或者通过 3/4 州制宪会议的批准。由此可见，美国要进行宪法的修改，其难度是比较大的，一般都要经过数年的时间。相比较而言，英国因为实行不成文宪法，它的宪法规范散见于各种普通立法中，甚至散见于判例或政治惯例中，所以英国实际上没有特殊的宪法制定和修改程序，均采取普通立法程序。因此，英国宪法就是典型的柔性宪法。

（三）民定宪法、钦定宪法和协定宪法

所谓民定宪法、钦定宪法、协定宪法，是依据制宪主体而划分的宪法类别。通常说来，民定宪法的制定者是人民，即通过民意机构或通过全民公决等方式最终产生的宪法，这是当代西方国家普遍的制宪方式。所以说，现在大多数西方国家都是民定宪法。钦定宪法是历史发展中的特殊产物，指以封建君主作为制宪主体而制定的宪法。比如日本的明治宪法正是从封建社会向资本主义过渡时期实行君主立宪制的体现。当今世界仍在继续沿用的钦定宪法是 1814 年挪威制定的宪法，也是最为古老的钦定宪法。协定宪法则是指封建君主与民众通过共同协商制定的宪法，它体现了双方的政治妥协。1809 年瑞士曾经制定了协定宪法。

（四）联邦宪法和州宪法

这是联邦制国家存在的特殊宪法分类，即全国拥有一部国家宪法，同时联邦各组成单位（州）还拥有自己的宪法。联邦宪法涉及整个国家（联邦）范围的事务，具有国家根本法的地位。而各联邦组成单位的宪法则专门规范本区域的事务，并在其区域内发生效力。联邦组成单位的宪法及其各种法律不得与联邦宪法的原则及内容相冲突，否则以违宪论之。如实行联邦制的美国、加拿大、德国、澳大利亚、瑞士等国都拥有两套宪法制度。

第二节　西方国家宪法的基本原则

宪法的基本原则是体现在各国宪法中的基本思想价值以及政治追求目标。西方国家宪法的基本原则是对从 17—18 世纪启蒙运动到资产阶级革命的政治思想家关于国家、政府权力、社会权利等理论学说的总结。这些原则既包含反对封建专制主义的思想理论结晶，又包含对国家民主政治发展具有普遍指导意义的基本价值。

一、"主权在民"的原则

"主权在民"（sovereignty in people）原则又称为"人民主权"原则。西方国家的宪法大都明确表述了这一原则。所谓"主权"指在一个政治共同体中（比如国家）最高的政治决定权。主权具有永恒性、独立性、终极性的特征。"主权在民"作为一种政治理论是针对中世纪后期盛行的欧洲"主权在君"理论提出的。从实质上看，"主权在君"与"主权在民"理论争论的焦点问题就是到底由谁掌握主权。

中世纪以来，整个西欧经历了一场宗教与世俗政治权力的斗争，以英、法等国国王为首的国家政治力量与罗马天主教会之间展开了对欧洲统治权的激烈争夺，由此引发了广泛的宗教改革运动。这场宗教改革最终以世俗国家的胜利宣告结束，"到15世纪下半叶已经取得明显成果，一种历史上崭新的国家形式——民族国家框架已经呼之欲出了"。① 在这一历史过程中，有三位著名的政治思想家——马基雅维利、让·博丹、霍布斯——奠定了近代国家理论。他们分处于不同年代，但他们对建立统一的、拥有绝对权力的君主制国家有相同的理论见解。马基雅维利生活在16世纪初期的意大利，当时的意大利分裂为众多城邦，存在严重的派别之争。不同派别之间彼此充满敌视和仇恨，或政治倾轧，或相互杀戮，或侵略和奴役其他民族。对此，马基雅维利不断追问如何才能结束这一惨烈局面。在《佛罗伦萨史》《君主论》等著作中，他特别强调只有国家才是抵御内部和外部反抗、维护社会稳定和秩序的重要角色。对于国家体制的选择，他认为传统的共和体制是适宜的，它有助于推选出更能适应不断变化的环境的特定人物进行统治，有助于加强国家权力合法性并维持之。对于国家统治者的选择，他认为统治者应该是集雄狮和狡狐品质于一身的，具有大胆、凶猛和灵活的特征；对统治者来说，公众是其成功与否的判断者；统治者的统治成功可以使公众忽略他所采取的政治手段。马基雅维利无疑道破了极权政治下权力运用的奥秘。此外，16世纪末法国政治思想家让·博丹在他的《共和国六书》中也阐述了主权对一个国家存在的重要性：他认为国家只有通过主权才能达到真正的稳定、统一和安宁；强调国家必须拥有主权，必须在其内部拥有某种能够完全决定自己事务的权力。进而他论述了君主主权的意义，他说，如果没有特定个人发挥作用，主权是难以使国家达到统一、稳定和繁荣的；主权者是上帝在世俗社会进行统治的代理人，主权者只服从于上帝和自然法。博丹认为除了君主政体，任何国家组织形式都有严重缺陷。② 17世纪中叶，英国哲学家霍布斯在其著作《利维坦》一书中也阐述道，国家作为接受臣民委托的主权者，其权力是至高无上的，即权力不能转让、不能被剥夺；君主制是保证国家主权不被分割的重要原因。霍布斯是最早提出社会契约论的政治思想家之一，但他强调绝对国家主权原则。总之，"国家主权"理论起到了鼓动当时欧洲新兴民族国家走向独立的作用，同时为加强封建君主专制提供了理论依据。

---

① 唐士其. 西方政治思想史. 北京：北京大学出版社，2002：176.

② 米勒，等. 布莱克维尔政治学百科全书. 北京：中国政法大学出版社，2002：779.

但随着资产阶级政治、经济力量的增长，资产阶级反对封建君主专制的斗争不断加强。这时出现了一些杰出的政治思想家，其中有斯宾诺莎、洛克、卢梭等，他们则是从人的自然权利之观点出发，进一步发展了社会契约论，论证国家、政府和社会的关系这一传统命题。根据社会契约论，政府的建立是基于自由人通过契约的方式，在每个个人让渡了自己一定的权力后结合而成的一种具有强制性的力量。17 世纪的英国政治哲学家洛克认为，社会契约的思想中包含着一种负责任和限制政府的观念，文明社会能够以法治方法保护个人，也可以使行政权规范化；政治权力是一种由宪法规定的委托，这种委托限制了政治权力的使用者。洛克在《政府论》一书中阐明，政府的存在应当以维护社会利益为前提，如果政府没有能够起到这一作用，社会有权利推翻原政府并通过社会契约建立新政府。18 世纪，法国思想家卢梭在其所著的《社会契约论》中阐述了他对人性自由的崇尚以及对自由主义的真诚追求。他认为人类为了自身的自由与幸福，通过社会契约而建立某种政治共同体，这个共同体就是国家；社会契约赋予了国家权力，国家代表着“普遍利益”和“公共意志”，国家的主权应属于全体公民，因此提出了“人民主权”概念。他说道，政治共同体（主权者）应该体现“公意”，即大多数人的决定，“任何人拒不服从公意的，全体就要迫使他服从公意”。① 政治思想家在提出“人民主权”原则的同时，也试图提出对制度的设计以实现这一原则。洛克指出，在自然状态下每个人都享有自由平等之权利，但并不是人人都可以执行自然法，因此人们需要一种权威，需要一种解决纠纷的权力；于是在社会契约的基础上，人们把在自然状态下个人执行的权力交给一个国家权威机构去执行，这就是议会；议会代表人民行使最高政治权力——立法权。这就是“间接民主”的形式，即由人民委托其他人或团体代表行使国家政治权力。卢梭则对实现“人民主权”原则提出了“直接民主”的形式，即由公众直接行使政治决策的权力；当然，他也意识到实行这一制度形式的难度，所以他指出在小范围内建立政治共同体是可行的。卢梭反对代议制政府，认为代议制政府形式是与民主本义背道而驰的。

事实上，关于人民应该如何行使主权的问题一直存在争议。然而，代议制政府这种间接民主（indirect democracy）形式确实被普遍接受了。直接民主（direct democracy）的形式来自古希腊、古罗马时期的公民参与，而从现代国家的人口、区域规模以及现代人生活方式来看，由公民经常性、直接地行使公共事务的决定权显然是不可能的。因此，从政治实践来看，当代西方国家公民主要是通过“间接民主”方式行使对国家所拥有的主权。

有些政治思想家也开始把“人民主权”原则与建立“民治政府”的制度结合起来。他们认为，政府“是民众间的一种隐含的契约”，“政府最终合法与否（能否拥有统治权），决定权在民众自己……政府大厦的基础是被统治者的认可”。② “人民主权实在是民治政体的基础和目标。这是一种信仰，是一种主义。”③ 实现这一原则在政治制度上的最好体现就是建立民治政府。那么，民治政府的概念又该如何理解呢？西方国家在建立过程中，不

① 卢梭. 社会契约论. 北京：商务印书馆，1980：29.
② 戴伊，等. 民主的嘲讽. 北京：世界知识出版社，1991：36.
③ 布赖斯. 现代民治政体：上册. 长春：吉林人民出版社，2001：143.

断在丰富这一概念，总的来说应该从三个层面理解这一概念：第一是经过选民选举产生国家政权机构，第二是建立政府对民众负责的政治机制，第三是实现公众对政府有效的监督。

尽管如此，除了上述“间接民主”形式，“直接民主”形式在西方国家也是存在的，具体有公民创议（initiative）和公民投票（referendum）制度。公民创议指的是西方国家普遍实行的公民对国家立法或政府决策等提出议案、政策建议的制度。很多国家规定，一定数量的公民具有立法的创议权，并且有对政府提出的政策进行讨论的权利。在这方面，瑞士可谓保有间接民主政治传统最为典型的国家之一。在公民创议方面，仅就2020年而言，瑞士由公民创议的法案就多达10项，如“关于限制移民立法倡议”“政治资助资金透明化立法倡议”“关于提供更多经济适用房倡议”“关于设立卢塞恩文化景区立法倡议”等，最后经公民投票表决，其中4项被通过，6项被否决。①

公民投票分为公民复决和全民公决两种制度。公民复决指的是公民对立法机构通过的立法议案进行再表决的制度。全民公决则是指公民以投票表决的方式对政府提交的立法草案、政治决策或公共措施等进行表决。此一制度曾被法兰西第五共和国写进宪法，成为其宪法制度。在很多西方国家都曾举行过全民公决。尤其是20世纪末以来，国际政治呈现出多元化、民主化的发展趋势，很多国家出现政治转型，于是效仿直接民主，将国家重大政治议题诉诸公民投票的情况越来越多。据统计，2015—2020年世界范围内有59个国家举行了210次公民投票。其中仍以瑞士公投次数最多，达49次；其他西方国家如英国、荷兰、丹麦、爱尔兰、新西兰、意大利等国都多次举行，其中爱尔兰5次、意大利3次、英国3次；此外，民主化国家举行公民投票也非常广泛，如墨西哥12次、阿塞拜疆25次、秘鲁4次、罗马尼亚3次。② 这些国家的公投法案涉及广泛的议题，包括国家制宪、建立国家组织机构或武装力量、国家领导人任期、行政程序法律保护、限制私有财产、保护公民尊严、增加有关社会福利、国家基础建设项目等各方面的内容。通过公民投票制度的实行，可以看到这些国家一方面在积极展现公民政治参与的发展状况，同时也表现出寻求政治合法性的新的尝试。

总之，“主权在民”原则的提出是具有重要意义的，它否定了封建君主专制制度，奠定了现代国家公民政治参与的制度基础。不同国家的政治实践表明，实现人民主权的政治途径在不断拓展。可以说，当代西方政治学说，如多元民主理论、政治参与理论都是对“主权在民”原则进行的现实性探讨，这不仅反映了当代西方国家的政治现实，而且势必促进政治民主化的发展进程。

二、法治主义原则

法治主义（rule of law）作为一种政治思想理论早在古希腊、古罗马时代就已经产生。亚里士多德曾在《政治学》一书中深刻阐述了建立法治主义社会的必要性。他在解答“人治”或“法治”哪一种统治方式更有利的问题时，强调指出“法治优于人治”。他认为，法律体现了理性，是人类社会经验和智慧的结晶；而人却有因情欲操纵所导致的偏向，即

①② 信息来源：https//c2d.ch/；阿劳民主研究中心（The Centre for Democracy Studies）

使是最好的（贤良）人也在所难免，但法律可以避免之。亚里士多德提出法治主义思想，进而否定君主专制统治。

进入17—18世纪以来，法治主义思想在欧洲广为传播，但就此产生的争议也十分普遍。其中最主要的争论就是关于法律制度的地位问题，即法律是国家政府用以规范社会民众的还是首先用来规范政府自身的？古典自然法学派的主要代表人物霍布斯在他的著作《利维坦》中表述了观点，他从人性恶的角度出发论证了国家建立的意义，指出人们放弃了在自然状态下拥有的权利和自由，将其交给统治者；统治者由此成为主权者，享有不可让渡和不可侵犯的权力。霍布斯在国家主权论的基础上讨论法律的存在和地位，强调国家（政府、君主）就是法律制定和实施的主体，国家在法律的基础上建立和平之秩序，“法即秩序”。他认为依据法律建立的政府享有绝对的政治权力，人们不能违背信约而改变、推翻、控制它；人民必须绝对服从政府制定的法律，否则政府就无法约束民间可能出现的混乱。霍布斯明确指出法律是政府用以统治社会民众的工具。他的理论对在中世纪后期建立和加强封建主权国家具有积极的影响，但在接下来的启蒙运动中遭到了质疑。

与霍布斯的理论观点截然不同，以洛克、孟德斯鸠、卢梭、潘恩等为代表的启蒙政治思想家所提出的法治理论则反映了自由资本主义时期资产阶级的政治、经济要求，体现了反对封建专制主义的民主意识。洛克被认为是自由主义和法治主义的奠基人。他指出：“法律的目的不是废除或限制自由，而是保护和扩大自由。这是因为在一切能够接受法律支配的人类的状态中，哪里没有法律，哪里就没有自由。因为自由意味着不受他人的束缚和强暴，而哪里没有法律，哪里就不能有这种自由。”① 在洛克看来，对公众自由形成危害和威胁的只能是统治者，因此，限制统治者的权力是至关重要的。于是，他提出了有限政府的理论，即政府的权力应受到限制。他一方面强调政府的目的在于保护公众的自然权利，“如果权力本来是为某一明定的目的而造，则权力本身必须以此目的为限”。② 另一方面他把有限政府和弱势政府加以区别，认为有限政府只在于其权力范围被加以限制，而其权力的力量并未被削弱。

美国建国初期的政治思想家潘恩关于建立法治政府的著述也十分丰富，他对欧洲世袭的君主制政体予以了全面否定。他指出政府是由于人类的“邪恶”而产生的，是“免不了的祸害”。因此，首先，政府必须以人的权利为基础而建立。政府是由社会民众相互之间订立契约所产生的，而不是所谓的由统治者与被统治者之间订立契约而产生的，③ 所以，政府必须以保护公众的权利为己任。其次，政府的权力必须以宪法加以规范，“宪法是一样先于政府的东西，而政府只是宪法的产物。一国的宪法不是其政府的决议，而是建立其政府的人民的决议。这是法规的主要部分，可以参照或逐条引用。它包括政府据以建立的原则、政府组织的方式、政府具有的权力、选举的方式、议会——或随便叫别的什么名称的这类团体——的任期、政府行政部门所具有的权力，总之，凡与文官政府全部组织有关

① 洛克．政府论：下篇．北京：商务印书馆，1964：36．

② 麦克里兰．西方政治思想史．海口：海南出版社，2003：272，435．

③ 潘恩．潘恩选集．北京：商务印书馆，1981：145．

的一切以及它据以行使职权和受约束的种种原则都包括在内”。[①] 潘恩认为，法治是通过宪法对政府的权力进行限制，“一切宪法，除非出自整个人民透过其代表所作决定，否则都是无效的。……一群人民为自己制定了宪法，因此有义务服从依照那部宪法成立的政府所作的决策”。[②] 可见，宪法是实现法治的基础。

通过先哲的理论阐述，法治主义原则的基本内涵逐渐清晰。首先，“法治”不同于“人治”，并可能产生优于“人治”的制度。所谓人治是一种最终将以某个人或少数统治者集团做出国家决策的体制，或者在法律与领导者的意志出现对立的时候，最终由某个人或统治者集团的意志取代法律规范。法治强调的是对最高权力的规范和约束，这有别于中文中的“法制”概念。“法制”（rule by law）指的是对社会行为进行规范的法律体系。从某种程度上讲，任何社会的统治和管理都不缺乏“法制”，即使在一些封建专制国家也往往存在严刑峻法，足以显示其“法制”森严。然而那里缺乏的是对最高权力的法律控制。说到底，法治的目的是要保护公民的基本权利。如前所说，宪法本身就是对国家最高权力进行规范和约束的法律，因此，宪法当然是法治主义的基础。实施法治，其内在前提必然是“良法之治”。何以达到良法之治？2 000 多年前的政治学先哲亚里士多德曾指出，良法应该体现为民众普遍愿意服从的，而民众普遍愿意服从的规范应该立即制定成法律。据此，宪法应该体现其保障社会利益的功能，从而形成法律约束力，并实现塑造政治秩序的功能。[③] 同时，有法学家特别阐释了实现法治要件，指出宪法必须具有优位性，即不管对于统治者还是被统治者、对于少数人还是多数人，都应该具有严格的约束力；因此，宪法应该是立宪机构多数同意的，以此免于蜕变为执政者手中纯粹的工具。[④] 而且，宪法应该具有实践性，即宪法不能只是僵死的文字，它应该具有调整人的行为的实际作用。实行法治需要一系列政治制度的构建和运行。一个社会是否为法治社会，需要一系列的评判准则。法律制度是否健全，法律执行是否有效，法律监督是否完善，每一环节都影响法治实现，因而也构成衡量法治建设水平的标准。

其一，实行法治意味着国家政治权力的产生具有合法性。政治权力是否合法意味着由此产生的法律、法规、行政命令等的正当性，意味着政府行使权力的正当性。比如，具有合法性的立法机构，体现在它应当由选民依据法定程序选举产生，因此可能使之具有公正的代表性，并具有行使立法权之正当性。同理，行政机构、司法机构也必须具有合法产生规范和程序。

其二，实行法治意味着对政府权力有所规范。这种规范概括为三方面，一是明确政府职权，同时规定其权力界限，即政府的权力范围；二是对政府行使权力进行程序规范，即政府如何行使权力；三是规定公民基本权利的内容及其保障制度，即防止政府权力侵犯公民权利。这是达到使政府权力具有可控性的基本条件。

其三，实现法治必须坚持司法独立的原则。司法独立是实现法治原则的重要保证。司法独立包括司法机构独立、司法活动独立以及法官独立。司法独立可能产生公正的司法判

---

① 潘恩．潘恩选集．北京：商务印书馆，1981：146.

② 同①145.

③ 黑塞．联邦德国宪法纲要．北京：商务印书馆，2007：29-30.

④ 同③155.

决，可能对政府不当行使权力（如滥用权力或政府不作为等）进行有效的司法纠正和处罚，从而使司法真正成为社会正义的防线，并有效维护法律的权威地位。

法治主义原则的确立对西方国家政治制度的建设产生了重要意义，它极大地促进了民主政治的发展。然而，法治主义的最高境界是使对社会道德的规范融入其中。实行法治对一个社会政治道德体系的构建不可小觑。当宪法对政治权力合法性形成甄别、判断时，无疑是对基本政治道德的护卫，因此很多学者都指出实行法治的过程寓含了“德治”的效能。

三、分权制衡原则

分权制衡原则（separation of powers and checks and balances）是关于政府权力机构权力关系的原则。作为一种思想其源远流长，后来逐渐形成理论学说。古希腊时期，亚里士多德就看到政府制定法律和实施法律的功能是有区别的，因而提出过政府应该有所分工。历史学家波利比乌斯曾在其所著《通史》一书中论证古罗马国家政治制度，分析古罗马帝国兴盛的原因。他指出，古罗马实行执政官、元老院和公民大会三者并存的混合制政体，这一政体的优点在于三种国家权力可以互相帮助、互相牵制；当一种权力可能凌驾其他权力之上时，另外两种权力便会加以抑制，从而有效地防止一种权力过于强大而导致衰败，使国家在任何时候都能够趋于安宁和繁荣。为此，波利比乌斯也得出了权力过大易导致政治腐败的结论。

17 世纪英国政治思想家洛克在法治主义理论的基础上提出了对政府职权的划分。他认为政府的职权应分为立法权、行政权和对外权三个部分，其中立法权是至高无上的，其他国家权力次于立法权；但立法机关除了享有一定的豁免权之外，也应该受到自己制定法律的约束。行政权由国王执掌，以执行法律为职责，并拥有任命高级官员和法官以及处理对外关系、处理战争与和平事务的权力。当国家处于紧急状态，国王则有权做出迅速决策加以处置，甚至可以超出法律规定的权限。此外洛克还坚持强调法官应独立判案。①

18 世纪法国的启蒙思想家孟德斯鸠创立了更为完整的分权制衡理论。孟德斯鸠也是在法治主义原则的基础上解析政府权力性质的。他在其著作《论法的精神》中阐述道，实现法治的一个途径就是要使政府的权力受到限制。他认为任何权力不加限制都会导致滥用，防止权力滥用就要用法律有效地规范之。在此基础上，他提出国家权力应分为立法权、行政权和司法权三个部分，分别由议会、行政机关和法院行使这三种权力。孟德斯鸠特别强调分权的意义，他指出：“当立法权和行政权集中在同一个人或同一个机关之手，自由便不复存在了；因为人们将要害怕这个国王或议会制定暴虐的法律，并暴虐地执行这些法律。如果司法权不同立法权和行政权分立，自由也就不存在了。如果司法权同立法权合而为一，则将对公民的生命和自由施行专断的权力，因为法官就是立法者。如果司法权同行政权合而为一，法官便将握有压迫者的力量。如果同一个人或是由重要人物、贵族或平民组成的同一机关行使这三种权力，即制定法律权、执行公共决议权和裁判私人犯罪或

---

① 麦克里兰. 西方政治思想史. 海口：海南出版社，2003：272.

争讼权，则一切便都完了。”[①] 孟德斯鸠极力论证政府分权对保护公民自由权利的意义，进而阐述了国家权力之间的制衡关系。在总结历史经验的基础上他提出以权力制约权力，即行政权拥有对立法权的一定制约，以防止立法权的滥用；立法权对执行权有一定的制约，以保证所制定的法律得到有效实施。孟德斯鸠权力分立理论对西方国家政治制度构建产生了极大的影响。

18世纪末在北美大陆，美国联邦制政府的建立正是在践行分权制衡的理论。首先，美国的联邦政府是基于权力分立的理论而建立。根据1787年《宪法》规定，国家的立法权、行政权、司法权分别授予国会参众两院、总统和联邦法院行使。尤其是三个权力部门之间通过一定的权力交叉形成相互制衡的关系，即某些权力必须由两个以上的部门共同行使，如国会参议院有权就总统提交的高级官员及法官任命名单提出意见并予以批准；总统签署的对外条约须国会参议院批准；国会与总统共享对外宣战权等。再如国会通过的法案须经总统签署批准；总统对国会通过的法案拥有否决权（但如果国会参、众两院重新分别以2/3绝对多数通过，该法案则自然生效）。而联邦法院则具有司法独立的地位，并因1803年根据联邦最高法院一次司法判决而获得违宪审查权，拥有了对国会所通过的法律及政府制定的法规、行政命令等是否违宪做出裁定的权力。很显然，美国国家权力结构的设计是要“使每一个权力机构拥有一定范围的基本权力，同时又使每一个权力机构在另外的权力部门中起到作用”。[②] 正如美国开国领袖之一汉密尔顿所说的，“防止把某些权力逐渐集中于同一部门的最可靠办法，就是给予各部门的主管人抵制其他部门侵犯的必要法定手段和个人的主动。在这方面，如同其他各方面一样，防御规定必须与攻击的危险相称。野心必须用野心来对抗”。[③] 总之，权力平行而制衡是美国政府机构构建的一个重要准则，甚至可以说分权制衡的理论在美国政治中得到了全面诠释，在其政治权力关系建制的其他方面都体现了这一准则，如联邦政府与州政府管辖权的平行与制衡，国会中参、众两院的权力平行与制衡，等等。

当代西方国家，就分权而言，每个国家基本上将国家权力划分为立法权、行政权和司法权三个部分，并规定由立法机构、行政机构及司法机构分别行使。但就权力制衡而言，每个国家在各自的权力机构组织关系方面则存在差异。以上阐述了美国联邦政府权力机构的制衡关系，基本可以概括为以部门权力制衡部门权力，实现权力平衡。而在英国等议会制国家则表现出不同的权力制衡方式。17世纪洛克分权理论的提出，强调的是立法权（议会）对行政权（国王）的制衡，英国实践了洛克的分权理论。其议会不仅是国家最高立法机构，而且是最高权力机构。议会拥有一切立法权；议会中的多数党有权组织内阁，内阁对议会负责；司法独立，但议会拥有对法官的任免批准权。这种政体形式体现了议会至上原则，体现出议会对内阁、法院较强的监督权。特别是议会中反对党的存在形成对议会多数党（或执政党）及其内阁的监督、制衡的作用，如迫使议会多数党就某些立法或政府决策做出修改、撤换，甚至可能在某项议题上争取议会多数议员的支持，推翻现任

---

① 孟德斯鸠. 论法的精神. 北京：商务印书馆，1961：156.

② 奥尔德里奇，等. 美国政府. 波士顿：霍夫顿·米夫林出版社，1986：37.

③ 汉密尔顿，等. 联邦党人文集. 北京：商务印书馆，1980：263.

内阁，实现内阁重组。

分权制衡原则重点在于强调政府权力应该实行分权，每个政府权力机构独立行使其职权，其本身即已通过权力界限的规定形成一定的权力制衡。总之，分权制衡原则被越来越多的国家认同，各国试图健全权力制衡机制，或者通过加强议会的权力，或者通过加强司法机构的权力，以期达到制约行政权力的目的。

四、保障公民基本权利原则

（一）公民基本权利概念与人权概念

所谓公民基本权利（civil rights），是指公民生存、发展所必需的基础性权利，国家法律和政府行为应该为其提供保障。公民权利的产生和发展经历了一个漫长的历史过程，西方社会的权利观念产生较早，但是，享有公民权利的人群范围一直受到限制。随着近代国家宪法的出现，权利观念有了具体的表现形式，以宪法加以规范，形成公民权利条款，对确定公民在国家政治生活中的地位有重要的意义。现在，西方国家宪法中的公民权利内容得到不断扩充和完善，已经逐渐形成丰富、系统的公民权利体系，成为宪法价值体系中的核心部分。

公民基本权利是法律范畴的概念。公民是指具有一定国籍的人。权利指的是在一定的法律关系中，法律关系的一方对另一方所享有的可以要求对方做出一定的作为或不作为，并为法律规范所认可的一种资格。[①] 据此，公民基本权利是指在一定国家范围内，公民此一行为主体对国家彼一行为主体所享有的要求其做出某种作为或不作为的资格。

与公民基本权利概念很相近的人权（human rights）概念，在很多国家、很多场合与公民基本权利概念是混用的，有时也产生对二者的模糊认识。这两个概念到底有什么区别和联系呢？首先需要从人权概念的产生进行分析。

在欧洲，人权概念的出现源于 14—15 世纪开始流行的自然权利理论，认为处于自然状态（非政治状态）下的人凭借其自然能力可以拥有道德的权利。这一学说成为后来几个世纪里很多政治哲学家认识和解释国家政治现象的基础理论。17—18 世纪，启蒙运动中涌现出诸如洛克、卢梭、潘恩等一批政治思想家，他们反对封建专制主义，依据自然权利说提出了“天赋人权”理论，强调指出人与生俱来即享有天赋的权利，这种自然权利不是任何人或者组织赐予的；人人生来平等、自由、拥有追求幸福的权利，任何人不可以剥夺他人的权利；自然权利是政府权威的界限，维护人的自然权利是政府的职责；人们有权推翻损害其自然权利的政府。因此，很长时间以来人权和自然权利成为人们交错使用的概念。

“天赋人权”理论就是最早的人权理论，它成为反对封建王权统治的重要理论武器。欧美资产阶级革命无不高举人权旗帜，使资产阶级革命与人权运动结合为一体。1776 年，在北美独立战争中诞生的《独立宣言》率先以政治纲领的形式提出了资产阶级的“天赋人权”“主权在民”的思想主张，它被马克思称为“第一个人权宣言”。其中写道：“人人生而平等，造物主赋予他们若干不可让与的权利，其中包括生存权、自由权和追求幸福的权

① 许崇德．宪法．北京：中国人民大学出版社，1999：138.

利。为了保障这些权利，人们才在他们中间建立政府，而政府的正当权力，则是经被统治者同意授予的。任何形式的政府一旦对这些目标的实现起破坏作用，人民便有权予以更换或废除，以建立一个新的政府。”在1789年法国资产阶级大革命中产生的《人权与公民权宣言》(著名的《人权宣言》)，宣称：“人人生而自由，权利平等”，“任何政治联盟的目的，都是保护人的不可剥夺的自然权利。这些权利就是自由、财产、安全和反抗压迫”。法国1791年《宪法》将《人权宣言》当作序言，从而使人权理论拥有最高法律地位。

20世纪以来人权运动发展出现了新的特点，即人权运动扩展到全世界。首先，各个新兴国家开始关注本国民主和人权发展问题，在宪法中逐渐扩充公民基本权利内容。此外，20世纪40年代世界范围内的反法西斯战争使爱好和平的人们普遍关注人权问题，在此方面的国际合作也由此逐渐展开。1948年联合国通过《世界人权宣言》，确立了世界人民普遍享有的基本人权。该宣言明确指出人权“确系世界自由、正义与和平之基础”。此后，联合国及其所属机构就具体人权问题又通过一系列国际公约、宣言等，如《殖民地国家和民族独立承认宣言》《消灭一切形式种族歧视国际公约》《公民权利和政治权利国际公约》《儿童权利公约》《妇女政治权利公约》《人民享有和平权利宣言》《发展权利宣言》等。人权发展逐渐成为具有法律效力的国家准则。

人类社会发展到今天，人权的内容不断在丰富，从原来的基本权利概念已经扩展到人的社会、经济、文化各方面，概括起来有自由权、平等权、生命权、独立权、人格尊严权、公诉权、公正审判权、国民权、婚姻权、庇护权、参政权、受益权、财产权、追求幸福权等。① 人权已经成为人类理想的价值目标，成为“评价社会进步和发展的综合性标尺”。② 各国宪法中有关公民权利体系的内容都在与上述人权的内容靠拢，这表明各国对人权所体现的基本价值取向的认同。然而，人权概念终究是作为一种政治概念而存在，从西方国家人权理论的产生到人权运动的发生和发展，都可以看到人权概念产生于政治理论，对人类具体的政治活动具有指导作用。人权运动的发展表现为一种社会政治运动，即人类追求包括某些社会、经济、文化权益的运动。它可以作为一种政治口号集合社会公众的政治参与，起到了推动人权发展的作用。但是，人权理论不能产生法律约束力，要实现具体的人权，必须期待具体的国家以规定本国公民基本权利内容的形式加以规范和保障。

(二) 公民基本权利内容

根据西方国家宪法中公民权利的内容，公民的基本权利可以归纳为财产权、平等权、自由权、受益权和参政权五个方面。

1. 财产权

财产权 (rights of property) 是指公民对合乎法律的属于自己的财产、收益及其他所得享有的支配、处置权利。财产权是公民基本权利中最具根本性的权利，是其他公民权利赖以产生和存在的基础。

资产阶级从一产生就意识到保护财产权的重要性，这不仅涉及它的经济利益，更关系到它的政治独立与发展。因此保护私有财产是资产阶级一贯的主张。早期新兴的资产阶级

---

① 俞可平. 权利政治与公益政治. 北京：社会科学文献出版社，2003：124.

② 同①125.

曾针对封建君主通过增加赋税等经济手段进行的狂征暴敛的统治行为，提出要保障人身“自由、财产和安全”的权利要求，声称“财产是神圣不可侵犯的权利”，“任何人的财产不得受到剥夺”。近代西方国家宪法中就确立了保护私有财产权的原则。这一原则成为资本主义发展的重要基石。

西方国家宪法在规定保护私有财产权的同时，也对国家为了公共目的之需有偿征用私人财产做出相应的规定。早期如1789年法国《人权宣言》这样写道：“除非当合法认定的公共需要所显然必需时，且在公平而预先赔偿的条件下，任何人的财产不得受到剥夺。”到了19世纪后期，由于资本主义经济规模的不断扩大，对社会资源的需求也随之增长，在此情况下，出现了新自由主义学说。新自由主义学说认为，个人是自身利益的判断者，但是个人不可能脱离社会而孤立存在，孤立的个人是不可能幸福的；因而，每个人在维护个人权益的同时应该促进社会的发展与和谐；个人能力的发挥促进了个人自由的增长，并且加速了社会自由的发展；而社会自由的发展又有助于个人自由的完善。新自由主义学说强调公民对社会负有义务，强调个人权利的存在与完善有赖于国家的维护和社会的发展，为此主张扩大国家干预。① 在这一新的政治学说基础上，西方国家的宪法开始强调在保障私有财产的前提下，个人对私有财产的运用应当考虑到对社会的功效，使其充分发挥服务公益的作用。如1919年德国魏玛宪法最先提出了关于保护私有财产权与承担社会公共义务相结合的原则。1946年《德国基本法》也规定：“财产权负有义务，即其使用应有利于公众”，“为公众利益起见，财产可予征收”。1947年《意大利共和国宪法》规定：“法律承认并保障私有财产，但法律……保证私有财产能履行其社会职能并使其为人人均可享用……”，“为了公共利益，私有财产在法定情况下得有偿征收之”。② 1946年日本《宪法》也有类似规定：“财产权不得侵犯。财产权的内容，应符合公共福祉，以法律规定之。私有财产在正当补偿下得收为公用。”③

宪法确立保护私有财产权原则具有重要的政治和社会意义。首先，它否定了封建社会严重的人身依附关系。财产权是人格独立的保障，只有解除在财产关系上（经济上）的依赖，才可能解除在政治、社会等一切方面的依赖关系；因此，财产权是人获得自由、平等的基础，由此可能极大地激发人的劳动热情及创造力，促进社会财富的不断增长。其次，保护私有财产权原则的确定，为资本主义经济发展提供了制度保障。从私法概念讲，财产权包括物权、债权、继承权、知识产权、对财产性公物使用权以及合同签订权等等。资本主义现代工业经济发展是高风险的事业，在鼓励社会科技创新、资本投入的同时，必须提供制度上的保障，以降低新科技发明以及资本投入的风险。无疑，保护私有财产制度是重要的风险保障制度，投入者可通过物权法、合同法、知识产权保护法等有效地保护自身的经济利益，从而保护投入（投资）的积极性，有力地促进经济不断发展。最后，在市场经济的条件下，私有财产权原则的确立，对规范市场秩序、建立公平竞争、完善社会道德起到了积极作用，由此创造出了良好的经济发展环境。

---

① 中国大百科全书总编辑委员会. 中国大百科全书：政治学. 北京：中国大百科全书出版社，1992：396.

② 中国人民大学法律系. 中外宪法选编. 北京：人民出版社，1982：147.

③ 同②177.

2. 平等权

平等权（rights of equality）是指公民在法律面前享有平等的权利，并履行应尽的义务。公民平等地受到法律保护；触犯法律者，同等地受到法律制裁；任何人不得享有法律以外的特权。法律上的平等，是对人格尊严的承认和尊重。在人的自然差异和社会差异还不可能消失的情况下，人在法律上实现平等意义重大，它可以促进人们取得在政治、社会、经济、文化等各方面的平等。

以尊重人的尊严为例，西方国家宪法普遍规定了对犯有罪行的人予以平等审判的内容。如规定"不得剥夺任何人在法院接受审判的权利"，这样的规定曾经是针对封建国家特设法庭、私设公堂、盛行私刑、公民人身没有保障的状况而制定的，但是，在现实政治生活中它仍然具有保护公民权利的意义。美国《宪法》第 14 条修正案就做出规定："……不经正当程序，不得剥夺任何人的生命、自由和财产；在州管辖范围内，也不得拒绝给予任何人以平等的法律保护。"

3. 自由权

宪法规范人的自由权（rights of freedom）可分为人身自由、迁徙自由和精神自由三个方面。

人身自由是指在不违反法律的前提下，人人有权支配自己的身体行为而不受到非法的逮捕、拘留、审讯、处罚等；禁止对公民施以酷刑，以及禁止对公民住宅实施侵扰；等等。保护公民人身自由和保护人的尊严是联系在一起的。

迁徙自由指的是公民拥有选择居住环境的自由。如《意大利共和国宪法》第 16 条规定："除因保健和安全方面的利益一般得以法律规定某些限制外，每个公民在国内任何地区均可自由迁移或居住。不得以政治理由规定任何限制。每个公民在履行法定义务之条件下，均可自由离开或返回共和国国土。"①

精神自由是指人的精神活动及其相关的自由，其中包括言论自由、出版自由、通信自由、结社自由、集会自由、游行示威自由等内容，即公民拥有思想、信仰和进行表达的权利。西方国家宪法普遍规定公民享有以各种方式表达思想、意见的自由，既有权通过著书立说来阐释观点，也有权通过集会、结社、游行示威表达意愿。宗教信仰自由则包括信教的自由、不信教的自由以及相信或不相信某一种宗教的自由。另外，有的国家还规定了限制性的罢工自由，无疑罢工是一种表达诉求的方式，但是政府对具体的罢工活动拥有一定的管制权，通常对罢工活动有举行时间、地点等方面的限制。

4. 受益权

受益权（rights of beneficiary）是指公民为了自身的利益要求国家采取某种措施，使其在经济、文化、社会服务、司法等方面获得自由，或使其自由得到帮助。受益权又分为积极的受益权和消极的受益权。

所谓积极的受益权，指的是公民的生存权、居住权、受教育权以及享有劳动保护、社会保险、社会救济等权利。所谓消极的受益权，指的是公民享有请愿权、诉愿权、诉讼权等，即公民在其权利受到损害时，可以向行政机关或法院提出诉愿或诉讼，要求做出适当

① 中国人民大学法律系．中外宪法选编．北京：人民出版社，1982：141.

的处理和裁判，以期自身权利得到保护。

5. 参政权

参政权（rights of political participation）是指公民参与国家政治活动的权利，具体包括选举权和被选举权、立法创制权、罢免权、全民公决权等。

西方国家宪法关于公民基本权利的内容一直在不断地补充和发展，逐渐形成了较完善的权利体系。随着社会政治民主化的进一步发展，一些新的公民权利内容也不断被提出，诸如以限制国家发展大规模杀伤性武器为目的而提出的“和平生存权”，以阻止环境污染和破坏生态平衡为目的而提出的“环境权”及“休息权”，以保障公民在了解政府决策的前提下进行政治参与为目的而提出的“知情权”，等等。这些权利虽然并没有被普遍确认，纳入宪法体系，但它的提出反映出公民权利意识的深化，对进一步保障公民基本权利起到积极的促进作用，并体现为现代社会公民政治参与，是民主政治发展完善的重要标志。

（三）公民基本权利保障制度

尽管宪法对公民基本权利做出了系统的规定，但并不意味着这些权利能够当然实现，如果没有具体的实施措施作为保障，宪法规定的权利内容很可能会流于形式。总之，建立宪法权利保障制度（guarantee of civil rights）是具体实现公民基本权利的必要条件。

从理论上讲，宪法作为国家根本大法，具有最高的法律效力，其他一切法律、法规、行政命令等所规定的内容不得与宪法内容相抵触。如果出现违反宪法原则的内容，则丧失法律效力。然而，在具体的宪法制定中，各国宪法中还是会做出相应的规定，形成对公民基本权利的保障制度，确保公民权利的实现。从各国具体宪法规定看，这种保障制度可分为“限制性的保障”和“指导性的保障”。

限制性的保障。有的宪法条款就其所规定的公民具体权利内容，对可能出现的与原则相悖的立法做出限制性规定，即明确禁止违反公民权利原则的普通法出现。如美国《宪法》第 1 条修正案就是在规定公民精神自由权利的时候，对此项权利内容做出保障性规定：“国会不得制定关于下列事项的法律：建立宗教或禁止宗教自由；剥夺言论自由或出版自由；或剥夺人民和平集会和向政府请愿申冤的权利。”

指导性的保障。有的宪法条款在具体规范公民基本权利内容的同时，对可能的相关立法做出原则性的指导。如日本《宪法》第 23 条在规定公民享有婚姻自由平等权时，还规定：“关于选择配偶、财产权、继承、选定居所、离婚、婚姻与家族以及其他有关事项的法律，必须以尊重个人尊严与两性实质平等原则为基础制定之。”《意大利共和国宪法》第 21 条在规定公民享有言论出版等思想表达自由权的同时，还做出法律上的授权：“法律得以一般性规范规定：凡定期出版物的消息来源与经费来源，须予以公开。违反善良风俗之出版物……法律在防止和消除破坏行为方面，可规定适当的预防措施。”

第三节　宪法保障制度

宪法是国家的根本法，是实现法治的基础。然而，怎样使宪法规范具体地体现在国家的法律、法规以及一切政治制度中，使之产生应有的法律效力？取决于宪法是否有完善的保障制度。一部完整的宪法都规定了具体的宪法保障制度，以此确保宪法规范得以实现。在确保其国家根本法地位的同时，它也成为政治制度的一部分。

宪法保障制度一般包括宪法的修改、宪法的解释及违宪审查制度。

一、宪法的修改

宪法修改是依据宪法规定享有宪法修改权的国家权力机构按照一定的程序对已有宪法中不适当的部分进行修正或变更的过程。一般说来，宪法一经制定便产生了相对的稳定性和权威性，由此成为国家实行法治的基础。然而，宪法又不可能是一成不变的，随着时代的发展、社会的变迁，各种政治、经济因素的变化都会影响原有宪法的适应性和有效性。当宪法不能有效地适用于现实政治时，就必须对宪法进行补充或修改，否则，宪法的国家根本法之地位就不复存在。几乎每个国家都有过对宪法的修改。如法国，自 1789 年大革命之后，经历了五次共和国、两次帝制以及封建王朝的复辟，在每次政治变革后都产生新的宪法，现行《法兰西第五共和国宪法》也经历了数次的修改。又如美国，自 1787 年联邦制建立以来，尽管一部宪法沿用了 200 多年，但在其原文之外又增加了 27 条宪法修正案，或是补充，或是删改，与原文共同构成当今美国宪法的全部内容。

大多数国家在宪法中都规定了修改宪法的权限和相关程序等。

(一) 修改宪法的提议权归属

修改宪法首先涉及谁（或者哪一个机构）拥有修宪的提议权问题，对此每个国家的规定是不同的。大多数国家规定，议会议员有权提出修改宪法的动议，如日本、意大利；有的国家规定由议会议员和总统共同行使修宪倡议权，如法国《宪法》第 89 条规定，修改宪法的倡议权属于总统和议会议员，总统则依据总理的建议案行使修宪倡议权。还有的国家如瑞士规定一定数量的选民（5 万人以上）享有提出修宪的权利。此外，有的国家还有其他特殊规定，如根据美国《宪法》规定，“国会在 2/3 议员认为必要时，应提出本宪法的修正案，或根据 2/3 州议会的请求召开制宪会议提出修正案”。① 不过，美国在具体修宪实践中，绝大多数情况是以第一种方式提出修宪创议的。

(二) 修改宪法的批准程序

修宪草案提出后，须经一定程序给予批准，对此，各国规定有所不同。总的来看，批准程序比较复杂，通过设置较高的修宪门槛确保宪法的稳定性和权威性。当代很多西方国家在修宪过程中采取公民投票的方式，希望通过公民表决使修宪内容更具合法性。如日本《宪法》规定：“本宪法的修订，必须经各议院全体议员 2/3 以上赞成，由国会创议，向国民提出，并得其承认。此种承认，必须在特别国民投票或国会规定的选举时进行投票，必须获得半数以上赞成。”② 《意大利共和国宪法》规定：“修改宪法……应由两院中之每一院经两次审核后通过之，其间相隔不得少于三个月，并且在第二次表决时必须经每院议员的绝对多数票通过之。该修宪内容公布后三个月内，如果出现 1/5 的议员，或 50 万的选民，或有 5 个省的议会请求举行全民公决时，则应提交全民公决。提交公决之法律如未经

---

① 中国人民大学法律系. 中外宪法选编. 北京：人民出版社，1982：225.

② 同①186.

大多数有效票之赞成，不得认为已被通过。”① 法国《宪法》规定：“修改宪法的草案或者建议案，必须由议会两院就同样的词句表决通过。宪法的修改，必须在公民投票通过后才最后确定。”② 除了普遍提交公民投票之外，有的国家也规定了其他的通过程序，如法国也可以由总统将修宪草案提交召开两院联席大会审议，并获得有效投票的 3/5 的多数赞成通过。美国则规定，宪法修正案提出后，由国会建议，或经过 3/4 州议会批准，或经过 3/4 州制宪会议批准，该修正案才能生效。

（三）修改宪法的限制

为了减少修改宪法中可能的盲目性和随意性，各国对修改宪法的活动提出了必要的限制。

1. 对修改宪法原则的限制

有的国家宪法规定，宪法的基本原则不得进行修改。如法国 1946 年、1958 年《宪法》中都明确规定共和政体不得作为修改对象；《德国基本法》规定其联邦制的国家结构不得修改；美国《宪法》也规定联邦或各州不得单独修改宪法中有关各自职权划分的条款；挪威等国规定宪法中的“原则与精神”不得变更。

2. 对修改宪法时间的限制

很多国家规定国家处在特殊时期不得修改宪法。如法国《宪法》规定，在国家领土被外国军队占领时不得修改宪法。西班牙、巴西等国规定，当国家处于战争状态或其他非常状态时不得修改宪法。比利时《宪法》规定，当国家处于摄政时期不得修改宪法。希腊宪法曾规定，在新宪法实施不满 5 年时不得修改宪法。

3. 对全部修改宪法的限制

有的国家对宪法进行全部修改规定了具体限制，如瑞士《宪法》规定：“如参、众两院中的一院提出修改联邦宪法的全部，而其他一院不予同意，或者经有表决权的瑞士公民 5 万人申请修改联邦宪法的全部，则在此两种情形之下，其应修改与否，须交付瑞士人民公决。”“经在场投票的瑞士公民大多数同意，则参众两院应即改选，以便从事修改。”

二、宪法的解释

宪法解释是指依据有关宪法规定由一定的国家权力机构对宪法规范的内容及其含义进行阐释和说明。在宪法实施过程中，确实存在因不能准确理解宪法规定的含义而与之相违背的情况，由此导致制定宪法的基本立意受到破坏，甚至危害到政治秩序的建立。要有效地实施和遵守宪法，首先必须要保证正确理解宪法规范，因此，对宪法的解释非常重要。宪法解释主要涉及谁拥有解释宪法的权力及如何具体解释宪法的问题。

（一）宪法解释权的归属

从西方国家宪法的具体规定看，以下不同的机构可能行使宪法解释权：

1. 立法机关解释

实行由立法机关解释宪法的国家主要是议会制国家，如英国、瑞士、比利时等。它们

---

① 中国人民大学法律系．中外宪法选编．北京：人民出版社，1982：167.

② 同①137.

认为，宪法解释属于立法创制活动，应该由立法机关行使这一权力，因此可以保证立法权不受其他国家权力机构的干涉。立法机关解释宪法通常按照立法程序进行，在解释宪法中可能出现对宪法的补充内容。

2. 司法机关解释

由司法机关解释宪法是司法机关的一种特殊职能。这类国家又分为两种情况：一是由普通法院解释宪法，如美国、日本等；另一种是由宪法法院进行解释，如德国、意大利等。虽然解释宪法的具体法院有所不同，但它们在行使解释权过程中有共同特点，即认为，司法机关有权对一般法律规范的内容是否违宪做出裁决，就此必然发生解释宪法行为，所以解释宪法属于司法权范畴。实行司法解释一般依据司法程序进行，对宪法内容的解释则以司法判决形式出现。

3. 专门机关解释

有的国家认为，宪法解释权是独立性职权，应该使拥有宪法解释权的机构具有特殊的地位和权力，以处理宪法问题为专门职责，这样可以使之在处理有关国家宪法问题上保持超然的态度。所以，这样的国家将宪法解释赋予专门机关负责。实行专门机关解释宪法制度的有法国、瑞典等。法国的宪法委员会是一个专门负责处理有关宪法事宜的国家机构，宪法解释在其职权范围内。

(二) 宪法解释的方法

就具体解释宪法的方法而言，各国之间是有差异的。有的国家是根据宪法的字面含义、条文结构逐字逐句进行推敲，并阐明其含义。一些西方学者认为，这样的解释是忠实于宪法原文的有效做法。还有的国家解释宪法则可能从具体条文之外，通过探究立宪的目的、宪法的历史演进以及宪法整体与部分之间的关联等来解释宪法，这样做往往会在宪法原意基础上引申出新的意义，从而对宪法进行修改和补充，使之内容更丰富、更具有适应性。

三、违宪审查制度

违宪审查（judicial review）制度是由国家权力机构对有关违反宪法规范的法律、法规、行政命令以及行政行为等进行审查和裁定的制度，这是一项重要的宪法监督保障制度。

违宪审查制度始创于美国。1803 年美国联邦最高法院在审理马伯里诉麦迪逊案过程中，首席大法官马歇尔运用了对诉讼一方所适用的法律进行违宪审查的手段，对一起涉及不同政党、各国家权力机构之间复杂关系的案件做出成功裁决。马歇尔在其判决中宣布“阐明法律的意义是法院的职权”，从而开创了由联邦法院审查国会的立法以及行政机关的行政决定等的先例，并由此加强了联邦法院的地位和对立法机关及行政机关的制衡能力。西方政治学界普遍认为，美国联邦法院行使违宪审查权属于司法职权范围，通过强化司法权，有效形成三个权力部门之间的权力平衡。后来，日本、加拿大、澳大利亚、法国、德国、意大利、瑞士、墨西哥、阿根廷等国家都陆续建立了违宪审查制度。然而，不同国家的违宪审查制度又有不同的特点。

(一) 违宪审查的方式

以不同国家行使违宪审查权的机构差别进行划分，可以分为以下几种情况：

1. 由普通法院进行违宪审查

即普通法院在审理一般司法诉讼案件中，对具体诉讼所适用的法律、法规等是否符合宪法做出具有约束力的判决。这一制度被称为“具体的违宪审查制度”或“附带的违宪审查制度”。它是由美国首创的。美国联邦最高法院并不就一般的法律规范是否违宪进行普遍的、抽象性的审查，只有在审理具体诉讼案件时，当对所适用的法律是否违反宪法发生争讼时，法院才充当裁决者。从原则上讲，法院的裁决只适用于有关具体案件，并不具有普遍的约束力，而且法院对被宣布违宪的法律、法规、行政规定等也不予以撤销。但是，美国又是一个实行判例制度的国家，即一个法院的判决对同级或下级法院的审判具有约束力，所以，凡经联邦最高法院宣布违宪的法律、法规、行政命令等便不再为其他法院适用，由此其实际已经丧失了法律效力。日本也是由普通法院进行违宪审查，但与美国不同的是，日本最高法院通常将判决结果交给内阁或国会，要求这些部门“在考虑之后修改或撤销它们决定的文件”。① 另外，日本的地方法院同样拥有违宪审查权，但是，它不是实行判例制的国家，其判决并不具有普遍的约束力。实行由普通法院进行违宪审查制度的国家还有加拿大、澳大利亚、墨西哥、阿根廷等。

2. 由宪法法院进行违宪审查

第一种情况：由“宪法诉讼”引起对一般法律规范的违宪审查。所谓宪法诉讼，是指公民等法律行为主体就某些法律、法规、行政命令等违反宪法关于保障公民基本权利的规定或以公民权利受到侵害为由，向宪法法院提出诉讼，要求予以裁决。有的国家专门设立宪法法院受理这类案件，如德国、意大利、奥地利等国都设有宪法法院。这种由“宪法诉讼”引起的违宪审查与由民事、刑事诉讼引起的对所适用的法律进行违宪审查有时并没有原则区分，也被称为“具体的违宪审查”或“附带的违宪审查”，只是宪法法院审理“宪法诉讼”须按照特定程序。比如有时“宪法诉讼”并不一定是在当事人之间进行，或者有时当事人可能不是个人，而是社会团体或政治机构等，因此需要采取特殊的诉讼程序。有时根据需要法官有权审查诉讼案以外的有关法律规定。法官在审查案件后可能拒绝受理该诉讼，为此，像德国、瑞士等国的宪法法院专门设立了一个委员会，对“宪法诉讼”先进行预审。第二种情况：在法律法规等并没有引起具体争诉的情况下，但由于政府或议会提出请求，宪法法院对已经生效的法律、法规、行政命令等进行违宪审查。这种审查被称为“抽象的违宪审查”，即宪法法院就法律规范是否违宪进行一般性的审查。凡经宪法法院宣布为违宪的法律规范即失去法律效力。德国、意大利等国的宪法法院既可以通过裁决“宪法诉讼”进行违宪审查，也可以进行这种“抽象的违宪审查”。

3. 由专门机构进行违宪审查

由专门的宪法监督机构对法律规范是否违反宪法进行审查和裁定的审查制度属于“抽象的违宪审查”。根据《法兰西第五共和国宪法》而建立的宪法委员会有一项重要职责就是进行违宪审查，“各项组织法在公布前，议会两院的规章在实施前，都必须提交宪法委员会，宪法委员会应就其是否符合宪法做出裁决。……为了同样目的，各个法律在公布前，可以由共和国总统、总理，国民议会议长、参议院议长，60 名国民议会议员或者 60

① 杨柏华，明轩．资本主义国家政治制度．北京：世界知识出版社，1984：80.

名参议院议员提交宪法委员会”。①

（二）违宪制裁的方式

进行违宪制裁的最基本方式是对违反宪法的法律等予以撤销或宣布其无效。在违宪审查机构确认立法机关或行政机关颁布的法律、法规、行政命令等全部或部分违反宪法时，即可宣布撤销或停止其法律效力；在确认行政机关的有关行政行为与宪法内容相抵触时，即可宣布停止此行为并根据其行为造成的后果予以法律制裁。

由普通法院进行违宪审查的国家，在附带性违宪审查之后，只对违反宪法的法律、法规、行政命令等进行裁定，并不宣布撤销或停止其生效。但在实行判例制的国家，高级法院的判决对下级法院具有法律约束力，因此，被高级法院宣布为违宪的法律规范不再适用，从而事实上失去法律效力。

此外，还有一些国家宪法规定对违宪的国家元首、政府首脑以及其他高级官员可予以弹劾，如意大利、美国、法国等国宪法都做出了这样的规定。

---

① 中国人民大学法律系．中外宪法选编．北京：人民出版社，1982：130．

第三章

当代西方国家的选举制度

选举制度是当代西方国家政治制度的重要组成部分，它以法律的形式规定了选举国家最高权力机关的代表或国家公职人员的原则、程序和方法，是各种选举法律规则的总称。选举作为一种社会政治活动已经有很长的历史，早在古希腊、古罗马时代就有了选举活动。当时按照公民所拥有的财产数额决定他们的选举权范围，不同阶层的选民可以选举不同的官员。在中世纪的欧洲，封建等级会议中的平民会议，也有由自由民推选的代表参加。但是，这些选举活动与现代选举制度具有本质差异。现代的选举制度的建立源于近代资产阶级反对封建专制主义的革命，它是以社会契约论、人民主权等政治思想理论作为基础性原则，形成了以限制政府专权、实现公众政治参与为目的的官员、议员产生、任用制度。伴随资本主义国家的政治发展，其选举制度经历了漫长的改革，最终形成了明确的制度原则、规范的操作程序以及有效的保障制度。当代西方国家，选举制度已经成为国家公职人员合法产生的重要依据，同时也成为公民政治参与的平台，构成利益聚合和表达的过程。由此有助于形成广泛的民主意识，有助于实现政治监督。

第一节　西方国家选举制度的发展与完善

西方国家现代选举制度的建立是从议会选举开始的。15 世纪 30—40 年代英国封建等级会议逐渐开始在一定范围内采取选举方式产生代表。但当时规定拥有一定财产的人可以成为选举人和被选举人。资产阶级革命发生以来，资产阶级把加强议会政治权威当作革命的具体内容，一方面要求建立充分代表资产阶级利益的选举制度，使其能够成为议会的重要力量；另一方面主张强化议会功能，提高议会政治地位，形成对君主权力的有力制约。1688 年“光荣革命”以后逐渐实现了这一目标。

18 世纪 80 年代北美 13 州尝试建立总统制国家，在探索其国家权力机构组建过程中，一种新的国家政治权力产生方式得以诞生，即通过选举产生国家行政首脑——总统。由此确立的西方国家选举制度的主要内容就是选举立法机构议员或选举政府行政首脑。

西方国家选举制度经历了发展、完善的过程。资本主义国家建立初期的选举制度存在很大的局限性，如选举产生的议会代表不具有普遍的代表性，选举方式不合理，广大民众没有选举权，只有少数人享有选举权和被选举权，等等。在资本主义 300 多年的发展历史中，选举制度经历了不断的调整、改革，不难看出正是广大社会民众构成促使选举制度发展的原动力。目前，西方国家已经有了比较完善的选举制度，其标志是选举制度基本原则的确立以及选举监督制度的建立。

一、选举制度基本原则的确立

选举制度是涉及国家政治利益分配的重要制度，是产生政治权力以及附加利益的政治过程。对于各政党、政治权力竞争者以及某些利益集团来说，选举是其重要的竞争舞台，在其政治利益驱使下都试图对选举过程施加影响。对于选民来说，政治选举亦关系自身利益，影响到未来公共决策的实施方向，因此也是公民利益表达的过程。在相当长的历史进程中，西方国家的选举制度存在这样或那样的问题，甚至形成严重的政治腐败，极大地侵害了选民的权利和利益，造成民主政治的困局。为此，西方国家政治发展的一个重要议题就是调整和改善选举制度。进入现代资本主义发展阶段，在民主政治驱动下，选举制度得到不断改革与完善，主要体现在形成了一些重要的选举制度原则。总的说来，这些选举基本原则是在纠正以往不当选举行为及规则的基础上形成的，体现了民主政治价值，对巩固西方国家民主制度具有极为重要的意义。

（一）普遍选举权原则

普遍选举权原则是指一个国家的公民，即享有该国宪法规定的公民权利的人都拥有选举和被选举的权利。这一原则是针对早期资本主义国家存在的有限选举制度提出的。当时，西方国家选举法中对选民资格存在诸多限制性规定，其中最主要的有财产限制、性别限制、受教育程度限制以及种族（族群）限制等。财产限制是最根本的限制，其他的限制条件事实上都与财产资格相关联。比如，有的国家规定，没有文化的人如果拥有一定的财产照样可以拥有选举权。当然，有的国家也存在对候选人相应的财产等限制。对此，广大民众曾经为实现普遍的选举权原则进行了不懈斗争，直到 20 世纪 70 年代，西方国家才基本上确立了普选权原则。

英国资产阶级革命胜利后，于 1711 年制定法律规定选民必须是纳税人。当时英国拥有选举权的公民仅占全国成年男子人口总数的 5%，这种状况导致广大社会民众的强烈不满。18 世纪以来，要求改革选举制度的民主运动不断兴起，广大的新兴工业资产阶级、城市其他中产阶级、工人阶级、农村土地占有者等不同的社会阶级和阶层纷纷参与其中。人们提出了扩大选举权、实现平等选举权原则等口号。在强大的民主改革的压力下，英国于 1832 年进行了第一次选举制度改革，一定程度上扩大了选举权，部分取消了对选民的财产资格限制，使英国选民人数增加了 90 万，占当时英国 21 岁以上成年男子总数的 1/7。然而，广大民众仍被排斥在政治选举活动之外，因此 1836—1848 年又爆发了由工人主导的大规模的“宪章运动”。在此过程中工人阶级提出要求实现普选权的口号。虽然“宪章运动”遭到政府镇压，但是民众要求进行选举制度改革的呼声并未停止，迫使英国政府于 1867 年再次进行选举制度改革。这次改革进一步降低对选民财产资格的限制，规定凡在城市居住并有能力缴纳直接税或一年内可交付 10 英镑以上房租者拥有选举权。由此，城市工人获得了选举权。另外还规定农村居民拥有土地或租赁土地并纳税者可以拥有选举权。这样，选民增加到 250 万，占当时英国人口总数的 1/10。1884 年，英国又一次进行选举制度改革，进一步降低对选民的资格要求，使选民人数扩大到约 500 万。1918 年，英国议会通过《人民代表法》，再次降低对选民的财产资格限制，使年满 21 岁的男性公民基本上都享有选举权；同时该法律使一部分妇女有了一定的选举权，规定年满 30 岁的女性拥有（或其丈夫拥有）年收入 5 英镑以上者具有选民资格。1928 年再次进行调整，规定降低女性选民年龄，使其与男性选民年龄一样都是 21 岁。1969 年，英国选民年龄被降至 18 岁。至此，英国实现了普遍的选举权原则。

法国早期的选举制度也对选民规定了严格的财产资格限制。1789 年法国资产阶级大革命后，大资产阶级掌握了政治权力。1791 年《宪法》将公民划分为“积极公民”和“消极公民”。所谓积极公民就是拥有一定住所并具有一定纳税能力的人，可通过间接选举的方式选出法国国民议会议员；所谓消极公民则是被雇用的劳动者或处于被奴役地位的人，他们是不享有选举权的。1792 年法国在抗击欧洲反法联盟战争中取得胜利，并废除君主制度，建立了法兰西第一共和国，由革命的雅各宾派执掌政权，产生了 1793 年《宪法》。该宪法规定由公民直接选举国家最高权力机关——立法机关，对选民资格的限制也大大降低，年满 21 岁的男性公民基本上享有选举权。1794 年代表大资产阶级利益的政治集团发动了“热月政变”，推翻雅各宾派政权，停止实施 1793 年《宪法》及其选举制度；在新制定的 1795 年《宪法》中，恢复了对选民财产资格的限制和间接选举制度。1814 年波旁王朝复辟后，规定每年缴纳 300 法郎直接税者才享有选举权，每年缴纳 1 000 法郎直接税者才能够被选举为议员，因此拥有选举权的公民人数只占当时法国男性公民的 1/6。1848 年 2 月，法国再次爆发资产阶级革命（二月革命），推翻了波旁王朝，资产阶级共和派建立了法兰西第二共和国，并制定了 1848 年《宪法》。依据该宪法的规定，凡年满 21 岁的法国公民均享有选举权，凡年满 25 岁的公民则享有被选举权。但是，1851 年 12 月路易·波拿巴发动政变，取消 1848 年《宪法》，恢复君主专制体制，建立法兰西第二帝国。1875 年法兰西第三共和国建立并重新制定宪法，又恢复了有限的选举权制度，规定年满 21 岁的男性公民拥有选举权。1946 年法兰西第四共和国建立，在新的宪法中正式规定妇女拥有选举权。直到 1974 年，法国才将选民年龄从 21 岁降至 18 岁，在选举制度几经波折之后最终实现了普遍的选举权原则。

美国联邦制建立初期，各个州普遍规定拥有一定财产的白人成年男子才享有选举权，直到 19 世纪 30—60 年代才开始逐渐取消对选民财产资格的限制。1920 年，美国国会通过《宪法》第 19 条修正案，规定妇女开始享有选举权。然而，美国选举制度中集中表现出严重的种族主义倾向。虽然在经历了 19 世纪 60 年代黑人解放运动之后，美国国会于 1870 年通过《宪法》第 15 条修正案，规定不得因种族、肤色或曾为奴隶而被拒绝或剥夺其公民的选举权。但是，在 20 世纪 60 年代以前，美国仍有很多州以限制黑人参加选举为目的，规定了一系列限制性条件，如黑人选民必须交纳一定数量的选举税（所谓“人头税条款”），或规定黑人选民在进行选民登记时要接受某种形式的文化测验（所谓“文化测验条款”），还有的州规定只有在 1867 年 1 月 1 日开始享有选举权的人及其后代才能拥有选举权（所谓的“祖父条款”），等等。这些具有歧视性的政策剥夺了广大黑人合法的政治权利。20世纪50—60年代美国黑人爆发大规模的民权运动，在这场民权运动的冲击下，美国国会于1964年通过《宪法》第24条修正案，取消了交纳人头税的有关规定；随后又通过《民权法案》，旨在取消有关进行文化测验的规定。总之，美国选举制度的发展完善主要体现在逐渐废除对黑人选举权的限制。同时，1971年美国《宪法》第26条修正案得以批准，该项修正案规定将美国选民的年龄从21岁降至18岁，自此美国实现了普遍的选举权原则。

（二）平等选举权原则

平等选举权原则具有两层含义：一是指每个选民所投选票具有同等的价值，具体说就是在一次选举活动中选民所投选票次数是一样的；二是指每个议会代表必须由同等数量选民组成的选区选举产生，使其在议会的代表权平等。这两层含义通常被概括为“一票一价”和“一人一票”原则。这是针对西方国家选举制度中曾经存在的不平等现象提出的，其目的旨在促进实现公正的选举结果。

西方国家选举制度中曾存在很多不平等的现象，主要体现为拥有权力和财富的社会政治集团试图控制选举过程，以期产生对其有利的选举结果。这些问题可以归纳为以下几种情况：第一，议会议员名额分配不均，产生议员的选区不是按照人口比例进行划分；每个议员代表的选民人数不均等，议会中不能充分反映全国各地选民的人口比率，也不能有效体现不同选民群体的利益差异。而且，从理论上讲，如果每个议员所代表的选民人数不同，他们在议会中的发言权便存在事实上的不平等。因此被代表的利益群体（选民）事实上在国家政治生活中可能处于不公平地位，自身利益难以被平等表达。英国在1832年选举制度改革以前，议席分配极不平衡。某些传统的农业地区已经逐渐衰落，人口数量不断减少，却仍然保留较多议席；而新兴工业城市，人口数量迅速增长，但在议会中的议席却极为有限。19世纪以来，随着工业资本主义的发展，以工商资产阶级为主要代表的社会阶层强烈要求改革不合理的议席分配制度，实现平等的选举权原则。这构成了英国1832年选举制度改革的重要内容之一。

第二，每个选民所投选票价值不一样，由此造成选民权利事实上的不平等，并必然产生不公正的选举结果。英国历史上曾存在一种等级投票制度，即按照选民纳税多少排序，并分为三个等级，每个级别的纳税额总数是全部选民纳税总额的1/3；因此，纳税较多的选民（一般为较富有者）所组成的等级人数较少，却可以选出较多的议员；纳税较少的选民（一般为较穷困者）总人数较多，也只能产生同样数量的代表，其结果导致每个选民选票价值事实上不一样：纳税较多的选民的选票价值大大增值，而纳税较少的群体选民数量多，所能产生议员名额却较少，在议政代表权上必然处于弱势。另外，在英国选举史上还长期存在过一种“复票制”。该制度规定，在同一次选举中，拥有固定资产的选民除了可以在其居住的选区投票外，还可以在其产业（或其营业所）所在地再次投票；牛津大学、剑桥大学的学生可以分别在其住所选区和大学选区进行投票。据此，某些选民在同一次选举中可能投票数次乃至十几次。“复票制”的存在使有产者或受过高等教育的人享有更多的政治特权，造成选民政治不平等的事实。英国最终于1948年废除了“复票制”，确立了“一人一票”“一票一价”的平等选举权原则。

第三，选区人口比例不均衡，造成选民手中选票价值存在事实差异，因此使选举结果不公平。西方国家曾经长期存在选区划分不公平、各选区选民比例不平衡的事实。执掌权力的政治集团为了在选举中实现多数当选，并长期控制统治权，便千方百计操纵选区的划分，试图造成有利于本党胜选的选民分布结构，这被称为“选举地理学”（electoral geography）。运用“选举地理学”的结果，会造成各选区选民人数不均衡甚至出现极大悬殊，从而违背选区划分原则；或人为地产生不规则的选区，导致不公正的选举结果（参见本章第三节有关选区划分原则）。随着西方国家民主政治的不断发展，社会上对“选举地理学”的抨击越来越广泛且激烈，对政治选举的法律规范和监督力度不断强化。美国联邦最高法院于1962年和1964年审理了两起选区划分不合理而导致的司法诉讼，对此分别做出裁决：不按照人口比例划分的选区所产生的州议会或国会是违宪的。1969年在审理类似诉讼案时又做出了“平等意味着各选区选民人口绝对平等”的裁决。总之，西方国家或通过立法，或通过司法监督等方式强调选区公平划分原则，使人为制造的选区人口不均衡现象在逐渐减少。

（三）直接选举权原则

直接选举权原则是指由选民直接投票选出议会议员或国家公职人员。实行直接选举权原则是为了公正、准确地表达和实现选民的意志，促使选举的结果能公正地反映选民意愿。直接选举权原则源于直接选举的方式，它是针对历史上在间接选举过程中曾经出现的人为操纵，或经过中间层次选举人投票后有意改变选民投票意愿的情况。现在大多数西方国家的重要选举都逐渐实行了直接选举，如美国国会议员的选举，英国议会下院议员的选举，法国国民议会和总统的选举，德国议会选举，日本国会选举，俄罗斯总统及议会下议院（国家杜马）的选举，等等。

但迄今为止，也有某些国家部分实行间接选举方式的，如美国总统选举、德国总统选举、意大利总统选举、法国参议院议员的选举等。所谓间接选举，即由选民投票选出选举人或选举人团，再由选举人（或选举人团）投票选出立法议员或国家公职人员。实行间接选举方式的原因不尽相同，比如对美国总统为什么实行间接选举就有多种解释。有的认为，“宪法的制定者想避免由感情用事的大众来选择总统和副总统，他们希望由某些看来冷静、理性的人（但不是妇女）来做出选择”；[①] 有的认为，由于早期交通和通信条件的限制，由各州选民选出选举人团，再由选举人团集中选出总统，采取这种间接选举方式便于操作；还有的认为，联邦制国家实行间接选举是将全国选民意志与各州利益相结合的尝试，即先由选民投票，在此基础上再由各州选举人投票，最后结果决定胜负（参阅本章第二节“总统选举”部分）。就间接选举的运作及其结果也有不同的看法，有的认为，“间接选举方式仍作为民主选举的一种基本方式”，[②] 采取间接选举方式决定着选举结果，其选举结果并非一定违背公正原则。但在现实政治中，也普遍存在对间接选举的批评性评论，主要观点认为在选民和候选人之间存在中间环节（选举人），不利于充分表达民意，易于造成选举结果与选民意愿不符的状况。因此，“当今存在着一种以民主的名义摒弃间接选

① 施密特，等．美国政府与政治．北京：北京大学出版社，2005：216.
② 胡盛仪，等．中外选举制度比较．北京：商务印书馆，2001：135.

举的倾向，人们往往相信民主就意味着直接选举”。[①] 很多国家取消间接选举方式，采用直接选举。如美国于 1913 年将间接选举国会参议员改为直接选举；法国于 1962 年将总统间接选举改为直接选举；1969 年瑞典的议会由间接选举改为直接选举。总之，当代西方国家间接选举的方式正在减少。

（四）秘密投票原则

秘密投票原则指的是选民遵循有关选举法规定，按照自己的意愿填写选票并进行秘密投票，选票不向他人公开。实行秘密投票制是为了保障公民的政治权利不受侵犯，促使选民能够真实表达自己的政治意愿，最终实现公正的选举。

西方国家民主制度建立初期，在政治选举中普遍存在公开投票的方式，即在公开的环境下选民公开自己的投票选择。具体方式有举手表决、呼声表决（在选举事务负责人念及某一候选人名字时，选民或选举人鼓掌欢呼，即表示同意当选）、双记名表决（选民在选票上同时填写所支持的候选人和自己的姓名）等。公开投票制度易于受到某些权势集团或统治力量的操控，它们往往以自身的权力威胁或影响选民投票。由于选民害怕落选人（党派）打击报复而不愿真实表达自己的选举意愿，使选举结果失去了真实意义。19 世纪以来，取消公开投票的呼声不断高涨，1856 年澳大利亚最先实行无记名投票（因此被称为“澳大利亚式投票”），该制度迅速被欧美国家普遍接受，并成为民主选举制度的基本原则。

综上所述，普遍、平等、直接、秘密的选举原则是在西方国家选举制度发展过程中确立的。在此过程中，广大民众争取自身政治权利的诉求和斗争促使选举制度不断改革，最终确立了上述原则，以此体现民主政治的基本价值，构成民主选举制度的核心内容，从而加强选举活动对其国家政治生活的影响。但是，西方国家的选举活动仍然存在很多问题和弊端，在具体的制度操作中，违反上述基本原则的情况还时有发生。因而，真正实现这些原则还需要相当长的过程，西方国家选举制度的改革还需要不断深化。

二、西方国家选举监督制度的建立

西方国家选举监督制度的建立是其选举制度逐渐完善的另一重要标志。从政治制度建设的层面看，监督制度的重要性在于它具有系统的督查、控制、纠错等关键性功能，体现了现代政治制度内在的制度逻辑，即围绕着政治权力产生形成一系列的管理和监控机制，当政治权力开始运转，随之一切权力控制机制便循序自主运作起来；在开放的政治环境下，将可能最大程度地避免出现制度虚设或机制功能失灵的情况，从而起到对整体制度的维护作用。选举监督制度的建立和完善，无疑体现了民主政治的优势所在，足以保障和扩大公民的政治参与。

（一）选举监督制度的形成

所谓选举监督制度，就是对国家政治选举过程中的参与者及其参与行为进行评价、批评、检举、控告的制度，是以促进选举合法化为目的而建立的公开控制和纠错的机制。在西方国家，一直存在对政治选举活动中不公正现象进行批评的行动，如揭露、抨击限制选民资格、政党领袖控制候选人提名权、不公正划分选区、计算选票舞弊等行为。这些社会

① 米勒，等. 布莱克维尔政治学百科全书. 北京：中国政法大学出版社，2002：376.

批评最终促使民众开始争取平等选举权的斗争，迫使国家进行选举制度的改革。可以说，西方社会一直有这样的政治监督传统，但早期相关的法律制度不健全，这种监督行为也就必然表现出非制度化的特征。

19世纪后期是西方国家选举监督制度创立的重要时期。这一时期，政党政治出现了新的发展变化，并且对选举活动产生了更为深远的影响。一些主要政党为了获取政治权力，试图通过操控选举等不正当手段进行竞争，政治选举中的腐败问题普遍出现。其中主要的现象，如某些政党通过玩弄“选举地理学”造成有利于本党当选的局面，依靠权钱交易获取大企业、大财团的政治支持而登上执政地位，通过以金钱贿赂选民达到当选目的，等等。选举中的腐败现象引起社会公众的强烈不满。随着选民选举权的扩大，社会各种政治力量为了维护自身的政治权利，纷纷要求国家通过立法对选举活动进行规范，建立完善的选举制度。可以说，要求纠正选举腐败的社会呼吁形成了现代西方国家建立选举监督制度的契机。

西方国家选举监督制度的建立是从立法规范选举财政开始的。1880年英国议会制定了《国会议员选举及舞弊治罪法》，1883年又制定了《防止舞弊及非法选举治罪法》，以上法律针对选举中滥用金钱贿赂选民的行为做出明确的法律规范，并限制候选人选举经费的花销。英国的立法对其他西方国家起到了积极的示范作用。20世纪以来，美国国会通过了一系列法律监管选举财政问题，其中重要的有1925年的《联邦防治贪污法》、1939年的《哈奇法案》、70年代的《联邦选举法》及其修正案。它们在一定程度上对竞选捐款制定了规范，限制企业、财团、利益集团等的政治献金，提出公开选举支出的要求，并规定对总统选举提供公共资金等。可见，相关法律奠定了选举监督制度的基础。

西方国家选举监督制度还体现在设立国家选举监督机构上。很多国家依法设置选举组织，如英、法等国建立的各级选举办公室，美国、俄罗斯设立的联邦选举委员会等，它们都具有组织选举和监督选举活动的双重职责。还有的国家则专门成立选举监督机构，如加拿大首席选举官办公室设立了一个专门委员会，受理任何人对大选中违法行为所提出的投诉，并负责进行调查，如调查情况属实，将酌情做出处理，或就违法行为向司法机关提起诉讼，对涉嫌违法的候选人可能取消竞选资格。总之，选举监督机构的建立，使选举监督行为更具有权威性和有效性。

（二）选举监督的基本内容

选举活动涉及的各个环节，参与者的权利与义务、行为过程等都在监督范围之内，具体说有以下内容：（1）对选举参与者资格的监督，包括选民和候选人是否符合年龄资格、是否符合居住期限、是否拥有本国国籍、是否完成选民登记、是否经过正式候选人提名程序、是否交纳选举保证金、是否存在被限制参选的职业身份问题；（2）对选举过程各个程序的监督，包括选区划分是否符合基本原则、候选人提名是否符合法律规定、竞选经费的筹集和使用是否公开透明、选票计算是否合法、选举结果的公布是否符合程序原则；（3）对保护选民政治权利情况的监督，包括选民是否受到区别对待、选民投票是否受到政治权力或暴力的胁迫、选民是否被平等告之选举事项（如投票时间、地点等）；（4）对选举工作人员具体工作状况的监督，包括选举工作人员是否正确履行职责、是否对选民提供有效的服务、是否利用职务之便进行助选、是否损害选民知情权等基本利益。

综上所述，完善的选举监督制度取决于法制的健全，以及选举过程的公开操作。除此之外，还必须明确选举监督权的归属。

（三）选举监督权的行使

1. 社会监督

选举监督是政治监督的组成部分。在西方国家，社会公众普遍对国家权力及其运作过程具有监督权，即社会政治监督。社会政治监督是多层次的监督，具体包括公民个人监督、社会团体监督、政治组织（政党）监督及新闻媒体的监督。

公民个人或其社团组织进行的选举监督是积极的监督行为。西方国家宪法普遍规定公民享有言论、出版、结社、集会等自由权利，这一宪法规定构成了普通社会公民对政府进行政治监督的法律依据；同时宪法还规定公民拥有选举和被选举的政治权利。作为选民，积极参与国家政治选举，并为保证选举活动合法进行而履行监督的责任，有利于维护选民的基本利益，对促进民主政治的实现具有积极的意义。公民进行监督的方式主要是就选举中的不规范或违法行为向有关机构提起检举、投诉等。

政党是政治竞争的参与者，选举的结果决定着各党的政治地位，从自身政治利益考虑，政党必然关注选举能否按照共同接受的法律规则进行。因此，政党也就成为选举监督的积极力量。实践证明，在实行多党政治的西方国家，政党之间进行政治竞争，彼此的利益冲突促发其行使监督功能。各政党从自身利益出发轻易不放过对手的过失，由此产生对权力的牵制。政党进行监督的方式很多，它往往利用媒体、群众集会等方式对竞争对手发起进攻，也可以向有关机构提起违法控诉。

重要的是，不管是公民的监督，还是社会团体、政治组织的监督，都需要有进行监督的平台，于是，当代西方国家的新闻媒体更凸显其作用。特别是在选举活动中，新闻媒体往往通过跟踪事件公开报道、民意调查、建立公共言论平台、发动社会评论等，把选举活动全过程公之于众，揭露选举中出现的丑闻，充分发挥其政治监督的功效。

2. 司法监督

对选举过程的监督有可能产生选举诉讼，所谓选举诉讼就是对选举过程中涉嫌违法操作的行为向司法机关提出控告，由司法机构受理和裁决此类诉讼，因此形成了司法对政治选举活动的监督。

选举诉讼大致涉及两类诉讼案：一类是针对选举中违法操作而提出的诉讼，诸如当事人控告选举程序不合法、选区划分违反公正原则、选民权利受到严重侵害、计票过程出现舞弊行为等等；另一类诉讼是针对选举结果可能不公正而提出的当选无效诉讼。选举诉讼控告方可以是选民个人，也可以是政党组织或社会团体。

西方国家具体受理选举诉讼的机构是不同的。资本主义国家建立初期，各国宪法一般规定由议会行使对选举的监督权。如美国《宪法》明确规定“（国会）每院应是本院议员的选举、选举结果报告和资格的裁判者”。英国、法国、瑞士、丹麦、德国等国的宪法都有类似的规定，赋予议会对选举争议的裁决权。1866 年英国议会通过了《选举审查法》，规定由普通法院受理、裁决有关选举诉讼，由此，对选举的司法监督制度建立起来了。在美国，早在 1803 年联邦最高法院就确立了违宪审查权，联邦司法机构在国家政治生活中的作用凸显出来，选举诉讼也随之增多。但是在 20 世纪 40 年代以前，联邦最高法院对选举诉讼的受理是有限的。40 年代以后，法院改变了以往的做法，对裁决选举诉讼表现出积极的态度。就选举诉讼做出的重要判决有：1962 年裁决在违反按照人口比例原则所划分的选区内选举产生的各个州议会是违宪的。1964 年裁决在违反按照人口比例原则的选区内选举产生的国会是违宪的。这两项裁决事实上也明确了美国选区划分的相关原则。2000 年通过联邦最高法院司法裁决判定小布什在佛罗里达州计票中胜选，由此当选美国总统，这也是一起由选举诉讼引起的司法裁决。

另外，像德国、奥地利等国家都设立了宪法法院，有关选举诉讼则由宪法法院负责审理。

再有，1958 年法兰西第五共和国建立，依据其宪法设立宪法委员会，并且规定“宪法委员会监督公民投票程序的合法性，并且公布其结果”。据此，宪法委员会成为处理选举诉讼的重要裁决机构。

第二节　选举方式、选举类型、选举组织及选举参与

一、西方国家选举方式——竞选

普遍、平等选举权原则的确立为广大选民平等地参与政治生活提供了可能；直接和秘密的选举权原则的确立，则在一定的程度上有助于选民实现自由的选举——自由表达自己的政治意愿和倾向。做出自由的政治选择，对民主选举是至关重要的。然而，选民自由的选择取决于他拥有选择的机会，其中主要包括选民对候选人有较充分的了解并由此做出投票的选择，甚至还包括对选情的知情和把握。因而，西方国家的竞选为此提供了条件。

（一）竞选方式产生的条件及其意义

竞选（election campaign）是一种选举方式，它是指候选人及其政党在选举过程中为了赢取选民的选票，通过种种努力宣传自己的政治主张，展现自己的政治领导力，与其他候选人形成一定的政治竞争。竞选在西方国家是一种普遍的经验，主要因为其多元化的社会利益以及市场竞争思维对政治生活产生深入影响，多党政治的现实存在使竞选制度合理化。从选民的角度讲，社会民众政治观念是多取向的，有不同政治立场的选择，因此普遍反对任何政党垄断政治权力，政治竞争既能相对公平地完成权力分配的过程，也能最大程度地满足公众利益表达的需要。此外，竞选意味着选举的过程是公开和自主的。如果选举过程不能够充分提供可供选择的机会，竞选便无法维系，选举便也失去其真正的意义。

总之，在利益多元化的社会，通过竞选争取国家政治权力既是必然的选择，也是最好的选择。“通过或多或少定期安排的竞选来选择他们的政府……在竞选中，反对党不会受到压制，而且还会被就任者承认其合法性质；竞选也不意味着政治精英在进行权力接管和交替时会发生任何意外。”①

一般来说，政治竞争有益于产生负责任的政府。“在一个竞争的制度里，各主要政党会倾向于向大多数人的立场靠拢，因为他们相信如果不这样做，反对党将会这样去做。……对主要政党的领袖来说，当明确了……可能获得大多数人的支持时，鉴于反对党

---

① 迈耶，等．比较政治学：变化世界中的国家和理论．北京：华夏出版社，2001：36.

存在合法的事实，主要的政党通常将会为占据这个立场而展开竞争"，"没有合法的反对党的存在，政党是不会在结构性的、逼迫性的压力下来关心什么是大多数所想所要的东西"。[①] 从政治经验看，在很多时候，纠正现任政府过失、错误的最便利的办法就是选择别人来试一试。"公民可以在竞争候选人中进行选择，挑选那些选择倾向与自己最为相似的人或那些他们信任的人。……选举的存在使精英人物因期待选民的支持而加强其反应性。"[②]

（二）竞选活动的基本要素

竞选活动是一场复杂的操作，竞选方式也是多种多样的，但其中包括一些必不可少的要素，由此构成竞选活动的一般性规律。

1. 竞选宣传

竞选宣传是竞选活动中重要的过程。之所以称为"过程"，恰恰说明竞选宣传是要贯穿整个竞选活动始终的。从候选人的政治纲领到工作能力，到候选人的道德品格，再到候选人的外在魅力，所有一切无不是竞选宣传的可能话题，因此，在竞选中比的往往是候选人的宣传攻势。宣传到位，能够赢得选民信任，就可能赢取选举的最终胜利。传统的竞选宣传方式通常是张贴竞选标语，登门拜访选民，给选民写信拉选票，召开公共集会进行演讲，在报纸上做广告宣传，通过竞选旅行与选民进行接触和交流，等等。现代竞选宣传与之相比已经完全不可同日而语。现代信息资讯技术的应用以及大众传媒的广泛普及，不仅促使政治选举成为公众生活中的重要话题，也促使候选人有条件与选民进行更为便利、直接的沟通。候选人可以通过电视、互联网等多媒体随时出现在公众面前，甚至可以与公众进行即时交流。21 世纪以来政治候选人在竞选中广泛利用互联网与网民进行交流和沟通。这种新媒体不仅具有宣传功能，还使候选人更直接贴近选民特别是年轻选民的生活，为其竞选加分不少，并获得网民大量的捐款。总之，竞选宣传无所不在，也使政治竞争更加激烈。

然而，进行竞选宣传需要有三个必要的条件：一是要有言论自由的公民权利保障，二是要有新闻自由的法律依据，三是需要金钱的支持。言论自由是基础，候选人和选民都应拥有发表不同意见、进行评论的权利，这样，选民才可以对候选人及其政党进行比较和选择。新闻自由是有效保障大众媒体进行新闻采集、报道的权利，它不仅能够提供广泛的政治信息，促使候选人和选民之间进行沟通，而且有利于形成社会舆论的力量，有效制约候选人和政治人物。当然，竞选宣传活动离不开大量的资金。没有资金的投注，竞选宣传的目的是难以达到的。

2. 竞选班子

复杂而繁重的竞选工作不是只靠候选人个人的努力就可以完成的，在其背后除了政党组织的支持外，往往还有许多人在帮助他做具体竞选工作。这其中最为重要的就是竞选班子。竞选班子的任务就是为候选人出谋划策，从竞选纲领到宣传策略，再到与选民交流沟通方式等，无一不出自竞选班子的建议和设计。一个强有力的竞选班子是候选人取得竞选胜利的重要保障。

---

① 迈耶，等．比较政治学：变化世界中的国家和理论．北京：华夏出版社，2001：43.

② 阿尔蒙德，鲍威尔．比较政治学：体系、过程和政策．北京：东方出版社，2007：117.

竞选班子大致有这样一些成员：(1) 候选人的政治知己。他们与候选人志同道合，鼎力支持候选人也是实现自身政治理想的过程。他们的主要工作是提出竞选的政治纲要，谋划竞选策略，安排竞选工作，控制竞选的各个环节等。竞选班子和候选人之间形成台前幕后的合作伙伴关系，他们往往构成一个稳固的政治团队，以至于在候选人竞选成功之后，该团队有可能成为其执政班底或基本智囊。因此，当今西方国家的竞选，不仅是台前候选人之间的竞争，也是其竞选班子斗智斗勇的过程。(2) 一般工作人员。他们的主要任务是完成竞选日常事务性工作。他们参加竞选班子一方面是支持候选人的政治观点，另一方面希望能在竞选成功之后到政府部门谋取职位。(3) 义务助选人员。他们来自社会不同阶层，因支持候选人政治观点而愿意义务帮忙。其主要工作如发放广告、传单，打电话进行外联等工作。通常说来，竞选的职位越高越重要，竞选班子越具规模。

自 20 世纪 70 年代以来，西方国家也出现了“竞选咨询专家”现象。“竞选咨询专家”是专门为候选人提供竞选咨询和服务的专业人员，有时类似职业经纪人。他们不具有党派身份，也不一定完全认同候选人的政见，而只是被雇用。他们通常是各方面的专业人才，通晓政治学、社会学、心理学，熟练掌握统计学、美学，通晓电脑、电视新闻制作等技术。总之，他们为候选人提供准确的情报，塑造最佳政治形象，拟订有效的竞选方案，拥有“竞选咨询专家”必备的职业技能。除此之外，“竞选咨询专家”还有一项重要职能，这就是募捐。由于他们掌握大量信息，并掌握公关技巧，所以比一般人能更有效地募集到竞选资金。“竞选咨询专家”的出现，一方面反映出当代西方国家政党对政治选举控制力的削弱、政治舞台角色多元化的发展趋势，另一方面也反映了西方社会政治领域不可避免受商业化浪潮冲击的现状。

3. 竞选经费

如前所述，竞选是需要资金支持的。在西方国家，用于竞选的费用越来越高。尤其是当代社会，由于大量使用现代通信、宣传手段，使竞选投入的成本相应提升。比如，1860 年林肯竞选美国总统时共花费 10 万美元；100 年后的 1960 年，10 万美元只能购买电视台 10 个小时的黄金播放时段。① 另外，从竞选费用占 GDP 的比重也可以说明这一点（见表 3-1）。

表 3-1　1936—1992 年美国两党用于国会议员和总统竞选的开支及其占 GDP 的比重

年份	两党用于国会议员、总统竞选总花费（亿美元）	年度 GDP（亿美元）	竞选花费占年度 GDP 的比重（‰）
1936	0.14	838	1.67
1948	0.5	2 692	1.86
1952	1.4	3 583	3.91
1972	4	12 383	3.23
1980	10	27 895	3.58
1992	15	63 377	2.37

资料来源：http://www.fec.gov/DisclosureSearch/mapApp.do; http://www.measuringworth.org/datasets/usgdp/result.php.

---

① 维尔．美国政治．北京：商务印书馆，1981：145.

西方国家法律规定选举费用的主要来源有：（1）选民捐助。选民捐助是候选人竞选经费的重要来源，在西方国家这被视为选民自由表达政治见解的行为。但是，各国对选民个人捐助也做出了法律规定，如美国2002年批准了《两党竞选改革法案》，该法案规定，选民在一次竞选活动中给联邦候选人的捐助不得超过2 000美元，两年期间向所有联邦候选人的捐款不得超过9.5万美元。① （2）国家财政拨款。由于选举费用的提高，对国家财政拨款的需求也越来越多。从20世纪70年代开始，大多数西方国家建立了竞选国家财政拨款项目。1974年美国《联邦选举法》修正案规定，总统大选由政府采取直接拨款给候选人的办法，以减轻候选人对政党财政的依赖，也使经费力量不足的候选人不致失去竞选总统的机会，1976年卡特竞选就是一个例证。（3）候选人个人支出。用自己和家庭的财产支付竞选费用是被允许的，尤其是独立候选人常需要自己应付大量竞选经费，1996年美国总统大选中出现的独立候选人佩罗，就花费了2亿美元的个人资产用于竞选。

竞选经费的不断上涨构成西方国家政治选举中的一大问题。形成这一问题的主要原因之一就是选举成本上涨。下列表格是美国两党在20世纪30年代至90年代选举花费的增长状况。依据表中所列举，美元从30年代到90年代贬值达10倍之多。在考虑通货膨胀因素的情况下，实际竞选费用增长见表3-2。

表3-2 1936—1992年美国两党选举花费实际增长状况

年份	两党用于国会议员、总统竞选总花费（亿美元）	年度GDP（亿美元）	各年份货币价值比较（以1936年1美元为基准）	比上一年总花费的实际增长率（%）
1936	0.14	838	1	—
1948	0.5	2 692	1.73	106
1952	1.4	3 583	1.90	155
1972	4	12 383	3.01	81
1980	10	27 895	5.93	27
1992	15	63 377	10.09	−12

资料来源：http://www.fec.gov/DisclosureSearch/mapApp.do; http://www.measuringworth.org/datasets/usgdp/result.php.

形成竞选经费上涨的另一重要原因是大企业、财团的政治捐款构成了政治选举资金中的重要部分，由此促使竞选经费攀升。虽然有的西方国家法律禁止企业、财团、利益集团的政治捐款，但事实上大多数候选人都有财团的背景。那么，企业、财团等是通过怎样的途径跨越法律的界限呢？以美国为例，主要有以下途径：（1）以政治行动委员会为名进行公开募捐。早在20世纪30年代美国就出现了政治行动委员会，这是一种专门负责募集竞选捐款的组织，并向所有参加联邦选举的候选人提供竞选经费。起初，政治行动委员会是非政治性组织，标榜不具有任何政治依附性。但后来很多企业、财团、利益集团等分别组织政治行动委员会，向内部管理人员、持股人、会员等进行募捐，并向政党候选人提供竞选资金，由此对选举施加影响。（2）捐助“软钱”（soft money）。所谓“软钱”是相对于“硬钱”（hard money）概念而言的。“硬钱”指的是受国家选举财务法约束的竞选资金，

① 曾根据美国1971年通过的《联邦选举法》规定，选民在一次选举中对联邦候选人的捐助不得超过2 000美元；一年间对所有联邦候选人的捐款不得超过2.5万美元。2002年相关法律规定上调了这一标准。

“软钱”则是指不受法律管辖的资金。比如美国在1971年通过的《联邦选举法》中对给予候选人的竞选捐助进行了严格的限制，但却没有禁止给予各个政党的政治捐助，这部分经费就被称为“软钱”。在美国竞选中，各政党往往以用于基层组织选民登记、进行选民培训或召开党代表大会等理由，从公司、财团、利益集团那里募集资金，这部分经费可达成百上千万美元，实际上用以支持本政党候选人进行竞选（见表3-3、表3-4）。美国各政党募集的“软钱”在20世纪90年代初时约1.05亿美元，而到了2000年这个数字则是90年代初的4倍，达到约4.87亿美元。① 2002年，美国新出台的《两党竞选改革法案》明确禁止企业、财团向政党全国委员会捐献软钱。另外，私人财团往往还会向候选人捐赠实物，如竞选所需的演讲场所、办公设施、广告宣传材料、旅行机票等等。被支持的候选人一旦竞选成功，难免成为捐赠机构的政治代言人。

从某种意义上讲，竞选捐款是一个比较复杂的问题，简单化的规范并不能有效全面、解决其中权钱交易的问题。因此西方国家相关立法主要集中在限制大企业、大财团的政治捐款和要求竞选资金透明化等方面。

表3-3　1996—2008年美国两党候选人得到的政治捐款（包括用于预选和全国大选的全部款项）

年份	1996	2000	2004	2008
总统候选人所得到的政治捐款（亿美元）	4.78	6.495	10.165	13.919
比上一年总花费的增长率（%）		35.9	56.5	36.9
相对于上一年的通货膨胀率（%）		10	9.1	14.2
比上一年政治捐款的实际增长率（%）		23.8	42.7	20.1

资料来源：http//inflationdata.com/inflation_Rate/HistoricalInflation.aspx? dsInflation；http//data.bls.gov/cgi-bin/capitalc.pl.

表3-4　1996—2008年美国两党候选人得到的政治捐款占本年度GDP的比重

年份	1996	2000	2004	2008
用于总统竞选的政治捐款总额（亿美元）	4.78	6.495	10.165	13.919
年度GDP（亿美元）	78 169	87 170	116 859	142 646
用于总统竞选的政治捐款额占年度GDP的比重（‰）	0.611	0.745	0.870	0.976

资料来源：http//inflationdata.com/inflation_Rate/HistoricalInflation.aspx? dsInflation；http//data.bls.gov/cgi-bin/capitalc.pl.

4. 竞选规则

竞选作为政治竞争，公平是极其重要的原则。为了确保竞争公平，需要有一系列规则存在。为此，国家的积极干预必不可少。国家干预表现为制定相关的法律规则，保障参与各方在平等基础上有序进行竞争。需要特别强调的是，西方国家竞选规则是使其选举活动合法化并产生公信力的重要保障，而且有关规则涉及竞选的各个环节，如规定合理划分选区；要求竞选者平等利用大众传媒；规定候选人进行竞选宣传的有效时限；为减少金钱或其他势力影响选举结果的因素，要求竞选费用支出公开；为使选举活动有序进行，规范参

① 施密特，等. 美国政府与政治. 北京：北京大学出版社，2005：209.

与政党的规模及得票率；公平计算选票；等等。就拿美国总统竞选辩论的规则来说，其规定辩论双方必须由中立机构进行主持并提出问题，避免任何一方掌控辩论规则；辩论须确保机会均等，主持人应在双方中间平均分配时间。可见，无所不在的规则构成竞选活动的严格规范。

如前所述，竞选使选民的政治参与具有意义，并有助于产生贴近民意并可能对社会负责的政府。但是，还必须看到竞选活动可能存在负面因素，如消极竞选现象不可避免。消极竞选是指候选人在竞选中不是以自己的政策主张、领导才能等吸引选民，而是以批评竞争者为主，甚至采用诽谤、侮辱性的语言进行攻击、中伤。说真实的批评有益于对政治人物的监督，有益于选民做出正确选择，而恶意的中伤、诽谤则有悖于公平、公正的竞选原则。再如，竞选中可能存在候选人政治“作秀”问题。政治作秀是指候选人为了赢取选民的选票，在竞选过程中，想方设法做出各种诱惑人心的政治承诺，或故意做出亲民的举动，而当选之后却不履行承诺，不顾选民利益，只专注于自身权力的经营；或出现昏庸之徒，政治上碌碌无为；甚至会出现政治野心家，滥用选民授予的权力。由此应该承认，竞选是一种风险政治，它在考验一个社会的政治承受力和辨识能力。同时更重要的是需要从制度上做好化解风险的准备。成熟的民主国家既要有规范竞选过程的有效规则，还要有制约当选者权力的配套制度，诸如任期（轮换）制度、罢免制度、倒阁制度及弹劾制度等，提供有效的权力矫正和制度补给。

二、选举的类型

西方国家的选举活动非常频繁，选举的方式也是多种多样。就选举的对象而言，有立法机构议员的选举，也有国家首脑、政府领袖的选举。就选民参加的范围而言，有全国性选举，也有地方性选举。就选举举行时间而言，有中期选举，还有大选。就选举程序而言，则分为预选、正式选举或补选。不同类型的选举，其目的和具体选举方式都有所不同。

（一）大选

在西方国家，大选是国家重要的政治选举，通过选出国家最高权力机构代表或选出国家最高领导人，最终决定执政党的产生。不同政体的国家，大选的具体内容有所不同，议会制国家的大选主要是选举产生议会代表，并由议会多数党组织政府。总统制国家的大选则是选举国家行政首脑（也是国家元首）。

英国的大选是议会下院议员的选举。根据1911年《议会法》规定每5年举行一次大选。大选中获得选民多数票支持的政党（多数党，又曰执政党）负责组阁。但是，当议会对内阁表示不信任，或内阁就某项重要政策方针请求议会进行信任投票，而议会未予通过时，内阁或集体辞职，或提请国王解散议会，提前举行大选。日本的众议院选举被称为大选，每4年举行一次。但是，在现实政治中，日本首相与国会众议院经常处于微妙的权力博弈状态，首相领导的内阁为了避免众议院对其执政政策表示不支持而中断执政，经常由首相提请天皇解散众议院，提前举行大选。所以，在日本的政治生活中，众议院提前选举司空见惯。2005年8月自民党籍首相小泉纯一郎提出进行邮政民营改革计划，未得到国会参、众两院的应有的多数支持，随即建议天皇宣布解散众议院。依据宪法规定，在解散众议院的 40 天之内重新举行了大选，小泉纯一郎领导的自民党又以 296 席重新获得众议院绝对多数的地位。2014 年 12 月日本国会又一次进行提前选举。此前因安倍晋三领导的自民党内阁在经济、国防政策以及调整中央和地方权力矛盾等问题上与国会意见相左，并且显示出众议员支持率急剧下滑。在此情况下，他提请天皇解散众议院，重新举行大选，并在选举中自民党获胜，安倍的权力得以保住。

美国大选即总统选举。根据美国《宪法》，总统选举每 4 年举行一次。选民投票选出的总统所属政党则是国家的执政党。此外，如法国、俄罗斯等国的大选都是指总统选举。

（二）中期选举

即某些实行总统制的国家，在每两届大选的中期举行议会选举，即称为中期选举（middle-term election），最典型的就是美国。根据美国《宪法》，国会众议院议员任期 2 年，每次全部选举；参议院议员任期 6 年，每 2 年改选 1/3。中期选举往往是对执政党执政检测，或者也可以借此形成对主要政党实力变化的评估。

（三）预选

美国总统大选中的特殊环节，就是在州范围内由民主党和共和党分别举行的本党总统候选人或出席本党全国代表大会①代表的选举活动。由于预选的影响力不断加强，以至于被人们称为美国总统的第一轮选举。

预选制（preliminary election）出现在 19 世纪中期，在此之前一般是由政党领袖挑选本党总统候选人，这种制度被称为“密商会议制度”。② 它强化了政党领袖控制总统候选人提名的权力，并逐渐形成由职业政客、党魁操控选举活动进程的事实，因此受到社会的广泛批评。1867 年，美国宾夕法尼亚州克劳福县的民主党第一次举行预选，此后各州、各政党的预选不断出现。1905 年威斯康星州制定了第一部关于总统预选的法律，随之各州也纷纷效仿。目前，美国有 3/4 的州都是通过预选方式选出总统候选人或选出出席政党全国代表大会的代表。③

美国各州的预选制度有所不同，通常由各州制定相关法律并进行组织，各政党的预选分别于大选年的 2—6 月陆续举行。具体预选方式可分为以下几种：第一种是“关门预选”，就是选民必须表明自己的党派所属（进行选民登记），投票时必须投给本党候选人竞争者，绝大多数的州都采取这种预选方式。第二种是“开门预选”，即选民不须表明自己的党派所属，可以任意投票支持某个政党候选人，如爱达荷、明尼苏达、蒙大拿、威斯康星等州采用这种预选方式。第三种是“全开放预选”，即选民可以参加任何政党的预选并可以支持多个政党候选人，主要有华盛顿州、路易斯安那州、阿拉斯加州采用此种预选方式。总之，预选是各州、各政党的行为和活动，并呈现出各不相同的预选形式。

预选制度的建立是美国选举制度的一场变革。它的意义在于打破了由政党操控选举的模式，使选民能够更直接参与选举过程，直接表达意见。预选可以被看作大选的第一个回合，从中可以预测各党派、各候选人的竞选前景。

---

① 党的全国代表大会，即美国大选年各参选政党往往通过举行本党全国代表大会完成总统候选人的正式提名等程序。一般各党全国代表大会在大选年的 7—8 月举行。

② 维尔．美国政治．北京：商务印书馆，1981：79.

③ 戴伊，等．民主的嘲讽．北京：世界知识出版社，1991：195.

（四）总统选举

在实行总统制和半总统制的国家，总统选举就是国家重要的大选，决定着国家执政党的产生，如美国总统、法国总统等选举。美国总统是由选民间接选举产生的。根据美国《宪法》规定，总统每4年选举一次，大选时先由选民投票选出选举人团（electoral college），然后再由选举人团投票选举总统。各州各政党都提出一份选举人团名单，其人数与该州在国会参、众两院的议员人数相等。选举人团代表各自政党，选民在给选举人团投票时，事实上就是给本党总统候选人投票。以州为单位计算选票，某个政党的选举人团只要获得相对多数的选民支持，就可赢得本州全部选举人团的票数，即胜者全得（winner-taken-all）。按照《宪法》规定，总统候选人能够获得超过选举人团的选票半数者，就可以当选。法国是在1962年以全民公决方式通过宪法修正案，决定总统由选民直接选举产生。法国总统选举采用“二轮多数投票制”，即第一轮投票中总统候选人必须获得绝对多数选票才能当选，否则进行第二轮投票；且只有在第一轮中得票最多的两名候选人才能进入第二轮，其中获得相对多数票的候选人即可当选。再如俄罗斯是于1993年通过全民公决确立了总统制，其总统选举制度和法国总统选举制度相似。

在议会共和制国家，作为国家元首的总统一般也是通过选举产生。《德国基本法》规定，总统由联邦大会选举产生，联邦大会则由联邦议院议员和同等数量的由各州议会根据比例代表原则选出的州议员组成。意大利总统是由议会参、众两院联席会议和各区议会选出的三名代表共同选举产生的。

（五）议会选举

议会是民意机构，在西方国家通过选举产生议员。每个国家议会选举制度的意义有所不同。在实行议会制的国家，作为国家最高权力机构的议会（下议院）的选举是决定国家执政党的重大选举，即大选。它一般是通过选民以选区为单位选出本选区代表的方式直接产生的。

而总统制国家的议会选举则不涉及执政党地位问题，如美国国会中的多数党不一定就是执政党。法国国民议会（众议院）多数党也未必是执政党。法国总统往往任命国民议会多数党领袖担任政府总理，即行政首脑，这样，如果国民议会中多数党并非总统所属的执政党的话，则形成所谓“共治”局面，即总统、总理分属不同政党联盟。

（六）地方选举

在西方国家，相对于国家中央政府选举而言，其次一级以下各级政府、议会的选举被称为地方选举。如在单一制国家，省、市、县镇级别的选举；在联邦制国家，除联邦、联邦组成单位（州、省等）两级政府、议会选举以外的市、县镇等级别的选举。地方选举也分为地方议会选举和地方行政首长选举。在政党政治竞争激烈的国家，地方选举结果有时对国家执政党地位产生重大影响，或可能改变执政党在全国的政治版图。如2005年5月德国举行地方选举，当时执政的社会民主党在其长期控制的大州北威州意外失利，反对党联盟党势力却一举占据优势。这样一来，社民党及其执政联盟不仅失去对联邦各州的控制，而且也将影响到联邦议会中政党格局的改变，尤其是联邦参议院议员是由各州政府任命，势必会使议会中出现反对党对执政党的牵制，使其陷于执政困境。为此德国总理施罗德提出提前举行大选。然而在同年9月19日大选中出现了反对党联盟党得票率略高于社民党的状况，最终由联盟党来组织政府。

三、选举组织

选举组织指具体主持、办理国家选举事务的专门机构。选举是国家政治生活中的重要活动，具有广泛的群众性，是公众政治参与的过程。有效组织选举是实现公正、有序选举的重要保障。从实践来看，任何国家在举行政治选举过程中都会有实际操作的机构，即选举组织。选举组织的建立具有以下特点：

第一，选举组织是依据国家法律规定建立的，具有特定的法律地位。通常国家的选举法等相关法律规定了选举组织的设置以及明确的职责范围。它体现了选举制度法制化的特征，其职责在于促进选举工作的顺利完成。

选举组织一般分为中央、地方、选区等几个层级。中央选举组织通常为常设机构，而地方、选区层级的选举组织多为临时性机构。

中央选举组织的基本职责是就全国性的选举活动进行宏观指导和调控，保证依法实施，协调选务工作，处理选举过程中的问题，受理有关选举的上诉等。加拿大在20世纪20年代设立了由议会众议院任命的首席选举官，其主要职责就是指导和监督选举的进行，保证所有选举官员公平公正地履行职责，保证选举法的贯彻实施。首席选举官下设首席选举官办公室，负责联邦的大选、补选或全民公决等事宜，它独立于政府，直接向议会负责。美国于1974年根据《联邦选举法》修正案的规定建立了由6人组成的联邦选举委员会，以落实选举法的具体规定；联邦选举委员会为独立的政府机构。俄罗斯联邦中央选举委员会是根据1995年通过的《国家杜马议员选举法》设立的。作为常设机构，它由15人组成，分别由国家杜马、联邦委员会及总统推荐和任命，负责组织总统、国家杜马选举及联邦全民公决。

地方基层选举组织则负责执行具体的选举事务，包括选民登记、审核候选人资格、培训选务官员、设计选票、选区划分、组织投票、选票计算、监督选举计划的完成、报告选举结果等。如俄罗斯除了有联邦中央选举委员会和联邦共和国选举委员会外，地方和基层还成立有区域选举委员会、城镇选举委员会、选区选举委员会。根据法律授权，各级选举委员会有权就选举工作做出具体决定，并对参选组织和个人产生约束力。加拿大设立了中央常设选举机构，但当全国举行选举时，还需在全国雇用大约15万经过严格培训的临时工作人员，其中包括某些专业人员。

第二，选举组织是政治中立的管理性机构。政治选举活动最终以表达和实现选民选择意愿为目的，尤其保证选举过程严格按照法律程序进行。选举组织的工作须有助于促进选举结果的公正，保护和促进选民政治权利的实现。因此，在具体管理过程中，选举组织应不以任何政党和个人的意愿或权势左右选举程序，强加于选民。为此，如加拿大法律规定首席选举官不可参加竞选，禁止参加投票；选举官不可附属任何政治党派和个人，以此确立首席选举官的独立地位；并规定首席选举官终身制，除非因触犯法律由议会一致同意给予免职，否则任职到65岁。俄罗斯选举法明确规定，在筹备选务工作期间，选举委员会履行职责不受国家、地方政府权力机构干涉；在其职权范围内做出的决定，联邦政府机构、共和国及地方自治政府机构、候选人、竞选组织、社会团体及选民都必须予以执行。

20 世纪 90 年代墨西哥进行议会选举改革，并取得积极成果，其中首先就是改组联邦选举委员会；1996 年联邦选举委员会脱离政府，成为独立的选举机构，由议会进行任命并给予拨款，受公民直接监督。

第三，选举组织是一个协调和服务性机构。服务选民、协调选务、促进选举过程的公正是选举组织的基本职责，因此，选举组织的工作方式应该是公开透明的。有的国家规定，选举组织做出的各项决定或决议要在法律规定期限内通过各种媒体给予公开，以促使选民有效了解甄别选情，并做出最终判断；基层选举委员会要在正式投票 20 天前，通过有关媒体通知选民投票时间、地点。还有的国家规定选举组织要促使政治竞争公正进行，要使候选人平等利用选举资源，如对竞选双方的竞选宣传平均分配电视黄金时段的使用时间，等等。墨西哥还具体规定，联邦选举委员会的选票计算工作要公开进行，在选票统计达到 15%以后即开始连续通报计票结果。

四、选举的参与

（一）选民资格及选民登记制度

选民是选举活动中的主要参与者。从一般意义上说，选民就是指依据国家宪法和法律规定享有选举权和被选举权的公民。但在西方国家选举活动的参与中，选民正式投票是有资格条件的。在很多国家，符合资格条件的公民在完成了选民登记等选举程序规定后，才能真正履行投票的权利。

1. 选民资格

对选民资格（elector's qualification）的认定是选举程序合法化的组成部分。西方国家有关选民资格的规定经历了巨大的变化，普选制确立以前，大多数国家都存在着对选民资格的限制性规定，事实上形成了狭窄的选民资格概念。但随着普选制的确立，各国开始逐渐取消对选民歧视性限制的规定。如日本《宪法》第 44 条规定："两议院的议员及其选举人的资格，以法律规定之。但不得因人种、信仰、性别、社会身份、门第、教育、财产或收入不同而加以差别对待。"不过，就选民投票资格，西方国家还是做出以下具体限制性规定：

（1）对居无定所的流乞者的限制。有观点认为选民行使投票权（right to vote）是要承担义务的，即对自己投票的政治行为负责。无生活基本保障或居无定所者往往被质疑能否正确履行其选民权利。因此，有的国家仍然限制诸如乞丐、流浪者、赤贫者、领取社会救济金或者被济贫院收容的人参加选举，如法国、比利时、荷兰、美国的某些州等都做了这样的规定。但是，始终有人批评这实际是一种变相的财产资格限制。

（2）居住时间限制。一些西方国家规定，公民必须在本国的某一地区或选区居住一定时间后才能获得选举权。各国、各地对居民的居住期限要求有所不同。一般说来，短则一个月（如德国、澳大利亚等国），长则一年（如美国有 30 多个州规定其居民必须在当地居住一年以上才有投票资格），冰岛、挪威等国规定了 5 年之久的居住时限。这样的规定主要限制了一些无固定居所的流动人口或者季节工的选举资格。

（3）职业限制。某些国家对选民规定了职业资格方面的限制，如美国的部分州、巴西、阿根廷等国家规定军人或国民警卫队成员不可参加选举活动，以此避免出现军人干预政治的情况；再如加拿大规定联邦选举官不得参与选举投票，以防止某些职业人员利用职权扰乱选举秩序，破坏选举原则。

2．选民登记制度

选民登记（registration of electors）是选举过程中的重要程序之一，它是通过登记方式对选民身份进行认定的。各国进行选民登记的方式有所不同，欧洲大多数国家是由政府通过人口普查方式进行选民资格调查，对符合选民资格者核实登记，并发给选民证使其能够参加投票；有的国家则是由选民本人主动向选务机构申请登记，选举官员根据选民申请情况进行调查、认证，合乎条件者登记入册并发给选民证，如北美国家实行这种选民登记制度。而像澳大利亚则规定了强制性的选民登记制度，其有关法律指出："凡是有资格通过登记或转迁登记的方式把姓名登上任何基层选区名册的人，如果从他有资格之日起21天之内，或者在此之后他继续有这种资格的任何时日，他的姓名还不在名册上，那就应该是有罪的。"[①] 一般说来，不予进行选民登记的有以下情况：（1）特殊职业、职务者。如加拿大选举法规定联邦首席选举官及其助理、法官等不在选民登记之列；（2）因刑事犯罪被剥夺选举权的人；（3）患有精神疾病的病人、无正常行为能力的人；（4）被教养、收容者、无业游民；等等。如美国规定，精神不健康者、囚犯、已遭宣判的重罪犯、违反选举法的人均不具备选民资格。

选民登记制度于19世纪末在美国建立。对此制度存在不同的认识，有人认为它是一种对选民资格的限制性规定，并认为它在很大程度上影响和妨碍选民参与政治选举活动，尤其对有色人种和移民影响更大，是导致美国选民投票率低的重要原因。因此，在美国曾出现取消选民登记制度、方便选民参加选举活动的强烈呼声。1993年，美国国会通过法律，规定各州要在人们获取或更换汽车驾照的时候顺便提供选民登记材料。[②] 这一法案被称为"汽车选民法"，以此为选民登记提供便利条件。该法律同时还规定，各州要允许选民通过信函进行选民登记，选民登记表格要放在方便获取的公共场所；有的州，如明尼苏达州、缅因州、俄勒冈州、威斯康星州等允许在投票日直接进行选民登记，以此减少选民的麻烦。

（二）候选人资格及候选人提名制度

1．候选人资格

候选人资格（qualification for candidate）是指被选举的资格，根据各国宪法及相关法律规定，被选入国家机构担任一定职位者需要具备一定的资格条件。一般说来，候选人资格比选民资格条件要高。因为从理论上讲，候选人要代表选民参与国家政治决策，需要具备传达选民意愿并能够为选民争取政治利益的能力，因此被认为他需要具备一定的阅历和经验。而且，竞选职位不同，对候选人的资格要求也是不一样的。

（1）国家元首候选人资格。由选举产生的国家元首一般为共和制国家的总统，通常，当选国家元首首先需要有一定的年龄条件，除此之外，不同国家还规定了不同的资格条件。对此可以分为两种规定情况：第一，无附加条件规定。如《意大利共和国宪法》规

---

① 戈斯内尔，等．美国政党和选举．上海：上海译文出版社，1980：323．

② 施密特，等．美国政府与政治．北京：北京大学出版社，2005：225．

定："凡年满50岁并享有公民权利和政治权利之公民，均可当选共和国总统。"①《德国基本法》规定，凡是年满40岁的有联邦议员选举权的德国公民都可以当选联邦总统。法国对国家总统候选人条件也无具体限制。第二，有明确的附加条件规定。如美国《宪法》规定，非美国本土出生公民、不满35岁、在合众国境内居住不满14年者不得当选总统。俄罗斯《宪法》规定，年满35周岁在俄罗斯长期居住达10年以上的公民可以竞选总统。国籍、居住年限等构成主要限制性条件。

（2）议员候选人资格。西方国家对立法机构议员资格的规定可以概括为以下几个方面：

第一，年龄资格。一般规定候选人的最低年龄都要高于选民年龄限制，如英国众议员为21岁，德国联邦议员为21岁，法国国民议会议员为23岁，美国、意大利众议员为25岁。在两院制议会中，上议院议员（参议员）的年龄标准普遍高于下议院议员（众议员）。如最低年龄，美国《宪法》规定参议员为30岁，法国参议员为35岁，意大利参议员为40岁。规定较高的年龄资格，为的是有利于选出具有一定实际经验、政治上比较成熟的议员。

第二，国籍资格。候选人必须是本国公民，否则没有被选举的资格。对此，有的国家还做出具体规定，如美国《宪法》规定，移居美国并取得美国国籍7年才能有资格竞选众议员，取得国籍9年才具有竞选参议员的资格。

第三，居住限制。一般说来，议员是来自选区的代表，代表着一定选区选民的具体利益，因此，很多国家规定议员候选人必须是本地区的居民，或需要在该地居住一定期限以上，以便充分了解当地实际情况，有效代表选民。

第四，职业限制。有些国家规定从事某些职业者不能竞选议员。如英国、德国等国家规定常任文官不得竞选议员；美国、澳大利亚等国规定行政官员、法官不得竞选议员，如有竞选议员者需事先辞去原有公职。法国选举法规定，高级行政官员、法官、军官等国家公职人员一律不得参加议员竞选，并且在其卸任后的一定时间内不得在其担任职务的选区当选（此项规定根据职位高低不同，限制时间为6个月至3年之内）；如有上述人员当选议员，将被取消议员资格及其所有权利。

西方国家对议员候选人职业的限制是遵循以下原则的：其一，不危害分权这一宪法性原则，确保议员在经济上和职业关系上不从属或不依赖政府行政权力，以保证立法权的独立。其二，从法律制度上避免议员可能受到私利诱惑而发生滥用权力或渎职的行为。为此，很多国家法律规定议员不得兼任政府行政机构、国际组织、外国机构、司法机构等职务；不得兼任国家或私人营利性机构的职务。其三，以法律规范议员候选人的言行，保障选民平等、自由的政治权利，防止某些人可能利用在特定选区中拥有的政治地位对选民施加政治压力，破坏选举活动的公正性。

2. 候选人提名制度

具备了候选人资格，要成为候选人还需要通过一定的法律提名程序，这就是候选人的提名制度（nomination for candidate）。候选人提名制度是西方国家选举制度的重要组成部

① 中国人民大学法律系. 中外宪法选编. 北京：人民出版社，1982：154.

分，它从原则上确认公民拥有选举与被选举的权利，并从法律上规范了候选人的一般资格及提名候选人的程序。

首先是候选人的提名权归属问题。大多数西方国家规定候选人的提名权属于选民和政党。按照有关规定，有一定数量的选民签名支持就可以产生候选人。如英国规定，经某选区选民 1 人提议、1 人附议、8 人联署即可产生下院议员候选人。而意大利、法国等国家则规定必须有 300 名以上选民支持才能提名产生议员候选人。俄罗斯选举法规定有 500 名选民参加可以组成选民提名机构提名候选人。然而，从各国政治选举的实践看，候选人以政党成员的身份被政党提名的情况更为普遍。因为以党员名义参加选举，能够获得政党在政治上和物质上的有力支持，当选议员后其政治影响力和作用也会更大。所以，候选人的提名权主要是掌握在政党手里。如英国各政党都有设立推选委员会的做法，由此负责推举本党的候选人。美国则通过预选方式等推出本党的候选人。除此之外，有的国家也规定了社团组织可以提出政治竞选的候选人。

其次是候选人提名方式问题，不同国家、不同职位的竞选，其候选人的提名方式是不同的。总统制国家中总统候选人主要是由政党提名，任何希望参加总统职位竞争的人，须获得本党的正式提名。如美国总统候选人是在党的全国代表大会上接受正式提名。在此之前，各州政党举行的总统预选活动已经产生出本党总统职位竞争者，有时一个政党可能出现多名竞争者，竞争者须先在本党内角逐候选人资格。在此过程中，通过对竞争实力的判断，通常会有竞争者退出竞选过程，实际上，到召开政党代表大会前夕，各政党已经确定了总统候选人，而党的全国代表大会只是履行和完成正式提名的程序而已。法国选举法规定，总统候选人必须由议会两院现任议员、省议会议员、海外领地议会议员或市长中的 500 人以上进行提名。由此可见，具有政党、政治机构或政治领导集团的支持，是竞争国家权力机构高级职位的重要条件。

西方国家一般规定立法机构议员候选人的提名权属于选民和政党，然而，从政治选举实践看，由政党提名议员候选人更为普遍。政党提名议员候选人通常有两种方式：一种是某个议员候选人获得政党提名，该候选人以党员名义参选，如果竞选获胜，即当选议员。另一种则是由参加选举的政党提出本党候选人名单，政党对进入名单的候选人有决定权；选民投票选的是政党，然后，政党再根据其所获选票分配议席。

在竞选中，绝大多数候选人都要获得一定范围选民的了解和认同。不具有这样条件的人，政党往往不会对其提名，提名一个无名之辈无异于放弃竞争。所以，对政治人物来说无疑需要在政党组织中经过历练，培养自身的领导能力，积累实际经验，并取得有力的政治支持。而且，被提名的候选人还需要一个重要条件，这就是其个人的从政意愿。被提名者必须有意愿以政治为职业，甘愿投入竞选。竞选政治为有意愿者提供机会，而没有从政意愿的候选人也很难承担起选民的委托和社会的责任。

除此之外，被提名为候选人还需要交付一定数量的保证金，这就是选举保证金制度。保证金可以被看作对参加竞选活动的承诺。各国对不同职位候选人应交纳的保证金数额规定不同，如法国规定，国民议会议员候选人须交纳 1 000 法郎，参议员候选人须交纳 2 000 法郎，若获选票不足 5%，保证金不予退还；法国总统候选人须交纳保证金 1 万法郎，若获选票不足 5%，保证金不予退还，若获选票超过 5%，将获得 10 万法郎补助金参加下一轮竞选。英国规定，下院议员候选人须交纳保证金 150 英镑，如所获选票不足选区全部选票的 1/8，保证金须上交国库。日本规定众议员候选人交纳保证金 1 000 美元，参议员交纳 2 000 美元。美国由各州规定议员候选人的保证金数额，一般为 100～1 000 美元不等。

第三节　选区划分和选票计算

政治选举是一个复杂的过程，其中选区划分和选票计算是最为关键的环节，它直接关系到各种社会利益的平衡与实现，也影响到不同政治力量的权力地位。不同的选区划分可能造成选民利益的巨大差异，从而加剧社会的政治矛盾和冲突。同样，不同的选票计算方式可能完全改变选举的结果，进而影响到执政党合法性。所以，历史上总会有一些政党为了获取权力而千方百计影响和操控选区划分和选票计算。而进入当代以后，各个国家在改革和完善其选举制度时尤其关注选区划分和选票计算，在不同的选区划分、选票计算方式中寻找最佳的结合，尽可能规避不同制度固有的缺陷，以实现公平的选举原则。然而，从另外的角度看，一国的选举制度也会受到历史和文化的影响，有的国家在基本的公平原则基础上，兼顾效率原则，始终维持原有的选举制度。即使这些制度具有明显的瑕疵，但仍然能够得到普遍的认可和接受。

一、选区划分

选区（constituency），即组织选民进行选举的基本单位。一般说来，议会议员的选举会涉及选区划分问题。在全国范围内一次性选举出数百名代表，需要把这数百个名额按照一定规则分配在不同的区域中。现在，大多数国家都是按照选民居住生活地域为单位划分选区进行选举的，这种制度被称为“地域代表制”。[①] 从理论上说，以选民的基本生活区域（居住区域）为单位产生议会代表的制度是能够体现公平原则的。选民基于生活层面的利益是其最基本的、长久的利益，而且能够构成不同阶层、不同职业人们的共有利益，是一切政治利益分配的基础，因此也就是国家政治决策的原点。另外，合理的选区划分能够便利选民投票，促使选举顺利进行，并促使选举结果更能够体现大多数人的利益要求。因此，西方国家在选举实践中总结出划分选区需遵循的原则。

(一) 选区划分的基本原则

第一，“一人一票”原则，即每个选区同等数量的代表必须由同等数量的选民选举产生，而且每个选民拥有平等的投票权。为此要求每个选区选民人口数量应该相等，并按照选民数量产生一定比例的代表名额。

第二，根据自然界限划分选区的原则。通常是按照国家的自然地理条件或行政区域来划分选区，如果选举区与行政区划分一致，则行政区变动时，选举区也必须随之重新划分。

第三，随着人口变动不断改划选区的原则。为此要求经常进行人口普查，每次人口普

---

① 与“地域代表制”相对的概念是“职业代表制”，即以职业团体和企业协会为单位选举议会议员的制度，如爱尔兰部分参议院议员就是通过“职业代表制”选举产生的。

查之后，必须按照人口变动情况重新改划选区，以保证议会中议员的代表权平等。

（二）选区划分

选区划分一般根据每个选区所选出的议员数目不同，可分为“小选区制”和“大选区制”两种。

第一，小选区制。小选区制又称为“单记名选区制”或“单选举区制”，即每个选区只选举1名代表。美国、英国、加拿大、法国等国家议员选举都采用这种选区制度。通常在一个选区内，每个政党提出一名本党候选人角逐议员名额，获得多数选民投票者当选。

第二，大选区制。大选区制又称为“多名制选区制”或“复选举区制”，即每个选区可以选出2名以上的代表。德国、意大利等国家的议员选举都是采用这种选区制度。在采用大选区制的选举中，政党提名候选人通常有两种做法，一种是候选人以某个政党党员身份被政党提名参选，以个人竞争能力赢得选民投票，获多数选票者直接当选。另一种是由参选的政党提出一个候选人名单，政党以其公信力和影响力进行竞争，选民投票不是投给某个候选人个人，而是投给政党，竞选获胜的政党将其获得的议席在党内进行分配。

有的学者又将大选区进行细分，将选举2～5名议员的选区称为“中选区”，将选举5名以上议员的选区称为“大选区”。

有的国家并不只实行单一的选区制，如法兰西第四共和国时期，曾同时实行大选区制和小选区制，即大省采用大选区制，个别地方采用小选区制。有的国家则在不同的历史时期变换选区制，像英国、日本、意大利、法国等国家都曾改变过选区制度。

（三）不同的选区划分方法产生的影响

不同的选区划分对各个政党在议会中可能占有的议席数量具有重要影响，各党都力争采取对本党有利的选区制度。在西方国家政治实践中，曾经出现过一些大的政党为了保持自己在国家政治中所处的决定性地位，往往利用选区划分制度漏洞，做出有利于本党议员候选人胜选的选区规划，使其在议会中能够占有多数议席。这种凭借政治权力人为地制造有利于本党竞选获胜的选区划分方法，被称为“选举地理学”。

以一党之政治目的操作选区划分，必然违背选区划分的基本原则。通常出现的问题就是违背人口比例平衡原则或者没有根据自然界限划分选区。比如，有的政党将支持本党的选民分散在不同的选区中，即“化整为零”，使多数选区中都有本党支持者集中存在，以此增加本党获得议会议席的机会。或者，将不支持本党的选民由分散而集中某些选区，即“化零为整”，这样一来，该党虽然可能失去在少数选区获胜的机会，但在更多选区保住胜选。比如，有甲、乙两个势均力敌的政党进行竞选，两个政党的选民支持率基本持平，全国划分为8个选区，每个选区约有10万选民，如果甲党操控选区划分，在不改变每个选区选民人数的前提下，将支持两党的选民重新组合，就可能出现表3-5这样的情况（数字为虚拟的各党的选民支持者人数）。

表3-5

	一	二	三	四	五	六	七	八
甲党（人）	15 000	15 000	70 000	60 000	60 000	60 000	60 000	60 000
乙党（人）	85 000	85 000	30 000	40 000	40 000	40 000	40 000	40 000

由表 3－5 可见，甲党虽然在第一、第二选区选举失利，但在其他 6 个选区却大获全胜。如此玩弄"选举地理学"造成的结果，或是使各选区人口数量悬殊，或是出现畸形的选区。例如，20 世纪 60 年代美国得克萨斯州曾出现人口数量巨大差异的众议员选区：大的选区达到 951 527 人，而小的选区仅为 216 371 人。[①] 再如，19 世纪上半叶，美国马萨诸塞州的共和党籍州长埃利布赖特·格里利用职权，进行有利于本党获胜的选区划分，因此在该州中部形成了一块细长形的选区。这一行为受到社会舆论的广泛批评，人们将该选区比作《圣经》中描述的一种蛇——salamander，并把它和这个州长的名字组合，构成"gerrymandering"一词，中文的意思是"不公正地划分选区"。1962 年，美国联邦最高法院在审理一起选区划分舞弊案中做出裁决，宣布各州保留不按照人口比例划分的选区所产生的州议会是违反宪法的。1964 年联邦最高法院在审理另一起涉及选区划分不公的诉讼案中，又将上述裁决运用于国会众议员选区的划分上，并指出要使一个人在众议员选举中所投的票与另一个人所投的票具有同等价值，重申了平等选举权原则。但是，在美国的有关法律中并没有提到禁止选区划分畸形的问题。

二、选票计算

选票（ballot）计算是选举过程中又一重要环节，直接决定了选举的结果。采取不同的选票计算方法，可能产生不同的选举结果。西方国家在计算选票方法上主要有多数代表制、比例代表制及混合代表制。

（一）多数代表制

多数代表制是指在一个选区中获得多数选民投票的候选人或政党当选，而得票较少的候选人或政党落败。这种计票方法在实际运用中又分为相对多数代表制和绝对多数代表制。

相对多数代表制，又称为简单多数代表制，即由获得一选区最多选票候选人当选，通俗地说，就是"谁胜谁当选"。即使胜负之间仅有微弱差距，其结果也成定局。英国、加拿大、印度、新西兰等国家的下议院议员选举，美国参、众两院议员及总统选举，日本部分众议院议员选举都采用相对多数代表制。

绝对多数代表制，即在一选区内获得超过半数选票的候选人当选。也就是说，当选者不仅仅是获得选票最多的，而且其所获选票必须超过该选区选民投票的一个绝对多数——一般为选民投票的 50%。

多数代表制的计票方法应用范围比较广泛，既可以用于小选区制，也可以用于大选区制；既可以用于选举议员的群体性选举活动，也可以用于选举国家元首的个人选举。

例如，采用小选区—相对多数代表制，可以将其特点概括为简单、易操作、对大党有利。每个选区选出一名议员，在多名候选人竞争的情况下，只要有谁获得相对多数的选票即可当选。在这种制度下，往往是影响力大、执政经验丰富的政党候选人更具有竞争力，可以凭借政党的影响力获得选民支持；选民也倾向选择自己了解的政党候选人。所以，影响力、执政经历往往是选民考虑投票的重要因素。像长期实行两党制的美国、英国，都是

① 维尔．美国政治．北京：商务印书馆，1981：103．

由国内两大主要政党轮流执政的，[①] 国内具有影响力的政党始终占有优势，其重要原因就是实行了小选区-相对多数代表制。显然，这种制度对小党派、新兴党派是不利的，它们很难与大党一争高下，即使有个别政党在某些选区拥有一定实力，但在全国范围内却也很难获得更高的投票率。

另外，相对多数代表制的计票方法事实上忽略了大多数选民的投票意愿，当选者只得到较少选民投票支持。比如，某个选区有 4 名候选人竞争一个议席，选举结果 4 人的得票率分别为：A 得 40%，B 得 30%，C 得 20%，D 得 10%，因此 A 胜出。A 以 40%的得票率获胜，而该选区 60%的选民并没有选择他，这种情况被称为“少数当选”。如果在一场全国性的选举中，某个候选人或政党在众多选区频频出现这样的“少数当选”状况，那么选举最终的获胜者很可能并不是获得全国选民投票最多的人或政党。如 1974 年英国议会选举中，保守党的得票率为 37.9%，在议会中获得了 297 个议席；工党得票率为 37.1%，却在议会中获得了 301 个议席。[②] 原因在于从全国各选区的投票情况看，工党在它胜出的选区所得选票未必比保守党高出很多，按照“谁胜谁当选”的规则，仅以微弱多数就可以获得席位；而保守党在它胜出的选区可能高票当选，但所能获胜的选区显然比工党少。在美国总统选举中也有类似情况发生，从形式上看先由选民投票选出选举人团，再由选举人团投票选举总统，在此过程中，先采用相对多数代表制计算选民给各州各政党的选举人团名单的投票，获得多数的政党选举人团不仅胜出，并且囊括该州全部选举人团名额，算作本党总统候选人所得选票。这样，候选人只要获得全部选举人团人数一半的选票（270 张）就能最后获得选举胜利。这种计票方法可能使当选总统在全国选民投票计算上并不是获得选票最多的，如历史上的林肯、威尔逊以及当代的小布什都是所谓“少数当选”的总统。

在西方国家，一方面存在着对相对多数代表制的广泛批评，主要的批评观点认为这种计票方法与民主政治原则相抵触，造成事实上的少数人的统治，而且，不利于小党的生存竞争，即不利于多元化民主政治的发展。但是，另一方面，这种计票方法在政治选举中又比较普遍地被运用，其选举结果也能够为选民普遍接受。20 世纪以来，英国国内要求改革相对多数代表制的呼声一直存在。尤其到 20 世纪末至 21 世纪初，在强烈的改革呼声中有一股政治势力的声音很具有代表性，这就是英国政坛的第三大政党——自由民主党。自由民主党拥有一定的政治实力，在 2005 年议会选举中获得了 55 个议席。但是，它认为自身的影响力没能体现在议会议席上，原因就是实行小选区-相对多数代表制，使其不能获得更多的议席。因此它主张实行比例代表制，以此打破由工党和保守党长期垄断国家执政地位的局面。而工党、保守党则认为实行比例代表制会导致议会中出现很多小党，造成四分五裂状态，使政府地位不稳定。在美国，对选举人团制度及“胜者全得”的计票方法也曾存在诸多批评，但是这一制度涉及宪法问题，虽然批评多多，却一直维持至今，而且不管产生怎样的选举结果，整个社会基本上是接受的。比如 2000 年大选后，两党对选举结

① 英国长期实行两党制，20 世纪以来基本上是保守党和工党两党轮流执政。但是其间也出现过执政联盟，如二战时期。2010 年 5 月举行的英国议会选举中又一次出现无多数党胜出的现象，因而自由民主党参与执政，与保守党组成执政联盟。

② 杨百揆．英国选举制度．政治学研究，1983（3）．

果纷纷提出质疑，并引起数十次法律诉讼，但经过联邦最高法院做出裁决后，计票结果仍然具有合法性。

又例如，采用小选区-绝对多数代表制。这一制度无疑消除了上述制度的某些弊端。在一个选区中由获得绝对多数的候选人当选，提高了当选的“门槛”，增加了候选人竞选难度，使选举结果更具有合理性。但是，要获得绝对多数通常比较困难，一轮选举往往难以决出胜负，尤其在当代西方国家政治利益多元化的发展格局下，选民的政治观点和选择呈现出分化的态势，要得到绝对多数选民的支持，往往需要进行第二轮、第三轮，以至更多轮次的投票。因此，这种选举制度又称为“多轮选举制”或“过半数选举制”。在西方国家选举历史上确实出现过为决出获绝对多数选票的当选者，而举行数十轮乃至上百轮投票的例子。无疑，这样将极大地耗费时间、人力、物力资源。为此，有的国家采取具体措施，规定对选举轮次的限制，以加快选举投票进程。其主要方法可归纳为以下几种：

(1) 结合相对多数计票制。通常规定在第二轮或第三轮投票后采用相对多数计票方法。如法国国民议会及总统选举、俄罗斯总统选举都规定了二轮选举制，即候选人在第一轮选举中必须获得绝对多数选票方可当选，否则举行第二轮选举，在第二轮中获相对多数选票的候选人即可当选。

(2) 一定的淘汰制。规定在第一轮选举中得选票较少的候选人（通常规定一个比率）不能参加第二轮投票。如法国、日本议会选举都规定在第一轮投票中得票不足5%的候选人不能参加下一轮选举，以减少候选人，使选民投票更加集中。

(3) 集中选票制。在第二轮投票中，允许各参选政党根据本党在第一轮选举中得票情况，自愿组成政党联盟，使之实力增加，角逐第二轮的竞争。如法国国民议会选举，第一轮投票中如果没有人获得绝对多数选票，则进行第二轮投票，这时参选政党可以结成联盟。

(4) 选择投票制。在第二轮投票中，如果选民自己选择的候选人落选，就标出其他选择对象的顺序。如澳大利亚等国的议会议员选举都有这样的制度规定。澳大利亚选举法规定，选民在投票时，依据自己的偏好，在选票上对数名候选人依次排上顺序；对每位候选人则依照选民对其排名顺序进行计票，直到一位候选人率先获得50%的投票方能当选。

(5) 转让制。在第一轮投票后，得票较少的候选人可以将自己获得的选票转让给继续参加下一轮选举的某个候选人，以增加其选民支持率。

综上所述，绝对多数代表制弥补了相对多数代表制的某些缺陷，但是，从理论上对多数代表制的批评一直存在。存在于西方政治学者中最为普遍的批评性观点是，国家治理应该体现全体民众的意志，所谓全体民众意志即反映一个社会各个部分群体的意志，即使某一部分只有少数人，也不能忽略其利益的存在和利益的表达，而“多数人”并不能代表“全体”，在政治选举中实行多数代表制，往往会使“多数人”的利益强加在“少数人”利益之上，这与民主原则是相违背的。19世纪英国著名的政治思想家密尔在他的著作《代议制政府》中指出：“在一个真正的民主制国家里，每个部分或任何部分的人都会有其代表，当然不是不按比例的，而是按比例的。选举人的多数总会有多数的代表；但选举人的少数也总会有少数的代表。就人对人来说，少数和多数一样将得到充分的代表权。要不是这样，就不是平等的政府，而是不平等和特权的政府，即人民的一部分统治其余部分，就会有一部分人被剥夺他们在代表制中公平而平等的一份影响。这违反一切公正的政府，但首先是违反民主制原则，民主制是声言以平等作为它的根柢和基础的。”① 密尔的观点代表了一种对民主政治的理解，即主张实行比例代表制。

（二）比例代表制

比例代表制是一种应用于议会选举的计票制度，即由参加议会选举的各政党或政党联盟根据其所获选票多少按比例分配议席，它适用于大选区制。

按照比例代表制分配议会议席，需要有一定的计票方法。首先需要计算出一个合理的“当选基数”，也就是候选人进入议会最低得票数。每个参选政党得到一个“当选基数”，就能够获得议会中的一个议席，一个政党所得选票中包含的“当选基数”越多，它在议会中取得的议席就越多。因此，计算“当选基数”的方法很重要，关系到选举结果的公正性。因此西方国家很多学者希望寻求一种尽可能使选民人数考虑进分子式中，使选举结果最大程度上反映民意，从而产生了多种“当选基数”的计算方法②。

1855年，丹麦首先采用比例代表制选举立法机构；到19世纪末至20世纪初，比例代表制在欧洲已广泛实行。当代欧洲大陆的大多数国家以及以色列、阿根廷、巴西等国家的议会选举都采用这种制度。

比例代表制最初是以理论的形式提出的，早在1789年法国资产阶级大革命中，政治理论家米拉波就认为代议机构应该像代表国家的地图那样代表人民。在西方国家选举制度的发展过程中，一直伴随着政治学者对不同计票方法的争论，但是，比较普遍的观点认为“比例代表制有利于社会少数群体的政治参与”，③ 并认为保护和体现社会少数群体的利益是现代民主政治的重要原则。从政治实践来看，比例代表制确实在一定的程度上满足了西方国家社会多元化发展趋势下不同利益群体的政治需求，有利于小党派进入议会，在议会中占有一定的议席，从而有机会参与到国家立法决策的过程中。但是，比例代表制不会根本改变政治选举中大党占据优势地位的局面。而且，在议会制国家，由于按照得票比例进入议会的政党较多，有的国家出现多数党组阁困难，甚至内阁政府频繁更迭的状况。二战

① 密尔．代议制政府．北京：商务印书馆，1982：102.

② 在这些计算方法中有以下几种重要公式：

（1）托马斯·黑尔计算法。1857年英国学者托马斯·黑尔设计的“当选基数”计算公式：

$$\text{当选基数(quota)}=\frac{\text{选区选民有效投票总数}}{\text{选区应选出代表名额数}}$$

例如，一个选区选民有10万人，应选出5名议会议员，则“当选基数”为2万；每个参与竞选的政党，以其所获得的有效选票除以“当选基数”，就是该政党应取得的当选议席。

（2）德鲁特计算法：英国学者德鲁特设计的计算方法主要针对黑尔计算法往往出现选民计数不精准、忽略大量人数统计的问题，试图一次性计算出较精确、恰当的“当选基数”。该方法即在黑尔公式基础上，在分母上依次＋1，2，3，… 直到求出一个能使全部议席名额分配完的数字，然后再＋1。如下：

$$\text{当选基数(quota)}=\frac{\text{选区选民有效投票总数}}{\text{选区应选出代表名额数}+1,2,3,\cdots}+1$$

（3）德杭特计算法。比利时学者维克托·德杭特设计的计算公式，是以一个选区应选出的代表名额数量为限（比如一个选区要选出6名议员，就以6为限），首先以参加竞选的各个政党实际所获得的选票数分别除以序列数1，2，3，4，5，6，然后将几个商数按大小顺序排列，第6个商数就是“当选基数”。

在实行比例代表制的国家，计算“当选基数”方法还有很多，不同的计算方法则会产生不同的议席分配结果。

③ 米勒，等．布莱克维尔政治学百科全书．北京：中国政法大学出版社，2002：234.

之后，意大利和日本实行比例代表制的经验就是很好的例证。长期以来，意大利议会参、众两院选举都是实行比例代表制，根据意大利法律规定，每个选区按照选民人口比例分配议席。然而，由于政党控制着候选人的提名权，并在选举前提出候选人名单，因此，选民投票只是推选进入议会的党派，而不是直接选举议员，而且，当选议员无须对选民直接负责，而只需取得本党领袖的支持就可以被提名。这样的选举与选民的政治意愿必然脱节，使选民产生不信任感。另外，自 1947 年至 1993 年，意大利天民党始终是议会中最主要的大党，主导组织政府权力，控制国家政治决策，其他政党则难以改变从属地位，但议会中政党过多，政策主张相左，导致政府经常更迭。战后日本的议会选举也一直实行比例代表制，但是从 1955 年至 1993 年日本自民党却在议会中始终占据多数党地位，从而单独执政达 38 年之久。意大利的天民党和日本的自民党由于长期处于执政地位，政治权力不断膨胀，政治腐败现象随之产生，如政治权力垄断、权钱交易、与黑社会势力勾结等情况不断发生。为此，社会各阶层民众表现出强烈不满，要求从改革选举制度、改革比例代表制着手，改善政党政治的发展环境。特别是意大利于 1993 年 4 月举行了全民公决，82％的公民赞成改革比例代表制，实行混合代表制。日本也于 1994 年进行了选举制度改革，开始实行混合代表制。

（三）混合代表制

混合代表制是在选举中分别采用多数代表制和比例代表制两种计票方法计算选票，选民需要进行两次投票。德国于二战结束后首次开始采用混合代表制。1990 年民主德国和联邦德国合并，1953 年制定的德国选举法继续沿用，但对议会人数及具体选举办法进行了一定改动。根据现有德国选举制度规定，德国联邦议院（众议院）为 656 个议席，由选民通过两次投票分别选举产生。第一次按照小选区-相对多数代表制选出 328 名议员，即全国划分为 328 个选区，每个选区选出 1 名议员。从理论上讲，这部分议员是各个选区选民利益的代表者，选民的投票是针对具体候选人的，所以，获得相对多数投票的候选人即可直接当选。另外 328 名议员则按照大选区-比例代表制进行第二次投票选举。全国以各州为单位按人口比例分配议席，每一州选区首先由政党提出本党的候选人名单，由选民进行投票表决，然后根据各政党的得票情况按比例分配议席。第二次选出的这部分议员代表的是所在政党，选民的投票事实上是投给各政党的。基本计票方法是：以第二次各政党所得选票计算其占议会中全部议席（656 席）的比例，并减去该党第一次得到的议席数，剩余部分为该党第二次选举后的应有议席。再加上第一次该党直接当选议员，则是这个党的所有议员人数。这种制度融合了多数代表制和比例代表制的优点，同时可以控制参选政党在联邦议院中的规模。

日本于 1994 年完成了选举制度改革，开始实行混合代表制。当时国会众议院的 500 名议员分别两次从 300 个小选区和 11 个大选区产生。2000 年日本国会通过《改正公职选举法》，减少了 20 名从大选区产生的议员名额。现在日本众议院选举分两次投票，第一次按小选区制将全国分为 300 个选区，每个选区选出 1 名议员，获多数选票的候选人当选；所得选票不足投票总数 1/6 者禁止进入第二轮投票。第二次按大选区制将全国分为 11 个选区，按照人口比例产生 180 个议席名额，参选政党提出候选人名单，根据各党所得选票分配议席。同时对有权提出候选人名单的政党做出了限制性规定，即拥有 5 名以上国会议员的政党、拥有该选区议员总数20%以上的候选人的政党、在最近一次选举中获得投票率2%以上的政党等，才能提出候选人名单，以此限制参加选举的政党数目。此外，日本参议院252名议员中，分别通过比例代表制选出100名，通过相对多数代表制选出152名。

意大利于1993年经全民公决通过改革选举制度，实行混合代表制。其参议院315名议员中75%（236议席）采用多数代表制产生，其余25%（79议席）采用比例代表制产生。另外，众议院630名议员中473个议席（占75%）以多数代表制选出，其余的157个议席（占25%）以各政党提出候选人名单的方式按比例代表制选出，并且规定在全国范围内所得选票不足4%的政党不能参加议席分配，以此限制议会中可能出现过多的小党派。

除此之外，1993年俄罗斯独立后在其国家杜马（议会下议院）选举上也实行了混合代表制。其450名代表中有225名是由小选区-相对多数代表制产生的，另外的225名代表则按照比例代表制产生。还有，在历史上一直沿用英国相对多数代表制的新西兰，在1993年也采用了混合代表制，选民在选举中投票两次，一次选出代表选区利益的议员，另一次投票则投给自己支持的政党。

20世纪90年代日本和意大利的选举制度改革以及俄罗斯、新西兰等国家议会选举制度的重建，从某种意义上说明，西方国家在经过数百年关于选举制度公正性的争论后，逐渐趋向选择程序更严密、结果更能体现广泛民意的制度。采用混合代表制试图弥合不同选举制度的缺陷，应该是有意义的尝试。

第四章

当代西方国家的政党制度

目前世界上200多个国家（地区）中，除了十余个国家（地区）没有政党外，其余的都有政党在活动。[①] 政党政治作为现代政治的一个基本行为模式已得到普遍承认。没有政党的国家主要是少数绝对君主制国家、政教合一国家和军人执政国家，它们或是因为政治制度尚处于前资本主义时期，宗教组织在社会中发挥着重要的作用，或是国家高度集权而禁止政党活动。对于近现代西方国家而言，政党制度已经成为国家政治制度中不可分离的重要组成部分。政党制度，广义上指一个国家关于政党的各项制度规范的总和，它包括国家对政党的政治地位、活动规范和执政参政方式的法律规定，事实上形成的政党执政参政方式、党际关系、党团关系、政党自身的组织原则和组织体系等。狭义上的政党制度指政党执掌、参与或影响国家政权的合法方式，即一党制、两党制、多党制。由于西方民主制在现实生活中主要体现为代议制，建立民主的代议制就必须进行普遍、直接、平等、秘密的选举。在选举过程中若没有政党，选民就无法做出政治判断和选择，政党制度由此与选举制度密切相连。政党通过选举介入国家的立法、行政过程并影响司法活动，通过议会监督、行政组阁和司法任命等多种方式和渠道对立法制度、行政制度和司法制度产生十分重要的影响。因此，西方国家有学者将政党制度比喻为西方民主制度的发动机，为国家政治系统的运转提供民主的能量，是西方民主制的三大支柱（选举制度、政党制度、议会制度）之一。“政党的兴起是现代政府的显著标志之一。政党创造了民主，没有政党的现代民主不可想象。”[②]

---

① 根据《世界知识年鉴2008/2009》（世界知识出版社，2009年版）统计，这些国家主要有梵蒂冈、卡塔尔、科威特、阿联酋、阿曼、巴林、沙特阿拉伯、利比亚、斯威士兰、摩纳哥，以及大洋洲的几个岛国。

② G. Bingham Power, Jr. et al. *Comparative Politics Today, A World View*. *11th ed*. Glenview: Pearson Education Inc., 2015: 205.

第一节 西方国家政党的产生和分类

一、政党的含义与特征

（一）政党的含义

所谓的“党”，在历史长河中早有显现。古希腊有过“山地党”“平原党”“海滨党”；古罗马有过“贵族党”“平民党”；中国东汉时期出现过“朋党”，唐代有过“牛党”“李党”，宋朝有过“元符党”，明朝有过“东林党”；等等。一般都指统治阶级内部具有不同政治背景和经济利益的政治集团，由于政见分歧、地域偏见、血统差异、门第观念等原因而形成的带有政治色彩的派别，它们以争权夺利、垄断仕途为目的，党同伐异。总之，这些“党”和现代意义上的政党是有区别的。

一般认为，现代意义上的政党观念来自西方，英文“party”、法文“parti”、德文“partei”均由拉丁文“pars”演变而来，意即部分而非全体，转意指社会一部分人组成的组织。

西方政治学者从多种角度探讨过政党的含义与特征，其中主要的代表性观点有：

（1）认为政党是人们在共同商定的某种原则下联合起来促进国家利益的社会团体。这种观点以英国政治学者 E. 伯克为代表，他指出了政党具有原则、人员、组织和公益性目标的特征。①

（2）将政党看作为选举（竞选）而建立的组织。美国学者 L. D. 爱泼斯坦认为，政党是组织松散的，通过特定的标签（政党名称）以选举政府官员为目标的组织。② 由此强调政党的选举功能。

（3）认为政党的目标是谋求公职和控制政府。《国际社会科学百科全书》指出，政党是为谋求官职而建立的组织。美国学者杰弗里·庞顿和彼得·吉尔认为，政党提出全面的政治纲领，意图控制政府。③ 这种观点指出了政党有别于其他政治团体的政治特征。谋取政治职位是政党的重要特征，但并非所有的政党都组成政府，有些政党甚至都不敢有这种奢望，只是为了想参与选举并达到代表选民的目的。④ 实际上，大多数政党都不能通过赢得选举进入议会或谋求政府官职，只是为了代表部分选民发声，参与和影响政治过程。

西方学者关于政党的定义，大多以西方国家的历史和现实为依据。社会主义国家则运用历史唯物主义与辩证唯物主义的分析方法，认为政党是代表一定阶级、阶层或集团的根本利益，为实现某些政治目的，特别是为了取得政权、保持政权或影响政权而建立的一种政治组织。

总之，政党属于政治组织，但又有别于一般政治派别；政党属于政治上层建筑，但又有别于国家政权机关；政党属于社会组织，但又不同于一般社会团体。作为一种特殊的社

---

① W. N. Coxall. *Parties and Pressure Groups*. *2nd ed*. New York：Longman Group Limited，1986：13.

② Leon D. Epstein. *Political Parties in West Democracies*. New York：Praeger，1967：9.

③ 庞顿，吉尔. 政治学导论. 北京：社会科学文献出版社，2003：123.

④ Peter Holmes. *Introducing Politics for AS Level*. Cambridge：Peter Holmes，2008：219.

会政治组织，政党具有自己的特征和标志。

（二）政党的特征

（1）反映一定阶级或阶层的共同利益。有些西方政治学者囿于其既得的中上层社会经济地位及其维护现存政治体制的政治价值倾向，讳言或否定政党的阶级性或其所代表的社会利益倾向性。事实上，政党产生和发展的历史，以及当代各国政治现实都证明了政党是社会一定阶级或阶层或某种特殊政治利益集团的代表。无产阶级政党自诞生之日起就公开宣告其阶级代表性，资产阶级政党的政治纲领、社会基础及其政策措施等，也都有其社会利益的倾向性和代表性。尽管科技进步、经济增长和政治民主进程使西方发达国家的社会结构发生了很大变化，政党所代表的社会利益倾向呈现出错综复杂的局面，政党并不像过去那样都是由具有共同的政治见解或意识形态的人们组成，政党内部开始出现更多的派别和不同的政治信仰，因而成为讨好尽可能多的具有广泛不同政治信仰选民的“兼容型政党”（catch-all party），但这些变化并不意味着政党的阶级属性或政治代表属性已经消失，政党都变成了超阶级的社会政治组织或全民的政党。

（2）有明确的政治纲领（political platform or program）和政治目标。一般来说，这是政党区别于其他社会组织的主要标志。政党主要的政治目标是取得政权或参与政权或维护政权。为此政党积极参加选举，提出各种治国方略和口号，为选民提供政策选择，许下各种政治诺言，动员选民投票，通过选举获得议席以执掌或影响国家立法权，通过选举获胜获得组织政府的权力并行使行政权。执政党负责组织政府，制定政府政策并予以实施；在野党或提出各种政治主张，迫使执政党实行某些有利于自己的政策，或争取本党代表进入议会和政府参与政权管理。

一般而言，政党的政治目标常通过政治纲领展示出来。政治纲领（或党纲）集中反映了政党所代表的阶级、阶层或社会集团的根本利益和意志；它一般包括党对国事和社会制度的见解，规约党的任务、政治目标以及实现这些目标的一整套治国方案和行动口号；它是国民辨别政党的旗帜和界碑。

然而，西方国家也有一些政党属于“单一问题”型政党（single-issue party），或至少倾向于强调某一个问题而忽视其他问题。如英国的全民公决党（the Referendum Party）在1997年选举中的竞选活动大多是呼吁就欧洲单一货币举行全民公决。又如英国苏格兰和威尔士的民族主义政党，尽管有一系列的政策主张，但其对民族主义的重视甚于其他问题。此外，西方国家开始出现了一种“共识型政治”（consensus politics）的倾向，即一些政党（尤其是主要政党）就若干政策达成一致，这样，对于这些主要政党而言，提出自己的独特政策主张以有别于其他政党并非十分重要。①

（3）以谋取政权和执掌政权为实现其政纲的主要手段。政党本身不是国家权力机构，无法将其意志和主张强加于人，必须在取得国家政权后，凭借其执政或参政的地位和权力，通过立法程序将其政纲转化为国家意志和法律，并运用国家行政权力经过合法程序把它付诸实施。由于国情和政党的社会历史地位不同，政党谋权和掌权的方式也不尽相同。西方国家保守党和社会党主张通过和平合法手段（竞选和议会活动）谋取政权，而历史上

① Peter Holmes. *Introducing Politics for AS Level*. Cambridge：Peter Holmes，2008：220.

代表无产阶级利益的西方国家共产党曾主张通过暴力革命夺取政权。

（4）有系统的组织机构和组织纪律。政党的组织系统是政党存在的表现形式，它与政党的组织纪律相结合，是政党聚合和动员政治力量、统一行动以实现其政治目标的制度保障。全国性政党通常在中央或联邦设有本党全国代表大会、中央执委会或中央委员会，以及主席、主席团等领导机构。有些政党在议会设有议会党团组织，在地方各级行政区及基层选区设有党的基层组织。政党组织系统的严密程度与政党组织纪律的严格程度成正比，不同国家和不同性质的政党有所差别。一般而言，无产阶级或左翼政党的组织系统比较严密，组织纪律比较严格；资产阶级或右翼政党的组织系统比较松散，组织纪律则比较涣散。但具体情况需要具体分析。

二、近现代意义上西方政党产生的基础和方式

（一）政党是一个历史范畴

近现代意义上的西方政党是人类社会发展到自由资本主义阶段的产物，即18世纪随着西方国家经济上从农业经济向资本主义工业经济过渡，城市化和经济发展导致了新生的资产阶级和无产阶级；政治上随着普选权的扩大，越来越多的中产阶级和普通工薪阶级拥有了选举权。由此需要一种高度社会化的政治组织代表各种不同的社会阶级和集团的利益，政党便产生了。具体说，政党的产生具有一定的经济、政治、思想文化和社会基础。

（1）经济基础。对于资产阶级政党而言，资本主义的社会化大生产，建立在市场经济基础上的自由、平等、竞争的生产方式，以及由此形成的利益主体原则、自由平等原则和契约原则，成为政治生活中各阶层、集团联合起来通过自由、平等、竞争的方式获取或影响国家公共权力、参与国家政治管理活动的经济基础和行为规则。对于无产阶级政党而言，它是资本主义生产关系矛盾尖锐化的产物。

（2）政治基础。对于资产阶级政党而言，代议制政府的确立、普选权的扩大，为立法机构中联盟的建立，继而为潜在的政党集团化以及建立全国性选举机构创造了强有力的动机，也使政治竞争组织认识到在选民头脑中确立清晰的政治特征的重要性，同时为政党政治提供了合适的制度环境。对于无产阶级政党而言，资产阶级的阶级剥削和标榜自由、平等、竞争的政治制度为其产生和形成提供了政治动力和政治手段。

（3）思想文化基础。19世纪西方国家自由主义实践孕育与培养的社会和理性多元主义的意识形态，为资产阶级政党的诞生奠定了坚实的思想文化基础，近代资产阶级思想家提出的天赋人权学说、自然法理论、人民主权学说等，成为资产阶级政党创始者的重要思想基础。对于无产阶级政党而言，马克思主义学说是其指导思想和理论基础。

（4）社会基础。对于资产阶级政党而言，竞争性的多党政治是在社会结构多元化的经验事实基础上自然形成的。自主的利益集团的分化与多元化、不同利益集团之间形成的利益协商与讨价还价的契约关系、通过妥协来实现各自利益的机制，以及以约定俗成的法制为基础的游戏规则，构成了西方政党产生的社会政治基础。对于无产阶级政党而言，无产阶级的发展和壮大，工人运动的蓬勃兴起，成为其产生和形成的社会基础。

近现代意义上的政党产生的基础和条件表明，无论是资产阶级政党还是无产阶级政党，其产生和形成都有特定的经济、政治、思想和社会环境条件。政党与它们之间有着相

互依存的有机联系，并与其构成完整的政党系统。选择或采纳何种政党制度，必须考虑其赖以生存的政治环境和与之紧密相连的政治系统中的其他因素。不考虑本国因素而机械地移植某种政党制度，很可能导致政党制度与其生存和发育所依赖环境的不适应和冲突，而导致政治系统的不稳定或政党制度阻碍社会经济的发展。

（二）西方国家政党产生的途径

（1）早期政党一般由议会内的党组织为适应选举需要而发展为全国性政党。英国的托利、辉格两党最初只是议会内围绕王位继承问题而划分的两大政治派别。1832 年、1867 年和 1884 年，英国进行了多次选举改革和议会改革，扩大了选民范围。为适应改革后的形势，争取更多的选票，议会内的两大党派便着手建立和扩大自己的组织。1832 年，托利党改称保守党，开始在各选区设立选区协会，拉拢选民并组织竞选。1867 年颁布的选举改革法促进了地方和中央一级政党组织的发展和建立，如“全国保守党与选区协会联盟”的成立。1870 年，保守党设立“中央事务所”，管理全国党务工作。随后，保守党又开始建立其地方性组织机构，其组织体系日趋完备。辉格党演变为自由党大致也经历了相似的过程。

美国早期政党的产生也不例外。建国之初，美国国会内就有联邦党与反联邦党两大政治派别，当时它们实际上是政治领袖人物的小团体。1794—1800 年，两大党派围绕 1796 年总统选举和内政外交政策进行了激烈的斗争。为统一本党派行动，争取更多选民的支持以掌管政权，两派在联邦、州和地方纷纷建立和扩大自己的机构，由此逐步形成全国性政党。

法国早期政党的萌芽始于 18 世纪 70—80 年代法国大革命时期议会中的政治派别。当时有代表自由派贵族和金融资产阶级的君主立宪派、代表大工商业中产阶级的吉伦特派和代表中小资产阶级的山岳派等。19 世纪 40 年代末 50 年代初产生的近现代意义上的法国政党——新山岳党和秩序党，也是首先在议会内部建立和发展起来的。①

（2）议会外的政治社团组织通过参加选举和其他政治活动，逐步演变为政党。议会是西方国家党派形成和活动的场所，但并非是唯一的政治活动场所。19 世纪末 20 世纪初以后的许多政党都是首先在议会外成立，然后通过竞选将其代表选入议会，在议会内部建立其议会党团，由此建立和发展起来。英国工党就是以议会外的工会组织为基础建立起来的。1900 年，英国职工大会领导人邀请独立工党、费边社、社会民主联盟成立工人代表委员会，随后提出候选人参加竞选。1906 年，工人代表委员会有 26 名代表当选为议员，由此更名为工党。现代日本、德国、意大利等国的主要政党，二战时期法国的戴高乐运动等，都是在二战期间或战后先在议会外建立或恢复起来，然后通过选举进入议会，进而建立本党的议会党团，进一步发展和壮大的。

20 世纪 80 年代欧洲出现的绿党则是 20 世纪 60—70 年代欧洲生态运动、环境保护运动或统称为绿色和平运动深入发展的结果。绿党由社会运动的行动者组成，它们代表了欧洲一些国家内部政治上的弱势团体或是少数族群，和平与生态平衡是绿色和平运动的两个基本目标，绿党是社会运动者的政治延伸。此外，还有一种社会运动起初是作为现行体制

---

① 梁琴，钟德涛．中外政党制度比较．北京：商务印书馆，2000：38-40.

抗议者的面孔出现的，但最后却在现行体制内活动并融入了现行体制或创造了一种新的体制，如2013年成立的德国选择党，当初只是反对德国加入欧元区、主张德国退回到马克时代的激进社会运动力量，2019年通过议会选举一跃成为联邦议院第三大党。

三、政党的类型

由于西方各国政党产生和发展的过程不尽一致，在不同时期出现了不同性质和形式的政党，致使现代西方国家的政党数目和种类令人目不暇接。为了更加清晰而准确地认识和把握政党的性质和特征，国内外学者从不同角度，将政党划分为以下主要类型：

第一，以政党的纲领政策为标准，划分为自由党（liberal party）和保守党（conservative party）。这种分类主要着眼于政党的理论思想、行为准则和政治目标。自由党指19世纪欧洲国家产生的一类政党，严格地说，自由党在不同的国家和地区，其含义均有所不同。大体说来，它们的共性在于：政治上主张建立宪法制度、建立议会制政府和政教分离的世俗国家，强调个人自由、机会均等、保护人权；经济政策上，大多数自由党主张保护小企业的利益，反对国家广泛的经济干预和大政府及福利国家，具体说来，有些国家（如德国、英国和北欧国家）的自由党赞成混合经济，有些国家（如比利时和荷兰）的自由党则坚持古典自由市场经济；对外政策上，大多数国家的自由党主张本国向外部世界开放，赞成欧洲一体化；社会基础方面，主要是中产阶级，特别是专业人士和小企业主。欧洲的自由党主要有英国的自由党（后来演变为自由民主党）、法国的独立共和党、德国的自由民主党和意大利的自由党等。由于自由党在西欧国家政党体系中处于右翼保守党与左翼社会党之间的中间地位，它们经常成为左翼或右翼政党联盟的执政伙伴。① 保守党通常指在传统社会结构受到新兴资产阶级及其自由党的挑战时产生的一种政党。欧洲各国保守党的纲领和思想准则都不尽一致，但大体上其思想准则包括对传统价值（如对宗教、爱国主义和家庭责任）的尊重，对社会秩序和社会分层的支持，尊重传统和主张通过渐进而缓慢的变化维持现状，反对激进的社会变革主张；经济政策上，赞成自由企业制度，反对政府对经济的大规模干预；军事政策上，主张建设强大的国防。欧洲的保守党主要有英国的保守党、法国的保卫共和联盟，美国的共和党也属于此范畴。应该看到，随着时代的发展和形势的变化，西方国家的保守党也有了一些变化：二战后，尤其是20世纪80年代，随着欧美保守主义的复兴，欧洲多数国家的保守党成为执政党，尽管它们竭力主张改变此前国家广泛干预国民经济和福利国家的政策，但它们的政策带有浓厚的实用主义色彩，提倡灵活执行福利国家政策，不轻易放弃或改变国家对经济的干预和调节。②

第二，以政党的组织结构及其社会基础为标准，划分为干部型政党（cadre party）与群众型政党（mass party）。这种划分着眼于分析政党内部的权力结构及其分配关系，考察政党影响的社会分布状况。法国政治学家莫里斯·迪韦尔热用这种标准将所有政党归为三类：群众型、干部型、信徒型。群众型政党包括欧美国家各类民主政党，为尽可能多地扩

---

① 米勒，等．布莱克维尔政治学百科全书．北京：中国政法大学出版社，2002：445-446.

② Marcus E. Ethridge & Howard Handelman. *Politics in a Changing World*. 4th ed. Belmont：Thomson Wadsworth，2008：138-139.

大成员的数量，不惜打破阶层的界限，开放性地吸收党员。干部型政党则从政治积极分子或精英人物中选拔成员，由于高度的组织性，党对加入其组织的精英群体在党内发挥作用寄予厚望，如印度的国大党。信徒型政党则指希特勒统治下的纳粹党，党的组织结构是以党领袖为核心而安排的。① 应该看到，随着政党的组织结构和社会基础的变化，党的类型也可能发生转变。如有学者认为，目前英国的主要政党已经从20世纪上半叶的群众型政党转变为干部型政党或从事选举的专业人士的政党，即由一小部分精英寡头管理，他们通过专业推销自己来赢得权力。②

第三，以政党的政治倾向和意识形态为标准，划分为左翼（left wing）、中派（central party）、右翼（right wing）或左、中、右派政党或政党联盟。这种分类着重考察政党的价值趋向和终极目标。左翼或左派一般指政治上激进或革命的政党或派别。西方学者一般习惯将强调民权、社会平等、进步、改革和福利国家等的信仰视为左派主张，③ 把主张消灭私有制、以暴力推翻西方现行制度的观点视为极左派观点。④ 右翼或右派一般指观点和主张与左派对立的、反对激进变革或革命的政党或派别（如英国的保守党、法国的保卫共和联盟、德国的联盟党、美国的共和党等）。那些主张取消一切政党活动自由和公民权，实行公开的、恐怖的、独裁统治的政党被称为极右翼或极右派政党。⑤ 中派或中间派政党、中左或中右翼政党或派别则介于左右翼政党或派别之间。如现代德国的政党谱系按左、中、右政治倾向来划分则表现为：社会民主党、德国共产党和德国民主社会主义党属于左翼，绿党、自由民主党属于中间派，基民盟-基社盟（联盟党）属于右翼政党。应该看到，现实生活中，各国国情不同，左、中、右的含义也不尽相同，意识形态和实用主义兼容的政党不乏其例。

此外，欧洲国家还有一些二战后以宗教意识形态为基础建立起来的政党（religious party），如一直活跃在德国政坛的基民盟-基社盟（联盟党）、在20世纪90年代前一直主导意大利政府的天民党等。这些带有宗教色彩的政党，建立之初主要是为了利用宗教教义和价值观以团结所有基督教徒（包括遭到纳粹迫害的天主教徒和清教徒），防止法西斯利用宗教分裂而趁机上台实行独裁统治的悲剧重演。目前，它们在现实政治、经济和社会等方面的政策和主张与保守党的差别不大，其宗教意识形态色彩日趋淡化。如德国的基民盟就

---

① 罗斯金，等. 政治科学. 北京：华夏出版社，2001：221.

② Peter Holmes. *Introducing Politics for AS Level*. Cambridge：Peter Holmes，2008：253.

③ 在欧洲资本主义国家，通常将左翼政党限定于那些坚定维护现存西方民主制度，主张改革而非消灭资本主义的社会党和社会民主党。二战后大部分时期，左翼政党在瑞典、挪威、丹麦执政。冷战结束以来，社会党和社会民主党也曾一度在奥地利、英国、法国、德国、希腊、葡萄牙和西班牙等国领导政府。

④ 西方学者一般视共产党为极左派政党，冷战结束后，共产党执政的国家主要有中国、朝鲜、越南、老挝和古巴。意大利共产党则是欧洲极左派共产党的变异，其倡导的欧洲共产主义完全拒绝苏联的共产主义模式，主张抛弃共产主义教条，在维护现存西方民主制度的基础上进行政治改良。冷战结束后，意大利共产党更名为左翼民主党，成为了中左型政党。

⑤ 极右翼政党一般采取民族主义的攻击性形式，宣扬种族优越论，对外主张武力扩张，二战时期的德、意、日法西斯政党就是典型。冷战结束后，在塞尔维亚、克罗地亚、罗马尼亚及东欧多种族国家，存在一些主张种族清洗的新法西斯主义政党。此外，随着经济全球化、欧洲一体化的发展，第三世界和东欧国家的移民大量涌入诸如奥地利、丹麦、法国和德国这样的欧洲国家，加上这些国家经济不景气和失业率上升，一股排外的种族主义情绪助长了这些国家极右翼政党的兴起。法国的国民阵线、奥地利的自由党就是典型例子。

强调它向全国所有的阶级或阶层开放，并通过寻求建立一种实用主义的、非意识形态型的政党形象吸引尽可能广泛的选民。西方学者认为，基民盟实际上是二战后欧洲出现的一种兼容性政党的典型代表。①

第四，以政党的社会基础的广泛程度和意识形态多元化程度为标准，划分为兼容型政党与集中代表社会某一阶级或阶层或宣扬某一意识形态的传统型政党。二战后，西方政治形势发生了变化，随着选民的流动性增强，政党与选民的沟通主要通过媒体进行。为了赢得各类选民的支持，出现了一种意识形态暧昧不清、社会基础广泛复杂的政党。德国政治学家奥托·基希海默用“兼容”一词描述此类新型政党。英国学者认为，兼容型政党并非一种新的政党组织形式，它是二战后许多欧洲干部型政党和群众型政党为适应变化的形势而演进的结果：它企图以国家利益的名义进行统治而非某一个社会团体的代表；它以政党领袖为核心，领袖直接通过电视而非间接通过党员积极分子与选民沟通；它竭尽所能地寻求选民的支持，其目的不是代表而是统治。欧洲一些激进社会党就是由群众型政党向兼容型政党转变的典型。② 美国学者认为，德国的基民盟是此类政党的典型代表，英国的保守党、西班牙和法国的社会主义政党，以及日本的自民党都是兼容型政党，美国的民主党和共和党则是资格最老、规模最为庞大的兼容型政党。③

第五，以政党是否执掌政权为标准，划分为执政党（ruling party or governing party）与在野党或反对党（opposition party）。④ 这类划分着眼于政党的执政地位和执政方式。在议会内阁制国家，议会选举中获得多数席位的政党为执政党，执政党可以是一个政党，也可以是几个政党联合组阁的政党联盟；在总统制国家，由于分权制衡原则，总统所属的政党在国会既可能是多数，也可能是少数。鉴于总统大权在握（既是国家元首，又是政府首脑和最高军事统帅），因此人们一般视总统所属的政党为执政党。

第六，以法律是否承认为标准，划分为合法政党（legal party）与非法政党（illegal party）。合法政党的组织机构和活动受到本国宪法和法律的保护。非法政党则被法律禁止，其组织机构和活动通常是秘密的，其目标在于推翻现政权。应该指出，政党是否合法，取决于该国的宪法和法律规定以及政党是否违反该国的宪法和法律，与政党的性质没有必然的关联。

第七，以政党的阶级属性为标准，划分为资产阶级政党（bourgeoisie party）与无产阶级政党（proletarian party）。这是马克思主义的传统分类法。此类划分着眼于分析政党的本质属性或社会利益倾向。随着现代社会阶级阶层的变化纵横交错，将所有政党简单划

---

① M. Donald Hancock et al. *Politics in Europe—An Introduction to the Politics of the United Kingdom, France, Germany, Italy, Sweden, Russia, and the European Union*. Hampshire: Palgrave Macmillan, 2002: 207.

② Rod Hague, Martin Harrop &Shaun Breslin. *Comparative Government and Politics*. 4th ed. Houndmills: Macmillan Press Ltd, 1998: 132.

③ 罗斯金，等. 政治科学. 北京：华夏出版社，2001：222.

④ 一般而言，西方国家的在野党都属于反对党，但英国的反对党专指议会中的第二大党。反对党的作用在不同的政治文化和政治制度下而有所区别，在西方政治多元化和竞争性的政党制度为基础的民主制下，执政党与反对党在议会展开合法的竞争，两者都谋求民众的支持，希望通过政党在政府中的更迭来实现政治变革，反对党被期望通过批评和提出可供选择的方案来影响政府政策。在法西斯极权政体下，反对党被斥为分裂国家的因素，反对党的反对是非法的，是现存国家政治体制的障碍和威胁，因而受到禁止。

分为性质迥异的两类阶级属性的政党有其局限性。针对西方国家新兴的兼容型政党，就很难用阶级属性对其进行恰如其分的划分和分析。

第八，以政党的活动范围为标准，划分为地区性政党（regional party）、全国性政党（national party）以及跨国政党（super-national party）。地区性政党主要代表地方利益，并在某一地区范围内活动。如德国的联盟党、巴伐利亚党和汉诺威党，英国的威尔士民族党和苏格兰民族党，印度的德拉维达进步联盟、阿卡利党等。跨国政党（联盟）主要有欧洲议会中的议会党团和欧洲政党，它们的活动范围遍布欧洲联盟诸成员国。如欧洲人民党，就是欧洲共同体各国的基督教和天主教政党的联合组织。欧洲社会党，其成员是欧洲联盟和挪威的社会民主党、社会主义政党和英国工党。

第九，以政党的行为准则为标准，将政党划分为意识形态（纲领）型政党（ideological party）与实用主义（务实）型政党（practical party）。前者指政党强调其行为严格遵守其特定的某种意识形态和政治纲领，强调它们对政党行为的指导作用和价值，并在选举和执政时竭力劝说选民接受本党信奉的意识形态和政治纲领。后者指一些政党在选举和执政时表现出更富有灵活性和务实性，不信奉教条主义，较松散地与某种意识形态相连，主要关心如何获得政治职位而非如何推动某项政治纲领，在选举中随时准备根据实际情况和选民喜好而调整其政策，在执政时主要从客观现实条件出发而非从主观教条出发来制定和调整其方针与政策。①

应该看到，由于政党现象的复杂性，仅用一种分类方法去认识现实中的政党是远远不够的，一种政党可能同时属于上述多种分类标准。换句话说，多种划分标准可能同时适应于某一个政党。因此，应该避免主观肯定其中一种分类方法或标准而否定其他的分类方法或标准，否则，不符合社会科学领域只存在相对真理的基本现实。我们不妨借助于这些分类方法，多方位、多视角去认识现实中纷繁复杂的政党现象。

第二节　政党的法律地位及功能

一、政党的法律地位

虽然政党在西方国家政治生活中早已占有十分重要的地位，但近代欧美国家的宪法大都没有关于政党的规定。美国于1787年，法国于18世纪末制定宪法时尚未出现组织完备的政党。英国是拥有不成文宪法的国家，当时也未出现有关政党的宪法性法律或文件。在二战结束前，全世界除了选举法中有关政党参选的规定，以及针对特定政党的禁止或限定性规定之外，都还没有对政党进行规范的综合性的法律制度。

二战以后，世界政党政治进入一个新的历史时期。“政党入宪”、通过法律来积极规范政党，成为政党政治的一个基本趋势。其主要原因有三：一是二战之后，政党迅速发展起来。国际共产主义运动、反法西斯战争在西方国家催生了众多的政党。二是德、意、日等国法西斯政党的独裁专制和疯狂的侵略扩张，给西方民主制留下了惨痛的教训。三是随着

① 考克瑟，等. 当代英国政治. 北京：北京大学出版社，2009：190.

政党政治地位的提高、政治权力的扩大，需防止政党权力膨胀、权力滥用和政治腐败。因此，“防御性民主”理念应运而生，西方有关国家开始在宪法或其他法律中积极承认政党、用法律来规范政党。在这种背景下，德国、意大利、西班牙等国的宪法对政党的法律地位做出了明确规定，将政党正式纳入国家的政治体制。联邦德国、奥地利等国还制定了专门的政党法。法国 1958 年《宪法》、俄罗斯 1993 年《宪法》分别从总结本国历史教训出发，以根本法的形式对政党予以规训。美国、英国等国则是通过普通法律或最高法院裁决的方式，对政党在本国的政治地位和作用予以规范。

在德国、意大利、法国、西班牙和俄罗斯等国，宪法主要从以下几个方面对政党予以规范：（1）关于政党的地位。意大利被认为是“政党入宪”的第一个西方国家。1948 年《意大利共和国宪法》第 49 条规定：“全体公民有自由地组织政党之权利。”法国 1958 年《宪法》第 4 条规定：各政党和政治团体“可以自由地组织起来并开展活动”。1978 年西班牙《宪法》第 5 条规定：“各政党体现了政治多元主义。”1949 年《德国基本法》第 21 条规定：各政党的“建立是自由的”。俄罗斯 1993 年《宪法》第 13 条规定：“在俄罗斯联邦承认政治多元化和多党制。社会团体在法律面前一律平等。”（2）关于政党的组织原则。法国 1958 年《宪法》第 4 条指出：各政党应“遵守国家主权原则和民主原则”。《德国基本法》第 21 条规定：“政党的内部组织必须符合民主原则。它们必须公开说明其经费来源、使用的情况及其财产状况。”1948 年《意大利共和国宪法》第 49 条规定：政党以“民主方式”进行活动。俄罗斯 1993 年《宪法》第 13 条规定：“禁止建立旨在用暴力手段改变宪法制度的原则，破坏俄罗斯联邦的完整，危害国家安全，成立武装组织，煽动社会、种族、民族和宗教纠纷的社会团体，并不允许其活动。”（3）关于政党的作用。法国 1958 年《宪法》第 4 条规定：“各政党和政治团体协助选举表达意见。”西班牙 1978 年《宪法》第 5 条规定：各政党“可以提出和表达人民的意志，是政治参与的基本工具”。1948 年《意大利共和国宪法》第 49 条规定：政党是“为了在确定国家政策方面以民主方式进行合作”。《德国基本法》第 21 条规定：“各政党应互相协作以实现国民的政治愿望”，“根据各党的目的或根据其党员的态度判明，某一政党意图侵犯或者废除自由和民主的基本秩序，或意图危害德意志联邦共和国的生存，该政党即为违反宪法”。

联邦德国是最早制定政党法的国家。1967 年政党法对政党的目标制定、活动原则、党的作用、组织形式、机构设置等方面都做了详细的规定。该法律是基本法有关政党规定的具体化，具有实际可行的操作性，防止了二战前政党体制混乱局面的重演。俄罗斯则是西方国家中最近制定政党法的国家，2001 年 7 月俄罗斯颁布和实施的政党法，对政党的成立、政党的地位、政党的活动及其监督、政党的改组和取缔等做了比较详细的规定。①

大多数西方国家没有专门的政党法，通常只是在相关的法律中规定政党活动的基本原则。政党也被作为一般性的社会政治团体进行管理。如加拿大 1974 年实施的《选举开支法》要求，全国性政党必须在其财政年度结束前 6 个月提交一份详细的收入和开支报告，并且必须向国家财政收入部递交一份所得税款和收入税发票的年度报告。美国 1971 年

① 刘向文．俄罗斯议会研究论文//王晓民．国外议会研究文丛：第 2 辑．北京：中国财政经济出版社，2003：176-186.

《联邦选举法》及其1974年的修正案、1971年税法、2002年《麦凯恩—法因戈尔德法案》，对竞选捐款和开支的数额予以限制，要求政党公开竞选资金的来源和用途，以及对提供联邦竞选津贴做出了具体规定。日本1948年制定并于1975年和1980年两度修正的《政治资金规正法》、1993年日本政改法，对政党募集资金的渠道、公开政党收支情况等予以规范。还有一些国家的法律对政党分配议席的最低门槛做了规定，如德国选举法第6条规定：只有在全国获得5%的政党选票单，或在按相对多数计算的选区票中获得3个议席，才有资格在全国范围内按照比例代表制参加议席的分配。这就是所谓的"5%条款"。政党分配议席的最低门槛在以色列是1%，在荷兰是7.67%，在德国和俄罗斯是5%，在瑞典和意大利是4%。① 门槛越高，说明法律规定的目的在于限制能进入议会的政党数目，有利于大党而不利于小党，门槛越低，则有利于更多的小党进入议会，参与立法过程并能够对政府施加影响。

从法律实践看，西方国家对政党活动的限制主要有预防制和追惩制两种形式。预防制即由宪法或法律做出规定，政党必须经过事先申请，经有关机关批准后才能合法活动。预防制要求政党在成立和参加竞选前都要向政府当局登记，获准登记的政党必须在纲领内容、活动方式、党员数量等方面符合有关法律规定。目前西方国家大都废除了预防制，主要采用追惩制，即国家对政党成立不做事先限制，但对其超越法律允许范围内的活动实行事后追惩，即政府有权根据宪法和法律，对其予以解散或取缔。

二、政党的功能

理论上讲，如果说政治关系是由政治主体、政治利益、公共权力和政治权利四大因素构成的话，那么政党在政治关系中是诸多政治主体中最活跃最有影响力的政治主体。它是西方国家内部最广泛的政治利益的聚合者和调节者，是各种政治主体获取公共权力的主要工具，是公共权力运转的轴心，是实现政治权利的主要实施者，是政治关系诸因素的黏合剂。现实中看，政党的主要目标是代表一定阶级或阶层或社会集团通过选举活动执掌国家政权，运用国家政权通过法定程序将政党利益变成政府决策并进一步贯彻实行。在实现其目标的过程中，政党发挥着十分重要的功能，是政治活动运转的轴心。

具体讲，政党的功能体现在以下几个主要方面：

（一）反映和聚合民意，整合政治体系

作为一种政治团体，政党的力量天然地大于个人的力量，这也决定了人们不会单枪匹马地去参与政治，利益集团不会直接去谋取公职。个人和利益集团都需要借助政党能够反映和聚合更大共同利益的优势去谋取各自的利益。因此，政党反映聚合民意、整合政治体系的功能是由其内在的组织特性所决定的。

首先，作为政治利益的代表者，政党需要反映和表达其所代表的比较广泛的政治阶级或阶层和团体的需要。"任何成功的政党无疑都需要具有广泛的观点和利益的结合。一个过于狭隘的中心会限制其吸引力并限制其赢得支持的可能性。"② 因此，政党必须密切联

① 王长江．政党现代化论．南京：江苏人民出版社，2004：146-155.

② 考克瑟，等．当代英国政治．北京：北京大学出版社，2009：193.

系基层民众，倾听广大基层选民的声音，了解他们的政治愿望和需求，并通过各种方式将其表达出来以获得更多选民的支持。从选民看，政党是一个可以用来满足或促进自己利益的政府权力（现实的或潜在的）执掌者或影响政策制定的政治力量。西方国家的政党一般通过其全国性政党组织和地方基层党组织与选民进行沟通和接触。在选举期间，各政党还努力在基层选区发展和动员本党的政治积极分子或志愿者，鼓励他们挨家挨户地与选民沟通。执政党充分利用其掌管国家机器的优势，利用各种公共资源和工具，通过政策宣传和新闻发布等诸多手段和方式，尽可能地广泛宣传和解释自己的政治主张。反对党或在野党也利用议会监督和大众传媒等方式反映和表达其选民的政治愿望和要求。通过反映和代表选民的利益，政党从选民的认同和支持中获得了执掌或谋取国家政权或进行政治反对的合法性和政治力量。

其次，作为政治利益聚合者，政党（尤其是大党）聚合的是众多利益集团联盟或阶层的利益，通常是长远和全局性的（而利益集团聚合集团利益通常是短期和局部性的）。"为了参选，政党通常会欢迎新的利益集团加入自己的阵营，允许它们表达意见或将其意愿写进党的纲领，这就赋予这些利益集团实际的和心理上的利害关系来支持整个政治体系。利益集团的成员感到自己有了代言人，自然就会产生为政治体系高效工作的内在要求和对政治体系的忠诚。"① 通过如此方式，政党还将其他的少数族群和外来移民整合进国家政治生活。政党进行利益聚合的过程，就是将各种特殊利益要求整合成整套可行的政策建议和方案，就是对各种不同利益进行选择、简约和综合的过程。政党扮演了社会与国家之间的一张过滤网，它决定哪些要求可以通过，哪些利益要求可以上升为社会共同的利益主张而获得广泛的支持，哪些利益要求比较狭小可能分散人们的注意力而必须被剔除。这一过程在现实政治生活中，主要表现为政党通过制定其政治纲领和政策，提出对选民关切问题的解决办法，使其政纲被广泛地认知和接受，由此为选民提供政策选择。

（二）动员和发展政治力量，培养和录用政治精英，组织竞选以获取或参加国家政权

首先，为实现获取或维护国家政权的目的，政党不仅需要为选民提供政策选择和治国方案，还必须为选民提供本党执政人员的方案。选民有权选择公职人员，但实际上并不掌握判断竞争公职者的潜在能力及其价值观方面的信息。政党以其广泛的代表性和系统的组织性在这方面拥有普通公民个人无法比拟的优势。因此，政党的职责就是通过有组织的活动，在日常生活中把社会上与本党志同道合的精英吸收和储备起来，在需要时把他们作为本党的公职候选人推荐给选民。政治精英人物则借助党职获取官位，实现"入党做官"。这就是政党动员和发展政治力量，通过推荐和提出本党的候选人竞选政府公职，为获取或维护政权进行政治录用和选拔政治精英的过程。一般说来，政党提名本党公职人员候选人的方式，与该党的组织结构和权力结构有关。在大多数欧洲国家，最普遍的提名方式就是由选区党组织决定，然后报送该党总部批准。如英国保守党未来的议员候选人名单由各选区决定后须送交保守党中央委员会通过，工党议员候选人名单由各选区工党组织挑选后送交工党全国执行委员会通过。此外，在另外一些国家（如日本和丹麦），首先由选区党组织提名，然后由党的中央机构做出选择。应该看到，西方国家政党提名公职人员候选人的

---

① 罗斯金，等．政治科学．北京：华夏出版社，2001：217．

过程日渐呈现出权力下放的趋势，其中地方政党组织起主要作用，候选人个人的作用日益增强。在美国20世纪初预选制（primary system）确立之前，政党骨干会议垄断了公职人员候选人的提名过程，结果导致了臭名昭著的政党分赃制。预选制的实施，铲除了党魁对候选人提名的控制，使基层普通党员拥有了提名决定权。

此外，政党必须通过参加选举，通过赢得选举获取或参加政权。选举获胜是西方民主制中政党合法执掌国家政权的依据。西方国家政党执掌国家政权的标志主要表现为通过立法选举或总统选举获取议会多数或占据总统职位。为赢得选举胜利，政党必须提出候选人名单，制定竞选纲领，筹集竞选经费，利用大众传媒大张旗鼓地展开宣传本党竞选纲领的合理与正确，揭露和抨击竞争对手的缺失与伤疤，对一些重要的关乎国计民生的问题进行简约和解释，进行民意调查测验并试图影响选民的投票倾向，组织本党志愿者动员选民投票支持本党，等等。其中政党以各种形式募集资金，用金钱收买选票以及选择和实行有利于本党的计票方法，是欧美国家主要政党操纵和影响选举的重要手段。用金钱收买选票、用金钱换取政治影响的做法在欧美国家选举政治中普遍存在。在法国，1974年每位总统候选人的竞选费用平均为1亿法郎，1981年为2亿法郎。1987年，法国报刊揭露的吕歇尔公司走私军火案，就是法国政党从中牵线搭桥以收取巨额手续费用于集资选举。① 在美国，2000年总统大选耗费30亿美元，2004年总统大选耗费39亿美元，2016年69亿美元，② 创各国之最。在英美两党制国家，长期轮流执政的两大党为维护和保持其对立法权和行政权的垄断，竭力保持相对多数代表制，削弱和排斥第三党或其他小党。在法兰西第五共和国初期，右翼政党保卫新共和联盟为加强政府和总统的地位，削弱法国共产党的力量，积极推行单记名两轮多数投票制。1985年执政的左翼政党社会党为了抑制右翼政党力量的增长，废除了单记名两轮多数投票制，推行省级一轮比例代表制。1986年议会选举中获胜的右翼多数派政府，借口为恢复法兰西第五共和国选举法的传统和两极化的政党格局，重新恢复了单记名两轮多数投票制。

（三）执掌国家政权，影响国家立法、行政和司法过程

首先，政党通过选举获得议席，通过议会立法程序，将本党政纲和意志上升为国家法律。议会作为西方国家的最高权力机构或最高立法机构，不但有权制定国家诸项法律，而且对政府决策有很大影响。政党主要通过本党在议会中争夺议长职位，通过本党在议院中的政党领袖、督导员［党鞭（party whip）］和议会党团等方式影响议院大会和各委员会的活动。在西方国家立法机构中，常常是多数党或多数党联盟控制和操纵立法过程，如左右议会议事日程，把持议会主要委员会和小组委员会主席职位，决定议会投票的结果等。少数党或反对党虽不能主导立法程序，但可通过各种手段影响立法过程，牵制或阻碍多数党的主导作用。

议会党团（英文一般称“parliamentary party group”，各国具体名称不一）一般指议会中通常由同一政党议员组成，以统一本党议员在议会中的行动为目的的政党机构。也有

① 吴国庆. 当代各国政治体制：法国. 兰州：兰州大学出版社，1998：230.

② 美国选秀（1）/ 你知道2016年美国大选花了多少钱?. http://www.kankanews.com/a/2016-11-09/0037758939.shtml.

同一政党的议员分别组成几个不同的议会党团，或几个政纲相近的政党的议员联合组成一个政党联盟的议会党团。在两院制下，同一政党在两院分别建立本党的议会党团。某些国家（如英国、美国、澳大利亚等）对议会党团的组成未做任何规定。有些国家则规定议会党团须由一定数量的议员组成。如法国国民议会中一个政党至少有 20 名议员，参议院中一个政党至少有 14 名议员，并附有党团成员名单和发表一个共同的政治声明，才能组建一个议会党团。德国联邦议院议事规则规定，一个政党至少有全议院 5%的议员（30 名左右）方可组成议会党团。一般说来，议会党团的主要职能是：参加选举议长，选举或分配各常设委员会委员；协助议长确定议会议事日程；提出立法议案；研究并决定本党重要投票立场；统一本党议员的立法思想和行动；等等。议会党团的决定对本党议员的约束力因不同的国家和不同的政党而有所差别：这种约束力在英国、德国、意大利等国较强；在美国则较弱；在法国，法国共产党和社会党等左翼政党纪律较严，其议会党团对本党议员的约束力较强，保卫共和联盟和法国民主联盟等右翼政党纪律较松，这种约束力相对弱些。

英国两大党控制下院的立法活动主要通过两党的领袖、议会党团和督导员。以保守党为例，领袖和议会党团是党在议会中的领导决策者，督导员则是组织监督者。领袖集党内大权于一身，在本党执政时兼任首相，有权任命党主席，指定内阁或影子内阁成员，任命本党总督导员，负责领导本党议会党团活动。领袖和内阁（或影子内阁）做出的决定，议会党团必须遵守执行。议会党团则在组织内阁或影子内阁、选举议长、确定议院的议事日程和选举常设委员会成员等过程中发挥重要作用。议院在讨论重大问题或投票表决某项重要法案时，议会党团都事先研究本党的对策，决定本党的立场并做出决议，要求党员议员必须服从，否则将以违反党纪论处。督导员既是领袖与本党议员之间的联络纽带，也是本党立法政策和决策执行的监督者：一方面，与本党领袖经常保持接触，向领袖反映本党议员的主流意见和想法，在保守党执政时出席所有内阁会议并就政府向议会提交的议案提出建议；另一方面，通过就议会将要讨论的事项向本党议员签发督导令（其中带有三条杠的督导令为政党要求本党议员必须服从的最强有力的指令，违者将被驱逐出本党），督促本党议员参加投票，充当下院分组投票时的唱票者等方式，传达党领袖和议会党团的有关决议，并对本党议员的执行情况予以监督。执政党总督导由一名副督导和若干年轻的督导员协助。此外，反对党制度也是英国两大党争夺议会控制权的显著特征。在下院占据多数席位的在野党组成“英王陛下的反对党”。反对党拥有与执政党平等的地位，可组织影子内阁，是英王陛下可供选择的政府。3 名反对党督导员享受政府支付的薪水。① 执政党与反对党争夺和控制议会的活动，一般都遵循资产阶级民主政治的博弈规则，即在如何治理国家、通过何种治国方案和政策实行统治的策略问题上明争暗斗，在维护两大党轮流执政和现行政治制度方面却携手合作。

美国民主、共和两党控制和影响国会立法程序，也是通过各自在国会两院中的政党领袖和政党机构实现的。多数党通常把持众议院议长职位，通过议长控制全院大会的立

---

① Jorgen S. Rasmussen & Joel C. Moses. *Major European Governments*. *9th ed*. Belmont, California: Wadsworth Publishing Company, 1995: 172-173.

法活动。多数党领袖和少数党领袖是两党在两院中的主要发言人，负责制订本党的立法计划，促使本党议员在重要议案上支持本党的立场。两党在两院拥有各自的督导和副督导，协助政党领袖工作，充当政党领袖与本党议员之间的联络纽带，遇到重要议案交付表决时，督促本党议员按本党立场投票。此外，两党在两院还各自设有若干重要的组织机构，如党团会议、指导和政策委员会、人事委员会等。其中党团会议是两院政党组织的基础和政党领袖权力的来源，它选举党领袖、党督导，通过党的规则，确立本党的立法立场。理论上说，党团会议是国会中政党的最高权力机构，但实际上议员所在选区的选民比党组织更有影响力。利益集团、政府其他部门、国会领袖和大众传媒的竞相拉拢，使议员环顾八方而不能局限于自己的政党。因此，美国国会中政党对议员的组织约束力较弱。

其次，通过选举获得行政组阁权，使本党骨干担任政府部长或要职，忠实地执行党的政策和主张。不论是内阁制还是总统制国家，都把直接掌握行政权力的政党称为执政党，不仅政府首脑由执政党领袖担任，而且政府各部部长和其他政治任命官员大多数是执政党的骨干分子或党内各派别的头面人物，因此，西方国家的政府实际上是执政党把持的政府。执政党通过掌管政府，就能在内政外交各方面推行本党的政策和主张，通过各种途径为其代表的阶级、阶层或集团谋利益。此外，执政党还必须考虑国家长远的、整体的利益，不能无视或忽略其他政党或集团的利益和要求。因此，执政党一方面主要代表统治阶级中某个或某些阶层或集团的利益，另一方面又是国家整体利益的代表。

在内阁制国家，获得立法机构多数席位的政党或政党联盟实际上控制了政府行政机构。议会多数党领袖出任政府首脑，组织政府内阁，体现着政党对立法机关和行政机关的双重作用。在英国，首相通常由执政党领袖担任，首相负责组成政府内阁，大臣则根据政党背景任命。他们既属于政府，也属于政党，而且必须是议员。内阁既是议会的一部分，又是政府领导机构。执政党领袖利用组阁权任命本党党员充任政府机构中的各种要职，执政党也通过内阁大力推行和实施本党的纲领和政策。因此，英国学者认为，政府从政党意义上说有两层关联含义：一是政府执行机构由党员组成，二是政党利用政府机器执行政党政策。① 在德国，联邦议院中的多数党对联邦政府的组成起决定作用。根据基本法，联邦总理由联邦共和国总统提名，由联邦议院不经讨论而进行选举。联邦总统通常只能选择联邦议院中多数党领袖作为总理候选人，因为只有多数党领袖才有机会当选。联邦各部部长由联邦总统根据联邦总理的提名任免。在决定政府的组成时，由于多数党议会党团的决定性作用，联邦总理一般都尊重本党议会党团的意愿。

在总统制国家，立法机构与行政机构遵循比较严格的分权与制衡原则，政府首脑通过总统选举产生，与立法选举无关，总统直接对选民负责而不对政党组织负责。因此，政党通过总统控制或影响政府决策及其实施过程的作用远不及内阁制下那么直接而明显。理论上讲，某一政党的候选人当选为总统后，便自称是全民的总统。作为实际上的政府首脑，如何组织政府，制定什么政策，如何实施竞选纲领，纯属当选总统的事。总统是依靠他本人及其工作班子，而非其所属的党组织来工作和履行其职责的。本党的全国委员会及其主

① W. N. Coxall. *Parties and Pressure Groups*. *2nd ed*. New York：Longman Group Limited，1986：27-28.

席既不能给总统下达指示，也无权监督他。政党只能通过国会中的政党领袖而非党的全国性组织来协调行政与立法的关系。但实际上，总统作为本党的政治领袖，在广大选民心目中是执政党的象征。党的形象基本上取决于总统的名望。总统作为政府首脑，拥有某些重要权力和手段来实现本党的意志和决策，政党因此也可以利用总统权力影响政策的贯彻和实施过程。例如，美国总统就经常与国会两院议员、各州党主席或主要骨干分子磋商人事任命事宜。人事任命权是政党领袖的一笔重要财富，它为总统或州长提供了一种政治工具，可用来赢得对其政策项目的支持和来自本行政机构内的忠诚。此外，政党还利用总统的威望协助本党公职人员筹措竞选经费和参加竞选。利用总统审批政府采购及承包合同的权力来满足本党在地区、州和地方的政治利益，加强本党的选民基础。

最后，间接影响国家司法权力，维护政党的统治利益。应该看到，司法独立原则是西方国家政治制度中分权与制衡原则在政府组织形式上的具体表现。一方面，司法权与行政权、立法权分立，即司法独立；另一方面，司法权又必须受到行政权和立法权的制约，以实现权力的均衡。因此，司法独立是相对的。

从司法独立的基本内涵看，主要包括三层含义：（1）司法权独立，司法权由法院独立行使，即法院根据宪法或法律的规定独立行使司法审判权，立法和行政机关以及任何政党和个人均不能行使司法审判权，也不能干预司法审判活动；（2）司法审判过程独立，同级法院彼此之间不能干涉各自的审判活动，上级法院只能依上诉程序对下级法院的审判结果进行审理或处置；（3）法官独立，即法官独立判案，非经弹劾程序，不得随便将其免职、撤职或令其提前退休。为了确保法官作为“独立公断人”的中立形象，大多数西方国家的法律禁止法官任职后兼任行政或立法职务，规定法官不得有政党党员的身份，不能从事政党活动。因此，作为政府行政和立法机构的重要组成部分，政党不能直接领导或干预司法审判活动。

同时，也应该看到司法权受到立法权和行政权制约的一面，通过行使行政权和立法权，政党可以通过多种途径间接地影响司法权。这主要体现在以下几个方面：（1）通过法官的委任程序施加影响。西方国家的法官一般经委任、选任和考任等方式产生。其中委任一般由国家元首或政府首脑委任。如美国联邦最高法院的法官由总统提名，经参议院审议以多数票通过后，由总统任命。联邦上诉法院和联邦地方法院的法官，则首先由总统委托联邦司法部长提名，总统在征询该法院所在州的国会参议员的意见后，正式提名并经参议院审议通过后任命。在英国，大法官、上院上诉审议员和上诉法院法官，由内阁首相征求本党意见后提名，由英王任命。在法国，宪法委员会是司法系统中监督总统和议会选举的合法性、仲裁选举中的争议、维护宪法实施的特别机构。它的成员分别由总统、国民议会议长、参议院议长各任命 3 名共 9 人组成，此外，历届总统都是其理所应当的委员。事实上，这些国家的政党都是通过控制或影响立法权和行政权，间接影响司法任命的。因此，在选择最高法院或联邦法院法官时，政党倾向或司法哲学是其中考虑的重要因素之一，法官没有完全摆脱政治性考量。他们仍然和行政、立法机关中的重要政治人物保持着松散的联系，他们必须依靠政党的立法者为其制定预算。20 世纪 30 年代，美国总统罗斯福通过任命有本党背景的法官改变了联邦最高法院法官的党派构成，目的就是使之更有利于“新政”的实施。此后，艾森豪威尔、约翰逊、尼克松等“大多数总统任命他们自己党派的法官以便拥有他们共同的司法理念”。① （2）对法官选举产生的过程施加影响。美国绝大多数州法院的法官是由选民直接选举或由州议会选举产生的。德国联邦一级高级法官是由联邦有关部长会同司法选举委员会选举而由总统任命的。司法选举委员会成员一半为各州的主管部长，一般由议会选举产生。由此可见，政党仍然可以通过议会和总统影响法官的选举产生。各个政党一般都倾向或同情本党的法官人选。（3）通过议会或政府部门与司法机构某种合二为一的结构施加影响。英国上院既是立法机构的一部分，同时也是最高审判机关，拥有审理重要民事、刑事案件和弹劾案、上诉法院上诉案等大权。尽管上院议员无党派身份，但历任首相都珍惜终身贵族由首相提名呈请国王批准任命的机会，尽力提供具有本党政治倾向的合适人选。美国司法部长兼任联邦总检察长，政党可以利用总统提名和国会批准的环节，对司法和检察施加间接影响。

（四）监督政府，防止和纠正政府损害社会与公民的利益

政党的监督功能与西方国家的分权与制衡原则密切相连。按照分权与制衡原则，政府的权力按功能划分为立法权、行政权和司法权，三权彼此制约以防止权力的专制。如前所述，西方国家的政党通过多种途径和方式对行政权、立法权和司法权产生重要影响。可以说，分权与制衡原则或精神是以政党分权和制约为主要依托或载体，通过政党政治实现的，离开了政党监督，权力分立与制衡的原则就难以实现。具体说来，政党的监督功能可以通过以下主要几种方式进行：

（1）选举监督。由于政党只有通过选举获胜，才有可能执掌政府权力，因此，选举是决定一个政党上台或下台的生死攸关的大事。为此，各政党在竞选中加强彼此之间的相互监督，对竞争对手的政治纲领、竞选口号及执政表现进行挑剔和批评，在揭露对手的短处或缺失中显示自己的优势。

（2）议会监督。议会是政党活动的主要场所。在议会内阁制国家，反对党或在野党可以利用议会质询、不信任投票等权力对执政党进行监督和制约；在总统制国家，在野党可以通过国政调查和弹劾等手段对执政党政府进行监督和制约。

（3）行政监督。当作为监督者的政党处于执政者地位时，它可以利用党的组织机构和党所控制的政府机构，一方面，在国家政治制度的框架内，通过立法倡议、行政否决、委托立法等形式，对国家立法机构展开的立法活动进行监督；另一方面，对政府行政机关及其官员的执法活动进行监督，以维护本党的执政地位。

（4）舆论监督。作为执政党，可以利用舆论和大众传媒等工具对各级政府机构及其官员的执法过程进行监督；同时，合法的反对党或在野党可利用大众传媒、公众舆论等社会监督工具对执政党及其政府进行政府外的监督。

（五）通过政治宣传和政治教育，实现政治社会化

政治社会化是指人们通过社会政治生活或政治活动，逐步学习政治知识和技能，塑造和改变自己的政治心理与政治意识的过程，同时也指政治文化代际传承的过程。政党是人们实现政治社会化的最重要的组织机构。政党通过竞选宣传、政策声明和组织学习等方式，向党员或选民倡导或灌输某种政治价值或政治思想，培养或塑造公民的政治心理和政

① 罗斯金，等．政治科学．北京：华夏出版社，2001：352．

治人格。教育党员如何认识和掌握“政治游戏”规则，学习公开演讲、组织会议和进行妥协，提高他们的政治能力。政党在培养和训练党员骨干分子领导能力的同时，传播政党的信仰、主张和观念，竭力使其从中树立对政党执政和现存政治体系合法性的信念，培养其对本党或现存政治体制的忠诚。政党所选择关注的议题帮助设定了政治议程，它们所表达的价值与态度成为社会政治文化的组成部分。为了实现上述政治社会化过程中政党的政治目的，政党大都与大众传媒有着十分密切的联系。掌握利用大众传媒进行政治教育和政治沟通的技巧，成为政党赢得民众支持、维护自身利益和建立其执政合法性的重要因素。

第三节　政党制度

一、政党制度的含义

如前所述，政党制度（party systems）广义上指一个国家关于政党的各项制度规范的总和，它包括国家对政党的政治地位、活动规范和执政参政的法律规定，事实上形成的政党执政参政方式、党际关系、党团关系，政党自身的组织原则和组织体系等。广义上的政党制度主要是从政治体系的广角，来探讨“各政党之间以及各政党与整个政治体系之间的相互影响”。[①] 政治制度能否健康发展在很大程度上受制于政党制度的状况，不稳定的政党制度能使一部很好的宪法失去作用，而一个平稳而温和的政党制度则有助于一个国家实现政治民主。在实际政治生活中，要决定一个国家选择哪种政党制度比较困难，很大程度上根植于其独特的历史发展、社会文化传统及现实政治条件等因素。目前国内外学者比较容易达成共识的是：一个国家的选举制度在很大程度对其实行的政党制度有重要而直接的影响。[②]

狭义上的政党制度指政党执掌、参与或影响国家政权的合法方式，主要集中于探讨政党围绕国家政权而采取的行为方式，即根据一个国家在相对较长的时间内，具有现实执政可能的政党数目来界定其政党制度。本节涉及狭义上的政党制度。由于西方各国政治经济发展状况、历史传统、政治结构和文化基础等具体情况各异，国内各阶级、阶层或集团力量对比不同，政党制度的表现形式也就不同。如前所述，目前西方大多数国家的政党制度不是通过法律直接规定的，而是政治传统和习惯的产物。

二、政党制度的分类

关于政党制度的分类，中外学者从不同角度有多种不同的方法，其中主要有：

（1）按一国较长时间内执政党数目（而非实际存在的政党数目），划分为一党制、两党制、多党制。这也是最传统的分类方法。

---

① 罗斯金，等. 政治科学. 北京：华夏出版社，2001：227.

② 正如本章第一节“二、近代意义上西方政党产生的基础和方式”所述，西方国家政党制度的产生也受一个国家的经济发展基础、政治制度基础、政治文化传统、社会结构基础等因素的制约和影响，甚至还受到国际政治环境的制约和影响，选举制度只是对政党制度产生直接影响的一个重要因素。

（2）作为对传统分类方法的补充，按一国较长时间内执政党数目及其政党之间的关系划分。意大利政治学家乔万尼·萨托利主张用这种标准将一党制细分为一党极权制、一党权威制、实用主义一党制、霸权党制，将多党制细分为极化多党制、温和多党制、碎分化的多党制。[①] 也有中国学者主张在一党制和多党制两大类之下，将政党制度分为以下 8 个基本亚类型：一党集权制、一党权威制、一党领导制、一党多元制、两党制、温和多党制、极化多党制、碎分化的多党制。[②]

（3）按一国国内合法存在并参与选举过程的政党数目和执政党数目情况划分，为多党一极政党体制（有多个政党合法存在并参加选举但只有一个政党上台执政），多党两极政党体制（有多个政党合法存在并参加选举但只有两个政党或政党联盟上台执政）。[③]

（4）按党际关系和执政方式划分。乔万尼·萨托利按此标准将所有政党划分为竞争性的政党制度和无竞争性的政党制度两大类。其中竞争性的政党制度包括：极化多党制、温和多党制、碎分化的多党制、两党制、优势党制。非竞争性的政党制度包括：一党极权制、一党权威制、实用主义一党制、霸权党制。

上述分类方法都有其独特的视角和合理性，彼此之间相互补充和借鉴。本书将在传统分类法的基础上，合理借鉴其他分类法，即以一国较长时期内执政党数目以及执政党与其他政党的关系为标准，将政党制度分为以下三大类：一党制（细分为一党专制和一党多元制）、两党制、多党制（细分为左右两翼政党或政党联盟主导型的多党制和碎片化的多党制）。

三、一党制及其比较分析

一党制指一个国家较长时间内由一个政党执掌政权的政党制度，从该执政党与其他政党的关系看，一党制又可分为一党独裁制和一党多元制（民主的一党制或一党居优制）。

（一）专制的一党制或独裁的一党制（totalitarian single-party system）

这指一国法律只允许一个政党合法存在和执政（20 世纪 90 年代前的非洲大部分国家属于民族主义的一党制国家），或执政党宣布其他政党的存在非法并将之取缔或迫使其展开地下活动（二战时期的德意日属于法西斯专政的一党制国家）。专制的一党制是特定历史环境下的产物。[④]

1. 法西斯一党制

从西方国家历史上看，法西斯一党制是在 20 世纪 20—30 年代资本主义国家经济政治危机总爆发的情况下，垄断资产阶级为摆脱内外交困而采取的一种政党制度。其基本特点是：法西斯政党通过颁布非常法令和其他强制性手段，禁止其他政党活动，或其他政党被执政党吞并、解散、消灭或因无合法地位而被迫转入地下和流亡国外。实行党政合一或以

① 王长江．政党现代化论．南京：江苏人民出版社，2004：158.

② 王长江．世界政党比较概论．北京：中共中央党校出版社，2003：247-249.

③ 宋玉波．民主政制比较研究．北京：法律出版社，2001：106-115.

④ 严格说来，20 世纪 30—40 年代发生的法西斯一党专制并非“当代”意义上的西方国家政治制度，非洲国家的一党专制也并非“西方国家”的政治制度。本书在此对其进行阐述和说明是为了给二战后西方国家政党制度的建立和发展提供一个历史性的视角，也是为分析一党制的表现形式提供一个比较完整的分析框架。

党代政，即党的机构和国家机构合二为一，或国家机构虚空而由党的机构代行国家权力，党的领袖兼任国家元首、政府首脑和军队最高统帅。德国纳粹党、法西斯意大利斗士团、日本的大政翼赞会、西班牙长枪党执政期间莫不如此。法西斯一党专制是统治集团经济上虚弱、政治上没落的表现，它用强权及武力压制和掩盖矛盾，注定不能持久，在二战中遭受了致命打击。目前，许多西方国家明令禁止法西斯政党的活动。

应该指出，非洲国家民族主义一党制与法西斯一党制有本质区别：前者是非洲反帝反殖争取民族独立、发展民族经济的特殊内外环境，部落成员平等参与决定部落事务的历史传统，以及民族主义政治领袖执政思想的产物；后者是抛弃西方民主制传统，推行民族复仇主义与对外侵略扩张的产物。

2. 非洲国家的一党制

20 世纪 50—80 年代末，非洲国家长期实行的一党制是特殊的历史环境、长期的部落议事传统和执政党政治领袖思想相结合的产物。非洲现代政党几乎都是在反帝、反殖、争取民族独立的斗争中成为唯一能左右国家政局的党。在取得民族独立成为执政党后，维护国家主权和民族尊严、抵制新老殖民主义的威胁和干涉、迅速发展民族经济、克服国家内部部族间冲突和宗教纠纷引起的政局动荡，均为当务之急。因此，非洲国家的政治领袖们认为，独立后实行全民的一党制有利于实行统一领导，有利于维护民族独立、发展民族经济和保持政局稳定。此外，许多非洲国家的领导人认为，以部落成员人人均可自由平等参加内部讨论以决定部落事务为基础的“民主政治”传统，是非洲国家建立一党制的重要基础。实行一党制完全符合非洲的传统，不需要有反对党来牵制“全民党”或“群众党”，执政党是人民利益的唯一代表者。

随着历史的发展，非洲国家的一党制也日渐暴露出其自身难以克服的弊端，权力的高度集中和垄断导致权力不受监督和制约、执政党政策失误没有选择和补救的手段等，这些都往往导致腐败和专制。从 20 世纪 70 年代开始，非洲国家的一党制开始遇到挑战，一些国家发生政变浪潮。80 年代末 90 年代初，随着苏联解体、东欧剧变和冷战的结束，西方大国通过强权政治手段向非洲国家推行政治“民主化”。非洲国家内部一些潜在的反对派利用一党制暴露出来的种种弊端和群众对政府的不满情绪，强烈要求政党体制变革，一些非洲国家的领导人也愿意改革传统的一党制以适应国内外形势的发展变化。在国内外多种因素的影响下，非洲大陆迅速掀起多党民主化浪潮，从 1990 年至 1994 年，90％以上的非洲国家实现了从一党制向多党制的转变。

实行多党制后，有的国家如南非、肯尼亚、阿尔及利亚、纳米比亚、加纳以及埃及等逐步完成了政党制度的平稳过渡和政治民主化进程，建立了多党制政府，国民经济和政治稳定同步发展。但仍有大约 1/3 的国家中，许多新成立的政党是以部族、种族、地区和宗教利益为基础组织起来的，出现政党政治向部族政治转化，原有的部族、种族、宗教和地区矛盾又重新尖锐起来；多党制政府不能兼顾各方利益或因治理不当导致国家经济危机和社会动荡，军人干政的现象时有发生；国际货币基金组织和世界银行强加于这些国家进行经济结构调整的“药方”并没有使这些国家经济复苏，反而使其失去了发展机会，阻碍了其经济发展。

总结一些非洲国家实行多党制后政局不稳定、经济不发展的政治现实后，美国学者亨廷顿认为，新兴民族国家的政治变迁，不应完全照搬发达国家的政治模式，而应以变化中的社会条件为基本出发点。他指出："今天，在亚洲、非洲和拉丁美洲的许多国家里，政治体系同时面临着集中权力、分化结构和扩大参与的问题。不足为奇，同时实现这些目标最好的体系似乎便是一党制。"因为"对于现代化之中的国家来说，它极其实用，极有吸引力，因为它在很大程度上是一个既可以促进集中（因此也就能推进革新）也可以推动扩大（因此能够同化团体）的一种制度"。相比之下，"更具竞争性的两党制或多党制可能具有相当强的扩大能力和同化团体能力，但其集权和促进改革的能力则较弱"。① 在现代化水平较低的国家中，多党制与高度集权体制及政治稳定是不能共存的。一党制可强可弱，但多党制毫无例外都是软弱的，一党制要比多党制稳定，因为实行多党制的发展中国家比实行一党制和一党居优制的国家更容易遭到军人的干政。据亨廷顿统计，战后新独立国家最初 10～20 年经验表明，一党制国家最稳定，而多党制国家最易被政变推翻。

另一位美国政治学家阿尔蒙德通过对第三世界发展中国家战略的比较，认为建立议会民主制的国家，政府能力和经济增长速度较低，而通过强大的政党来动员民众的发展战略，则无论在政府能力还是经济发展方面都增长较快。

冷战后民主化浪潮给非洲国家带来的剧烈动荡也使非洲政治家们开始反思。非洲需要民主，但不要进口的西方民主模式；非洲需要法治，但不允许西方国家以人权为借口干涉非洲国家内政。一些非洲国家的学者开始探索"一党主政、多党参与"的一党居优制，认为它是一种对政治环境敏感且富有弹性的政党制度，具有较强的生命力。

（二）民主的一党制（democratic single-party system）或一党居优制（dominant single-party system）

这指一国内有多个政党合法存在并允许各政党合法竞争，但实际上只有一个政党能单独执政，其他政党无力与之竞争获胜和分享政权。1955—1993 年的日本自民党、1947—1989 年的印度国大党、2007 年以来的统一俄罗斯党就是此类典型。

1．日本的一党多元制

二战后初期，日本分别成立了自由党和民主党两大保守政党。1955 年，在财界要求下，自由党与民主党合并为自由民主党（简称自民党），并在议会占多数。1955 年至 1993 年 8 月，自民党一直成为日本唯一的执政党，也是国会中唯一的大党，垄断政坛达 38 年之久。在此期间，日本其他政党如社会党、日本共产党等革新势力和公明党等中间势力则长期处于在野党地位，无一政党能单独与自民党争雄。

自民党长期一党执政的原因首先是它得到财界的大力支持和积极扶植，并与政府官僚密切结合，形成了一个以财界意志为基础、以自民党为政治代表，通过立法行政等措施，经由官僚机构付诸实施的政、官、财三位一体的权钱统治体系。其次，自民党执政期间所采取的一系列经济、政治和外交政策，在保障垄断财团利益的前提下，不同程度地满足了国民的愿望和要求，因而能在较长时间内维持其统治的相对稳定。另外，在野党普遍力量弱小，基础薄弱，经常因为意见分歧而彼此钩心斗角，无法实现步调的统一与合作，从而有利于自民党长期一党执政。

① 亨廷顿．变化社会中的政治秩序．北京：生活·读书·新知三联书店，1989：133．

然而，自民党一党长期执政也逐渐积累了诸多自身无法克服的弊端。“金权政治”带来的腐败沉疴久治不愈，政治丑闻接连不断，自民党的声望和形象严重受损；党内派系纷争不断，组织严重分裂，瓦解了自民党的组织力量和组织基础；一党统治体制日渐僵化，对国内要求政治改革的呼声无所作为，对冷战结束后美国要求日本分担更多国际责任的国际新形势无所作为。1993 年 8 月，自民党在特别国会的首相选举中败给了由社会党、新生党、公明党等 7 党 1 派组成的反对党联盟，从此结束了日本一党多元制。

1993 年后，日本政党格局进入不稳定的多党竞争与联合并存的转型时期。1994 年夏，自民党参加联合政府。1998 年，自民党下台 5 年后再次单独执政。仅过 1 年，自民党与自由党组成“自自联合政府”。2000 年 6 月众议院大选，自民党又与公明党和保守党组成“自公保联合政府”。2004 年 11 月众议院大选，由旧民主党与自由党合并的新民主党在众议院 500 个席位中获得 177 席（超过除自民党外所有其他党派的席位之和），仅次于自民党（237 席），成为新兴的可以与自民党抗衡的第二大党。自民党与公明党组成“自公联合政府”。日本的政党制度呈现出以下一些特点：（1）自民党单独执政的时代已成历史，偶尔单独执政也只是昙花一现，自民党先后分别联合其他不同的政党组成不稳定的多党联合政府，成为这一时期的主流。（2）随着 1993 年日本选举制度从比例代表制改为比例代表制和多数代表制并举的混合代表制，日本各政党加快了彼此联合的进程。2004 年 11 月众议院大选中新民主党的胜出，表明日本政党格局开始呈现出一种“不均衡的两极多元”态势，即以自民党为核心的处于强势的执政联盟对垒以民主党为首的其他在野党派，后者显然处于相对弱势。有学者认为这是日本多党政治开始向两党制过渡的征兆。① 2009 年 8 月，日本第 45 届国会众议院大选，结果反对党民主党获得众院 480 个议席中的 308 席，成为远超半数的国会第一大党，其党首鸠山由纪夫由此在两院议员大会中被选为日本新一届内阁首相。自民党一党长期垄断日本政权的局面业已打破，日本朝两党制迈出历史性一步，两党对抗格局初步成形。

然而，民主党上台后面临一系列问题。首先是内部分裂。民主党从 1998 年建党时起，党内势力包括前自民党和前社会党出身议员，政治理念千差万别，主要依靠“政权更替”的目标凝聚人心。2009 年实现政权更替后，党内各种矛盾爆发出来，野田政权期间，围绕消费税问题，小泽一郎率领大批议员离党，使得民主党元气大伤。其次是治理经济无方，未兑现竞选时给国民许下的承诺。加上 2011 年日本的地震、海啸还有核电事故等天灾人祸的打击更是令民主党的政治生命雪上加霜。国际上，民主党政府挑起钓鱼岛事端恶化中日关系，同时因竹岛争端使日韩关系紧张，还有应对朝鲜发射火箭事件无力，这些都加剧了日本国民的恐惧情绪。2012 年 12 月，民主党党首野田佳彦被迫宣布提前举行大选，结果民主党惨败下台。最大在野党自民党 3 年后以单独赢得众议院过半数议席的优势与公明党组成联合内阁（两党联合在众议院占有超过 2/3 的议席），安倍晋三出任政府首相。2014 年 12 月，日本举行第 47 届众议院选举，自民党以单独获得半数以上议席获胜，继续与公明党联合执政。2017 年 10 月，日本第 48 届众议院选举，自民党、公明党共获得 313

---

① 高洪．日本政党制度论纲．北京：中国社会科学出版社，2004：10.

个议席，超过众议院总议席的2/3，自民党和公明党继续联合执政。①

自民党2012年、2014年、2017年三次连续赢得大选和强势执政以及民主党2009年上台执政仅3年就下台至今涣散无力，表明日本政党制度向两党制转型还面临诸多不确定因素和挑战。在日本整体右倾格局中，民主党“保守中道”不易确立，不易成为选民中“非自民党”的中心选项；沦为在野党后，民主党“内斗”文化固态犹在，在安保政策方面党派分歧严重；三年执政令选民极度失望，被视为“噩梦”，也给了自民党卷土重来的契机。相比之下，自民党痛定思痛，通过连续赢得大选，决心构建一党独大的新“55年体制”。目前看来，日本又回到了一党独大、一强多弱的政党格局。1993年以来日本政党制度向两党制转型的“政治实验”遇到重大挫折，日本政党制度转型任重而道远。

2. 印度的一党多元制

印度国大党自1947年8月印度独立便成为执政党。近50年来，除了1977—1979年由人民党上台执政，1989—1990年由全国阵线组成少数派政府，1990—1991年由人民党（社会派）组成极少数派政府外，国大党长期一党执政。在此期间，印度其他政党如印度共产党、社会党、印度人民党等由于势单力薄，长期处于在野党地位，无力与国大党抗争。国大党长期执政的原因主要有：第一，国大党作为印度最大的民族主义政党，产生于印度摆脱英国殖民统治、争取民族独立的斗争中。它通过非暴力不合作运动，将全国不同政治派别和不同政治信仰的力量团结起来，具有深厚的社会群众基础，是领导民族解放运动的重要力量。第二，国大党的诞生和发展，得到了印度资产阶级和大地主的大力支持，国大党代表则反映了他们的利益和要求。第三，国大党执政期间采取的重视发展民族经济、以经济发展巩固政治独立的政策，使印度的国力大大提升。在国大党执政期间，印度成为和平共处五项基本原则、万隆会议和不结盟运动的倡导者和创始国之一。第四，在国大党的执政历史中，尼赫鲁家族占有重要地位，贾·尼赫鲁、英迪拉·甘地和拉吉夫·甘地祖孙三代对国大党的稳定和发展做出了杰出的贡献。

然而，国大党长期一党执政，积累了自身难以克服的弊端：首先，党内腐败现象日渐严重，党内权力斗争时有发生，导致国大党频繁分裂，自身元气大伤。1969年国大党分裂为国大党组织派和国大党英迪拉·甘地派。1977年国大党内的贾格古氏·拉姆等退党，组成民主大会党。1978年雷迪等退党人士成立国大党社会主义派。其次，国大党实施某些激进政策，加剧了社会分裂与冲突，导致经济增长缓慢、绝对贫困人数增加，民众逐步丧失了对国大党的信心。最后，国大党没有根据印度独立以来形势发生的重大变化及时调整政策和加强自身组织建设。与此同时，在野党却在崛起和壮大，相互之间也加强了联合。这些因素导致了国大党日渐衰落。② 20世纪60年代后期，国大党在地方各邦受到地方政党和教派政党的冲击。70年代后期开始，在中央政权一级，国大党也开始遭受挑战。1977年，由多个政党组成的人民党联盟击败国大党，印度战后首次出现由非国大党掌权的联合政府。尽管国大党在1980年一度东山再起，却再也无法重返其一党执政的局面。1989年，国大党失去人民院绝对多数地位和中央政权，也丧失了绝大多数地方邦政权。

---

① 安倍晋三再次当选日本首相. http://www.xinhuanet.com/2017-11/01/c_1121892064.htm.

② 杨翠柏，等. 印度政治与法律. 成都：四川出版集团巴蜀书社，2004：182，195.

20世纪90年代后，印度政党体制进入了“春秋战国”时期：1990—1991年，由人民党（社会派）组成极少数派政府，从此没有任何一个政党能赢得议会过半数的席位。1991年国大党（英迪拉派）联合小党和独立人士组成联合政府。1996年第11届人民院选举，印度人民党先后联合国大党和其他政党组成联合政府。随着国大党的衰落，印度人民党的崛起和地方党派在国家政治生活中的作用增强，印度政坛上出现了国大党（英迪拉派）、印度人民党、全国阵线和左翼阵线三足鼎立之势。此后，1998年第12届人民院选举和1999年第13届人民院选举，印度人民党均联合其他小党和无党派人士，组成联合政府。2004年第14届人民院选举，国大党（英迪拉派）由于其竞选口号得到广大农村选民的支持而击败了人民党，国大党联合平等党组成联合政府。印度的政党格局开始呈现以下特点：（1）多党联合执政是这个时期的主旋律，磋商和妥协是政党执政组阁的根本法则。（2）三足鼎立的格局随着国大党东山再起而发生了微妙变化，开始显露以印度人民党为主导的政党联盟和以国大党为主导的政党联盟两强对立的态势。

2009年5月第15届人民院选举，由辛格领导的国大党主导的联合进步联盟继续执政。2014年印度大选，国大党执政多年却始终无法解决贪污、失业率居高不下和经济不振等严重问题，已让选民忍无可忍，印度人民党领导的全国民主联盟获得压倒多数。2019年印度大选，印度人民党领导的全国民主联盟再次获胜，保持其执政地位。印度政党制度继续呈现出分别由一党主导的两大政党联盟轮流执政的政党格局。

3. 2007年以来俄罗斯的一党居优制

俄罗斯政党制度1993年至今经历了多党制确立、多党制改革（参见本节“五、多党制及其比较分析”部分）、向一党居优制转变的三大演进阶段。

2007年，俄罗斯第五届国家杜马选举，“统一俄罗斯”党（简称统俄党）得到了约64%选民的支持，从而在杜马450个席位中获得了315个席位。一党主导的政党政治格局形成。[①] 俄罗斯多党制因此实际上演进为一党居优制。在中央层面，统俄党在国家杜马中是普京实施强国战略的坚实保障；在地方层面，统俄党作为势力最为广泛的全国性政党，是普京执政多年防止地区分裂、巩固联邦统一的核心力量。2008年4月15日，统俄党第九次代表大会特地修改了党章有关进入该党最高委员会者入党时间不得少于一年的资格规定，规定可通过选举产生主席，无党派人士可在入党后马上选举主席一职，结果普京被选为该党主席，具有了政府首脑和议会第一大党主席的双重合法性。由此从俄罗斯发展全局看，统俄党的直接政治作用就是和总统相互配合，通过适合国家发展战略的法案；普京则以统俄党作为其在国家杜马中的支柱，不仅帮助通过决议，还推动其付诸实施。

2011年，俄罗斯第六届国家杜马选举，在4个进入新一届杜马的政党中，统俄党继续保持绝对领先优势，获得450个议席中的238个席位，得票率49.32%，俄罗斯共产党获92席（19.19%），公正俄罗斯党获64席（13.24%），俄罗斯自由民主党获56席（11.67%）。[②] 尽管统俄党未获上次国家杜马选举时席得到的近2/3的选票，但仍然保持了一党独大的格局，为梅普执政提供了有力的政治保障。时任俄罗斯总理普京称，杜马选举结果是最佳

① 庞大鹏．俄罗斯政党制度的发展变化．当代世界，2008（5）．

② 俄正式公布杜马选举结果 统俄党获238席．http://www.chinanews.com/gj/2011/12-10/3522370.shtml．

的，也展示了国内的实际情况，而且能够保障俄罗斯的稳定发展。统俄党是领先的政治力量，对政权的成败肩负着责任。①

2016 年，俄罗斯第七届国家杜马选举，统俄党大获全胜，控制了 76%的席位（343 席），俄共 42 席，自由民主党 39 席，公正俄罗斯党 23 席。② 此外，参选的 14 个政党当中有 10 个政党的得票率未能越过 5%的“门槛”。与 2011 年国家杜马选举结果相比，其他 3 个议会政党的席位都有所减少，但依然保持四党基本格局不变。对统俄党而言，此次选举结果，在经历了 2011 年选举仅获得简单多数席位（238 个）的挫折后，重现了 2003 年和 2007 年的宪法多数（2/3 议席）局面，对立法进程具有全面掌控能力。在经济危机背景下，政府不得不出台一些不受欢迎的政策措施，增加收入，削减开支。因此，统俄党通过控制国家杜马的宪法多数席位，形成了支持总统的稳定的多数，为俄罗斯总统在稳定的政治环境下大胆进行改革，奠定了良好的基础。俄罗斯的一党居优制由此得到进一步巩固。

应该指出的是，尽管统俄党巩固了其在俄罗斯杜马的多数党地位，控制和主导议会立法程序，但其作为议会多数党，是政权党（regime party）而不是真正意义上的执政党（ruling party），这是俄罗斯 1990 年独立以来政党政治的独特现象。所谓政权党，有三个主要特征：一是党首直接担任政府总理或重要政府部长，政党囊括了许多中央和地方政府实力派人物；二是得到政权力量乃至联邦总统的大力支持和扶植，由此进入议会并主导议会活动，是政权力量的产物；三是支持现政府的方针和政策，是政府政策的积极推动者和支持者。人们由此将这种与现政权有着密切关系的政党称为政权党。但是，俄罗斯政党在议会中的席位多寡与政府组成没有直接关联，政府总理由总统任命，俄罗斯总统候选人可以非经政党提名，独立参选。俄罗斯政治权力的中心在总统而非议会。统俄党作为自上而下建立的政权党，依附于国家官僚体系，行政资源突出，其支持者主要集中在国有部门和教育系统等，其社会资源有限，缺乏有吸引力的意识形态，是其最大的弱点。这是俄罗斯一党居优制有别于其他国家一党居优制的地方。

四、两党制及其比较分析

两党制（two-party system）是指一个国家中两大代表不同政治集团利益的势均力敌的政党，通过竞选获得议会多数席位或在总统选举中获胜的方式，在比较长的时间内轮流执掌国家政权、组织政府、行使国家权力的一种政党制度。目前实行两党制的国家主要有美国、英国、加拿大、澳大利亚和新西兰等，其中英国、美国的两党制最为典型。

作为同一种政党制度的表现形式，西方国家的两党制都具有以下共同特点：

（1）两大政党在国家政治生活中长期居统治地位，都具有单独执政的实力，其他政党无法与之竞争。（2）两大政党势均力敌，享有平等执掌政权的权利和机会，两党轮流执政，平分秋色，虽有台上台下之分，却无主从之别。（3）两大政党通常是一党在朝，一党在野，彼此互相攻击，互相挑剔，处于对峙状态，但彼此之间的矛盾和冲突建立在不危及

① 普京称俄罗斯杜马选举结果展示国内实际情况. http://news.cntv.cn/20111205/125100.shtml.

② 俄罗斯中央选举委员会正式公布俄国家杜马选举结果. http://www.xinhuanet.com/world/2016-09/23/c_1119613430.htm.

现存政治制度的基础上。(4) 定期的议会和总统选举为两大党和平接管政权提供了合法的机会。

应该看到，由于各国的政体、政党的力量对比、政治文化传统和具体政治、经济形势的发展变化等因素的差异，两党制在这些国家的具体表现形式和内容均有所不同，英国和美国就是典型。

(一) 英国的两党制①

1. 英国两党制的形成和演变

两党制最早产生于英国。英国两党制的形成和演变大体经历了三个阶段。

第一阶段是两党制的萌芽时期（17 世纪 70 年代至 19 世纪 30 年代）。17 世纪中叶，英国议会围绕王位继承问题的争论分为两派：代表资产阶级和新贵族的利益、反对王权的辉格派与代表地主贵族利益、拥护王权的托利派。1688 年，两派在面临国王专制的共同威胁下发动政变，建立了资产阶级和新贵族联合统治的君主立宪制。从此，两派从对立转入并存局面，并逐步形成两派轮流执政的宪法惯例。这个时期，托利党执政的时间多于辉格党。

第二阶段是两党制的形成时期（19 世纪 30 年代至 20 世纪初）。工业革命后，英国社会阶级关系发生了重大变化，统治阶级与工人阶级、统治阶级内部的矛盾加剧。托利、辉格两派逐渐演变为保守党和自由党，前者代表主张保护关税、以地产为中心的地主阶层的利益，后者代表主张自由贸易的工业资产阶级的利益。两党开始形成自上而下的组织机构。19 世纪 30 年代开始的一系列选举改革运动，进一步促进了两党地区基层组织的建立和发展，两党开始成为全国性政党，形成了保守党与自由党轮流执政的局面。这个时期，保守党执政的时间长于自由党。

第三阶段是现代英国新的两党制确立时期（20 世纪初至今）。随着自由资本主义发展到垄断阶段，鼓吹自由主义的自由党开始衰落，新兴的工人阶级走上政治舞台。1900 年，英国职工代表大会成立，1906 年改称为工党，并逐渐取代自由党成为两大政党之一。1924 年，工党在议会选举中胜出，组成少数派政府，由此工党和保守党开始轮流执政，现代英国两党制确立。若从整个 20 世纪看，工党组阁执政只有大约 1/3 的时间，保守党则有 2/3 的时间。保守党之所以长期占据执政优势，英国学者大多引用维多利亚时期

---

① 目前对英国是属于两党制国家还是多党制国家有不同看法。若从存在的政党数目看，目前英国约有 42 个政党活跃在国家政治舞台上，它们包括工党、保守党、自民党、绿党、英国伊斯兰党、反欧洲联盟的全民公决党等，其中最大的政党集团属于极左翼，包括共产党、社会党、马克思主义党、托洛茨基党等。但在英国平民院占有议席的政党只有 10 个。参见：Michael J. Kryzanek. *Comparative Politics—A Policy Approach*. Boulder：Westview Press，2004：97-98. 有的学者认为，在英国地方层面，如苏格兰、威尔士、北爱尔兰议会选举中，已经建立了多党政治，即使在英格兰部分地方，主要政治冲突不是在工党与保守党之间，而是在工党与自民党或保守党与自民党的冲突，从这个意义上讲，英国已经建立了多党政治。参见：Robert leach，Bill Coxall and Lynton Robins. *British Politics. 2nd ed*. Palgrave Macmillan，Hampshire，2011：94-95. 从英国国家政治层面看，传统的保守党和工党虽然保住了议会两大党的地位，但不能像过去那样稳定地具有单独组阁的实力。2010 年英国大选，主要政党无一赢得多数议席，保守党与自由民主党组成联合政府。2015 年英国大选，保守党虽获得过半数议席，单独组阁，但两年后的 2017 年英国大选，保守党没有获得过半数议席，不得不与北爱尔兰的民主统一党组成新联合政府。2019 年底英国大选，保守党再次获得过半数议席，单独组阁。因此，英国的两党制是一种发生了某些改变的两党制（modified two-party system），请参见稍后详细论述。

英国政治学者沃尔特·白哲特（Walter Bagehot）的观点，认为是因为英国人对其社会前辈的敬重和尊崇，希望由自称来自社会上层的人来统治，保守党在英格兰势力强大，而英格兰又比苏格兰和威尔士人多势众。[①] 这种解释在当代既受到1979—1992年英国保守党接连四次赢得议会大选的佐证，同时也受到1997年、2001年、2005年工党三次大选获胜组阁的挑战。也有人从主流意识形态的角度来解释，即重要的不是哪个政党上台执政，而是它遵循哪种意识形态。

2. 英国两党制的表现形式

英国两党制在形成和发展中形成了以下几个主要特征：

（1）两大党具有赢得大选的实力。自17世纪末以来，英国一直由两大党统治，20世纪20年代之前工党开始出现的时候，两大主要政党是保守党和自由党。[②] 两大党统治着中央政府、议会。有资料表明，尽管1983年和2001年的得票率刚刚过70%，两大党一直稳获每次大选70%以上选票。2005年是自1924年以来的首次两党得票率低于70%，只有67%。在两大党统治议会方面，自1922年以来，两大党一直统治着议会。尽管20世纪70年代以来，两大党统治议会的力量因为其他小党的进入而有所削弱，但这只存在于少数年份中。由于两党势均力敌，小党作用显得比较重要。在统治中央政府方面，自1922年以来，每位首相都来自两大党之一，没有其他政党赢得大选。尽管1931—1945年的联合政府邀请自民党参加，但这主要还只是一种姿态。

（2）独特的反对党制度。依宪法惯例，在下院占有多数席位的政党负责组成内阁，称为执政党，在下院议席居第二位的政党为反对党。英国的反对党专指在下院议席居第二的政党，它享有与执政党同等的法律地位，是“英王陛下的反对党”（Her Majesty's Loyal Opposition）。1907年，处于反对党地位的保守党仿效当时执政党自由党组织内阁的方式，在党内组织了一个与执政党内阁相对应的由“首相”及各部“部长”等“内阁成员”组成的影子内阁（shadow cabinet），由此形成一个宪法惯例，即凡在大选中获得下院次多议席的政党就正式成为反对党，在野时即组织本党的影子内阁，平时与执政党内阁唱“对台戏”，履行“反对”的职责，一旦执政党政府因各种原因而垮台，则按宪法惯例，由在野的反对党以影子内阁为基础，上台组织政府，执掌政权。

（3）内阁成员均为清一色的同党议员。若不是议员，则通过下院补缺选举或由英王加封贵族爵位等方法取得议员资格。内阁只是议会的一部分，这种内阁成员与议会议员身份兼容的情形，被西方学者称为熔权制权力结构（fusion of power）。它一方面有利于执政党利用议会多数党的地位和影响，主导议会立法程序，将本党的政策主张提升为国家法律和意志，提高执政效率；另一方面，因为内阁成员同时也是议员，必须参加议会活动，随时接受议会监督，由此更加经常直接地受到议会监督和制约，由此体现议会主权。

（4）政党轮流执政（内阁更换）。通过议会选举进行，获胜者组织执政内阁，失败者（反对党）组成与执政党相抗衡的影子内阁。如前所述，如果说20世纪之前和20世纪上半叶两党轮流执政保守党占据优势，即保守党执政时间长于自由党或工党执政时间的话，

---

① Peter Holmes. *Introducing Politics for AS Level*. Cambridge：Peter Holmes，2008：239.

② 同①232.

那么20世纪下半叶尤其是二战结束后以来的时间里，工党和保守党轮流执政时间则几乎是平分秋色。在1945—2019年的74年中，工党于1945—1951年、1964—1970年、1974—1979年、1997—2010年，共执政30年；保守党于1951—1964年、1970—1974年、1979—1997年、2010—2015年（联合执政）、2015—2017年（联合执政）、2017—2019年（联合执政），共执政44年。

（5）20世纪90年代前，两党壁垒森严，各自有较明显的阶级或社会基础。保守党的选民基础主要来自企业财团、公司经理、农场主和教会等中上等阶层，[①] 工党则主要来自产业工人和行业工会。[②] 但20世纪90年代后，工党摈弃了传统的意识形态和政策目标，开始吸收中间阶层选民，如政府中层公务员、教师、学生、退休人员乃至一些商界人士和专业人员，工党组织开始呈现伞形结构。1997年，托尼·布莱尔赢得大选的一个重要原因就是他避开了左翼的论调和政策，绝大多数英国选民也拒绝接受"左"或"右"的占队，选择中间立场，只有1/10的选民选择极左或极右。2010年，戴维·卡梅隆领导的保守党在大选中也向英国政治的中间地带靠拢，由此获胜。目前，两党的社会基础相互交叉渗透，模糊不清。在有关通货膨胀、环境保护、健康服务开支、工会立法等问题进行的舆论调查分析中，大多数保守党、工党和自由民主党的选民意见一致。当代英国政治中的大的分歧常常是跨越党派界限的。[③]

3. 英国两党制的组织特点

西方国家政党的组织结构主要分为议会内党组织和议会外党组织两大部分。议会内党组织在党内居于重要领导地位，是党的领导和决策机关，负责决定党的路线、方针和政策，并使之贯彻执行。议会内党组织具有一定的独立性，不受议会外党组织的约束。议会外党组织则为议会内党组织服务，接受议会内党组织的领导，负责执行议会内党组织的方针和政策。具体而言，西方国家政党的组织结构一般由领导层、议会内党组织、议会外党组织和中央事务机构四部分组成。

英国两党制的组织特点就是一个例子：（1）两党议会内党组织均由领袖和议会党团组成，是党的领导和决策机关。两党议会党团均由全体本党议员组成，负责制定本党的政策，决定本党的立场。保守党议会党团还负责选举本党领袖，[④] 在野时负责组成"影子内

---

① 20世纪90年代，保守党党员人数在30万～35万，到2005年则降到了29万。参见：Peter Holmes. *Introducing Politics for AS Level*. Cambridge：Peter Holmes，2008：246.

② 工会是工党财政经费的主要来源，1997—2005年，工党接受的政党收入中3/4来自工会，因此工会在选择工党议员候选人和工党全国执行委员会过程中发挥主要作用。工党党员人数在1997年达到高峰，为40.7万，2005年由于工党的伊拉克战争政策，党员人数降到了19.8万，2007年5月则降至17.7万，但是随着布莱尔的下台，2007年夏季又猛增13万党员。参见：Peter Holmes. *Introducing Politics for AS Level*. Cambridge：Peter Holmes，2008：254，246.

③ G. Bingham Power，Jr. et al. *Comparative Politics Today*，*A World View*. *11th ed*. Glenview：Pearson Education Inc.，2015：206.

④ 1965年开始，保守党领袖由全体保守党议员选举产生。1998年，再次修改后的保守党领袖选举方法规定，首先由保守党议员投票选举，得票数居前两位的候选人再参加由全体保守党党员参加的选举，获胜者当选为保守党领袖。参见：Gillian Peele. *Governing the UK*. 4th ed. Oxford：Blackwell Publishing，2004：280. 若想更换保守党领袖，无论保守党上台或下台，只要15%的保守党议员同意，随时可进行新一轮领袖选举。参见：Peter Holmes. *Introducing Politics for AS Level*. Cambridge：Peter Holmes，2008：249.

阁”。保守党领袖集党内大权于一身，本党执政时兼任首相，有权指定内阁或影子内阁成员，有权任命本党主席（后者指导中央事务所的工作）。领袖和内阁做出的决定，议会党团必须遵守执行。工党领袖由工党议员及工党欧洲议会议员代表、工会代表、基层选区代表三部分组成的选举人团选举产生，其中每一部分分别投票，其票数均为总票数的 1/3，最后的选举结果则是三部分投票数相加的结果。[①] 相比之下，工党领袖的权力小于保守党领袖：工党领袖无权选择影子内阁成员或任命党督导员（这些权力由工党议会党团行使）；工党领袖必须向工党年会作工作报告。(2) 两党议会外党组织均由中央事务机构和选区基层党组织组成，主要为议会内党组织服务，执行议会内党组织的方针和政策。保守党议会外党组织主要有：保守党年会（为全国性代表大会，每年召开一次，主要讨论本党政策，提供建议，但无权决定党的政策）、中央评议会（党的全国性领导机构）、全国执行委员会（党的政策执行机构，负责在年会、评议会闭会期间处理党务），以及中央事务所（处理党务的办事机关）。工党议会外党组织主要有：工党年会（又称工党全国代表大会，是工党最高权力机构，有权决定工党政策）、全国执行委员会（工党最高常设机构，也是党的政策执行机构）。此外，两党都有比较系统的权力相对集中的选区基层组织，负责筹集资金，决定议会和地方选举的候选人名单，派遣参加年会的代表，组织竞选等。(3) 由于受单一制、议会内阁制和不严格的分权结构等因素的影响，英国两党组织比较严密，权力比较集中，有较严格的党纪约束。[②] 这不仅反映在党组织严格控制政党候选人的提名过程（通常采取党的基层组织和党的中央机构互相协商方式，党的基层组织提出本选区候选人名单，党的中央机构也可以向该基层组织提出来自其他选区的候选人名单供基层组织抉择，但将政党候选人姓名列入选票前都须得到党的中央机构的核准），也体现在议会活动中，除了允许议员在涉及良心和道德的问题上（如堕胎或废除死刑问题等）自由投票，其他问题大都要求按本党要求投票，否则党组织对违反党纪的议员进行制裁（撤销对其的督导令即意味着将其排斥于党外，到下一次大选不再推选其为本党的候选人等），因为执政党在议会中的多数党地位（也是其执政合法性）和执政寿命长短直接取决于执政党在多大程度上和多长时间内能够有效维持其在议会活动中的多数，可以说是结构性要求使然。

值得注意的是，自 20 世纪 70 年代以来，随着自由党［现在称自由民主党（Liberal Democratical Party）］的复兴，作为英国第三大党，其力量迅速增强。首先，在大选得票率方面，自 1974 年以来，它在大选中的得票率接近 20%，1983 年，得票率为 25.4%，仅

① 1981 年工党采取选举人团选举政党领袖的方式时，工会代表、议员代表、基层选区代表在选举人团中的占比为 40%、30%、30%。1993 年这一制度得到进一步修改，三者的占比均为 1/3。参见：考克瑟，等. 当代英国政治. 北京：北京大学出版社，2009：200. 此外，要解除工党领袖职务，当工党执政时，则需要经工党年会 2/3 多数通过；当工党在野时，则须经 20%的工党议员动议才能进行新一轮的选举。参见：Peter Holmes. *Introducing Politics for AS Level*. Cambridge：Peter Holmes，2008：247-249.

② 由于在议会内阁制下，首相没有固定任期，首相执政长短取决于是否在下院拥有稳定的多数，如果执政党多数议员不支持本党领袖，本党政府则不得不辞职，由此将执政权让给了反对党。因此，不论议员与本党有何冲突或分歧，他们必须把让反对党上台执政视为较坏的选择，否则他们只能成为反对党的成员。对于反对党议员来说，遵守党纪也是同样的道理。此外，英国议员一般认为自己当选议员并非自己的非凡才能或人格魅力，而是在较大程度上由于政党标签的原因，选民投票主要是支持政党占有议席以执行其支持的政策，议员候选人个人大多只是这个过程中的附带品。因此，议会中的党鞭通常是通过讲道理说服议员遵守党纪而很少采取威胁或强制手段，议员们也不是一群受到党领袖和党鞭恐吓的胆怯的绵羊。

落后工党 2.2 个百分点。2005 年，在大选中的得票率达 22%。[①] 除此之外，自民党还在地方补缺选举（by-elections）中取得成功。其次，在议会代表性方面。1951 年自民党只有 6 名议员，2004 年则上升到 54 席，接近保守党议员数的 1/3。2005 年大选，其议员多达 62 人。再次，在地方政府中的地位也在上升。由于英国自 1997 年在欧洲议会选举、苏格兰和威尔士地方议会选举，以及大伦敦地区选举中实行比例代表制，自民党在这些选举中的得票率稳步上升。最后，在组阁执政方面，1977 年，自民党与工党一起“打包”，拒绝将当时为下院少数派的工党政府赶下台，从而发挥了第三党举足轻重的作用。1997—2001 年，自民党领袖帕迪·阿什当成为内阁宪法改革委员会成员。1999—2003 年，自民党在苏格兰和威尔士与工党组成了联合政府。2003 年以后，苏格兰联合政府继续执政。鉴于此，有学者认为，英国正在形成一种地方政治层面的多党制，或国家政治层面的两个半政党体制，但国家政治层面的三党制（three-party system）尚未形成。更确切地说，由于英国议会选举仍然实行相对多数代表制，国家政治层面的政党制度仍然是两党制。[②] 2005 年大选，下院 646 个议席中，只有 92 个席位来自两大党之外的政党，其中自民党 62 席，苏格兰民族主义政党（Scotland National Party）6 席，威尔士民族主义政党（Plaid Cymru or the Party of Wales）3 席，北爱尔兰党（Northern Ireland Party）18 席，尊重党（Respect Party）1 席，无党派人士 2 席。由于规定政党候选人大选前必须缴纳 500 英镑的保证金，若得不到选民总票数的 5%，保证金不能返还，这对许多小党来说都是一道门槛。不仅如此，小党若要参与公共资金资助的政党广告宣传，还必须获得在英格兰、苏格兰和威尔士地区 1/6 以上的议席。因此，媒体都偏向于宣传两大党。此外，“在英国有一股强烈的不利于小党的政治偏见，这不仅仅是选举制度的问题”[③]。

在地方政治层面，与国家政治层面自民党兴起的同时，苏格兰民族主义政党（1928 年成立）和威尔士民族主义政党（1925 年成立）的力量在迅速增长。1974 年大选，这两大民族主义政党获得英国议会中的 14 席、3.5%的选票，2005 年大选则获得 9 席、2.1%的选票。1979 年保守党与工党在议会中的席位接近，两大民族主义政党对推翻工党政府产生了重要影响。不过，有英国学者认为，两大民族主义政党最大的成就在于将苏格兰和威尔士地方分权提上国家议事日程，并在 1998 年实现了分立的苏格兰议会和威尔士议会。这反过来促进了两大地方民族主义政党力量的发展，最终导致了 2007 年苏格兰和威尔士地方选举中设在爱丁堡的苏格兰民族主义政党的少数派政府以及设在卡迪夫的工党和威尔士党联合政府的产生。随着苏格兰、威尔士地方分权运动的成功，以及随之而来的在苏格兰、威尔士、北爱尔兰、大伦敦地区实行比例代表制的选举计票制度，地方民族主义政党和小党在地方政治选举中获得了长足的发展，英国地方政治层面出现了不同于国家政治层面的政党制度，即在苏格兰、威尔士、北爱尔兰实行的是多党制。

从上述情况看，英国的两党制是一种随着时代变迁而发生了改变的两党制（modified two-party system）。

---

① Peter Holmes. *Introducing Politics for AS Level*. Cambridge：Peter Holmes，2008：233.

② 同①234-235；Michael J. Kryzanek. *Comparative Politics—A Policy Approach*. Boulder：Westview Press，2004：100-101.

③ 同①237-238.

（二）美国的两党制

1. 美国两党制的形成和发展

美国两党制的源起和形成大致可分为三个阶段：

（1）两党制萌芽阶段（1787—1824年）。在讨论1787年《美利坚合众国宪法》时，当时的统治集团内部分为两派：以汉密尔顿为首的联邦党人主张中央集权和扩大联邦政府的权力；以杰斐逊为首的反联邦党人主张扩大州权，保障公民权利，反对中央集权。后来，杰斐逊的支持者们自称为民主共和党人。1800年，杰斐逊当选总统，民主共和党逐步发展为全国性政党，联邦党作为反对党日渐衰落。1816年，联邦党在选举中惨败，从此永久退出了政治舞台。同年，民主共和党在总统选举中获胜，直至19世纪20年代，民主共和党成为没有反对党的唯一执政党，成为美国两党制从萌芽至形成过程中一个特殊的插曲。1824—1828年，民主共和党内部出现分裂。

（2）两党制形成阶段（1828年至内战前夕）。1828年大选，民主共和党公开分裂为民主党和国民共和党，后者于1834年改称辉格党。两党制在此时期初步形成，其主要标志是：两党都建立了自己的全国代表大会制度，并由此提名总统候选人；两党在国会外自上而下逐步建立了比较健全的组织，包括全国党代会、州党代会及基层单位机构等；民主党和辉格党开始轮流执政，并占据了国会两院的全部席位。

（3）两党制最终确立阶段（内战结束至19世纪末20世纪初）。内战前夕，民主党和辉格党发生演变。在废奴运动发展的基础上，北部辉格党人与北部民主党人联合组成共和党。南部辉格党人投靠了当时代表奴隶主利益的民主党。19世纪末，美国从自由资本主义向垄断资本主义过渡，在此经济基础上，两党所代表的阶级利益趋向一致，差别逐渐缩小，两党的组织也变得比较稳固。民主党和共和党轮流执政的格局最终确立。

20世纪初，特别是20世纪30年代以来，美国两党制一直在稳步发展，并形成了其特点：第一，两党在1932—2004年的18次总统选举中平分秋色。1932年民主党总统富兰克林·罗斯福推行"新政"，使美国摆脱了经济大危机，从此，自由主义占上风，民主党在美国政治生活中占据优势。1932—1964年的9次总统选举，共和党2次取胜，民主党7次取胜。到20世纪60年代末，保守主义抬头并逐步加强，80—90年代以来，新保守主义成为美国政治的主流。1968—2012年的11次总统选举，民主党4次取胜，共和党7次取胜。第二，两党轮流控制国会，民主党至今整体上占据优势。1933—1993年，共和党控制国会两院仅有4年，其余时间均由民主党控制。这个时期民主党在各州立法机构中一直占绝对优势。然而，1994—2008年，共和党在国会两院以及大多数州立法机构中占据优势。第三，20世纪70年代以来，两党分掌政府（执政的总统往往面对反对党控制的国会）的局面比较常见。在美国历史上，这种现象曾短暂、偶尔出现过，但1976—2000年期间6届共和党总统都要面对民主党控制的国会则史无前例。2014年1月第114届国会开始，民主党总统奥巴马不得不面对共和党控制国会两院的局面。总统选举和国会选举分开进行且越来越以候选人为中心而非以政党为中心，政党政治令选民失望，无一政党能在总统选举和国会选举中同时得到选民的一致赞同。政党纪律松懈和选民可以跨党投票等，是导致这种现象的主要原因。

进入21世纪以来，随着两党政治的对峙和争吵更加剧烈和频繁，以及无党派选民人数的增加，美国学者认为，美国两党政治格局正处于重组（realignment）和解构（dealignment）并行的时期。①

2. 美国两党制的表现形式

美国两党制表现形式上的特点是：（1）与英国两党制相比，美国两党制是一种比较纯粹或典型的两党制。两党具有高度的竞争性，两党在选举中一直占据绝大多数选民票数，两党在国会两院的主导地位一直没有其他政党可以匹敌和撼动。（2）不存在执政党与在野党的严格区分，一般以在总统选举中获胜的政党为执政党，失败者为在野党或反对党。国会议员经国会选举产生，两党在国会中席位的多少与执政党和在野党地位无关。（3）政府（内阁）的组成不是取决于政党在国会中议席的多少，而是取决于总统的选择，但部长等高级官员的任命需由参议院批准通过。总统组阁时可选择非本党成员入阁，但不能选择议员入阁，政府成员与国会议员互不兼容。（4）政府（内阁）的更迭不取决于国会选举，而取决于总统选举。在美国，在野党或反对党没有英国式的影子内阁，也不能利用国会多数通过倒阁的手段推翻现任总统，只有通过总统选举才有可能上台执政。（5）两党壁垒并不森严，两党的社会基础没有明显的差异。由于历史、地理、经济等诸多因素，两党各有其传统选民基础，但选民对政党的选择是不断变化的，两党是不同社会利益和集团的大联合。（6）两党极化现象日渐突出。尽管两党为了在选举中赢得更多的选票，在许多问题上倾向于采取中间立场，避免走极端，但事实上两党间的分裂十分明显而具有实质意义，两党选民在医疗健康、堕胎权利和外交政策等问题上观点迥异，民主党国会党团议员越来越左倾，共和党国会党团议员越来越右倾，由此形成美国基层和精英层面的政党高度极化现象。②

3. 美国两党制的组织特点

美国的两党制在组织结构上与英国的两党制相比既有某些共同之处，如国会外党组织主要为赢得竞选而服务于国会内党组织，党员和党组织不能监督本党领袖等，但也有自己的特点：（1）两党组织松散，权力分散。美国政党组织结构自下而上是基层选区、县市委员会、州委员会、全国代表大会和全国委员会。由于受联邦制（联邦和州拥有各自相对独立的政治体系，不是上下级关系）和选举制（尤其是许多州实行预选制，由选民投票决定本党公职候选人名单，从而防止了党魁对提名过程的操控和垄断）等因素的影响，两党只是松散的政治联盟，全国性政党是各州政党的松散联盟，各州政党又是地方政党的松散联盟。各级党组织在日常事务上独立自治，各自为政。上级党组织无权免除下级党组织的官员。只有在选举时才表现出两党内部各级组织之间的协调一致性。即使如此，许多候选人都自己筹款参加竞选，事实上，竞选国会两院的候选人每次都创立了自己运营的地方或州党组织。选举过后，两党组织都处于休眠状态。（2）缺乏党纪约束，没有党纪制裁。历史上美国政党组织结构松散和权力分散是主要原因。从根本上看，与欧洲大多数议会制国家中政府通常由议会多数党组成，政府执政寿命取决于执政党通过党纪在议会维持其多数的

---

① Christine Barbour, Gerald C. Wright. *Keeping the Republic*. *4th ed*. Washington, D.C.: CQ Press, 2009: 571.

② G. Bingham Power, Jr. et al. *Comparative Politics Today, A World View*. *4th ed*. Glenview: Pearson Education Inc., 2015: 730.

时间长短的情况不同，美国政党执掌行政权力和立法权力的长短都有固定任期而且是由选民投票决定，与党纪无关。而在竞选过程中，两党全国委员会可能并没有多少资源可以分配给或支持本党候选人，常常是候选人通过电视或其他媒体直接诉诸选民，电视广告越来越多地不提及候选人的政党倾向，这种靠自己打拼成功的候选人当选后自然觉得自己不亏欠本党什么。因此，党员入党、退党自由，也可随意变更党籍或跨党投票。在国会，政党领袖和督导不能约束而只能说服议员按本党立场投票。议员享有很大的独立性，常常打破政党界限，遵照自己的意愿或选区选民的要求投票，国会党团对议员的约束力远不及英国。

（三）英美两党制长期稳定的原因

在世界各国政党制度中，英美两国的两党制，以及受其政治传统影响较深的国家如加拿大、澳大利亚和新西兰等国的两党制，与其他西方国家的多党制相比，其长期的稳定性一直引人注目。自20世纪90年代以来，这些国家的两党制都或多或少发生一些变化或改变，如澳大利亚自由党与工党长期轮流执政的模式随着自由党和国家党组成的政党联盟在1996年、1998年、2004年、2013年、2016年、2019年六次大选中获胜而发生变化，工党仅在2007年、2010年两次大选中获胜。加拿大进步保守党与自由党长期轮流执政的两党制模式随着1993年进步保守党在大选中失败沦为议会小党而发生改变，但随后基本上保持了两党轮流执政的格局。2003年，进步保守党同加拿大联盟合并，改名保守党，2006年赢得议会选举，但因未取得过半数席位而组成少数党政府，2008年议会选举后继续执政，但仍为少数党政府。2011年，保守党获胜组成多数党政府。2015年，自由党大选获胜组成多数党政府。2019年大选，自由党获胜因未获过半数议席而组成少数党政府。新西兰工党和国家党长期轮流执政的模式也开始转变为分别由传统两大政党主导的两大政党联盟轮流执政。1996年，国家党与新西兰第一党组成联合政府。1999年，工党与联盟党组成少数联合政府。2002年大选，工党与进步党组成少数联合政府。2005年大选，工党与进步党再度组成联合政府。2008年大选，国家党获胜但未获过半数议席，但获得行动党、联合未来党和毛利党的财政与信任支持，组成少数党政府。2011年大选，国家党获胜但未获过半数议席，与行动党和联合未来党组建联合政府。2014年大选，国家党继续获胜但未获过半数议席，与行动党、联合未来党、毛利党组建联合政府。2017年大选，工党与新西兰第一党、绿党联合组成新一届政府。相比之下，英、美两党制（尤其是美国的两党制）的稳定性更加突出。对此国内外学者进行了多维度的探讨。综合起来，有以下几种主要因素：

1. 选举制度因素

美国选举联邦和州议员的标准方式是"单一席位选区制"（single-member district，又称为"单记名选区制"或"单选区制"），即在任何一个特定选区赢得最多票数（即使是相对多数）的候选人当选。"单一席位选区制"有助于形成两个基础广泛、有足够公众吸引力、能够赢得议会选区多数票的政党。同时，它将小党或第三党置于屡战屡败的境地：除极少数州外，绝大部分州禁止所谓"联合选票"（fusion tickets），即一个候选人作为一个以上政党的提名人参选。英国平民院议员选举也是采用单记名选区制，有利于保守党和工党传统两大党在选举中获胜而轮流执政。

2. 法律制度因素

美国选举人团选举总统的制度也助推了两党制。由于各州选举人团的产生采用“胜者全得”（winner takes all）的方式，小党或第三党同样无法与大党竞争。此外，民主共和两党通过控制政府机器制定出的其他一些选举规则也对大党有利。美国有些州规定小党或独立候选人必须在上一次选大中获得一定数量选民的签名，方可将其候选人姓名列入本次选举候选人名单上。美国国会常设委员会主席及其职员的职位都是在两大党基础上进行分配的。又如《联邦选举法》给予大党特殊优惠，大党可以得到比小党多得多的竞选总统公共基金。

3. 历史二元因素

以美国为例，有的学者认为两党制是美国社会结构利益双元性的产物。美国建国初期以来每次重大的政治、经济和社会冲突几乎都是二元两面性的。建国初期围绕宪法的批准出现的东部商业和西部农业利益之争导致了联邦党人与反联邦党人的产生；内战期间经济利益之争也导致南北方围绕奴隶制及其种植园经济而产生分裂，由此形成两大阵营；20 世纪围绕城乡利益的冲突、国家对社会和经济生活的干预等问题展开了自由主义与保守主义的交锋；等等。每一次围绕重大政治、经济和社会问题都产生两大对立观点的争论，这两种观点的支持者都通过成立单一的团结一致的政党来进行十分有效的政治动员。

4. 政党制度因素

英美学者认为与一党制相比，两党制下反对党或在野党的合法存在是对执政党权力的有效监督和制衡，是防止权力垄断和专制的制度保障；与多党制相比，两党制可以为选民提供简约化的政治选择，有利于选民对政府政策施加直接影响。两党制下政治责任比较分明，两党有比较稳定的政治基础和政治凝聚力，两党制政府比较稳定而讲求效率；两党制下选民能比较清晰地监督政党兑现诺言和实施自己的政纲；两大政党在博弈规则的基础上展开反对与合作，在政治稳定的基础上求政治变化和政治发展；两党本质上一致，都希望维护现存政治制度和统治集团的利益，都一致努力抵制第三党，维护两党对权力的垄断。美国学者认为，美国“两党对权力的垄断才是实质，它们必须利用其手段来保护两党的联盟”。[①] 英国学者也指出，英国两党“都不可能采纳比例代表制，因为这将削弱它们单独执政的能力”。[②]

5. 政治文化因素

有的学者认为英、美独特的政治文化是导致英美两党制的深层因素。英国政治文化经过几百年的演进，形成了容易达成共识的、渐进的和非意识形态化的特点；英国人注重历史，对本国文化产生强烈的认同感，对经验和传统有着偏爱；对英国长期政府稳定的历史和传统深信不疑，这种理性而传统的投票行为方式因单选区相对多数选举制而得到强化；宽容和克制的政治态度在政坛和社会都得到支持，政党间关于政策问题的冲突不会蔓延成关于宪法和体制的冲突。美国政治文化是一种多元主义的、重实际的、现实的

---

① 赫克肖恩．美国政党．蒙特雷：布鲁克思和科尔出版公司，1984：38.

② Jeffrey Kopstein & Mark Lichbach edited. *Comparative Politics—Interests, Identities, and Institutions in a Changing Global Order*. Cambridge: Cambridge University Press, 2000: 64.

政治文化，其中个人主义的价值观、基于基督教信仰的使命观、功利主义和实用主义、理想主义和现实主义，构成其核心部分。众多亚文化被总体文化吸收和整合，因而对政党的影响较弱，也使得松散的两党制成为必要。美国儿童教育就包括学会对两党制的认同，这种内化机制也使得两党制根深蒂固。英、美两国选民观点中庸、适度，不偏激，善于妥协，视政治为妥协的艺术。两国政治文化接受了妥协的必要性、短期实用主义的明智性以及避免教条主义的务实性。此外，在有关两国社会的根本目标以及实现这些目标的主要方式上存在广泛的共识，大多数国民认可洛克和麦迪逊关于自我发展的重要性以及拥有私有财产权利的观点，赞成和支持现有的政治经济制度，很少有人主张生产资料公有制。

(四) 对英、美两国两党制度的评价

结合英国和美国两党政治的实际情况，两党制与一党制和多党制相比，有利也有弊。英、美学者一般认为两党制的优势主要表现为："它使政党政府的制度成为可能，而这种制度被认为具有稳定性、选择性和问责性的特征。"①

第一，"对手型政治"② 下的两党制能够在执政党和在野党激烈竞争和相互替代的基础上造就一党负责的强势政府，反对党或在野党能够借助政治制度的保障对执政党进行合法有效的监督和制衡，使执政党永远不可懈怠或自满，否则，随时有可能被反对党取而代之。两党制因此具有较强的政治问责性。③

第二，对手型政治下的两大政党可以为选民提供简约化的政治选择，通过阐明选举政纲和政策宣传，强化自身的政治价值观和政策合理性，攻击对手的政策缺陷和治理劣迹，竭力为选民做出政治判断和选择，或者为进行合法反对提供操作简便（非此即彼式）的政治手段和工具。因此，两党制具有较强的选择替代性。

第三，两大政党在宪法和法律框架内活动，在非零和博弈规则的基础上展开反对与合作，在政治稳定的基础上谋求政治变化和政治发展。两大党在民主、合法、平等的过程中

---

① 政党政府（party government）制度即一个政党就能组建政府并推行其政策方案的制度。竞争性政党体制下纯粹的政党政府并不存在，只存在"较高"或"较低"程度的政党政府，政党政府的主要特征有：主要政党有明晰的政策纲领，因而使选民对谁执政能进行有意义的选择；执政党能获得人民授权，并具有充分的意识形态内聚力和组织团结来实现其纲领诉求；选民通过授权使政府对其负责，有公信力的反对派可充当平衡力量，两者使政府的责任得到维系。参见：海伍德．政治学．北京：中国人民大学出版社，2006：309.

② 对手型政治（adversary politics）通常用来描述政党之间建立在定期选举和日常政党政治基础上的明显的政治分歧和政治竞争关系。它在大选期间表现得尤为突出，两大党相互指责对方的政策失误和治理劣迹，在彼此的负面攻击中争取尽可能多的选票，通过贬低对方而抬高自己辩明本党的立场和替代政策，以达到为选民提供明晰的政治选择的目的。在日常议会辩论中则表现为两党在议会立法和议会监督事务上的唇枪舌剑和口诛笔伐，试图体现立法和监督的有效性。对手型政治还与政治代表性有关，它反映了不同社会阶级或不同利益集团的利益彼此之间的对立性。后者通过日常政党政治辩论的形式释放出来，因而或许能够缓解社会冲突并防止其诉诸暴力，从而发挥一种社会安全阀的作用；但无休止的争斗也会导致低效或无效的政府治理。

③ 应该指出，在英国议会责任内阁制下，执政党往往是议会的多数党，政府内阁由执政党领导团队成员组成，因此执政党通常既具有主导议会立法的能力，也具有政府行政领导能力，执政党的立法和行政责任是一致且明确的，有助于责任制政党政府（responsible party government）的建立。相比之下，在美国总统制下，由于分权与制衡体制的影响，美国执政党（通常指总统所属政党）常常面对一个反对党控制两院的国会或两党分别控制两院的国会，政策制定过程中两党的责任经常纠缠不清，加上政党本身权力分散而软弱，想要将本党的纲领或政策主张予以贯彻实施，是比较困难的，选民则分别通过总统选举和国会选举对两党进行问责。

和平有序地置换“执政党”与“反对党”的角色，有利于国家政权和平转移和社会政治稳定。建立在这种基础上的两党“共识型政治”①，实际上有利于维护英、美两党制长期的政治稳定性。

两党制的弊端主要表现为：

第一，由于执政党通过小选区—多数代表制（相对多数而非绝对多数代表制）当选，这种相对多数代表制不能保证获胜政党始终代表多数民意，因而常常出现得票数不过选民总票数半数的政党当选或执政的情况。为了选举获胜，出现两个旗鼓相当的政党竞相提出超过对方的选举承诺，由此将造成公共支出的急剧增加并刺激通货膨胀。这种在自己无力兑现其竞选纲领基础上掌权的政党政府，无异于不负责任的政党政府。

第二，两党制没有造就温和的氛围，表现出间歇性的对手政治倾向，反映在意识形态极端化以及强调冲突与争论而不是共识与妥协方面。20 世纪 70—80 年代英国两党在钢铁和邮政行业国有化与私有化上的政策反复，90 年代两党在铁路系统私有化与国有化的政策反复。2017 年 1 月，美国共和党总统候选人特朗普上台后烧的三把火就是向前任民主党总统奥巴马的医保方案宣战、退出其签订的《跨太平洋伙伴关系协定》（TPP），以及废除奥巴马的气候政策。由于政策不同，两党轮流执政容易造成政策或立法上的反复，浪费国家资源，导致无效的政府治理。

第三，美国两党的对立经常演变为总统与国会两大政府机构的对立，两党对立与争执常常将政党利益置于民意之上。如 20 世纪 90 年代末在国会弹劾克林顿总统、2007 年国会与总统围绕美国从伊拉克撤军问题上的两党较量以及 2019 年底国会弹劾特朗普总统都置民意于政党利益之下，议员不是根据大多数国民的意愿行事，而是按党派划线决定投票立场。又如 1977—1996 年，国会与总统在联邦政府年度预算案上分歧严重且互不妥协，预算拨款权力掌握在美国国会手中，国会不通过预算案，就意味着政府不能花钱，很多需要花钱的工程无法继续，员工的工资也将难以支付，导致联邦政府先后关门达 17 次，几乎平均每年关门一次，长则 21 天，短则 1 天。其中，1995—1996 年克林顿政府期间，政府因此两度关门，导致数十万政府雇员被遣散回家“待业”。② 2013 年 10 月，奥巴马总统与国会再次就政府预算案谈判陷入僵局，美国政府再次关门，80 万雇员被迫休假，另有 130 万雇员虽然继续上班却拿不到薪酬。③ 2018 年 12 月 21 日，美国国会参议院在没有就特朗普总统所要求的 50 亿美元美墨边境“修墙”拨款问题达成任何方案的情况下宣布休会。结果 12 月 22 日至 2019 年 1 月 25 日，美国经历了最长一次联邦政府部分部门停摆。两党政治对抗导致部分国家机构瘫痪，产生了广泛负面的政治影响。

第四，两党本质上一致，都希望维护现存政治制度和统治集团的利益，都一致努力抵

---

① 共识型政治（consensus politics）与对手型政治相对应，通常用来描述政党之间明显的政治一致和政治合作关系。它通常表现在两个层面：一个是危机时刻政党之间停止彼此争吵，联合起来对付共同的敌人，这常常导致在某些问题上政党合作一致或彼此达成协议，在某些时刻这种合作可以导致联合政府的建立。另一个层面是政党之间达成共识，如西方国家政党就二战后某些长远性问题达成广泛共识，而与此同时并未在细节问题上停止争吵并在选民面前继续显示出一个忙于与对手激烈辩论的形象。

② http://www.china.com.cn/news/2013-10/01/content_30185088.htm.

③ 陈冰．美国政府几时再上班?．新民周刊，2013（40）：43.

制第三党，维护两党对权力的垄断。“在党徒结盟和阶级团结的时代，从仅有的两个执政纲领中进行选择或许已经足够，但在个人主义高涨和社会多样性的时代，这已经变得相当不够了。”① 两党制显然限制了选举和意识形态方面的选择范围，使两党制下产生的政府民主代表性大打折扣。

五、多党制及其比较分析

（一）多党制的特征和基本类型

多党制（multi-party system）是指一个国家中由多个政党竞争国家政权、多党轮流或联合执政的政党制度。与一党制和两党制相比，多党制有下列特征：（1）由于选举中多党角逐，无一政党能具备单独长期执政的实力，因此通常由几个政党或政党联盟联合执政。（2）多党制通常是实行比例代表制的产物，即各党按所得票数的比例选出数目相当的代表，有利于多党（尤其是小党）联合轮流执政。（3）在多党联合执政的情况下，一旦某一政党退出执政联盟，容易导致内阁倒台，若各党分歧较大，联合不起来，则可能酿成政府危机。

错综复杂的社会矛盾，高度分化的社会结构和利益多元化，社会政治力量的多样化以及选举制度中的比例代表制等因素，都是多党制形成的原因。

目前，世界上绝大多数国家采用多党制，在西方国家，常见于欧洲大陆和斯堪的纳维亚半岛国家。由于各国历史环境、政治体制、文化传统和政党力量对比状况等因素的差异，多党制可分为以下两个基本类型：

1. 左右两翼政党或政党联盟主导型的多党制

此种多党制是指一国内数目众多的政党都不具备单独执政的实力。为了赢得选举胜利，各党往往向左右两翼集结，形成阵野分明的左右两翼政党联盟，由两大政党联盟轮流执政（如二战后的法国和20世纪90年代后的意大利的政党体制），或由左右两大政党分别联合第三党（中派政党）轮流执政（如德国的政党体制）。

其一，法国多党制。

法国多党制形成于第三共和国时期（1870—1940年）。第四共和国时期，多党制与议会制结合在一起。由于议会中党派众多，往往无一政党能获得议会多数席位，导致议会政党纷争，内阁倒台频繁，政府危机严重。第五共和国建立后，1958年《宪法》大大加强了总统的权力，总统成为政治权力中心，议会的作用被削弱。政治体制的改革和各政党之间力量对比的变化虽未从根本上改变无一政党单独获得议会多数席位的基本特点，却使多党制的形式发生了显著变化。由于在总统选举中采用两轮直选制和在议会选举中采用单记名两轮多数投票制，各政党为了在两轮选举中获胜，都纷纷向左右翼集结以形成更加强大的政党联盟。因此，议会中形成了由若干政党或政党联盟组成的“总统多数派”，即总统、总理和国民议会议长属于同一政党或同一政党联盟。总统多数派以政党联盟的形式组织政府（内阁），同时也有利于总统通过政党领袖身份控制议会并驾驭政府，从而有助于维护政府的稳定性。1958—1974年，以戴高乐派政党（保卫新共和联盟和独立共和党）为核

① 海伍德．政治学．北京：中国人民大学出版社，2006：310.

心的右翼政党联盟连续16年在议会和政府中居领导地位，成为右翼的总统多数派。1974年，新当选的吉斯卡尔·德斯坦总统任命属戴高乐派的希拉克为总理，建立了以独立共和党为中心，包括保卫新共和联盟、激进党右翼和社会民主人士中心在内的新的扩大的总统多数派。

法国两大派四大党格局的形成：为了对抗右翼政党联盟，法国共产党和社会党在20世纪60年代也开始结成了左翼政党联盟。1981—1986年、1988—1993年，以社会党为中心的左翼政党联盟在总统选举和议会选举中先后战胜右翼政党联盟，两度成为控制议会、左右政府的左翼的总统多数派。由此可见，60年代初至70年代中，在单记名两轮多数投票制的影响下，法国政党两翼分化和简化的趋势逐渐增强，形成了“两大派四大党”的政党格局，即由社会党和法共组成的左翼政党联盟，由保卫共和联盟（the Rally for the Republic；法文为Rassemblement pour la République，RPR，1976年由保卫新共和联盟改名而来）和法国民主联盟（the Union for Democratic French，UDF，1978年由共和党、社会民主人士中心、激进社会党和社会民主运动等右翼政党联合而成）组成的右翼政党联盟。尽管两大政党联盟内部政党力量的分化组合时有变化，但总体格局一直在议会和政治生活中发挥稳定作用。两大政党联盟左、右观点鲜明，立场针锋相对，相互制约；四大党则通过组成两大政党联盟的方式，左右法国政治生活，其他一些小党或政党联盟均无力与之抗衡，由此避免了第四共和国时期多党制的弊端，有助于第五共和国相对稳定。

20世纪80年代以来，法国的政党体制有两大新特点：首先，先后出现了两次左翼总统与右翼总理“共治”（1986—1988年，1993—1995年）和一次右翼总统与左翼总理“共治”（1997—2002年）的局面。在1986年和1993年两次国民议会选举中，保卫共和联盟和法国民主联盟组成的右翼政党联盟分别以微弱多数和压倒性多数控制了国民议会，社会党总统不得不两度任命右翼政党联盟的代表人物为总理，由此两度形成左翼总统与右翼总理共治局面。1997年，右翼政党联盟在国民议会选举中惨败，右翼总统不得不任命左翼政党联盟的代表人物若斯潘为总理，形成右翼总统与左翼总理共治。

按照戴高乐创立的第五共和国的执政传统，由同一政党派别或政党联盟控制总统、议会和政府，建立总统的多数派，是保证总统充分行使权力和维护政府稳定性的有效手段。因此，左右翼政党联盟共治是法国政治体制中的特殊现象，共治不利于保证总统充分行使权力和维护政府的稳定性，它是法国多党制下各种政治力量互相斗争和妥协的特殊产物。

其次，在法国经济、政治、社会以及比例代表制等因素的作用下，传统的两大派四大党的政党格局中出现了以党派林立和相互制约为特征的党派多元化现象。一方面，以绿党为代表的新生政治力量和代表现代法西斯主义的极右政党国民阵线以及中间党派的纷纷崛起，在一定程度上冲击了传统两翼政党联盟的格局，两大政党联盟在选举中开始向中间思想和路线靠拢以争取更多的中间选民。左右翼政党联盟内部政党数目增加（如左翼联盟就包括社会党、共产党、激进社会党、绿党等），使联盟对象的选择多样化，联盟组成更加多元化。另一方面，随着绿党加入左翼政党联盟和国民阵线在2002年总统选举第二轮投票中遭到大多数国民的排斥，传统政党格局的基本特征没有改变：国民议会中无一政党占绝对多数，在竞选和组阁中，仍然是利害相关的政党组成左右翼两大政党联盟进行角逐和轮流执政。

21世纪以来至2017年，法国政坛上两大派四大党的基本格局未变。2002年11月，人民运动联盟（Union for a Popular Movement，法文为Union pou un Mouvement Populaire，UMP）成立，其核心为原保卫共和联盟。2015年，人民运动联盟主席尼古拉·萨科齐正式将其改名为共和党。右翼政党联盟由人民运动联盟（共和党）和法国民主联盟组成，左翼政党联盟成分不变（法国社会党和法国共产党）。随着冷战结束和苏联共产主义阵营解体、欧洲一体化进程加快以及2008年全球金融危机的影响，法国共产党和社会党不再谈及与资本主义决裂，包括极右翼在内的所有政党都不主张激烈的社会或政治变革，主要政党都努力采取灵活而模糊的策略，争取中间选民。移民问题、欧洲一体化和全球一体化带来的身份认同、政府软弱等问题成为各政党面临的共同挑战。2007年法国大选，人民运动联盟主席尼古拉·萨科齐当选新一任法国总统。2012年5月法国大选，社会党候选人弗朗索瓦·奥朗德获胜，当选新一任法国总统。传统两大政党联盟先后执政，但均未能使法国摆脱金融和债务危机，法国经济遭受重创；另一方面，阶层、族群及宗教等社会矛盾的激化以及国内连遭重大恐袭，也使民众生活受到严重冲击。

值得注意的是，2017年法国大选，由埃马纽埃尔·马克龙2016年4月创建的号称非左非右的反体制政治联盟前进党一举打破法国传统政治禁锢，成功上台执政。传统两大政党联盟都没能解决法国所面临的困境，选民对其失去了信心和耐心。马克龙及新生的“共和国前进党”遂成了民众没有选择的选择，法国政坛出现了前所未有的中间派政党执政的局面。

其二，德国多党制。

二战后德国政党制度首次被纳入国家宪法和政党法的规范中。鉴于二战中德国法西斯政党带来的灾难和教训，1949年《德国基本法》承认政党有建党自由权利的同时，规定政党必须遵守民主政治原则，政党侵犯或废除自由民主秩序或危害国家生存即违宪。1967年政党法对政党的目标制定、活动原则、党的作用、组织形式、机构设置等做了详细规定，使《德国基本法》规范政党行为具有实际可操作性。

二战后德国的政党制度在结构和功能上都有别于德意志帝国和魏玛共和国时期。从结构上看，进入议会的政党数量从帝国和魏玛时期的12～25个减少到4～5个，使联合政府的稳定性难以维持的极端主义政党、地方政党、小型特殊利益政党在1949年不再出现，或在1953—1957年选举期间为大党所吸收。[①] 从功能上看，战后的政党已成为民主国家的重要载体，其重要性和地位在德国历史上绝无仅有。在联邦共和国创立前，民主政党支离破碎，社会基础狭窄，不是国家政治生活中的主要力量，国家的许多重要决定是由行政部门、官僚机构、军队以及经济精英们做出的。政党由于在谋取国家权力尤其是行政权力中屡遭挫折，因而将精力主要集中于意识形态的差异性和议会外党组织建设而非组建政府上面。为选民提供重要的政治选择，将政党政策转化为政府项目，以及对政府领导人进行监督，是德国政党很少履行的功能。二战结束后，情况发生了改变。在1949年联邦德国首届联邦议院选举中，总共有联盟党（由基督教民主联盟和基督教社会联盟联合而成）、社民党、自民党、德国共产党、巴伐利亚党等11个政党进入联邦议院，其中以联盟党和社

① David P. Conradt. *The German Polity*. *5th ed*. New York: Longman Publishing Group, 1993: 83.

民党占主要优势，但都未获议会多数席位，因而产生了联盟党和自民党联合执政的联邦政府，确立了联邦德国的多党制。

1969 年议会选举中获胜的社民党与自民党联合执政，开启了德国以联盟党为主体的右翼政党联盟和以社民党为主体的左翼政党联盟轮流执政的政党格局。在战后历次议会选举中，除联盟党 1957 年获得联邦议院选举的过半数选票（50.2%）外，其余时间联盟党和社民党均未获得单独执政的票数，都需获得第三党自民党的支持才能组成联合政府。因此，1949—1998 年，德国历届政府均为联合政府，其间除了 1966—1969 年社民党和联盟党组成大联合政府外，其余均为联盟党和社民党各自与自民党组成联合政府。这种近似等腰三角形的两翼政党联盟执政模式（有些学者称之为“两个半政党体制”或“三党二元体制”，即联盟党和社民党为相对多数党，自民党为相对少数党，当这三股力量中的任何两股力量联合起来时，就有能力战胜第三股力量），一直保持到 80 年代绿党进入议会直至 90 年代两德统一。

20 世纪 80 年代以来政党政治格局出现新变化。1983 年议会选举，绿党首次进入联邦议院，成为议院中第四大党。两德统一后，由民主德国执政党统一社会党演变而来的民主社会主义党（简称民社党）在 1990 年全德议会选举中进入议会，成为联邦议院中第五大党。绿党和民社党的崛起冲击了传统的政党格局，联邦议院出现了五党并存的局面。尽管联盟党和社民党两大党的地位没有因此而改变（因为其余三党均无法单独与之抗衡），但联盟党和社民党与第三党结盟的选择范围由此扩大了。随着民社党和绿党在意识形态、价值趋向、政策主张上与社民党更加接近，它们成为社民党可选择的联合对象。1998 年和 2002 年社民党和绿党先后两次结成红绿联盟并组成联合政府，自民党首次失去唯一执政小伙伴的资格。随后，由于在政策主张上越来越与联盟党接近，自民党更多地被联盟党选作联合伙伴。2009 年 9 月，联盟党与自民党组成联合政府。由此，逐渐形成了以社民党为首的包括绿党、民社党在内的左翼政党联盟和以联盟党为首的包括自民党在内的右翼政党联盟，两翼政党联盟轮流上台执政的基本格局。

德国两翼政党联盟主导下的多党体制长期稳定，其原因主要有：(1) 比较完整的政党法律规范。1949 年的《德国基本法》和 1967 年的政党法，规约着政党的活动方式和政党政治的发展方向。(2) 相对多数代表制和比例代表制相结合的混合选举制以及政党进入议会 5%门槛条款[①]的实施，一方面促进小党解体和议会中政党数目减少，同时也分散了大党的选票，各党难以获得绝对多数而只能通过政党结盟才可能获胜并组阁。(3) 议会共和制政体使执政党联盟不仅控制政府，而且占据议会多数席位，这种政体有利于维持政党政治的稳定。(4) 执政党联盟的政策。联盟党执行的一系列比较成功的国内外政策以及社民党对自身政策的不断反思和及时调整，是其长期主导执政联盟的重要原因。

此外，也有学者认为，二战后德国政党体制的成功之处还在于它“几乎消除了许多公民拥有的关于政党无用、不可靠、无法满足公民主要需求的形象”，政党领袖们没有为集

---

① 5%门槛条款，即参选各党只有获得至少全体选民票数的 5%的选票，或在至少 3 个选区赢得议席，才有资格进入联邦议院，此条款旨在限制小党进入议会以保证大党执政。

体负罪、克服过去魏玛共和国的传统而痛苦，而是全力以赴地建设一个新国家。①

值得注意的是，21 世纪以来，由于无法有效应对和解决欧债危机和欧洲移民危机，德国左右两个大党的地位均有不同程度的下降，特别是社民党地位急剧下降，已不具备由一个大党和一个小党联合执政的条件。2005 年、2013 年、2017 年三次联邦大选后，由两个大党（联盟党和社民党）组成左右两翼大联合政府，就足以说明传统两翼政党联盟轮流上台的基本格局发生了变化。② 传统两大党力量在衰退，小党或新兴政党力量在上升。

2017 年德国大选，执政党联盟党和社民党支持率下跌严重，联盟党虽然保住了第一大党的位置，但联盟党的支持率与四年前相比损失严重。社民党惨败，支持率降至 1949 年联邦德国成立以来的历史最低。德国选择党高歌猛进，不仅进入联邦议会，还成为第三大党。有学者认为，2017 年德国联邦议院大选后，德国政党政治出现一些新的变化：首先，呈现碎片化的政党格局。主要表现在：第一，两大主流政党继续走向衰落；第二，德国选择党已经在德国政治体系中站稳脚跟；第三，绿党实现了崛起。其次，各政党都在尝试调整政策方向。比如：基民盟为了内部的团结和政党的现代化，试图重新向右转；社民党试图在社会公正、社会保障等社民党的传统领域重新找回话语权，其实在向左转；绿党尝试在社会治理领域拥有更多的领导力；德国选择党在思考如何将东部的成功扩展到西部。所有政党都很重视环境保护、应对气候变化、数字化等领域的问题。最后，共识政治的传统受到侵蚀，但仍有一定的张力。主要表现在各政党无论在联邦层面还是联邦州层面，在进行组阁谈判过程中，寻找最大公约数的过程变得非常艰难，但另一方面，共识张力仍然存在，社民党与联盟党的合作没有完全破裂，所有主流政党都不与德国选择党联合执政。③

2. 碎分化的多党制

此种多党制是指一国内多个政党势均力敌，无一政党能在选举中长期保持绝对优势。因此，往往由其中某一大党联合不固定的小党共同执政或者由选举中胜出的多个政党结成不稳定的政党联盟组成联合政府。目前大多数欧洲国家的政党体制都属于此类。

其一，意大利多党制。

二战后至 20 世纪 90 年代初，意大利的历届政府，或由天民党一党组阁，或由天民党或力量党或左翼民主党联合一个或几个中小政党组成联合政府。据统计，1945—1997 年意大利的 55 届政府中，由多党联合组成的政府占 40 届，而由天民党一党组成的政府只有 15 届；这 52 年中，多党联合执政的时间大约 42 年，而天民党一党执政的时间只有 10 年左右。④ 由天民党主导的多党联合政府的党派构成变化多样：有天民党和共和党或社会

---

① David P. Conradt. *The German Polity*. *5th ed*. New York: Longman Publishing Group, 1993: 85.

② 2005 年第 16 届联邦大选的结果表明，当时的政党组合不仅存在左右翼两大党组成联合政府的可能性，也可能由一个大党和其他两个小党组成联合政府。后者有三种组合可能：第一种方案称为交通灯方案：社民党（红）与绿党（绿）和自民党（黄）组合，三者议席合计可以过半数，但由于绿黄不和，组合作罢；第二种方案称为牙买加选择（因参加组合的三党的颜色与牙买加国旗三色吻合而得名），即联盟党（黑）与绿党（绿）和自民党（黄）组合，但由于黑绿不容，组合未成；第三种方案为社民党（红）与绿党（绿）和德国左派党（红）组合，但由于红红难容，组合失败。2013 年、2017 年大选，联盟党与社民党继续组成左右翼大联合政府。

③ 杨解朴. 德国政党政治的新走向及其影响. http://caes.cssn.cn/xjdt/202001/t20200121_5082264.shtml.

④ 金太军. 当代各国政治体制：南欧诸国. 兰州：兰州大学出版社，1998：97.

民主党组成的两党联合政府，也有天民党和其他两个或两个以上的中小政党组成的三党、四党或五党联合政府。各届联合政府的政党构成不同，使各届联合政府呈现出“中间政府”“中左政府”等不同政治色彩。

从20世纪90年代开始，意大利的政党格局发生了新的变化。1991年，意大利共产党分裂为左翼民主党和共产主义重建运动。天民党在影响力急剧下降时为弃旧图新而改名为人民党。1994年3月，意大利第12届议会选举，以新崛起的力量党联合北方联盟和民族联盟组成三党右翼联合政府，取代了天民党为核心的多党联合政府。至此，以意大利力量党和民族联盟组成的中右政党联盟，以及以左翼民主党和人民党组成的中左政党联盟逐渐形成。在1996年4月提前举行的议会大选中，左翼民主党跃升为议会第一大党，它联合人民党、意大利改革党等中左联盟政党组成了中左八党联合政府。1998年10月议会大选，左翼民主党联合意大利共产党人党和共和民主联盟战胜中右政党联盟，继续组成中左政党联合政府。2001年5月，以意大利力量党为核心的中右政党联盟在议会大选中获胜，组成中右联盟政府。2005年4月，执政的中右联盟在举行地方选举的13个大区中的11个遭到惨败，贝卢斯科尼总理受到执政联盟内部天主教民主联盟和新意大利社会党的强烈指责并退出联合政府，面临执政近4年来最严重的政府危机。2006年4月，普罗迪领导的中左联盟在全国大选中获胜。2008年4月议会选举中，由前总理贝卢斯科尼领导的中右联盟以明显优势战胜了中左联盟，重新获得了两年前全国大选中失去的执政权。至此，意大利政党体制开始由一党主导下的多党制向两翼政党联盟主导下的多党制转变。

二战后意大利多党制的形成有多种因素。1945—1994年一党主导下的多党制与下列因素密切相关：反法西斯战争中各派政治力量的联合为战后多党合作奠定了历史基础；战后《意大利共和国宪法》第49条规定一切公民均有自由组织政党的权利，加上社会阶级和阶层的复杂化，有助于多党林立、派系丛生；选举中采纳比例代表制，容易导致选票分散而无一政党获得绝对多数票，即使是获相对多数票的大党也须与其他小党联合执政。这种政党体制对意大利政局的影响主要反映在：（1）政府更迭频繁。1945—1997年的55届政府中，每届政府的平均寿命只有10个月，其中最长者2年10个月，最短者9天。（2）组阁难，执政更难。政府和议会内经常为某一问题争吵不休，各届政府不得不依靠议会投信任票过日子。（3）政局比较稳定。战后几十年来意大利政局总体上比较稳定，即使在政府危机期间，国家机器照常运转，各种社会活动照常进行。主要原因在于：首先，天民党长期处于多党联合政府的主导执政地位使政局更迭换汤不换药。1946—1992年，除了1981—1982年共和党人乔瓦尼·斯帕多利尼担任总理和1983—1987年社会党人贝蒂诺·克拉克西担任总理外，其他各届政府均由天民党人担任总理并组成联合政府，其中不少天民党领袖领导数届内阁，如阿尔契德·加斯贝利领导7届内阁，莫罗、范范尼、鲁莫尔各领导5届内阁。[①] 其次，有些内阁部长职位（如内政部长和财政部长）连续或几乎一直由同一个政党控制，有些内阁部长接连在不同政府内阁中占据同一个职位。这些都有助于保持各届政府内外政策的连续性。最后，政党活动在法制范围内有序进行，由于天民党

① M. Donald Hancock et al. *Politics in Europe—An Introduction to the Politics of the United Kingdom, France, Germany, Italy, Sweden, Russia, and the European Union*. Hampshire: Palgrave Macmillan, 2002: 274.

与其他各党的整体力量对比基本上保持稳定，因此每届政府更迭后的新政府均少不了天民党，新政府面临的问题只是天民党选择哪些小党组成新的联合政府以及如何在各执政党中分配部长职位。1946—1992 年，意大利形成了中间联合政府、中左联合政府和中右联合政府三种基本稳定的政府组成模式。1994 年以来的两翼政党联盟主导下的多党制则与 1993 年实行的以多数代表制为主的混合代表选举制有直接关联，它促使各党必须联合其他政党结成政党联盟，才能在议会选举中获胜进而入主内阁。这种新型的政党体制由于其政党联盟构成的变化无常而仍具有不确定性。

2013 年意大利议会选举，中左翼联盟在众议院选举中得票率为 29.54%，以微弱多数领先中右翼联盟（29.18%）排名第一，在众议院 630 个议席中凭借选举法的奖励机制获得绝对多数，拥有 340 个议席。在参议院选举中，中左翼联盟以 31.6%的选票获得 315 个议席中的 124 个议席，中右翼联盟以 30.7%的选票得到 117 个议席，两大阵营均未能在参议院得到绝对多数。首次参加全国大选的五星运动党在参众两院的选举得票率均为第三位，分别获得 23.79%和 25.55%的选票，一举成为意大利政坛的第一大政党，成为这次大选唯一的赢家。① 由于这次选举结果使中左或中右联盟都未获两院过半数议席，都无法单独组阁，政治陷入僵局。经过艰难谈判，结果中左联盟中的民主党与中右联盟中的自由人民党组建意大利 1947 年以来的首届大联合政府，由此改变了此前意大利分别由中左或中右政党联盟轮流执政的政治版图。大联合政府的成立是非常形势的产物，两党在政治改革目标和经济政策等诸多方面大相径庭，走到一起实属无奈。

2018 年意大利议会选举，以前总理贝卢斯科尼所领导中右联盟获得了超过 37%的选票；五星运动党作为单一党派得票率最高，为 30%左右，成为了意大利第一大政党；前总理伦齐所领导的中左联盟得票率为 23.42%败北。根据意大利 2017 年新选举法规定，选举中得票率超过 40%的政党或党派联盟，方能独立组阁新一届政府。② 由于没有任何一个政党或政治联盟的票数足以让其单独组阁，它们必须选择寻求其他政治势力的协助，组成弱势的联合政府。结果由非左非右的反建制的民粹主义政党五星运动党③和极右翼政党联盟党联合组阁。此次大选加剧了意大利政坛分化的格局，同时，民粹主义力量陡增。2019 年 8 月，两党就移民、税收等多项议题意见分歧，联盟党退出执政联盟，并提出对孔特的不信任动议，孔特辞职。此后五星运动党与中左翼的民主党和左翼的自由与平等党组成联合政府。

自 20 世纪 90 年代以来，意大利主流政党在欧盟的压力下，进行了紧缩福利支出，降低劳动力市场保护的灵活化改革。这一系列改革以逐步抛弃而非对传统社会团结模式进行

---

① 意大利议会选举陷入僵局. http://www.chinadaily.com.cn/hqzx/2013-02/27/content_16259506.htm.

② 意大利选举结果出炉 贝卢斯科尼所领导阵营成赢家. http://www.xinhuanet.com/world/2018-03/06/c_129823451.htm.

③ 五星运动（英语：Five Star Movement；意大利语：Movimento 5 Stelle，M5S）是一个新兴的意大利民粹主义政党。所谓“五星”，是指政党的五大支柱理念：水资源公共化、可持续交通、发展、连通性和环保主义，起源于“格里洛朋友运动”，由意大利著名喜剧演员贝佩·格里洛和吉安罗伯托·卡塞雷吉奥在 2009 年 10 月 4 日组建，主席是贝佩·格里洛。“反建制”“反移民”“反全球化”“疑欧主义”“民粹主义”，这些是欧洲媒体最常用在五星运动身上的标签：发端并生长于互联网，主张直接民主；反对接受地中海偷渡而来的难民，呼吁退出欧元区；主张经济的“去增长”（de-growth）。由于观念明确，针对中下层人民的直接利益，因此受到众多民众（主要为学生和工薪阶层）的广泛支持。

“再校准”为特征，并没能缓解意大利劳动力市场一直存在的南北失衡、性别失衡与年龄失衡问题，反而恶化了以正规就业为基础的福利制度固有的双重失衡，即群体失衡和地域失衡。金融危机后，难民的大规模涌入也进一步加剧了边缘化群体的不安全感与对主流政党的不满。这也是在2018年竞选纲领中抛出“公民收入保障”计划的五星运动党，在南部、青年和失业者中获得高支持率的重要原因。传统政党及其所构成的极化多党格局的瓦解，新兴中左翼与中右翼的同质化，以及民粹主义本身的“诱惑性”，为民粹主义政党的兴起提供了历史机遇。五星运动党的崛起，打破了主流政党意在推动形成以民主党为核心的中左翼与以力量党为核心的中右联盟之间相互制衡的两翼政党联盟轮流执政的格局。此外，联盟党在2018年议会选举中所获得的高支持率，使得中右联盟内部再添变数。当前，意大利主要民粹主义政党虽支持率颇高，但未来的发展仍存在不确定性，能否持续发展将在很大程度上取决于它们能否在“主流化”与“反建制”之间找到恰当的平衡点。

其二，俄罗斯多党制。

俄罗斯政党制度至今经历了多党制确立、多党制改革、向一党居优制转变的三大演进阶段。

1993年俄罗斯《宪法》，确立了俄罗斯的多党制。2001年7月颁布和实施的俄罗斯政党法，标志着俄多党制由初步确立阶段转入趋向成熟阶段。需要指出的是，在西方传统的议会多党制下，多数党或多数党联盟负责组阁。在法国混合政体下的多党制中，总统依宪法惯例任命国民议会多数党或多数党联盟领袖为政府总理，后者形式上作为政府首脑对议会负责。相比之下，俄罗斯的多党制也有其独特之处：由于叶利钦本人不喜欢政党，当选总统时遭到俄罗斯共产党占主导的议会（最高苏维埃）的极力反对，导致1993年10月4日发起炮打白宫解散最高苏维埃的流血事件，因此后来的俄罗斯《宪法》和有关法律规定，总统无党派身份，政府总理由总统任命，政党不能在政府各级机关，特别是军队、警察、司法机关中建立基层组织和开展活动，政党的活动不得干扰国家管理工作。由此政党在议会中的席位多寡与政府组成没有直接关联，议会多数党不是执政党。俄政党的主要功能是参加国家杜马选举、总统选举以及地方各级立法机关和行政长官的选举，以此影响国家立法和政府决策，但不直接谋求执政。具体说来，1993—2003年俄罗斯的多党制主要有以下特点：

（1）政党林立，五花八门。每次参加国家杜马席位角逐的有几十个，而能进入议会的政党或政党联盟屈指可数。众多党派中，只有少数政党有明确的纲领、严密的组织和广泛的群众基础。按照政党的意识形态属性划分，俄罗斯的政党分布广泛，除了左中右外，还有极左、极右、中左、中右政党。

（2）议会中的政党格局变化无常。1993年首次国家杜马选举，无一政党或政党联盟获过半数席位，以“俄罗斯民主选择”为主的右翼政党和以俄共为主的左翼政党在国家杜马中占有主流地位，而中间政党大多被排斥在议会之外。1995年第二届国家杜马选举，左派政党异军突起，俄共成为第一大党，但只占据国家杜马1/3的席位，而右翼政党“俄罗斯民主选择”则全军覆没。1999年第三届国家杜马选举，俄共虽保持了第一大党的位置，但所占议席减少到不足总议席的1/4，由“我们的家园——俄罗斯”和“团结联盟”

联合起来的中右政党联盟迅速崛起，所获议席与俄共相当，成为俄共最大的挑战者。2003年第四届国家杜马选举，支持普京总统的中派政党力量进一步加强，左翼政党严重受挫，右翼政党惨遭失败。

（3）中派政党联合的趋势增强。2001年6月经议会批准和总统签署生效的俄罗斯政党法，促进了各派政党联合的进程。[①] 2001年7月，"团结联盟"和"祖国"运动结成政党联盟。同年10月，"团结联盟"和"祖国"运动又吸收"全俄罗斯"社会政治运动加盟，组成三大中派政党联盟——全俄罗斯团结和祖国党。2002年4月，这三大政党联盟宣布正式成立统一俄罗斯党（United Russia）。在2003年第四届国家杜马选举中，统一俄罗斯党壮大为议会第一大党，占据国家杜马近一半的议席。与统一俄罗斯党的中派立场很接近的自由民主党跃升为新一届国家杜马中第三大力量（位居俄共之后）。这样，统一俄罗斯党、自由民主党和由30多个党派新近组建的祖国竞选联盟等中派政党，总共在新一届国家杜马中占有2/3的议席。由于统一俄罗斯党的行动口号"加强同总统的联盟"与普京总统关于由议会多数派组成下届政府的政治构想相一致，因此，统一俄罗斯党为主体的议会多数派的形成，有利于总统在议会和政府的支持下实施其战略，也有利于议会多数党对政府决策施加更加积极的影响。

（4）政党作用有限。一方面，由于各政党自身发育不成熟，政治纲领缺乏吸引力，组织程度较低，党派之间彼此相互排斥，由此严重抑制了政党作用的发挥。另一方面，俄罗斯集权型总统制下总统凌驾于各党派之上，总统权力强大而国家杜马的权力十分有限。国家杜马在总统任命总理时没有实质性决定权，总统有权解散国家杜马而后者对总统此举几乎没有反制约能力；在国家的决策过程中，政党活动不能对国家执行权力的运作过程产生直接影响；等等。因此，"政党与其说是企图赢得政权的工具，还不如说是有希望的总统候选人可以用来获得媒体曝光以及自由发表意见的时间的工具"。[②] 此外，俄罗斯总统候选人的提名不需要首先获得政党提名，而是直接获得一定数量的选民签名支持，这从另一方面削弱了政党对总统选举的影响力。

2004年9月的别斯兰人质事件促使普京认识到全国性政党在政府与恐怖主义斗争中进行对话和互动的重要性，为此推动了一系列重要改革，使俄罗斯政党制度得以规范化。（1）2004年11月，签署《俄罗斯联邦政府法修正案》，取消政府法中对联邦政府总理和部长级官员担任政党和其他社会组织内领导职务的限制。这意味着政府官员可以直接参与政党活动，由此密切政党与政府的联系。（2）2004年12月，签署了《俄罗斯联邦政党法修正案》，规定全国性政党的党员数量不得低于5万人，并禁止地方性政党的建立。该修正案的实施使2007年9月第五届国家杜马选举前夕符合《俄罗斯联邦政党法》规定的政党数目锐减到15个。（3）2005年5月签署《国家杜马代表选举法》，规定在国家杜马选举中取消"混合选举制"，改为全部按照"比例代表制"的方式进行选举；获得参选资格的政党的全联邦性候选人不得超过3人，其余候选人须全部登记在地区选区的选票上，参选政党须在不少于4/5的联邦主体内提出自己的候选人名单；只有获得7%以上选票的政

---

① 潘德礼．俄罗斯十年：上卷．北京：世界知识出版社，2003：178-181.

② M. Donald Hancock et al. *Politics in Europe—An Introduction to the Politics of the United Kingdom, France, Germany, Italy, Sweden, Russia, and the European Union*. Hampshire: Palgrave Macmillan, 2002: 441.

党才能进入国家杜马。选民只能通过投票选举某个政党的方式参与国家杜马选举，政党因而成为选举的唯一主体。由此限制小党的生存和发展并规范公民参政方式。（4）2004年12月签署了《关于联邦主体立法机关和执行机关组织总原则》，并于2006年1月签署其修正案。按照修正案规定，在地方议会选举中获胜的政党有权提出联邦主体的行政长官人选。由于政权党统一俄罗斯党在俄罗斯全国范围内的强势地位，总统实际上依然牢牢掌握着地方行政长官的任命权。

2007年12月第五届国家杜马选举，形成了统一俄罗斯党一党主导的政党政治格局（参见本节“三、一党制及其比较分析”部分）。

（二）如何看待和评价西方国家的多党制

从理论上说，相对于一党制和两党制，多党制的政治优势在于：它是一种政治基础比较广泛的协商民主模式，政府的政策建立在多党达成共识的基础之上。当政见出现分歧时，面临多种选择；当任何政党都得不到议会过半数的席位时，必须由占相对多数席位的政党出面协商以形成联合的多数，代表多数人治理国家。

从实践上看，多党制的优点在于“它在政府内部促成了制约和平衡机制，显示出利于辩论、和解和妥协的倾向。联合政府形成的过程及其维系的动力确保政府具有广泛的回应性，使之无法不去考虑各种竞争性观点和利益”。[①] 德国自民党在二战后德国联合政府中对右翼联盟党和左翼社民党就具有缓和与节制的作用，瑞典的多党制则推动社会民主工党形成广泛的福利共识，推行一种与企业利益并行不悖的温和政策。

传统上有一种看法，认为多党制下的联合政府软弱而不稳定。实际上，西方国家多党政治的现实画面是随着不同国家以及不同历史时期而变化的。在芬兰，1945年后的30年里，平均每届政府寿命只有1年。在意大利，1945—2005年的60年里就先后成立了60届政府。在荷兰，1972年大选半年后才组建成可以运作的联合政府。这些国家中政府更迭频繁和政府组建困难是不争的事实。但是，20世纪60年代，随着欧洲国家经济复兴，多党制的作用变得更加积极，多党联合政府并未导致政策前后不一和游移不定。在北欧国家，联合政府是由一些具有相近意识形态观念的政党组成的，政府更迭并没有威胁到政府政策的连续性。如芬兰、荷兰、挪威、瑞士等国家的多党制就形成了稳定的议会多数，其中芬兰和瑞士拥有西方民主国家中最派系化的政党制度（选票在许多政党之间分布且极为分散），但它们却是政治稳定的样板。显然，它们受益于强调政治合作胜于政治冲突的政治文化。[②] 到了90年代，随着欧洲一些国家开始削减政府财政赤字和政府福利开支，以及将国有企业私有化等一系列改革，多党制下多党就政府改革方案达成一致的难度加大，欧洲多党制国家在改革效能方面落后于英国和新西兰等两党制国家，人们开始怀疑多党制是否能足够灵活地迅速调整政策以适应全球经济的变化。鉴于此，有的西方学者认为，多党共识型政治难以促成采取长远的战略性行为，其价值似乎主要在于它具有处理深刻社会分歧的能力而非政策发展的能力；多党制产生的政策连续性在经济自然增长时是积极有益

① 海伍德．政治学．北京：中国人民大学出版社，2006：313.

② Marcus E. Ethridge & Howard Handelman. *Politics in a Changing World*. *4th ed*. Belmont：Thomson Wadsworth，2008：136.

的，而在经济衰退萧条时致力于经济复兴方面则不太成功。①

此外，多党制的自我节制和妥协的趋向，使多党制政府的政策常常是多党妥协的产物而造成责任不明确，以至于无法提供明确的意识形态选择。作为一种联合政治或共识型政治结构，多党联合政府时刻关心议会党派的分化组合，始终将通过谈判与和解寻求共同基础作为其首要政治目标，因此，联合政府中的政党对各自信仰和政治原则的执着与坚持被置于次要位置或被边缘化了。有人批评这种政治妥协和谈判过程具有内在腐蚀，因为它使政党为了获得权力而摒弃政策和原则，它还使中间政党和中间利益的代表性被放大扩张了，使某些中间小党成为左右联合政府中其他大党组阁成败的决定性力量。

从世界范围看，多党制是目前世界上绝大多数国家采用的一种政党制度，其比较广泛的政治代表性和协商民主的决策模式与世界各国政治多元民主化进程相适应。从世界政党政治的发展形势看，苏联模式政党制度瓦解后，以西方多党制为范式的政党制度在世界范围内得到扩展。首先，俄罗斯、东欧中亚各国基本确立了多党轮流执政的政党制度。尽管各国的情况不一，其制度和具体操作程序的完善程度也有差距，还存在着诸多矛盾和问题，但多党轮流执政的政党制度在这些国家已经运行起来。从目前的发展趋势看，不大可能再恢复到原来苏联模式的政党制度。其次，一些较为贫穷落后的发展中国家（尤其是非洲国家）在国内外多种因素的影响下也开始实行多党制。尽管这种政党制度导致一些国家政局更加动荡，社会矛盾更加尖锐，公民对其缺乏信任并认为它是腐败的，但迄今为止，这些国家仍没有放弃多党制的尝试，也没有重新回到一党专制型政党制度的迹象。此外，东北亚的韩国、东南亚一些国家以及南美的墨西哥等一些较为发达的新兴工业国家和地区，自20世纪90年代以来先后形成了多党轮流执政的局面，它们在较为稳定的社会环境中实现了多党轮流执政，并未由此引发社会动荡。因此，多党制给各国政治带来的实际作用与各国不同的国情有密切关联，不能一概而论。

第四节　20世纪末以来西方国家政党制度变化的新特点

一、20世纪末西方国家政党制度变化的新特点

作为特定社会历史条件下的产物，西方国家的政党制度必然要适应社会和时代发展的变化和要求。20世纪80—90年代以来，世界形势发生了深刻的变化：随着冷战的结束，和平与发展的时代潮流冲击着西方国家传统的政治经济结构，特别是西方国家的政党制度；西方各国内部政治经济形势的发展和变化，改变着各阶级、阶层或集团之间的力量对比，直接而深刻地影响着西方国家传统的政党格局；一些西方国家变革旧的选举制度或采用新型的选举制度，也促使其政党制度呈现出新的特点。概括起来，当代西方国家政党制度的变化和特点主要表现在：

第一，一党多元制变化多端。日本自民党单独执政38年后于1993年在众议院选举中败北，日本的一党多元制随后经历了不稳定的多党联合轮流执政，短暂的民主党、自民党

① Rod Hague, Martin Harrop & Shaun Breslin. *Comparative Government and Politics*. *4th ed*. Houndmills: Macmillan Press Ltd., 1998: 142-143.

两党分别执政，自民党一党独大一强多弱时期。印度国大党在20世纪90年代初也失去了执政党地位，印度的一党多元制开始转向分别由人民党和国大党主导下的政党联盟轮流执政的体制。2007年以来俄罗斯的一党居优制别具一格。

第二，英国、加拿大、澳大利亚和新西兰的两党制受到削弱或解构。20世纪90年代末以来英国地方多党政治的兴起和2010年英国议会大选后保守党与自民党组成联合内阁，以及2017年英国大选后保守党与北爱尔兰的民主统一党组成新联合政府，表明英国传统两党制开始出现解构和削弱。澳大利亚自由党与工党长期轮流执政的模式随着自由党和国家党联盟在1996年、1998年、2004年、2013年、2016年、2019年六次大选中获胜而发生变化。加拿大进步保守党与自由党长期轮流执政的模式随着1993年进步保守党大选失败沦为议会小党而发生变化，改组后的保守党和自由党也常常因未获议会过半数席位而单独组成少数党政府。1996年新西兰开始采用比例代表制，许多政党开始进入议会。新西兰工党和国家党长期轮流执政的模式也随着1996年国家党与新西兰第一党组成联合政府、1999年工党与联盟党组成联合政府而转向分别由传统两大政党主导的两大政党联盟轮流执政模式。

第三，20世纪末，多党制国家中多党走向联合并向两翼集结的趋势增强。在法国，以绿党为代表的新生政治力量和代表现代法西斯主义的极右政党国民阵线以及中间党派的纷纷崛起，在一定程度上冲击了传统两翼政党联盟的格局。但由于单记名两轮多数投票制的影响，新兴的政党为了赢得选举胜利也纷纷向左右两翼政党联盟集结或靠拢。在德国，由于实行了相对多数代表制和比例代表制相结合的混合选举制，原来的第三党和新兴的绿党也分别向右翼和左翼政党联盟靠拢。在意大利，自1993年实行以多数代表制为主的混合选举制以来，意大利政党格局逐渐向左右两翼政党联盟轮流执政的方向发展。印度和日本在一党多元制瓦解后，也出现了类似的情形。这表明政党联盟之间展开政治竞争的同时，政党联盟内部的政治合作在加强。

第四，21世纪以来，多党制国家中多党走向联合向两翼集结的格局逐渐瓦解，传统大党势力衰退，中间派政党强势崛起，极右翼政党力量增强，多党制碎片化趋势明显。面对席卷全球的金融危机，全球一体化进程给各国带来的经济冲击，难民的大规模涌入以及恐怖主义威胁的阴影，西方传统左右两翼政党联盟轮流上台执政都不能有效地应对新的挑战，不能解决实际问题，由此加剧了反精英反体制反全球化的民粹主义运动的兴起，欧洲极右翼政党如法国的国民阵线、德国的选择党、意大利的联盟党、英国的独立党、奥地利的自由党等纷纷趁机登台唱戏，传统大党势力节节败退。德国传统左右翼联盟主要政党被迫连续三届组建大联合政府，法国开启了由中间党派前进运动党上台执政的新格局，意大利民粹主义政党五星运动党强势崛起，都反映西方多党制的传统格局正在瓦解，碎片化趋势加强，充满不确定性。

第五，政党某些传统的功能有所削弱。

首先，西方国家的政党（尤其是主要执政党）作为阶级之间政治斗争的产物以及代表某个阶级对国家实行阶级统治的传统作用有所削弱，主要执政党之间的阶级界限逐渐模糊不清。二战后西方国家科技革命带来产业结构的调整，进而引起社会结构和阶级阶层结构的变化：传统的工人、农民不断减少，传统意义上的垄断资本家的人数相对比较稳定，而中间阶层不断壮大成为社会的主体，政党的阶级基础发生了变化，主要政党的选民基础彼此渗透。冷战结束后，西方国家内部建立在意识形态之上的阶级斗争有所缓和，主要政党之间的意识形态之争并不激烈，政党之争主要集中在具体政策领域，各方均采取某种实用主义而非意识形态的政策趋向，政党的竞选纲领彼此接近，政党之间政策分歧逐渐缩小，一些传统左右翼政党开始拉拢中间选民，具有兼容性政党的特征。

其次，政党在选举中的作用在下降。现代媒体的出现和介入，从根本上改变了政党政治的传统运作方式。现代通信技术使政党过去依靠政党媒体、政党组织和政党积极分子来层层传递政治信息的方式已经过时。选民可以通过广播、报纸、电视和因特网等大众传媒了解一个政党的竞选纲领和政策方案，而不必通过党组织或参加党组织的宣传活动。为了改进政治事件传播的效果，迎合媒体选择有看点或新闻效应的事件，政党在制定竞选纲领时更多地考虑媒体传递的适宜性和视听效果而不是纲领自身的系统和完整性，政党在挑选候选人时也要考虑其传媒形象而不仅仅是其对政党的忠诚。选民对政党候选人的认识和判断自觉或不自觉地受到媒体偏好的影响。在美国，提名公职候选人、组织竞选、筹措竞选经费、动员选民登记以及对选民投票予以指导等传统上是政党的职能，但目前美国两党却失去了在这些方面的主导作用。在英国，政党缺乏对大众传媒的有效控制，政党的政治宣传报纸没有大众市场，报纸在选举期间对政党的支持没有过去那么热情。在德国以及欧洲其他国家，都不同程度地存在这种现象。

最后，选民对政党的信任和忠诚度大幅下滑。政党对选民的吸引力减弱，与各国政党体制僵化、执政党政治腐败、党内分裂、治理国家无方等因素密切相关。“世界价值观调查”报告表明，在法国对政党不太信任和根本不信任的人占被调查者的 82.6%（2006 年），德国为 73.6%（2013 年），俄罗斯为 66.7%（2011 年），澳大利亚为 85.1%（2012 年），印度为 57.4%（2012 年），日本为 71.6%（2010 年），英国为 76.9%（2005 年），美国为 85.3%（2011 年）。[①] 在英、美两党制下，由于执政党通过小选区-相对多数代表制当选，不能保证始终代表多数民意，常常出现得票数不过选民总票数一半的政党当选或执政的情况（如 1945 年以来，英国没有一个执政党在议会选举中获得超过选民票数一半的选票[②]）；英国 20 世纪 40—50 年代以及 70—80 年代两党由于在钢铁和邮政行业国有化与私有化上的政策不同，两党轮流执政造成有关政策或立法上的反复和国家资源的浪费；美国两党的对立经常演变为总统与国会的对立，两党对立与争执常常将政党利益置于民意之上。其他国家的多党制也有其难以克服的缺陷或弊端：多党制使政治利益分散而复杂，不利于选民直接而有效地影响政府；某些多党制政府的政治基础变化无常，政党联盟若即若离，多党制政府力求稳定而常常失去效率；多党制政府制定的政策常常是多党协商谈判

---

① 世界价值观调查（World Vlaues Survey，WVS），是一项旨在研究公众的价值取向，并探索其如何随时间和社会政策变迁而变化的全球性调查，由世界社会科学网络联盟的成员单位共同协作执行，目前覆盖了 100 多个国家、90%左右的全球人口，迄今完成了六轮全球性调查（1981—1984 年，1990—1994 年，1995—1998 年，1999—2004 年，2005—2009 年，2010—2014 年），涵盖了发达、发展中与贫困国家和地区，以及伊斯兰教、基督教和佛教等不同宗教形态的区域，是当今世界规模最大的价值观调查。上述数据系作者根据世界价值观调查网上的年度报告数据整理而成。参见 http://www.worldvaluessurvey.org/WVSContents.jsp.

② Jeffrey Kopstein & Mark Lichbach edited. *Comparative Politics—Interests, Identities, and Institutions in a Changing Global Order*. Cambridge: Cambridge University Press, 2000: 63.

的妥协物，选民难以清晰地认识某个政党政策的兑现与实施，也很难监督其政治纲领。在政策层面，由于主要执政党之间政策的差别日渐模糊和中庸趋同，使部分选民难以做出政治鉴别和判断，在选举中无所适从，只好放弃或不参加投票，政党由此丧失部分选民基础。此外，政党在治理国家、振兴经济、解决失业和社会问题上束手无策，执政党无法兑现其竞选中许下的政治诺言，由此失去部分选民的信任和支持。① 这主要表现在：（1）选民对政党的认同率下降。如英国选民对工党和保守党的认同率由 1964 年的 2/5 以上降到了目前的不到 1/5，几乎没有党员愿意通过电话为其政党进行拉票活动或在大街上拉住陌生人以宣扬其政党的优势。②（2）党员人数减少。20 世纪 90 年代，英国保守党党员人数在 30 万～35 万，到 2005 年则降到了 29 万，工党党员人数在 1997 年达到高峰，为 40.7 万，2005 年由于工党的伊拉克战争政策，党员人数降到了 19.8 万。③

二、西方国家主要政党为应对挑战而进行的一系列政党体制改革

第一，在思想意识方面淡化党的意识形态色彩，对党的价值观念进行新的解释。欧洲传统的社会党是一个纲领型党，主要的社会基础是社会中下层的劳动者，因而其纲领政策中的意识形态色彩较浓，如对“社会主义”目标以及再分配手段的承诺。为适应社会和阶级结构的新变化，许多社会党淡化或放弃“社会主义”的目标。1995 年 4 月在英国工党全党特别大会上，通过了取消 1917 年规定的实现生产、分配和交换手段的公有制等内容的党章第 4 条第 4 款。工党领袖布莱尔要求党内抛弃关于公有和私有、国家与市场的争论，认为理想的经济模式应是“充满活力的私有经济，而辅之以高质量的公有服务业”，市场作用奏效的领域靠市场，市场作用失效的领域靠政府。这一改革使工党不仅在理论和实践上，从一个目标比较狭窄的政党转变为能够有效地管理一个发达社会并促进自由市场经济制度的政党。德国社民党在不放弃公平和社会公正、自由和机会平等、团结和互助等基本价值观的前提下，对其进行延伸性阐述，重新界定自由、公正、互助的内涵。基本倾向是增加个人对集体的责任，扩大个人对国家的自由；强调应先有“机遇公正”、经济发展，才会有“分配公正、结果公正”；突出社会强者对“互助”的责任，扩大个人在互助中的

---

① 如何解释政党的衰落？英国政治学家安德鲁·海伍德认为，政党的寡头属性是其原因之一，政党通常被视为一种官僚化的政治机器，基层党员要么无所作为，要么从事一些枯燥无聊的活动（如参加各种党员会议）。相比之下，单一问题抗议集团在招募成员尤其是年轻人和赢得支持方面非常成功，因为这些集团组织分散且深入基层，更加强调参与性和有所作为。政党形象受损还因为其与政府和职业政客联系紧密。作为政治内幕知情者，政党受到权力以及常常与高官联系在一起的野心和腐败的侵蚀。换句话说，政党不是代表人民的政党，更常见的是，它们耗于政治内斗和争权夺利，对普通人的利益漠不关心。另外一种解释是因为现代社会的复杂性增加了治理的难度。政党通常通过声称有能力解决问题改善选民待遇来谋取权力，但当选后就背弃承诺，选民因此幻想破灭，犬儒主义者大增，这也反映了政府中的政党在扩大利益集团的权力和促进全球化背景下的经济增长方面，面临越来越大的难度。最后的一个解释可能是选民的社会认同和对政党的政治忠诚开始衰退。随着传统社会、宗教和其他团体的衰落，新的志向和情感已被提上政治议程，尤其是那些与后物质主义有关的东西。社会基础广泛、有计划的政党曾经成功地阐明了主要选民群体的目标，但两性平等、核问题、动物权利和污染可能需要新的、不同的政治组织来阐明。单一问题集团和社会运动因此可能正在取代政党，成为政府与社会之间的重要纽带。参见：Andrew Heywood. *Politics*. *4th ed*. New York: Palgrave Macmillan，2013：162.

② Bill Jones et al. *Politics UK*. *6th ed*. Essex：Pearson Education Limited，2007：301-302.

③ Peter Holmes. *Introducing Politics for AS Level*. Cambridge：Peter Holmes，2008：246.

能动性。意大利左翼民主党强调以自由、平等、公正、劳动、社会团结以及和平作为价值观，致力于维护所有公民的权利，推动人类的可持续发展和建立多民族、多元文化的文明社会。

第二，扩大党的代表性和开放性。面对传统政治基础（农民、工人特别是“蓝领工人”队伍）的减少，欧洲社会党等左翼政党相应调整了自己的方针政策和组织路线。一方面，及时调整自己的内外政策，注重解决选民所关心的实际问题，特别注意到广大中间阶层的利益和需求，以赢得较多选民特别是中间阶层的信任和支持。英国工党在20世纪90年代初期开始调整其选票市场，认识到工党必须超越传统的工人阶级和工会市场，诉诸“全体人民”，主要是中产阶级；逐步减少对传统工会和工人阶级的依赖，转向讨好中产阶级和白领管理阶层；在私人企业重新国有化以及对欧洲联盟问题上的态度变得温和一些，以寻求中间选民的支持；对外则放弃单方面进行核裁军的承诺以显示其外交强硬的形象。一些保守党也注意争取中间阶层的支持。如美国的民主、共和两党由于竞争的需要经常使国家政治运作陷于无益的党争之中，影响了公共政策的正确取向，甚至导致政府运作的瘫痪。为改变美国民众日益冷漠的政治态度，争取社会广大选民的支持，两党都向社会中最庞大的中间阶层靠拢，两党的竞选纲领彼此接近，彼此之间的政策分歧逐渐缩小。此外，随着一些直接反映新中间阶层利益和需求的新政党（如绿党）迅速崛起，出现了一般政党“绿色化”（其纲领和政策更加关注生态环境、反对污染、追求生活质量和人类可持续发展的愿望）和绿党政治化的趋势。另一方面，注意在新兴的阶级和阶层中吸收党员，扩大自己的群众基础以保持较强的社会影响力和政治影响力。英国工党大力发展个人党员，结束工会集体入党并左右工党事务的状态，扩大中间阶层出身的党员成分，在组织上向中产阶级靠拢。同时，工党还注意扩大党对妇女和少数民族的吸引力，保证在2001年选举中提名妇女作为工党胜券在握和有望获胜议席中的半数议席的候选人。① 法国社会党规定：个人可以直接入党，每年组织一次入党活动；非党人士可以参加党的会议，在政策制定过程中享有一定的发言权；吸收一些从事研究的特别组织参与党的生活。德国社民党则提出实行“项目党员”制的建议：个人可以仅仅在参加社民党支持的、自己感兴趣的项目期间入党，项目完成后即不再是党员。②

第三，扩大参与民主和社会民主。英、德、法、意等国的社会党均把党的全国书记由执行委员会选举改由全体党员直接选举。这样做既有利于领袖直接听取基层党员的意见，对公共领域尤其是基层党员对政治的不满做出回应，又可以向公众显示政党领袖对政党的控制和自信。这也是政党领袖清除不能代表党员愿望的党内竞争对手、减少党内冲突和矛盾的手段。为了鼓励党员积极参与党的决策过程，20世纪90年代英国工党开始建立一个更加开放的决策体系，让党的中央政策机构全国政策论坛及其委员会发挥更加重要的作用，鼓励普通党员和党外人士都有机会直接向全国政策论坛建言献策，并能得到电子邮件等形式的回执，由此形成一种互动式的对话。全国政策论坛则在此基础上向工党全国执行委员会和工党年会建言献策，形成最后的决定。对工党年会在政策制定过程中的角色重新

① Patricia Wynn Davies. “Labour to Impose All-women Shortlists”. *The Independent*，1995-09-27.

② 陈露. 欧洲社会党的组织改革及政党现代化进程. 人民日报，2003-10-23.

定位，使政党领袖人物发挥更加积极的作用，努力使年会成为政党领袖的支持者，由此加强工党作为具有坚强领导者的负责任的执政党形象。同时，鼓励企业界参与政党决策过程，招募商界领袖为政党决策提供咨询，加入项目团队，并邀请企业界重要人物在工党政府中担任要职。① 法国社会党的改革目标是党员不仅要阅读政策提案，还要更多地参与到争论中来。德国社民党则提出成立“虚拟的地方协会”，通过互联网与党员和党外人士进行对话。为了加强与社会各种团体、利益集团和公民个人的协调关系，西欧社会党主张实行新的社会治理方式，强调“公民社会”的作用，强调政府与社会的结合，执政方式由“统治”转向治理：政府则侧重于在法治、民主、高效的前提下协调各部门之间的关系；在政府和公民社会之间建立合作互动关系，鼓励公民积极参与政治生活；发挥民间组织的主动性，使它们承担更多的职能，参与政府的有关决策。法国社会党还考虑提出公民倡议法的可能性，使 50 万公民的倡议可列入国民议会的议事日程。德国社民党建议吸收 10 位享有社会声望的党外人士进入社民党提出的国会议员候选人名单。社民党还建议从 2006 年联邦议会选举开始实行候选人提名预选，让党外选民参与社民党候选人的抉择过程。②

第四，改革党的组织方式，寻求多样有效的方式吸引更多的社会群体来参与党组织的活动。传统的垂直多层次组织结构形式单一，带有官僚等级制的特点。在后工业社会和信息时代，越来越难以适应党的多层次发展需要。因此，欧洲社会党利用互联网四通八达的优势，促使传统上情下达或下情上达的条块分割式的组织沟通模式向全方位四通八达的扁平式网络结构转变。英国工党在中央建立了全国政策论坛、政策委员会和前瞻性政策研究中心等集体决策机构，在基层则建立了大约 400 人的促进者网络，协助在全国举办政策论坛。此外工党还在多数选区内招募选区执政伙伴联系人。选区联系人与促进者网络和全国政策论坛成员密切合作，在地方选区、支部和社区举办政策论坛。德国社民党提出建立“网络政党”的主张：准备把互联网作为党内交流的主要工具，规定每个中层以上党员必须建有网页以及时答复选民的网上提问；强调要通过互联网将所有的地方协会连成网络，以加强党的基层组织即地方协会的作用。③

第五，改变传统的高度控制的执政方式，推行一种新的治理方式。二战后欧洲社会党普遍奉行的是以凯恩斯主义为理论基础的国家干预主义政治模式。随着全球化的发展，生产、资本和金融的全球流动性对这种政治模式的基础形成了挑战，传统的“开支与税收”政策难以持续。作为这种传统政治模式代表的社会党由此落了个不善管理国家的名声。为改善形象，20 世纪 90 年代，社会党人在继承保守主义政党的一些改革政策的同时，试图超越“政府是个问题”和“政府是解决问题的答案”这种思维模式，探求一种新的治理方式，即在政府的地位和作用这一根本问题上，倡导“积极的政府”观念；不追求政府作用的大或小，而追求它的效率，即政府在其应该发挥作用的地方发挥作用；在治理的结构和功能问题上，坚持一种多元主义政治观，强调国家、各种社会组织机构以及个人之间的一种伙伴关系，强调它们各自在社会秩序中的能动作用。总之，

---

① Bill Jones et al. *Politics UK*. *6th ed*. Essex：Pearson Education Limited，2007：294-295.

② 陈露．欧洲社会党的组织改革及政党现代化进程．人民日报，2003-10-23.

③ 青木．德执政党如何管党员．环球时报，2004-11-15.

“新治理”强调政治和社会力量之间的平衡，强调政府致力于提高人们的“自助”或“自理”能力，强调发挥各种社会机构和组织的作用。此外，在普遍扩大运用市场手段的同时，寻求建立一种新的资本主义效率与公正相结合的体制。集中体现社会党这种努力的政策领域是福利国家的改革，它强调福利的重点应该在于为人们提供一种扶持的手段而非简单的救济。

第六，加强党的廉政建设，严厉惩治腐败。大量资料表明，执政党内存在的消极腐败现象是削弱党的战斗力、危及党的生存的直接因素。印度的国大党、日本的自民党、意大利的天民党等政党衰落的一个重要原因就在于此。党内腐败导致党在重大政治事变面前软弱无力，并失去人民群众的支持与信任。20 世纪 90 年代开始，英国工党加强了对党员的他律和自律：通过制定纪律规则要求全国执行委员会委员和党的新闻办公室对接受媒体采访进行说明，对长期从事危害党利益活动的党员进行惩处，加强对本党议会选举候选人遴选的控制，以及加强政党领袖在选举全国执委会成员过程中的作用。① 为了减少党员腐败的可能，德国社民党制定了一系列的制度，如：规定接受 30 欧元以上的私人礼物就算受贿；对党内官员实行轮换制和严格的亲属回避制；为每位党员建立一个诚信档案（内容包括该党员的重大交通违规情况，是否按时交纳分期付款，家庭经济状况，以及包括普通党员和当地选民的看法等），作为考察和提拔党员的重要参考；规定党内办事的“四只眼睛”原则，即每个重要项目都必须设监督方。②

---

① Bill Jones et al. *Politics UK*. *6th ed*. Essex：Pearson Education Limited，2007：295.

② 青木．德执政党如何管党员．环球时报，2004-11-15.

第五章

当代西方国家的议会制度

西方国家的议会是西方国家公民通过选举、委托自己的政治代表参与国家政治决策的重要场所。公民通过选举授权、委托代表行使国家权力，是当代西方国家实现主权在民原则的现实途径和主要表现形式。因此，当代西方国家的议会制度又被称为代议制度。由于议会制度具有的广泛代表性并在国家政治生活中处于中心位置，议会是主权在民原则的现实表现形式，是反映和体现国家公民、集团、政党等各种政治主体利益和要求的重要政治机构和公共论坛；议会作为立法机构，制定规范国家政治生活的各种法律，体现了民主制的法治精神；议会拥有对行政和司法的多种监督和制约权，体现了民主制的分权与制衡原则；西方民主制中的选举制度、政党制度、行政制度、司法制度等其他民主制度都是围绕议会制度而建立和发展起来的。因此，议会制度是西方民主制的核心和主要标志。西方国家的议会制度是近代资产阶级革命的产物，并随着新兴国家政权的建立和巩固，逐渐成为国家权力机构的重要组成部分和决策中心。议员是议会活动中的主要政治主体，享有作为国民政治代表所具有的特殊权利和义务。两院制或一院制是西方国家议会的主要组织形式。一般而言，议会是西方国家的最高立法机构，议会的主要职能是立法和监督。但议会的地位和职权因各国政体的不同、议会的法律地位不同而各有差异。近代西方议会制度是对封建专制政体的否定，因而具有重要的历史地位和进步意义。随着现代西方国家行政权力的急剧膨胀和强化，议会的传统地位和权力相对削弱。但作为西方民主制的核心和主要标志，当代西方国家议会的宪法和法律地位没有改变，随着西方国家议会制度的改革不断深入，议会在国家政治生活中仍然发挥着重要的、不可替代的作用。

第一节　议会的主体、结构和组织

一、议会的主体：议员

议员作为选民的政治代表，是议会的主要组成人员和议会活动的重要政治主体。为保证议员的政治代表能力和政治代表行为的规范性，西方各国都通过宪法或有关法律对议员的当选资格以及议员的权利和义务做了比较明确严格的规定。

（一）议员的资格

由于代议制本身的性质要求，西方国家议员的资格比普通选民的资格要求要高一些，一般主要对议员的国籍、年龄、职业身份、智力和健康状况等条件进行限制。

（1）国籍限制。为保证议员忠于自己的国家和民族，议员候选人必须是本国公民。有些移民较多的国家对归化的移民竞选议员带有附加条件，即须在取得国籍一定年限后才具有候选人资格。如美国《宪法》规定，移民取得国籍后7年才能竞选众议员，9年后才能竞选参议员。

（2）年龄限制。大部分西方国家对选民与议员候选人的年龄资格要求是一致的（一般为18岁）。但也有一些国家考虑到年龄增长与人的参政议事能力、责任感之间的相应关系，对议员候选人的年龄提出较高的要求。如美国、法国和意大利三国对国会众议员的年龄要求分别是25岁、23岁和25岁，对参议员的年龄要求分别是30岁、35岁和40岁。俄罗斯《宪法》第97条规定年满21岁并有选举权的俄罗斯联邦公民可以当选为国家杜马代表，宪法对联邦委员会的议员则无年龄限制。

（3）职业身份限制。按照西方国家政府机构设置实行权力分立与制衡的组织原则，为了保证议员不依附于政府行政、司法权力以及不屈服于私人利益集团的压力，西方国家对议员有职业资格要求和职业不相容要求的规定。资格要求在选举前必须满足，否则当选无效；不相容要求则是当选后必须辞去当选前的职业身份，否则不能取得议员身份（详见下述议员的权利和义务部分）。

（4）其他条件限制。除上述一般性资格限制外，大部分西方国家还规定精神病患者、无行为能力者、严重刑事犯罪者、被剥夺政治权利者等不得成为议员候选人。在承认双重国籍的国家，有外国公民身份者不能成为本国议员候选人。此外，在某些实行两院制的国家，由于上院或参议院议员是某一地区或联邦组成单位的代表而非全国性代表，因此对上议院或参议院议员有居住资格限制，如美国参议员必须在其所代表的州拥有房产，加拿大参议员必须在其所任命的省拥有供自己使用的土地或住宅。

（二）议员的产生与任期

西方国家议员产生的方式主要有三种：选举、任命以及因特殊身份成为议员。

（1）选举产生。分为直接选举产生和间接选举产生。西方国家的绝大多数议员（包括大多数两院制国家的上议院议员）都经直接选举产生。间接选举产生议员一般出现在两院制的上议院议员选举中，如法国参议院议员由选举团选举产生。

（2）任命产生。在某些实行两院制的国家，上议院议员通常由国家元首任命产生。如意大利总统有权依据宪法任命在科学和艺术方面做出杰出贡献的人士和社会名流为终身参议员。英国女王有权任命经首相提名的社会各界成就卓越者以终身贵族身份成为上院议员。此外，加拿大参议院议员全部由政府总理结合地区分布任命产生。

（3）因特殊身份成为议员。在某些总统制国家（如意大利），总统卸任后即进入参议院成为终身参议员。在某些君主制国家（如英国），王室贵族（君主的男性亲属）、1999年上议院改革前的世袭贵族、大法官（由英王任命）、高级僧侣（教区大主教）和因功受封的终身贵族，都是上议院议员。

此外，在一届任期中，当议员因死亡、职业不相容或其他原因出现职位空缺时，则出现因替补而产生的议员。一般通过补缺选举由原选区选民重新选举产生（如英国）。有的国家由原拥有该议席的政党按选举时提出的候选人名单排名顺序依次替补（如芬兰），还有的国家由原拥有该议席的政党按选举时提出的候选人名单中予以规定的替补者替补（如比利时、瑞典）。

议员的任期指议员担任职务的法定期限，并非当任议员的时间总长度。由于议员是选民的代表，是主权在民原则的体现和象征，因此绝大多数西方国家对议员连选连任没有限制，也无年龄限制。西方各国议员任期不尽一致。一院制的议员任期一般为4～6年，在两院制议会中，上院议员的任期一般长于下院议员，而且实行届期内部分改选的办法。如美国众议院议员任期2年，期满全部改选，参议员任期6年，每两年改选1/3。法国国民议会议员任期5年，期满全部改选；参议员任期9年，每3年改选1/3。日本众议院议员任期4年，期满全部改选；参议员任期6年，每3年改选1/2。一些国家的下议院议员民选产生有固定任期，上议院议员的任期受其产生的方式影响或终身任职或没有固定任期，如英国下院议员任期5年（由于首相经常提请女王提前解散议会，一届任满5年的议员并不多），上院议员多为终身贵族。加拿大众议院议员任期5年，参议员1962年6月2日前任命的可终身任职，此后产生的可任职到75岁退休时止。此外，德国联邦议会议员和俄罗斯国家杜马议员任期均为4年，但德国联邦参议院议员和俄罗斯联邦委员会议员的任期则分别由德国各州政府和俄罗斯联邦主体（成员国）决定。一般在下列两种情况下可在议员任职期终止其议员职务：一是因从事与议员职业不相容的其他职业活动或因渎职或违法活动被议会除名。二是议员主动提出辞职请求并获得议会批准。①

（三）议员的权利和义务

（1）议员的权利。西方国家议员的权利主要包括议员的职权和特权两大部分。

议员的职权指议员享有的与其职务活动有关的权利，一般由宪法或单行法律具体规定。概括起来，西方国家议员的职权主要有：其一，提案权，即议员向议会提出议案或建议并交议会审议的权利。各国情况有所差别：如美国唯有议员享有立法提案权（尽管大部分立法提案由有关政府部门倡议或起草，但须通过议员才能向国会提出）；《意大利共和国宪法》规定，政府、议员和有关政治机关和团体共享立法提案权；法国《宪法》规定，立法创议权同时属于总理和议员。其二，讨论和表决权。只有议员才可以参加立法讨论和表决。在总统制国家，行政机构人员可应议会要求对某些议案或法律草案做一些说明或提供咨询意见，但并不能参与法案的讨论和表决。在内阁制国家，行政机关可以提出法案，但行政机构人员只能以议员身份参加讨论和表决。其三，质询权，即议员以口头或书面形式在议会大会上向政府及其组成人员提出询问和质问、要求后者在规定期限内予以答复的权利。质询作为一种制度是内阁制国家议员代表选民监督政府行政部门的重要手段和普遍形式。其四，巡视和调查权，即为了立法而查明事实真相，或对政府政策和行为进行监督，或让公众了解政府运作等原因而展开巡视和国政调查的权利。

---

① 田穗生，等. 中外代议制度比较. 北京：商务印书馆，2000：83-85.

议员的特权指为保障议员履行职务时能排除干扰和消除顾虑而设置的议员享有的一些特殊权利。主要包括：其一，言论免责权。法国和德国等国规定，议员在履行职务时不得因其言论或投票行为而受到法律追诉、搜查、拘禁或审判。日本规定，议员在议会内的发言、投票、质询、参加辩论和提出动议等行为不受法律追究。美国规定，国会议员的“立法言论行为”受言论免责权保护。当然，议员发表诽谤性言论、扰乱会议秩序和揭露他人隐私的言论不受保护。其二，人身保护权，即议员非经议会批准不受逮捕或审判的司法豁免权利。日本《宪法》规定，议员在开会期间不受逮捕，开会前被捕者如其所属议院提出要求，应予以释放。美国《宪法》规定，除犯叛国罪、重罪和妨碍治安罪，议员在开会期间或往返于各自议院途中不得被捕。法国《宪法》规定，除现行犯外，议会开会或闭会期间，非经所属议院同意，不得逮捕议员。俄罗斯《宪法》第 98 条规定，联邦会议代表任职期间不受侵犯，除现行犯外，议员不受拘留、逮捕和搜查。其三，生活保障权，即议员享有各种生活优惠待遇的权利，旨在使议员免于各种利诱，保持政治独立和清廉。议员享受的生活待遇主要包括薪水、各种岗位津贴，以及各种工作待遇三大部分。目前美国参众两院议员年薪均为 174 000 美元。其中参议院临时议长和参议院两党领袖年薪为 193 400 美元；而众议院议长年薪为 223 500 美元，众议院两党领袖的年薪为 193 900 美元。每位众议员有每年 130 万美元的开支费，参议员则有 200 万美元，议员领袖们则可拿高达 450 万美元的费用。这笔钱他们除了不能用作竞选外，几乎可以随便支配。例如：他们可以用来雇用职员、助手（但最多 18 人全职，4 人半职），报销办公室开支、旅费，等等。除了这些“亲随幕僚”外，议员任职的委员会和小组委员的工作人员也为他们提供帮助。如果是参议院、众议院组织的活动，他们的费用由国家另出。除此之外，参众两院议员还享有电报、电话津贴，文具费，免费向选民寄送新闻信札和文件的特权。议员们还享有旅行津贴，以供他们往返于他们所在的选区和华盛顿特区。他们还可以在华盛顿的机场享有私人免费停车位，可以借一些世界名画来装饰在华盛顿特区的办公室等等。2019 年 4 月 1 日起，英国下院议员税前基本年薪为 7.9 万英镑（约合人民币 74 万元），除此之外，议员们还拥有各项福利，例如办公室补贴、在伦敦或其选区拥有住所、报销往返于议会和选区之间的费用等。2017 年，法国国民议会议员每月净工资 5 148 欧元；自由支配的公务费（交通、招待、制装和公务出差等）5 770 欧元，雇用议员助理经费 9 504 欧元。参议员每月工资净收入 5 405 欧元，公务费（用于招待、用车、购买服装等）6 109 欧元；雇用议员助理经费 7 638 欧元。

（2）议员的义务，即法律规定的或依宪法惯例，议员必须履行的责任或行为规范，是一种强制性的要求。议员不履行义务即失职，重者要受到惩戒。议员的义务与其权利相辅相成。概括起来，西方国家议员的义务主要包括以下几个方面：

1）代表选民，向选民负责。理论上大多数西方国家的宪法和相关法律都声称议员代表全体国民的意志行事，不接受选民的强制性委托，议员代表国家和议会整体利益。如《德国基本法》第 38 条、法国 1958 年《宪法》第 27 条、1947 年《意大利共和国宪法》第 67 条规定，议员不受选区选民的强制性委托，不是某一选区、某些选民或利益集团的代表，而是全体国民和选民的代表，不必事事听命于选民，议员凭自己的良心和判断力参政议政。但在实际生活中，西方国家在议员代表谁的利益和怎样代表其利益行事的问题上存在一些不同的观点和做法。[①] 其中比较典型的代表观点有：第一，全权受托模式（trustee model）。这种观点认为，代表者一旦当选就意味着受到了选民的全权委托，代表应独立思考并进行自主判断，运用其成熟的判断和开明的良知来服务于其选区选民。第二，受命代表模式（delegate model）。这种观点认为，代表是被选出并根据明确指示或训令为他人行事者，选民期待代表成为传输自己看法的渠道，同时代表者又没有或很少有能力行使自我判断或表达自身偏好。第三，授权模式（mandate model）。这种观点认为，政党赢得选举便获得人民授权，允许它实施选举期间所阐述的政策或计划，（在比例代表制下）代表的中介是政党而非个体政治人物，因此代表不是通过自主思考或担当传送选民观点的渠道来为选民服务，而是依然效忠于其所在的政党及其政策，以此效命于选民。第四，摹本模式（resemblance model）。这种观点强调代表者在代议机构中的人数、性别及种族等比例结构是否反映了其所宣称代表的群体在国家选民总数中所占有的相应比例和结构，强调只有来自特定群体且享有该群体体验的人，才能完全认同该群体的利益。

在实际生活中，在某些总统制国家（如美国），受联邦制和松散的政党组织结构和组织纪律的影响，议员由选区选民投票产生，议员的代表性更多地表现为议员经常将选区选民的利益置于首位，将自己视为本选区选民的代表而非全体国民的代表。为了向选民负责，议员都在各自选区设有办公室和工作人员接待来访选民；议员每年必须经常往返于国会与选区之间，接触选民，听取意见，反映民情，督促政府有关部门解决问题；议员还通过电子信箱或邮件与选区选民保持密切联系。在某些议会内阁制国家（如英国和新西兰），议员在议会受到党纪的严格约束，更多地服从本党的意志和主张。当本党的政策建议明显地与议员所代表的选区选民的利益相冲突时，议员常常被允许对其投弃权票，但很少投反对票。[②] 在法国和德国，由于实行比例代表制，选民选举时是按照政党名单投票而非议员个人名单投票，政党的政治纲领和政策主张成为选民投票时的首要选项，因此，议员是凭借政党的标签而当选的，当选后自然是更多地将政党的利益与国家利益结合起来。总之，议员们都面临多重角色的冲突，都需要对国家利益、政党利益、选民利益与自己的个人利益（包括道德价值判断）进行平衡并做出抉择。摹本模式至今更大程度上只是人类的一种政治理想，不符合绝大多数代议制国家的政治现实（绝大部分西方国家的议会议员都是中年男性，受过更好的高等教育的中产阶级，有色人种和少数民族的代表明显不足）。在西方各国议会代表资格普遍高于选民资格的情况下，受命代表模式也不具有普遍意义。因此，西方国家议员的代表性，大多都是全权受托模式和授权模式不同程度的结合。

2）勤奋工作，遵守纪律。首先必须出席议会会议，参加投票表决。由于议会会议只有在达到法定人数时才能召开并做出具有法律效力的决定，因此各国普遍规定议员必须出席议会会议，无故缺席者将受到惩处。如日本国会规定，对无故不出席会议者，轻则警告，重则经 2/3 议员的同意可予以开除。法国议会规定，议员无故缺席超过议会开会总时数 1/3，将削减其职务津贴。其次必须遵守会议纪律，维护会议秩序。日本规定，在国会

① 海伍德．政治学．北京：中国人民大学出版社，2006：268-273.

② M. Donald Hancock et al. *Politics in Europe—An Introduction to the Politics of the United Kingdom, France, Germany, Italy, Sweden, Russia, and the European Union*. Hampshire：Palgrave Macmillan，2002：29.

内禁止戴帽、穿大衣、吸烟、妨碍他人发言、使用侮辱性语言、不服从议长等行为，严重违规者将禁止出席议会会议（30天），扰乱会议秩序者或予以警告或禁止发言或令其退出会场。法国规定，议员不遵守发言秩序和时间、扰乱会场秩序的，予以警告；不服从议长命令而引起会场骚乱者，予以训斥并扣发一半月薪；议员在会场上挑起事端，侮辱议员、总统、总理等，予以暂时开除（15天内不准进入会场并连续两个月扣发一半的月薪）；等等。①

3）不得兼任司法、行政及其他法律规定的职务。一般在总统制国家（如美国），由于实行比较严格的不相容原则，国会议员不得兼任政府职务；国会议员若担任政府部长，须辞去议员职务；法官和现役军人不得担任议员。在法国，议员与政府成员职务或任何其他公职或职业性活动不相容，凡接受参加政府任职的议员必须在任命后30天内放弃议员职务。② 俄罗斯1993年《宪法》第97条规定，国家杜马代表不能担任国家公职，不得从事其他有报酬的活动，教学、科研及其他创造性活动除外。在一般实行相容原则的议会内阁制国家（如英国、加拿大、澳大利亚、新西兰、德国等），议员除了兼任政府职务外，不得担任任何其他领取报酬的职务，不得担任以营利为目的的企业领导。

二、议会的结构：一院制与两院制

西方国家议会的组成，大致可分为两院制（bicameral）和一院制（unicameral）两种主要类型。从世界范围内看，采用一院制的国家居多，其中发展中国家、单一制国家采用一院制的居多；在资本主义发展较早、资产阶级民主发展较充分的西方国家，采用两院制的居多；在联邦制国家，采用两院制的居多。③ 在西方两院制国家，议会的上院和下院的具体称呼不尽一致，如英国称贵族院与平民院，法国称参议院与国民议会，德国称联邦参议院与联邦议院，美国、加拿大、澳大利亚、意大利、日本等国称参议院与众议院，俄罗斯称联邦委员会与国家杜马，印度称联邦院与人民院等。

（一）一院制和两院制的由来和发展

近代西方议会制度来源于资产阶级革命以前的封建等级会议。素有“议会之母”之称的英国议会，其前身就是封建等级会议。13世纪中叶，英国封建领主在西门·德·孟福尔伯爵领导下，取得了反对国王斗争的胜利。孟福尔为了把封建领主、骑士、城市市民和自由农吸引到自己周围以巩固其统治，在1265年召开了由封建领主、骑士和城市市民等参加的“等级代表会议”。由于会议有不同阶级、阶层的代表参加，又获得监督国王的财政收支、影响国王决策的权力，故等级会议实际上已成为具有一定权力的代表机关，被视为近代英国议会的雏形。

---

① 田穗生，等. 中外代议制度比较. 北京：商务印书馆，2000：97.

② 实际上法国议会两院中有不少议员兼任其他选举产生的职位，如市长、省议会议员等。参见：M. Donald Hancock et al. *Politics in Europe—An Introduction to the Politics of the United Kingdom, France, Germany, Italy, Sweden, Russia, and the European Union*. Hampshire：Palgrave Macmillan，2002：111.

③ 各国议会联盟网站2016年统计信息表明，在193个联合国成员国中，采用一院制的国家有114个，占59.07%，采用两院制的国家有79个，占40.93%。参见：http://archive.ipu.org/parline-e/ParliamentsStructure.asp?REGION=All&LANG=ENG.

近代法国议会也是从封建等级会议演变而来的。在法国封建社会等级制度中，第一等级是僧侣，第二等级是贵族，第三等级是市民。三个等级的代表各自组成一院，分别召开会议，遇意见不一致时，三院联合投票决定，每院一票。在1789年革命高潮时举行的三级会议上，市民代表同王权发生冲突，退出等级会议，自行成立国民议会，成为近代法国议会的开端。

然而，近现代欧美国家的议会制度不是封建等级会议的简单继续，而是建立在近代资产阶级权力分立和制衡原则的基础之上，经过资产阶级革命才最终确立的。

14世纪中叶，英国等级会议逐渐形成两股势力，一股主要由大贵族、大僧侣组成，另一股主要由骑士和市民组成。前一股势力发展成上院即贵族院，后一股势力发展成下院即平民院。在反对王权的斗争中，新兴的资产阶级希望通过议会来限制王权，最终确立自己的统治。英国著名思想家约翰·洛克提出的分权学说就是这种思想的典型代表。洛克认为，君主专制任凭君主肆无忌惮地侵害人们的自由和财产，违反成立国家的本意。同样，如果同一机关同时拥有立法和执法权，就会产生很大的诱惑，促使人攫取权力，在立法和执法中谋取私利。因此，应将立法权与行政权分立，其中立法权是国家最高权力，属于民选的议会；行政权属于国王，受制于立法权。洛克关于设立立法权以限制和削弱王权、逐步使国王成为虚位元首的分权思想为近代英国议会制的建立提供了理论基础。1642年爆发的英国资产阶级革命，资产阶级依靠群众的力量，推翻了君主专制政体，宣布英国为共和国。此后，资产阶级与封建阶级经过几十年的反复斗争，在1688年“光荣革命”中最终确立了君主立宪制，并在1689年和1701年分别颁布了《权利法案》和《王位继承法》。法案肯定了议会享有立法权以及决定预算和国家其他重大问题的权力；确立了下院议员由选举产生和议员在议会中享有言论自由等原则；确立了国家管理的法治原则和公民权利不可侵犯原则，从而奠定了现代议会制度的法律基础。

英国资产阶级革命胜利后，法国启蒙思想家孟德斯鸠和卢梭在总结英国议会实际经验的基础上，提出了完整的权力分立学说和人民主权思想，主张将国家统治权分为立法权、行政权和司法权。三权彼此平等、相互制衡；人民始终是国家的主权者，政府只不过是主权者设立的人民的代理人，议会受人民的委托掌握立法权，是人民的代议机构。近代资产阶级思想家的分权学说和人民主权思想，为西方国家政权结构奠定了理论基础。代议制不仅在英国发展更加完备，而且很快风靡法国、美国等欧美国家。

1789年法国资产阶级大革命，第三等级的代表宣布成立代表全体人民的国民议会。不久，国民议会改名为制宪会议，通过了《人权宣言》。1791年，制宪会议制定了宪法，确立了立法权、行政权、司法权分立的原则，但保留了世袭的国王，国王执掌行政大权。1792年，革命取得胜利，宣布废除国王，建立共和国，召开国民公会。1793年，国民公会通过了新宪法，宣布一院制的立法议会是国家最高权力机关；最高行政机关是执行会议，由立法议会任命，行政权从属于立法权，最高司法机关是上诉法院。但法国议会的组成形式远未固定下来。1795年《宪法》放弃了一院制，以两院制取而代之。1848年《宪法》又改行一院制，四年后又被废除。1871年，拿破仑第三帝国崩溃，法国又重新恢复一院制。1875年《宪法》规定，议会实行两院制。至此，法国议会的两院制才最终确立。

现代美国国会两院制是北美殖民地独立战争取得胜利后，在继承北美各殖民地两院制传统基础上，经过反复斗争才最终确立的。殖民地时期，北美 13 个殖民地中有 11 个实行两院制。独立战争爆发后，资产阶级代表人物富兰克林坚决主张实行一院制，1777 年通过的美国第一个宪法性文件《邦联条例》规定，美国国会采用一院制。但各邦仍保留两院制。1787 年制宪会议，各州代表就国会的组织结构进行了激烈的争论和反复的较量，最后达成妥协，通过了 1787 年《美利坚合众国宪法》，明确规定美国国会实行两院制。

（二）各国采纳两院制或一院制的实际原因

从西方各国议会发展的历史看，一个国家的议会采用什么组织形式，不仅受该国占主导地位的政治思想的理论指导，更大程度上是受该国的国情、历史传统、现实政治力量对比和政治统治的现实需要影响的。

英国采纳两院制的原因主要有：

（1）设立贵族院（也称上院）和平民院（也称下院）是英国资产阶级与封建贵族妥协的产物，其目的是实现立法机关内部的阶级分权。贵族院是非民选的立法机构，平民院则为民选立法机构。直到 20 世纪初之前，贵族院与平民院分享立法权，贵族院拥有立法否决权和财政监督权等重要实权。1911 年的《议会法》成为贵族院立法权限由盛转衰的分界线。从此，贵族院无权提出和否决财政议案，1949 年以来，对平民院通过的议案只拥有搁延否决权，搁延期限至多一年。用贵族议员的话来说，上院“已无力扼杀（议案），但还能干涉一下”。[①] 实际上，1911 年以来的 80 多年中，贵族院只有 4 次与平民院唱反调，贵族议员们担心阻碍或拖延太多将导致贵族院被废除，因此常常只是推敲议案的修辞，偶尔提出修正案以加强而非削弱议案的初始意图。

（2）让民选的平民院对提出的议案进行第一次考虑，设立贵族院对平民院通过的议案进行第二次考虑。西方学者认为，平民院作为民选代议机构，一方面，议员能在立法中直接或间接地反映选民的切身愿望和要求，促进立法活动适应不断发展变化的社会形势；另一方面，下院议员定期随选举而进退给立法活动带来不稳定、不连续、容易走偏激等不利因素。与此相应，贵族院因其议员世袭、终身、不与执政党共进退，政治上倾向保守，它的这种稳定性和保守性正好弥补了平民院的不足。用贵族议员的话来说，上院承担了使下院考虑不周的立法案变得完善的任务，成为下院的“修正院”。[②] 换句话说，上院扮演了对下院进行立法监督的角色。

（3）贵族院在改革中开始吸收和网罗各行各业杰出的社会精英，反映出一种新型的社会特殊利益和需要。英国贵族院由世袭贵族、皇室贵族、宗教贵族、法律贵族、苏格兰贵族和终身贵族组成，总数逾千名，其中大部分不参加上院会议，居其职而不谋其政。20 世纪 50 年代前，贵族院可以说是不折不扣的保守势力的老巢和达官显贵的养老院。为了兴利除弊，增强贵族院的活力以适应英国社会日益增长的平等要求，1958 年英国政府颁布《终身贵族法》，规定首相可以向国王推荐来自社会各行各业的杰出的政治家、自然科学和社会科学专家、企业家、艺术家等，由国王赐以终身贵族由此成为上院议员。该法还

① 梅尔维尔．英国上议院一瞥．世界之窗，1987（4）：125.

② M. Donald Hancock. *Politics in Western Europe*. Chatham：Chatham House Publishers，Inc. 1993：32.

首次允许将终身贵族身份赐予女性，使贵族院不再是“男子俱乐部”。[①]

（4）20 世纪末英国政府对贵族院进行新的改革，贵族院的组成进一步民主而开放，其职能进一步增强。1999 年上院通过的《贵族院法》规定，除了 92 名由上院自己选举的世袭贵族外，任何人不得因其世袭头衔而成为上院议员，而这 92 名贵族只能在其有生之年担任议员。政府由此成功地废除了 600 名世袭贵族，余下的世袭贵族的命运在确定了改革后的上院职能和组成后决定。尽管贵族院的改革仍在进行当中，贵族院的组成和职能尚未最终确定，但随着世袭贵族的废除和逐步消失，终身贵族成为贵族院的主体，上院日益具有更加广泛的政治代表性。[②]大批终身贵族的进入，使贵族院除了传统的立法和监督功能外，增添了作为独立的专业知识论坛的功能。贵族院从此前一个萎缩的贵族机构转变成为一个更加积极的、充满自信的贤能机构。

自 1999 年上院改革以来，上院的机能在增强：上院议员平均每天会议的出勤率一直保持在 50%以上，也使工党政府的若干立法活动受挫。[③] 上院成为监督政府的一个更加积极的机构。“2001—2005 年议会会期期间，工党政府在上院遭受到 245 次失败，是保守党 1979—1997 年遭受失败的次数的 4 倍，也是布莱尔首任期间政府遭受失败的 2 倍多。政治学家菲利普·考利做出结论认为：‘在议会两院中，一直是上院近年来始终充当政府的障碍物。’”[④] 上院活力增强还反映在新设的委员会及其工作上。作为一个更具有专业性的机构，上院成立欧盟委员会及其小组委员会对欧盟文件进行审议，通过成立调查类特别委员会（如科技委员会、经济事务委员会、宪法委员会和交流委员会）协助欧盟委员会工作，工作卓有成效。此外，上院还成立了两个特别委员会（委托授权和监管改革委员会、二级立法审查委员会）协助进行二级立法审议。2001 年上院还与平民院一起成立了两院人权联合委员会。随着上院工作机能的增强、工作场所的拓展、办公条件的改善（上院拥有自己的图书馆，议员配有助理和电脑办公设备等），以及议员职务津贴的提高（除报销往返议会的差旅费外，每天全天参加议会活动补贴 300 英镑，半天则 150 英镑，食宿

① 根据各国议会联盟网站 2018 年更新的信息，目前贵族院共有议员 791 名，其中终身贵族 676 名，世袭贵族 90 名，大主教和主教 25 名。参见：http://archive.ipu.org/parline-e/reports/2336_A.htm.

② 20 世纪英国贵族院的改革包括权力改革（power reform）和成分改革（composition reform）两部分。前者主要指 1911 年的《议会法》，贵族院立法权限由盛转衰，从此贵族院无权提出和否决财政议案。后者指贵族院议员吐故纳新，分为两阶段，一是 1958 年议会通过的《终身贵族法》，将新兴的终身贵族（各行各业精英）引入贵族院，使贵族院重新焕发生机，同时，1963 年议会通过的《贵族法》，允许世袭贵族主动放弃贵族爵位；二是 1999 年议会通过的《贵族院法》，废除了绝大多数世袭贵族，贵族院成为了兼职终身贵族议员积极发挥专业特长的场所，贵族院与平民院的关系从相互平等的伙伴改变为对后者进行补充的议院。改革仍然需要漫长时间来完成，其中难以解决的核心问题是改革后的上院究竟代表谁的利益，是目前单一制下地方的利益，还是选区选民的利益？若代表地方利益，在目前苏格兰、威尔士、北爱尔兰经过长期权力下放斗争后实现地区自治、苏格兰还希望独立的情况下，上院如何能代表这些地区的利益？若代表选区选民的利益，那么全部或大部分经选举产生的上院与下院又有何区别？另外，其民选产生的政治合法性将势必挑战拥有至高无上权力的下院。目前，围绕贵族院的后续改革主要有四种观点（简称 4R）：一是保留（retain），保留目前经女王任命产生的（由终身贵族议员构成的）贵族院；二是改革（reform），将目前的贵族院改为一个民选的议院；三是替代（replace），废除目前的贵族院，代之为全部或大部分民选产生的第二院；四是废除（remove），彻底废除贵族院，只保留平民院。由于工党更加赞成一个全部或部分民选的第二院，保守党则赞成保留现状，两党没有达成共识，至今还没有一种改革方案赢得议会多数的支持.

③ Gillian Peel. *Governing the UK*. *4th ed*. Oxford：Blackwell Publishing，2004：210，78-81.

④ Peter Holmes. *Introducing Politics for AS Level*. Cambridge：Peter Holmes，2008：396.

自理)，上院委员会的活动越来越受到媒体的关注，议院辩论和委员会会议都经 BBC“民主直播”频道播出，所有委员会会议都有网络直播，证据笔录都收录在议会网站上。[①] 目前上院主要发挥立法审议、对公共政策进行深入思考，以及监督政府的职能。[②]

美国采纳两院制的主要原因有：(1) 适应联邦制国家结构的需要。设立两院制既能反映选区选民的政治利益，又能起到在联邦制下保护各州利益的作用；既能代表选区选民的平等代表权，又能代表各州的平等代表权。按照美国宪法制定者之一汉密尔顿的话说：“在具有民族的和联盟的双重性质的复合型共和国之中，政权应该建筑在按比例的以及平等的代表权这两个原则参半的基础上。”[③] (2) 从参议员资格和任期不同于众议员来看，设立两院制能制约民选议院的过激与冲动，防止其为帮派头目所操纵而通过过分或有害的决议。美国首任总统华盛顿在回答国务卿杰斐逊提出为何支持国会两院制的问题时，曾把众议院与参议院的关系比喻为装满滚烫咖啡的杯子与碟子的关系：“我们将立法置于参议院这个茶碟之中是为了使之冷却。”[④] (3) 实现立法机关内部立法权的分立和两院的制衡，防止单一的立法机构为野心所左右或为贿赂所腐蚀。汉密尔顿认为，应该把立法机关分为不同单位，并且用不同的选举方式和不同的行动原则使它们在共同作用的性质以及对社会的共同依赖方面所容许的范围内彼此尽可能少发生联系。从宪法条文看，参议员拥有核准高级官员的任命、批准条约和审判弹劾案等特权，众议院拥有提出征税议案、提出弹劾案等特权，两院在立法、对政府的调查等方面又拥有共同的权力。(4) 设立一个成员任期较长、较有经验且相对独立于民选机构控制的机关，能保持中央政府的稳定性及其国内外政策的连续性。汉密尔顿指出：“政府中若无一精选而稳定的组成部分，其愚昧多变的政策会使外国失去其敬意，这样的国家也不会理解国际舆论，而理解国际舆论与否，不但对于获得别国尊重和信任是必要的，也是值得别国尊重和信任所必需的。”[⑤] 因此，美国宪法赋予参议院拥有批准条约的特权。

除了英国和美国外，还有其他一些西方国家采用两院制。虽然各国采用两院制的实际原因有所差异，但也有其共同之处。对于联邦制国家而言（如德国、意大利、瑞士、加拿大、澳大利亚、俄罗斯、印度等)，采用两院制的一个重要因素是它反映了联邦制的国家结构：由一院代表国民整体的利益，议院代表由国民在各选区普选产生；另一院代表联邦国家组成单位（州或省或邦）的利益，其议席或按各组成单位平均分配方式（如俄罗斯、瑞士、澳大利亚等）产生，或在联邦各组成单位都有议席的基础上根据各自的地位和人口等情况按非平均分配方式产生（如德国、加拿大、印度等)。对于单一制国家而言，采用两院制的实际原因既有设置第二院对第一院通过的立法或决议进行修正或补充，防止其做出草率决定的考虑，也有平衡国家利益和地方利益的考虑。法国戴高乐总统谈及法国建立

---

① Philip Norton. *Parliament in British Politics*. *2nd ed*. Hampshire：Palgrave Macmillan，2013：40-45.

② 立法审议，即对法律草案进行审议；对公共政策进行深入思考，即议员利用其丰富的个人经历对有关公共政策进行调研，通常通过议会特别委员会的形式进行，后者通常需要听取与委员会调查主题有关领域内专家的意见；对政府进行监督，即通过议院辩论和质询对政府进行问责。参见：https://www. parliament. uk/business/lords/work-of-the-house-of-lords/what-the-lords-does/.

③ 汉密尔顿，等. 联邦党人文集. 北京：商务印书馆，1980：314.

④ Christopher J. Deering edited. *Congressional Politics*. Chicago：The Dorsey Press，1989：177.

⑤ 同③319.

两院制的缘由时说："法律和预算应由一个直接普选产生的议会最后通过，这是显而易见的，理所当然的。但是，这个议会的初步动议，未必是完全有远见而明智的，所以必须通过另一种选举方式再组成一个议会，以对第一个议会的议案进行审查、修改和提出建议。既然全国政治的主流必然要反映在众议院里，那么地方生活也应当有它们的倾向和权利。"①

在采纳两院制的国家，议会两院之间的关系实际上主要有两类：一是作为民选的下院或众议院，由于由选民直选产生，直接反映最广泛的基层选区民意，其地位和作用一般都高于和大于非直接民选、代表地区利益的上院或参议院，如英国、法国等国。其表现为享有更大的政治合法性，享有有效的或最终的立法否决权，政府内阁首先对下院（众议院）负责等等。二是两院各自在某些领域享有特权，但更多情况下平等分享和使用权力。如美国参议院拥有审批国际条约权和总统任命政府高级官员的特权，众议院拥有提出征税议案的特权；德国联邦参议院在涉及各州事务的立法中享有绝对否决权；等等。

从世界各国议会制度看，采用一院制的国家多数是亚、非、拉三大洲的发展中国家，以及冷战结束后那些经历了政治剧变的、新兴的、单一制的苏东国家。它们采纳一院制的实际原因不尽相同，但也有其共同之处：认为国民直选的议会反映了公民的意愿，不应当受到第二院的牵制和约束；国家的人口规模较小；新生的国家政权不稳定，实行两院制不利于控制和稳固政权；一院制与高度集权的政治体制相适应，有利于维护政治稳定和提高立法、行政效率。

三、议会的组织机构

西方国家议会的组织机构主要包括议会的领导机构、议会的各种委员会，以及为议会和议院提供各类咨询与服务的辅助机构。

（一）议会的领导机构

议会的领导机构一般分为个人性质的议会领导机构和集体性质的议会领导机构。

1. 个人性质的议会领导机构：议长

议长是议会的主持人和议会对外的代表。议长的产生有以下几种方式：（1）选举。如英国下院议长、美国众议院议长、日本和法国两院的议长。实际上，这种选举往往流于一种形式，因为议长的产生是由多数党决定的。（2）由政府高级官员兼任。如美国副总统是参议院的当然议长，在其缺席或行使总统职务时，由参议院选出临时议长，或由其指定任何一位参议员主持参议院会议。印度副总统是联邦院的当然主席，在其缺席或行使总统职务时，由副主席代理。（3）由国家元首任命。如泰国两院议长、约旦参议院议长等均由国王任命。（4）轮流担任。如奥地利联邦议长由各州派出的首席议员依州名的字母排序轮流担任。德国联邦参议院议长由各州政府的总理按各州人数的多少依次轮流担任。

各国宪法和议会法对议长的职权规定不一，但其主要职权是对内主持议会活动，对外代表议会。一般而言，议长对内主要有以下职权：（1）召集和主持会议：有权依法定时间和程序召集议会会议，并负责主持会议。（2）主持会议辩论：有权决定议员是否在会议上

① 戴高乐．战争回忆录：第3卷：下．北京：世界知识出版社，1981：637.

发言以及发言的顺序和时间，有权中止议员的发言或宣布停止议会的辩论和质询。(3) 主持议会表决：有权决定表决的方法，确认并宣布表决的结果。议长一般不参加议会表决，但有些国家规定，当赞成票和反对票相等时，议长有权投决定性的一票（如英国下院议长和美国众议院议长）。对外而言，议长代表议会或议院进行活动，如兼任国家领导职务、负责与总统或政府首脑联系、在某些特殊情况下代行总统职务等。

2. 集体性质的议会领导机构

集体性质的议会领导机构主要有：(1) 议院主席团（如德国、丹麦、荷兰等），一般由议长、副议长或议会秘书组成，其职能主要是主持日常立法工作，议决议会活动的重要事项以及领导议院办公厅的行政工作，制订议院预算等。(2) 议长会议（如瑞典、芬兰等），一般由议长、副议长或议会委员会主席、议会党团领袖组成，主要负责审查议会的工作，安排议会的议事日程或协助议长领导议会工作。

（二）议会的各种委员会

近代西方国家建立议会制度之初，一般只在议会内设置少数几个委员会，如 16 世纪英国下院每届会期中设有选举、宗教、民众请愿、贸易和法庭事务共 5 个委员会。后来，随着社会经济技术的飞速发展，需要立法的事务日益增多，而处理这些事务需要专门的知识和技能。同时，随着政府（行政）部门职能的扩大及其权力的增长，为保持立法权与行政权的相互制衡，需要议会对政府进行经常而有效的监督。此外，随着议会制度的逐步完善，议会自身也需要对立法工作进行精细的分工和有效的管理。议会的委员会因此得到充分的发展。由于委员会在议会议案的审议、修改和通过中发挥重要作用，故有人称委员会为“行动中的议会”或议会中的“小议会”。委员会的委员人选一般通过选举、推选或选派方式产生，大致与各党派在议会中的力量对比关系相一致，多数党占据多数，少数党占据少数。委员会主席一般由多数党议员担任。各国设立的委员会种类和数目不一，主要有以下几种委员会：

1. 常设委员会或常务委员会（standing committees）

常设委员会一般在每届新议会成立时组成，其任期与议会一届任期或会期相同。常设委员会的主要任务是审议议案，对政府行政部门的活动进行监督，以及对议院本身的事务进行管理。各国设置常设委员会的情况各有其特点。一般而言，大多数国家的常设委员会分为专门委员会和非专门委员会两大类。其中专门委员会一般又分为两类。一类为对议院本身的事务进行管理的议院事务管理类委员会，如英国下院的程序委员会、管理委员会，美国众议院的规则委员会，法国参议院的宪法、立法、普选、规章和行政管理委员会等。另一类为立法与监督类的委员会，其设置一般与某一相应的政府行政部门的设置相对应，或者按专业领域设置（如财政、行政、司法、外交、教育、国防等），或者两者并用。这类专门委员会既行使审议与此相应领域议案的立法职能，同时也行使对此领域政府活动进行监督的职能。如美国、德国、加拿大、日本、荷兰、西班牙等国就是如此。非专门委员会指无专门职权的委员会，它可以审议任何议案。如英国下院的立法类“常设委员会”纯属误称，根本谈不上“常设”。由于没有固定的业务范围，审议什么议案由议长单方面分派，因此每审议一个议案都将成立不同的“常设”委员会，每一次委员会的成员组成及数目都不相同。这类非专门委员会是以英文字母的顺序来排列的，如常设委员会 A、常设委员会B等等。与其他国家不同，英国下院只有监督类专门委员会的设置才与政府行政部门的设置相对应。1979年，英国下院设立了14个部门特别委员会以对政府各部门进行全面的监督，到2010年下院已有共19个部门特别委员会。① 西方各国常设委员会的数目因国而异（少则几个，多则30多个，一般为10～20个），一般与议会的大小、会期的长短和各国的政治传统有关。常设委员会的组成一般也根据议会中政党所占议席多少的比例分配各党在各常设委员会的人员数目。

常设委员会在议会中的地位和作用。一般而言，常设委员会是议会的核心，它们在立法提案、审查议案和监督政府三大领域发挥着重要的作用。但各国情况有所差别。在美国、日本、意大利、德国等国家，常设委员会在立法程序中的地位和作用比较重要。如20世纪70年代前，美国国会常设委员会主席掌握重要立法大权，他们有权安排议程，任命小组委员会，授权法案的审查，决定法案审查的优先顺序，决定召开委员会会议和听证会的时间、地点和程序，对法案的搁置、拖延和通过有决定权。70年代后，随着国会议员资历制度的改革，委员会主席的权力有所削弱，小组委员会主席的权力得到加强。在英国，立法类的常设委员会在立法中的作用较弱，监督类的部门特别委员会在监督政府活动方面的能力和所起的作用比较强。在德国，“议会委员会比英国和法国的议会委员会更加重要，仅次于美国国会委员会。联邦议院有23个常设委员会”，“与美国国会不同，反对党可以担任委员会主席。此外，德国议会委员会不能拒绝议案而只能对其进行审查，召开听证会，必要时向全院大会提出修正案。委员会的活动一般反映了议会作为负责任的政府的批评者而非敌对势力的自我形象”。② 相比之下，法国国民议会中的常设委员会不仅数目少、专业化程度低，而且委员会在审议议案中不能提出修正案，因而其所起的作用更加有限［参见本章第二节中有关立法权的“常设委员会在审议（讨论）法案中的作用”部分］。除美国国会常设委员会配备有比较强大的议会助手和工作人员队伍外，欧洲国家议会在这方面则普遍较弱。这也是影响议会委员会发挥作用的重要因素。

2. 临时委员会或特别委员会（ad hoc committees or select committees）

临时委员会或特别委员会是议会为处理某一具体问题或突发事件而特别成立的委员会，它的作用仅限于在会议期间按照议院决议就某一专门议题或案件进行审理和调查。临时委员会或特别委员会在完成其任务后随即解散。如美国国会经常为调查某一特定问题而成立特别委员会（如20世纪70年代参议院为调查“水门事件”成立的特别委员会，2001年“9·11”事件后美国国会成立的“9·11”事件特别调查委员会等），为国会立法和监督提供事实依据。特别委员会一般无权审议议案和向议院大会提交法律草案，只对某一问题进行研究、调查和提出建议。英国下院为监督政府的政策和活动也经常成立针对某一具体问题或事件的特别调查委员会。法国和加拿大的议会中也设有这种因临时或特别事务而设置的专门委员会。

3. 两院联合委员会（joint committees）

在两院制国家中，当议会须做出与两院有关的决定或审议与两院意见不一致的议案

---

① Gillian Peel. *Governing the UK*. *4th ed*. Oxford：Blackwell Publishing，2004：231；House of Commons Information Office. *Departmental Select Committees*. House of Commons，2010.

② David P. Conradt. *The German Polity*. *5th ed*. New York：Longman Publishing Group，1993：138.

时，往往成立特别的两院联合委员会。在前一种情况下，联合委员会是为两院管理工作和研究某些重要问题而设立的。如英国在 1998 年通过了人权法后，议会成立了一个两院联合委员会对人权问题，尤其是各种议案对人权产生的影响以及补救措施进行监督。美国第 106 届国会（1999—2001 年）设有 4 个联合委员会：经济联合委员会、图书馆联合委员会、出版联合委员会、税收联合委员会。[①] 在后一种情况下，这种联合委员会又称为两院协商委员会，由两院议长在各院任命若干议员组成，协商委员会对两院有争议的法案进行斟酌，并制定出妥协方案（参见本章第二节议会的立法权中通过法案部分）。

4. 全院委员会（the whole committees）

全院委员会是指由议会某一院全体议员组成的委员会，是议院多数党利用其政治优势加快通过或否决某一议案的一种会议组织形式，主要见于英国、美国以及加拿大等联邦国家。与议会全体会议相比，全院委员会由其主席或副主席而非议长主持会议；主要职责是讨论财政预算及税收议案或有争议性的议案；全院委员会开会时的议事规则比较松散，无须遵循严格的议院辩论规则。由全院委员会通过的议案或修正案最后交付全院大会表决通过。

（三）议会的咨询及服务机构

1. 议会办公厅（如比利时、西班牙、意大利众议院，瑞士联邦院等）

一般由议长、副议长、议会秘书、稽查等组成，为议会咨询兼事务性机构，通常在行政事务和财务方面协助议长工作。

2. 元老委员会（council of elders）和顾问委员会

元老委员会为德国联邦议院的咨询机构，由议长、副议长、各议会党团推荐的资深议员组成，负责协商分配各委员会正副主席和委员会人选，设定议事日程等。顾问委员会为德国联邦参议院的咨询机构，由各州派一名资深政界人士组成，为议长和主席团就处理本院事务提供咨询。

3. 其他咨询和服务机构

关于其他咨询和服务机构，各国设置不一。如美国众议院在议长领导下设置的行政机构有秘书办公室、议事程序办公室、立法法律顾问处等；参议院在参议院主任秘书领导下设置的行政机构有《国会记录》和《每日公报》出版机构、国会图书、财务办公室等；两院共有国会总审计局（辅助国会监督政府财政）、国会预算局（协助国会审查预算）、国会技术评审局（评审各领域的科技进步及其发展方向，供国会参考）。

第二节　议会的职权

议会的职权，一方面反映在表示议会实体的词语当中，其中“国民大会”（assembly）、“国会”（congress or diet）侧重于聚会，“议会”（parliament）侧重于对话，“杜马”（duma）侧重于审议，而“立法机构”（legislature）侧重于通过法律；另一方面，它

① Roger H. Davidson & Walter J. Oleszek. *Congress and Its Members*. Washington, D.C.: CQ Press, 2000: 205-206.

与议会在国家政治生活中的法律地位密切相连。有些国家的议会为国家最高权力机关，其法律地位居于行政和司法之上，如英国、德国、日本、澳大利亚等。有些国家的议会是国家最高的、唯一的立法机关，但不是最高权力机关。议会与总统、法院在法律地位上权力分立与制衡，如美国国会。也有的国家的议会仅是立法机关，没有明确其“最高”“唯一”的特性，因而其职权比较有限。在法兰西第五共和国政体中，总统掌有直接领导政府的重要权力，但不向议会负责，议会有权提出对政府的不信任案，而总统又有权解散议会，因而使法国议会兼有英、美两国立法机构的特征。总之，西方各国议会职权的大小因各国政体的不同、议会的法律地位不同而有差别。一般来说，议会制共和国的议会职权大于总统制共和国的议会职权，总统制共和国的议会职权又大于二元君主制国家的议会职权。但总的来看，西方国家的议会一般都拥有政治代表、辩论审议、立法权、财政权、产生政府、监督政府六大职权。①

一、政治代表

议会作为西方国家的代议制机构，其政治代表（political representation）职能应该是不言而喻的，议会议员通常以政党身份代表并服务于选民的利益。然而，关于“代表”的含义，即议员是如何代表和实现选民的利益的，学界却没有取得一致的看法。如前所述（本章第一节议员的权利与义务），有全权受托模式、受命代表模式、授权模式、摹本模式等典型的代表理论。

美国政治学者皮特金还提出了形式代表、象征性代表、描述性代表和实质性代表理论。② 所谓形式代表（formalistic representation），只关注代表性的程序和安排，如代表是如何履职的，是如何落实选民的决定的，是如何对选区选民做出回应的，以及是如何对选民负责的。象征性代表（symbolic representation）只关心选民对代表的感觉。例如，代表是否有能力并且关心他们所在地区的广泛利益，或者过于党派化，被特殊利益所俘虏，或者无法接近。描述性代表（descriptive representation）认为议会应该是社会的缩影，不仅仅是代表社会行事，而且应该准确地“再现”社会的多样性，议员构成应该反映社会人口中性别、种族、贫富、受教育程度等真实比例，实际上与摹本模式代表理论一致，是一种不切实际的想法。实质性代表（substantive representation）关注代表是如何对其选民利益需求做出回应的，这是代表性中涉及的最重要的问题，但是也涉及哪些选民具有成熟的政治需求，以及他们是否明白其所拥有的所有选项。大多数情况下，选民的政治需求和知识水平低下，使得代表难以做出充分回应，一个选区内可能包含有不同的需求、关切和价

---

① Rod Hague，Martin Harrop，John McCormick. *Comparative Government and Politics，An Introduction*. *10th ed*. London：Pulgrave Macmillan，2016：128-133. 19 世纪英国著名学者沃尔特·白芝浩在英国 1867 年《宪法》中指出，英国平民院具有五大职能，选择政府的选举职能，代表民意的表达职能，传授国家新知识以改变社会的教育职能，提出申诉、让人们听到其他途径听不到的消息的告知职能，立法职能。20 世纪 70 年代学者罗伯特·帕肯汉姆还提出了议会的 11 大职能：通过定期开会的潜在合法化职能、通过盖章同意的宣示职能、释放紧张压力的安全阀职能、政治录用职能、社会化职能、培训职能、立法职能、解决系统僵局的出口职能、利益表达职能、解决冲突职能、监督政府的职能。参见：Philip Norton. *Parliament in British Politics*. *2nd ed*. Hampshire：Palgrave Macmillan，2013：7-10.

② Pitkin，Hanna Fenichel. *The Concept of Representation*. Berkeley：University of California Press，1967.

值观，需要代表在竞争性的需求中做出某种平衡。

英国18世纪政治家埃德蒙·伯克提出的集体代表理论（collective representation）也具有重要的影响。这种理论认为，议员应该代表全体选民的利益，而非所在选区选民的利益。伯克在1774年赢得布里斯托选区在议会的席位后发表的演说中指出：议会不是由代表各种不同且彼此敌对的利益的使者所构成的代表大会，议会是一个国家、一种利益、作为一个整体的审议性代表会议；在这样的议会中，没有地方目的和地方偏见，能够引导行为的只应是产生于整体的普遍理由的普遍利益。你们的确是在选出一位议员，但当你们选择了他，他就不是布里斯托的议员，而是议会的议员。①

在实际政治生活中，议员的代表性受到不同政体结构、政党制度、议题性质、利益集团和个人职业发展等多种利益的约束和影响。在某些总统制国家（如美国），受联邦制和松散的政党组织结构和组织纪律的影响，议员由选区选民投票产生，议员的代表性更多地表现为议员经常将选区选民的利益置于首位，将自己视为本选区选民的代表而非全体国民的代表。在某些两党制议会内阁制国家（如英国和加拿大），议员选举时选民更多的是按政党标签投票，议员在议会受到党纪的严格约束，更多地服从本党的意志和主张。当本党的政策建议明显地与议员所代表的选区选民的利益相冲突时，议员常常被允许对其投弃权票，但很少投反对票。在议会多党制国家（如法国和德国），由于部分议席通过比例代表制产生，选民选举时是按照政党名单投票而非议员个人名单投票，政党的政治纲领和政策主张成为选民投票时的首要选项，因此，议员是凭借政党的标签而当选的，当选后自然是更多地将政党的利益与国家利益结合起来。此外，在国防、外交、国际关系、全球性议题上，议员更多从国家整体利益出发。在涉及不同行业和领域的竞争性议题时，议员经常受到强势利益集团的游说和影响，乃至事实上成为某些利益集团的代言人。议员也需要考虑自己连选连任和自己的职业发展规划。总之，议员们都面临对国家利益、政党利益、集团利益、选民利益与自己的个人利益（包括道德价值判断）进行平衡并做出抉择。② 现实政治中，经常出现一些国家少数政客将个人利益或政党利益或集团利益置于选民利益或国家利益之上的现象，这也是导致西方政党政治衰弱和选民投票率下降的重要原因之一。

二、辩论审议

作为代议制机构，议会是社会各种政治利益表达和聚合的场所，对重要公共事务进行辩论和审议，也是议会立法过程中不可缺少的重要职能。西方国家议会从其职能看，有注重议院辩论的立法机构（debating legislature）和以委员会为基础的立法机构（committee based legislature），前者议会审议采取在有时称作议院全会或全院性大会上进行一般性辩论的形式进行。例如，在英国平民院，许多重要问题最终要交付议院大会，后者对其展开

① Rod Hague，Martin Harrop，John McCormick. *Comparative Government and Politics*，*An Introduction*. *10th ed*. London：Pulgrave Macmillan，2016：129.

② 有研究资料表明，当英国下院议员被问及“在议会面临多种利益需要代表时，哪种利益作为代表在决策时十分重要?”结果认为议员所在地方选区利益的占92.7%，认为个别选民利益的占91%，认为国家整体利益的占89.4%，认为所在政党利益的占71.5%，认为某一特殊原因的占48%，认为部门利益或选区政党利益的各占33%。参见：Philip Norton. *Parliament in British Politics*. *2nd ed*. Hampshire：Palgrave Macmillan，2013：230.

充满激情和党派政治的辩论。议院辩论成为国家政治讨论的竞技场，也构成连续竞选活动的一部分，议院辩论显示的氛围常常比随后的投票更加重要。19 世纪英国政治哲学家约翰·斯图亚特·密尔在《代议制政府》中曾就议会辩论的作用指出：当议论的主题涉及国家重要的公共利益时，除了议论，我不知道代议制议会还有什么其他方式能更好地使自己发挥作用，议论的每一句话，不是代表着这个国家重要团体的意见，就是代表某个重要团体所信赖的个人的意见。

在现实议会活动中，英国议会两院议员在议会辩论中对政府的政策进行辩论，或提出某项新的立法动议，或讨论当前的热点话题。平民院议员可以借此表达其选区选民的关切和要求，贵族院议员可以借此就公众关心的问题发表意见。平民院的辩论通常很活跃，议员们互相干预对方的讲话以支持或质疑其观点，这是一种动态的讨论方式，议员们通常对其他发言者的观点做出回应，而不是宣读正式的固定模式的演讲稿。在贵族院的辩论中，议员们通常具有丰富的行业、职业和组织经历，这些经验可以在有公众参加的议院辩论中派上用场。总之，议会辩论旨在帮助议员就某一问题做出明智的决定，辩论结束时往往会进行分组（赞成或反对）投票，可能涉及通过或拒绝某项立法建议，或只是记录他们对某一问题的意见。所有辩论将记录在出版物《议会议事录》上，随后印刷出版或在网上发行。

以委员会为基础的立法机构（如美国和北欧斯堪的纳维亚半岛国家的议会），议会审议较少具有戏剧性，一般采取在议院委员会进行政策讨论的形式，其实际工作是对政府提出的建议进行评估，为此举行听证会，同时对政府的行为进行监督。与议院固定模式辩论（双方有得有失）相比，这种审议风格少有戏剧性，但更加谨慎细致而富有建设性。

在美国，国会所有向两院提出的议案均先送交有关常设委员会，常设委员会主席通常把议案交给下属的小组委员会审议，也可由常设委员会直接审议。小组委员会审议时，经常就议案举行公开或秘密的听证会；完成审议后，向常设委员会提出报告（包括其建议和修正），由常设委员会对报告进一步审议和修改。若常设委员会直接审议议案，则同样采用举行听证会和审议议案的方式。若常设委员会拒绝一项议案，该议案很可能就此夭折。一般而言，常设委员会的报告均为全院所接受。因此，常设委员会拥有否决或通过议案的权力，它们向议院提交的报告在很大程度上决定了议院辩论的内容和形式，由此决定了议院的议事日程。国会两院只有在常设委员会向议院提交报告后，才对议案进行全院大会的审议和辩论，辩论结束或决定增加议案修正案时，将进行议院表决。

三、立法权

立法权（legislative power）一般指立法机关（议会或其他代议机构）制定、修改、通过或废止法律的权力，是统治集团将其意志升华为国家意志即法律的权力，也是立法机关首要而传统的权力。

西方各国议会的立法范围各异。在一些议会享有最高权力机关法律地位的国家，如英国、日本、澳大利亚等，议会自称可制定、修改任何法律。但是，有些国家议会的立法范围是有限的。如法国现行《宪法》规定：制定和修改有关公民权利、国籍、婚姻制度、继承权和赠与、刑法、刑事诉讼程序、大赦、税收、货币制度、选举制度、设立各类公益制度，以及经济计划包括企业国有化等方面的法律，属议会专有权限；对于国防总的组织体制、地方单位的行政管理、教育、民事规章制度、劳动权、工会权和社会治安等，议会只能确定一般规则，其具体细则和实施措施由政府通过行政命令制定。因此，法国议会的立法范围受到宪法的严格限定。在西方联邦制国家，联邦的立法权限与各州的立法权限的划分，一般在宪法中通过以下三种方式加以列举和规定：(1) 有些国家（如美国、瑞士）列举联邦的立法事项，将未列举的事项归于各州，其目的是限制联邦的权力。(2) 有些国家（如加拿大、澳大利亚）同时列举联邦和州各自的立法事项，将未列尽的事项归联邦保留，因而偏向限制各州的权力。(3) 有些国家（如德国、印度、俄罗斯）同时列举联邦和州的各自立法事项及其共同立法事项。

议会在行使立法权时，为保证立法严肃慎重和议会少数派的权利，须遵循法定的程序，即立法程序。一般而言，立法程序主要包括提出法案、审议（讨论）法案、通过法案和公布法律四个阶段。

(一) 提出法案

目前西方国家议会立法的实践中，能提出法（议）案的有下列几类主体：

(1) 议员。议员是立法提案权的主体。美国《宪法》规定，所有法案由国会自行提出，因此形式上只有国会议员有权提出法案。在英国，议员提出法案无人数限制。法国、意大利等国规定，议员个人或一定数量的议员均有权提出法案。日本议员提出法案在众议院须有 20 名议员以上，在参议院须有 10 名议员以上赞同。德国联邦议院议员须有 26 人联名方可提出法案。此外，一些国家规定，议员不得提出有关政府财政收支方面的法律草案，如英国、法国、意大利、加拿大、澳大利亚等。俄罗斯《宪法》第 104 条规定，有关实行或取消征税、免税、发行公债、改变国家财政义务的法律草案和其他用以规定联邦预算抵补的开支的法律草案，只有在俄罗斯联邦政府做出结论后才能提交。

(2) 议会中的委员会。有些国家明文规定委员会有权依有关程序提出法律草案，如瑞士、西班牙、意大利、日本、芬兰等。有些国家虽无明文法律规定，但常委会有权修改或重新起草政府或议员提交的法案，因而实际上享有立法创意权，如奥地利、意大利、瑞典等。在美国，立法提案权由议员个人行使，但法案是否提交院会则要由相关的委员会决定。任何法律草案须经委员会决定并向院会提出报告，将法案列入院会议事日程后，才有可能成为法律。因此，委员会的法案报告权，广义上类似于委员会向院会提出法案的提案权。

(3) 国家元首。有些国家明文规定国家元首有立法创意（提案）权，如比利时、俄罗斯。有些国家根据宪法惯例或实践，由国王将政府的立法计划纲要提交议会，如英国、荷兰和约旦等国。英国国王在每届议会开幕时在上院发表的演说是政府（内阁）一手策划的，概括了新一届议会期间政府的立法纲要，相当于美国总统的国情咨文。

(4) 政府（行政部门）。大多数西方国家规定议员个人和政府都有权提出议案。但实际上，议会审议和讨论的大多数议案都是政府提出的。在英国，“数量和性质上都十分重要的公议案通常是由政府提出的”①，政府主导着公议案的准备、提出和通过等所有阶段。在德国，大多数立法是由联邦政府的部长起草并提交议会的。美国《宪法》第 2 条第 3 款规定：“总统应不时向国会报告联邦情况，并向国会提出他认为必要和妥善的措施，供国

---

① Gillian Peel. *Governing the UK*. *4th ed*. Oxford：Blackwell Publishing，2004：220－221.

会审议”，实际上成为总统建议立法的宪法依据。因此，美国总统通过每年向国会提交的国情咨文、预算咨文、经济咨文和各种特别咨文提出其立法建议。有些国家的宪法明文规定，政府提出的法律草案在议会的讨论中占优先地位（如法国《宪法》第48条就有类似规定）。有些国家依宪法惯例，政府提出的法案在议会讨论中享有优先权（如英国等）。还有些国家规定，有关财政预算和收支方面的议案必须由政府提出（如英国、法国、意大利等）。

（5）一定数量的公民。少数国家规定，一定数量的公民有权提出法律草案。如奥地利规定20万以上、意大利规定50万以上、瑞士规定5万以上的选民联名可提出法律草案。美国一些州规定，有本州3%～5%的选民的签名，可提出法律草案。实际上，由选民提出法律草案的例子很少。

除上述5类主体有权提出法案外，俄罗斯《宪法》第104条规定，联邦宪法法院、联邦最高法院和联邦最高仲裁法院在由其管辖的问题上也有立法提案权。有的国家还规定地方当局、法人公司、社会团体等有权提出法案。有的联邦制国家的宪法规定，州议会拥有提出法律草案的权利。

（二）审议（讨论）法案

有些国家规定，议案或法律草案在列入议会议事日程之前，必须经过有关机构的审查。在英国，议案分为公议案和私议案两种。公议案（public bill）指由政府（内阁）或议员提出，其内容涉及政府政策的议案，占议会审议和讨论的议案的绝大部分。私议案（private bill）指议会外的非政府机构（如社会团体、企业和个人）提出，涉及提案人权益而非公益的议案。私议案约占议会通过的议案总数的1/8。① 按规定，私议案只安排在议会开会期间的每周五讨论。在日本，议长接到议案后，交给相应的委员会审议，经委员会审议通过后的议案方可列入议院的议事日程。在美国，议长接到议案后，交本院主管委员会处理，后者决定是否将议案提交全院大会审议。在众议院，主管委员会审议后提出的议案，必须经程序委员会安排，才能列入议程。

1. 审议（讨论）法案的程序

西方国家的议会在讨论法案时，一般采用一读通过、二读通过和三读通过三种程序。一读程序（one reading）指将议案或法案草案交有关委员会直接审议，委员会可提出修改意见，然后向议院大会提交审议报告，议院大会对之进行辩论或提出修改意见，随后进行表决。目前只有法国、挪威、日本等少数国家采用一读程序。二读程序（two readings）一般指议院大会在议案或法律草案提交委员会之前，对其总的原则进行辩论，此为一读；议案或法律草案提交有关委员会审议和修改，委员会提出审议报告交议院大会，由议员对议案或法律草案的条款和委员会的修正案进行第二次辩论，最后进行表决，此为二读。目前也只有少数西方国家采用二读程序（如荷兰、希腊等）。三读程序（three readings）是西方较多国家的议会审议和通过法案的一种程序（如英国、美国、加拿大、印度、德国、意大利等）。一读是宣布议案或法案草案的名称或要点，然后将其送达有关委员会审查；二读是宣布议案或法案草案的内容，对委员会提交议院大会的审议报告或修正案进行辩

① Peter Holmes. *Introducing Politics for AS Level*. Cambridge：Peter Holmes，2008：350.

论；三读是对议案或法案草案或其修正案进行文字修改和表决。具体做法各国不尽相同。在英国下院，一读是宣布议案的名称，规定二读的日期，将议案付印并分发给议员；二读是全院就议案的一般内容和原则展开辩论，提出修正意见，议案经二读后分别送达有关的委员会审议，委员会只能根据议院辩论的意见进行修正而无权搁置议案；三读是议院就委员会审议后呈送全院大会的议案进行最终的审议和表决通过。

2. 常设委员会在审议（讨论）法案中的作用

如前所述，常设委员会在议会中的核心地位和作用可从其在审查议案过程中发挥的重要作用体现出来，但各国情况有所差别。在实行一读程序的国家，法案的审查、修改和处理主要是在常设委员会进行。在法国，为了削弱常设委员会在立法程序中的权力，避免将同一类事项交几个委员会审议而浪费时间，1958 年《宪法》将国民议会中的常设委员会从第四共和国时期的 19 个削减至 6 个，2008 年宪法改革后增至 8 个。每个常委会人数从 60 到 120 名不等，其规模由此变得更加庞大而缺乏专业性，其目的是阻止将来可能成为政府部长的专业化素质很高的代表们之间的互动。此外，常委会讨论和审议的时间有限，除每周三全天开会外，其他工作日只有上午在工作。再者，在议会议事日程上，政府的立法事项被置于首位，以保证其得到优先处理。常委会审议后的议案和审议前几乎一模一样，常委会不能在审议时提出对议案的修正案，只能在呈送议院的报告中表明支持哪些（在议院一般性辩论中议员或政府提出的）修正案。因此，常设委员会的作用比较弱。①

在实行三读程序的国家，英国议会常设委员会的作用较弱。在下院，议案一般是通过二读后才送达委员会，此时议院已基本上通过此案，委员会的作用只是仔细审查和斟酌议案，按照议院大会辩论中提出的要求对之进行修改，而不能拒绝此议案。此外，与英国监督类专门委员会不同，立法类常设委员会没有被授权接受证据或证词，因此任何试图游说和影响审议中的委员会的团体只能给委员会成员写信。

在美国，国会所有向两院提出的议案均先送交有关常设委员会，委员会主席通常把议案交给下属的小组委员会审议，也可由常设委员会直接审议。小组委员会审议时，经常就议案举行公开或秘密的听证会；完成审议后，向常设委员会提出报告（包括其建议和修正），由常设委员会对报告进一步审议和修改。若常设委员会直接审议议案，则同样采用举行听证会和审议议案的方式。若常设委员会拒绝一项议案，该议案很可能就此夭折。一般而言，常设委员会的报告均为全院所接受。因此，常设委员会拥有否决或通过议案的权力，它们向议院提交的报告在很大程度上决定了议院辩论的内容和形式，由此决定了议院的议事日程。此外，常设委员会在议会审议和讨论议案或法律草案过程中经常需要进行调查和举行公开的听证会，由此为各种议会外不同的利益集团和选民组织提供了可以广泛参与的公共论坛。②

在德国联邦议院和联邦参议院，议案或法律草案在一读后交给各常设委员会审议和修改，然后由常设委员会向议院大会报告，进入二读程序（议院大会为之展开辩论）。由于

① Jorgen S. Rasmussen & Joel C. Moses. *Major European Governments. 9th ed*. Belmont，California：Wadsworth Publishing Company，1995：290－291.

② Gillian Peel. *Governing the UK. 4th ed*. Oxford：Blackwell Publishing，2004：224.

议会大多数重要立法工作都在常设委员会进行，常设委员会在审议和讨论议案或法律草案中经常召集内阁部长回答质询，也召集专家证人到场做证，还经常邀请政府有关部门的公务员和各州的代表前来提供咨询，常设委员会的决议或报告一般都为全院大会所接受，因此它们在立法程序中的作用十分重要。

3. 审议（讨论）议案或法律草案过程中利益集团或压力集团的影响

议会及其常设委员会在立法或利益确定过程中的重要作用，使其自然成为压力集团的主要活动目标。一般说来，压力集团影响议会立法主要有以下几种方式：

（1）直接派代表出席议会委员会和小组委员会的听证会并做证，提出支持或反对或修改某一与已相关的议案或法律草案，力求以有说服力的理由打动议员。

（2）同议员及其助手直接接触，设法争取议员的支持与合作。在英国，一些压力集团直接聘请议员担任本集团的名誉顾问，或拉拢议员充当公司名誉经理、主要持股者、合作伙伴等。“一半以上的议员，包括大多数保守党议员和少数工党议员，都与工商业有某种联系。”工党与工会压力集团“职工大会”的关系更是密不可分，乃至工党素有“2/3 的压力集团，1/3 的政党”之称。① 尽管 20 世纪末工党有意地削弱它与工会之间的关系，但这种关系“塑造了工党的历史，赋予其意识形态、结构和政策上独有的特征”。② 在美国，压力集团通常聘请大批前国会议员和国会工作人员充当院外活动分子，由于他们不能进入国会大厅，只能在走廊和休息室向议员直接游说，故人们常称之为走廊游说分子(lobbyist)。为密切与议员交往，进一步影响立法过程，院外活动分子利用一切机会向议员陈述本集团对审议中的议案或法律草案的立场和观点、重视程度，阐明议员投票态度与本集团对议员的支持之间的利害关系，并主动为议员提供大量的免费服务，如提供与该议案或法律草案有关的资料、数据、详尽的分析报告，协助议员拟定立法策略，代为起草法案等。事实上，议员们在很大程度上有赖于这种免费服务。

（3）积极支持本集团拥护的议员候选人竞选，为其提供巨额竞选经费，以求得当选议员的事后回报。

（4）充分利用大众传媒工具制造舆论，发动基层游说。压力集团通过刊登广告、发表谈话和演说、向新闻界发布消息和评论以及向选民寄送材料等方式，宣传本集团的有关主张，争取公众的理解和支持，从而形成舆论压力，影响议会立法过程。压力集团还推动和组织其成员向其国会议员写信或发送电子邮件、打电话或访问，对议员们施加压力。实际上，这是压力集团采取的一种迂回而有效的间接游说手段。

（5）有的国家的压力集团还通过司法诉讼等方式，游说法院宣布议会通过的某些立法违宪。如美国 20 世纪 30 年代初期，企业集团向法院提出诉讼，控告罗斯福“新政”中的某些重要立法违宪，结果获得成功。全美有色人种协进会从 20 世纪 30 年代起不断向法院提出诉讼，控告各州的种族隔离法违宪，终于在 1954 年取得胜利。

（三）通过法案

1. 以普通程序通过法律

西方多数国家规定，一般法律以普通（简单）多数票通过即可，宪法性法律和宪法修

① W. N. Coxall. *Parties and Pressure Groups*. *2nd ed*. New York: Longman Group Limited, 1986: 144, 17.

② Gillian Peel. *Governing the UK*. *4th ed*. Oxford: Blackwell Publishing, 2004: 285.

正案则要求 2/3 以上的多数票通过。

在议会一院内部通过法律时，当议案赞成票与反对票相等时，有以下四种处理方式：

(1) 视议案未能通过，如奥地利、比利时、卢森堡、丹麦、法国、意大利、西班牙等。

(2) 由议长投决定性的一票，如英国下院、美国参院、日本两院等。

(3) 留待下次会议决定，如荷兰。

(4) 抽签决定。由议长指定一位议员抽签决定，如瑞典、芬兰。

在两院制国家，议会通过法律时大致有以下六种不同方式：

(1) 法案先经一院通过，再交另一院通过，若两院意见不一致，则成立两院协商和调解委员会。若调解委员会取得一致意见，则将法案的修正案提请两院分别讨论，两院可否决或通过法案；若调解委员会仍无法取得共识，法案即告夭折。美国两院即如此。

(2) 下院拥有通过法律的决定权，上院只能对法律表示反对或拖延，但不能阻止法案通过。如英国上院对下院通过的法案只能将之拖延一年生效，对财政议案只能拖延一个月。下院连续两次通过的法案若被上院连续两次拖延，下院可将该法案提请英王批准。

(3) 法案必须由两院通过，若两院产生分歧以至相互否决，法案只能在两院间往返（如法国、意大利等）。在法国，此时政府可进行干预，由总理召集两院混合委员会协商。若协商成功，混合委员会拟定的文本可由政府提交两院通过。若协商失败，政府可在两院再读之后，要求下院做出最后决议。

(4) 下院权力大于上院，但上院可否决下院通过的某些议案。如德国联邦议院通过的一般性法律和决议若遭参议院反对，只须联邦议院再次通过即可；若遭参议院多数或 2/3 多数反对，联邦议院则须以相应多数或 2/3 多数再次通过，才能使法律和决议生效。但对于那些涉及各州权益的联邦性法案，参议院拥有绝对否决权。

(5) 法律必须由两院通过，若众议院通过的议案先后两次遭参议院否决，则解散两院，若新选举产生的两院仍不能达成协议，法案得以议会两院联席会议成员的绝对多数票通过。澳大利亚即如此。

(6) 若两院意见不一致，则成立两院调解委员会消除分歧，由下院对法案进行复审。在下院不同意上院决定的情况下，若下院再次表决并以全院 2/3 的代表投票通过，则法案视为通过。俄罗斯即是一例。

2. 公民复决

在某些国家，议会通过的某些重要立法（特别是宪法草案或宪法修正案），必须提交公民复决（referendum），即由公民（或国内某些地区的公民）通过投票直接对其表态并做出决定。公民复决在立法机关之外进行。

从西方各国的实践看，公民复决主要有以下几种方式：

(1) 强制性公民复决，指某些特定的法律（主要是宪法或宪法修正案）经议会通过后，必须交公民复决。如法国 1958 年《宪法》第 89 条规定：修改宪法的草案或提案应由两院以同样的文本表决通过，经公民投票通过后，宪法修改才最后确立。战后日本《宪法》第 95 条规定：仅适用于某一地方公共团体的特别法，须经该地方公共团体居民投票半数以上同意，国会不得制定。

(2) 有条件的或非强制性公民复决，指某些议会通过的特定法案，由国家元首、政府首脑或特定数目的议员决定是否需要提交公民复决。如 1958 年法国《宪法》第 11 条规定：总统可根据政府或议会两院提出的联合建议，将含有认可共同体协定的或旨在授权批准一项不违反宪法但可能影响现行制度运行的条约的一切有关公共权力机构组织的法律草案，提交公民投票。又如奥地利国民议会可根据绝大多数议员的决定，将其所通过的法案提交公民复决。

(3) 根据请求而进行的公民复决或可选择的公民复决，指立法机关通过的法案，可根据一定数量的议员或选民的请求而提交公民复决。如瑞士联邦《宪法》规定，联邦法律如有 5 万公民签名提议，或全国 23 州中 8 个州的提议，就应该交付公民复决。

西方国家的议会对法律草案的表决方法通常有公开表决和秘密表决两种。公开表决包括起立、记名投票、举手表决、呼声表决、唱名表决、分组表决等。秘密表决包括无记名投票、投球或投竹签表决、电子表决等。

在有些国家，法律通过后必须由国家元首批准，然后再予以公布。国家元首可以绝对否决或拖延法律的通过。美国总统可以否决国会送交审批的法律，但若国会两院每院以 2/3 多数再次通过此法律，该法律即行生效。若总统收到法案 10 天之内不签署，而此间国会已休会，该法案即被否决，也称为“口袋否决”。“口袋否决”既不需要理由也不能被国会推翻，实际上具有绝对否决性质。在芬兰，总统拒绝批准的法案若获下次选举产生的议会的再次通过，则成为法律。在俄罗斯，总统可在收到联邦法律的 14 日内将之发回国家杜马和联邦委员会重新审议，若该法律未加修改获两院不少于 2/3 多数票的赞成，总统必须在 7 日内签署并颁布。在德国，联邦总统对议会通过的法案，可以其不符合宪法为由拒绝签字，行使绝对否决权。在印度，总统必须批准议会通过的财政法案而不能更改，但总统有权拒绝批准非财政法案并将其送回两院重新考虑，若法案未经任何修改再次获得两院通过，总统不得不加以批准或拖延批准时间。英国国王理论上享有对议会通过的法律的绝对否决权，但实际上近两百年来从未使用过。

(四) 公布法律

大多数西方国家一般都在宪法或专门有关的法律中规定了公布法律的程序。各国公布法律的程序简繁不一。大多数国家的法律都公布在政府公报或法律公报上。

有些国家对公布法律的期限做了明确规定。如《意大利共和国宪法》规定，法律由共和国总统于批准之日一个月内公布之。法国《宪法》规定在议会通过后 15 天内公布。俄罗斯宪法规定，总统应在 14 日内签署联邦法律并颁布。许多国家还规定，若法律本身未规定其生效期限，则应在公布后一定期限内生效。各国对法律生效期限的规定不一，意大利为 15 天，德国为 14 天，奥地利为 1 天，芬兰规定为公布之日起生效。

此外，委托立法 (delegated legislation) 也普遍存在。委托立法一般指立法机关通过法定形式将某些立法权授予行政机关，由后者依据授权法制定具有和法律同等效力的规范性文件的行为。在英国，有时议会通过的法律只规定一般原则，而授权内阁或地方政府制定实施细则。美国通过司法判例确认立法权在有法定标准限制的前提下可授予行政机关。法国 1958 年《宪法》第 38 条规定，政府为实施其政纲起见，得要求议会授权它在一定期限内以法令形式对于通常属于法律范围的事项采取措施。

委托立法的产生是由科技进步和经济、社会发展等多种因素造成的。(1) 现代科技的进步带来社会分工的日益精细，社会关系的日益复杂带来各种社会问题的不断增多，客观上要求立法职能适应形势发展的需要，而立法机关往往能力和时间有限，立法程序烦琐，修改和补充法律也比较麻烦，这种僵硬的立法机制难以满足社会发展变化的需要。(2) 经济的发展以及国家对经济社会各个领域的干预进一步强化了国家行政权力，委托立法的产生适应了垄断资本发展的需要。(3) 委托立法也是为了应付紧急情况的需要。“在一个现代化国家中，在许多场合有采取立法行动的突然需要。对于许多这样的需要，委托立法是唯一方便的或是唯一可能的应付办法。”① 在天灾、战争、动乱和经济危机等紧急情况下，靠立法机关按部就班依照立法程序应付紧急情况往往行动迟缓而贻误时机。相比之下，行政机关具有针对性强、信息灵通、行动敏捷等特点，因此委托给行政机关一定的立法权，有利于应付国家发生的紧急情况。

为了防止行政机关滥用委托立法权，许多国家对委托立法权的事项、授权的范围、对象以及授权的程序等进行了详细而严格的限定，并制定了法律对委托立法权的实施进行监控。

四、财政权

财政权（power of the purse，也称财政议决权或财政监督权）一般主要指议会审议和批准政府的财政预算和财政决算的权力，常常被形象地称为议会的“钱袋权”或“管理国库的权力”。从近代西方资产阶级提出“不出代议士不纳税”的反对封建王权的口号来看，财政权是西方议会的传统权力之一。

议会财政权的内容，各国规定不尽一致，但主要是批准政府的预算和决算。根据规定，政府每年的总收入和总支出都须得到议会事先的同意，支出的分配细目也须经议会同意，政府的支出只限于议会同意的范围之内。因此，政府事先编制出某一期限内（通常为一年）国家收入和支出数额的方案，以得到议会的同意，这就是财政预算。同时，政府对上一个期限内政府收入和支出的数额做出总结，并向议会报告，这就是财政决算。

预算案的期限一般为一年，叫作财政年度或会计年度。西方各国的财政年度的起止时间不一。若在财政年度开始前议会来不及通过全部预算，则可通过临时预算法案。决算案一般由政府财政部门汇编、制定，先送审计机关审核，然后转呈议会审议通过。

一般而言，财政预算案由政府提出。在议会制国家，预算案只能由政府（内阁）提出。在英国，依宪法惯例，只有政府才能提出财政收支议案，一项授权财政开支（甚至不涉及财政拨款）的议案也必须由政府提出。在兼有议会制和总统制特点的法国，财政预算和收支方面的议案必须由政府向国民议会提出，若国民议会 40 天内未采取行动，政府可将之提交参议院。在英国、法国、意大利、比利时、奥地利、西班牙、加拿大、澳大利亚、印度等国，议员不仅无权提出有关财政方面的议案，而且对政府提出的议案的修正案也不得包含增加财政支出或削减财政收入的内容。如法国《宪法》第 40 条规定：议会议员提出的建议案和修正案，如果通过的结果将减少国家收入或将新设或加重国家支出，即

① 詹宁斯. 英国议会. 北京：商务印书馆，1959：489.

不予接受。

美国早期实行立法预算制，即由国会而非总统编制国家财政预算。1921年国会通过《预算与决算法》，赋予总统行政部门编制预算的职责，但国会并没有放弃其编制预算的权力。1921年至1970年，政府掌握着财政控制权。1974年，国会通过建立国会预算办公室，配备与政府部门旗鼓相当的专家和助手，又重新掌握了财政控制权。一方面，总统属下的行政管理和预算局根据各部门和机构的预算方案进行统一汇编，然后送交总统审核，总统审核批准后向国会提出预算咨文，连同联邦预算案送交国会审议。另一方面，国会可以自主编制某一财政年度有关收支和债务的预算案，也可以自行编制征税法案、拨款法案和政府债务法案。换句话说，国会能够提出与政府方案对比的财政预算案，能自主安排各财政年度的征税、拨款与债务计划。这种二元结构使得每年的预算审批和通过过程变成一场精心策划好的斗智斗勇的比赛，双方都希望对方能在政府经费用完以及政府雇员不得不被遣送回家之前同意自己的方案，结果政府被迫关门的情况确有发生，但更多的是双方最终都通过相互妥协和让步满足各自的利益和目的。

为保证财政议案不被议会过长时间地拖延而导致政府机构不能正常运转，许多西方国家对议会审议和批准财政议案的程序做了明确限定。如法国1958年《宪法》第45条和第47条规定：若国民议会在政府财政议案提出后40天内未能在一读中通过，政府可提请参议院在15天内做出决定；若两院在议决财政议案时产生分歧，总理有权召集由两院相等代表组成的混合委员会审议通过；若议会在70天内仍未做出决定，政府则可自行通过法令使之生效。日本《宪法》第60条规定，预算案必须先在众议院提出，若参众两院对预算案做出不同的决议，则举行两院协议会，若仍不能取得一致或参议院接到众议院通过的预算案30天内（国会休会时除外）仍不能做出决议时，即以众议院的决议作为国会决议。

在西方两院制国家，大多数下院享有审议财政议案的优先权。根据美国《宪法》，财政议案只能由众议院提出，参议院只有修正、变化和补充之权。在日本，预算案必须先在众议院提出。在法国，政府首先向国民议会提出财政议案。此外，在英国、印度等一些国家，上院无权否决财政议案。英国上院对下院通过的财政议案只能拖延一个月，一个月后该财政议案自动生效。根据印度《宪法》规定，财政议案只能由人民院提出并在通过后交联邦院征求意见，联邦院须在14日内做出答复，否则法案将直接送达总统批准。人民院对联邦院提出的意见拥有接受或拒绝的最后决定权。还有一些国家的议院两院在财政权方面地位平等。

西方各国议会的财政权在内容上不完全一致，在行使财政监督权的过程中也各有特点。

英国议会的财政权主要分为讨论和审议政府的公共开支预算以及政府的税收方案。公共开支预算方面：每年2月由首席财政大臣向议会提出公共开支预算案，由下院公共开支委员会负责审查，该委员会下设6个小组委员会，就各项具体开支项目进行分析和审查。然后由议会在为期26天的“反对党日”对其进行辩论。7月，议会对其进行三读和表决，通过公共开支预算，成为“拨款法”。政府有关超支的补充预算也须经议会批准。税收方面：每年4月初由财政大臣在预算演讲中提出政府的税收方案，由议会的财政及公务员专门委员会及其属下的小组委员会负责审查。随后由议会对之进行辩论。7月，议会对其进行三读和表决，通过税收方案，形成财政法。此外，英国下院还设有公共账目委员会，由反对党议员牵头负责，对政府公共开支预算被批准后以及被国家审计局审计后的情况进行监督和审查，委员会有权传讯政府官员到场做证，有权调阅有关的文书和档案，在英国议会财政监督中发挥十分重要的作用。①

美国国会的财政权也被称为“钱袋权”。美国《宪法》第 1 条第 8 款规定，国会有权规定并征收直接税、间接税、进口税和货物税（1913 年生效的《宪法》第 16 条修正案允许国会征收所得税），以偿付国债，提供合众国共同防务和公共福利，有权以合众国的信用借款。《宪法》第 1 条第 9 款规定，除非经法律规定拨款，不得从国库提取款项。由此奠定了国会财政权的法律基础，也规约了其主要内容：征税、拨款和借债。其中，在征税方面，《宪法》规定征税议案必须首先由众议院提出，后者规定政府为负担拨款开支所需的资金数额。在拨款方面，根据惯例拨款议案一般首先由众议院提出。政府的任何一项开支和收入计划，实际上都必须首先获得国会的授权：国会批准该计划要通过一个授权法案，决定定期或不定期地新建或维持哪些联邦项目或机构，并总体上确定这些项目和机构所需要的最高资金数额。此后，政府为得到国会的实际拨款还需要国会通过一个拨款法案，该法案允许联邦机构开始承担责任并从国库支付资金，国库必须根据拨款法案才能拨付这笔资金。国会通过授权法案和拨款法案都须通过复杂的立法程序。政府的开支还须经国会总审计局核准，证明所开支的款项是否经过国会的立法并符合国会通过的拨款限额。为了控制政府的支出，防止政府乱征税和乱花钱，政府收入和开支的细目都要得到国会的审查和批准，政府的开支只限于国会同意的范围之内。如果新的财政年度已经开始而预算案尚未通过，政府可请求国会通过一种临时预算（政府临时动用的款项将来应并入总预算）。国会也可应政府的要求，审议和通过为应付临时发生的特别需要而编制的特别预算。

法国议会的财政监督权主要包括议会对政府财政法律草案的审议、批准和监督，以及对社会保障预算法的审议、批准和监督。对于前者，国民议会办公厅在收到政府财政预算草案后转交财经和计划总委员会讨论。其他常设委员会可以任命代表以咨询性身份参加审查有关本委员会权限内的条文或拨款。年度财政预算草案经财经和计划总委员会审议通过后，连同该委员会报告（同时附上其他委员会的意见），提交国民议会大会讨论。若通过，转交参议院以与国民议会审理程序相似的方式审理，在对整个文本表决时，采用在讲坛上公开投票的方式进行。为保证财政议案不被议会过长拖延而导致政府关门，《宪法》第 47 条第 1 款规定：若国民议会在政府财政议案提出后 40 天内未能在一读中通过，参议院在政府提交后必须在 15 天期限内做出决议，若两院产生分歧，则由两院相等代表组成的混合委员会审议通过，若议会在 70 天内仍未做出决议，政府可自行通过法令使之生效。此外，议会还可以通过日常性财政监督措施实现对政府的经常性监督，有权要求得到一切为完成此任务而必不可少的信息，议会对国有企业的运营情况也享有调查监督权。议会对社会保障预算法的审议、批准和监督程序与议会审议和批准政府预算草案的程序类似。

德国议会的财政监督权主要包括审议和通过联邦政府提出的预算案，以及审议和通过

① M. Donald Hancock et al. *Politics in Europe—An Introduction to the Politics of the United Kingdom, France, Germany, Italy, Sweden, Russia, and the European Union*. Hampshire：Palgrave Macmillan，2002：74-77.

联邦政府提出的决算案。德国引入英国议会预算监督模式始于19世纪早期的德意志邦联时期的议会。现代德国议会的预算监督主要在预算案的制定和预算案的执行两个层面进行。在预算案的制定层面，首先由联邦政府向联邦议院和联邦参议院提出一份预算草案。联邦议院在收到预算草案后，在全体会议上进行一读，然后将预算草案提交给联邦议院预算委员会审议。预算委员会则组成若干由2～3名议员构成的小组委员会（每届议会开会时组成，四年任期中成员不变），进行单项预算审查。预算委员会的审议是联邦议院审议工作的重中之重，它将对预算案中的每个观点、每个数字、每个细节以及政策目标进行深入细致的审核，并通过缩减、删除或同意等手段来影响政府的财政政策，其间随时听取有关部门、社会团体和审计部门、专家学者的意见。此后，预算委员会汇总各个单项审议报告，形成总报告并向议院提出，即在联邦议院全体会议上进行二读和三读。联邦参议院在二读之前对预算提出意见。三读整体审定预算草案和预算计划，形成预算法案。两院对预算草案如有不同意见，通过两院协调委员会协调解决。政府的预算草案若获得通过，则成为议会的预算法案。需要指出的是，与其他西方国家议会的预算监督权有所不同，德国没有可由政府自由支配的预备费项目，不仅预算金额要严格保持与决算收入的平衡，而且政府必须严格按照预算案的规定执行，如有预算外支出的要求，必须由财政部长向议会提出补充拨款案。联邦议院预算委员会还可以采用“封杀标记”（Sperrvermerke）对特定的政府预算资金进行控制。在预算案的执行上，由联邦财政部完成上一年决算草案的编制并公布财政支出账目，由联邦议院预算委员会下设的一个审计小组委员会专门负责审查上一年度预算案的执行情况，通过召开审计、被审计部门和财政部门代表参加的会议，听取各方面对审计报告意见，从中选择提交议会的问题及针对问题制定的管理规定，在此基础上形成一个关于审计的报告提交预算委员会，通过后作为预算委员会的决议提交议会，作为审批决算的依据进行讨论。另外，由联邦议院选举组成的并向议会负责的联邦审计院作为拥有准司法性调查权的独立机构，对上一年政府财政收支情况，以及正在执行的政府财政预算问题进行监督，提出对政府工作效率或经济效益问题的看法，供议会和政府参考。每个财政年度结束，联邦政府还必须向议会证明，它一直遵守预算法规法律，始终在财政预算计划允许的范围内履行政府的职能。议会则督促政府从年度审计报告中总结问题并纠正错误。

德国议会的预算监督具有以下主要特点①：（1）各级政府之间责权十分明确。联邦宪法、州宪法以及预算基本法，对各级政府的职责和权力划分都很明确、具体。（2）预算编制准确、细化、透明。由于在预算编制阶段实行的财政收入估计制度比较完善，同时又进行年度滚动预算，一般来说财政收入估计比较准确（从事后看相差1%上下）。由于预算编制启动早，编制预算的财政部门与各职能部门就有比较充分的协商时间（预算从编制、审议到最后通过，前后需一年时间），有利于政府财力的统筹安排和优化配置，保证预算编制的准确性。在细化方面，政府预算科目很细，联邦预算约有8 000个科目，每个科目均有详细说明和规定。预算编制无论是部门预算还是预算最终总支出项目，都有项目的详细资料，能明确看出预算安排的用意，同时预算向公众公开，从而增加了预算的透明度，也

---

① 束卫华．德国议会预算监督一瞥．外国法制，2007（2）．

便于议会监督。(3) 议会的预算审查有严格的程序和较高的权威性。《德国基本法》第110条规定："联邦政府有提出预算方案的义务，预算立法者有决定预算方案的专有职权。"预算案须经议会三读通过。议会预算审查小组、预算委员会和议会的权力明确，在预算审查过程中各自发挥着自身作用。各预算部门和政府要向预算委员会及议会报告预算编制情况，并接受有关问询。议会在预算审议中可以提出修改，并且在预算案通过后，可以因特殊需要冻结某项支出，或者在通过的预算支出中附加条款，使该项目支出前经过议会认可。(4) 审计在预算监督中发挥着重要作用。审计机构（称审计院）独立于议会、政府和司法部门，与法院的组织形式类似。审计院的决定和建议由审计院领导成员做出，他们享有和法官相同的独立地位，包括议会和政府机构在内均不能操控或影响审计机构的工作。审计院对政府预算的审查主要看预算编制是否规范和节约。在德国，审查决算主要由审计院进行，决算审计的结果要提交给议会预算委员会下设的审计委员会进行讨论。对决算审计的结果最终由议会做出决定，审计院虽不做出具体处罚，但其指出的问题和提出的建议对议会审查决算具有重要的参考作用。

总之，尽管西方各国议会的财政权在内容上不完全一致，其作用强弱不等，但财政权是西方各国议会共有的通过国家预算来监督政府的一种重要权力。表面上看，预算案仅规定政府经费收支，但事实上它体现出政府的施政方针。议会有权审议、修改或否决政府的财政预算案，也就是审议、修改或否决政府的施政方针。

在议会制国家（如英国），议会虽不能编制预算，也不能不经政府同意修正政府的征税与开支要求，但议会可以绝对地否决政府的征税议案与拨款议案。议会拒绝通过政府的财政议案即意味着对政府的不信任，政府要么主动辞职，要么提请国王解散议会提前举行大选。

在总统制国家（如美国），国会不仅可以自主编制某一财政年度有关收支和债务的预算案，还可以对总统提出的财政预算案实行连政策带金额的双面审议，可以对其进行自由裁量，任意予以增减，不留任何免于审议的内容。"通过取消或削减资金，国会可以废除某些政府机构或削减某些政府项目。通过增加资金，国会可以确立受到忽视的某些项目领域。"美国学者将国会的财政权比作古罗马神话中的两面神，"当联邦机构不能令人满意地为其预算要求和其过去的表现进行辩护时，国会就举起削减开支的大棒，当它们出示令人信服的成功经历或对未来结果的承诺时，国会就伸出带有更多资金的胡萝卜"。① 国会对总统财政预算案的监督和制约重则可导致政府部门瘫痪，如1994年在国会选举中获胜而占据国会两院多数的共和党议员与民主党总统在大幅度削减联邦预算问题上意见不一，直至10月1日新的财政年度开始时，总统提交的预算案仍未通过，政府只能要求国会通过临时拨款法案以维持政府的运转，但此后双方仍然相持不下，结果政府被迫三度关门。但更多情况下是总统在国会财政大权的制约下不得不考虑国会的要求而寻求政治妥协。如1995年国会与总统围绕制定1996年财政预算调整法和各单项拨款法继续展开预算争论，结果双方互相妥协和让步，国会迫使总统放弃了10年内平衡预算的初衷并同意7年内平衡预算，总统则阻止了国会大砍医疗照顾和医疗帮助的基本社会福利项目的主张。

---

① Walter J. Oleszek. *Congressional Procedures and the Policy Process*. *5th ed*. Washington, D.C.: Congressional Quarterly Inc., 2001: 281-282.

五、产生政府

不同政体下，议会与政府（行政部门）的关系有所不同。议会产生政府的职能只适合于议会内阁制国家和具有议会内阁制特点的半总统制国家。

在议会内阁制国家，政府内阁是由议会选举中的多数党领袖组成的，执政党在议会拥有多数议席，成为政府合法性的重要基础。在两党制议会内阁制国家，两大党基本上都拥有单独执政的能力，只要执政党始终保持本党议员团结一致，就能够维护和保持自己的执政地位，延长政府的执政寿命。因此执政党始终将严格的党纪作为约束本党议员的法宝，防止本党议员分裂和叛党投票导致执政党失去议会有效多数酿成政府危机。总之，当一个政党能够以过半数议席的多数进入议会并能够保持和维护其议会有效多数的合法性基础时，这个政党就自动获得了组阁权并能主导议会立法过程，此时的政府实际上是通过（through）议会而选择，并非由（by）议会所选择。但是，一旦两党中的一党在议会选举中只获得议会相对多数但没有过半数，就必须联合其他政党组成在议会拥有过半数议席的联合内阁（如2010—2015年英国的卡梅隆政府和2017—2019年的特里莎·梅政府）。在联合内阁制下，政府内阁的稳定性和执政寿命取决于联合内阁中两个政党的团结和合作状况，一旦发生分裂，内阁危机随时发生。一旦联合内阁成为议会的少数政府，失去了执政的合法性，要么议会通过对政府内阁的不信任案导致内阁下台，重新举行大选；要么首相主动提出辞职，同时提请国家元首解散议会，重新举行大选，由议会选举结果决定新一届政府的产生。

在多党制议会内阁制国家，由于受到比例代表制的影响，单一政党很难在选举中获得议会多数，必须由几个政党联合组成议会可以接受的多数的政党联盟，在这种情况下，议会成为缔造政府和瓦解政府的关键性政治竞技场。议会的政党政治结构和党际关系决定了政府的产生、运行和倒台。在党际关系比较温和的多党制议会内阁制国家（如法国、德国等）各党往往向左右两翼集结，形成阵营分明的左右两翼政党联盟，由两大政党联盟轮流执政（如二战后的法国政党体制），或由左右两大政党分别联合第三党（中派政党）轮流执政（如德国的政党体制），内阁制政府相对稳定。但是在党际关系比较极化的多党制议会内阁制国家（如意大利），由于政党谱系碎片化和不容易妥协的党际关系，政府内阁的形成充满了艰难和不确定性。通常由选举后得票相对最多的政党获得组阁主动权，但由于政党之间意识形态和政治纲领差异性太大，内阁组成需要经过多个政党之间多个回合的讨价还价，才能组成不固定的政党联合内阁。有时出现联合内阁在议会中仍不过半数的少数派内阁，在议会没有出现多数派纠集起来以不信任投票的方式逼迫下台的情况下勉强维持。这种内阁执政联盟的基础十分脆弱，短命政府经常发生。当一个联合政府由于不信任投票而下台时，焦点就会转到议会，新的政党联盟就会在没有进行新的选举的情况下产生，由此导致政府的数量比选举的次数还多。有学者统计，1946—2018年，意大利有过43位总理和66届政府，平均任期分别仅为1.7年和1.1年。①

---

① 钟准. 不同政党制度下民粹主义政党的影响与局限：以意大利、德国、法国和英国为例. 当代世界与社会主义，2020（1）.

在总统制下（如美国），作为政府首脑的总统经总统选举产生，与议会选举无关。总统职位的稳定性与总统所属政党是否在议会形成多数无关，除非总统因为叛国、受贿或其他重罪和轻罪受到国会弹劾下台。在半总统制下，由于二元行政首长制，政府内阁的产生与议会内阁制下的情况类似，受制于议会中的政党政治，但总统的产生及其职位的稳定性，与总统制下的情形相当。

六、监督权①

监督权（power of supervision）一般指立法机关（议会）行使的除财政权以外的监督政府的权力，它主要包括质询权、倒阁权、调查权、弹劾权。议会行使监督权的目的在于了解政府的信息，发现、暴露和纠正政府的过失，督促政府有所为或有所不为，使政府承担忠实贯彻和执行宪法和法律的责任。

在西方不同政体的国家中，议会监督政府的权力有所差别。在议会制共和国，政府由议会中占多数席位的政党或政党联盟组成并对议会负责，政府内阁成员同时也是议员。议会开会时政府成员必须随时回答议会的质询和参加议会的辩论，接受议会的监督，由此形成政府（内阁）成员与议会议员紧密的联系。当议会提出对政府的不信任案时，政府内阁须集体辞职或提请国家元首解散议会，重新举行大选以决定政府的去留。因此，理论上说，议会监督政府的权力较大。在总统制共和国，总统民选产生，总统直接任命政府部长并领导政府。政府虽受议会牵制，但不受议会领导，也不对议会负责，政府只对总统负责，总统只对选民负责。议会只具有弹劾总统个人的权力但无权推翻作为集体的政府，因此议会监督政府的权力相对小一些。在法国半议会半总统制混合政体下，总理虽向议会负责，但他只是形式上的政府首脑，一切行政大权实际上掌握在总统手中；总统任命总理及政府部长，主持部长会议，总统不对议会负责（只对选民负责），却有权解散议会，议会若想倒阁，则随时面临被总统解散的危险，因此议会对政府的监督作用相对更小一些。此外，在议会君主立宪制国家，议会对政府的监督权较大；在二元君主立宪制国家，议会对政府的监督作用较小。但不论在什么政体的国家，议会对政府都有一定的监督权。

（一）质询权（power of questioning）

质询一般指议员采用口头或书面形式向政府首脑或政府部长就内阁的施政方针、行政措施及其他事项进行质疑并要求解释、说明和答辩。质询由英国在18世纪首创。19世纪中期以后，随着议会内阁制的形成，英国议会的质询事项日益增多，逐渐形成了质询制，并为其他议会内阁制国家所采用。质询权是非总统制国家议会对政府实行监督的一种重要权力。

质询从性质上可细分为询问（inquiry）和质询（questioning）两种。询问多为议员对个别行政官员所掌握的事项的询问，它只构成质询者和被质询者之间的问答和补充问答，不构成议会的议题。后者多系议员对内阁施政方针、政府重要政策与措施的质询，它除了质询者和被质询者之间的问答外，往往构成议会的议题，产生议会辩论，并可能导致议会

① 唐晓. 议会监督. 北京：世界知识出版社，2009.

对政府提出不信任案，进而导致政府危机或内阁改组。[①]

英国议会的质询制是伴随英国责任内阁制的形成过程，以宪法惯例的形式逐步建立起来的。根据有关议事规则，质询只能涵盖有关政府大臣直接负责的领域，后者负责向议会说明其政策的合法性与正当性。口头质询按质询程序分为普通预约质询和私下预约质询。在下院，普通预约质询须提前两周将质询的首问（原问）交给议事秘书（质询时大臣答复首问后由提原问的议员提出补充问题即补问，补问无须交给议事秘书或提前通知被质询大臣），由后者在议长的领导下审核这些问题是否符合相关议事规则，然后将其刊登在下院工作通告上，以供被质询的大臣答复。在上院，普通预约质询可提前一个月提出。私下预约质询指议员鉴于所质询事项具有紧迫性或事关重大，于质询当日中午前向议长提出质询要求，获议长同意后由议院通知被质询的部门。书面质询分为两类：一类为不注明要求答复日期的书面质询，政府通常在一周左右答复；一类为指定答复日期的书面质询，紧急情况下可要求政府有关部门在 48 小时内答复，其他日期由议员任意指定。所有书面质询及其答复都刊登在《议会议事录》上。

在下院，政府各部大臣按轮换顺序表回答口头质询。每次年会内，每月 4 周，每周 4 天（周一至周四下午），每天 1 小时。政府部门一般由国务大臣挂帅答复口头质询，无国务大臣的部门由本部第一大臣负责答复。每周三下午为首相答复口头质询时间。在上院，依宪法惯例，由贵族大臣负责答复口头质询。由于贵族大臣担任国务大臣或部门大臣者甚少，常常由任职于张三部门的贵族大臣或多数党领袖替李四部门答复质询，或由上院前座议员将就着代表无贵族大臣的部门答复质询。

自 18 世纪以来，质询一直成为英国议会监督政府，政府对议会说明和负责制度的重要组成部分。质询的作用在于：（1）质询是议员知政议政最经常、直接而公开的手段，[②]它使议员能比较充分地获取政府的情况。议员通过质询可以知道政府在想什么，做什么，为什么要那么做，由此对政府的政策和行为进行有效的监督。（2）议员可以借助质询在文字或数字上使政府保持警惕，敦促政府对某一事项予以足够重视，有所为或有所不为。（3）质询是督促政府官员知政勤政的有效手段，由于质询的经常性、公开性和直面交锋性质，使首相和大臣们面临多方压力，躲闪回避或无理不答都将招来直面喝问或嘲笑，由于口头质询都有媒体实况直播，书面质询及其答复都记录在《议会议事录》且公开发表，质询实际上是将政府及其官员置于议会和社会的监督之下。（4）质询是揭露政府丑闻

---

① 在法国议会最严厉的质询叫 interpellation（质问），它常常在议会质询时带有对政府内阁的信任投票程序，一旦议员对政府回答质询不满意，则即刻启动对政府内阁的信任投票，由此决定政府的命运。这种质询主要在法兰西第三共和国议会、第四共和国议会实行。由于询问和质问的目的、性质、结果不同，因而其具体操作程序也有所不同，一般而言，对质问案的提出、审议、答复所作的程序限制和要求，比一般询问案要严格和复杂一些。由于口头询问或质问受到议院时间和场所的限制以及议员与政府官员的直面对峙性，相比之下，书面询问或质问的程序则显得更加灵活而宽松一些。现代西方国家议会一般将质询统称为“inquiry”或“questioning”。

② 平均每届会期，有 2 000～3 000 个口头质询得到回答，如 2003—2004 届会期，列入议事日程的口头质询有 3 687 个，其中 2 206 个得到了回答，若加上补问，则为 5 844 个。议员提出书面质询由于没有数量限制，因而实际数量远远高于口头质询，平均每届会期每位议员提出约 100 个书面质询，有的议员多达 1 000 个。20 世纪 90 年代，有些会期提出的书面质询超过 40 000 个，2003—2004 届会期则达到 54 875 个。参见：Bill Jones et al. *Politics UK*. *6th ed*. Essex：Pearson Education Limited，2007：428.

和政策失误的重要手段。“它是一种集体测谎，其中政府政策的失误无情地遭到反对党的嘲笑。问题和丑闻被迅速曝光：具有争议性的报刊文章将在几天内激发议会中的质询。政府部长若被证实对议会撒谎必须立即辞职”。[①] (5) 作为议会监督和影响政府的主要手段之一，质询以其经常性、直接性和公开性体现和维护了议会对政府的监督地位和权威。

当然，质询无论就其规则和程序，还是实际运用，都有其局限性：(1) 质询的范围和时间有限。凡涉及国防机密、安全机构的具体活动、法院的审判、地方政府工作、国有企业事务和商业秘密等，均不属质询范围之列。质询不能批评王室家族。政府官员常以保密、历届政府拒绝回答或答复成本过高等理由拒绝答复。口头质询每小时内所答复的问题过多而使质询缺乏深度。(2) 由于质询规则和程序对首相和大臣答复质询无硬性惩罚措施，质询过程中敷衍了事拒绝回答的现象时有发生。(3) 由于政党政治的影响，口头质询（尤其是首相答复质询）充满党派政治格斗的色彩。执政党后座议员利用质询提问为本党领袖提供更多自我表现的机会而非接受审查，反对党后座议员则竭力利用质询加强对政府政策的攻击以暴露其弱点。

法国1958年《宪法》第48条规定，议会每周有一次会议专供议会提出询问和政府进行答辩。询问分口头询问和书面询问两种形式，以口头询问为主。口头询问又分为三类：(1) 不可辩论的询问。议员用2分钟口头询问，有关政府官员当场予以回答；然后该议员用5分钟再提问或辩驳，政府官员再回答。其他议员不得参与。(2) 可辩论的口头询问。在国民议会中，提问者用10～20分钟提问，在参议院则是30分钟。政府官员回答后，提问者有10分钟再提问或辩驳，之后其他议员参加辩论。(3) 对政府提问。1974年德斯坦总统建立“对政府提问”以替代国民议会中原有的对“现实性问题”的监督程序，1982年开始适应于参议院。“对政府提问”被用来作为议会中党派和解的监督程序以克服其他询问中的党派对立情绪。据此程序，议员在每周询问会议前1小时提出问题，让政府有充分准备。对政府提问约1小时45分钟，多数派和反对派各占一半，由此保持两大派监督权利的平衡。[②] 1974年开始，电视对议会质询进行现场直播。书面询问由议员交给议长秘书处，由后者转交给政府并发表在政府公报上。一般情况下，政府成员必须在1个月内做出书面答复，此间政府部长有权以公共利益不允许为由拒绝答复，也可要求延期1个月再答复。当上述2个月期满，若部长仍未答复，议长可征求询问者是否同意改为口头询问。若不同意，主管部长又获得1个月的补充期限。3个月内得不到答复的书面询问，得重新发表于政府公报上。法国议会对所有询问一般都不进行表决，以避免第四共和国时期因议会质询导致对政府的不信任投票而产生政府危机。有学者认为，法国议会的质询每周只有一次，质询缺乏时效性，议员从提出问题到这些问题被列入议院议事日程时间可长达1个月，使人想起这些问题是经过精心挑选的，因此无论哪种形式的质询，其效率都比英国议会质询要低。[③]

---

① Jeffrey Kopstein & Mark Lichbach edited. *Comparative Politics—Interests, Identities and Institutions in a Changing Global Order*. Cambridge：Cambridge University Press，2000：60.

② 吴国庆. 当代各国政治体制：法国. 兰州：兰州大学出版社，1998：118-119.

③ Jorgen S. Rasmussen & Joel C. Moses. *Major European Governments*. *9th ed*. Belmont，California：Wadsworth Publishing Company，1995：296.

在德国，根据联邦议院工作条例，议院对政府的质询分为大型质询、小型质询、口头质询和紧急质询四类。[①] 大型质询须有一个议会党团或联邦议院5%的议员联合以书面形式提出并加以说明，由议长通知联邦政府。无论政府是否将答复质询，联邦议院都可将大型质询列入议院议事日程，并可应议会党团或联邦议院5%的议员的要求，对许多重大的内政和外交问题进行公开辩论，批评政府或要求政府执行某项政策或证实政府的政策。小型质询也需一个议会党团或联邦议院5%的议员联名提出，一般要求联邦政府对某一特定事情予以澄清。问题以书面形式提出，联邦政府也以书面形式答复，不必进行大会辩论。口头质询多为了解政府某项措施的具体情况，由议员个人在议院全会开会前一周书面提出，在议院全会上由政府各部部长或国务秘书答复，此后，提出原问的议员可进行补问并要求政府回答，但不进行辩论。紧急质询，又叫“紧迫问题一小时”（topical hour）质询，也需一个议会党团或5%的联邦议院议员提出，内容涉及公众普遍关注的重大问题，每位提问者发言不得超过5分钟，质询总时长不得超过1小时。紧急质询有助于公众了解政府和议会对重大问题或事件的看法。总之，由于德国议会质询只有在每周2～3次议院大会开会时才进行，每周提出质询的议员限于3人，质询不能直接针对总理提出，此外还受到议会多党制和建设性不信任投票机制的约束，因此德国议会质询对政府的监督作用和影响介于英国议会的质询权和法国议会的询问权之间。如1998—2002年德国联邦议院议员共提出口头和书面质询15 000余件。[②]

应该看到，在总统制国家中，政府与议会各自依法行使自己的职权，政府成员无权出席议会大会，议员也无法在议会内行使对政府的质询权。但议会在审议立法草案或就某一事项进行调查而举行的听证会上，可以要求政府官员到会做证，要求其陈述或解释采取某项政策的理由并答复议员的询问。虽然这与议会制国家中的质询权不同，但与质询有相似的作用。

（二）倒阁权（vote of no confidence or vote of censure）

议会的倒阁权指在议会内阁制国家，内阁必须得到议会的支持和信任，若议会对内阁表示不信任，内阁必须总辞职或提请国家元首下令解散议会，重新举行大选，由新议会决定内阁的去留。倒阁权被认为是内阁制国家议会监督政府最具有威胁性的一种权力。

在西方国家的议会实践中，议会对政府（内阁）表示不信任，可以采用5种不同的方式：(1) 议会拒绝通过政府提出的关于某一重要政策的议案；(2) 议会否决政府就某一政策向议会提出的要求信任案；(3) 议会通过对政府的“谴责决议案”；(4) 议会通过对内阁或内阁中某一成员的不信任案；(5) 议会通过一项反对政府提案的反提案。

法国议会对政府（内阁）表示不信任，主要有两种方式：

第一种是议会提出并表决通过对政府的不信任案。法兰西第四共和国时期，国民议会的倒阁权与多党制结合，国民议会经常使用不信任投票来监督政府，致使政府更迭频繁，内阁危机不断。1946—1958年，内阁更换了20届，每届内阁平均执政半年左右。为摆脱这种困境，1958年宪法对议会行使倒阁权的程序做了严格的限定。第49条规

---

① 吴志成. 当代各国政治体制：德国和瑞士. 兰州：兰州大学出版社，1998：114-115.

② G. Bingham Power, Jr. et al. *Comparative Politics Today, A World View. 10th ed*. Glenview: Pearson Education Inc., 2012: 256.

定：不信任案的提出必须至少有国民议会 1/10 的议员签名联署；不信任案在提出 48 小时后才能进行表决；表决时只计算不信任案的赞成票，弃权和缺席的议员都算作支持政府者，赞成票须占全体国民议会议员的半数以上才算被通过；若未能通过，签署的议员不得在同一会期中再次提出不信任案。为进一步限制议会的倒阁权，第 12 条还规定，总统可在征询总理和议会两院议长意见后，宣布解散国民议会。这意味着议会若在倒阁问题上与总统意见相左，有可能在行使倒阁权时面临自身被解散的威胁。因此，1959—2002 年，国民议会总共进行了 40 余次不信任投票，政府只有一次遭到失败，即 1962 年 10 月国民议会以法定多数通过了对蓬皮杜政府的不信任案。即使如此，戴高乐总统不是要求蓬皮杜政府辞职，而是解散了国民议会，并在随后举行的大选后重新任命蓬皮杜组织新一届政府。①

第二种是议会对政府（内阁）就政府提出的一项文本（施政纲领或总政策声明或某项政策）要求议会信任案进行表决。国民议会在此后的 24 小时内，若没有提出对政府的不信任案并表决通过，该文本应视为已经通过（获得国民议会的赞同和信任）。否则，当国民议会通过不信任案或表示不赞同政府的施政纲领或总政策声明时，政府必须辞职。1959—2000 年，政府主动提出要求议会信任案共达 60 多次，几乎没有遭到失败。② 因此西方学者认为，第三、第四共和国时期国民议会行使的制约政府的权力已明显消失，立法机构在监督政府的行为和要求它对议会负责方面，并非一直十分有效。行政部门对立法机构负责已受到严重削弱，这不仅因为对议会监督内阁设置了诸多限制，还因为议会缺乏制约总统的手段。③

在英国，由于议会制政体和两党制相结合，内阁通常由下院中的多数党议员组成，执政党通过党纪控制着议会的多数，因此，除非执政党内部分裂或执政党在下院的稳定多数受到威胁，否则议会不可能通过对内阁的不信任案。据统计，1945—1990 年，下院共提出过 4 项直接的不信任动议（直截了当而明白无误地表示对政府不信任），其中只有一项获得通过，即 1979 年 3 月由撒切尔夫人领导的保守党提出的对卡拉汉领导的工党政府的不信任动议以 311 票比 300 票获得通过。④ 导致这一结果的重要因素之一是当时工党在下院绝大部分时间处于少数党地位，更谈不上控制议会的多数。不信任案获得通过后，工党被迫提请女王解散下院以重新举行大选。保守党在大选中击败了工党，取得了下院中的稳定多数，工党被迫下台。此外，议会还可以提出间接的不信任动议，即反对党先就某一具体事项或政策对政府提出谴责动议，或对某项法律草案提出修正案，然后表明对政府不信任，要求政府辞职。1945 年以来，这类动议提出不少，但从未获得通过。总之，尽管英国议会两党制与内阁制相结合使下院使用倒阁权成功的例子很少，但有一例成功就说明它毕竟不失为议会监督政府的一种重要机制或手段。

在德国，联邦议院拥有对联邦总理的信任权和不信任权。一方面，联邦总理可采用直

---

①② M. Donald Hancock et al. *Politics in Europe—An Introduction to the Politics of the United Kingdom, France, Germany, Italy, Sweden, Russia, and the European Union*. Hampshire：Palgrave Macmillan，2002：110.

③ Jorgen S. Rasmussen & Joel C. Moses. *Major European Governments*. 9th ed. Belmont，California：Wadsworth Publishing Company，1995：299-301.

④ 刘建飞，等. 英国议会. 北京：华夏出版社，2002：84.

接向议院提出信任投票动议（vote of confidence）或向议会提出一项法案并声明议院对该法案的表决即是对联邦总理的信任表决方式，主动要求联邦议院对其表示信任。联邦议院有权通过表决对其要求予以通过，获得信任的联邦总理及其政府即继续执政；也可以予以否决，即表示不再信任联邦总理。联邦议院否决联邦总理的信任动议后，联邦总理可提请总统于21天内解散议院，并重新举行大选。联邦议院则可在此期限内选举出一名新联邦总理，总统须任命之，并不得再解散议院。另一方面，联邦议院也可主动提出对联邦总理的不信任动议。由于多党制与议会内阁制相结合，政府在组阁并获得议会稳定的多数方面有较大的难度，议会由于多党角逐也容易出现因党派之争而提出对政府的不信任案。因此，为保持政局的稳定性和连续性，防止议会倒阁权被多党纷争所滥用，《德国基本法》规定：若联邦政府失去了联邦议院的信任，它只能作为整体被推翻。联邦议院主动提出对联邦总理的不信任动议须有全体议员中的至少1/4签名，或由一个占有联邦议院至少1/4议席的议会党团提出。联邦议院只能以多数票选出一位新总理后，方可推翻政府，即只能以通过建设性不信任投票方式（constructive no-confidence vote）推翻政府。这种制度设计旨在保证政府的连续性，反对党不能简单否决现任政府，必须组成议会多数并选出一位新总理。据统计，1949—2007年，德国议会只发生过一次反对党以建设性不信任投票方式迫使总理下台的例子：1982年10月，基督教民主联盟和基督教社会联盟联合原执政党自民党在联邦议院对施密特总理提出的建设性不信任案获得通过，并选举基督教民主联盟的科尔为新总理，从而推翻了施密特政府。在联邦政府要求联邦议院信任投票方面，1949—2007年共发生过四次。①

第一次发生在1966年10月。当时执政联盟中的自民党因不同意艾哈德政府的财政预算政策，于27日退出联合政府，导致政府丧失议会多数，于是，社民党政府要求议会对其进行“信任表决”，而联盟党则以“议事规则”不允许为由，否决了社民党的提案，拒绝对艾哈德政府进行信任表决，实际上是表达了对其不信任。不久，艾哈德政府倒台。

第二次是在1972年4月。2名社民党议员和4名自民党议员因反对总理勃兰特所推行的“新东方政策”而倒戈加入联盟党，联合政府因此失去了赖以执政的微弱多数，执政地位岌岌可危。此时，勃兰特估计通过举行新的大选能够获胜而转危为安，于是向联邦议院提出对其进行“信任表决”的议案，并要求本党和执政联盟的议员都投否决票或弃权票，以便实现议院否决其“信任投票”要求，从而为其提出解散议会和提前举行大选铺平道路。结果社民党勃兰特政府获得了成功。然而，这次社民党事先安排和操纵的“信任投票”，受到了广泛的质疑。有学者认为这是一种“合法的”集体投票的舞弊行为，它只不过是执政党为了渡过政府危机实现继续执政而采取的一种“合法的”政治手段罢了。②

第三次是在1982年2月。因为在就业政策等问题上的分歧，执政联盟中社民党与自民党之间发生分歧，危及联合政府的稳定，施密特总理为了显示其执政能力，要求议会对

---

① 陈志斌. 德国政体教程. 上海：华东师范大学出版社，2007：307-308.

② 同①308.

其政府进行“信任表决”，结果联邦议院以 269 票赞成 224 票反对而通过了信任投票，施密特政府暂时度过了一场危机。

第四次发生在 2005 年 5 月。在北威州议会选举中，社民党 39 年来首次遭到惨败，仅剩下在 5 个州执政。为了摆脱政府危机，施罗德总理决定仿效 1972 年勃兰特总理的做法，提前举行全国大选。施罗德援引基本法第 68 条第 1 款的规定，于 7 月 1 日正式向联邦议院提出“信任表决”，结果在社民党的事先安排和操纵下，“信任表决”提案毫无悬念地被否决，施罗德实现了解散议会并提前举行大选的计划，但在 9 月 18 日的大选中败给了联盟党，失去了继续执政的机会。

在俄罗斯，国家杜马对联邦政府提出了不信任案后，联邦总统有权要求联邦政府辞职，也有权表示不同意国家杜马的决定。在后一种情况下，若国家杜马在 3 个月内再次提出对联邦政府的不信任案，联邦总统要么要求联邦政府辞职，要么解散国家杜马。联邦政府总理也可以向国家杜马提出对联邦政府的信任案，若遭到国家杜马的拒绝，联邦总统应在 7 天之内做出要求联邦政府辞职或解散国家杜马并重新进行选举的决定。

（三）调查权（power of investigation）

议会的调查权一般指议会为了立法和监督政府的工作，组织专门机构对政府的行为进行调查的权力，起源于瑞典的“督察专员制度”。[①] 当代许多西方国家的宪法都将调查权视为议会监督权的重要组成部分（如德国、日本等），但多数国家法律上并无明文规定，只是在传统习惯上承认议会有此权限（如英国、美国、加拿大、法国等）。

一般而言，议会的调查权主要涵盖以下几个方面：（1）为了某项立法或补救性立法需查明事实真相而展开的立法调查；（2）为处理选举诉讼而展开的选举调查；（3）针对政府行政部门及其工作人员违法或渎职行为而进行的政治调查；（4）涉及国家机关侵犯公民权利问题的调查。调查的方法一般由议会各委员会或小组委员会举行各种听证会或调查会，传唤或接受有关政府官员、压力集团代表或公民个人在听证会或调查会上公开或秘密地提供证词和记录，被传讯者若拒绝出席或做证，司法部门便可以“藐视国会”的罪名对其提出刑事诉讼。议会行使调查权时，一般不得使用搜查、扣押、逮捕等警察调查手段，不得对证人施加不正当的心理压力。议会对政府机关的活动进行调查的结果与追究其政治责任密不可分。议会根据调查的结果进行讨论，做出决议，表明自身的态度，或者是采取弹劾、不信任决议、制定或者修改法律等措施。即便议会不采取进一步的措施，而仅是将调查的结果公布，也足以起到增强政府管理透明度、督促政府机关慎重行事的警示作用。

美国宪法没有明文规定国会拥有调查权，国会调查权是从国会立法权派生出的一种监

---

① 根据瑞典宪法规定，议会应选出一名或数名督察专员，根据议会的指示对公务员执行法律与其他法规的情况实施监督。督察专员有权出席任何法院或行政机关的审议会，有权查阅任何法院或行政机关的会议记录和其他文件。任何法院或行政机构以及国家或市政当局的公务员应向督察专员提供其所需要的情况或报告。督察专员在议会指示的范围内可以提起诉讼。瑞典督察专员制度后为芬兰、丹麦、挪威、新西兰、英国等国所仿效。议会督察专员制度成为这些国家议会监督的重要一部分。参见：王祖茂．当代各国政治体制：北欧诸国．兰州：兰州大学出版社，1998.

督权，它在实际政治生活中逐步得到了国会通过的法律的确认和联邦最高法院的认可。1946年国会重组法案将一般性调查权授予了参议院各常设委员会；1974年众议院988号决议将一般性调查权授予了众议院各常设委员会。此外，国会可以授权两院联合调查委员会或为调查某一特别事件成立的特别调查委员会展开调查。国会调查一般经历授权阶段（调查的权限和范围都须获得参议院或众议院的授权，所有调查委员会只能在授权范围内行使调查权）、准备阶段（由国会专业工作人员进行初步调查，为调查委员会展开正式调查做准备）、听证阶段（调查委员会召开有证人出席的听证会进行听证），以及公布调查结果共四个阶段。

作为国会行使职权时一种固有而必需的工具性权力，调查权与国会立法权一样在美国政治生活中长期而经常地发挥不可缺少的重要作用。20世纪美国国会行使调查权比较有影响的例子有：1912—1913年众议院对金融托拉斯聚集财富的调查，1932—1934年参议院对股票交易和华尔街金融操纵行为的调查，两次世界大战之间针对所谓“颠覆美国政府的活动”而展开的调查，20世纪70年代对“水门事件”的调查，80年代对“伊朗门事件”的调查，90年代末针对所谓“中国偷窃美国核技术”的调查，以及围绕克林顿总统性丑闻案进行的弹劾调查。21世纪初，国会对2001年“9·11”事件、安然公司和世界通信公司财务欺诈行为等展开了接二连三的调查。总之，国会行使调查权的作用主要体现在：一方面，它是国会了解和查明国民经济、社会和政治等领域发生的重大问题或事件而进行的立法或补救性立法所不可缺少的工具和手段，也是国会揭露政府中违反宪法和法律的滥用职权行为以及贪污腐败行为的锐器；另一方面，国会调查形式上是充当国会或选民监督政府的耳目，实质上是政党利益、集团利益和议员个人利益相互争斗和妥协的政治过程。在实际生活中，美国历届总统都以总统不对国会负责或保护行政特权或保守国家安全机密等为由，下令行政部门或有关官员拒绝出席国会的听证会或提供材料。国会也因党派利益和议员个人利益而曾滥用调查权，如二战后参众两院围绕所谓“共产主义颠覆活动”展开的调查就严重侵害了公民的自由权利，20世纪90年代末参众两院围绕所谓中国政府通过非法政治献金影响美国大选而展开的调查就严重地损害了中美关系。

美国国会在赋予两院常设委员会和特别调查委员会行使调查权之外，还在1978年通过了监察长法（1988年得到修改），在近60个内阁各部和联邦独立机构设立监察长一职。监察长由总统提名、参议员批准，负责审计、调查其所驻部门的舞弊、浪费、低效和滥用职权等问题，提出改进该部门工作，增强效益的建议。监察长每半年向国会递交一份监察报告，使国会充分而及时地了解联邦政府部门和机构的活动、存在的问题以及项目实施情况，由此成为国会监督政府的“看门狗”。① 此外，1921年国会创立的美国审计总署（General Accounting Office，GAO）作为国会的“看门狗”负责对各行政部门进行审计和监督，其领导人审计总长由总统任命参议院批准。2004年，为加强其监督职权，审计总署改名为政府问责办公室（Government Accountability Office，GAO），开展各种评审、

① Walter J. Oleszek. *Congressional Procedures and the Policy Process*. *5th ed*. Washington，D. C.：Congressional Quarterly Inc.，2001：283.

撰写评审报告、对针对联邦政府工作人员的失职指控展开调查。①

英国议会的调查权在欧洲议会内阁制国家中比较引人注目。1979 年，英国下院设立了与政府各部门设置相对应的 14 个监督类的部门特别委员会（Departmental Select Committee，DSC），各委员会对与其对口的政府部门中的某些政策、行政管理和经费开支等进行审查和监督。如外事部门特别委员会负责监督和审查英国外交部的工作。部门特别委员会在每届会期内开展工作，主要通过举行听证会的形式传唤有关的内阁部长和高级公务员，收集有关口头或书面的证词，然后将调查和审议的结论和建议向议院大会报告。到 2003 年，部门特别委员会已扩展到 18 个。为协调各部门特别委员会的工作，议会还设有一个由各部门特别委员会主席组成的联络委员会，负责处理与所有部门特别委员会有关的事情。2002 年，首相布莱尔提出愿意就所有议题回答该联络委员会的质询，这种每年两次、每次都公开且电视直播的会议，增添了议会监督的分量。此外，下院还设立了一个由四个部门特别委员会（国防、外交、国际发展、贸易和工业）成员组成的四方特别委员会，对政府战略出口控制进行监督。下院还设有几个主要涉及国内事务的非部门类特别监督委员会，如标准与特权委员会、金融与服务委员会，其下包括公共账目委员会、环境审计委员会、公共管理委员会、欧洲事务审查委员会等调查委员会。② 从 1979 年建立到 2004 年夏议会休会期间，议会监督类特别委员会共发布 1 932 份报告。2006 年接受审查的主题包括 HIV/AIDS、禁止在公共场所吸烟、恐怖主义、居留权、全球化、国际货币基金组织的作用、公海海盗、北爱尔兰有组织犯罪等问题。大多数报告都包含主张政府采取行动的建议，其中一些当时就得到了政府的采纳，其他一些则是政府在后来几年中予以采纳。③ 总之，尽管各部门特别委员会的作用大小不一，委员会的构成和活动都受到党派政治的影响（如委员会成员通常按照各政党占有议席的比例原则由各政党议员组成，委员会主席通常由执政党议员把持，党鞭对其施加影响使其独立性大打折扣等），委员会可以利用的权力和资源有限（如由于人员和资金缺乏而不能开展具有实质意义的独立研究，无权逼迫政府就其报告采取行动），但整体上看，它“不仅只是公认的议会监督结构的一部分，而且也是议会监督结构中一种制度化的组成部分，在许多观察者看来，它是议会进行有效改革的关键”。④“总体上，这些委员会做了非常有益的工作。”⑤ 政府部长们和高级文官知道他们可能被召集到委员会为其行为进行解释，委员会会议也为议员提供了以比在议院大会更加详细的方式向部长们提问的机会，政府部长或官员们在委员会面前的拙劣表现将被媒体曝光，其糟糕的回答也会受到委员会报告的批评，没有部长或官员愿意在难题面前显得局促不安，因而具有某种先发制人或威慑的作用，督促政府或部长改进工作。

值得注意的是，英国议会还设有议会督察行政专员，简称议会督察专员，负责应议员要求对政府部门的失职行为独立地进行调查。英国议会督察专员的设立是作为弥补议会调查权力软弱的一项改革措施而出现的。1967 年，议会通过《议会督察行政专员法》，决定

---

① http://www. gao. gov/about/gglance. html.

② Bill Jones et al. *Politics UK*. *6th ed*. Essex：Pearson Education Limited，2007：431.

③ 同②433.

④ Gillian Peel. *Governing the UK*. *4th ed*. Oxford：Blackwell Publishing，2004：235.

⑤ Peter Holmes. *Introducing Politics for AS Level*. Cambridge：Peter Holmes，2008：355.

设立议会督察行政专员（Parliamentary Commissioner for Administration，1994 年改称 Parliamentary Ombudsmen)。当时此举的目的是，通过设立议会督察专员一职，对控告政府部门侵犯公民个人权利的案件进行专心致志的调查，以促进政府行政管理水平的提高。根据《议会督察行政专员法》，议会督察专员由首相推荐，由女王任命，终身任职，直到 65 岁退休为止。只有在议会两院的请求下，女王才可解除其职务。议会督察专员独立于政府，直接向议会负责，从下院领取薪水。下院设有一个特别调查委员会负责监督议会督察专员的工作，该委员会主席通常由反对党议员担任，委员会其他成员则根据各党在下院占有席位的多少按比例分配。议会督察专员的主要职责是调查经由议员提交上来的投诉，这些投诉主要针对政府官员在政策执行过程中出现的行政不当行为（maladministration)。“行政不当行为”并没有一个明确的定义，按照英国《议会督察专员公报》的说法，一般包括执法不公、粗暴无礼、拒绝受理公民提出的投诉、拒绝回答合理的提问、没有应公民的要求告知其拥有的权利。①《议会督察行政专员法》明确列举了包括咨询和仲裁局、农渔食品部、国防部、内政部、贸易和工业部、税务局等 100 个政府部门和公共事务部门属于议会行政专员可以调查的范围。对可调查的部门，女王有权以枢密院令来变动、删减或增加。被调查的对象不仅包括政府机关，还包括该部门的大臣及其他政府官员。但下列对象不在议会督察专员调查范围之内：(1) 不代表英王活动的行政机关，如地方政府、发展社会教育单位、完全以商业方式运行的公司或团体；(2) 由法院和行政裁判所管辖的案件，但如果行政督察委员会认为情况特殊，行政督察专员可以受理向他申诉的原属法院和行政裁判所管辖范围内的案件；(3) 主要涉及外交、国家安全、法院、军事法庭和国际法庭进行的诉讼活动、英王特赦权的行使、地方性机构和专门卫生机构的活动、契约或商业交易事项、军事和文职人员的任免事项等政府人事行政、英王授予的名誉和奖励以及特权或豁免权等方面。② 1967 年的法案将针对卫生部门的决策的投诉、与国有企业以及与警察有关的决策、公务员的人事决策，以及具有商业或合同性质的事务排除在议会督察专员职责范围之外。这样做的部分原因是政府企图将议会督察专员的职责集中在中央政府，部分原因是要表明议会督察专员主要是普通公民用来投诉政府的工具，而不是公职人员用来反抗其雇主或一位公民用来反对其他公民的工具。

议会督察专员的调查程序如下：当他确定对某一申诉进行调查后，首先一般通过电话或信函向有关部门的首长或指控书所指控的侵权行为的实施者或授权实施者提供对指控书列举的事项进行说明和辩护的权利和时间。其次，他有权要求有关部门提供必要的情报、文件、资料等，③ 有权查阅政府部门的有关文件，在涉及重要案件时，有权直接询问有关内阁大臣和文官。他可以举行听证会，传唤有关证人并要求其提供书面或口头证词、接受询问，有关人员不得拒绝。若有人以阻挠、拒绝、伪证、疏漏等行为妨碍调查，议会督察专员有权向法院出示证明，经法院调查后便可以以藐视法庭罪处理。此后，议会督察专员如认为申诉的案件不宜调查处理，则向有关议员提交一份报告说明理由。若他对此申诉案

---

① Gillian Peel. *Governing the UK*. *4th ed*. Oxford：Blackwell Publishing，2004：472.

② 刘明波. 国外行政监察理论与实践. 济南：山东人民出版社，1990：143-144.

③ 但根据 1911 年《公务保密法》的有关规定，议会督察行政专员不得要求提供有关内阁或内阁委员会活动的情况。

件进行了调查，则必须将调查结果分别向有关议员、被调查部门的长官、实施侵害行为的当事人及议会两院提交书面报告。1972 年以前，议会督察专员每年必须向议会有关的特别调查委员会提交工作报告，并将案例选编出版。1972 年以后，则增加了季度工作报告。

从实际作用和效果看，尽管议会督察专员的职责有限（只能在议会授权的范围内行事，将调查结果向议会报告），也不能直接对政府行政部门和官员采取任何制裁或强制性措施，但其发挥的对政府的监督作用是毋庸置疑的。首先，由于议会督察专员的认真、负责的工作态度和议会特别委员会对其进行的有效监督，其调查报告提出的意见和建议对政府部门工作具有纠错和指导意义，通常能够（通过议院大会做出有关决议）被政府有关部门接受。若政府有关部门对其调查报告置之不理，议会督察专员可报告议会有关的特别委员会，在征得该委员会同意后，向议院大会提交一份特别报告，由议会进行辩论，议会将以议院大会决议的形式强迫政府有关部门执行，并要求有关政府大臣为此承担责任。其次，有研究资料表明，1991—2002 年，议会督察专员进行的调查数量一直呈上升趋势，其中 2001—2002 年就达到了 2 139 件。1996 年以前，议会督察专员的主要成果是提交一份调查报告，从 1997 年开始，通过询问政府部门而取得积极解决问题的调查案件在总调查案件中的比例有所提高。[①] 再次，议会督察专员的素质在提高，队伍在壮大。起初议会督察专员主要从公务员中任命产生，后来越来越多地从律师工作者中间任命产生，政府在任命之前通常征求议会有关特别委员会的意见。最后，议会督察专员的监督手段在改进。议会督察专员在利用传媒曝光、使用包括电子邮件和网址在内的新技术方面，也日益变得富有想象力。[②] 总之，正如有的学者指出，议会督察专员已经从起初被讥讽为“没有牙齿的老虎”和“拴在铁链上的看门狗”，发展成为议会监控政府的常有的特征，成为联合王国不成文宪法结构的一部分。[③] 它的设立“对平反冤情有相当成效，政府机关及官员违法劣迹都经调查后公布，发生警戒作用，使犯法者有所畏惧，以后不敢为非”。[④]

在法国，议会的调查权主要通过议会成立专门调查委员会针对某一特定问题展开调查和议会各常设委员会针对日常性问题展开一般性调查两种方式进行。在议会两院成立专门调查委员会就某一特定问题进行调查方面，两院设立调查委员会的程序基本一致：任何一位议员有权倡议就某件事成立调查委员会，但前提是司法部门尚未就此事展开调查；议员的倡议首先被送交相关常设委员会进行研究，由后者提出是否可以接受此倡议的意见；然后由议会全体会议审议常设委员会的意见，并就是否成立调查委员会进行表决，若此倡议得到多数同意，则该调查委员会即宣告成立。调查委员会的产生应遵循多数选举制原则，即如果某一党团的名单获得议会绝对多数的支持，则该党团可独占调查委员会的席位。调查委员会的构成“应反映各党团在议会中所拥有的议席比例”。调查委员会是一种非常设性委员会，其最长寿命不得超过 6 个月，调查委员会必须在 6 个月内完成工作并提交一份

---

① Gillian Peel. *Governing the UK*. *4th ed*. Oxford：Blackwell Publishing，2004：470-471.

② 同①474.

③ Philip Giddings edited. *The Future of Parliament-Issues for a New Century*. New York：Palgrave Macmillan，2005：69.

④ 陈志尧. 英国议会. 台北：台湾商务印书馆，1986：45.

调查报告。此外，一旦司法机关就同一事件展开调查，调查委员会的活动随即终止。调查委员会的工作秘密进行，为保障调查工作的顺利进行，调查委员会可以传唤某个人到委员会来接受调查或做证（必要时委员会主席可通过司法或警务人员送出类似传票式的文件）。按照1991年7月20日通过的法律规定，一切拒不出席或出席但拒不发誓、拒不做证的人都有可能被处以两年的监禁或3万～5万法郎的罚款。① 同时，委员会有权调阅一切除涉及国防、外交、国家安全机密等问题外的文件。委员会通常通过召开听证会形式开展调查，但也可以向国内或国外派出调查组来搜集其需要的资料。调查工作结束时，委员会本身并不做出任何决议或决定，只是向议会提交一份总结报告，表明对此事的态度和建议。调查报告被提交议会全体会议的同时，将被全文登载在政府公报上。

议会两院的规章明确规定，议会各常设委员会、调查委员会和监督委员会都有权行使调查权。议会调查首先由上述各有关委员会就调查的对象收集信息和资料，然后举行听证会。应有关委员会主席的请求，征得部长的同意并会知政府总理，有关部长、政府特派员、政府高级官员、经济和社会委员会成员有义务出席委员会召开的听证会并回答提出的问题。委员会的报告人还有权到有关部门巡视和调查，进行实地取证。除国防、外交和有关国内外安全的部门外，被调查部门不得以任何借口加以拒绝。有关委员会在对听证和实地调查取证的结果进行内部讨论和审查后，以投票方式做出结论并向议院提交报告，由议院大会做出最终的判决。②

法国议会也建立了议会督察专员制度。根据1973年颁布的一条法律，政府任命了首位议会督察专员，任期6年，不可连任。与英国类似，议会督察专员不能直接受理来自公民的抱怨，必须经由国民议会议员或参议员转交。议会督察专员工作的范围几乎覆盖政府行政管理的方方面面，从日常管理到社会保障、国有化产业，以及司法。他可以从政府机构索取有关的任何信息，开展针对违法公务员的调查，每年向总统和议长递交一份年度报告，包括对处理案件的总结和有关立法与行政改革的建议。议会督察专员可以通过和平方式解决问题，但在必要情况下可以发出指令并提出司法诉讼。1974—2006年，议会督察专员收到的申诉案件从1 600件稳步上升到6万多件，其工作人员也随之增加，议会督察专员办公室的雇员有100多位。③ 法国学者认为，这种制度移植过来的议会督察专员制度并不十分适合法国的情况。理论上说，法国行政法院系统已经为法国公民提供了针对非法政府行为提出申诉的机制，政府本身还通过成立调查和询问委员会为公民提供了制约政府行政管理不当行为的手段。因此，议会督察专员一直以来并非特别成功，因为无论是公务员还是其部长们在披露信息方面都不是很积极配合。鉴于此，议会在1978年通过立法，使公民可以查询到那些有关他们自己的个人数据是否存入官方计算机文件并保证他们可以获得那些文件。为了保证公民的这些权利，成立了国家信息自由委员会和获取政府文件委员会两个特别机构。1979年，议会还通过立法，要求政府向公民说明其决策行为的正当性。④

在德国，议会常设委员会并无调查权职能，议会的调查权主要通过联邦议院成立特别

---

① 许振洲. 法国议会. 北京：华夏出版社，2001：64.

② 吴国庆. 当代各国政治体制：法国. 兰州：兰州大学出版社，1998：115-118.

③④ William Safran. *The French Polity*. *7th ed*. New York：Pearson Education，Inc.，2009：302.

调查委员会来行使。1949 年《德国基本法》赋予联邦议院范围广泛的调查权。联邦议院可在下述四个方面行使调查权：监督政府和行政部门、为立法做准备、议员管理和对公共及私有单位大案的调查。在这四个方面，为监督政府和行政部门而行使调查权占联邦议院行使其调查权活动的主要部分。联邦议院的调查权具有以下特点：其一，宪法对议会的调查权予以明确规定。《德国基本法》第 44 条规定，如果联邦议院有 1/4 的议员提出提案，必须设立调查委员会对特定问题进行调查；调查委员会可举行公开或秘密听证会审查证据；对于审查证据，可以运用刑事诉讼的规定；法院和行政机关有义务给予法律上和公务上的帮助。由此可见，德国强调非常设的调查委员会在就特定事项进行调查时的地位，重视其在开展国政调查时所起的作用。其二，由于实行议会内阁制，联邦政府可以借执政联盟在联邦议院占据多数的优势控制议会，议会中的实际政治阵势是政府与议会多数党为一方，议会反对党为另一方。联邦议院监督政府的重任主要落在反对党肩上，主要由反对党推动议会监督政府。据统计，1949—1990 年，德国联邦议院共成立了 27 个调查委员会，其中 21 个由反对党提出成立。其三，凡政府在国防方面出现重大问题，鉴于国防有着特殊的保密要求，议会对其进行的调查不宜扩散，因此议会不另设调查委员会，而是由国防委员会作为调查委员会做专案调查。

（四）弹劾权（power of impeachment）

弹劾一般指西方国家的议会对政府高级官员犯罪或严重失职行为进行控告和制裁的一种制度。弹劾制始于 14 世纪的英国，当时英国议会已取得了立法、税收、批评和监督政府的权力。同时，议会与王权的斗争也日趋激烈。由于英国传统中国王被认为不可能犯错误，因此议会只能通过弹劾那些犯有破坏法律罪或执行国王不受欢迎的命令的国王宠臣和亲信并予以制裁的手段，使之对议会负责，并制止国王的擅权专制行为。1376 年，英国下院集体上诉，控告王室总管拉蒂默犯有走私、非法借贷、劫持民众和渎职罪，上院对此进行了审判，结果拉蒂默被逐出王宫、处以罚款，并被永远剥夺担任公职的权利。拉蒂默案件首次确立了由下院控诉、上院审判的弹劾程序的法律构架，成为英国弹劾制度的奠基石。英国资产阶级革命期间，议会弹劾了国王宠臣斯特拉福德伯爵托马斯·温特沃斯，指控他企图推翻英格兰和爱尔兰的古老法律，犯有叛国罪，并处以死刑。1678 年，议会在审理丹比伯爵一案时做出决定，国王的赦免权不能阻止议会对其大臣的弹劾。1701 年的《王位继承法》规定，国王的赦免权对弹劾案无效。至此，英国的弹劾制度基本形成。自 18 世纪中叶以后，随着英国责任内阁制的逐步确立，弹劾这种形式逐渐被议会对内阁提出不信任案的形式所取代。自 1805 年后，英国再也没有实行过弹劾。但是，弹劾制度的精神（将弹劾视为立法机构手中驾驭政府中行政公仆的缰绳）已深入人心。许多西方国家（如美国、法国、德国、意大利、俄罗斯等）以及亚洲的日本和韩国等相继建立了弹劾制度。

一般而言，在内阁制国家，议会进行弹劾的对象限于总统和最高法院法官；在总统制国家（如美国），弹劾的对象包括一切高级联邦官员（如总统、政府部长、最高法院法官、州长等）。另外，许多国家规定，弹劾不适应于军官和议员——军官犯罪由军事法庭审理，议员犯罪经议会同意后由普通司法机关审处。关于构成弹劾的罪行，各国的规定也不尽相同。

英国弹劾制下构成弹劾的罪行既包括刑事犯罪也包括非刑事犯罪。美国《宪法》规定弹劾罪包括叛逆罪、贿赂罪或其他重罪及行为不检罪。法国《宪法》规定总统犯有叛国罪即可被弹劾。《德国基本法》规定总统遭弹劾的罪行为蓄意破坏基本法，或蓄意破坏联邦的其他法律。俄罗斯《宪法》规定弹劾总统的主要根据是总统犯有叛国罪或其他重罪。

西方各国弹劾案的提出与审判，主要有以下 7 种方式：

（1）议会下院提出弹劾案，上院进行审判。在美国，提出弹劾案的权力属于众议院，程序是由数名议员告发，然后组成委员会调查取证，若弹劾根据成立，委员会起草弹劾决议案并提交众议院大会审议，经出席议员过半数同意，即可提出弹劾案。参议院在审判弹劾案时，全体议员都须宣誓依据宪法和法律主持公道，审判程序与刑事诉讼程序相同。审判一般文官时，以副总统（兼参议院院长）为主席；审判总统时，最高法院首席法官担任主席以防止国会任意处置总统。审判时对弹劾案逐项逐条进行听证并表决，判决有罪或无罪。若无出席议员 2/3 以上的同意，不得做出有罪判决。

（2）两院中任何一院单独提出或由两院联席会议共同提出，由宪法法院审判。在德国，对总统的弹劾由联邦议院或联邦参议院 1/4 的议员提出，得到 2/3 多数议员赞同即可提交联邦宪法法院进行审判。宪法法院须获 2/3 多数法官赞同才能做出判决。意大利议会对总统、内阁总理及部长进行弹劾，先由议会两院联席会议做出决定，然后送交宪法法院审判。

（3）两院共同提出，特别高等法院审判。法国《宪法》第 68 条规定，议会两院只有按公开投票方式，以两院议员的绝对多数做出相同的决议时，才能对总统和政府成员提出控告，由特别高等法院依刑事诉讼程序进行审判。

（4）由两院共同组成特别机构提出并进行审判。在日本，根据《宪法》第 64 条规定，从参众两院中互选 20 名议员组成追诉委员会，负责对被弹劾法官的调查追诉。同样从两院议员中各选 7 名共 14 人组成弹劾法院，对被弹劾的法官进行审判。

（5）由下院提出，普通法院审判。比利时宪法规定，凡弹劾案由下院过半数通过，提交最高法院审判。

（6）韩国属于一院制国家，根据《宪法》第 65 条和第 111 条规定，国会有权对违反宪法或法律的总统、总理、内阁成员和各部部长、宪法法院成员、法官、中央选举管理委员会成员、监察院成员或法律规定的政府其他官员提出弹劾动议。弹劾总统的动议须由国会半数以上的议员提出，经 2/3 国会议员的同意方能有效；其他弹劾动议须由国会 1/3 或 1/3 以上的议员提出并经国会半数以上议员通过才能有效。弹劾案由宪法法院审判。被弹劾者应中止行使权力，直至弹劾过程结束。弹劾的效力限于解除公职，但并不免除被弹劾者的民事或刑事责任。

（7）俄罗斯弹劾总统有三步程序。首先，由国家杜马对总统提出弹劾指控（须有 1/3 以上的国家杜马代表提出弹劾动议，经专门委员会研究做出是否对总统进行指控的结论，并经国家杜马全体代表 2/3 多数通过方能成立）；其次，国家杜马的弹劾指控须经联邦最高法院和宪法法院的证实（前者做出总统的行为是否具备了犯罪要素的结论，后者做出国家杜马是否遵守了对总统提出指控的程序）；最后，由联邦委员会在国家杜马提出指控后的 3 个月内，在具备了国家杜马专门委员会、联邦最高法院和宪法法院肯定性结论意见的前提下，做出弹劾总统的决定。决定若获联邦委员会全体成员 2/3 以上多数赞成票则被视为通过。若联邦委员会在规定的时间内未做出弹劾总统的决定，则意味着国家杜马对总统的指控被否决。

从西方各国的实践看，议会行使弹劾权是非常慎重的。美国 1789—1998 年，遭众议院弹劾和参议院审判的共有 16 人，其中总统 2 人（1868 年安德鲁·约翰逊和 1998 年威廉·克林顿）、内阁部长（国防部长）1 人、法官 12 人、参议员 1 人（弹劾参议员发生于 1789 年，当时美国还沿用英国制度，把参议员也作为弹劾对象）。其中只有 7 人（全部都是法官）被审判定罪并被免去公职，其余 9 人则因对其指控不能成立而被宣判无罪。

（五）议会监督政府的其他形式

如前所述，西方国家议会的监督权除了质询权、倒阁权、调查权、弹劾权等主要形式外，还包括其他一些形式，如英国议会的议会辩论、早日动议、议员给政府部长通信等，它们在监督政府方面发挥着重要的作用。

议会辩论是英国议会监督政府花费时间最多的一种活动，它通常表现反对党对政府政策及其行为的质问和批评，以及执政党对其政策及其行为进行辩护和说明。辩论有不同的形式，如可以在发起赞成或谴责政府在某一问题上的有关政策的实质性动议过程中发生，或在某一主题上政府尚未决定其立场而为了引起广泛的讨论而发生，也可以在启动议会休会动议时发生。辩论可以由下院中的不同机构发起，而由政府发起的大多数动议是通过立法，政府偶尔也发起对某些特别政策进行辩论的动议，如 2003 年对伊拉克的战争、议会特别委员会的提名、在公共走廊安装安全监视屏等。更常见的是，辩论由反对党发起，每年有 20 天被指定为反对党日，其中 17 天的辩论主题由下院反对党（议会中的第二大党）领袖选定，其余 3 天由第三大党（目前为自由民主党）领袖选定。另外，每届会期还有 3 天的估算日（estimate days），此间将由下院特别委员会（如由其他特别委员会主席构成的联络委员会）决定选择何种主题进行辩论。议员个人也可以在每周四天中每天半小时的休会辩论动议中提出一些不带党派色彩、主要反映选区选民意见的辩论主题，尽管对这种辩论议员的出席率很低，但它们允许后座议员们将问题公之于众并引发政府的回应。总之，辩论本身就是议会监督政府的过程。

早日动议（early day motion）系由英国下院议员提出希望在不久的某一天就某一事项进行议会辩论的动议，尽管事实上议会很少有时间对其进行辩论，但它们因都被打印出来并在议会会期中可以征集到许多议员的签名而成为议会的通告栏。当某一动议获得大量议员的签名，它就有可能引起政府的关注或采取行动，也有可能严重使政府难堪。如 2002 年底 2003 年初就有一条对政府有可能对伊拉克采取军事行动表示关注的早日动议获得了 150 多名工党议员的签名，被视为政府若仓促同意使用武力推翻伊拉克政权将遭受本党强烈反对的信号，后来政府遭受了二战后以来本党后座议员规模最大的反叛性投票。平常，早日动议通常反映了议会外的民众和集团对某些问题的看法，议题十分广泛，数量迅速增长。20 世纪 70—80 年代，每年有 300～400 项早日动议，到了 90 年代，则每年超过了 1 000 项，2001—2005 年，议员们共提出 6 767 项，平均每届会期多达 1 691 项。每一项动议都得到了相关政府部门的关注，它们一直为议员们提供了将其关心的问题公之于众的机会。[①]

给政府部长写信也是议员们监督政府的重要方式。20世纪50年代以来，英国选区选民和许多机构写给议员的信件大幅增长，60年代末一位议员每年将收到2 000～3 000封信。2003年，下院收到不少于1 000万封信函，每位议员平均收到1.5万封信。议员处理选民提出的问题的通常办法是给相关部长写信，常常同时将选民的信件转发过去。议员们每月要给政府有关部长写1万～1.5万封信。[②] 对议员而言，给部长写信是处理选民事务最有效的方式之一，信函促请对方给予周到细致的答复，通常也没有弥漫下院的那种党派压力；以私人通信的方式，避免使部长们处于公开防卫的境地，部长们通常比在下院遇到要求的情况下更加富有同情心地斟酌行事；由于议员写信没有数量限制，议员可以在其方便时口授信函；政府部门也将议员写给部长的信件置于首要位置，每封信都放在一个黄色的文件夹中传阅，而且必须得到部长的答复。若信件没有得到应有的回复，议员可以采取进一步行动，提出约见部长或在下院会议上公开提出有关问题。总之，通信是使事情得到部长处理的一种宝贵而有效的方式，某一个问题上大量的来信可以引起部长对此问题规模的警觉并诉诸行动，写信也是一种有益的表达方式，选民借此可以表达对某一问题的看法或了解政府为何对此采取或没有采取行动的理由。给议员写信则是一项长期建立起来的、现在得到广泛运用的公民参与国家政治过程的手段。

七、议会的其他职权

西方国家的议会除拥有政治代表、辩论审议、立法权、财政权、产生政府、监督政府权外，还拥有批准条约权、批准人事任命权等其他重要职权。

（一）批准条约权

西方国家议会的批准条约权主要有两种不同的情况：(1) 对外缔结一切条约必须经议会同意和批准方能生效，如美国、日本、英国等。美国《宪法》第2条第2款规定：总统有权（经参议院提出咨询意见和同意）缔结条约，但须得到参议员2/3的赞同。日本《宪法》第60条、第61条规定：对外缔结的条约必须获得国会的承认和通过。在英国，宣战、媾和、缔结国际条约、承认外国政府等，形式上属于英王的权力，但依宪法惯例，在议会批准所有重要国际条约和协议前，政府都向议会报告。(2) 对外缔结条约中，只有其中某些重要的条约或法律规定的某些方面的条约和协定才须经议会同意，如意大利、法国等。《意大利共和国宪法》第80条规定：议会两院依立法程序，得批准关于规定仲裁或司法调整以及引起领土改变、财产负担或修改法律的各种政治性国际条约。法国1958年《宪法》第53条规定：和约、商务条约，关于国际组织的条约或协定，有关领土割让、交换或合并的条约或协定，涉及国家财政的条约或协定，有关修改立法性规定、个人身份的条约或协定，只能由法律予以批准或认可。

从各国议会的实践看，议会批准条约权的作用十分有限。在英国，缔结条约权形式上属于英王特权，但实际上为内阁所操纵。通常情况下，由于内阁占有下院议席的有效多

① Bill Jones et al. *Politics UK*. *6th ed*. Essex: Pearson Education Limited, 2007: 433-434.

② 同①434.

数，内阁提请议会批准某项条约的议案很容易拥有足够多的赞成票。即使执政党内部发生分裂，但只要不危及内阁在下院的有效多数，内阁仍然能使其缔结的条约得到议会批准。1993 年英国政府提交议会批准《马斯特里赫特条约》的议案，尽管遭到下院部分保守党后座议员和上院以撒切尔夫人为首的部分贵族议员的强烈反对，但最后均以有效多数票获议会两院批准。在美国，有学者统计，1789 年至 20 世纪 70 年代，参议院否决总统签订的条约总共只有 19 例，参议院不加修改照章批准的条约占总统呈送的条约总数的 69%。其他则对条约附加保留意见或予以修改或推迟批准。① 此外，随着历史的发展，美国对外交往日益增多，对外扩张趋势进一步加强，总统的权力不断膨胀，行政协定涉及的范围远远超过建国初期的界限，其重要性也日益提高。由于总统与外国政府签订的行政协定无须参议院认可，却与条约享有同等的法律效力，总统经常且越来越多地用行政协定代替国际条约来绕过参议院的批准条约权。起初，行政协定仅涉及对外邮政、商务和经贸等方面，一般不涉及重大政治事务。后来，总统则用来解决重大国际问题。如二战时期美国参与签订的《大西洋宪章》、《雅尔塔协定》和《波茨坦公告》等一系列协定。结果，现在美国总统签订的行政协定的数目已大大超过缔结的条约的数目。据统计，1946—1992 年美国签订的共约 1.3 万份国际条约中，1.2 万多份属于行政协定。为了保持国会对总统缔约权的监督，美国国会 1972 年通过了《凯斯-扎布洛茨基法案》(The Case-Zablocki Act)，要求所有行政协定在其生效后的 60 天内，其副本必须呈送至国会。②

(二) 批准人事任命权

西方各国议会批准人事任命权主要有两种方式：(1) 议会推荐某些官职候选人提交国家元首任命，如奥地利、比利时、荷兰等。在奥地利，总统根据国民议会的提议任命 1 名宪法法庭法官，另外 3 名则根据联邦议会的提名加以任命。在比利时，最高法院法官由国王根据参议院和最高法院分别提出的名单任命，国务委员由国王根据国务委员会和议会提出的推荐名单任命。在日本，内阁总理大臣由国会从国会议员中提名，然后天皇根据国会的提名加以任命。(2) 议会直接批准或赞同政府对某些高级官员的任命，如日本、美国、俄罗斯等。在日本，各类公务官员，特别是中高级官员的任命需经国会两院的批准。

在美国，根据宪法和法律规定，总统提名任命的部分官员须征询参议院的意见和经参议院批准。这部分官员中最重要的有内阁级部长、副部长和助理部长、驻外大使、联邦各级法院法官（包括最高法院大法官）、美国检察官等。参议院在得到总统的提名后，首先将提名交给与拟议任命的部门相关的委员会进行审查；委员会为此举行听证会，对被提名者的个人品德、教育背景、身体及心理状况，及其政策主张等进行全面的了解和考察，并要求被提名者回答相关问题；然后委员会对提名进行表决；最后由参议院举行议院辩论并进行全院表决。若参议院否决了总统的提名，总统就得重新挑选并再次提名。在实际生活中，参议院批准总统提名的最高法院大法官的任命比批准总统提名的高级行政官员（特别是内阁级部长）的任命更加严厉而慎重，因为大法官职务特别重要且为终身职务，非经弹

---

① Loch Johnson & James M. McCormick. "Foreign Policy by Executive Fiat". *Foreign Policy*, 1977, 28: 118-124.

② Roger H. Davidson & Walter J. Oleszek. *Congress and Its Members*. Washington, D.C.: CQ Press, 2000: 390-391.

劾定罪不得免职，美国民主、共和两党也因此经常趁机展开政治争夺战。如 1987 年里根总统提名罗伯特·博克为最高法院法官，由于此时最高法院法官中的意识形态平衡问题引起社会的极大关注，而博克的观念在许多参议员和利益集团看来过于保守和极具争议性，因此参议院司法委员会在听证会上对其政制和哲学观点进行了十分细致的调查，最后否决了总统对博克的提名。又如 1999 年克林顿总统第二任期内，参议院司法委员会主席哈奇要求克林顿提名犹他州州长的一名持保守主义观点的助手为联邦法官，克林顿未予置理，结果哈奇拒绝就处于悬而未决中的 36 位联邦法官的提名举行批准听证会。[1] 因此，政治性因素和政策性考虑贯穿参议院批准人事任命整个过程。此外，总统一般都遵循所谓“对参议员的礼貌”的宪法惯例，即如果某一州的参议员与总统同属于一政党，那么总统在任命驻该州的联邦机构的官员时，事先必须与该州的参议员磋商，否则其他参议员可以否决总统这项任命。

一般来说，凡需议会批准任命的官员，其免职也需议会的批准，但各国的具体情况不尽一致。1926 年，美国最高法院在迈耶斯诉美国一案中确立了一项原则：凡由总统任命的所有行政官员都可由总统免其职务而无须国会同意。1935 年，最高法院在汉弗莱执行人诉美国案中裁决：总统不得以政治理由或其他理由随意将独立管制委员会的委员免职，因为这类机构履行半立法半司法的职能，非纯粹履行行政职能的机构；总统只有根据国会有关法律规定，方可免除独立管制委员会委员的职务。由此可见，总统可随意将其任命的行政官员免职，但不能随意将其任命的独立管制机构的官员免职。

（三）政治录用和培训权

在英国等议会内阁制国家，议会还承担着对政府内阁成员的政治录用和培训（political recruitment and training）功能，即政府部长或大臣通常从议会中遴选产生，议会由此成为录用政府人员的主要渠道。人民选举了平民院，政府则从平民院选出。平民院中的多数党提供政府内阁人员，其选出政府内阁人员是根据其作为议员时在议会中的表现而定，成功的议员将显示出辩论的技巧、愿意在委员会工作的态度以及十分关键的议会品质即政党忠诚。这些技巧将在其议员生涯中得到发展，因而在某种意义上他是在通过议会接受培训和政治录用。作为通向内阁部长的第一步很可能是被任命为内阁部长的议会私人秘书（parliamentary private secretary，PPS），由此可以在为部长提供支持的同时熟悉部长的业务；下一步则是成为级别较低的部长；再后，若这位议员展现了特殊的潜力，则成为内阁部长。这一段路程大多是在议会内完成的，它凸显了议员在获取内阁部长职位过程中其在议会中的表现的重要性。[2]

除上述职权外，有些西方国家的议会还有行使某种选举的职能，如美国国会在特殊情况下由众议院选举总统、参议院选举副总统。意大利议会两院联席会议选举总统，以及选举 1/3 的宪法法院法官。德国总理经联邦总统提名，由联邦议院（不经讨论）选举产生；联邦议院还参加选举联邦总统和联邦法官。瑞士联邦议会有权选举联邦委员会委员、联邦法官以及戒严时期的军事统帅。

---

① Roger H. Davidson & Walter J. Oleszek. *Congress and Its Members*. Washington，D.C.：CQ Press，2000：314-316.

② Peter Holmes. *Introducing Politics for AS Level*. Cambridge：Peter Holmes，2008：363.

有的国家的议会还行使某种司法职能，如法国议会两院选出部分议员组成特别高等法院等。

最后应该指出的是，由于受各国政治体制、政党政治、议员个人行为、不同的议事主题、集团政治和公民政治参与状况等诸多因素的影响，各国议会在国家政治生活中的地位和作用有所不同，上述议会职能并非在每一个国家都有所表现，即使是同一项职能，其作用程序和效果都会有所不同，需要我们具体问题具体分析。①

第三节 议会的会议和议事规则

一、议会的会议

议会议事和决策是有时间范围的，一般把议会开会和议事的期限称作议会的会期。议会通常在会期内召开各种会议并行使其各项职权。议会的会议一般可分为常会（或称例行会议）和非常会议两种。议会在会期中可以中途休会，会期届满或完成任务后可闭会。

（一）常会（例行会议）

常会即定期召开的议会会议，是议会会议的主要形式和工作程序的基础。西方各国对常会日期和次数的规定详简不一。美国国会每年至少召开一次，会期始于1月3日，应于7月31日休会。日本国会每年召开一次例行会议，始于12月，会期150天。法国议会的会期为每年5个半月，秋季（10—12月）两个半月，春季（4—6月）3个月。特别会议可以由总理或议员多数针对某项特别议程召开，但不得超过12天（戴高乐拒绝召开特别会议，至今50多次特别会议中，只有2次是应代表请求召开的）。1995年，法国《宪法》第28款和第48款得到修正，议会会期从两次改为一次连续9个月，即从前年10月上旬到来年6月底，议会会议的天数从170天缩减为120天。取消了两次会期中间的间隔，有助于议会效率的提高。② 英国议会常会每年两次，第一次始于1—2月，终于7—8月；第二次始于10—11月，终于圣诞节前夕；每年召开常会的时间大约8个月。意大利议会规定常会每年两次。印度议会规定常会每年两次。德国联邦议院任期4年，每届联邦议院自10月中旬以后召集，直至本届联邦议院任期结束。联邦议院原则上常年不停地举行会议，没有规定议会的休会制度，等等。议会常会（例会）期间，议员并不是每天开会，只是宣布议员正式工作的开始，也是议会内部机构的工作时间。议会常会（例会）必须按规定时间举行和闭幕。常会期间大部分议员经常被召集在一起举行会议，商讨重大事项；议员未经议会准假，不得擅自离开举行会议的城市，不得出访或进行其他与开会内容无直接关系的公众活动。

---

① 有研究资料表明，当英国议员被问及“作为议员您认为最重要的作用是什么”时受访议员中33%回答是监督问责政府，18.4%认为是保护选区选民利益，15.1%认为是处理选区选民的申诉案件，12.8%认为是审议立法，与本党保持一致投票、在部门类特别委员会工作均占2.2%，在议会发言、向选区选民通报政府活动、撰写发言稿、在电视上亮相各均占0.6%，另有14%受访者没有回答。参见：Philip Norton. *Parliament in British Politics*. *2nd ed*. Hampshire：Palgrave Macmillan，2013：231.

② William Safran. *The French Polity*. *5th ed*. New York：Addison Wesley Longman，Inc.，1998：235-236.

（二）非常会议（包括临时会议、特别会议和紧急会议）

非常会议指议会在常会会期之外，遇有特殊或紧急情况（如战争、自然灾害、国内动乱以及出现重大经济、社会问题等）而召开的会议。大多数国家的宪法或议会议事规则对非常会议的召开有明确的规定，有权要求召开非常会议的人员一般是国家元首、议长、议会主席团、政府（行政部门）和一定数量的议员，各国对此规定有别。非常会议具有较强的针对性，会议的重点是就主题举行辩论和表决，会期较短。实际上，西方国家议会召开非常会议的实例非常少。这一是由于非常会议的特殊性、严肃性和重要性；二是因为西方国家议会的正常会期比较长，此间所遇到的重大问题，议会可随时进行辩论和表决；三是由于对提出召开非常会议的动议做了比较严格的规定（议员提出此动议通常须到达法定人数），议会领导者通常宁愿采取中断休会或复会的方式来讨论紧急议题，而不愿召开非常会议以免产生对社会的不稳定因素。

（三）议会的休会

议会的休会指议会的任何一院可以通过决议在会期中中止活动。议会的休会主要有两种类型：一是自行休会，即议会因例假或某种需要可自行通过决议宣布中止开会若干天，一旦休会期满，议会应自动复会，不能无限期地休会；二是被动休会，通常由国家元首提出或决定，但对国家元首行使休会权在程序上予以一定限制。为了体现民主协商一致原则，不少两院制国家规定，议会的休会必须经两院的一致决议。休会期间，议会原则上停止一切活动。一些国家在议会休会期间，议会授予议长、常设委员会或特别委员会行使处理紧急事务方面的权力。休会期间，议会辅助机构的日常活动照常进行。

（四）议会的闭会

议会的闭会指议会因会期届满或会期未满但任务已完成而闭会。主要有三类闭会制度：(1) 自动闭会：议会的会期结束，会议休止，会期工作结束而闭会。(2) 被动闭会：一般由国家元首宣布闭会，也有少数国家是由于议会两院中的一院（通常是下院或众议院）被解散，另一院（上议院或参议院）被迫同时闭会。(3) 特别闭会：由议会召集的特别会议由议会宣布闭会；由国家元首召集的特别会议，由国家元首宣布闭会。

（五）议会的解散

议会的解散属于议会闭会制度中被动闭会的一种方式。在实行责任内阁制的国家，当政府由于议会政治构成的变化而丧失了其在议会中的多数支持，或反对政府的不信任案获得通过时，政府（内阁）首脑要么主动辞职，要么提请国家元首宣布解散议会，择日举行新的大选。若原执政党在大选后产生的新一届议会中仍居多数，则继续执政；否则，则由在新一届议会中获多数席位的政党或政党联盟组阁执政。

二、议会的议事规则

议会议事必须有规则可循。理论上说，议事规则直接体现出西方国家代议制民主在程序上是否有法可依，是否公平正义。实际议会活动中，为了保障议会活动的正常秩序，提高议事效率，确保议员能依法行使职权，使议会中各种矛盾和争执的处理有条不紊，议会有必要制定一些共同遵守的规则，即议事规则。因此有人将其比喻为议会活动的“第一生命”。议会议事规则主要指议会全体会议和议院会议，以及非例行会议的规定和程序，包括议会的开会时间及议事时间分配规则、议会开会做出有效决议和通过法案的法定人数规则、议员在议会上的发言规则、会议公开或秘密举行规则、议会审议议案或法律草案的程序规则（包括议案或法律草案的提出、讨论或辩论、修改、通过或投票等程序规则），等等。

各国议事规则的制定和修改各有特点。有些国家在宪法和法律中规定了议会的基本条款，议事规则由议会自行规定，如日本、奥地利等。有些国家由议会通过一个或几个决议的形式，自行制定议事规则。在法国，宪法规定议事规则在生效前须提交宪法委员会，由后者审议其合宪性，以限制议会在讨论和审议议案过程中的权力。在韩国，当议事规则的效力在司法审判过程中遭到怀疑时，可交最高法院宪法委员会审议。其他国家议会的议事规则，由议会通过即可。关于议事规则的修改，大多数国家通常由议会中一个专门的程序委员会提出建议。许多国家议会都有常设的规程或程序委员会，有些国家则作为特设机构。没有常设或特设程序委员会的国家，则由议会其他委员会或机构来扮演这种角色，如法国的宪法、法律和行政委员会，韩国的国会运营委员会，芬兰的议长会议等。

各国议会议事规则所涵盖的范围和具体内容也不尽一致。① 但综合起来，共同的议事规则主要有：

（一）法定人数规则

法定人数规则指议会需要有一定数量的议员出席，才能使议会做出的决议和通过的法案有效。出席者的一定数量即为法定人数。法定人数一般区分为举行会议的法定人数和通过法案的法定人数。各国议会规定的法定人数不尽相同。如英国上院开会的法定人数只有3人，下院为40人；上院通过法案的法定人数为30人，下院则为相对多数。日本国会开会议事和做出决议的法定人数为全体议员的1/3，通过法案则需要出席议员的半数以上。一般来说，多数国家议会通过法案的法定人数为议院议员总数的半数以上。

（二）会议公开规则

会议公开规则指议会活动在国民的监视和批评下进行，议会会议公开举行，议院大会允许外人旁听，允许新闻媒介跟踪报道以及公开发表议事记录等。但是，旁听者和报道者若不如实反映情况，则要负民事或刑事上的责任。在某些国家（如英国、美国、法国、德国、日本等），根据一定数量的议员提议或政府的要求，经议院表决通过，可举行秘密会议。秘密会议除议员外（个别国家规定政府部长或国务大臣经议院许可也可出席会议），其他人一律不得出席、旁听，新闻报道、议事记录也不得发表。此外，委员会会议除举行听证会外，一般不公开举行。

（三）一事不再议规则

一事不再议规则指在同一会期内，议会所否决的法案不得再行提出，但不包括下院已通过、遭上院否决而下院再次讨论通过的情况。如对议会所否决的法案有异议，只能在下次会期中的会议上重新提出。实行这条规则主要是为了节省时间，提高议事效率。

---

① 人民代表大会制度研究所. 与人大代表谈西方议会制度. 北京：人民出版社，2004：225-245.

（四）议员在会议中发言不得追究规则

议员在会议中发言不得追究规则指议员在议会辩论或讨论某项法案的发言中，只要不使用诽谤、侮辱性语言，不泄露国家机密和揭露别人隐私，发言均受法律保护，不得因观点异同而追究法律责任。

（五）法案必须两院一致通过规则

一般而言，在大多数两院制国家，议会讨论的法案只有经议会两院讨论一致通过，才能成为法律。若两院讨论结果相左，则通过六种主要方式解决（参阅本章第二节有关立法权中的“通过法案”部分）。

第四节　议会的地位及其作用

一、当代西方国家议会制度是对现代西方国家议会制度的继承和发展

现代西方国家的议会是资产阶级反对封建专制的产物，它废除了“朕即国家”的专制政体，开创了国家由君王集权走向阶级分权乃至资产阶级内部实现立法权、行政权、司法权分立与制衡的政治格局，是一大历史进步，也是现代西方民主制的重要标志。

现代西方代议制是建立在有产者法律面前人人平等和法律保障自由竞争基础上的立法机关对行政、司法机关的权力制约机制，以及通过立法对社会多元利益进行调节的机制，它对早期资本主义社会生产力的发展起到了积极的推动作用。

随着现代西方国家代议制的确立，以议会为中心的近代西方选举制、政党制、责任内阁制和司法制度等相继建立和发展，代议制逐渐成为西方民主制的核心，对西方国家政治制度的形成和发展起了重要的促进作用。

二、当代西方国家议会传统地位面临的挑战及议会权力的削弱

（一）主要原因

第一，从客观形势的发展需要以及立法机关与行政机关各自的特点看，19 世纪末 20 世纪初以来，随着自由资本主义发展到垄断资本主义，科技的迅猛发展、生产的不断社会化、社会结构日趋复杂，迫切要求国家作为全社会利益的代表者更广泛、深入地干预和调节国家的经济、社会生活，限制个体资本和垄断资本的极端经济行为。议会作为国家权力机构，其立法程序僵硬烦琐、信息相对闭塞、内部党派互相钳制等，明显缺乏随机应变能力，不能满足经济、社会形势变化和发展的需要。相比之下，政府（行政）部门以其权力高度集中、责任明确（行政首长负责制）、信息灵通、研发能力和人力资源丰富、富于机动性和灵活性等优势，被推到了经济和社会生活的前沿。

第二，从宪制结构看，一些西方国家现代议会地位和权力的削弱与其宪制有密切关联。法国 1958 年《宪法》的主要目的就是要改变第四共和国时期多党制议会控制政府造成政局动荡、政府软弱的局面，加强总统和政府的权力，削弱议会的地位和权力。俄罗斯 1993 年《宪法》的主要目标之一也是加强总统的地位和权力，削弱议会控制政府

的能力。“国家杜马发挥更加充分的作用受到了政治制度本身的限制。只要它的权力依然受到限制，就几乎没有动力促使各政党组织起来去赢得多数席位，也几乎没有理由使普通俄罗斯人视其为公共政策制定的中心而非边缘。”[1] 在实行两党制的议会内阁制国家（如英国），由于政府内阁的寿命取决于执政党在议会占有多数的时间的长短，因此通过党纪约束和控制本党议员以维持本党的议会多数，成为与政府（内阁）生命攸关的事情。执政党议员支持或反对本党政府的政策和主张，直接关系到自己的政治生命和政治发展前途。

第三，从政治文化的发展和变化看，经济、政治生活的变化反映到社会思想观念中便是个人的自由权利和主权在民思想逐渐让位于社会本位的权利观和国家主权思想。立法机关作为民意代表机关的意义相对减弱，行政机关作为国家和社会的象征和代表逐渐为人们所认同，在西方国家政治生活中，国民在大众传媒中看到和听到的常常是国家元首和政府首脑的形象和声音。

第四，20 世纪 30 年代以来的西方周期性经济危机、两次世界大战、冷战、西方国家内部工人阶级的壮大、第三世界民族独立与解放运动的蓬勃发展等诸多重大国内外危机、战争、社会运动等，为西方国家政府行政权力扩张提供了客观环境和条件，促使政府（行政）权力空前膨胀和强大，议会的权力由于自身结构和能力资源的限制而受到不同程度的削弱。

第五，全球一体化、超越国家主权的国际组织和国际运动的兴起和发展，也对民族国家议会的法律地位和权威构成了挑战。[2] 如英国议会在欧洲联盟的法律制定过程中就没有正式的地位和作用，在阻止欧盟制定对英国产生有约束力的规定或阻止其命令的企图方面，议会权力有限。随着欧洲人权公约融入英国法律体系，法院在判断英国法律是否与欧盟法律相冲突，以及此时是否中止英国法律或将之予以撤销方面拥有了更多的权力，法院负责解释欧洲人权公约中的条款，议会立法权力随之受到削弱。一些国家内部（如英国），地方分权势力强大而导致地方自治，也削弱了作为国家代议机构和立法机构议会的地位和权力，如英国议会不能就下放到苏格兰议会的事务进行立法，苏格兰议会在苏格兰法案未予以保留的领域拥有立法权，以及对议会通过的有关立法予以修正的权力。与此同时，全球和地区一体化进程中作为直接民主形式的公民投票的议题和次数的增多，也削弱了议会作为间接民主形式的代表功能。

此外，一些国家政府（行政）首脑的强势领导作风和个性特征，议员顺从本党（执政党）纪律束缚的政治心理或（作为反对党议员）投票缺席等政治行为，多党制议会中各政党联盟之间或内部的矛盾和不团结，等等，也是导致议会的地位和权力相对削弱的

---

① M. Donald Hancock et al. *Politics in Europe—An Introduction to the Politics of the United Kingdom, France, Germany, Italy, Sweden, Russia, and the European Union*. Hampshire: Palgrave Macmillan, 2002: 430.

② 有西方学者指出，国家间不断增强的相互依赖提出了各国议会难以应付的问题。议会是国家的产物，它们难以适应全球化的时代。国家范围内的议会难以控制全球范围内的国与国贸易、政府间交易、复杂的条约、纷繁的外交和战争等问题。即使有了一个欧洲议会，但它仍然是欧盟各个机构中一个发育不全的矮子，缺少一个立法机构的正常权力。在当今情势下，行政机构是行动的核心所在，而议会却已经变成了政治展览品。黑格，等．比较政府与政治导论：第 5 版．北京：中国人民大学出版社，2007：374-375.

重要因素。[1]

（二）主要表现

1. 议会的传统地位受到严峻的挑战

首先，在国内层面，议会的传统地位受到政府（行政部门）权力的挑战。在议会内阁制国家（如英国、澳大利亚、新西兰等），理论上议会依宪法是最高国家权力机关，内阁从属于议会并向议会负责；议会在法律上“除了把女人变成男人以外，什么都能做到”，可谓议会至上、议会万能。但现实情况是：执政党通常占议会多数席位，它可以通过党纪约束本党议员从而控制着议会的多数；内阁制定政策，议会主要是对其进行修改和批准。在英国，“议会作为一种制度受到了威胁，在正在增长的首相和内阁的权力面前，它已经难以维护其独立的权力。政治斗争中的重要武器的大多数都掌握在行政部门手中，这些法宝包括信息、人员以及（更加重要的）党纪。议会现在很少能对政府的活动进行自由而彻底的监督审查”。[2] 在严格实行权力分立与制衡的美国，根据《宪法》第 1 条，在国家立法、行政和司法三个部门中，国会居于首要地位。它作为最高立法机构，拥有最高立法权。可现实情况是：国会的地位相对下降，总统在现实政治中逐渐取代国会的首要地位，成为美国政治的中心，国会趋向于向总统寻求政治领导和政治聚合力，形成了一种“总统提议，国会料理”的局面。在法国，1958 年《宪法》的核心就是加强行政权力，削弱议会控制政府的能力，提高总统的地位，因而改变了第四共和国的议会制政体，建立了独特的半议会制半总统制或混合制政体。在这种政体下，政府支配议会。在其他西方国家，议会的传统地位都不同程度地受到行政部门的挑战。

其次，在国际层面，议会的传统地位受到全球一体化的挑战。全球一体化的重要内容之一便是跨国家的区域性国家联盟组织的形成和发展，各国之间的相互依存度加深，欧洲联盟就是典型。欧洲联盟威望的增长削弱了欧洲各国议会的权力，一些国家的议会只是在事后才知晓欧洲委员会做出的决定或成员国之间达成的协议，此时为时已晚。因此，怎样

---

① 英国政治学家安德鲁·海伍德认为，议会作为立法机构和政策制定机构的衰落是毋庸置疑的，其原因主要有五：一是纪律严明的政党的出现，削弱了议员个人作为选民全权委托授权代表的独立判断和良知，政党通过选举获得选民授权，成为了政治代表的主要代理者；政党忠诚也削弱了议会作为辩论场所的功能，无论议会演说多么清晰充满激情而令人信服，它们对政党主导下的议会投票影响甚微或没有影响，辩论成为了一种形式；更重要的是政党团结导致（多数党内阁）行政主导的趋势，尤其是在议会制下，大多数议员对政党的忠诚意味着对当下其多数党领袖组成的政府的忠诚。许多议会不是制衡政府或使政府难堪，而是成为了政府的帮凶。二是政府作用的增强，尤其是在社会福利和经济管理领域，权力从议会转移到政府。负责对政府政策进行管理和公共服务进行监督的官僚体制的地位和规模得到加强，尽管议员可以提出某些领域的政策建议，但将之发展为广泛而紧密的政府计划则无能为力。20 世纪大多数国家议会由此放弃了主动立法权而将审议和监督政府而非制定政策作为其工作重心。大政府意味着政府决策更加复杂而微妙，专业要求更高，而政府比议会更占有这种优势。三是议会缺乏强有力的领导，议会议员众多而讲究平等，组织结构松散，削弱了其提供领导和一致行动的能力。在国家不得不参与全球事务和全球政治的时代，民众指望政府解决社会问题和实现可持续繁荣，由政党组成的通常更擅长应对国内和对外政策问题的议会则相形见绌，政府行政部门则组织严密、专业能力强、拥有强有力的负责任的领导，更能够应对这种挑战。四是利益集团和媒体力量的增强，利益集团的兴起为公众提供了政治代表的替换机制，在处理民怨、表达特定群体的关切和愿望方面，利益集团比议会更加有效。单一问题利益集团现在参与并促进过去只有在议院进行的公共辩论。议会日渐退出政策制定过程的同时，利益集团作为相关组织的代表和提供有关信息和专业指导的作用更加突出。议会游说的敏感性也削弱了其合法性，越来越多的人认为议员是出于私利而非公共服务意识。五是媒体尤其是电视和新媒体的电子交流形式，使议会显得多余，议会只是政治辩论的主要场所，政治领袖们越来越希望通过媒体而非间接通过议会与公众打交道。参见：Andrew Heywood. *Politics*. *4th ed*. New York：Palgrave Macmillan，2013：212-213.

② M. Donald Hancock et al. *Politics in Europe—An Introduction to the Politics of the United Kingdom*，*France*，*Germany*，*Italy*，*Sweden*，*Russia*，*and the European Union*. Hampshire：Palgrave Macmillan，2002：32.

应对一个充满国际贸易、政府间协议、复杂国际条约、扑朔迷离外交关系的世界形势，是欧洲各国议会面临的严峻挑战。

2. 议会反映和表达选民利益和意志的职能受到挑战

首先，随着现代通信技术的发展和普及，大众传媒已经成为选民表达自己意愿和意志的重要工具。由于大众传媒结构的多元性、覆盖的广泛性、使用的便捷性、传播信息的快速性以及在形成民意和社会舆论过程中的重要性，议会传统的反映民意和表达民意的职能受到了严重挑战，议会也必须借助大众传媒技术和手段改进和完善其在这方面的职能。其次，新兴的各种利益集团或压力集团在反映和表达社会某行业、某种群体利益方面，其作用和影响力日趋增强。最后，西方国家全民公决或公民投票现象的增多，也使议会作为代议制间接民主的主要机构，受到了公民直接民主形式的挑战。

3. 议会已不能垄断制定法律的权力

如本章第二节“立法权”中所述，在西方议会制国家议会立法提案中，政府提出的草案占绝大多数，议员提出的提案为数很少。对此，西方学者提出了“90%法则”，即在英、法、德、意、日等许多国家的议会中，90%的议案来自政府（行政部门），而其中的90%又成为法律。① 在法国、意大利、日本等国，宪法明文规定政府和议员同时享有提案权。在美国，总统可通过多种形式间接立法。许多国家还规定，有关财政预算和收支方面的议案，只有政府才能提出；议会在讨论议案中应优先讨论政府提出的议案。因此，政府事实上承担了立法创意的工作，议会只是负责对议案或法律草案进行审议和修正。此外，一些国家的政府在议会审议和通过法案过程中起了主导作用。在英国，政府主导着立法程序，内阁不仅决定着提交议会的立法事项，而且决定着议会审议各种议案的时间分配，政府提交的议案总是得到议会优先审议。② 因此，议会只不过是一个影响政策的立法机构。③ 法国政府在议会两院协调各自通过的法律草案时，可以利用参议院阻止国民议会通过的文本；或在两院未能就妥协文本达成一致时要求国民议会就政府支持的法律草案（两院联合委员会的文本或国民议会的文本）进行表决，由此来阻止参议院通过的文本；当所有这些努力失败后，政府可以完全绕开立法程序，自行颁布法令、条例或规则。④ 西方各国委托立法的出现和数量的增长，是议会不能垄断立法的又一重要标志。在法兰西第四共和国时期，行政立法建立在议会的立法授权基础之上，议会随时可收回立法授权，但第五共和国时期政府颁布法令权直接来自宪法，而非受制于议会。如法国《宪法》第38条规定，政府为执行其施政纲领，可以要求议会授权自己在一定期限内以法令的方式采取通常属于法律范围内的措施。

4. 议会推翻政府的权力受到削弱

如本章第二节有关议会的倒阁权部分所述，在议会至上的英国，理论上议会控制内

---

① Rod Hague，Martin Harrop & Shuan Breslin. *Comparative Government and Politics*. *4th ed*. London：Macmillan Press Ltd.，1998：192.

② Jorgen S. Rasmussen & Joel C. Moses. *Major European Governments*. *9th ed*. Belmont，California：Wadsworth Publishing Company，1995：172.

③ Jeffrey Kopstein & Mark Lichbach edited. *Comparative Politics—Interests，Identities，and Institutions in a Changing Global Order*. Cambridge：Cambridge University Press，2000：61.

④ 同①92.

阁，实际上内阁通过党纪和议会党团控制着议会的多数。随着内阁权力的加强，议会推翻政府的可能性大为缩小，现实生活中的例子十分罕见。现代法国议会的倒阁权与第四共和国相比，在宪法和实践中都受到极大的削弱。“在议会制下，立法机构将若干议员安置于行政机构之中，为的是对其予以监督和确保它对（议会）负责，在第五共和国，行政机构一直将立法机构‘殖民化’。”① 在德国，议会只能通过提出“建设性不信任案”的形式才能行使倒阁权，即联邦议院必须根据多数议员的意见选出一名总理的继任者，并请联邦总统罢免联邦总理时，方可提出对政府的“建设性不信任案”。在法国，如前所述，1958年《宪法》对议会行使倒阁权的程序做了严格的限定。

三、当代西方国家议会的现实地位及其作用

当代西方国家议会地位面临的挑战以及议会权力的削弱，因各国政体、议会制度的不同，各国政党制度、政党纪律的差异，以及行政机关与立法机关之间的关系各有特点等诸多因素，在不同国家、议会不同的职能领域均有不同程度的差别。因此，应该视各国具体情况做具体的分析，不能一概而论。② 同时，现代西方国家议会地位及其权力的削弱，主要是相对于行政部门权力的加强和超国家机构和组织的出现而言，主要表现为议会立法权的削弱，并不意味着议会权力的全面衰退，更不是指西方国家的议会制度名存实亡。更加重要的是，面对行政权的扩张和议会的弱势，西方发达国家都先后展开了旨在加强议会地位和作用的议会制度改革。③ “议会的角色正在改变而

---

① Jorgen S. Rasmussen & Joel C. Moses. *Major European Governments*. *9th ed*. Belmont，California：Wadsworth Publishing Company，1995：322.

② 西方学者一般认为，根据议会在国家政治生活中的作用及其对政府行政部门的实际影响力，目前世界上大致有三种不同类型的议会：其一是决策型议会（policy-making legislature），这类议会不仅可以修改或拒绝行政部门提交的条例和法律草案，而且还可以制定并以其自身的政策取而代之，这种强势的议会在世界上为数较少，如美国国会属于此类；其二是影响政策型议会（policy-influencing legislature），此类议会可以修改并有时可以拒绝行政部门提交的条例和法律草案，但缺乏制定并以其自身的政策取而代之的能力，此类比较弱势的议会在世界上为数最多，包括大部分西欧国家的议会，意大利和斯堪的纳维亚国家的议会属于此类议会中的强势议会，英国和德国议会居中，法国议会和爱尔兰议会属于此类议会中最弱者；其三为影响很小或没有影响政策能力的议会（legislature with little or no policy effect），此类议会既不能修改或拒绝行政部门提交的条例和法律草案，也没有制定并以其自身的政策取而代之的能力，它们每年开会时间很短，主要对提交到它们面前的所有东西予以正式批准，前东欧共产主义国家的议会（如民主德国）就是如此。参见：Bill Jones et al. *Politics UK*. *5th ed*. Essex：Pearson Education Limited，2007：408，448.

③ 如20世纪50年代英国政府开始的旨在实现“更加民主化和更具有代表性”的贵族院改革，增强了上院监督和制约政府的能力。20世纪60年代议会通过《议会督察行政专员法》，决定采纳流行于斯堪的纳维亚半岛且流入新西兰的议会督察专员制度的改良版本，设立议会督察行政专员。20世纪70年代下院设立部门类监督委员会（有关英国议会制度的改革，参见：Bill Jones et al. *Politics UK*. *6th ed*. Essex：Pearson Education Limited，2007：439-451）。又如20世纪初美国国会专业化分工和委员会制度的建立，加强了国会通过委员会举行听证和进行调查等形式对政府进行监督的能力；1913年通过的《宪法》第17条修正案实现了参议员直选，由此削弱党纪对议员的控制，增强参议院的民主代表性；1946年的《立法重组法案》，规范和改革国会的监督权，使国会委员会及其小组委员会的监督职责更加明晰，监督更加制度化、长期化，并通过配备工作人员增强了国会的监督能力；1970年《新国会立法重组法案》，打破了国会委员会主席对国会委员会活动的垄断，使小组委员会取代国会委员会，成为国会中的“小国会”，进一步加强了国会举行听证会和调查的能力；1972年的《凯斯-扎布洛茨基法案》、1973年的《战争权力决议案》、1974年《预算和截留控制法案》，都是国会为应对“帝王般总统”行政权力扩张而采取的一系列举措。有关美国国会制度的改革，参见：Marc Landy & Sidney M. Milkis. *American Government—Balancing Democracy and Rights*. *2nd ed*. New York：Cambridge University Press，2008：328-349.

不是衰退了，或许可以说，改变与衰退并行。”① 当代西方国家的议会无论是在宪法和法律上，还是在实际政治生活中，仍有不可替代的地位，发挥着重要的政治作用。这主要表现在：

1. 议会的传统地位仍然受到宪法和法律的保障

在议会制国家，议会在宪法和法律形式上仍然是国家的最高权力机构，不仅享有最高立法权，也具有控制行政和司法机构的法律权威。在总统制国家，议会仍然是最高立法机关，拥有最高立法权。在其他国家，议会作为主要立法机关的法律地位仍然不可替代。议会的地位不变，也就标志着西方国家民主制的基本原则——通过代议制体现主权在民的原则没有发生改变。议会作为“立法机构拥有独一无二的权威，能够迫使政治家和公务员在这个仍然代表国家的实体面前对自己的行为承担责任”②。

2. 作为代议机构，议会仍然是反映和表达民意的代表机构

西方国家的议会形式上是民选产生的，是公民通过选举自己的代表来行使国家主权的重要表现形式，也是反映公民个人、各个团体、各种利益集团、各个阶级或阶层的要求和愿望，并对其进行选择，将其中某些利益以立法形式确立下来的重要活动场所。在西方国家的政治生活中，尽管议会反映和表达选民利益和意志的功能受到了大众传媒和政党及利益集团的挑战，但是选民仍然可以通过向议员提出请求、旁听议院大会、组织压力集团等正常渠道间接地影响立法过程；议员为了连选连任，必须经常与选民保持联系，并将其意见曲折地反映到议会中来，③ 议员的职业代表制使其反映和表达选民利益的功能具有独特的经常性、持续性、稳定性和效率；政党则通过反映和代表某一个阶级或阶层或特殊政治利益集团的利益的形式，登上议会这个国家政治辩论的舞台。

3. 辩论和审议议案或法律草案成为西方国家议会更加重要的职能

大众传媒在削弱议会反映和表达功能的同时，也能加强议会的辩论和审查功能。随着议会议事过程向媒体和社会公开，议会围绕某些重要问题展开辩论和对议案或法律草案进行审议的作用显得更加重要而备受关注。议会仍然是反映社会各种利益和调节各种矛盾与冲突的重要的公共论坛及决策中心。在有些国家，议会审议和讨论法律草案的职能比以前还有所加强。美国国会在为议员配备助理研究人员和专业研究资源方面走在各国前列，许多国家的立法机构则仿效美国国会，采用和强化专门委员会，改善议员个人可利用的班底和资源状况。此外，议会专门委员会的

---

①② 黑格，等. 比较政府与政治导论：第5版. 北京：中国人民大学出版社，2007：375.

③ 20世纪70年代以来，英国议员与选民的通信在增加，人们现在也期待议员花更多的时间回答选民的书信和电子邮件，并处理其反映的问题。2010年新当选的英国下院议员们估计，议会会期间，他们大多半时间都在做选区选民工作。利益集团和压力集团也经常与议员保持联系。所有议员现在都在其选区定期举行“门诊”以为选民排忧解难。为了帮助议员们处理好工作量增加的问题，议员们的津贴和助手人数都有所增加。参见：Peter Holmes. *Introducing Politics for AS Level*. Cambridge：Peter Holmes，2008：370；Philip Norton. *Parliament in British Politics*. *2nd ed*. Hampshire：Palgrave Macmillan，2013：231.

发展，议员们日益对政策怀有强烈的兴趣，以及后座议员们变得更加独立自主，① 新一代接受教育水平更高和资源更多的议员不愿再对政党言听计从，等等，这些都有助于加强议会在辩论和审议法律草案中的作用。美国学者认为，虽然美国国会一直未能跟上总统前进的步伐，但“随着联邦政府的作用和权威的扩大，国会的立法和监督作用也随之增强”。在法国，20 世纪 80 年代，议会平均每年提出约 5 000 件修正案，90 年代以来，这个数字成倍增加，每年议会用于辩论的时间也成倍增加。被采纳的修正案中约 2/3 由议会委员会与政府联合提出。

4. 当代西方国家的议会在监督政府方面发挥着越来越重要的作用

随着西方国家政府行政权力及其作用普遍迅速增长，如何发挥议会对行政权的监督和制约作用以维护政府权力的平衡显得更加重要。质询仍然是议会制国家中议会对政府进行经常性监督、督促政府在宪法框架内循规蹈矩的一种手段，首相和内阁成员直面接受议员的质询，体现了议会监督的高层次性。议会的调查权和弹劾权在揭露政府部门的违法行为、制约行政权力的无限膨胀、维护分权与制衡的宪法体制等重要方面，仍然具有巨大的潜在威慑力。在当今政治电视化的时代，议会对行政部门的监督更加强烈地体现着立法机构制约政府行政权力的政治作用和权威。“现代议会所能够做的、并且许多议会现在准备做得更多的，就是监督行政机构”，“特别是作为监督机构，议会的作用越来越重要了”。② 从这个意义上说，议会的衰落是一种过于概括的说法，它可能掩盖了或许更重要的事实：议会在政治过程中的角色已发生根本的变化，即从主要的立法者变为主要的监督者。

5. 议会与政党相辅相成，互为调节

当代西方国家的议会是西方政党重要的活动场所，政党则是议会的有机组成部分。对于政党而言，在议会内阁制国家，由于政府内阁由议会多数党或多数党联盟组成，因此议会成为多数党或多数党联盟募集政治精英和组建政府内阁并轮流执政的母体，也是政党主导或影响立法程序，对政府行政部门进行政治监督的活动场所；在总统制国家，由于实行比较严格的权力分立与制衡，议会成为反对党或在野党利用立法权制约和监督政府行政权的有力工具。对于议会而言，政党是议会不可分离的一部分，议会政治从本质上讲就是政党政治。议会审议和批准法律草案，批准财政预算和决算，对政府进行监督，批准政府的人事任命，以及行使某些选举职能等，都离不开政党活动。随着当代西方国家政党制度的改革，经过洗心革面和重整旗鼓的政党将为议会政治注入新的生机和活力。

---

① 英国学者认为，自 20 世纪 70 年代以来，英国平民院议员的独立趋势总体上在增强。1993 年梅杰政府在议会批准《欧洲联盟条约》时面临的困境就说明了这种趋势，结果梅杰首相凭借议长的决定性一票才使该条约得以通过。2002—2004 年，布莱尔工党政府在英国对伊战争和其他事情上遇到了更大的反叛，只是因为工党在下院占较大多数的优势及保守党议员的支持才得以生还。2002 年在一次对伊战争的关键性投票中，139 位工党议员投票反对政府，创下 1846 年以来最大规模的反叛。2003 年下院就大学附加收费议案进行投票时，就有 72 位工党议员投票反对，创下了 1945 年以来议案二读审议时遭遇的最大反叛。2005 年 11 月议会在对包含在反恐议案中有关将恐怖分子嫌疑犯不经审判拘禁 90 天的提议进行投票时，布莱尔工党政府遭遇了 1997 年上台执政以来由于后座议员反叛而导致的首次失败，当时有 49 名工党议员投了反对票。2006 年教育议案二读审议时，也有 52 名本党议员投票反对，结果该议案只是在保守党的支持下才得以通过。参见：Peter Holmes. *Introducing Politics for AS Level*. Cambridge：Peter Holmes，2008：369－370.

② 黑格，等. 比较政府与政治导论：第 5 版. 北京：中国人民大学出版社，2007：375.

第六章

当代西方国家的行政制度

当代西方国家的行政制度，是西方国家为了有效地执行宪法和法律，实现国家的行政职能而依法规定的有关国家行政权限、行政组织、行政领导体制、行政活动及其行政监督等方面的制度，是西方国家政治制度的重要组成部分。国家行政权力是国家行政机关执行宪法和法律、依法治理国家的权力。① 西方国家一般根据分权原则，规定国家行政权力由政府行政机构行使。从行政机关和行政权力的层级结构看，行政制度一般包括中央行政制度和地方行政制度。从政府行政过程看，行政制度大致可分为政府制定政策和执行政策两个层面，前者主要包括通过政治选举和政治任命产生的政务类官员（政府首脑和中央政府各部部长），后者主要包括通过公开考试、择优选拔产生的事务类官员（职业性公务员）。鉴于篇幅所限，本章主要着眼于西方国家的中央行政制度，主要从国家元首制度、中央政府制度探讨西方国家行政制度中有关政策制定层面的制度，以及从公务员制度探讨西方国家行政制度中有关政策执行层面的制度。由于政体的差异和国事的繁简，西方各国政府行政机构的组织形式、政府首脑及其内阁的地位和权限各有特点。但是，随着现代西方各国政府行政机构的职能不断扩大、行政人员的人数不断增加、办公设备和手段的不断现代化，政府行政机构的权力日益增强，与各国立法机构、司法机构相比，政府行政机构在国家权力结构中事实上已占优势。公务员制度是西方各国政府执行政策，并保证政府行政过程的公平性、知识专业性、绩效性、稳定性和廉洁性的制度保障。西方国家行政制度的改革是当代西方国家政治制度改革的重要组成部分。

---

① 根据西方分权与制衡理论，行政权力在政治系统中的功能则比行政权力本身的内涵要丰富得多，还包括支撑和监督政府其他权力（如立法和司法权力）的功能（如在议会内阁制的英国，行政部门有权召集议会紧急会议和解散议会以重新举行大选的权力）、民主代表的功能（行政权力经选举产生，并按照代议制政府的原则治理国家，对压力集团、政党、大众传媒和公共舆论等表达的民意做出回应）、承担政治责任的功能（就自己的行为向议会或选民负责），以及行政管理的功能（对国家的内政、外交、经济、文化、社会事务等领域进行广泛的管理和治理）。

第一节　国家元首

现代西方国家中，国家元首（head of state）对外作为国家的最高代表，是国家的象征。在不同政体的国家内部，元首的地位不尽相同。从目前西方各国宪法及其实践来看，由国王或其他世袭君主担任国家元首的国家居少数，由总统担任国家元首的居多数。大多数西方国家的宪法都实行立法权、行政权与司法权分立。目前国内外学者对“行政”以及“行政制度”仍然存在不同的解释。[①] 严格说来，由于国家元首对外代表国家，是国家整体的象征，这种职能显然超越只是国家权力之一的行政权之上；某些国家的元首（如法国总统和俄罗斯总统等）不仅拥有行政实权，而且还拥有立法创意权和解散议会等其他的权力；某些议会内阁制国家的元首（如爱尔兰总统、德国总统、英国女王、日本天皇等）只履行礼仪上或象征性的行政权力，行政大权实际上由内阁掌管，元首是虚位的。因此，将国家元首完全归属于国家行政权力范畴，有其局限性。目前，西方政治学和法学学者从洛克、孟德斯鸠分权学说的基本原理出发，根据西方政治制度历史发展的事实，一般认为元首是行政权的最高领导（事实上或名义上的），将元首归属在行政机关之中。[②] 本节也主要从这个角度阐述国家元首的概念、形式、产生的方式、任期、地位及职权。

一、国家元首的概念

国家元首的概念大致可表述如下：国家元首是国家对内对外的最高代表或国家象征，是国家机构的重要组成部分。

1. 国家元首是最早产生的国家机构

历史上看，元首在国家机构之前产生，国家在形成之初便有了自己的首脑。在法律上将国家元首作为一种职位予以规定是 19 世纪的事。比利时王国 1831 年《宪法》最早规定：国王即国家元首。

2. 在西方奴隶制和封建制时期，国家元首一般指君主

在西方某些君主制国家，君主的权力与宗教权力结合在一起，即所谓“政教合一”。在西方古代奴隶制共和国，国家元首称为“执政官”或“奥古斯都”。但不论哪种形式的国家元首，都是国家最高权力的体现者。现代国家元首，是指近代资产阶级革命后的国家元首，他（她）不再是国家最高权力的执掌者，而只是国家机构的一部分。由于分权制衡原则取代了君主专制，国家元首不再拥有包括立法权在内的全部最高国家权力，这是现代国家元首不同于古代国家元首的质的区别。一般认为，现代国家元首是国家行政权的一部分；议会是国民意志的体现者，而国家元首则被视为国家最高行政权力的体现者。

二、国家元首的形式

国家元首通常由一个人担任，但也有集体国家元首形式，还有些国家在一定时期内无

---

① 张立荣．中外行政制度比较．北京：商务印书馆，2002：1-16.

② 许崇德．国家元首．北京：人民出版社，1982：7-8.

国家元首或国家元首不明确。

1. 个人国家元首

个人国家元首也叫单一国家元首，指由一人独任国家元首的制度。在西方国家，个人国家元首是比较普遍的形式，如英国女王，美国、法国、德国、意大利、俄罗斯等国的总统，卢森堡的大公等。需要指出的是，从法律上讲，副总统不是国家元首，也不是元首的一部分，故设置副总统的国家仍为个人国家元首的国家。

2. 集体国家元首

凡由两人以上组成合议制的机关，由其全体成员共同担任国家元首职务和行使元首职权者，为集体国家元首。构成集体元首的成员彼此之间的地位基本上平等，拥有同等权力。他们中虽然可能有一人作为形式上的首领，但这仅是对外的代表或在内部集会时担任主席，并不具有超越其他成员的权限。如现代圣马利诺的国家元首由两名权力相等的执政官组成。安道尔的国家元首为法国总统和西班牙塞奥-德乌赫尔地方主教，称为两大公。波斯尼亚-黑塞哥维那（简称波黑）的国家元首由波什尼亚克、塞尔维亚和克罗地亚族各 1 名代表组成的主席团担任，主席团主席实行轮值制，三族代表每 8 个月轮换一次。[①] 现代瑞士的国家元首是由 7 名委员组成的联邦委员会，元首权由联邦委员会集体行使，联邦总统由联邦委员会 7 名委员轮流担任，轮到当总统的那位委员依然是 7 位委员中的平等一员，只不过具有总统头衔，对内主持委员会会议，对外履行元首在礼仪方面的职权而已。

3. 没有国家元首或国家元首不明确

现代澳大利亚、加拿大、新西兰等国严格说来没有本国的国家元首，只是由于这些国家属于英联邦的成员，为维持殖民地时代的做法才承认英国女王是他们的国家元首。总督是英王驻这些国家的代表，法理上不是国家元首，但实际上因为英国王室很少运用特权直接干涉殖民地事务，总督便成为一国之首，履行国家元首的部分职能。在日本，根据《宪法》规定："天皇是日本国的象征，是日本国民整体的象征。"由于"象征"一词的法律含义不甚明确，又由于现在的天皇不再像二战前那样拥有元首的实际权力，故天皇是否是国家元首，学术界仍有争议。在实际政治生活中，天皇只是形式上行使国家元首在礼仪方面的职能，不能独立自主地进行国事活动。美国《宪法》并未明确规定总统是国家元首，但从宪法有关总统的地位及其职权的若干规定来看，美国总统实际上扮演了国家元首的角色，因而一般认为总统是美国的国家元首。

三、国家元首产生的方式

西方国家元首产生的方式均由宪法或法律规定。一般说来，产生的方式主要有两种：世袭制和选举制。

1. 元首世袭制

凡担任国家元首职务，不经民主选举，而是按照血统亲属原则，依法世代相传者，叫作元首世袭制。当代西方君主立宪制下的国家元首普遍采用世袭制产生方式，如英国、荷兰、比利时、西班牙、瑞典、丹麦、挪威等国，这些现代国家的世袭国王一般都称为"立

---

① 世界知识年鉴编辑部．世界知识年鉴（2008/2009）．北京：世界知识出版社，2009：713，541，573．

宪君主”。在元首世袭制下，各国对王位继承者的资格要求不同，元首世袭制具体表现为以下几种主要形式：（1）嫡长子继承制，如日本天皇的继承者必须是男性且长子优先。（2）王储选择制，如沙特阿拉伯国王的继承者是从王储中选择男性继承人，但不一定是长子。（3）顺序继承制，如英国王储中的男女性成员均可继承王位，但男性优先。继承者需达到法定年龄（18～30 岁），否则由别人摄政，摄政王一般为王室中的其他成员。

2. 元首选举制

元首选举制指国家元首经选举产生。西方共和制政体的国家元首普遍经选举产生。各国选举元首的方法多种多样，概括起来，有以下三类：（1）由公民投票直接选举产生，如法国 1962 年修改宪法，规定法国总统通过两轮多数制由公民直选产生。俄罗斯、奥地利、冰岛、爱尔兰、葡萄牙、墨西哥、埃及等国的总统均由公民投票直接选举产生。（2）由公民投票间接选举产生，即由公民投票选出选举人，再由选举人投票产生国家元首，如美国、芬兰等国的总统由选民选出的选举人团选举产生。（3）由议会或特定的选举团体选举产生，如瑞士联邦委员会（集体元首）由联邦议会选举产生；联邦德国总统由数量相等的联邦议院议员和按比例代表制选出的各州代表组成的选举团选举产生；意大利总统由议会两院议员和各区（州）议会选出的代表联合选出；希腊、印度、以色列等国的总统也是由此方式产生。此外，个别君主立宪制政体国家的元首经选举产生，如马来西亚国家元首就由“统治者会议”选举产生。

四、国家元首的任期

西方国家元首任期的期限大都经宪法明文规定，也有以法律规定的，或存在于习惯之中。一般说来，元首的任期可归纳为终身任职制和限期任职制两大类。

1. 终身任职制

终身任职制指世袭君主制国家的元首由于王位世袭，元首任期必然是终身的，如比利时、丹麦、英国、瑞典、挪威、荷兰、西班牙等国的国王以及卢森堡大公等。需要指出的是，世袭君主终身任职，并非事实上每位君主都终身任职，历史上曾有过任职中止的几种特殊例外：（1）退位。1936 年，英王爱德华八世就因“不爱江山爱美人”，坚持和一位离过两次婚的平民夫人结婚而退位。（2）让位。如 1951 年比利时国王利奥波德三世让位于王太子博杜安一世；1980 年荷兰女王朱丽安娜因年老体弱而将王位让给大公主贝娅特丽克丝。（3）废黜，即被迫离开王位。如 1931 年西班牙国王阿尔方索被佛朗哥废黜。另外，有少数共和制国家的宪法或法律没有明文规定元首可终身任职，但对元首连选连任也未予以明确限制。因此这些国家的元首有可能无限期地任职，事实上成为终身元首。如目前的埃及和芬兰的宪法规定，总统每次任期 6 年，但可连选连任。芬兰总统吉科宁自 1956 年当选总统后，多次连选连任，直到 81 岁高龄因病不能理政，已担任了 25 年总统，成为事实上的终身元首。

2. 限期任职制

限期任职制指国家元首的任职有一定期限，不能终身任职。这种期限往往由本国的宪法明文规定。元首任职期满后，必须进行改选。元首的限期任职制一般只适应于共和制国家，在世袭君主制国家则根本不可能实行。共和制国家元首的任期也各有长短。如元首任期4年制的国家有美国、哥伦比亚等，元首任期5年制的国家有德国、印度、赞比亚等，元首任期6年制的国家有奥地利、芬兰、埃及、菲律宾等，元首任期7年制的国家有法国（2000年9月，法国通过公民投票修改宪法，将总统任期缩短为5年）、意大利、爱尔兰等。有些国家规定，总统可连选连任，无次数限制，如法国、芬兰、埃及、印度等；有些国家规定，总统可连选连任，但连任以一次为限，如美国、德国、俄罗斯等。还有一些国家规定，总统不得连选连任，如哥伦比亚、墨西哥、菲律宾等。

五、国家元首的地位及职权

1. 元首的地位

对外，国家元首代表国家，是国家的象征。作为元首，元首有权派遣本国使节，签署本国国书，接受外国国书；在国外，元首享有外交特权；在外交关系中，元首参加对外谈判，缔结条约等。总之，元首对外是国家的最高代表，是主权国家权力的象征。

对内，国家元首居于国家机构的首脑部位或是首脑机关的组成部分。如前所述，在不同政体的国家，元首对内的地位不尽相同。元首可能是最高国家行政权力的一部分（如美国总统），也可能是最高权力机关的一部分（如英王形式上是议会的一部分）；元首可能握有实权（如美国、法国、俄罗斯等国的总统），也可能没有实权（如君主立宪制下的君主、共和制下不掌握行政实权的总统）。但不论怎样，元首总是处于国家机构的首脑部位或是首脑机关的组成部分。

2. 元首的职权

元首作为一个国家机关，自有应当归他（她）行使的权力。各国元首的职权大都在宪法上有所规定。一般而言，我们可以根据各国元首行使职权的实际状况，将其共同之处概括为以下八类职权：（1）公布法律权。元首批准和公布法律之权。（2）发布命令权。元首采取发布命令、敕令或规则等方式来补充立法权的权力。（3）召集议会权。有些国家的元首拥有召集、停止及解散议会的权力。（4）外交权。又称最高代表权，包括接受并派遣外交代表的使节权、缔结国际条约的缔约权以及宣战与媾和等权力。（5）统率军队权。又叫军事权，即元首对本国海陆空军及其他武装力量的最高指挥权。（6）任免权。元首依宪法规定，在一定范围内享有任免政府高级官员的权力。（7）赦免权。元首以命令方式赦免犯罪，赦免已被定罪的罪犯或减轻其刑罚的权力。（8）荣典权。即元首规定或颁赐荣誉、荣典，授予荣誉职衔和荣誉称号的权力。

由于西方各国的国情不同，政治制度不一，各国元首职位的性质、范围和行使权力的方式差别很大。在实行议会制的君主立宪制国家（如英国、日本、荷兰、比利时、丹麦、瑞典等），作为国家元首的君主，有的只是形式上享有广泛的权力，实际权力都由内阁、议会和法院等机构以君主的名义在行使；有的则仅享有纯礼仪性的权限。在这些国家，君主是“临朝而不理其政”或“统而不治”的虚位君主或立宪君主（constitutional monarch）。

英国国王 根据英国宪法，国王（女王）是英国世袭的国家元首、政府首脑、立法机关的组成部分、法院首领、全国武装力量总司令以及英国国教的世俗领袖。英王的职权包括：任免首相、各部大臣、高级法官和各属地总督，召集、中止和解散议会，批准和公布法律，册封贵族和授予荣誉称号，统率军队，宣战和媾和，等等。从形式上看，英王是大权独揽的统治者。实际上，英王的上述职权大都由内阁和议会以英王的名义来行使。英王的一切政务活动完全要根据惯例或服从内阁的安排和控制，如只能任命下院多数党领袖担任首相，解散议会必须根据首相提出的建议，甚至每届议会开幕时英王的演说词也是由内阁草拟的，实际上是内阁的施政纲领。英王在行使这些权力时只能遵从惯例，不能有其他选择。

一百多年来，全世界大小王朝坍塌了几十个，英王的传统地位在世界民主政治潮流的冲击下也开始动摇，其世袭成分已受到公开质疑，皇室的巨额财富也遭到社会的争议。但是，一位民选的国家元首也可能限制首相的权力，发挥着比虚位君主更强大的政治作用，而这势必修改英国宪法和改变英国目前的政权结构，而英国目前的掌权者们（主要政党）是不会通过产生一位民选的总统来创造出一个自己潜在的政治对手的。

目前君主政体依然是英国宪法的一部分，英王在英国政治制度中仍然发挥某些重要的作用。

（1）作为国家元首，英王是国家统一和民族团结的象征。对外，女王“是国家的人格化，是国家的活的象征，因此能比一面旗或一首歌更成功地激起爱国主义民族自豪感”。[①]英王通过出访他国、接见外国使节和到访的国家元首，以及在重要的节日和典礼场合发挥着国家元首代表国家的职能。对内，女王以超越党派政治的中立形象出现在国家政治生活当中。英王不卷入争权夺利的政党斗争，不与任何党派、政治家积怨结仇，没有政治过失。君主由此发挥一种避雷针的作用。政治斗争在其周围进行，国家因其存在而稳定。西方学者认为，英王的政治中立性是1832年选举改革法以来一系列变化的结果。随着公民选举权的扩大，政府内阁依存于人民的意志而非君主；责任内阁制的形成，人民在下院的代表（议员）有权要求政府对议会负责。君主由此没有责任过失且避免卷入政治纷争。如果女王声明其政党身份或支持某些政策，她将成为一名政治家，将和其他政治家一样接受批评和攻击。因此，君主不仅必须中立，人民也要求其必须中立。

（2）英王作为英联邦统一的象征，发挥维系英国与英联邦各国传统关系的重要作用。英联邦是英国及其自治领、殖民地和其他成员国的集合体。英王既是松散的英联邦的元首，同时又是加拿大、新西兰、澳大利亚等国的元首，英王通过委派总督方式行使元首职权。作为英联邦元首，英王主持两年一次的英联邦首脑会议，参加一年一次的英联邦财长会议。作为加拿大、新西兰、澳大利亚等国的元首，英王经常在这些国家的议会开幕时前去访问，并主持议会的开幕式。由于英联邦各成员国同英国政府之间没有法律上的连带关系，故英王作为联系英联邦的纽带作用更加重要。但是，随着英国国力逐渐衰弱，一些成员国的国力日渐增强，昔日大英帝国与英联邦成员国的经济纽带已经消失，以澳大利亚为首的成员国开始在政治上向英王作为英联邦元首的地位展开挑战。

（3）作为国家元首，英王虽然远离政治，但并非完全游离于政治过程之外，在实际生活中仍然发挥着重要的国事顾问的作用。从国家行政权力的行使过程看，英国政府和内阁

① Jorgen S. Rasmussen & Joel C. Moses. *Major European Governments. 9th ed*. Belmont，California：Wadsworth Publishing Company，1995：161.

理论上代表着英王治理国家，尽管现代英王的行政权力已经转移到政府和内阁，但英王依惯例仍享有接受磋商权、警告权和奖励权。英王主持枢密院会议，经常听取首相和内阁大臣的汇报；阅读内阁的决议和议会重要发言记录；可以和专家及外国政要谈论国事。作为世袭和终身的元首，英王谙熟国内外大事，料理国事经验丰富，因此他（她）的警告或忠告在不与执政党纲领相冲突的情况下可以对首相产生影响。从国家立法权力的行使过程看，英王在议会中也发挥作用。他（她）通常以发表（首相和内阁已经为其准备好的）演说的方式正式宣布每年议会会期的开始；理论上讲，所有立法均需得到英王的同意。

（4）在政府面临危机时刻，英王起到维护政局稳定的重要作用。由于英王政治中立而无政治过失，享有至高的尊严而成为民族效忠的目标，因此对维护国家的稳定和团结起着十分重要的作用。一般情况下，英王遵守惯例任命下院多数党领袖为首相，但当首相辞职或逝世，或大选结果无一政党获下院多数席位时，如何选择首相成为英王的一项重要特权。这时英王一般在征求主要政党领袖（尤其是反对党领袖）和议员的意见后做出决定。此外，理论上讲英王可以打破惯例而直接解散议会并宣布举行大选，可以不待首相提出而要求内阁辞职，因而具有可以威慑或阻止肆无忌惮的政治家危及民主制行为的能力。

（5）英王还发挥着充当英国社会领袖的作用。皇室的慈善工作为社会成员树立了好的榜样；英王还是英格兰国教的领袖，在国家宗教生活中发挥着重要作用（尽管所有宗教决定都是由教会自身做出的）。

日本天皇　现代日本天皇是二战后美国占领军与日本统治集团政治妥协的产物。战前日本的天皇制是近代日本明治维新建立起来的二元君主立宪制。天皇为总揽统治实权的国家元首，其地位神圣不可侵犯；天皇任命内阁总理和国务大臣，内阁向天皇负责；天皇直接统率军队；议会只对天皇起协赞作用，议会通过的法律必须经天皇批准方能成为法律；等等。天皇的地位凌驾于内阁和国会之上，成为享有很大实权的国家最高统治者。

20世纪30年代，日本天皇制与法西斯运动相结合，对外发动大规模侵略战争，结果遭受致命打击。二战后，美国占领军在国际上强烈要求废除天皇制、追究天皇的战争责任，而日本国内大多数国民对天皇制仍持支持态度的双重压力下，出于利用天皇制实现其控制日本的目的，在保留了天皇制形式的同时，通过制定1946年《宪法》，对天皇制进行了一系列的改造：（1）天皇由国家最高统治者变为国家的象征。天皇是日本国的象征，是日本国民统一的象征，其地位以日本国民的意志为依据。天皇只有行使《宪法》所规定的有关国事行为的能力，没有干预国政的权能。《宪法》规定有关天皇的国事行为主要有：公布《宪法》修正案及其他法令、政令与条约；召集或解散国会；任命内阁总理大臣和最高法院院长；认可大使、公使的委任状，接待各国首脑及接受各国大使及国书等。但天皇有关国事的一切行为，必须有内阁的建议与承认，由内阁负其责任。（2）铲除天皇制的神权政治的根基，使天皇从神变为人。迫使天皇发表《人间宣言》，明确宣布天皇与国民同在，与国民利害相关，休戚与共，天皇与国民的关系是相互信赖与敬爱的关系。（3）消除天皇在财产上凌驾于政府和国会之上的特权，将皇室财产划归国家所有。这些规定表明，战后天皇的地位和权限已大为削弱，天皇不再拥有治理国政（一般行政权）的任何具体权能，只有在形式上行使一些礼仪性国事的权限（虚位国家元首的权力），而且还必须事先听取内阁的建议或事后得到内阁的承认，否则无效。

在象征性天皇制下，虽然天皇不拥有实权，但由于日本特殊的政治、文化、宗教等多方面的影响和传统作用，天皇制在日本社会中仍有很深的根基。战后美国政府为了通过天皇实行对日间接统治而保留了天皇，反过来天皇对战后美国顺利控制日本起了积极促进作用。另外，日本统治阶级竭力利用天皇来巩固其统治地位，解决棘手的政治、经济、外交难题，提高日本的国际地位，争当政治大国；日本垄断资本集团也想方设法利用天皇开展经济外交、石油外交，捞取经济实惠；日本右翼势力至今仍念念不忘利用天皇复活军国主义，竭力提高天皇的政治法律地位，大肆灌输忠君爱国思想，并企图修改日本战后新宪法，恢复战前专制主义的天皇制。但历史已经证明，利用天皇推行军国主义的侵略扩张政策，违背日本人民和世界各国人民的根本利益，只能以失败而告终。

在总统制共和国，总统既是国家元首，又是政府（行政）首脑和执政党领袖，总统的权力和作用远远大于议会制君主立宪制下的虚位元首。美国总统就是这类实位元首的典型。

美国总统 从法律上讲，美国总统的权力主要来自宪法的授权、国会的授权、先例和最高法院裁决等四个方面。宪法授予总统的权力主要指事实上的元首权、行政权、立法倡议权和否决权、外交权、军事权。从这些权力可引申出另外的权力，即默示权力。如宪法授予总统经参议院咨询和同意后任命部长的权力，就包含着总统可解除其职务的权力。国会授权即国会以立法将做出某些决定的权力委托给总统，如国会以法律形式授予总统的委托立法权。先例即前任总统在行使行政权力方面的实际做法对以后总统权力的扩展关系重大。如“行政权”“负责使法律切实执行”等宪法条款，因总统的解释和行动树立的先例而获得新的含义。最高法院裁决即最高法院通过案件的判决，对宪法做出新的解释，或扩大或限制总统的权力。由于这些非正式的权力来源加上宪法的授权和惯例，使“现代总统拥有的权力已远远超过上个世纪美国总统的权力”，总统不仅掌握行政权，而且其地位高于立法和司法部门，享有其他部门的任何官员无法享有的权力。

作为事实上的国家元首，“总统几乎是国家稳定的一种宗教象征，一位使政府人格化的伟人”。总统行使大量象征性和礼仪性职能，如主持欢迎外国元首的仪式、接见外国使节、在各种隆重场合发表演说、授勋等。总统享有很大的赦免权：既有权免刑、缓刑与减刑，又有权免除罚金，免除没收；其赦免权不仅可用于定罪之后，也可用于定罪之前；总统一旦做出关于赦免的决定，国会和法院都无权干涉。

作为行政首脑或最高行政长官，总统领导内阁（各部部长只对总统负责），主持内阁会议并独自做出决定。一切行政机构在法律上都对总统负责，任何行政官员都不能违反总统意志，否则要么辞职，要么被解职。总统拥有广泛的任免政府官员的权力，但任命高级官员（包括内阁部长、副部长、驻外大使、联邦各级法院法官、联邦检察官等）须征求参议院的意见并经参议院批准。总统根据宪法规定“负责使法律得到切实执行”，有权发布具有法律效力的行政命令，有权宣布全国处于紧急状态。另外，总统还有权不经国会同意派遣联邦武装部队到任何一州平息内乱（由 1894 年克利夫兰总统派兵镇压芝加哥工人罢工而开创的先例）。

在外交事务方面，根据宪法，由总统和国会共同行使外交权。总统有权任命驻外大使，但须经参议院批准；总统有权对外缔结条约，但须征得参议院的同意和批准；在法律上，国会拥有宣战权，但总统实际上拥有不宣而战权。总统还有权接见外国使节和接受外国国书，有权承认外国使节所代表国家的主权及其政府的合法性。在对外缔约方面，总统为避开国会的监督，经常任命“特使”“私人代表”“秘密使节”等外交代表来执行外交任务，而这些人的任命无需国会的同意和批准。总之，在外交事务中，总统实际上处于主动地位，是外交政策的主要决策者。

作为全国武装力量总司令，总统对海陆空三军不仅拥有管理权（如领导军事机关、颁布军事法规、任命军官等），而且还有军事指挥权（通过参谋长联席会议行使）。总统有权派遣武装力量去国外执行任务，也有权派遣武装部队或征召各州国民警卫队镇压和平息内乱。宪法规定，宣战权属于国会。但美国历史上大部分战争为不宣而战的“总统战争”，由国会宣战的战争寥寥无几。为制止总统战争权的扩张，美国国会 1973 年通过了《战争权力决议案》，规定只有在正式宣战、依法授权或美国本土、领地、武装力量受到攻击时，总统才有权调动军队作战；总统调动军队前 48 小时内需向国会做出说明，事后向国会做出报告；除非国会同意继续使用武力，否则军队必须在 60 天内撤出，但准许总统在军事特别需要下延长使用军队 30 天；国会一旦做出撤军决定，总统无权否决。

在立法方面，根据宪法，总统不享有立法权。但事实上，总统是主要立法者，享有立法创意权、立法否决权和委托立法权。根据宪法规定：总统应随时向国会报告合众国的国情，并以本人认为必要而妥当的措施供国会审议。总统每年向国会提出其国情咨文、预算咨文、经济咨文等。总统的这些咨文实际上成为国会最初的立法方案。根据宪法，总统还有权否决国会通过的法案（但国会两院可分别以 2/3 多数推翻总统的否决），有权行使搁置否决权（也叫“口袋否决权”）。此外，总统还拥有国会授予的委托立法权。

法国总统　在法兰西第五共和国半议会半总统制政体下，总统不仅是集大权于一身的国家元首，而且掌握着行政实权和其他重要权力，其地位高于立法、行政和司法三权之上，成为国家权力的中心。1958 年《宪法》第 5 条规定：共和国总统监督遵守宪法，他通过自己的仲裁，保证公共权力机构的正常活动和国家的连续性；共和国总统是国家独立、领土完整和遵守共同体协定与条约的保证人。由此确立了总统行使国家权力的“仲裁”和“保证人”的地位。

法国宪法赋予总统的重要权力主要有：(1) 任免总理及其他政府成员，组织政府。任命国家文职人员和军职人员。任命宪法委员会 9 名委员中的 3 名（其中包括宪法委员会主席）。(2) 主持部长会议和签署法令。总统虽不是政府组成人员，但可以参加政府活动并主持和讨论政府的方针政策，签署部长会议通过的法令和命令，但对部长会议的决定不负责任。若国民议会通过对政府的不信任案，总理应向总统提出政府辞职。(3) 颁布法律，有权要求议会对法律重新审议。总统有权在议会通过的法律送交政府后的 15 天内，要求议会对该项法律或其中某些条文重新审议，议会不得拒绝。(4) 担任军队的最高统帅并主持最高国防会议和国防委员会的会议。(5) 直接掌管外交事务，委派驻外大使及特使，接受外国大使及特使，进行谈判并批准条约。(6) 作为“司法独立的保证人”，担任最高司法会议主席并拥有赦免权。(7) 解散国民议会的权力。(8) 要求举行公民投票的权力。(9)“根据形势采取必要措施”的非常权力。

与法兰西第四共和国议会政体下的总统相比，第五共和国总统的地位得到了极大的加强，这突出地反映在他拥有任免总理和组织政府、解散国民议会、要求举行公民投票和“根据形势采取必要措施”的非常权力等四大权力方面。

1958 年《宪法》改变了第四共和国关于议会决定政府的体制，把组织政府的权力交给了总统。《宪法》第 8 条规定：总统任命总理。总统根据总理提出的政府辞职要求解除总理职务。总统根据总理的提议任免政府其他成员。因此，总统无须通过议会就可以任命总理和政府其他成员。另外，总统主持部长会议和签署法令，但对政府的行为不负责任，总理代表政府就政府的行为向国民议会负责，由此确立了总统与总理的双头行政体制，总统拥有很大的行政权力。

解散国民议会是总统在正常时期特有的用来对付议会的重要权力。《宪法》第 12 条规定：总统可以在征询总理和议会两院议长意见后，宣布解散国民议会。唯一限制就是大选后一年内不得再次解散国民议会。第五共和国以来，总统已四次解散国民议会：1962 年，国民议会通过对蓬皮杜政府的不信任案，迫使政府辞职，戴高乐却宣布解散国民议会。1968 年“五月学生风暴”后，戴高乐再次解散议会以重新选举。1981 年密特朗在总统选举获胜后，为获得议会多数以推行其政策，宣布解散议会、重新选举。这三次解散议会，选民都支持了总统。1988 年，密特朗竞选总统获得连任后，为了在议会拥有一个开放的多数派而解散议会，重新进行了选举，但社会党席位未获议会的绝对多数。由此可见，虽然宪法规定国民议会有权推翻政府，但同时也面临自身被总统解散的危险，而总统在解散国民议会时几乎不受任何约束。

要求举行公民投票的权力指总统有权“根据政府在议会会议间所提出的建议或议会两院提出的联合建议，将含有认可共同体协定或旨在授权批准虽不违反宪法但可能影响现行体制运行的条约的一切有关公共权力机构组织的法律草案提交公民投票”（1958 年《宪法》第 11 条）。这意味着总统可通过政府建议的途径将某些重大法律草案越过议会，直接交付公民投票决定。总统掌握和行使这项权力，既可以削弱议会的作用，又可以加强自己的地位。1958—1969 年，戴高乐总统共举行了 5 次公民投票，其中前 4 次得到大多数公民支持。1969 年 4 月，公民投票未通过地区改革和改组参议院的宪法修正案，戴高乐辞职引退。

“根据形势采取必要措施”的非常权力，是法国总统地位得到加强的突出表现。根据《宪法》第 16 条，当总统认为“共和国体制、国家独立、领土完整或国际义务的履行受到严重和直接的威胁”，“依据宪法产生的公共权力机构正常行使职权受到中断”，在同总理、议会两院议长和宪法委员会主席“正式磋商”后，可根据形势采取必要措施。虽然宪法规定总统行使此项权力时必须以咨文形式通告全国、须在最短时间内结束、国民议会不得解散等，但措辞十分含糊，使总统享有很大的自由裁量权。

与美国总统制相比，法国总统制的特点主要表现在：（1）法国总统是法国政治制度的“拱心石”，实际上拥有超越于立法、行政、司法三权之上的政治地位而非仅仅掌握着国家的行政权。（2）法国总统自 1962 年以来经公民直选和两轮多数制产生、任职 7 年（2002 年后改为 5 年），与美国总统间接选举和相对多数制产生、任职 4 年相比，拥有更大的政治合法性和权威性。（3）由于其特殊的宪法地位，法国总统拥有解散国民议会、要求举行公民投票和“根据形势采取必要措施”的非常权力。（4）1958—1986 年近 30 年中，法国政坛形成了总统、总理和议会多数党同属于一个政党的"总统的多数派"局面，有利于总统将一个温顺的议会多数和政府总理牢牢地控制在自己的手中，从而在实际政治过程中大大加强了总统的权力。

俄罗斯总统　俄罗斯1993年《宪法》规定，俄罗斯联邦总统是国家元首。总统是联邦宪法、人和公民的权利与自由的保障。总统依宪法程序捍卫联邦的主权、独立与国家完整，保障国家权力机关协调地行使职能并相互协作。根据宪法规定，总统享有十分广泛的权力，主要表现在：(1) 组阁权和人事任命权。总统经国家杜马同意后任命联邦政府总理；根据总理的提议，任免联邦政府副总理和联邦部长；主持联邦政府会议；做出联邦政府辞职的决定；向国家杜马提出联邦中央银行行长人选供任命，提出解除中央银行行长职务的问题；向联邦委员会提出联邦宪法法院、联邦最高仲裁法院法官的人选以及联邦总检察长的人选供任命，提出解除联邦总检察长职务的建议；任命其他联邦法院的法官。(2) 立法方面的权力。总统依宪法和联邦法律确定国家杜马的选举，依联邦宪法的有关规定和程序解散国家杜马，向国家杜马提出法律草案，签署并颁布联邦法律，每年向联邦议会提交一份论述国内形势、国家内外政策主要方针的咨文，提出修改和重新审议联邦宪法条款的建议。(3) 总统有权发布命令和指示，作为对联邦法律的补充。(4) 军事权。总统是联邦武装力量的最高统帅，拥有批准军事理论、任命武装力量最高指挥官、领导联邦安全会议的权力；有权宣布全国或某些地区实行紧急状态并立即将此决定通报联邦委员会和国家杜马。(5) 外交权。总统在国内外代表国家；在同联邦议会两院有关委员会协商后，任免驻外国和国际组织的外交代表；接受外国使节的国书；主持谈判并签署国际条约，并签署国际条约的批准证书；领导俄罗斯的对外政策。(6) 依宪法规定的程序决定全民公决。

俄罗斯的总统制是欧美总统制与俄罗斯历史传统和现实政治需要相结合的产物。1991年苏联解体，俄罗斯联邦成为一个独立的主权国家。在制定俄罗斯联邦新宪法过程中，以叶利钦总统为首的联邦制宪委员会主张建立美国式的总统制，进一步扩大总统的权力；以哈斯布拉托夫为首的联邦最高苏维埃反对实行有绝对权力的总统制，坚持总统与议会有平等的权限。双方为此展开了一系列的对抗和斗争。最终叶利钦总统于1993年10月3日动用武力解散了议会，结束了一年多的总统与议会并存的"双重政权"局面。11月，俄罗斯公布了新宪法。新宪法确立的俄罗斯总统制，带有美国总统制的痕迹（如当选总统的年龄为35岁以上；总统任期4年，总统可连选连任，但连任以一次为限；总统每年以国情咨文形式向国会提出立法建议等），但更多地带有法国总统制的特点（如总统经公民直选和两轮多数制产生；总统是宪法和公民权利的保证人，是国家独立、领土完整的保证人，是公共权力机构协调运转的保证人；总统拥有超越于立法、行政、司法三权之上的政治地位；总统拥有解散议会的权力；拥有举行公民投票的权力；等等）。这种集权式的总统制，既包含有俄罗斯强化中央行政权力的历史传统因素，也体现了当时叶利钦总统为了在俄罗斯联邦政治过渡时期确立西方式的政治制度而需要削弱议会权力以强化总统权力的客观现实需要。

在议会制共和政体国家，政府掌握行政实权，政府就其政策对议会负责，总统不掌握行政实权，总统不对自己履行职责的行为负责，总统的命令和决定需经总理或有关部长签署，否则无效。因此，这些国家的总统大多是只享有礼仪性职权的虚位元首。联邦德国、意大利、奥地利、印度等国的总统就属于此类。

德国总统 1949年《德国基本法》是在总结《魏玛宪法》的历史教训的基础上制定的。1919年《魏玛宪法》赋予总统极大的权力，总统有权统率武装力量、决定总理人选、在非常时期制定法律等。1925年兴登堡元帅当选总统后委托希特勒组织政府，导致了法西斯专政。因此，基本法用虚位总统制取代了《魏玛宪法》的皇权总统制，大大削弱了总统权力。根据基本法规定，在组织政府方面，总统只能照例任命联邦议院选举产生的联邦总理和联邦总理提名的联邦部长；在立法方面，总统只能签署由议会两院通过的法律和命令，还必须得到总理或有关部长的会签才能颁布生效；在总统代表联邦与外国签约方面，与联邦政治或法律有关的条约，需根据联邦法律征得联邦立法有关主管机关的同意及参与才可签订；在总统行使解散联邦议院的权力时，总统需根据总理的提议在21天内解散联邦议院，一旦联邦议院以多数票选出另一位联邦总理，解散权自行失效。此外，总统宣布立法紧急状态或国家处于防御状态必须事先由联邦政府提出请求并经联邦参议院同意，或由联邦议院做出决议；联邦总统的指示和命令需有联邦总理和有关联邦部长的副署方才有效。由此可见，联邦总统主要是国家权力的象征性代表而已。然而，在实际政治生活中，联邦总统对计划好的政府行为享有接受咨询权和知情权；在发生议会危机的情况下，总统可以充当调节者及和解员；作为国家元首，总统在国际关系中代表联邦，以联邦的名义同外国缔约、派遣和接受使节，以及有对联邦法官、联邦公务员和军官的任免权、代表联邦行使的赦免权等。

议会制共和国的总统大多是不直接掌握行政实权的虚位国家元首，但在国家政治生活中仍然发挥着不容忽视的重要作用：第一，作为国家元首，对外代表国家，是国家统一和民族团结的象征。第二，对内超越阶级、党派斗争和权力政治之上，在政府与议会之间、各党派之间、中央政府与地方政府之间发挥平衡、协调作用。在意大利，由于多党制与议会制相结合，政府（内阁）的组成常常是议会中多党派政治斗争和相互妥协的结果，总统在其中的协调和平衡作用尤其突出。第三，当这些国家发生政府危机时（原来的政府向议会提出总辞职，而新的政府又未产生；或旧的议会解散了，通过大选产生的新议会又不能顺利组织内阁），总统常常在任命总理组阁或应内阁总理要求解散议会以重新举行大选方面发挥稳定政局的重要作用。第四，有些议会制共和国的总统任期长于议会议员任期（如意大利总统任期7年而议会两院议员任期5年，德国总统任期5年而联邦议院议员任期4年），有利于保证政局的连续性。此外，有的国家元首拥有某些超越礼仪性质的实权，如意大利总统在颁布议会通过的法律前若对其有不同意见，有权行使搁延否决权，将法案送回议会（附上此举的缘由说明），要求议会重新审议。尽管议会两院仍可以简单多数否决总统的搁延否决权，但鉴于总统的资历和威望，他拒绝签发议会通过的法案，无论是对国家还是整个社会，都会产生重大影响。不仅如此，总统还有权任命宪法法院15名法官中的5名法官。

第二节　中央政府

一、“政府”的概念

西方国家的政府（government）概念有广义与狭义之分。广义的政府指制定法律、执行法律和维护法律的公共权力组织机构，包括国家元首、立法机关、行政机关、司法机关等所有国家机构。如在美国，政府通常指立法、行政、司法等所有政府机关，包括联邦、州、地方各级政府。狭义的政府仅指国家行政机关或执行机关。一般认为，行政机关即执行法律的机关，因此，政府也叫国家执行机构，尤指中央执行机关。由于本书篇幅所限，本节主要探讨狭义政府中的中央行政机关部分，即中央政府的概念、组织原则和组织形式、构成、责任及其决策机制。

1. 内阁

内阁（Cabinet）的本意指“内室”或“密议室”。内阁最早出现于英国，其前身是中世纪英王下属的最高行政机关枢密院中的外交委员会。枢密院内分设若干常设委员会和临时委员会，其中以外交委员会地位最为显赫，深得英王信任。凡遇国内外重大事务，英王常召集外交委员会的少数亲信于王宫内室密议。从17世纪中叶查理二世起，英王在召开枢密院会议前事先咨询一些主要大臣意见的做法成为惯例。到威廉三世（1690—1702年）时，外交委员会便有内阁之称。因此，内阁当初只是国王的咨询和办事机构，是一种习惯的产物，无正式法律地位。

1714年，德国汉诺威选帝侯依王位继承法即英国王位，称乔治一世。乔治不懂英语，又不谙英国事务，故经常不参加内阁会议。从1717年起，内阁会议由英王指定的一位大臣主持，开创了内阁首席大臣（Prime Minister，后称为首相）领导内阁、英王不参加内阁会议的先例。1721年，辉格党（自由党的前身）在议会下院占多数，党首罗伯特·沃波尔领导内阁，名义上对下院负责，实际上控制下院，使内阁发展成为以首相为中心的制度化决策机构，形成英国首任责任内阁。1742年，下院不再拥护沃波尔内阁，沃波尔及其内阁集体辞职，开创了内阁失去下院信任时全体辞职的先例。1784年，托利党（保守党的前身）人小威廉·庇特内阁因遭议会多数反对而下令解散下院，重新选举，并在新的大选中获胜，从而开创了内阁在得不到下院支持时，可以解散下院以重新选举的先例。至此，英国责任内阁制的基本原则已基本确立。1832年选举改革后，责任内阁制作为宪法惯例被固定下来。直到1937年《国王大臣法》颁布后，内阁和首相的名称才有正式法律依据。英国责任内阁制形成后，为许多西方国家所仿效，尤其是二战后，已被西方议会制国家广泛采用。

2. 中央政府与内阁

在西方国家，内阁是政府内部的领导核心。但有时人们通常也把内阁称为中央政府。严格说来，在英国、法国等国，内阁和中央政府有所差别。在英国，中央政府有内外圈之分。内圈指内阁，由首相、财政大臣、国防大臣、外交大臣等20名左右的阁员大臣（Cabinet Ministers or Secretaries of State）组成，内阁大臣人选由首相根据需要决定，除负责本部门的事务外，内阁大臣还要在内阁会议上参与讨论决定整个国家的方针政策，是中央政府的决策核心。外圈由一部分主管大臣①、国务大臣（Minister of State，实际上相

---

① 主管大臣（Secretary of State）有两层含义：一是相对于非部门大臣或不管大臣（Minister without Portfolio）而言，如英国政府中的枢密院院长、掌玺大臣、主计大臣、兰开斯特公爵郡大臣等，由于没有或少有部门任务，故称之为非部门大臣，他们往往是内阁成员，担任内阁委员会主席或由首相指派其他重要事务；主管大臣是主管政府某一部门的大臣。二是主管大臣中有的是阁员大臣（如外交大臣、财政大臣、国防大臣等），有的则是非阁员大臣。主管大臣是否是阁员大臣由首相决定，而且不同政府时期情况也不尽一致。

当于副大臣）、政务次官（Parliamentary Secretary，准确说是负责议会事务的副大臣）等非阁员大臣、执政党督导员（Whip）等 100 人左右组成，形成中央政府的执行机构，这些人员一般不参加内阁会议，但必须遵守和执行内阁制定的各项政策并与内阁共进退。法国中央政府由总理、国务部长、部长、部长级代表和国务秘书等组成。从组织形式上讲，中央政府由总理府和中央各部组成，但实际上，总统府是法国的"真正政府"，总统府的官员被称为"超级部长"。总统和总统府是政府决策的核心，中央政府只负责执行总统决定的内外政策。

二、政府的组织原则和组织形式

政府的组织原则即选择政府成员、组织政府的原则。西方国家一般实行以下三类组织原则：

1. 相容或不相容原则（compatibility or incompatibility）

指政府成员的职务同担任议员的身份是否相容的原则。在总统制国家，由于实行比较严格的权力分立与制衡，一般实行不相容原则。如美国规定联邦政府成员（副总统除外）不得同时为国会议员。法国规定，凡接受政府职务的议员，必须在其接受任命后 30 天内放弃其议员身份，政府成员可出席议会，享有发言权，但无表决权。在俄罗斯，根据宪法规定，国家杜马代表不能担任国家公职，因而政府成员与议员身份互不兼容。在内阁制国家，为了实现政府对议会负责和议会监督政府，一般实行相容原则。如在英国、加拿大、澳大利亚、新西兰等国，政府部长必须是议员。若被任命的部长不是议员，必须通过参加议员补缺选举（通常指执政党在其有把握的选区让原来的议员辞职，再由这位部长通过补缺选举当选为议员）或君主加封贵族爵号进入上院取得贵族资格。丧失议员资格者，不得继续担任政府部长。日本实行不严格的相容原则，少数阁员可为非议员，但半数以上的阁员应从议员中任命。按惯例，首相必须是议员。

2. 禁止兼职和从事营业原则（prohibition of part-time job and prohibited from engaging in business）

法国 1958 年《宪法》第 23 条规定：政府成员的职务，与行使议会的委托权、任何全国性代表的职务以及任何公职或职业性活动不相容。《德国基本法》第 66 条规定：联邦总理和联邦各部部长不得担任任何其他领取报酬的职务、工作和职业，不得参加以营利为目的的企业的领导，非经联邦议院批准，不得参加其董事会。美国、日本、韩国、菲律宾等国还规定，政府成员在从政期间，必须公布其个人财产，接受社会监督。确立禁止兼职和从事营业原则，旨在保持政府公共权力不受其他公权或私权的干扰和腐蚀，保持政府权力的独立公正性和廉洁性。

3. 政府成员必须是文职而非军职原则（civilian government or non-military government）

日本《宪法》第 66 条规定：内阁总理大臣及其他国务大臣必须是文职人员，不得是现役武官。这是为了吸取二战时期日本军人把持内阁，发动侵略战争的教训。美国也实行文官政府的原则，规定凡在联邦政府内阁任职者，不论总统或部长，均不得为现役军人，军人出任内阁官职者，必须退役。

政府的组织形式，广义上是指政体，即国家政权的组织形式，尤指国家最高权力机关（包括立法、行政和司法在内）的组织形式，主要有共和制和君主制两大类政体。狭义的政府组织形式，主要指国家行政机关或中央执行机关的组织形式。根据国家元首、立法机关与行政机关的关系特征，目前西方国家狭义的政府组织形式主要有三类：议会制政府、总统制政府、混合制政府（半总统制半议会制政府），另外还有瑞士的委员会制政府等。

议会制政府（parliamentary government） 又称议会内阁制或责任内阁制，是当前西方国家最普遍的一种政府组织形式（见图 6－1）。在议会制共和国（如德国、意大利、冰岛、印度等国）和一些议会制君主国（如英国、荷兰、日本、加拿大、新西兰等国），政府均采用责任内阁制形式。议会制政府的主要特点是：（1）内阁通常由在议会中占多数席位（获 1/2 以上议席）的政党或政党联盟的领袖受国家元首之命组成，政府必须取得议会多数的支持。（2）内阁首脑和大臣（部长）应定期向议会报告工作，并在国家元首颁布的法律和命令上签署，表示内阁对议会负责。（3）内阁成员通常也必须是议员，他们既是重要的执法者，也是主要的立法者。（4）内阁对其政策由内阁全体连带向议会负责，① 当议会通过对内阁的不信任案或否决内阁的信任案时，内阁应总辞职或提请国家元首下令解散议会，重新大选以决定原内阁的去留。应该看到，由于广义的政体结构（共和制与君主制）的差异和政党制度（两党制与多党制）的差别，上述国家的内阁制政府在具有上述共同特征之外，还有各自的特点，需要做进一步具体的比较分析。②

如前有关“内阁”部分所述，英国内阁制政府的形成，是英国历史传统、政治习惯与议会主权思想以及分权与制衡原则相结合的产物。英国资产阶级革命前，内阁只是英王的咨询和办事机构。资产阶级革命胜利后，随着议会主权取代君主主权，以及分权与制衡思想的深入发展，一方面，政府行政权力与议会立法权从职能上分开，行政权虽然名义上归英王掌握，但实际上开始逐步从国王和枢密院转移到通过议会选举产生的首相及其内阁手

---

① 也叫内阁集体负责制（cabinet collective responsibility），有两层基本含义：对议会来说，内阁是一个不可分割的联合战线，议会挑战内阁某一部长或其部门的政策，就是攻击整个政府，对一位部长表示不信任，将导致整个政府辞职。然而，内阁无须为某位部长的判断失误或管理失误进行辩护，如果某位部长因为部门管理失误而辞职，内阁仍可继续执政。但是，一旦议会通过对政府的不信任投票，内阁全体必须总辞职或提请国家元首解散议会，重新举行大选以决定现任内阁的去留。对内阁成员来说，尽管在内阁闭门会议中有意见分歧，但对外必须保持一致，不能公开内部分歧，否则要么主动辞职要么被解职；非入阁大臣尽管没有直接参加内阁政策制定过程，但必须支持内阁做出的决定，否则必须辞职；继续在政府中留任的官员，在面对外界批评时不能声称自己当时曾经反对过该项政策而替自己辩护。最近英国内阁集体负责制的典型事例即是 2003 年以英国内阁部长、前外交大臣和下院领袖罗宾·库克为首的三位部长反对政府向伊拉克派兵的政策而辞职。但也出现过内阁部长其意见明显与政府政策相左，却受到首相挽留的情况，如 2003 年布莱尔首相在海外发展部部长克莱尔·肖特公开反对对伊开战的情况下，仍然对其表示挽留。有学者认为，其原因在于布莱尔当时不想让两位部长同时辞职，以及布莱尔告诉肖特开战后仍需要她投入到开辟通往伊拉克的海外援助渠道的工作中去。参见：Peter Holmes. *Introducing Politics for AS Level*. Cambridge：Peter Holmes，2008：429-430.

② 人民代表大会制度研究所. 与人大代表谈西方议会制度. 北京：人民出版社，2004：114-125；美国比较政治学家阿伦·利普哈特将议会制政体细分为多数制议会体制（以英国为代表）以及共识型议会体制（以荷兰为典型），并对两者的基本特征和绩效进行了比较分析。参见：利普哈特. 民主的模式：36 个国家的政府形式和政府绩效. 北京：北京大学出版社，2006：84-102.

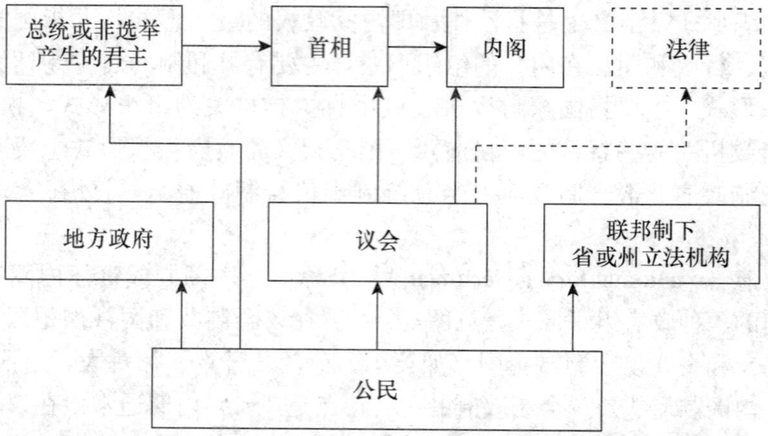

（朝上箭头表明选举，横向箭头表明提名或任命，虚线箭头表明对通过和签署法律负责）

图 6-1　议会制政府

中。另一方面，议会作为国民的代议机构，是人民主权的现实表现形式和主要标志。内阁自议会中来（由议会多数党组成），为的是执行议会制定和通过的法律，同时接受议会的监督并就其政策和行为向议会负责，这种立法权高于和大于行政权的主从关系，以及内阁置身于议会之中并随时接受议会监督的融权结构（fusion of powers），是代议制民主思想在制度上的体现。此外，首相在议会通过不信任投票迫使政府辞职时，可提请国家元首解散议会以通过重新大选决定内阁的去留，这是内阁拥有的针对议会解散内阁权力的一种反制约权力，反映了行政权与立法权分立又彼此相互制约的一面。

总统制政府（presidential government）　即由总统担任国家元首和政府首脑的一种政府组织形式（见图 6-2）。以美国为典型，主要特点是：（1）政府由在总统选举（而非国会选举）中获胜的总统负责组成。（2）总统既是国家元首，又是政府首脑，独揽行政大权，政府成员一般由他任命，由他领导并向他汇报工作。[①]（3）政府与国会完全分离，政府成员不得兼任国会议员，不能参加国会立法的讨论和表决，在形式上不能向国会提出法案或预算案。总统通常以国情咨文的形式建议国会立法。（4）政府不对国会负连带责任，政府成员只对总统负政治上的责任，总统只对选民负政治上的责任。国会不能对总统投不信任票，总统也无权解散国会。

总统制政府自 18 世纪末为美国首创后，逐步为拉美的阿根廷、巴西、墨西哥，亚洲的印度尼西亚、巴基斯坦，非洲的埃及、肯尼亚等国所仿效。这些国家采用总统制政府的原因，与各国的具体历史条件、政治思想、现实政治形势等因素有密切关系。

美国创建总统制政府，与 1787 年制宪会议召开时美国所处的国内外形势、制宪会议代表的政治思想以及当时各州州长制的历史经验有直接关联。（1）1787 年制宪会议召开时，当时的邦联政府只是各州间松散而脆弱的联盟，国内面临战争结束后因殖民地工商业资产阶级和大农场主盘剥农民和手工业者而引起的社会动荡（如 1786 年的谢司起义），国

① 美国总统任命的官员分为两类：一类是高级官员（包括内阁级部长、副部长、驻外大使、联邦各级法院法官、联邦检察官等），其任命须由参议院批准；另一类是低级官员，其任命无须参议院批准。根据美国最高法院裁决，总统可随意将其任命的行政官员免职，但不能随意将其任命的独立管制机构的官员免职。

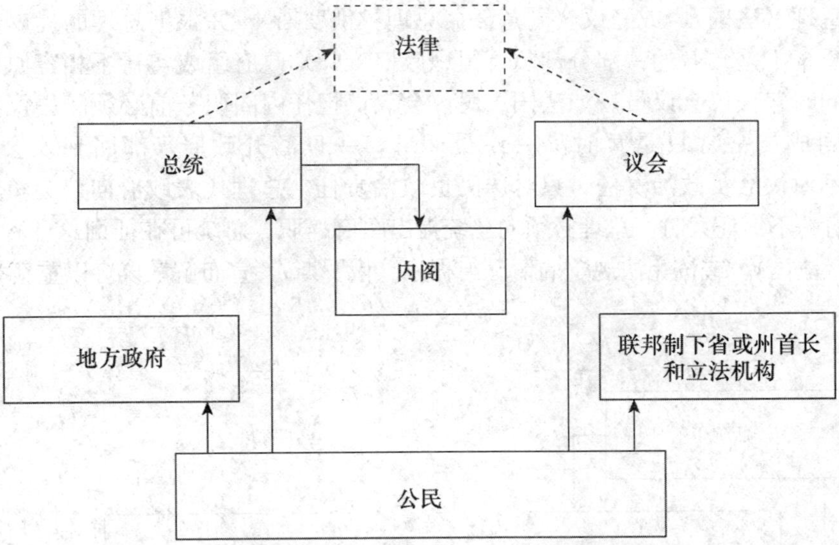

（朝上箭头表明选举，朝下箭头表明提名或任命，虚线箭头表明对通过和签署法律负责）

图 6－2　总统制政府

外面临英、法、西班牙列强的政治敌视、经济刁难和军事威胁。形势迫切需要建立一个强有力的联邦政府联合各州的力量，应对国内外的挑战。(2) 反对君主制、实现权力分立与制衡的思想在制宪会议上占据上风。大多数代表总结了北美殖民地反对英国君主专制的经验和教训，反对通过建立君主制来建立一个强大的政府，主张实行共和制，主张实行立法权、行政权、司法权分立，地位彼此对等，相互制约以实现权力的均衡。据此，行政权应当独立，不由立法机关产生，对宪法和人民负责，并能与立法机关相互制约。(3) 北美殖民地各州的州长制为总统制的创建提供了历史借鉴。根据 1777 年纽约州宪法，该州实行分权，州长由土地所有者而非由州议会选举产生；州长任期 3 年，可连选连任；州长在复审委员会的同意下，可对他认为“与宪法精神或公共利益不符的”议会立法行使否决权；州长有任命权，可利用此权支配复审委员会和其他行政部门；州长是本州武装力量总司令；州长有赦免权；等等。从汉密尔顿等制宪者在《联邦党人文集》中有关总统制的分析和阐述中，可清晰看出纽约州州长制的痕迹。①

混合制政府（mixed system of government or semi-presidential, semi-parliamentary government）　也叫半总统制半议会制政府，法国、俄罗斯、芬兰、葡萄牙、冰岛、奥地利、爱尔兰等国比较典型（见图 6－3）。20 世纪 80 年代末 90 年代初，随着东欧剧变和苏联解体，东欧一些国家（如保加利亚、匈牙利、波兰等国）和苏联加盟共和国（如白俄罗斯、乌兹别克斯坦等国），以及一些曾由法国殖民统治的非洲国家（如阿尔及利亚、布基拉法索、刚果民主共和国、科特迪瓦、塞内加尔、马里、毛利塔利亚、吉布提等）也先后建立了类似的政府组织形式。混合制政府的主要特点是：(1) 形式上总理是政府首脑，但实际上总统是政府决策的核心，总理只起辅佐总统的作用。(2) 总统依宪法惯例任命议会多数

① 汉密尔顿，等. 联邦党人文集. 北京：商务印书馆，1980：349－366.

党领袖为总理（法国），或经议会同意任命总理（俄罗斯），并根据总理的提议任免政府其他成员，总统不是政府的一部分却负责组织政府。（3）政府组成实行不相容原则，即政府成员不得同时兼任议会议员。如法国国民议会议员担任内阁职务前必须辞去议员职务。事实上，内阁成员常常只是暂时辞去议员职务，一旦离开政府，都回到议会担任议员。（4）总统不对议会负政治责任，只对选民负政治责任，总理代表政府向议会负责，当议会通过对政府的不信任案时，总理必须向总统提出政府辞职。总统可在征询总理和议会两院议长意见后（法国），或按宪法规定的情况与程序（俄罗斯），宣布解散议会以重新举行大选。

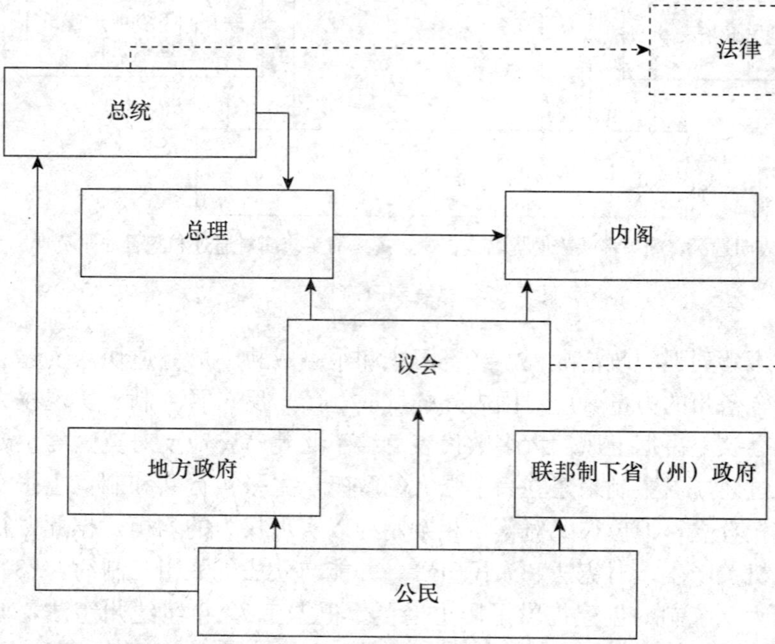

（朝上箭头表明选举，横向/朝下箭头表明提名或任命，虚线箭头表明对通过和签署法律负责）

图 6-3　半总统半议会制政府

法国创建的半总统制半议会制政府是当时法国的历史传统、现实国内外特殊因素以及戴高乐个人政治智慧的产物。（1）二战后法国生产和资本在企业兼并中的集中，促进了私人垄断资本的发展；大规模国有化运动，促进了国家垄断资本的发展；西欧共同市场的建立，促进了国际垄断资本的发展。经济生活中的变化，要求改革过去软弱无力的内阁制政府，集中和加强国家行政权力，提高政府对经济的干预和调节能力，增强法国的国际竞争力。而二战后第四共和国议会多党制下政党纷争不断，政府软弱，1946—1958 年平均每届政府寿命只有半年，政府不稳定成为第四共和国灭亡和建立第五共和国的重要原因。（2）1958 年 5 月，阿尔及利亚的法国殖民军和极端殖民主义者发动军事叛乱，接管了当地政权，并扬言要向法国本土进军。在法国国内，极右分子和极端殖民主义者在巴黎举行游行示威，与国外叛乱集团遥相呼应；同时，法国左翼政党、工会和劳动群众则举行大规模反击极右分子和极端殖民主义者企图推翻共和制的游行。在严重的政治危机和社会危机中，第四共和国的内阁制政府惊慌失措，陷入瘫痪。国内外严峻的政治危机要求加强政府的权力，建立一种新型的政府制度。(3) 戴高乐总统在危急时刻发挥了政治领袖人物的特殊作用。他亲自主持了新宪法的起草、讨论、修改和交付公民表决通过的全过程。1958年10月正式颁布的新宪法，从历史经验教训与现实政治需要出发，在继承了第四共和国共和政体和议会制中主权属于人民、政府对议会负责的原则下，调整了行政权（总统和政府）与立法权（议会）之间的关系，加强了总统的地位和权力，使总统成为国家权力的中心。由此创建了法国模式的半总统制半议会制政府。

瑞士的委员会制政府　是一种特殊的政府组织形式。国家最高行政机关是由联邦议会两院联席会议选出7名委员组成的联邦委员会。联邦委员会委员多数选自议员，但一旦当选，就须辞去议员职务。联邦委员不得兼任其他公私职务。7名委员分任全国7部部长。联邦委员会实行集体领导、集体议事和集体负责制，委员的权限彼此平等。联邦议会每年从7名联邦委员中选出1名联邦主席和1名联邦副主席，事实上联邦主席和联邦副主席由7名联邦委员根据进入联邦委员会的先后顺序轮流担任，任期1年，不得连任。联邦主席对外作为国家元首，行使元首在外交礼仪方面的职权，对内兼任政府首脑，负责主持联邦委员会会议，但无裁决权，也无权解散议会。

三、政府的构成

政府的构成，一方面指政府内部各机构的组成，另一方面指政府内部政府成员的组成。政府机构的作用一般说来与政府成员的法律地位相一致。

1. 政府首脑及其办事机构

西方国家的政府首脑（head of government）一般称为总统、总理或首相。政府首脑负责组织政府，并就政府政策对国家元首或议会负责。因此，政府首脑的地位及作用十分重要。①

英国首相　英国“首相”（Prime Minister）的名称于1878年首次见于官方文书。1905年，英王正式给首相以委任状。1937年英国通过了《国王大臣法》，首相才开始有法律依据。按照宪法惯例，首相必须是下院议员，首相通过英王任命下院多数党领袖的形式产生。② 在形式上，首相只是“（内阁）同伴中的第一人”，与阁员是平等的阁僚关系。但实际上，随着国家权力的重心从议会转移到内阁，首相的权力和威望已大为增加。尤其是二战结束后，英国首相的权力稳步增长，内阁的权力则逐步缩小。由于英国不成文宪法的缘

---

① 不同政体下政府首脑的地位和作用有所不同。在议会制政体下，英国首相形式上只是内阁同僚中的第一人，地位与内阁成员相当，负责组织集体内阁制政府，政府决策是内阁集体议决的产物；德国总理根据基本法有关规定，地位高于内阁部长，负责领导总理型政府，政府决策总理说了算；意大利政府受碎片化多党制的影响，总理势单力薄，地位与部长相当，扮演议会多党组阁谈判中的掮客，负责组织部长型政府。在混合制政体（半总统制）下，如法国和俄罗斯，总理是名义上的政府首脑，但总统却是事实上的政府首脑，总统制定政府方针政策，总理负责落实执行。在总统制下，如美国，总统既是国家元首，又是政府首脑，政府实行行政首长负责制，总统领导下的内阁只是总统的咨询机构，政府决策总统说了算。随着现代媒体对政府首脑的关注度不断增强，全球化时代凸显政府在国际政治和国际关系中的作用，以及现代政府治理要求更加有力有效的政策协调，政府首脑的地位和作用将普遍获得更大的优势。

② 在首相辞职或去世的情况下，1965年以前，工党按规定在党内选举产生新领袖，保守党则由党魁征求本党权威人士意见后做出决定；1965年后，两党都通过选举方式补选新领袖。参见本书第四章第三节中英国两党制部分。

故，首相的权力并没有系统而明确的规定，但结合英国现实政治实际，概括起来主要表现在：（1）组阁权。英王任免内阁成员和其他政府官员、主教和教士以及册封终身贵族，都由首相提名。首相有权改组内阁，任命副首相（Deputy Prime Minister）①，选择内阁阁员。（2）决策权。有权决定内阁议事日程并主持内阁会议，首相的总结性发言就是内阁对有关问题的决定，首相宣布某项新的政府政策，内阁成员必须拥护和支持。（3）代表政府向议会负责的权力。作为政府首脑，代表内阁在议会为政府的重要政策进行解释和辩护，负责回答下院对政府总政策及政府行为的质询。（4）影响和制约议会的权力。作为执政党领袖，首相可通过党纪约束在议会占据多数的本党议员，从而影响和左右议会的立法活动；当下院通过对政府的不信任案时，首相有权提请英王解散议会，重新举行大选。②（5）领导和控制常任公务员的权力。按传统习惯，首相也是首席财政大臣和文官大臣，通过领导财政常务次官、文官首脑和内阁次官掌握高级文官的任免权，保持对常任公务员的控制。（6）非常权力。首相还有权通过内阁提请英王宣布“全国处于紧急状态”，政府可在紧急状态下行使广泛的非常权力，等等。此外，伴随着英国王室威望的衰落，英国首相越来越多地发挥过去属于国家元首或皇室成员的国家代表和国民领袖的作用，如在外交上拜访外国政要，出席国际峰会和外国政要的葬礼，向受灾国表示慰问等，在内政上通常在遇到国内严重突发事件或名人去世时在电视上出现。因此，有些西方学者认为，鉴于首相在英国政治权力结构中已处于金字塔的顶峰，英国在从议会至上阶段过渡到内阁至上阶段后，目前已过渡到了首相政府时代。③ 首相日渐倚重内阁大臣中的内圈人物进行定期的政策磋商，如在布莱尔首相时期，副首相、财政大臣、外

① 副首相职位本身并不是英国不成文宪法的一部分，也不是英国政府的常设性职位，而是首相决定任命其资深内阁成员的一种荣誉性职位，用来激励联合政府中年轻政党领袖，或安慰当选首相无望的党内二把手或奖励党内忠诚的资深人士，或作为平息党内争议的一种姿态。与美国副总统职位不同，英国副首相不享有高于其他内阁部长的地位和权力。在首相生病或缺席期间，副首相不能担当首相的职责和权力（如解散议会的权力、任命终身贵族的权力和与国王咨商的权力等）。当首相失去履行职责的能力或失去政党领袖的职务时，副首相也不能自动接替首相职位。在实际生活中，首相任命某人担任副首相，可能会赋予其在内阁中的额外地位，使其享有某种事实上而非法理上的权力。尤其是在联合内阁中，副首相通常由联盟党党首担任，其作用不容忽视，否则将影响或危及联合政府的稳定性。英国首任副首相为二战期间丘吉尔联合政府中的克莱门特·艾德礼，1945年后，艾德礼担任首相后任命赫伯特·莫里森担任副首相，接下来是安东尼·艾登（1951—1955年）、拉布·巴特勒（1962—1963年）、威廉·怀特洛（1979—1988年）、杰弗里·豪（1989—1990年）、迈克尔·赫塞尔廷（1995—1997年）、约翰·普雷斯科特（1997—2007年），2007—2010年未设副首相职位，2010年至今为联合内阁中的自民党党首尼克·克莱格。

② 此外，首相还可以利用执政党地位上升或首相名声大振时机，提前提请英王解散议会举行大选以获得另一个五年执政机会，如1983年英国就马尔维纳斯群岛之争打败阿根廷之际，撒切尔首相利用其名声飙升之际，宣布提前举行大选。

③ Jorgen S. Rasmussen & Joel C. Moses. *Major European Governments. 9th ed*. Belmont，California：Wadsworth Publishing Company，1995：168. 英国学者认为，根据英国立宪理论，最初议会是国家政治体系的中心，议会主权下的政府内阁必须对议会负责，议会若通过对内阁的不信任案，则可以解散内阁，议会控制着政府，此种情形下的政府叫作议会制政府（parliamentary government）。但是，随着现代责任内阁制的建立，内阁建立在议会多数的基础上，由于拥有议会的多数，内阁可以主导和控制议会，政治权力的中心开始从议会转移到内阁，出现了内阁制政府（cabinet government）。到了当代，随着政党纪律成为首相规范和制约本党占有议会多数的议员的有效政治工具，首相作为执政党的政治领袖，实际上处于政治权力的中心，由此英国进入了首相制政府（prime ministerial government）时代。参见：Peter Holmes. *Introducing Politics for AS Level*. Cambridge：Peter Holmes，2008：408-409.

交事务大臣、内务大臣、国防大臣等就是工党政府的核心成员。布莱尔还建立了一个由来自高级文官、本党内部及学界和商界精英组成的私人顾问圈子，为其内外政策提供咨询。

然而，尽管首相地位显赫、权力巨大，但实际上很难发展成为独裁者。由于首相缺乏美国总统那样的固定任期，首相任职长短取决于他（她）是否能得到内阁成员和议会多数议员的支持，因此首相在处理与内阁同僚和议会本党议员的关系时必须小心谨慎。首相仍受到内阁同僚和本党议会党团和议员的约束，不能总是不顾内阁多数和议会党团多数议员的意见而各行其是。① 首相固然可以政党领袖身份通过党纪控制本党议员，但并非所有的首相都能做到这一点（20 世纪 70 年代末工党领袖卡拉汉首相的政策建议就经常遭到工党全国执行委员会的反对）。除了受到党内监督和制约外，首相还时刻受到议会中的反对党的监督和制约。按照惯例，反对党是“国王陛下忠诚的反对党”，拥有和执政党同等的宪法地位，可以无所畏惧地合法地反对，如通过行使议会质询权、调查权、倒阁权等对首相进行监督和制约，这是执政党党纪鞭长莫及的事情。此外，首相还受到英国政治文化传统的监督和制约。英国的媒体、教育体制和公共舆论都支持自由讨论和自由表达政见的信念，都认为政府（首相）应该接受议会的监督，不应该粗暴地对待不同政见。在某种意义上这是一条根本的不成文的宪法规则，一个试图打破这条规则的政府若利用其议会多数镇压其反对者的意见则将失去民众的支持。② 因此，尽管英国首相权力较大，但仍然受到许多制约，与美国总统控制政府的程度相比，也还有一段差距。

英国首相的办事机构　办事机构主要有内阁办公厅和首相办公室，其内部机构设置根据首相的需要而定，因而常有变化。内阁办公厅是内阁办事机构，也是英国中央政府的神经中枢。内阁办公厅由内阁大臣（Cabinet Secretary）领导，负责安排内阁议事日程，出席内阁会议，通过每周定期分别与首相和各部高级文官见面，沟通内阁和政府各部的联系，在最高层次协调政府各部的政策，负责编写和分发内阁决议实施情况的定期报告。目前内阁办公厅由中央秘书处、国内突发事件处理处、海外与国防处、经济与内务处、欧洲处等五部分组成。首相办公室（首相官邸）位于伦敦市唐宁街 10 号，目前首相办公室由首相私人办公室、政治办公室、战略信息沟通小组、首相政策小组等机构组成，由首相办公室总管（Chief of Staff）领导，负责处理首相个人事务，组织会客时间表，为首相提供经济、内政、议会事务等方面的信息和政策咨询，为首相准备议会质询的答辩，起草首相演说稿等。③ 换言之，首相办公室负责帮助首相制定和实施政府的总体战略和政策优先事项，并向议会、公众和国际受众宣传政府的政策。④

美国总统　美国总统作为政府行政首脑或最高行政长官，享有一系列广泛而重要的权

---

① 1902 年以来，10 位保守党领袖中就有 5 位是被保守党后座议员通过直接投票或明确表示反对而被迫辞职的。20 世纪 90 年代初撒切尔首相就是因其政策遭到本党议员和内阁成员的强烈反对而被迫辞职的。1922 年委员会就是由下院保守党全体议员组成的重要党组织，它对保守党领袖产生巨大的制约作用。参见：M. Donald Hancock et al. *Politics in Europe—An Introduction to the Politics of the United Kingdom, France, Germany, Italy, Sweden, Russia, and the European Union*. New York: Palgrave Macmillan, 2002: 51.

② Paul Silk & Rhodri Walters. *How Parliament Works*. *4th ed*. London: Addison Wesley Longman Limited, 1998: 44.

③ Gillian Peele. *Governing the UK*. *4th ed*. Oxford: Blackwell Publishing, 2004: 148-156.

④ https://www.gov.uk/government/organisations/prime-ministers-office-10-downing-street.

力（详见本章第一节“五、国家元首的地位及职权”）。

美国总统的办事机构 美国总统的办事机构包括总统的若干幕僚机构和办事机构，由总统根据国会的法律或根据国会的授权或通过总统的行政命令，按照自己的需要设立和撤销。它们由总统的亲信、顾问、专家和行政人员组成，它们的职责就是协助总统履行职责，充当总统的耳目，帮助总统获得信息，致力于研究和解决国内外的关键问题，提出供考虑的政策方案，充当总统的顾问、代表和助手。二战后，随着总统权力的扩大，总统办事机构的权力和人员也迅速膨胀，作用也不再限于代表总统指导、监督各部门的工作，而是日益成为凌驾于政府各部门之上的决策机构，实际上接管了属于内阁的部分职能，使内阁的地位有所下降。目前总统的办事机构主要有白宫办公厅、行政管理和预算局、经济顾问委员会、政策发展办公室、国家安全委员会、科技政策办公室、环境质量委员会、管理局和美国贸易代表办公室等。白宫办公厅是总统私人办事机构，其成员由总统自由任命而无须参议院批准，是“总统的侍从”。办公厅设有总统顾问、总统助理、办公厅正副主任、新闻秘书等职，一般由总统的密友、亲信和少数专家学者担任。白宫办公厅是总统行政公署的神经中枢，其中的总统顾问和助理由于最接近总统，深受总统信任，常常成为决策性人物，其影响和权力往往在内阁部长之上。国家安全委员会成立于 1947 年，负责就与国家安全有关的内政外交和军事方面的综合政策向总统提供咨询意见，在美国政府外交国防的最高决策方面发挥重要作用。委员会由总统任主席，成员有副总统、国务卿、国防部长、参谋长联席会议主席、中央情报局局长等，总统国家安全事务助理负责该委员会的工作。经济顾问委员会成立于 1946 年，其成员由总统任命、参议院批准，主要负责分析和评估联邦政府的经济政策和项目，就经济开发、经济增长和稳定等问题向总统提供咨询和建议，协助总统草拟他每年送交国会的经济报告等。美国贸易代表办公室 1963 年成立，1974 年划入总统行政公署，由美国贸易代表领导，设有大使衔的副代表 3 名。贸易代表现为内阁成员，领大使衔，作为美国首席代表参加双边及多边贸易谈判，负责指导美国所有的贸易谈判和制定美国贸易政策。

法国总统 法国总统虽名义上不是政府首脑，但实际上扮演着政府首脑的角色，是政府决策的中心。总统有权任免总理，并根据总理提议任免政府其他成员，组织政府；有权任命国家高级文武官员；总统主持部长会议，讨论和决定政府的各项方针政策；等等（参见本章第一节“国家元首”中有关法国总统的部分）。

法国总统的办事机构 其办事机构为总统府，设在巴黎爱丽舍宫。它是政治决策中心，指导和监督政府的活动，有“法国的隐蔽政府”之称。总统府由总秘书处、总统办公厅、私人秘书处和私人军事参谋部组成。

法国总理 法国总理形式上的政府首脑，由法国总统任命产生。① 依《宪法》规定，总理的职权是：（1）领导政府的活动，协调各部的关系，确保法律的执行。（2）代表政府向议会提出施政纲领或发表政策声明，并向议会负责。（3）行使制定条例权和发布命令

① 由于宪法并未规定总统必须从议员中挑选总理，因此他既可从议员中挑选（如德勒雷·希拉克担任总理前是议员），也可从非议员中挑选总理（如 2005 年 6 月法国全民公决否决《欧盟宪法条约》后，希拉克总统任命其内政部长德维尔潘接替拉法兰担任总理）。实际上，为了获得议会大多数议员的支持，法国总统一般任命国民议会多数党领袖（即使与总统不同属一个政党）为总理。

权。(4) 负责国防，必要时总理可代理总统主持最高国防会议和国防委员会。(5) 在特殊情况下，总理可根据授权在特定议程上代替总统主持部长会议。(6) 总理代表政府享有立法创意权和修改宪法的建议权。(7) 总理以政府的名义宣布戒严令。在实际政治生活中，法国总理主要起着“管家”、“纽带”和“保险丝”的作用。“管家”的作用：总统掌握大政方针，总理负责处理具体的政府日常事务。“纽带”的作用：总理是联系总统和议会的纽带，总理是总统政策的忠实执行者，向议会提出反映总统意图的政策声明；同时还要同议会保持良好的关系，以保证政府提议和总统的政策能得到议会通过或获得议会对总统政策的多数支持。“保险丝”的作用：总理代表政府替总统制定的政策承担政治责任和风险，使总统免受议会和舆论的攻击。①

法国总理的办事机构 其办事机构为总理府，设在马提尼翁大厦。总理办公厅和总秘书处是总理府中的两个重要机构。办公厅是总理的参谋部，负责同总统办公厅联系，监督中央各部的工作。总秘书处负责准备和传送部长会议和部际委员会的文件，转交法律草案给议会，将议会通过的法律交给总统和有关部长签字，安排部长们答复议会的质询等。

德国总理 德国总理是联邦政府首脑，其人选形式上由联邦议院根据联邦总统的提名而不经辩论即付诸投票选举，获得联邦议院议员过半数票的人当选为联邦总理，当选者由联邦总统任命。根据《德国基本法》第65条，联邦总理确定政治总纲并对此承担责任。在该政治总纲范围内，联邦各部部长可以独立负责地领导各自的主管部门。联邦政府裁决联邦各部部长之间的意见分歧。联邦总理根据联邦政府通过的并经联邦总统批准的业务规则领导各部的工作。概括起来，联邦总理的主要职权有：(1) 主持联邦政府工作，拥有组阁权，挑选各部部长和政府主要官员，提出对联邦总统有约束力的任免名单。(2) 决定联邦政府的内外方针政策，并对此向联邦议院负责。在决策权上，与英国首相领导下的内阁集体责任制不同，德国总理一人说了算，即总理原则。(3) 根据联邦政府通过的并经联邦总统批准的业务规则，领导各部的工作，包括领导内阁协调和解决各部门间的矛盾和纠纷。(4) 决定联邦政府机构的设置和各部门的职权范围，在必要时改组政府和更换部长。(5) 在国家受到侵略或武力威胁的“紧急状态”下，直接取代国防部长，担任三军统帅，指挥联邦军队。(6) 必要时有权要求联邦议院提前召集联邦议院全体会议，提请联邦总统解散联邦议院，举行全国大选。

德国总理的办事机构 其办事机构为联邦总理府，根据内阁议事规则建立，有大约500名工作人员，由内阁不管部长或高级文官领导，分为若干与内阁各部相对应的部门，作为内阁总理与各部之间的联系纽带；负责以总理的名义向各部发布指令，收集和处理情报信息；在内阁开会前处理许多重要事务，为内阁会议做好准备；协助总理推行政府的方针和政策，检查、监督和协调各部的工作。“总理府是一种针对各个部门的制度化的监视者，以保证总理的政治总纲和内阁决定切实得到执行。”② 此外，联邦总理任命两名联邦议员为其国务秘书（领国务部长衔），一位协助总理处理欧洲联合问题和情报协调工作，另一位协助总理处理联邦与各州之间的合作及文化事务。

---

① 陈思泽. 当代比较政府：美、英、德、法、日政治体系. 台北：台湾风云论坛出版社，1996：138-139.

② David P. Conradt. *The German Polity*. *5th ed*. London：Longman Publishing Group，1993：146.

日本首相 日本首相由国会各政党提名，经国会投票表决，获多数票者由天皇正式任命产生。实际上首相通常由国会多数党领袖或多数党联盟的领袖担任。根据日本《宪法》，首相是“内阁的首长”，也是政府行政部门的首长。首相的职权主要有：（1）拥有国务大臣的任免权。（2）召开和主持内阁会议，总理国务。（3）对政府各行政部门的指挥监督权。（4）对议会的立法提案权（包括议案、法律草案、预算案等）。（5）代表政府（内阁）向国会报告一般国务和外交关系，并向国会负责。（6）联署法律和政令权。国会通过的法律以及内阁做出的政令，须由负责执行的主管大臣签署，并由首相联署，然后由天皇予以公布后才生效。（7）对针对国务大臣的司法追诉拥有同意权。

日本首相的办事机构 根据日本《国家行政组织法》的规定，首相府为首相管理中央政府各部门的机构。首相府由首相从国务大臣中任命的首相府总务大臣领导，负责综合调整各行政机关的政务，管理有关抚恤、统计、仪典及新闻出版事项，处理不属于其他行政机关的事务，以及处理根据条约和法律属于首相府管辖的行政事务。此外，首相府还设有其直属的3个委员会和9个厅（详见下述“政府中的其他机构”部分）。

俄罗斯总统 如前所述，根据俄罗斯《宪法》的规定，俄罗斯总统拥有超越于立法、行政、司法三权之上的政治地位。作为国家元首和政府首脑，他拥有任免政府总理和各部部长等广泛的行政权力，总理只是形式上的政府首脑，总统才是政府的真正决策者（详见本章第一节国家元首中有关俄罗斯总统的部分）。

俄罗斯总统的办事机构 俄罗斯《宪法》第83条第9款规定，总统办公厅是总统的办事机构。总统办公厅当初只是一个办事机构，主要为总统制定和起草文件，承办总统的各种具体事务，监督总统命令和指示的贯彻执行，监督政府各部委的工作，协调总统与议会和政府的关系，向总统汇报国内外各方面的信息，保卫总统及其家人的安全。1996年12月，叶利钦批准《总统办公厅条例》，规定总统办公厅是“确保总统活动的国家权力机构”，其任务是“为俄联邦总统确定内外政策的基本方向，采取措施捍卫俄联邦主权、独立和国家完整创造条件”①。总统办公厅的政治地位和作用大大增强。总统办公厅下设国家监督局、总统保卫局、财政与预算局、领土事务局、行政管理局、社会生产局、信息管理局、法制管理局、联邦国家服务局、总统分析局、民族事务局等。由于总统办公厅的主要负责人都是总统的亲信，有较多机会接近总统，因此办公厅主任和各局局长的职权实际上比一般的政府部长还大，深得总统的信任。总统办公厅实际上成为俄罗斯的“第二政府”。

俄罗斯总理 根据俄罗斯《宪法》，俄罗斯总理由联邦总统提名，由国家杜马审议和做出决定，若通过审议，总统随即正式任命总理。若不通过，则由总统重新提名，待国家杜马审议通过后由总统任命。若国家杜马3次否决总统提出的总理人选，总统则直接任命总理并同时解散国家杜马以举行新的杜马选举。总理名义上是联邦政府首脑，代表政府向议会负责，但实际上总统执掌行政大权，总理只是负责执行总统制定的方针和政策。总理的主要职权有：（1）向总统提交政府组成的建议，经总统同意后组建新政府；向总统提出副总理和部长人选。（2）总理根据联邦宪法、法律和总统的命令，确定联邦政府活动的基

① 张世贤，陈恒钧. 比较政府. 台北：五南图书出版股份有限公司，2000：230-240.

本方针和组织政府的工作。(3) 向国家杜马提出对联邦政府的信任案，代表政府向议会负责。(4) 总统不能履行职责时，代理总统行使职权，但此时不能行使总统解散议会、确定全民公决以及对联邦宪法条款提出修正补充建议的权力。

实际政治生活中，总理主要负责经济与社会政策，总统负责外交、国防，监督政府各部以及与执法和国家安全有关的强力部分；总统及其幕僚负责制定内外方针政策，总理负责落实和执行；总统的支持而非议会政党联盟多数构成政府执政的基础，总理更重要的是向总统负责而非向议会负责。

俄罗斯总理的办事机构 其办事机构为总理办公厅，负责协调和沟通政府各部门之间、总理与各部部长之间的活动，为总理活动提供保障和监督。

2. 政府部长及政府各部

部长或大臣是西方各国政府的重要组成部分，部长一般具有双重身份，即政府成员兼政府某部的部长。作为政府成员，部长参加内阁会议和内阁委员会，参与讨论和制定政府方针和政策，代表本部向政府首脑（首相或总统）负责。作为某部的部长，部长负责本部门政策的制定和本部门的行政管理工作；[①] 是媒体中本部门的形象代表和首席发言人；代表本部门协调与政府其他部门和机构的关系；负责策划与本部门有关的立法提案；就本部的政策和行为向议会（国会）提供信息或出席听证，接受立法部门的监督。在议会内阁制国家，部长还代表本部回答议会议员的质询；作为议员，部长还必须和选区选民保持密切联系，赢得选民的信任和支持。政府各部部长虽然法律上地位平等，但实际上各部部长的地位仍有差别。这主要是因为各部的重要性不同。一般说来，在西方国家政府各部当中，国防、外交、财政等少数部在政府工作中占有比较重要的地位。此外，西方某些国家还设有国务部长和不管部长。在法国，国务部长的地位仅次于总理，高于政府其他部长。总统任命国务部长主要考虑到平衡政府内各政党的力量，或照顾前总理或有名望的政治家进入政府。国务部长在部长会议上有较大发言权。国务部长一般分管某一部，其职权由总理建议、行政法院同意、部长会议通过、总统批准的法令规定。英国也设有国务大臣一职，其地位正好与法国国务部长相反，低于一般内阁大臣，属于非阁员大臣之列。英国国务大臣一般只在任务繁重或主管大臣需经常出国活动的政府部门中设立，如外交、内政、国防、财政等部，有的部设两名或两名以上，其地位介于主管大臣和政务次官之间。德国政府部长在“部长自治”原则下，只要本部政策与政府方针保持一致，内阁无权干涉部门内部工作，部长负责监督本部门的工作，在其职权范围内对本部政策规划、政策执行予以指导。

西方各国中央政府各部的设置与政府职能的作用领域和政府职能的性质两者的发展和变化有密切的关联。政府的职能最先主要作用于政治领域，然后扩大到经济领域，后来进

---

① 有的西方学者将政府部长在部门决策和行政管理中的责任称为部长个人责任制，若部长在部门行政管理中严重失误，将可能被免职或主动辞职以承担政治责任。相比之下，内阁集体负责制关注政府政策内容的合适性，部长个人负责制关注的是政府行政管理过程。参见：Jorgen S. Rasmussen & Joel C. Moses. *Major European Governments. 9th ed*. Belmont，California：Wadsworth Publishing Company，1995：186. 还有学者认为，部长个人责任制不仅仅包含部长应对其部门行政管理中的严重失误承担责任，还应该对其个人的品德行为负责，即如果做出违反道德的行为（如出现性丑闻和财政上违法乱纪），就应该引咎辞职。参见：Peter Holmes. *Introducing Politics for AS Level*. Cambridge：Peter Holmes，2008：444.

一步发展到教育科学文化领域以及社会事务领域。随着社会的发展，政府职能逐渐扩大，政府各部机构逐渐增多。从政府职能的性质看，西方国家政府的职能最初只限于政治统治和安全保卫，如最早设置的内政部、财政部、国防部，这也是古典的政府职能。后来，随着政府职能领域扩大，政府职能的性质开始向管理性和服务性转化，政府机构的设置也随之发生变化，增加了一些管理性、服务性的政府职能部门。如英国的环境部、卫生部、贸易和工业部、社会保险部、就业部，美国的住房和城市发展部、卫生与公众服务部、运输部、劳工部、商业部、教育部，法国 20 世纪 70 年代以来设立的环境保护部、青年和体育部、消费部、职业培训部、民族团结部、妇女权利部、城市规划与住房部、就业和互助部等。传统的政治性部门（如内政部、国防部、财政部）也或多或少增加了管理职能。一般说来，现代西方国家政府中的管理、服务性部门多于政治性部门。

为了提高工作效率，西方国家在转变政府职能、增设政府管理性和服务性机构的同时，注意合并和精简政府部门机构。20 世纪 70 年代以来，欧美国家政府的部级机构基本上都减少或保持在 16 个左右。增设新部的情况较少。与此同时，英法两国时常采取将几个部合并为一个“超级部”的做法，即在保证政府职能分工专门化的前提下，将一部管辖范围扩大到原来几个部管辖的范围。如英国在 1970 年将住房和地方政府部、公共建筑和工程部、运输部合并成环境事务部，将贸易部和技术部合并成贸易和工业部，将海外发展部并入外交和联邦事务部等。合并和精简一些政府部门机构，既扩大了政府一些部的管辖范围，又可防止部门机构过于膨胀，有助于统一协调，提高政府机构的工作效率。

英国政府部门的设置　20 世纪 70 年代以来，英国政府各部的数量基本保持在 17～24 个。英国政府网站显示，2020 年鲍里斯·约翰逊政府有 24 个部：总检察长办公室，内阁办公室，住房、社区及地方政府事务部，商业、能源和工业战略部，数字化、文化、媒体和体育部，教育部，环境、食品和乡村事务部，国际发展部，国际贸易部，交通部，就业和养老金部，卫生和社会福利部，外交和联邦事务部，财政部，内政部，国防部，司法部，苏格兰事务部，威尔士事务部，北爱尔兰事务部，上院领袖办公室，下院领袖办公室，苏格兰国务大臣办公室，出口融资和保险办公室。概括起来大致有三种类型：(1) 职能类，如外交和联邦事务部、国防部、内政部、能源和气候变化部、就业和养老金部、教育部、卫生部、交通部等。(2) 地区类，如威尔士事务部、苏格兰事务部、北爱尔兰事务部。(3) 中央经管类，如财政部等。在英国，新设部须议会立法批准。已有的部的合并、撤销、拆散或作其他变动须以枢密院令的形式公布。

美国政府部门的设置　近几十年来，美国联邦政府部门数量保持在 11～15 个。联邦政府部门的设置一般由总统提议，经国会审议批准，并接受国会的监督。美国政府网站显示，2020 年特朗普政府有 15 个联邦政府部门：国务院、财政部、国防部、内政部、司法部、农业部、商务部、劳工部、卫生与公众服务部、住房与城市发展部、运输部、能源部、教育部、退伍军人事务部、国土安全部。

法国政府部门的设置　由于宪法和法律未对政府机构设置数目及名称做出明确规定，因此政府各部的设置和变动完全由总统和总理根据需要自行决定。第五共和国成立以来，虽然各届政府中央各部的数目不尽相同，但大体上保持在 20 个左右。法国政府网站显示，2020 年法国政府部门主要有 16 个部：外交与欧洲事务部，内政部，生态和包容性过渡部，国防部，团结与卫生部，劳工部，司法部，农业与食品部，国民教育与青年部，公共行动与账户部，高等教育、研究与创新部，领土团结和与地方当局关系部，体育部，文化部，经济与财政部，海外事务部。

德国政府部门的设置　《德国基本法》和其他法律未对联邦政府各部的设置做出规定，而是由联邦总理根据宪法授予的组织权，依现实需要自行决定设立政府各部，无须经议会立法或批准。尽管各届政府部门数目有所不同，但整体上保持在14～20个。德国政府网站显示，2020年德国政府主要有14个部：外交部，内政、建设与国土部，司法和消费者保护部，财政部，国防部，经济和能源部，食品和农业部，家庭事务老年人妇女青年部，卫生部，劳工和社会保障部，交通与数字基础设施部，环境自然保护和核能安全部，教育与研究部，经济合作与开发部等。

日本政府部门的设置　二战结束后，日本通过制定《国家行政组织法》规定了内阁领导下的行政机构组织准则，并设立了12个行政省（行政省相当于部的设置）。另外，通过各省厅的设置法，规定了各自的职责。其中12个行政省分别是：外务省（主管国家一切外务事务）、大藏省（主管国家财政、金融和税收）、通商产业省（主管工商企业和国内外贸易）、法务省（主管司法行政事务）、农林水产省（主管农业、林业、渔业和畜牧业）、邮政省（主管国家邮政事业）、文部省（主管国家教育文化事务）、厚生省（主管国家公共卫生和社会福利事务）、建设省（主管国家有关土木建筑等综合行政事务）、运输省（主管国家交通运输业）、劳动省（主管国家劳动保护事务）、自治省（主管地方自治事务）。日本政府网站显示，2020年安倍政府在内阁府下共设置11个省：财务省、总务省、法务省、外务省、文部科学省、厚生劳动省、农林水产省、经济贸易产业省、国土交通旅游省、环境省、防卫省。

俄罗斯政府部门的设置　联邦政府各部由总统设立，总统也有权对其进行改组和调整。1992—1997年，俄罗斯联邦政府经历了4次较大的改组和调整。1997年调整后共有20个部。俄罗斯政府网站显示，2020年普京政府共设有21个部：财政部、外交部、国防部、内政部、工业和贸易部、司法部、交通部、劳动和社会保护部、自然资源与环境部、远东及北极地区发展部、科学与高等教育部、教育部、建设住房和俄罗斯联邦设施部、卫生部、文化部、体育部、数字开发通信与大众传媒部、农业部、能源部、经济发展部、民事防务与紧急救灾部。

3. 政府中的其他机构

西方国家中央行政机关中除设置政府各部外，还设有若干政府直属司、局和委员会等机构。如法国总理直属机构有：计划总署、原子能局、情报部际委员会等。日本首相府设有直属的“三委九厅”。3个委员会是：国家公正交易委员会、国家公安委员会、公害调整委员会。负责研究制定政策，管理并协调某个方面的具体工作。9个厅分别是：宫内厅（负责与天皇有关的国事活动的安排和礼仪事务）、总务厅（对中央各行政机关的机构、人事和行政管理进行综合协调和监督）、防卫厅（领导和管理日本自卫队的防务事务，负责维护国家安全）、经济企划厅（负责研究国家经济政策和制定国家长期经济发展规划）、科学技术厅（负责推进科学技术的发展与应用）、环境厅（负责制定环境保护政策，保护和改善生态环境）、国土厅（负责国土的整治、开发、利用和管理）、北海道和冲绳开发厅。各厅的长官多为内阁大臣，由首相亲自任命。这些直属机构一般依法设置，直接在政府（内阁）领导下掌管政府某一方面的工作。

需要指出的是，美国政府中的独立机构有其独特的形式和职能。独立机构指为了某项目的以国会立法形式设立的、独立于政府内阁级各部的政府机构，其地位仅低于各部。美国独立机构就其作用而言大致可分为两类：一类为行政管理性机构，如美国新闻署、邮政管理总局、国家航空和航天局、中央情报局等；另一类为独立管制机构，如州际贸易委员会、联邦储备委员会、联邦贸易委员会、证券交易委员会、国家劳工关系委员会、环境保护署、消费品安全委员会等。独立管制机构虽本身为行政机构，但在许多方面又不同于行政部门和其他独立机构，主要表现在：(1) 它行使监督和管制私人企业的职能。(2) 它兼有半立法、半司法职能，可在国会委托立法授权下制定规章并进行管理。它受理申诉，举行听证会，做出具有约束力的裁决，如当事者不服，可向联邦法院申诉。对违反其裁决者，它也可向法院控告。(3) 独立管制委员会不实行首长负责制，而实行委员会负责制，委员由总统任命、参议院批准，总统若无正当理由（如玩忽职守、渎职等），不得随意将委员们免职。

四、政府的职权及其责任

1. 政府的职权

西方国家的政府拥有十分广泛的职权，但各国宪法对此规定却简繁有别。许多国家的宪法或未予以明确规定或只有原则性规定。如 1787 年《美利坚合众国宪法》只是抽象地规定行政权属于总统，未提及政府和内阁。英国《宪法》对政府的重要职权也未有明文规定。1958 年法国《宪法》第 20 条规定：政府决定并执行国家的政策，政府掌管行政机构和武装力量。1949 年《德国基本法》第 65 条也只是规定：联邦总理确定政治方针并对其承担政治责任。1947 年《意大利共和国宪法》第 95 条也仅做原则性规定：内阁总理指导政府的总政策并对其负责。也有一些国家的宪法对政府的职权予以明确而比较详细的规定。如日本《宪法》第 73 条规定：政府（内阁）负责执行法律，处理外交关系，缔结条约，掌管官吏的事务，编造并向国会提出预算，制定政令以及决定大赦、特赦、减刑和刑法免除等。俄罗斯 1993 年《宪法》第 114 和 115 条共 10 款对联邦政府的职权也做了比较详细的规定。

从西方国家各国政府的实践和权力分立与制衡的视角看：一方面，政府（行政部门）的职权主要是行使行政权，即执行和维护宪法和法律，按照宪法和法律的要求，使宪法和法律的原则和精神在全国范围内得以贯彻和实施；另一方面，政府在主要行使行政权的同时，也具有制约和监督立法和司法的权力。由此综合起来，政府的职权体现在以下几个主要方面：

(1) 为实施宪法和法律而制定法规、条例，或发布指示和命令的权力（又叫“行政立法权”）。中央政府为落实立法机关制定的法律原则，可受立法机关的委托制定某项法律的实施细则（又叫“委托立法权”），或在不与原有法律冲突的前提下制定与该法律效力相等的行政法规或条例以补充法律的不足。

(2) 制定和执行政策的权力（可称为“行政决策权”）。为贯彻和执行法律，政府有权制定有关的方针、路线和政策方案，有权采取必要的措施保证法律得以忠实地贯彻和执行。

（3）掌管军队、警察和监狱，对外捍卫国家安全，对内维持社会秩序（可称为“行政领导权”）。政府掌管国家武力和暴力机器，是政府执行宪法和法律的必要手段和根本保证。

（4）掌管行政机构。负责人事任命和人事管理，进行行政领导和行政监督，这是政府执行宪法和法律在人员、机构和组织上的保证（可称为“官僚领导权”）。如前所述，西方国家的元首或政府首脑都拥有广泛的人事任命和人事管理权。此外，中央政府作为国家行政管理的最高机关，有权领导和监督政府各级行政机构的权力。

（5）参与立法，行使政府对立法的监督和制约权（可称为“行政监督权”）。在议会内阁制国家，政府可通过立法创议权向议会提出法律草案；内阁还利用占据议会多数席位的优势，主导立法过程。在总统制国家，政府可通过总统国情咨文或行政公函等形式向国会提出立法建议，总统还有权否决或延缓公布国会通过的法案（又叫“立法否决权”或“立法搁置权”）。

（6）编制国民经济预算并向议会提出财政预算案，广泛调节和干预经济事务（可称为“经济管理权”）。政府有权制定并保障实施统一的金融、信贷、货币等经济政策；有权采取必要手段对国民经济的生产、流通、分配和消费等环节进行调节和干预，以协调社会各阶层的经济利益，维护经济秩序，促进经济发展。

（7）主管国家文化、教育、卫生、社会福利等方面的事务（可称为“社会管理权”）。政府有权对国家教育、科学、文化、社会福利、社会保障、环境保护等社会事务进行管理和监督，并提供相应的社会服务，促进社会全面协调地发展。

（8）处理与其他国家或地区的外交关系，开展对外政治、经济、文化等方面的活动（可称为“外交管理权”）。政府有权制定国家的对外政策和处理对外事务。国家元首或政府首脑代表国家派遣和接见外交使节，缔结外交条约，对外宣战媾和，参加国家组织和国际会议等。

（9）司法行政权。如政府任命法院的法官，宣布大赦、特赦或减刑等，在总统制国家由总统行使，在议会制或其他政府制度的国家由国家元首根据内阁或政府首脑的决定行使。此外，政府还参与国际司法协助活动，以及以国家名义参与刑事诉讼和民事诉讼等。

（10）其他方面的职权，如授予荣誉职务和称号（礼仪领导），根据选举法组织选举工作（民众领导）等。

应该指出，由于西方各国对分权原则的理解和实践不同，各国国家权力的分配也不一致，各国元首的地位和权力以及元首同内阁的关系均有所差别，因此各国政府职权的大小和范围也都各有特点。不仅如此，在不同的历史时期和不同的发展阶段，各国政府面临的国内外环境不同，客观形势对政府发挥多大作用的需求不同，政府的职权大小和作用的范围也有所变化和发展。从政府与公民和社会的关系来看，西方国家政府的职权经历了从政治统治到社会管理再到社会服务这一扩大和发展的过程。

在自由资本主义阶段，在私有财产神圣不可侵犯的政治信念和自由市场自由竞争法则的支配下，西方国家认为“管得最少的政府才是最好的政府”。政府的职权范围比较狭小，主要限于管理国家财政、警察、外交和军事等事务，政府只起着维持政治统治秩序和社会秩序的“守夜人”的作用。

19世纪末20世纪初，自由资本主义发展到垄断资本主义阶段，西方国家的政府开始对国家经济、文化、教育、科技、卫生等领域进行广泛的干预和调节。随着政府职能的重心从政治领域扩大到经济和科教文卫等社会领域，政府不仅充当国家和社会的“守夜人”，而且也成为负责国家和社会日常事务管理的“总管家”。政府对国家和社会事务的管理和调节主要体现在：(1) 通过在中央政府机构中设置科技部、教育和科学部、科技政策办公室或科学技术厅等政府直属机构，制定国家科技政策和发展规划，由国家拨款和资助科学研究和技术创新，促进科技的发展。(2) 通过国有化和举办公用事业或国有企业等措施，满足经济发展对交通、邮电、能源及其他基础设施的需求，为国民经济平衡协调地发展提供有利条件。(3) 加强政府对经济直接而广泛的干预和调节。如通过信贷、税收、津贴等政策，协调国民经济各部门、各企业之间的关系，改善国家或地区的经济结构；通过“计划化”改变社会生产无政府状态，改善资本再生产条件；通过冻结工资、停产停业等措施，减轻经济危机的深度。

20世纪中叶即二战后，西方资本主义生产进一步发展，反对种族和性别歧视、反贫困等社会政治民主化运动空前高涨，以系统论、信息论和控制论为核心的新科技革命为政府提供了便捷的管理手段和方法，西方国家政府的职能开始从政治统治和社会管理进一步向服务性职能转变。政府的职权得到进一步加强，其作用范围更加广泛。在国内层面，政府开始通过社会保险、失业救济、医疗保健、家庭补助、养老金发放等社会福利政策，以及提供住房建筑、加强环境保护、提供灾害预警、气象预报、开展教育文化活动、建立“电子政府”、推行电子政务等一系列的措施，为社会各阶层团体和公民个人提供各种社会服务和设施。在国际层面，政府通过关税和贸易政策，大力支持本国垄断资本参加世界市场竞争，推动本国资本国际化；通过建立和加入国际经贸组织（如世界贸易组织、国际货币基金组织、世界银行、经济合作与发展组织等）和地区性国家集团（如欧洲联盟等），对国际经贸关系和地区性经济进行国际干预和调节，促进本国经济更好地融入世界经济进程；通过元首或首脑外交、经济外交等手段，为本国资本扩张和资本国际合作牵线搭桥，在全球经济一体化进程中发挥为本国经济提供信息沟通、政策支持、协调服务以及安全保障等方面的作用。

2. 政府的责任

政府的责任是指政府对其施政方针、政策及其措施向谁负责的问题。通过建立在分权与制衡基础上的宪法制度对政府的责任予以规范和制约，是现代西方民主政治区别于古代和近代专制和暴政的重要特征之一。专制和暴政下的政府是不负责任的，人权遭到肆意践踏或不受尊重，暴力被当作消灭政治敌人的手段，独裁者和暴君不受宪法的制约，只受到现实政治条件和自身能力的限制。现代西方国家通过建立体现“主权在民”原则的代议制以及与之相适应的普选制和政党制，确立了政府通过议会选举或总统选举产生，通过政党竞争行使权力，向选民或议会负责的政府问责制度。具体而言，政府的责任大体可以分为政治责任、法律责任和道德伦理责任。其中政治责任一般要求政府及其官员代表人民的意志，经过人民的授权和同意，代表多数国民治理国家，为广大国民的利益服务，实现民治、民有、民享的政治目标；法律责任则要求政府及官员的产生、政府及官员的言行都必须在宪法和法律范围内依照法定程序进行，不能置于法律之上，政府必须依法执政，政府犯法必须同样接受法律的制裁；道德伦理责任一般要求政府及官员拥有较高的廉洁奉公、公平施政、执政为民的政治思想境界和行为自律品质。本书主要探讨的是西方国家宪法制度构架下的政府责任。西方不同政体的国家，由于政府与其他国家权力机构的关系不尽相同，政府的责任亦有所区别。

在议会制（责任内阁制）国家，政府的责任通常表现为：(1) 内阁全体成员必须就政府总政策及各部的具体政策向议会负政治责任。政府要接受议会的质询，避而不答就是不负责任。内阁若失去议会的信任，或者集体辞职，或者提请国家元首解散议会、重新大选以决定内阁的去留。(2) 内阁部长（大臣）必须向首相或总理负责，部长之间也要负连带责任，彼此相互支持，对外一致行动，否则就是不负责任，就得辞职或被免职。(3) 部长（大臣）对国家元首的行政行为负责。元首发布命令，必须经主管部长（大臣）或总理（首相）的副署才能产生法律效力。

在总统制国家，政府的责任具有以下特点：(1) 政府（内阁）一般不是集体决策机构，政府部长无须就政府的总政策对国会负责，只就本部门的事务对总统负责，部长必须与总统在政治上保持一致，否则辞职或被免职。(2) 总统（作为政府首脑）一般不是由国会而是由选民（或选举人团）选举产生，总统不直接对国会负责，而只对宪法和选民负直接政治责任。在实际生活中，选民除了在总统选举中可通过直接投票以支持或否决的方式制约和监督总统外，在总统任内的大部分时间内，由于缺乏其他监督总统的具体而切实有效的监督保障制度，比较难以对总统进行有效制约和监督。

在半总统制半议会制（混合制）国家，政府的责任则兼有议会内阁制政府责任和总统制政府责任的特点：(1) 政府总理形式上代表政府向议会负政治责任，内阁若失去议会的信任，或者集体辞职，或者提请国家元首解散议会、重新大选以决定内阁的去留。(2) 内阁部长（大臣）必须向政府总理负责，部长之间也要负连带责任，彼此相互支持，对外一致行动，否则就是不负责任，就得辞职或被免职。(3) 政府总理及内阁全体成员必须就政府总政策及各部的具体政策向总统负责，确保总统制定的方针和政策得到忠实贯彻和执行。(4) 总统（作为实质上的政府首脑）一般不是由国会而是由选民选举产生，总统不直接对国会负责，而只对宪法和选民负直接政治责任。

五、政府的决策

1. 政府的决策形式

从西方各国宪法规定看，政府的政策形式上是由政府首脑通过中央政府各决策机构制定的。在议会内阁制国家，根据政府集体向议会负责的原则，内阁会议成为政府集体讨论并做出决策的主要场所，政府的法律草案、预算草案、行政法规、内外政策和人事任免等重大方针和政策都应在内阁会议上决定，内阁制定和执行政策受到议会的制约或须对议会负责。实际上，在西方大多数议会内阁制国家，随着需要政府处理的事务及其紧迫性的增加，内阁委员会开始出现并发展迅速，成为内阁真正的决策中心，内阁会议现在主要成为了一种仲裁机构而非决策机构。

英国政府的决策形式 （1）内阁会议。英国政府重大的决策一般通过内阁会议讨论决定。内阁会议由首相主持，全体阁员参加，在讨论与某一部门相关的问题时，有时也邀请该部门的非阁员大臣参加。会议的决议一般以首相的意见为准，当会议成员对所讨论的问题意见不一致时，举行投票，但最后结果并不依投票结果而定。每周一次的内阁会议时长很少超过一个半小时，会上通常由阁员汇报工作，相互交流思想，很少涉及具体决策，传统、自我克制和对外保密。内阁会议通常蒙有一层神秘色彩。内阁会议上做出的决策也只是政府决策中的很少一部分，大部分决策是通过内阁下属的内阁委员会做出的。（2）内阁委员会。目前内阁设有25个常设委员会，每个内阁委员会下设若干小组委员会。内阁委员会成员几乎全部由内阁成员兼任，首相兼任若干内阁委员会主席，亲自参与并领导内政外交重大问题的审议和决策过程。内阁委员会会议主要审议和决定需要政府集体负责的大政方针或对公众有重大影响的问题，以及各部之间有争议的问题。内阁委员会实行集体决策和集体负责制原则，内阁成员可在会议上自由坦率地发表意见，但一旦委员会做出决定，必须一致对外。内阁委员会在英国政府决策体制中处于十分重要的地位，承担着政府大部分决策的任务，大大减轻了内阁会议的工作量，也提高了决策的专业化水平。在首相领导的内阁委员会中，首相可在直接听取各方意见的基础上做出决定，由此使个人决策集中但又不至于个人独裁。在其他内阁委员会中，代表各有关部门利益的内阁大臣可从不同角度提出和审议问题，既有利于集思广益，又可相互制约，使政府决策权分而不散。（3）在内阁委员会之外，英国政府还经常根据需要设立若干不对外公开的小型的与特殊政策相关的特别委员会，负责处理某些具体的问题以及协调内阁与有关政府部门间的关系。如1992年梅杰政府成立了公共开支问题部长委员会以解决各部门因资金分配问题而产生的矛盾。

德国政府的决策形式 内阁会议是联邦政府的最高决策机构，会议由联邦总理和各部部长参加，总理主持（总理缺席时由副总理主持）。内阁会议实行集体议决、集体负责原则，会议必须有半数部长出席时才能做出决议；会上意见不一致时，由多数说了算；在某些重要方面如财政事务上，总理和财政部长拥有决定权；[①] 内阁决议一经通过，所有阁员必须遵守，不同意见可以保留。然而，每周一次的内阁例会做出的决策毕竟有限，大部分重要决策是通过若干内阁委员会做出的。内阁委员会均由联邦总理任主席，主管部长任副主席。依《德国基本法》规定，联邦政府的政府方针由联邦总理制定。在政府方针范围内，联邦各部部长可独立地负责领导各自主管的部门。联邦各部部长之间出现意见分歧，不是由联邦总理一人说了算，而是由联邦政府裁定。这就是德国联邦政府决策的三原则：总理原则、部门原则和集体原则。联邦总理根据联邦政府通过并经联邦总统批准的业务规则领导各部门的工作。有学者认为，德国内阁不像英国"干活内阁"那样公开讨论、辩论和最后决定政府政策，其作用主要限于对政府政策的总方针进行约束，与其说是内阁做出决定，不如说是内阁通过决定，内阁更像是一个经理委员会而不是一个政策制定机构。[②]

美国政府的决策形式 美国是实行总统内阁制的国家，理论上说，由于实行行政首长

---

① Jorgen S. Rasmussen & Joel C. Moses. *Major European Governments*. *9th ed*. Belmont, California: Wadsworth Publishing Company, 1995: 450.

② David P. Conradt. *The German Polity*. *5th ed*. London: Longman Publishing Group, 1993: 148.

负责制而非集体负责制，内阁只是总统的咨询机构，内阁会议主要是讨论总统的顾问和部长们提出的各种观点和建议，最后由总统一人说了算。总统任命内阁部长常常是基于政治性考虑因素，而任命白宫工作班子成员却更多考虑个人忠诚和专业才能。总统决策时更多是求助于白宫班子中具有特殊经验的专家和顾问，而非内阁会议。因此，政府的决策从形式上不同于议会制国家的内阁会议和内阁委员会。

法国政府的决策形式　法国是实行半总统制半议会制政体的国家，中央政府的决策机构由部长会议和内阁会议组成。部长会议是政府的最高决策机构，由总统主持，总理和全体部长参加，主要负责讨论国内外重大问题，讨论和通过向议会提出的条约和法律草案，批准限制性部长会议或部际委员会通过的文件，通过高级官员的任命等。在部长会议上，总统和与会者听取有关部长就某一问题的汇报并进行讨论。总理做总结性发言，最后由总统决定。限制性部长会议由总统主持，有关部长参加，讨论特定的技术性较强的问题，经常为部长会议准备文件。部际委员会由总理或总理指定的部长主持，有关的部长、国务秘书、专家等参加，是为解决专门问题而成立的常设机构。内阁会议由总理主持，部长和国务秘书参加，内阁会议的决定必须经部长会议批准方能生效。

2. 政府的决策过程

在西方国家政治实践中，政府的决策过程远比政府的决策形式复杂。直接影响和参与政治决策的人显然不只是那些形式上的决策者，即法律规定的决策者，决策是各种政治主体和政治关系相互作用的结果。然而，由于西方各国不同的政权组织结构、不同的政治决策环境和政治文化，存在不同情境下的政治决策与不同性质的政治决策等变量因素，谁是政治决策的直接影响者和参与者、决策者采用什么样的方式和手段决策、决策的结果和影响如何，对此西方政治学者有不同的看法和认识。

(1) 在谁来决策或谁掌握决策权的问题上，主要存在精英主义、多元主义、多元精英主义三种主要决策分析理论。

精英主义者认为，任何社会都存在着统治者和被统治者两大阶级，统治阶级是极少数，他们垄断着政治权力，是社会中最杰出的优秀分子（他们被称为“社会精英”、“政治精英”或“权力精英”）。社会精英分为两个阶层：一个阶层由处于社会最高地位并握有极大权力的极少数人组成，他们制定和颁布政策，掌握重大政治决策权；另一个阶层则是前者的支持基础和后备力量。政治精英制定国家和社会的重大决策，并实施某些关键性的决策。由政治精英组成的政治寡头通过政治党派和其他政治组织控制政治系统和社会系统，这是“铁一般的规律”。①

由于西方国家政治结构的多元性和政府决策过程的复杂性，政府决策实际上不仅仅是少数政治精英的产物，政府决策过程的寡头模式不见得适应于所有政府决策。因此，多元主义政治观从另一个方面阐述了政府决策过程。

多元主义者认为，现实生活中国家主权不是一元而是多元的，国家主权的多元性就是国家权力的有限性。任何社会团体都只是在某些特定的领域才有决定权，没有一个集团能够在每个问题上永远为所欲为，国家也不例外。国家只是一部消极的机器，它反映社会各

---

① 俞可平. 权利政治与公益政治. 北京：社会科学文献出版社，2003：187-200.

利益集团之间力量的平衡。国家的主要作用就是接受来自各利益团体的种种压力性的要求，并使之转换成政府的政策输出。因此，国家不可能垄断全部政治决策权，政府决策不可能永远是铁板一块的社会少数政治精英权力垄断的产物，而是各种政治力量相互作用的结果。① 美国是一个多元化的社会，美国并不只是由单一的精英统治，而是由众多专门的、竞争性的集团统治，这些有影响力的集团的成员根据时代和问题的不同而不同。政府决策是各种利益集团讨价还价的结果。

尽管精英主义和多元主义决策分析理论所描绘的政府决策过程都含有现实的成分，但都不能用来解释所有的政府决策过程。因此，多元精英主义决策分析理论认为，"纯粹的精英主义者把社会看作一个单一的金字塔，其顶部是一小撮精英，纯粹的多元主义者把社会看作是互相碰撞的台球的集合，它们与政府的撞击产生政策。这些观点都过于夸张。一个更准确地反映现实的综合也许是一系列的金字塔，每个塔的顶部都是一个精英集团；或者是一个小行星的集合，每个行星的北极都有一座巨大的山峰，其顶端是一个精英集团。在那里，各个单位之间相互作用，正如多元主义者认为的那样；但那里也的确划分了领导者和追随者，就像精英主义者认为的那样"。② 这种"多元精英"（plural elites）模型（叫"多头政治"或"组合政治"）试图综合精英主义和多元主义模型的部分观点。它可以解释政府决策过程的某些方面，但也不是全部。

（2）在政治决策者采用何种方式和手段进行决策的问题上，主要存在理性主义和渐进主义两种分析理论和模式。

理性主义决策分析理论认为，政府决策过程中决策者掌握充分的情报与信息，利用严谨而周密的科学分析方法，权衡各种决策方案的利弊，确定理想方案，然后选择最有效的手段达到理想的最佳目标。因此，一个完整的政策制定过程包括：提出问题和政策构想；拟订各种可供选择的政策方案；制定政策；执行政策和信息反馈；评价和修改政策，产生新的政策。换句话说，政府决策者首先考虑决策目标，然后才是决策手段；一个好的政策就是最符合理想目标的政策；决策分析过程全面且考虑所有选择的结果；科学分析成为决策的核心。有些西方学者认为，20 世纪欧洲福利国家的建立，从福利国家所覆盖的公共养老金、失业救济、医疗照顾、教育和个人收入保障等系统性来看，它是一个单一的理性计划的结果，而建筑这座大厦的政治家和政府官僚们的确使其工作构成了现代社会进步和发展的一部分。因此，在福利国家"工程"中，无疑有战略性的理性成分。③

理性主义决策分析模式的局限性在于：其一，该模式更适合于个人而非团体，前者的偏好或许条理分明而有序，而后者的各种目标却可能相互冲突。其二，在实践中，决定经常是根据不充分甚至有时不准确的信息做出的，各种行动的收益在任何情况下都可能是不可比的，因此，能否选择最有效的手段达到理想的最佳目标是令人怀疑的。其三，这种分析理论忽视了认知的作用，即有关现实的信仰和假定（而非现实本身）在多大程度上对决策行为构成影响。

---

① 俞可平. 权利政治与公益政治. 北京：社会科学文献出版社，2003：201-214.

② 罗斯金，等. 政治科学. 北京：华夏出版社，2001：95-97.

③ Rod Hague, Martin Harrop & Shuan Breslin. *Comparative Government and Politics*. *4th ed*. London: Macmillan Press Ltd, 1998: 255-257.

渐进主义决策分析理论认为，由于决策者受到个人知识能力、客观复杂对象和价值体系的限制，决策过程中决策者无法获得决策所需的大量完整而准确的情报信息，即使获得也没有足够的才智正确处理它们，任何决策者也不可能考虑好政府决策对整个政治系统产生的深远而复杂的影响。因此，政府决策者的理性成分相当有限，在决策过程中理性也不是主要因素。换句话说，政府在决策过程中既要考虑目标也要考虑实现目标的手段；好的政策是主要政策参与者都同意和接受的政策；决策分析是有选择的，决策目标旨在制定比较好的而非最好的政策。因此，政府决策是各党派、利益团体和垄断资本集团相互斗争和妥协的结果。[①] 有的西方学者认为，20 世纪欧洲福利国家初看似乎是政治精英理性决策的产物，但从福利国家发展的各个具体阶段看，它是渐进的、逐步使更多的人口比例受惠的政策的结果。[②]

然而，渐进主义决策分析理论并不能解释所有领域的政府决策过程，其代表人物林德布洛姆也承认，这种分析理论偏重于那些从既成体制中受益最多的人（尤其是大公司）的利益优势。更重要的是，它注重现有问题而非着力于避免将来要出现的问题，按照这种理论，政府决策更多是补救性的而非创新性的。现实生活中，正是由于人类对工业给环境造成的长期而累积性的影响缺乏考虑，才使生态灾害的威胁逐渐加大。渐进主义决策分析理论在这类复杂的全球性问题面前就显得无能为力。

（3）影响政府决策的组织结构因素。理性主义决策分析理论和渐进主义决策分析理论基本上属于“黑箱”决策理论，没有注意到决策过程的组织结构对最终决策的影响。有西方学者就此提出了组织过程模式或官僚政治模式，试图通过凸显过程影响结果的程度，探讨决策过程中组织结构对决策的影响。

组织过程模式凸显了任何大型组织中都存在的价值、假定和惯常行为模式对政策决定的影响，认为决策并不是对理性分析和客观评估的反映，而是反映了政府部门或机构的根深蒂固的文化。官僚政治模式则强调追求不同认知利益的人员和机构之间讨价还价对决策的影响，这种取向拒斥了那种认为国家乃团结在一种观点或利益周围的统一整体的说法，指出决策是在优势平衡不断变化的竞争舞台上形成的。这两种模式的价值在于引起人们对决策过程中组织结构的重视和关注，但也有其局限性：过于强调组织结构在决策中的作用，从而忽略了政治领袖个人在决策中的作用；认为决策者的观点决定于其自身位置和所处的组织结构的利益，夸大了“屁股决定脑袋”的作用，忽视了个人信仰和目标在决策中的作用；纯粹以“黑箱”来解释决策过程，则容易忽视经济、政治和意识形态环境所产生的外部影响力。因此，信仰体系模式理论则试图弥补这一缺陷。

信仰体系模式理论强调信仰和意识形态在决策中的作用，彰显出行动在很大程度上由认知决定，认为人们所见及对事物的理解，在某种程度上是其观念和价值容许或鼓励他们那样看和理解。虽然决策者相信自己是理性、缜密和严格公正的，但社会和政治价值则可能是个强大的过滤器，将限定其思想言行。因此，某些信息和选项不被决策者看重甚至不被考虑，而某些信息和建议则在决策中占有突出的位置。

---

① 俞可平. 权利政治与公益政治. 北京：社会科学文献出版社，2003：78-84.

② Rod Hague, Martin Harrop & Shuan Breslin. *Comparative Government and Politics*. *4th ed*. London: Macmillan Press Ltd, 1998: 257-258.

（4）政府决策的程序性和阶段性。政府决策看似是一个做出决定的行为，实际上包含提出问题、确定目标、草拟解决问题的方案、选择最佳或最可行的方案、将政策付诸实施、评估实施效果、调整政策、开始新一轮政策制定程序等复杂的过程。概括来说，主要包括政策创始、政策制定、政策实施和政策评估等四个主要程序或阶段。

政策创始（policy initiation）阶段 实际政治生活中，政策几乎可能源自政治体系的任何一个部门，政策建议既可以自上而下地提出（出自政府领导人、内阁和政府机构等），也可以自下而上地提出（通过公共舆论、大众传媒、政党、利益集团和思想库等类似机制传递压力）。前者在中央集权的权力结构或精英决策体制下比较多见，后者在权力分散或多元民主决策体制下比较多见。有西方学者认为，政治领导人很少是理念的原创者，也很少是真正政策创新的源头。在当今时代，“核心”价值和理论是由那些似乎与现实政治世界没有直接关联的作家、学者和哲学家发展而来的，二战后初期西方发达国家的多数经济政策都出自凯恩斯经济思想，以限制国家干预、减税、削减福利开支等为目标的新右派政策则源自哈耶克和弗里德曼的著作。[①] 在自下而上地提出政策议题中，“事件”往往成为政策议题提出的决定因素，这些事件可能包括罢工、暴乱、自然灾害、股市崩盘、国际上发生的重大事件等等。定期和竞争性选举制度往往能迫使政治领导人提出人民关切与期待的政策方案，公共舆论在此过程中发挥着重要的推动作用。大众传媒通过对公众所获得的信息做出选择并排列优先次序来设定政策辩论的议程。反对党或在野党通过批评执政党政府的政策以及提出替代性政策的方式影响议程设定过程，利益集团或压力集团通过表达多层社会团体及阶层的不满和忧虑，对政府施压以制定或修改有关政策以促进其目标和理想的实现。

政策制定（policy formulation）阶段 一般而言，在确定议题后，接下来是拟订解决目标的初步方案，并对各种方案进行筛选。具体包括：决定哪些政治行为者应该参与此项政策分析和讨论，通过何种程序进行政策分析和讨论，以及对议题进行界定和预测，从而拟订各种可供选择的政策方案，最后对政策选项进行分析和审核，选出最佳或较好的选项。应该看到，政策制定是采取咨商还是强制方式，是做长期规划还是或多或少地以日常方式对事件做出反应，不同国家因为政治体制和决策体制的差异而各有特点。有学者认为，瑞典和日本大致可以归入偏向咨询和长期计划政策风格的国家，因为两国都建立了以广泛一致的政策目标和优先性为方向的复杂而正式化的团体咨商制度。[②] 美国由于联邦制下的分权结构，难以达成政策决定所需要的高度的政策共识，因而几乎拒绝考虑长期计划，往往形成一种反应性的“消防队”式的政策风格。英国政府的政策制定则显示出随着时间的推移而发生变化的特点。在撒切尔政府时期，英国形成了一套比较明确的政策目标即自由经济加强大国家，政策制定显示出强烈的首相集权特点；到梅杰政府时期，则形成了一种更加集体性和共识性的领导风格，内阁咨商再次受到重视；而布莱尔政府时期，则坚持集权化领导，倚重专门顾问和与大臣的双边会议，弱化内阁在政策制定中的作用。与政策创始阶段不同，政策制定阶段通常限于政府机构成员和少数接受政府咨

① 海伍德．政治学．北京：中国人民大学出版社，2006：472.

② 同①475.

询的“圈内者”，这使得人数有限而相对封闭的政策制定过程饱受批评。有的指责公务员利用其政策顾问角色及政治决策官员“业余”素质的弱点对后者施加了不适当的政治影响力，政策往往反映职业文官的仕途利益；有的指责高级公务员的社会及教育背景使其倾向于怀疑和漠视激进的政策选择，结果是政策决定于强势阶层利益而不是普遍的公共利益。

政策实施（policy implementation）阶段 一般而言，政策实施阶段意味着政治决策官员将做出的决策交给下层公务员付诸实施或执行。理想意义上的政策实施需要满足集中控制的统一行政体系、贯穿整个体系的统一的规范和规则、绝对的服从和控制、完全的信息、完美的政治沟通与健全的合作、足够的动员行政资源的时间等条件。实际政治生活中，实现上述其中任意一项条件都不容易，要实现上述所有条件更是难上加难。政策实施者（如公务员、教师、医生、警察等）对什么行得通、什么行不通往往比政策制定者们有更现实的了解，政策实施过程中往往需要给实施者一定程度的自由裁量权和灵活性；而自由裁量权和灵活性也有可能导致政策实施者用它来保护其仕途和职业利益或以权谋私。更加值得注意的是，由于政府通常处于市场机制之外，政府常常是公共产品的垄断性供应者，结果经常导致不良的政策实施效果，尤其是在提供公共服务方面。因为与私人企业不同，政府政策的实施者们无须使消费者满意。鉴于此，西方新公共管理理论主张允许私人机构通过私有化、“外包”和“市场实验”承担起提供服务的更大责任，主张采用绩效指标使公共服务具有一套验收标准，通过模仿市场竞争来惩处不达标者。这种理论在英国、美国、新西兰和北欧国家广为流行。也有学者指出，新公共管理理论过于关注削减成本和减税而牺牲了责任和公共服务的精神。

政策评估（policy evaluation）阶段 这是政策过程的最后阶段，即就政策的实施效率和效果对政策进行是否维持、修正或终止做出决定，评估获得的信息可以反馈到政策创始阶段，由此开始新一轮政策周期。政策评估有助于产生新的政策建议，有助于细化和改进现有政策，使政策制定和实施程序更加清晰。20 世纪 60 年代以来，西方国家对政策评估的兴趣更加浓厚，学者们以经验研究方式考察政府在法律、税收和计划等方面决策的影响。在实际政治生活中，决策的结果与政策创始者或制定者的初衷大相径庭的例子不胜枚举，如旨在降低贫困和扩大公民政治参与的福利政策却漠视了中产阶级的利益，导致依赖福利的下层阶级的增长；1997 年英国布莱尔政府收取大学生学费以准备扩大高等教育的政策，却限制了家境不好的学生接受大学教育。这些问题引起了人们对政府决策过程公开以及政府公共责任的关注。

总之，广义上西方国家政府的决策过程是一个参与者成分复杂且充满诸多变量的系统工程。从决策者身份看，政府只是宪法和法律形式上的直接决策者，而参与和影响政策制定的还有其他各种政治力量和社会角色，如企业界、金融界、法律界、基金会、大学、新闻界、文化机构以及民间组织（妇女、种族、民族团体、工会）等。从决策情势看，正常和平时期的决策与危机时期的决策、公开决策与秘密决策、大型机构和团体决策与小型团体与组织决策，都影响着决策的过程。从决策性质看，政治性决策、经济性决策、安全军事性决策、文化教育类决策、长远性决策与短期性决策等等，都将使决策过程呈现出不同的特点。从决策者采用的决策方法看，既有借助官方决策机制的正式决策方式，也有借重个人亲信和顾问班子的非正式决策方式；既有偏重科学理性主义的决策方法，也有注重经验主义和渐进主义的决策方法；在更多情况下，或许是两者并用或两者不同比例地搭配使用。决策过程中的组织结构和官僚政治因素显然是影响决策制定的不可忽视的因素。此外，不同国家相异的政治文化传统、政治制度结构、国际国内环境、决策者的个性心理特征等，都深刻地影响着各国政府的决策过程，并使其各具特色。值得注意的是，随着西方各国国内政治结构多元化的发展和全球一体化进程的加快，政府的决策过程日益突显出影响决策的各种因素的相互渗透性和相互依存性，政府的决策常常是调和各种利益和矛盾、寻求妥协的产物。

第三节　公务员制度①

如前所述，西方国家的行政制度从政治过程看包括以国家元首制度和中央政府制度为主要内容的政策制定层面和以公务员制度为主要内容的政策执行层面。从政治主体看，西方国家的行政制度则包括了通过政治任命产生的政务类官员（政府首脑和中央政府各部部长），以及通过公开考试择优选拔产生的事务类官员（职业性公务员）。政务类官员或政治任命官员一般经过议会或总统选举产生或由政府首脑按照政党政治原则依一定程序任命产生，它形式上体现出政府决策官员与政党选举共进退的民主代表性，以及政府决策通过政府内阁向议会负责或由总统向选民负责的政治责任原则。事务类官员（职业性公务员）由公开考试根据其专业技术才能择优选拔产生，除非重大过失可终身任职，不与政党共进退，形式上体现了政府政策执行者的公平性、知识专业性、绩效性和稳定性。将政治任命官员的政治代表性、政治责任性与职业公务员的公平性、知识专业性、绩效性和稳定性相结合，是西方国家行政制度的一个重要特征。由于篇幅所限，本节主要探讨西方国家公务员及公务员制度的基本概念、各国公务员制度的立法状况，西方国家公务员制度的基本特点及局限性。

一、西方国家的公务员与公务员制度

“公务员”（civil servant）一词，在不同的国家有不同的称谓。在英美和英联邦国家以及一些脱离英国殖民地统治而独立的国家（如印度、巴基斯坦等），公务员称“文官”；在法国和瑞士等国，称“公务员”或“公职人员”；在德国，称“联邦公务员”；

① 欧美政治学者一般将公务员制度置于政府行政部门的官僚制（bureaucracy）分析框架中。官僚制有多重含义，政治学者认为它指由职业行政官员担任主要行政职务的政府管理体制；社会学者则认为指一种特殊的组织形态，是一种在企业、工会、政党和事业单位广泛存在的行政管理体制；经济学家则认为指一种特殊的公共组织，通过税收体制获取资金，不受制于利润驱动，不回应市场压力。欧美政治学者通常把官僚制称作公务员制度（civil service），认为官僚制“语义上是指官员的统治，更准确地说就是指雇用任命的公共官员进行公共管理的组织体制”。值得注意的是，“对官僚制的研究传统上聚焦于在中央各部门工作的长期受薪官员，这些精英官员及其所占据的政府部门显然仍很重要，官僚制有时就是指他们。然而，人们越来越关注更广泛的治理：公共项目越来越多地被外包给半独立机构、地方政府、非政府组织和私人企业。我们在这里把官僚制视为一种公共网络，而其他人则称之为公共行政或公共管理，以示在更广泛的意义上研究公共部门”。参见：Rod Hague，Martin Harrop & John McCormic. *Comparative Government and Politics*. *10th ed*. Palgrave：Macmillan Press Ltd.，2016：163.

日本在二战前称“文官”，二战后改称“公务员”。一般说来，人们越来越普遍地使用“公务员”。

公务员的含义和范围在西方各国不尽一致。在英国，公务员是指在中央政府行政各部任职的常任官员（上至常务次官，下至清洁工），不包括政务官（各部大臣、国务大臣、政务次官等）、企事业文职人员、地方自治人员和法官。美国政府行政部门的官员统称为“公务员”，包括部长、副部长、助理部长、独立机构的长官等政治任命官员和行政部门的其他文职人员。国会议员及其雇用的职员、法官均不在文官之列。美国有时把除政治任命的高级官员以外的政府行政部门所有文职人员称为“职业文官”，其范围与英国的常任公务员基本相同。在法国，国家机关工作人员统称为“公务员”，分两大类：一类是不适用公务员法的公务员，如审判官、议会工作人员、军事人员、国家工商管理部门的人员、工商业性质的公用事业和公益机构的人员、市乡（镇）村公职人员等；另一类是适用公务员法的公务员，如中央各机关从事国家管理事务的常任人员，其范围大致与英国常任文官相同。德国的公务员也分为两类：一类是特别职位的公务员，即不适用公务员法的官员，如内阁总理、国务委员、部长等；另一类是一般职位公务员，即适用公务员法的官员，其范围大体与英国的常任文官相当。二战后日本有关公务员的法律将公务员分为两种：一种是国家公务员，指在中央政府机关、国会、法院、国立学校和医院及国营企事业单位等供职的所有人员；另一种是地方公务员，指在地方政府行政、立法、司法机构和地方政府经营的企事业单位工作的人员。国家公务员和地方公务员又有一般职和特别职之分。特别职公务员的任免有特别规定，如议员须经选举产生，总理和大臣都有特定的任免程序，法官也是如此。一般职公务员，包括上至事务次官，下至各官厅的清洁工在内的所有文职人员，大体类似于英国的常任文官。俄罗斯根据 1995 年叶利钦总统签署的《俄罗斯联邦国家公务员原则法》，将履行国家机关的公职职责、由联邦预算或相应联邦主体预算支付工资的俄罗斯公民，称为国家公务员。

公务员制度，是指有关公务员考试、录用、考核、奖惩、待遇、培训、晋升、调动、解职、退休，以及分类管理等方面的规章制度和体制的总和。

西方国家公务员制度是资产阶级在反对封建君主的恩赐官职制的过程中，在总结资产阶级政党分赃制的经验教训的基础上逐步形成和完善起来的。在封建君主统治时期，官吏的任用和升迁主要取决于其出身门第和对国王的忠诚度，君王意志主宰一切，即所谓“顺我者昌，逆我者亡”。结果，昏庸无能之辈、阿谀奉承之徒往往登上权力的宝座，无功受禄者不乏其人。在英国资产阶级革命胜利后两党制形成的初期，内阁的变迁和政党的更替，经常引起政府行政人员的大换班，新上台的执政党把官职视作“战利品”，公开而合法地进行肥缺分赃，致使营私舞弊、买官求职盛行，政府工作缺乏连续稳定性，效率低下。显然，恩赐官职制和政党分赃制下的官吏任用制度，违反了资产阶级“机会均等”和“自由竞争”原则，不能适应和维护资本主义生产关系以促进社会生产力的发展。19 世纪中叶，随着英国工业革命的结束，工业资产阶级势力日趋强大，一场改革旧官僚制度、建立常任公务员制度的运动在英国拉开序幕。

1854 年，英国的斯坦福·诺思科特和查里·特里维廉两位爵士受政府委托，提出了《关于建立英国公务员制度的报告》（又称《诺思科特-特里维廉报告》），提出了通过公开考试选拔行政人员、根据功绩提升、统一管理各部人员，以及区分“智力”工作和“机械工作”等四点根本性的建议。[1] 这奠定了英国近代公务员制度的基础。以后，英国政府先后于1855年和1870年两次颁布枢密院令，对贯彻上述四项基本原则做了较具体的规定，至此，英国现代公务员制度正式确立。英国常任公务员制度的确立，满足了新兴工业资产阶级要求国家机器适应和保护生产力的愿望，很快为西方各国所仿效和采用。加拿大和美国在英国的影响下，分别于1882年和1883年建立了自己的公务员制度。法国和联邦德国由于长期保留封建官僚制度，直到二战后才仿效英国建立了现代公务员制度。日本和意大利二战前实行法西斯统治，直到二战后才确立现代公务员制度。俄罗斯的公务员制度则是在20世纪90年代苏联解体后，在废除苏联时期的干部制度的基础上建立起来的。

二、西方国家公务员制度立法概况

西方国家的公务员制度是建立在一系列的法律基础之上的。其立法形式概括起来主要有以下三种：

第一，在制定公务员总法规的基础上，制定各种补充法规、条例和实施细则。日本、法国、德国、瑞士等属于此类。日本除了制定《国家公务员法》和《地方公务员法》外，还制定了有关的补充法规、条例及实施细则数百个，如《关于一般职员薪俸的法律》《关于国家公务员职阶制的法律》《关于公务员的惩戒免除法》等。总法、单项法规和各种细则，构成了完整的日本公务员法律制度体系。法国于1946年制定了《公务员总章程》，以后又陆续公布了一些法令和条例，对《公务员总章程》进行补充和修改。有些政府部门还根据本部门工作的性质和特点，制定了本部门的公务员章程，如《教师章程》《法官章程》《议会工作人员章程》《安全人员章程》《军官和士官章程》等。专门章程必须与《公务员总章程》保持一致，但可根据本部门特殊需要对个别条文进行修改。联邦德国在改造德意志帝国官僚制度的基础上，陆续颁布了1950年的《德国公务员法》、1953年的《联邦公务员法》（1961年和1981年加以修订）、1972年的《联邦法官法》、1975年的《高等学校总纲法》，以及十几个条例和实施细则，如《联邦公务员资历条例》《公务员补助条例》《公务员休假条例》《公务员劳保法条例》《公务员工作时间条例》等。

第二，没有制定公务员总法规，只制定了一些单项法规、条例和规定。英国属于不成文法系的国家，没有公务员总法规，只有一些单项法规和条例。其中主要包括1834年制定后又经多次修改的《年老退休法》、1889年的《新南威尔士文官法》、1927年的《职业争议法》、1970年的《平等工资法》、1975年的《性别歧视法》、1978年的《（综合）就业保障法》、1993年颁布的《公务员管理法典》、1996年实施的《公务员准则》，以及2006年颁布的新的《公务员准则》等。

第三，虽然制定了公务员总法规，但这类法规后经多次修改和补充，其作用实际上已被各单项法规所取代。美国1883年制定的《调整和改革美国文官制度的法案》（又称《彭德尔顿法》）奠定了美国公务员制度的基础。随着形势的发展和变化，虽然其中的基本原则沿用至今，但许多内容经历了修改和补充。此外，历届总统还以发布行政命令的形式对

① 威尔逊，等. 英国行政管理. 北京：商务印书馆，1991：100.

公务员法进行修改和补充。

三、西方国家公务员制度的基本特征

西方各国由于历史文化背景和现实政体结构的差异，其公务员制度有各自不同的特点。但是，它们又是建立在同一类型的社会经济制度之上的，都是为了克服封建恩赐官职制和政党分赃制的弊端，保证政府行政执行人员产生的公平性、政府行政的绩效性、连续性、稳定性和廉洁性，是适应现代政府科学管理的需要而建立起来的人事行政管理制度。因此，在有关公务员的考试、录用、考核、奖惩、待遇、培训、晋升、调动、解职、退休以及分类管理等方面，各国的公务员制度具有一些共同的基本特征。

1. 公开考试和择优录用，保证政策执行者产生的公平性

所谓公开考试和择优录用，是指考生通过公开考试竞争公务员职位，包括笔试、口试、品行和经历评定、实际操作考核、身体检查等环节。考试后由用人单位根据考生的考试成绩高低顺序，并参考个人资历、学历、品德和健康状况，鉴别优劣，择优录用。由于不同的政治文化和政治传统，各国对公务员考核和录用的标准不尽相同，大体上分为“通才”（generalist）和“专才”（specialist）两类选拔标准。英国是采用“通才”选拔标准的典型：认为智力优秀的考生在被录用为公务员后，能很快学会并掌握某种职位的特殊要求，因此考试重在考查考生的综合能力而非技术专长或接受过某种职务的专业训练；认为全面能力足以使成功的候选人获得或至少是获知何种技术知识是需要的，对考生要求的不是其知识水平而是其学习能力。基于同样的理由，一个优秀的行政管理人员应该能够在各个不同的部门工作，并因此变得更加全面。因此，英国公务员考试中注重考查考生对一篇冗长松散的文章进行归纳总结的能力、为一般性政策规定设计具体实施细则的解决问题的能力、从一组简单统计数据表格进行推测和判断的能力，以及在有关政府问题的小组讨论中的表现能力等。

其他一些国家如法国、德国、意大利、日本等，在采用“通才”标准的同时，更注重考生的专业训练素质，即为某个特定的公务员群体实行招募，但并不一定针对某一部门中的具体职位。如法国的公务员部门通过竞争性的考试为诸如外交官或财务检察官这样的群体招收文职人员，并为其提供特定的上岗培训。又如德国的高级公务员通常都会接受法学训练，60%以上的高级公务员是律师。[①] 日本绝大多数通过“龙门”考试而进入高层职位的公务员都来自东京大学法学院。美国、新西兰、荷兰则是采用“专才”选拔标准的典型：考试注重考生是否具备政府某一部门所需要的专业知识和技能，考试往往由政府各部门单独主持进行。如财政部招收经济学家，卫生部则吸纳有医学训练背景的人员，人员纳用着眼于具体的职位，而不是着眼于精英群体。因此专才型公务员在政府部门内的流动性受到很大限制。

民主政治追求的首要目标就是公平。公平施政首先体现为施政人员产生的公平性。公开考试与择优录用是西方各国公务员制度最重要的一条基本通则，是现代公务员（文官）制度确立的根本标志之一。英国公务员制度的改革就是以公开考试和择优录用为突破口，

---

① 黑格，等. 比较政府与政治导论：第5版. 北京：中国人民大学出版社，2007：413.

美国为了革除政党分赃制的弊端，也是从此着手的。在英国，常务次官以下的官员和雇员几乎都经考试才被录用。在美国，绝大部分联邦公务员是通过公开考试的方式录用的。法国 1946 年颁布的《公务员总章程》规定，凡适用该章程的公务员必须通过公开竞争考试才能录用。日本《国家公务员法》也规定，职员的录用、晋升均须通过公开竞争考试或选择考试进行，违反者将被处以 3 年以下徒刑或 10 万日元罚款。1993 年俄罗斯总统叶利钦签发的《联邦国家机关工作条例》规定，所有俄罗斯公民都拥有在平等的基础上竞争进入国家机关工作的权利。1995 年的《俄罗斯联邦国家公务员原则法》规定，国家公务员要通过考试或鉴定来被评定适合哪一类国家公职。

为了贯彻和执行公开考试和择优录用原则，西方各国一般都强调遵守下述三项具体行为准则：(1) 机会均等。对报考者要给予均等机会，报考者不因民族、种族、性别、家庭出身、政治见解和倾向、宗教信仰、婚姻状况、生理缺陷等受到歧视，主要应以品行和考试成绩为衡量标准。(2) 公开招考。各种录用考试均须公开告之、公开进行。考试公告必须通过报刊、广播、电视、人事部门的业务通讯、政府公报等形式，写明招考的职务、责任、待遇、报考资格、考试科目，以及考试时间、地点。考试合格者名单须张榜公布，并通知本人。(3) 择优录用。主要根据报考生的考试成绩，并参考个人资历、学历、品德和健康状况，优胜劣汰，择优录用。

在西方国家，除采用公开竞争考试录用公务员外，还有一种非公开竞争考试的方法，即通过经历评定和面试，有时也辅之以笔试的方法进行考核，凡考试合格者一律录取，因此应试者一般不处于相互竞争的地位。这种考试主要考虑到某些职务难以通过公开竞争考试了解应试者的真才实学，某些职业无需专门知识，因此它有明确的资历、学历要求和范围限制。例如应考者必须是国家公开考试的合格者，或已修完硕士、博士课程，等等。这种考试范围主要限于高级公务员（如事务次官）和特种公务员（如外交官）、专业技术人员、科研人员（如大中小学教师），以及某些不易招募的工作重、待遇低的低级公务员（如清洁工、搬运工等）。

2. 严格考核和奖优罚劣，保证政府行政的绩效性

民主政治不仅要追求公平，还必须讲究效率。严格考核和奖优罚劣不仅是西方各国公务员制度的一项重要内容，而且也是西方国家政府追求行政效率的重要激励机制之一。它以功绩制（merit system）为核心，即通过制定严格的考核制度和具体的考核标准，主要从公务员的职业道德、业务能力、勤勉程度、实际业绩等四个方面对公务员进行考核，并根据考核结果决定公务员的任用、留用、加薪、晋升、降职、免职等。

英国在 19 世纪中叶进行的公务员制度改革中，建立了重表现看才能的考核制度。它以考绩为重点，即先由公务员本人每年做个人工作总结报告，然后由各部门长官根据工作知识、性情、判断力、责任心、创造力、可靠性、机敏适应程度、监督能力、热心情形、行为道德等十项内容进行考核。每项都按 A、B、C、D、E 五等打分，再以五等总评，然后由部门长官择优推荐，向公务员委员会提出晋升申请。同时，也对公务员的日常考勤进行监督和考核，各单位对公务员的上下班时间及休息时间均有明确的规定和记录。

美国公务员的考绩制也包括考勤和考绩两大方面。考勤方面：政府明确规定公务员的工作时数，利用签到簿和计时卡详细登记每人的上下班和休息时间；办公时间禁止看报消

遣、聊天解闷、私见客人、处理私人信件；要求公务员每日记录处理事务的内容，借以考察日常工作情况。考绩方面：19 世纪 30—40 年代，美国实行统一考绩制，规定就工作的整洁与条理、执行任务及命令的可靠性、完成工作的速度、工作的精确性、对工作的适应性及热情、工作知识、判断力、个人品格、工作中与人合作的能力、工作的创造力等 16 项因素进行考核。1950 年，国会通过《工作考绩法》，决定废除统一考绩制，采用工作考绩制。工作考绩制包括工作数量、工作质量、工作适应能力三要素。工作数量包括：可接受的工作份数、尽职程度、所达到的工作期限、努力的效果等。工作质量包括：工作的准确性、表现性、美观性、合乎工作规定的程度、工作技巧与能力、决定或判断的正确性等。工作适应能力包括：与上司及同事的合作性、对工作的学习能力及意愿、遵守法规的能力、适应工作环境的能力。

西方其他国家在建立和完善其考核制度时，大都借鉴和参考了英美两国的经验。德国联邦政府制定的《公务员考核及晋升条例》规定了 10 个方面的考核标准：观察和分析问题能力、沟通与交流能力、服务意识、宏观决断力、处理人际关系能力、领导和管理能力、组织能力、高效率工作能力、计划与组织能力、团队意识。各级政府每年底将对公务员进行评估。评估的组织领导工作由“评审团”负责，它由本部门最高负责人、实际执行人员、工会负责人和相关的第三方人员四部分组成。评审团负责对公务员评估的检查、监督、复议等工作。由被评估者的直接管理者负责撰写评估报告。评估标准分为四个级别：一级为杰出，能出色完成工作任务，高于要求标准；二级为高效，某些工作超出目标要求的标准；三级为有效，能在本岗位达到所有的目标要求；四级为不佳，有许多方面达不到目标要求，需要别人帮助。对于考核为“不佳”的公务员，严重的要辞退。① 将公务员的政绩考核与晋升加薪挂钩，是德国及西方其他国家公务员绩效评估制度的普遍特点。

法国二战后对公务员的考核包括专业知识、工作能力、合作精神、积极性、工作效率、工作方法、理解力、组织能力、指挥监督能力、考察能力、守时值勤、健康状况、个人卫生和整洁等 14 项。年终考核分两步进行：一是分项打分（数字评分），根据不同部类的公务员，提出不同的打分项目。如甲类高级公务员考核项目至少包括组织能力、指挥监督能力、积极性、工作能力、工作方法、理解力等；丁类公务员的考核项目至少包括服务精神、工作效率、守时值勤、积极性等。然后对照各项打分，并将各项分数加起来，按总分排列为优异、优良、合格、劣等、非常低劣共五等。二是由部门主管根据各项分数和总分，参考其他未列入打分的项目，如健康状况、个人卫生等做出总评语。总评语只通知对等委员会（由公务员代表和行政机关代表各占一半组成的仲裁机构），不通知本人。公务员必要时可通过对等委员会要求主管将总评语告诉本人，若认为受到不公正对待，可通过对等委员会要求主管修改总评语。

总之，西方各国在公务员考核过程中，一般都注意遵循以下三项具体原则：(1) 职责一致原则。要求名称其职、职责分明，使考核具有针对性。实践证明，建立明确的岗位责

---

① 青木. 德国公务员晋升机会多. 环球时报，2004-11-15.

任是实施有效考核制度的前提。美国首创、后为各国仿效的职位分类制度，[①] 就是为了把职、责、待遇、奖惩更好地结合起来。(2) 奖惩结合原则。要求人称其职、赏罚严明。实践证明，只有根据考核的结果，奖勤罚懒，奖优罚劣，考核才有效力。只奖不罚或奖罚甚微，考核就形同虚设，终将丧失效力。(3) 公平对待原则。要求薪称其职、同工同酬、同等待遇。强调考核不应受政治、种族、肤色、民族、宗教、性别、婚姻等因素的影响，注重工作能力、知识和技术水平，以及工作实绩。

3. 职务常任和权利保障，保证政府行政的连续性和稳定性

职务常任，也叫作“无过失不被免职”，主要指公务员一经公开考试和择优录用后，若没有重大责任过失不得被免职，也叫终身任职或职业保险。

公务员职务常任制，是西方国家经济、政治发展的产物和要求。首先，随着工业革命后经济的发展，政府职能日益复杂化、专业化，客观上需要不断提高政府官员的素质；国家市场竞争也需要公务员提供优质、全天候的服务。因此，公务员职务常任有利于建设一支长期在职、做事专业、经验丰富的职业队伍，有利于保证政府工作的连续性、稳定性和熟练性。其次，公务员职务常任制是在总结政党分赃制的经验教训的基础上逐步形成和建立的。实行“无过失不被免职”，将政府行政官员分为政务官和事务官两大类，前者与政党共进退，后者在政治斗争中保持中立，不与政党共进退，有利于保证政局的稳定和政策的连续性。

公务员的权利保障有两方面的含义：一方面，通过各种公务员法规对公务员的基本权利予以明确规定。这些基本权利一般包括：信仰自由、言论自由、结社及参加工会的权利，享受劳动工资、津贴、福利、保险等权利，申诉权，培训权，休假权，辞职权，以及享受领取退休金和抚恤金的权利，向国家申请救济补助的权利等。另一方面，当公务员的权利受到侵犯，或因违反义务受到不适当的处分时，有权向司法机关或有关专门机构提出申诉，并受到法律和法律程序的保障。

公务员的权利和义务是不可分割的整体。西方国家公务员的权利与义务包含两层含义：首先，公务员是国家的公民，享受宪法规定的公民的基本权利，也履行一般公民应尽的义务；其次，作为国家公务员，国家和社会赋予其特定的身份、地位和一定的职权，因此又不能等同于一般公民，还必须遵守国家公务员法及条例。公务员的权利和义务与宪法规定的公民的权利和义务基本上一致，但在某些具体情况下，国家法律根据公务员的特殊身份和地位，不得不限制公务员的某些基本权利（如言论自由和结社自由权利等），要求公务员主要以公务员的权利和义务为行为准则，相对放弃某些宪法赋予的与公务员职责有冲突的权利和义务，以保证公务员系统的正常运行。如大部分国家的公务员法或条例要求公务员严格遵守国家保密法，禁止公务员罢工，由此对公务员的言论和结社自由加以限制，目的是防止公务员泄露国家机密而危害国家安全，以及公务员罢工导致社会混乱和动荡。

---

① 职位分类指将公务员职位按照工作性质、责任轻重、难易程度、所需资格条件（包括受教育程度和专业技能等），分为不同的类别和等级，通过制定职位和职级规范，明确而详细地规定各类职位和职级的任务、职权、责任、任职资格条件等。职位分类所揭示出的职位特点和任职标准为人才选拔和考核确定了客观依据。参见：王雷保．公务员职位分类教程．北京：机械工业出版社，1989.

公务员的工资和福利待遇是公务员权利的重要部分。各国在公务员总法或法规中，对公务员的工资和福利待遇做了原则性规定，并制定专门的法规和实施细则，做出各项具体规定，目的是以较优厚的工资和福利待遇稳定公务员队伍，使之安心于本职工作，也是为了从社会上吸引人才。在公务员工资制度中，各国经过长期的实践和总结，形成了一些共同的指导原则，主要有：(1) 同工同酬原则，即对从事相同工作的公务员，一视同仁，给予相同的报酬。(2) 定期提薪原则，即国家定期增加公务员的工资。(3) 平衡原则，即国家在确定公务员的工资时，必须参考私营企业职工的工资水平以及不同行业、不同部门公务员之间的工资水平，使公务员的工资水平与私企职工的工资水平，以及工作水平大致相当的公务员之间的工资水平保持基本平衡。(4) 工资同物价挂钩原则，即国家定期根据物价指数的变动，调整公务员的工资，使工资增长高于或等于物价上涨，保证公务员的实际工资不因物价上涨而降低。实际生活中，各国公务员的工资水准一般高于社会平均工资水平。[①] 在英国，不同部门同级别、同地区公务员薪酬水平大致相当、略有差异。根据 2014 年数据，在伦敦市内工作的行政助理级公务员年薪一般为 1.85 万～2 万英镑，在其他地区工作的行政助理级公务员薪酬一般为 1.55 万～1.65 万英镑。普通公务员中级别最高的 6 级官员如在伦敦市内工作，其年薪为 6 万～7 万英镑，如在其他地区工作，其年薪为 5.5 万～6.5 万英镑。与普通公务员相比，高级公务员薪酬等级的跨度较大。一等高级公务员年薪为 6 万～12 万英镑，二等高级公务员为 8.5 万～16.5 英镑，三等则为 10.5 万～21 万英镑。[②] 2008 年，美国公务员的封顶工资是每年 19.13 万美元，公务员的最低工资是 1.704 6 万美元。[③] 在澳大利亚，一个普通的公务员年薪大概是 9 万～15 万澳币，而澳普通民众年收入大概为 5 万～7 万澳币。[④] 在法国，由于公职人员覆盖的范围较广，按照不同类别统计，平均来看，国家公职人员的工资水平最高，每月 2 470 欧元左右；地区公职人员每月 1 850 欧元左右，而医务公职人员每月 2 240 欧元左右。[⑤] 2019 年，日本公务员的平均工资月额（平均工资月额＋平均各种津贴月额）是 414 485 日元。[⑥]

西方国家的公务员享受比较优厚的福利待遇。在美国，公务员信贷联盟专门为政府公务员提供安全、便捷的金融服务，如提供购买房屋、汽车和供子女上大学等方面的低息贷款。公务员还享受住房津贴、一年一次带薪假期及各种健康保险。公务员的退休待遇一般比私营部门更有保障，退休金也比较高（公务员的退休金平均为原工资的 56%，而私营部门的退休金只为原工资的 30%左右）。[⑦] 在德国，公务员终身受聘于国家，不存在失业问题，也无须交纳社会保险和养老保险。连续服务 40 年（包括大学学习时间）的公务员，在 65 岁退休时可领取最高工资 75%的退休金。另外，带“长”字的官员每月有约 200 欧

---

① 也应该看到 2008 年全球金融危机以来，不少西方国家的经济受到冲击，政府开始裁员，公务员的待遇也受到影响，有些国家的公务员平均工资（如英国、美国）甚至低于社会平均工资水平，工作也不如以前稳定。

② 英国公务员薪酬制度. http://edu. people. com. cn/gongwuyuan/n/2015/0827/c88733-27523406. html.

③ 美国公务员能挣多少钱?. https://www. sohu. com/a/207801716_99939449.

④ 薪资大比拼！世界各国公务员收入待遇盘点. http://www. chinagwy. org/html/xwsz/ksxw/201601/215_135707. html.

⑤ 公务员数量过多？法国公职人员现状大揭密. https://www. sohu. com/a/136849818_185042.

⑥ 日本公务员的最新平均收入是多少?. https://www. sohu. com/a/340472945_474031.

⑦ 挣钱虽然不多社会福利不少，美国公务员捧着铁饭碗. 基督教科学箴言报，2003-04-21.

元的职务津贴。公务员还有岗位津贴（每月30欧元左右）、年休假补贴（相当于一个低级官员工资的20%）、房租补贴等。女性公务员生育后可享受6～8周的产假，还可申请3年的不带薪假期，同时每月还能获得150～300欧元的抚育补助。公务员工作满25年、40年、50年，可获得分别为150～300欧元、200～400欧元、250～500欧元的周年补助费。法国公务员虽然收入不高，但每年可领13个月的工资，还享受着不少于25种的各类补贴。[①] 在日本，公务员能租到廉价国有住房，高级住宅区的公务员住房租金不到市场价的1/5。如果居住自家房子，公务员还能享受住房补贴。此外，公务员上下班的交通费基本上由国家全额支付。公务员还享有配偶补贴、子女补贴、寒冷地带补贴、单身补贴、不愉快补贴、无法升职补贴、恢复心情补贴、听取民众抱怨补贴等。公务员在退休时还能根据自己的职务和工龄，领到一笔相当可观的退职金，同时每月还能领取相当于在职工资50%～60%的养老保险金。[②]

西方各国一般都设有专门机构，负责受理公务员在其权利受到侵犯或受到不适当处分时提出的申诉案件，并从法律和法律程序上对其申诉权予以保障。美国1978年专门设立了功绩制保护委员会，受理公职人员的申诉。1978年《文官制度改革法》规定，凡属受免职、停职14天以上，降职、减薪等不当处分者，可向功绩制保护委员会申诉。被提议降职或免职的公务员，有权请律师和其他代表在适当时间进行口头或书面答辩，有权在机关讨论给予降职或免职处分的会议前30天得到书面通知，有权收到处分理由和处分决定书。功绩制保护委员会经调查听证，若认为原机关处分决定正确，则维持原处分决定，否则予以驳回。机关的不当处分决定被驳回后，机关应向被处分人员支付合理的律师费。若对以上裁决不服，可以向法院上诉，由法院判决。英国1972年成立了公务员上诉委员会，受理有关不公开的撤职和强制提前退休的申诉案件。文官当其法定权利受到威胁或侵犯时，可要求公务员上诉委员会提供法律保障。此外，1978年《（综合）就业保障法》规定，国家雇员在受到不公平的撤职处分时，不论这种撤职是否具有破坏人事合同的性质，都有权得到损害赔偿。如果他们没有接到说明处分理由的通知就被撤职，可依法得到相当于1～2年薪金的赔偿金。在法国，公务员违纪处分不能由行政部门随意宣布，必须经过一定的程序。较重的处分，首先由该公务员的上级提出建议，公务员可以为自己辩护，由"对等委员会"裁决，裁决虽无法律效力，但一般为行政机关所接受。此外，凡涉及公务员与主管部门以及行政长官关系的案件，公务员或公务员工会有权向任何法院（特别是行政法院）提出申诉。

4. 严明职业道德与行为规范，保证政府行政的廉洁性

为了适应西方现代民主政治不断发展对政府行政过程"公开透明""公平公正""廉洁高效"的要求，树立国家公务员超脱于政治斗争和党派政治之上的"公正""廉明"的政治形象，西方各国通过制定一系列公务员法规、条例和道德法典，对公务员的职业道德与行为规范进行约束，以保持其正直、忠诚、谨慎、睿智的职业品德，保证公务员公平、有

---

① 公务员基本工资的调整多少，在法国公务员被认为只拿钱不干活. http://www.qlwb.com.cn/2015/0119/300005_2.shtml.

② 各国公务员的待遇对比！看完才知道原来我国的待遇处于这样的水平. https://www.sohu.com/a/341336008_188189.

效地执行政府的政策。

(1) 要求公务员忠于国家、忠于职守、尽职尽责。日本《国家公务员法》第96条指出：所有职员必须做全体国民的服务员，为公共利益工作，工作要竭尽全力、专心致志。德国《联邦公务员法》第52条规定：公务员为全体人民服务，而非为某一政党服务，在执行公务时应考虑的是普遍的利益。美国1978年《政府道德法》第1条规定：公务员应将对国家的忠诚置于对个人和政党的忠诚之上。英国2006年《公务员准则》规定：公务员应该正直、诚实、客观、公正。正直：公务员应该将公共服务的责任置于个人利益之上，恪尽职守，行为规范得体，确保公共资金合理有效地使用；公平、有效、及时、敏锐、竭尽全力地对待公众并处理好他们的事务；在法律框架内尽可能公开地处理信息，遵守法律，公正执法，不能以权谋私，不能接受他人的馈赠和好处；不能未经允许公开官方信息，即使离开公务员岗位也是如此。诚实：讲求事实，公开坦荡，以事实为依据，有错就改；将资源只用于经过授权的公共用途；不能欺骗或有意误导部长、议会和其他人；不能屈从他人不正当的压力和个人私利的诱惑。客观：以事实为依据，准确地向部长提供信息和忠告、政策选择方案和事实数据，根据事实真相做出决定；讲求专业务实，不能在提供咨询和做出决定时忽略恼人的事实和相关的考虑；一旦决策形成，不能以拒绝采取行动或无所作为的方式阻碍政策的实施。公正：以公平、正直、平等的方式履行职责，体现公务员平等和无区别对待的承诺，工作中不能没有正当理由地偏袒或歧视某些个人或某些利益。①

(2) 要求公务员"政治中立"，不参加某些政治活动。所谓"政治中立"，一般指公务员在执行公务过程中，必须对政党政治采取"公正超然"的态度，对任何政治问题必须保持缄默。具体说，不得公开自己的政治信仰和政治偏好；严守执行政策的本分，不得提出有关政治问题的政策建议，即向高级公务员或政治任命官员提出的忠告应该是中立而专业的；不得出于自己的政治偏好对执政党或执政党联盟制定的政策公开进行攻击和批评或拒绝执行其政策；一旦政策业已制定，即使有不同意见，也必须忠实地予以执行；不得参加党派之争或相关的政治活动；不得参加政治性竞选活动；等等。

应该看到，各国对公务员"政治中立"的要求具有不同的特点：英国要求公务员中立主要关心的是公务员不能因自己的政治偏好而拒绝执行或破坏某一政党的政策，两大党不论哪个政党上台执政，公务员都应始终如一忠实地执行其政策。此外，禁止行政级和部分执行级公务员以及某些其他类别官员（如情报官和劳工部官员等）参与全国性政治活动，只有在不影响公务员"中立"以及与官方职责不冲突的条件下，并经政府批准，才能参加地方政治活动。美国限制公务员参加政治活动，主要目的在于防止唯利是图的政客以辞退公务员为手段威胁公务员花费时间和金钱为其连选连任卖力。《彭德尔顿法》规定，政府公务员在政治上必须采取"中立"态度，禁止参加竞选等政治活动。德国《联邦公务员法》第53条规定：公务员在政治活动方面应采取克制和保留的态度。公务员可以在保留其职务时参加议员竞选，一旦当选，则须离职，当议员职务服务期满后，仍可回到公务员岗位。② 日本《国家公务员法》第102条规定：公务员不得为政党或政治目的接受捐款及其他利益，不

① Civil Service values. http://www.civilservice.gov.uk/Assets/cscode_tcm6-2443.doc.

② Jorgen S. Rasmussen & Joel C. Moses. *Major European Governments*. *9th ed*. Belmont, California: Wadsworth Publishing Company, 1995: 465.

得以任何方式参与上述行为；公务员不得是选举公职的候选人，不得是政党或其他政治团体的负责人、政治性顾问或评议员。第 98 条还规定，公务员不得以政府雇员身份对公众搞同盟罢工、怠工和其他有争议的行为。总之，“政治中立”原则产生于西方国家权力分立和政党轮流执政以相互制约的政治制度之下，是改革政党分赃制的产物，其目的主要是避免政党分赃制下因政党轮流执政进行官员大换班而导致的工作混乱和公务员队伍不稳，保证政府工作免受政党政治的负面影响，稳定公务员队伍，提高工作效率，保证政策的连续性和政局稳定。“政治中立”只是实现上述目的的手段。

（3）规定公务员必须严守国家和公务机密。由于公务员是公共政策的执行者，是掌握和运用政治权力的重要政治主体，因此，为了保证政治权力运行过程的公平性，公务员必须严守国家和公务机密。英国 2006 年《公务员法典》规定：公务员未经授权不得泄露官方情报，公务员离职后应继续保守公务秘密。日本《国家公务员法》第 100 条规定：职员不得泄露在工作中掌握的机密，退职后也不得泄露。法国《公务员总章程》第 10 条规定：除严守刑法中关于职业秘密的规则外，公务员还有义务严守其在任职中或行使职权中所了解的事实和情报。严禁把字据和公文挪用或转告他人的违章行为。

（4）禁止公务员经商，原则上禁止公务员兼任有报酬的其他公职。英国《荣誉法典》、《防止腐败法》以及文官部行政官员条例规定：禁止公务员以权谋私、经商或从事同本部门业务有关的任何营利事业，禁止官员（尤其是财政部和外交部的官员）参加赌博和各种商业、金融性投机活动。法国《公务员总章程》第 8 条规定：禁止任何公务员以职业身份从事任何有利可图的私人活动，禁止任何公务员亲自或通过中间人，以某种名义在其行政部门或公共事业部门所管辖的或与之有关的企业中，谋求会损害其本身职务独立性的利益。日本《国家公务员法》第 103 条规定：职员不得兼任商业、工业、金融业等以营利为目的的私营企业、公司和其他团体的负责人、顾问或评议员，也不得自办营利企业。德国《联邦公务员法》第 65 条规定：公务员从事工业活动，合伙经营一个企业或参加某一团体、合作社或其他合法形式经营的企业的理事会、监督委员会、行政管理委员会或其他机构以及接受某种信托活动，必须事先获得批准。还有一些国家禁止公务员家庭成员经商或对其加以限制和监督。如瑞士《公务员章程法》第 15 条规定：公务员家庭成员开办餐馆、咖啡馆和零售酒类，有损于公务员的公务或与公务员身份不相适应。法国《公务员总章程》第 8 条规定，当公务员的配偶以职业身份从事一项有利可图的私人活动时，该公务员必须向他所属的行政部门或公共事业部门说明情况。美国政府规定，官员不得利用职权为其从事商业活动的子女谋取利益。1995 年《俄罗斯联邦国家公务员原则法》规定，国家公务员无权亲自或通过委托人从事营业性活动，无权在国家机关内充当第三者的委托人或代表。

在禁止公务员兼职方面，法国政府规定：禁止公务员兼任有报酬的其他公职，但有三种情况例外。一是可以发表科学、文学性的作品；二是允许教课、代别人咨询；三是当律师的可兼任大学教授，但不得影响本职工作，收入不得超过本职工作的两倍，否则，须将超过部分交服务单位。日本《国家公务员法》第 101 条规定：公务员须专心致志于本职工作，不得兼任官职，兼职不许另给报酬。美国政府规定，政府官员在外面授课时，若利用的资料与其当任的现职有关，则不得索取报酬，只有与本职工作无关时才能获取报酬。德国《联邦公务员法》第65、第66条规定：公务员接受一个有报酬的兼职工作或从事一种自由职业，须事先获得批准，但公务员从事创作、科学、艺术或讲学活动的例外。《俄罗斯联邦国家公务员原则法》规定，国家公务员无权从事有偿工作，但从事教育、科研和其他创造性工作以及担任俄联邦和联邦主体代表机构的代表、地方自治机构的代表的不在此列。

（5）禁止公务员接受金钱或礼品的馈赠。英国《防止腐败法》规定，公务员不得接受来自私人企业或利益集团的实物、钱财等馈赠，一般拒绝参加宴会邀请，除非得到上级主管部门或首长的同意。1996年英国《公务员（礼仪道德）法典》规定：若公务员确信他（她）被要求从事非法的、不适当的或不道德的、违背宪法惯例或职业道德法典的或涉及可能导致管理失误的行为时，应该按照其所在的部门或行政机构的行为准则中规定的程序报告。① 瑞士《公务员章程法》第26条规定：禁止公务员利用职权索取、接受或让人答允给他本人或别人各种馈赠或其他好处；公务员与第三者默契索要、接受或让人提供各种馈赠或其他好处，同样有违职责；公务员非法接受的馈赠或其他好处均应收归联邦所有。奥地利《官员法》规定，公务员不得索贿受贿和随便接受礼品，若所在单位一个月内不同意接受，则应将礼品退还。德国《联邦公务员法》第70条规定，公务员只有经所在单位最高领导同意，才能接受与其职务有关的酬谢与礼品。在芬兰，公务员中流传最广的一句话是："公务员可以接受一杯热啤酒和一个三明治，但如果喝上葡萄酒，那就危险了。"法律规定公务员不能接受价值较高的礼品，根据物价指数计算该标准时有变动，大概是20欧元左右。公务员因行贿受贿而受到的惩罚以罪行严重程度划分，从一般性罚款到判处最高达4年的监禁。公务员接受金钱、珠宝、家用电器、特殊（低息）贷款、免费旅行等都可被视为受贿。若被指控的受贿罪名成立，将立即被免职。②

（6）实行公务员的财产申报制度。西方一些国家为了杜绝公职人员以权谋私、贪污腐化，规定公务员在任职前后和任职期间，必须向有关单位申报自己的财产及其变化情况。美国国会1978年通过的《申报财产真实情况法》及有关条例，对需要申报财产的官员的范围、申报项目、申报时间和地点，对公务员的配偶、亲属是否也需要申报财产，以及复查和公开财产申报情况及法则等，做了明确详细的规定。其中的法则规定：公务员若有意隐瞒要求申报的财产，将被处以不超过5 000美元罚款的民事处罚，并由工作单位或适当机关予以纪律处分；若有意伪造要求申报的财产，将受到不超过1万美元的罚金或被处以不超过5年的徒刑，或者两者并处。法国于1988年制定了《政治生活资金透明法》，开始推行财产申报制度，同年还专门成立了"政治生活资金透明委员会"，按照法律规定审查政府成员、议会主席和市长的财产状况，并对来历不明的财产进行调查。总统候选人在正式竞选前15天之内，议员、官员在被任命或上任15天之内，必须提交一份详细的个人财产状况表，所申报的财产状况必须真实具体，并以名誉保证。总统候选人和离职总统的财产向全社会公开。其他政治人物，出于保护个人隐私的目的，仅仅向政治生活透明委员会

---

① Gillian Peel. *Governing the UK*. 4th ed. Oxford: Blackwell Publishing, 2004: 174.

② 北欧三国到底有多清廉. 环球时报, 2003-10-17.

申报。[1]英国虽然没有关于公务员须申报财产的直接规定，但要求公务员一旦破产或丧失偿付能力，必须向其所属部门的常务次官报告，如被宣告破产的公务员有意隐瞒情况，或其破产系从事不值得信任的交易所致（如赌博和投机倒把行为），应予撤职并不再任用；如系不可避免的不幸事件所致，可允许继续留任，但其职责不得涉及公共财务，否则须调离工作。1995 年《俄罗斯联邦国家公务员原则法》规定，国家公务员应每年向国家税务机关申报属于个人的收入和财产。[2]

四、西方国家公务员制度的作用及局限性

当代西方国家通过制定和颁布一系列公务员法规和条例，对公务员的考试、录用、考核、奖惩、培训、晋升、退休、权利保障以及职业道德与行为规范做出了比较全面而严格的规定，建立了比较完善和系统的公务员制度。理论上说，这些法律和规定体现了西方国家民主政治的平等和公正原则，有助于树立所谓超阶级和超党派的“公正”、“廉洁”和“高效”的政府形象。实际生活中，如前所述，公务员制度（官僚制）也的确在西方国家政府有效地执行宪法和法律、防止政府结构性腐败、保持国家内外政策的连续性和稳定性等方面，发挥了制度保障作用。具体表现在：

1. 有效执行宪法和法律的制度保障

公务员最基本的职能是执行或贯彻立法机构制定的法律和政治行政部门决定的政策，是国家统治机器中的小齿轮，是在固定等级内根据明确规定的规则进行活动的可靠而讲究效率的行政人员。公务员制度中的公开考试和择优录用，有助于保证政策执行者产生的公平性；严格考核和奖优罚劣，有助于保证政府行政的绩效性。

2. 在政策制定与评估中提供政策建议

尽管公务员（官僚）形式上从属于政治任命官员，并非政府决策者，但其作为政治顾问，拥有接触信息的渠道，能够控制部长大臣们所能知晓的信息；职务常任使其经验和专业知识远远强于政治“候鸟”官员，即使政治官员在决策过程中提供战略性指导，但诸多政策细节和业务事宜都必须交由公务员处理，后者为政府部长决策提供政策选择建议，评估政策可能产生的影响和后果。

3. 表达和聚合特定集团的利益

尽管这不是其正式职能，但事实上在政策制定和执行过程中，政府各部门公务员与企业、劳工、专业人士和其他团体有着广泛的接触，能够编织广泛的“政策网络”，构筑强大的利益联盟。这种利益连接有助于政府与社会各集团之间达成共识从而有助于政策的制定和政治系统的平稳运行，但若彼此之间为了自己的私利而相互利用，将会模糊公共利益与集团利益的边界，有可能导致政府机构与特定利益集团之间庇护关系（主义）（clientelism）的产生。

4. 维护政治体系的稳定性和政策的连续性

训练有素的职业文官是政府平稳可靠运行的有力保障。公务员制度中有关严明职业道

① 法国公务员：从说话到工资都有规矩. https://m.sohu.com/a/75190772_119871/?pvid=000115_3wa.

② 张世贤，陈恒钧. 比较政府. 台北：五南图书出版股份有限公司，2000：217.

德与行为规范的系列举措，有助于保证政府行政的廉洁性。有关“政治中立”、职务常任和权利保障的一系列制度安排，有助于保证政府行政的连续性和稳定性。

但是，西方国家公务员制度本身，以及在国家实际政治生活当中，都存在有悖于平等、公正、中立、廉洁、高效原则的现象。这主要表现在：

首先，尽管西方国家在公开考试和择优录用公务员时规定对报考者要机会均等，不因民族、种族、性别、家庭出身、政治见解或倾向、宗教信仰等而受到歧视，但实际上并非完全如此。如 20 世纪 90 年代初，妇女在美国、加拿大、澳大利亚、英国四国高级公务员中的比重分别只有 10.1%、16.1%、12.9%、8.6%。[①] 少数族裔受到歧视的现象也不同程度地存在。在英国，工人阶级中被录取的公务员比例很低，高级公务员大多是来自牛津和剑桥的高才生。[②] 法国公务员（尤其是高级公务员）代表着一个封闭的受到过专门教育或有着良好社会关系的精英集团，他们轻易地从一个管理部门转到另一个部门，不论它是公共领域还是私人领域。20 世纪 90 年代中期之前法国 3 位总统中的 2 位，8 位总理中的 6 位，以及现在半数以上的内阁成员都是顶级学府——国家行政学院（ENA）的毕业生。[③]

其次，虽然西方各国建立了比较完善的考核制度，但在实际执行过程中由于考核标准尺度的客观性仍然缺乏科学的数量与质量依据，迄今尚难完全避免不受考核官员主观臆断的影响。如美国各级政府虽然执行相同的考核制度，但效果却因单位和主管人员的不同而有所差异，政府行政的绩效性由此受到影响。在英国，由于过分强调公务员的综合能力而使公务员科技知识和实际管理技能缺乏，在某种程度上影响了政府行政的效率。此外，一些国家的高级公务员由于长期任职且具有丰富的专业知识和工作经验，工作态度日趋保守且自以为是，认为自己作为职业常任文官，比那些来去匆匆作为政治“候鸟”官员的部长们更专业、更精通业务，到头来是他们将不得不打扫“候鸟”官员们因政策失误而留下的政治垃圾，因此工作作风过分小心谨慎和墨守成规，对政治任命官员（行政决策者）的改革政策反应迟钝或消极对待，也在某种程度上妨碍了政府行政效率的提高。

再次，尽管西方各国要求公务员政治中立、超脱于党派政治，但实际上要做到完全不受政治影响而严守中立是不可能的。随着现代西方国家政治行政权力的扩大，公务员（特别是高级公务员）具有长期积累的经验和知识，掌握大量档案资料、情报和数据，又有可供支配的人力资源，在政府决策中的作用日趋增大。另一方面，现代社会日益增加的复杂性使立法机关和行政机关对公务员专业知识的依赖程度越来越深，政治任命官员（行政决策者）常常依赖于职业公务员所提供的信息和建议，实际上成了职业公务员的追随者。在英国，“由于部长缺少重要的个人幕僚，他不得不严重依赖常务次官为其提供政策建议和管理本部。这种依赖性为公务员（通过常务次官）对政策产生重要影响提供了机会”。[④]

---

① Gillian Peele. *Governing the UK*. *4th ed*. Oxford：Blackwell Publishing，2004：192.

② Jorgen S. Rasmussen & Joel C. Moses. *Major European Governments*. *9th ed*. Belmont，California：Wadsworth Publishing Company，1995：182-183.

③ 2 位总统分别是希拉克和德斯坦，6 位总理分别是法比尤斯、希拉克、罗卡德、巴拉迪尔、朱佩、若斯潘。参见：Jeffrey Kopstein & Mark Lichbach edited. *Comparative Politics—Interests，Identities，and Institutions in a Changing Global Order*. Cambridge：Cambridge University Press，2000：94.

④ M. Donald Hancock et al. *Politics in Europe—An Introduction to the Politics of the United Kingdom，France，Germany，Italy，Sweden，Russia，and the European Union*. Palgrave：Macmillan，2002：34.

在法国，“绝大部分内阁成员曾经是高级公务员。政府官僚与政治行政官员已更加彼此啮合。政治已变得更加官僚化，官僚已变得更加政治化”。①

最后，虽然西方各国通过制定一系列法规、条例和道德法典，明文规定公务员不准索贿、受礼，不准以权谋私、经商、兼任有报酬的其他公职，实行财产申报制度以防止公务员贪污腐化，并对违法者绳之以法。但事实证明，这些有关廉政建设的法规和规定并不能完全防止和根治腐败。一些国家政府官员受贿、索贿、贪污、盗用或侵吞国家财产、不正当兼职以谋取私利、非法获取政治资金等种种腐败现象时有发生。按照美国学者的话说，“绝大多数国家都存在腐败现象，只是程度或轻或重”。② 不断健全和完善公务员廉政制度建设，仍然是西方各国需要进一步努力解决的问题。

第四节　当代西方国家行政制度的改革③

20 世纪 70 年代后期，一系列因素导致西方国家政府行政制度改革。

首先是国内经济因素。70 年代石油危机之后的经济衰退，导致西方各国高额的财政赤字，福利国家不堪重负，并面临一系列新的社会与政治问题，这是引发政府改革的直接原因。解决财政赤字问题有三种办法：限制开支和公共任务的终结；增加收入尤其是税收；用较少的开支来实现公共使命，即“少花钱多办事”。西方国家选择第三种办法作为政府改革现实的、可供选择的出路。

其次是经济全球化因素。全球化趋势促使西方国家对本国经济竞争力高度重视，政府能力成为一国综合国力和竞争力的一种主导性因素。政府如何引导和调控国民经济运作、参与国际经济竞争、促进经济发展，成为人们关注的焦点，经济全球化对政府的公共管理提出了更高的要求。经合组织把政府改革当作其成员在国际市场上进行有效竞争的一个重要途径，认为顺应经济的全球化和保持国际竞争力的内在需要，为公共部门改革提供了新的强大动力；处理国际问题不再是传统的涉外部门的专门职责，所有政府部门以及地方政府都必须具有跟踪、理解和处理国际问题的能力；经济资源的稀缺和为避免不稳定而保持经济竞争力，是推动现有公共部门改革的重要因素。

再次是新技术革命尤其是信息革命的因素。它是当代西方政府改革的一种催化剂。信

① Jorgen S. Rasmussen & Joel C. Moses. *Major European Governments*. *9th ed*. Belmont, California: Wadsworth Publishing Company, 1995: 322. 法国学者指出，与英国不同，在法国，人们并不期待高级公务员完全脱离党派政治，他们可以加入政党，表明其意识形态偏好，乃至竞选议员席位（若当选，可以请假离职并保留其原有待遇不变）。总之，高级公务员的政治和官僚取向相互缠绕在一起，政治家官僚化了，官僚放弃了其政治中立，对内阁部长们来说尤其如此。在实际政治生活中，政府一直沿用第四共和国以来的做法，即任命议会中受欢迎的政党的议员在其连选连任失败后在公共部门担任要职，他们中的许多人都有在政府部门工作的背景。在充实诸如外交部和公共电视网络这样敏感机构的人员过程中，党派标准一直特别重要，这种重要性体现在表达官方观点时公务员的可靠性上。由于公务员没有代表组织成各种相互竞争的社会经济协会的人口的绝大多数，因此，并不能总是反映最进步和民主的思想观念。参见：William Safran. *The French Polity*. *7th ed*. New York: Pearson Education Inc., 2009: 295-297.

② 罗斯金，等. 政治科学. 北京：华夏出版社，2001：334.

③ 张立荣. 中外行政制度比较. 北京：商务印书馆，2002；国家行政学院国际合作交流部. 西方国家行政改革述评. 北京：国家行政学院出版社，2000；高兵. “新公共管理”的实践模式：当代西方政府改革趋势透视. 健康必读（学术版），2008（2）.

息技术的快速发展为建立起灵活、高效、透明的政府创造了可能性。信息时代的来临以及“数字化生存”方式要求政府对迅速变化的经济做出反应；它打破了长期以来政府对公共信息的垄断；新通信技术以及接触政府信息的便利使公民和社会团体更容易参与公共管理活动。这要求对政府组织及其运作过程做出变革与调整。

最后是传统官僚体制（科层制）的失效和商业管理模式的示范性因素。长期以来，缺乏真正的压力以迫使政府机构改善绩效，提高工作效率；以往所重视的是标准化的程序而忽视公共服务的提供；注重高级公务员的政策咨询功能而非管理功能；社会管理和公共服务范围不断扩大使政府任务过重，政府官僚机构日益庞大，造成国家财政负担严重超载；公共服务部门几乎为政府所垄断，但公共服务质量日趋下降；传统官僚体制死板僵化，只注重通过税收体制获取资金，对上级官员负责，不受制于利润驱动，不回应市场压力，无法适应急剧变化的社会需求，结果是官僚主义、文牍主义盛行，工作效率低下。

因此，20 世纪 80 年代开始，西方国家兴起了行政改革浪潮。这是一场以追求经济、效率和效益即“3E”（economy，efficiency and effectiveness）为目标的“新公共管理”运动，如英国的“下一步行动方案”或“后续行动计划”（The Next Steps Programme）、美国的政府再造运动（Reinventing Government）、加拿大的公共服务 2000 计划（Public Service 2000）、欧洲共同体会员国倡导的公共服务革新（OECD，1987）、新西兰的财政与人事改革、澳大利亚的财政管理改进计划等。其中新西兰、澳大利亚、英国被人们视为新公共管理改革最为迅速、系统、全面和激进的国家。美国的新公共管理改革尽管不像英国那样，有明确的起点和目标，但似乎开始得更早（可以从 1978 年卡特政府的《文官制度改革法》的实施算起），并且带有更明显的管理主义或“新泰勒主义”倾向。欧洲大陆各国（德国、法国、荷兰、瑞典等）的行政改革有所不同，它不具有英、美、新西兰和澳大利亚等国的行政改革的那种系统、全面、连续和激进的特点，但它同样带有明显的管理主义色彩，或多或少以“新公共管理”为取向。概括起来，这些改革的核心内容是精简组织和人员、缩小政府规模、降低政府行政成本；营造“顾客导向”的行政文化，强调政府的公共服务职能，把服务对象即公众的需要放在首要位置，营造共同价值；实行绩效管理，为保障政府有限的资源达到最佳配置，政府制定组织的长期目标、达到目标的策略、评估绩效的标准，最终检验评估结果；发展电子政务，及时为公众提供规范、公正、快捷、透明的服务；等等。

一、西方国家行政管理体制改革概述

这次改革打破了传统理论和管理模式的束缚，尝试用公共选择理论①、新公共管理

① 公共选择理论：主要从经济学的角度来分析政府的管理活动，强调个人自由和市场作用，打破政府垄断，建立公私机构之间的竞争机制，从而使公众获得自由选择的机会，并认为这是解决政府困境的根本出路。政策选择包括：（1）增加服务主体，让私人企业、非营利公共组织等与政府机构一道来参与公共产品的生产与提供；（2）创造市场机制和形成竞争格局，用公私组织之间和公共组织之间的竞争服务来为公众提供“用脚投票”（通常比喻人们对某事失望或抵触，选择离开或者放弃）的机会；（3）破除垄断，允许不同组织之间在职能和管辖范围上重叠交叉。

理论[①]、企业型政府理论[②]、治理理论[③]等对行政管理进行根本性或方向性调整，体现为从传统行政模式向新的行政模式的转换，被形象地称为“政府重塑”“治道变革”“政府再造”等。在上述理论指导下，西方发达国家先后展开了一轮接一轮规模较大、形式各异的行政改革，其主要做法和动向体现在以下几个方面：

1. 政府职能市场化

在政府职能定位上，根据市场经济的要求确立政府的职能，其目标是将原来由政府承担的部分社会职能和经济职能推向社会、推向市场，从而减轻政府负担、缩小政府规模、精简政府人员。政府职能市场化的途径主要有：一是压缩社会福利项目，如以劳动换福利，提高领取福利者的资格限制，以市场化的安排来代替政府的安排。二是放松对企业进出口及价格的管制。在这方面，美国政府的做法最具代表性，市场定价代替了政府定价。三是推行国有企业民营化改革。

2. 公共服务社会化

当代发达国家行政改革的主要趋势之一表现为政府在公共服务领域引入市场机制，充分利用市场和社会的力量，推行公共服务的社会化。主要做法：一是合同出租，即政府通过投标者的竞争和履约行为，将原先垄断的公共产品的生产权和提供权向私营公司、非营利组织等机构转让。二是以私补公，即政府通过制定优惠政策，吸引和鼓励私人资本投入政府包揽的社会保险、退休保障、中小学教育、医疗服务等公共事业领域，以弥补政府财力及服务能力的不足。如美国通过发放“教育券”让求学者自主择校，英国通过发放“医疗券”让患者自主择医。三是授权社区，即政府以授权的方式鼓励各社区建立老人院、收容院、残疾人服务中心等公益事业。

3. 行政权力分散化

与上述政府职能和公共服务相关联，发达国家在推进行政改革的过程中，大都致力于缩小政府行政范围，分散政府行政权力。从政府内部分权来看，主要实行决策权能与执行权能相对分离。一些国家将政府部门分解成决策部门和具有特定服务功能的执行机构，使执行机构在财力、人力等资源配置上有更大的自主权和灵活性，同时对后果也承担更大的责任。在具体做法上，通常采取签订责任书的方式，明确执行机构的责任范围、工作目标及考核标准。英国是这一改革的典型，目前近 2/3 的文职人员已转到执行机构，澳大利

---

① 新公共管理理论：一般认为，新公共管理与传统行政管理有所不同，其主要主张有：(1) 政府服务应以社会和公众的需求为导向；(2) 更加重视政府的产出、结果、效率和质量；(3) 主张放松行政规制，实行绩效目标管理，强调对绩效目标完成情况的测量和评估；(4) 政府应广泛采用企业中成本—效益分析、全面质量管理、目标管理等管理方式；(5) 取消公共服务供给的垄断，对某些公营部门实行民营化，让更多的私营部门参与公共服务的供给；(6) 重视人力资源管理，提高人事管理的灵活性等。

② 企业型政府理论：所谓企业型政府，并不是要把政府作为企业来运作，因为二者毕竟存在很大的差别，而是指用企业家在经营中所追求的讲效率、重质量、善待消费者和力求完美服务的精神，以及企业中广泛运用的科学管理方法，改革和创新政府管理方式，使政府更有效率和活力。这一理论成为 20 世纪 90 年代一些西方国家，特别是美国政府改革的主导理论。

③ 治理理论：治理理论的核心观点是主张通过合作、协商、伙伴关系，确定共同的目标等途径，实现对公共事务的管理。其理论观点是：(1) 治理意味着管理主体的变化，政府不再是国家唯一的权力中心，各种公共和私人机构也可成为一定层面的权力中心；(2) 公共产品的供应可以由私人部门和第三部门承担，与政府部门相互依赖、互通资源，分担政府的责任；(3) 治理的目的是达到善治，实现管理者与被管理者的协调与合作。

亚、丹麦、瑞典、爱尔兰等国也有类似做法。从中央与地方之间的分权来看，许多国家在合理界定中央与地方事权的基础上，中央政府将更多的事权、财权、项目管理权、法规制定权等下放给地方政府，使地方政府拥有更大的权力和自主性。如法国、日本、西班牙等中央集权国家在维护单一制国家结构和政令统一的前提下，通过不断向各级地方政府下放权力，充分发挥地方政府的积极性。

4．政府管理电子化

政府管理电子化的核心是电子政务。这是随着信息技术在世界范围内的迅猛发展，特别是互联网技术的普及应用，在政府管理领域出现的崭新事务。电子政务的着眼点是，将电子政务建设与政府改革和社会服务结合起来，运用现代信息技术重塑、整合、再造传统管理方式和流程，提高政府的办事效率、透明度、廉政建设和国际竞争力。它首先于20世纪90年代在美国政府里面发展起来，① 此后，以顾客为导向的电子政府的理念迅速发展起来，电子政务广泛运用于各国政府的管理之中，使政府管理进入了一个新阶段。

5．政府管理企业化

参照企业管理，以企业家精神改革政府，采取一系列改革方法：实行绩效预算、项目招投标、内部企业化管理、质量管理、战略规划管理、国企民营化、使用者收费、合同外包、特许经营、人力资源开发等。1993年克林顿上台后，即以企业型政府理论为指导发动了一场历时8年的政府重塑运动，目标是使政府变得工作更好，花钱更少，更加进取和勤政。主要措施包括：倡导顾客至上理念，制定顾客服务标准；删除规章制度；下放权力给基层和一线人员；推动绩效评估；将企业广泛使用的质量管理、目标管理、项目成本预算等管理模式引入政府管理等。② 通过8年改革，裁减了42万多人员，清除了64万页规章制度，节约财政开支1 360亿美元，政府公共服务项目获得了公众的肯定。③ 英国自20世纪90年代开始在全国推行政府社会服务承诺制，制定工作绩效标准并向社会公布，在提高公共服务质量方面取得明显成效。澳大利亚、新西兰、法国等国的政府预算绩效改革，也取得公认的成效。

实践经验表明，上述西方发达国家重视基础理论对实践的指导作用，通过职能调整和引入竞争机制，使政府集中精力履行其核心职能，提供更多更好的公共服务；通过引进竞争机制和企业管理方法，实现政府管理创新；通过合理分解决策与执行权能和地方分权改

---

① 1998年，美国国会通过《政府文书工作缩减法案》（Government Paperwork Elimination Act），要求政府各部门逐步实现电子办公，规定到2003年全部实行无纸化文件，让公民与政府互动关系电子化。2000年9月，美国政府开通“第一政府”网站（www. Firstgov. gov）。2002年，布什政府颁布《电子政务法案》（E-Government Act），通过建立电子政府节约政府成本，提高政府工作效率。现在几乎每一个政府机构都建有自己的网页和公共邮箱，实现政府各机构之间以及政府与公民之间及时有效的沟通。

② 1997年美国国会通过《政府绩效与结果法案》（Government Performance and Results Act），规定所有联邦政府机构必须向总统预算与管理办公室提交战略计划；在每一财政年度编制年度绩效计划，设立明确的绩效目标，构成总统年度预算的一部分，后者交给国会审议；同时，所有联邦政府机构必须提交年度绩效报告，对实际绩效结果与年度绩效目标进行比较检查；赋予项目管理者适当权限，为项目运行及实际绩效承担更加明确具体的责任；总统预算与管理办公室将对各机构的绩效目标与实际绩效进行评估，并决定下一年度各机构的预算；等等。该法案成为美国通过立法对政府绩效进行管理的突出经验之一。美国《政府绩效与结果法案》的内容及实施情况，参见：http://www.mof.gov.cn/pub/yusuansi/zhengwuxinxi/guojijiejian/200810/t20081007_80367.html.

③ 中国行政管理学会深化行政改革课题组．深化行政管理体制改革的理论与实践．http://www.xjts.cn/llxx/content/2008-08/12/content_2813375.htm.

革，优化组织管理结构；通过实行政府绩效管理和评估，降低成本，提高绩效。改革取得了积极显著的成绩。同时，改革也产生了一些新的问题，如政府引进企业管理模式后，政府决策权与执行权分离，如何使政府就执行机构的管理和效率对议会承担责任；在行政权力分散化过程中，如何既发挥执行权的相对独立性和自主性，同时又保持政府决策权的集中和对执行权的有效监控和管理。这些都是需要解决的新问题。

二、当代西方国家公务员制度的改革①

作为国家行政制度的重要组成部分，西方国家公务员制度的改革是与西方国家行政管理体制改革紧密联系在一起的，尤其是与行政管理方式和管理结构的调整密切相连。为了适应政府公共管理的市场化，欧美国家在人事行政观念、职能、工作方式等方面做出了一系列的调整。传统模式中，管理者和政治雇员之间的关系是范围狭小的和技术性的，是发号施令者和执行命令者之间的关系。在管理主义模式下，二者之间的关系更为灵活和紧密。公务员与政治官员共存于管理的互动过程之中。这种开放式管理模式对传统人事制度的变革主要表现在以下几个方面：

第一，打破公务员职业的永久性和稳定性传统。西方国家传统的公共人事的基础是官僚制，公务员的职业终身制度即建立在这一组织范式和运作机制的基础之上。职务常任制在保持政府政策稳定性方面具有积极作用，但也使具有丰富专业知识和工作经验的公务员的工作态度日趋保守且自以为是，工作作风过分小心谨慎和墨守成规，对政治任命官员（行政决策者）的改革政策反应迟钝或消极对待，因而在某种程度上妨碍了政府行政效率的提高。因此，公共选择理论和新公共管理理论强调这种职业永久性和稳定性已经造成政府组织的功能失调并已带来许多社会和经济问题。鉴于此，西方国家公务员制度的改革之一即是通过公共服务中的可选择替代性组织形式或机制，降低政府的作用，减少政府雇员的数量以适应公共服务的新方式。② 其主要途径是将原来由政府机构直接提供公共服务的方式，转变为通过其他组织形式和机制提供。③ 对现有的公共雇员，增加雇佣关系的灵

---

① Bill Jones et al. *Politics UK*. *6th ed*. Essex：Pearson Education Limited，2007：538-560；Marc Landy & Sidney M. Milkis. *American Government—Balancing Democracy and Rights*. *2nd ed*. Cambridge：Cambridge University Press，2008：528-551.

② 英国自撒切尔政府开始此项改革以来，公务员的数量一直在减少。1979 年英国公务员为 73.2 万人，1999 年为 46 万人，尽管 2005 年增至 53 万人，2007 年初就降低为 55 万人。参见：Peter Holmes. *Introducing Politics for AS Level*. Cambridge：Peter Holmes，2008：454. 1993—2000 年，美国联邦文职人员减少 42.62 万，为肯尼迪政府以来的最低点。几乎每个文职机构都遭到裁减。参见：Marc Landy & Sidney M. Milkis. *American Government—Balancing Democracy and Rights*. *2nd ed*. Glenview：Cambridge：Cambridge University Press，2008：546. 法国政府在朱佩、拉法兰执政时期都提出削减政府公务员数量的口号，菲隆总理则提出要裁减 4 万个公务员职位的目标，以提高政府工作效率和减少公共债务。参见：William Safran. *The French Polity*. *7th ed*. Glenview：Pearson Education Inc.，2009：303.

③ 1988 年，英国政府开始实行一种叫作“下一步行动方案”的改革，即在保持政府部门从中央进行连续性政策控制的原则下，将某些行政执行、管理和服务职能下放，将部分政府部门分离出来，改编为半独立的执行机构，严格按照效率原则运行，如慈善互助机构、关爱儿童机构、教师退休金机构等。这些执行机构由总经理负责，按照企业方式运行，自负盈亏，并拥有重要的行动自由，最终对有关部长负责。总经理主要通过公开招聘录用，与政府签订可以续聘的定期合同，其薪水与绩效挂钩。此项改革开始后的 10 年中，超过 76%的公务员转到执行机构，其中 138 个部门是“下一步行动方案”执行机构。参见：Bill Jones et al. *Politics UK*. *6th ed*. Essex：Pearson Education Limited，2007：540-541.

活性。比如：公共部门使用临时性、兼职或季节性的雇员；通过雇佣契约使用不受传统公务员制度保护的外雇人员，以签约方式受聘、担任顾问性工作；公务繁忙时期临时聘请人手；等等。对于公务员来说，今后面临的是政府机关多样化的雇佣模式，这样将有越来越多的终身职位被取消。

第二，实行兼容并蓄的公务员分类制度和工资制度改革。目前西方国家公务员分类主要分为职位分类和品位分类两种。职位分类首创于美国，是以美国为代表的许多发达国家普遍采用的一种适应现代经济社会发展的需要而产生的科学人事管理方式和人事分类制度，其最大特点是"因事设人"，它强调的是公务员的职权和责任，而非担任该职位的公务员本人。美国的职位分类以精密细致而著称，并被认为是实行功绩制的一种方法和人事现代化的标志。20 世纪 80 年代以来，美国经过多次改革，重视简化分类制度和注重"人"的积极作用，但费时、耗资、繁复等问题始终没有得到很好的解决，特别是这种静态的分类模式，常常难以适应经常变动的职位结构。近年来，职位分类中出现了一些新的发展趋势，不少国家更加重视"人对职位的影响"，实行"级随人走"，此外，职位分类的体系结构也趋于简化。英国是最早实行公务员品位分类的国家，它强调通才的使用。近年来随着公务员职能范围的扩大和专业化程度的提高，英国不得不对传统品位分类制度做较大改进。在传统品位分类的基础上，吸收了美国职位分类的精髓，建立起品位分类与职位分类相结合的分类制度，表现出向专业分工和职业分类方向发展的趋势。从总的趋势看，出现了不同公务员制度与模式相互融合、辩证互补的趋势，主要体现在职位分类制度与品位分类制度交叉、优势互补，通才模式与专才模式取长补短等方面。

在改革分类制度的同时，西方国家也对公务员的工资制度进行了改革。传统的工资制度是指根据人的能力、学历、资历以及工作绩效的考核结果来决定公务员的报酬。随着职务分类制度的变革，公务员的岗位将趋向于灵活性。传统的工资制度将调整为适应新变化的 功绩工资制和功绩奖励制，即将公务员工作绩效和工资待遇结合，对中、下级公务员实行功绩工资制，按照其工作绩效来决定其工资水平，打破过去那种公务员按照服务年限平均地、自动地增加工资的制度；同时，对高级公务员实行功绩奖励制，以鼓励公务员提高工作效率和质量，吸引并留住优秀人才，带动整个公务员队伍素质的提高。自 20 世纪 80 年代以来，英国政府在公共产品服务的所有领域（如国民教育、国民健康服务和公务员系统等）推行新的管理方式。这种方式起始于撒切尔和梅杰政府，与"公民宪章"相连，后来又得到了工党政府的热情追捧。这种管理方式的特点包括强调低级和高级公务员工资的等级性和差异性，对人事管理和文牍主义采取积极主动的管理方式，强调目标设置和质量保障。

第三，简化法规和制度规定，增强公务员管理的灵活性。随着社会的不断发展，法律和制度规定也在不断增加。作为官僚体制的一部分，公务员制度本身具有内在的僵化性。这首先表现在比较严格的规章制度和工作程序上，它们常常使公务员循规蹈矩和墨守成规。在一些领域，过于繁杂的法律和制度规定由于制约了公务员勇于探索和创新的精神，不能为变化的环境提供合适而有效的公共服务，反而成了影响这些领域发展的阻碍因素。在美国，长期支配人事部门的一个基本管理思想是，应该通过种种条文规定，使所有的公务员都采取同一种行为方式。但事实并非如此。美国政府因此大幅度削减陈规陋制，减少对公务员过分的规则约束。同时，分权给下级行政组织和部门主管人员，让其有聘雇人员、核定薪资的权力。这些改革打破了美国公务员制度法规严密、整齐划一的传统格局，取消了过程取向的控制机制，相信并依靠公务员的责任心和能力来从事新的创造性工作，提高工作效率。同时也改变了照章办事的传统，革除繁文缛节，清除政府管理实质以外的其他附着物，让政府最大限度地释放潜在能量和创造力，以新的创造性工作实现社会的整体利益。

在旧的管理体制下，由于烦琐制度的束缚，一线的管理人员很难在人事管理上有所作为。改革后的公务员管理制度使政府部门可以自主设计符合本部门实际的公务员管理制度，采用更多的高效低耗的人事管理方法；同时，将人事部门的一些传统职能，通过市场机制由企业承担；人事管理机构及其职能实行合并，将原先分别由几个机构各自承担的人事管理职能合并到一个机构；提高人事管理的自动化和计算机的运用程度。

第四，从封闭走向开放的人力资源管理模式。受传统人事行政思想的影响，西方国家的公务员制度通过对人的一定程度的控制，达到官僚体制的正常运转。因此，公务员的进入、使用、退出这三个机制始终贯穿着一个理念，即将公务员视为一部机器中的零部件，管理的使命即是让这些“零件”循规蹈矩地按照设定的程序运转。但开放式人力资源管理的观点则将人看作是组织中的一种资源，一种保持长久竞争优势和不断发展的资源，它不仅具有组织要求的不同特征，同时又具有自主创造性。鉴于此，西方国家公务员制度改革摒弃了封闭式公务员管理的旧模式，强调在对政府雇员提供必要培训的同时，要广泛录用最优秀的人才到政府部门工作，从而提高政府的行政效率和整个公务员队伍的素质。这首先要求对公务员的选拔由封闭走向开放，限制或放弃了公务员的“终身制”。不少发达国家中国家公职部门临时性岗位的增加快于固定岗位的增长，① 实行聘任制已成为世界公务员制度改革的趋势。有些国家高级公务员职位向本国私营企业家和教育学术界专家开放，如英国从政府官僚体制外录用具有广泛经验和专业技术的高级公务员（如经济学家、律师、会计等）。截至 2007 年，估计每 5 个高级公务员中就有 1 个具有这种背景身份。②

第五，引入市场竞争机制，实行某些政府部门民营化管理。如英国对政府部门进行市场实验，推行市场化管理机制和私人财政方案。从 1992 年开始，英国政府鼓励公务员部门在履行某些辅助性功能方面向私人企业看齐，将卫生保洁、打字等工作分离出去。市场实验（market testing）就是让政府各个部门看本部门内部有没有可以雇用外部合同工而非部门内部雇员做的工作，这样既经济又实惠。市场化（marketization）则是将自由市场机制引入政府部门工作中，鼓励各部门之间展开竞争以节约成本。其中将企业引入政府部门管理的一种方法就是实行私人财政方案，利用私人资本开发建筑工程项目。在引入市场竞争机制的同时，为了使政府提供更好的公共服务，提高公共服务的质量和扩大公民对服务的选择，西方国家的政府还提出“消费者主权”“顾客至上”的原则，要求公务员在提

---

① 英国 1979—1983 年实行合同制的公职人员占公务员总数的 27%；澳大利亚 1989—1991 年联邦政府部门的全日制工作人员下降了 6.4%，而非全日制工作人员增加了 104.1%；美国实行考绩制的常任雇员已由 30 年代的 87.9% 下降为 55.5%。参见：80 年代后西方公务员制度的变革趋势. http://www.51edu.com/gongwuyuan/xinwendongtai/1391120.html.

② Peter Holmes. *Introducing Politics for AS Level*. Cambridge：Peter Holmes，2008：458.

供服务时更加投入，比以往付出更多。它们认为，把公民变为消费者，以市场代替政府，可以更适当、更有效地实现公共利益的最大化。从 1992 年开始，英国梅杰政府发展了一种实行“公民宪章”（Citizen's Charter）的观念。该宪章就是对公民在公共产品服务领域有哪些权利进行阐述，其基本目标是改进公共产品服务质量，使公共产品提供者对“公民”“顾客”“消费者”更加负责。在“公民宪章”下，又有许多“小宪章”，覆盖公共产品使用者的所有领域，包括就业、享受国民医疗健康服务的病人、铁路乘客、纳税人、学生家长、大学生等。尽管当初受人嘲笑，但它使国家公共产品服务领域发生了变化。它带来了目标、运行数据、标准和更加以消费者为导向的方法。这也意味着公务员现在与公民有直接的关联而不是通过部长中介与公民发生关系。1998 年布莱尔政府将其改名为“服务第一”（Service First），强调“新宪章”不应该由公共产品提供者单方面制定，应该与公众协商，旧宪章模糊条款和容易实现的目标应该为有关公共产品使用者期待结果的明晰信息所取代，还应表明公共服务质量的重要指标。有学者认为，这种方式与总经理方案类似，也有改变公务员与部长之间关系的趋势，将公务员置于更加直接的财政监督之下。

第六，实行信息公开，建立开放式政府。所谓开放式政府就是公民可以自由获得政府信息。在诸如瑞典和挪威这样的国家，公民有权获得几乎所有的政府文件。1976 年，美国国会通过了《阳光下的政府法》，规定除规定可不公开举行的会议情形外，政府部门或国会委员会举行的会议都必须向公众开放，提前一周发布有关会议的信息公告，接受社会监督；禁止隐匿应向社会公众披露的信息。英国政府建立开放式政府的举措主要包括：1992 年，为回应人们对撒切尔政府的批评，梅杰政府发起了建立开放式政府的倡议，鼓励公务员部门尽量公开接受公众的查询，梅杰也希望使公民能掌握有关公共服务的所有信息。紧随调查政府丑闻而出台的 1995 年的《诺兰报告》和 1996 年的《斯科特报告》，都强调政府内部需要更加开放。1998 年颁布、2001 年全面实施的《数据保护法案》（The Data Protection Act），允许人们获得有关他们自身的电子版和纸质版的信息。1998 年的《人权法案》（The Human Right Act）也提供了此类保护。2000 年，英国政府制定和颁布了《信息自由法案》（The Freedom of Information Act）。① 尽管与美国的相应措施相比较为逊色，但当 2005 年该法案完全付诸实施的时候，它的确给英国政府带来了许多变化。如设立信息专员职位以保证《信息自由法案》和《数据保护法案》正确地得到实施，规定人们若在获取信息过程中与政府部门产生纠纷，可以直接上诉至信息专员。2004 年底，政府宣布任何记者调查时可以获得的信息同时可以在互联网上公布。2005 年，政府将检察总长 2003 年向内阁提出的有关对伊拉克开战的合法性问题的忠告公之于众。2007 年初，政府将财政大臣的幕僚提出的有关 10 年前对养老金征收意外收入税的危险性的忠告公之于众。2008 年初，信息专员呼吁将决定对伊宣战的内阁会议记录公之于众。现在，内阁办公室每季度公布与外部组织举行的部长级会议、礼品（赠送和接受）、招待和海外旅行

---

① 该法案严格限定了信息公开的条件，如部长觉得信息可能引起伤害，则可拒绝予以公开；政府掌握的个人和企业信息可以保密而不对其他个人和企业公开；安全方面的信息仍然受到限制；内阁秘密受到保护；公务员的建议仍然保密。因此，个人获得信息的成本可能较高。参见：Peter Holmes，*Introducing Politics for AS Level*，Cambridge：Peter Holmes，2008：463.

的详细情况①等等。

三、当代西方国家政府改革的成效与问题

当代西方国家以“新公共管理”为取向的政府改革运动已走过了几十年的历程。目前对这一运动及其所形成的“新公共管理”模式做出全面的评价为期尚早，人们的评价也褒贬不一。但它对当代西方政府管理实践及管理模式所产生的深刻影响却是不争的事实。

“新公共管理”运动改变了西方政府管理的实践模式，实现了政府管理研究领域由传统的公共行政学向新公共管理学的范式转变。传统的公共行政模式被视为是一种与西方工业社会的政府管理相适应的实践模式，具有四个基本特征：一是政府组织及其结构应根据韦伯的官僚制（科层制）原则建立起来；二是公共物品及服务应由政府机构（官僚机构）来提供，即政府是公共物品的唯一提供者；三是政治（政策制定）与行政（政策执行）分开，公务员“政治中立”有助于责任制的落实；四是行政被当作一种特殊的管理形式，必须由终身受雇的职业化的官僚来担任。② 尽管这种模式曾在公共管理中发挥过重要的、积极的作用，但随着西方由工业化社会向后工业社会或信息社会转变，其基本原则受到了严峻的挑战，并在实践中逐渐失效或过时：首先，作为传统的公共行政模式基石的官僚体制（科层制）被证明是一种过时、僵化和无效率的政府体制模式，它专注于各种规章制度及指挥系统，使政府机构臃肿、浪费严重、效率低下，在变化迅速、信息丰富、知识密集的年代已不能有效运转。③ 其次，随着各种私人公司、独立机构和社会团体参与公共物品及服务的提供，政府机构作为公共物品及服务的唯一提供者的垄断地位已经动摇，不同的政府机构也为提供相同的公共物品及服务而展开竞争。再次，政治与行政的分开在实践中难以做到，公务员日益卷入政策制定过程之中，公务员的政治化趋势以及高层公务员的政治任命打破了公务员政治中立的信条。最后，传统的人事行政模式也发生了重大变化，公务员终身任职观念已被打破，合同雇佣、临时雇佣成为重要的用人方式。

“新公共管理”实践模式在某种意义上正是为了克服传统的公共行政模式弊端而出现的。与旧模式相比，“新公共管理”模式更具现实性和生命力。在英国，“新公共管理”改革给英国的公共部门管理以及公共服务带来了四个方面的重大变化：第一，随着许多国有企业卖给工人和股东以及在经济活动中实行大规模的私有化，公共部门已从直接的经济活动中撤离；第二，在公共部门中保留的社会政策职能已服从于管理化和市场化的过程，在以前属于在线管理组织的公共部门出现了创造“准市场”的种种尝试（例如在中央政府建立起了大量自主性的“下一步”机构），这些准市场的财政仍然是公共的，但引入竞争机制，如招标和合同承包；第三，在公共部门及公共服务领域出现了注重“少花钱多办事”、让钱更有所值、竞争绩效和成本指标的使用、加强成本核算和强化审计系统的趋势，相对绩效的评估更加公开化，并受中央指导系统的严格控制；第四，出现了一种由“维持现状的管理”向“变迁的管理”的转变。人们更强烈地要求透明的、积极的和个性化的领导方

---

① https://www.gov.uk/government/collections/ministers-transparency-publications.

② D. Hughes. *Public Management and Administration*: *An Introduction*. *2nd ed*. London: Macmillan Press LTD, 1998: 1.

③ 奥斯本，盖布勒. 改革政府：企业精神如何改革着公营部门. 上海：上海译文出版社，1996：12-13.

式，人力资源管理开始使用战略性的管理方式，组织发展不断地提出各种替代方案和更人性化的管理方式，学习型的组织也开始出现。[①] 在美国，据经合组织 1997 年度公共管理发展报告《公共管理的问题和发展：1996—1997 年美国概况》的评估，"重塑政府"运动的成效主要表现在政府的精简、机构的重建、顾客至上原则的确立、市场机制的引入、以绩效为基础的组织的出现和"重塑政府"实验室的建立等方面。在民营管理或合同外包方面，在地方市政层面取得比较明显的成果（如将垃圾收集外包给私企），在国家层面效果则比较逊色。

然而，当代西方国家政府改革也有其缺陷或局限性。人们对"新公共管理"改革取向及模式的理论基础、意识形态倾向、改革的总方向以及各种具体改革措施等提出了种种批评。

其一，人们批评"新公共管理"的理论基础和意识形态倾向。"新公共管理"是一种意识形态的思想体系，是一种新保守主义或新自由主义的公共管理哲学（甚至有人称之为右派政府的公共管理纲领）；这种公共管理新模式以公共选择理论和新制度经济学为其理论基础，滥用经济学的假设、理论和方法，是经济学帝国主义向公共部门管理领域的扩张。[②]

其二，人们批评"新公共管理"改革的市场化和管理主义的总方向，其市场化取向的改革体现了改革者对"市场价值"和市场机制的崇拜，是一种新的"市场神话"；"管理主义"的改革取向忽视了公共部门与私人部门的本质差别，照搬私人部门管理模式，实质上是一种"新泰勒主义"，片面追求效率，而对许多公共组织来说，效率不是追求的唯一目的，还存在其他目标。

其三，人们还对"新公共管理"改革的各种具体措施（包括市场导向、私有化、分权、放松管制、结果控制、绩效评估、顾客至上等）提出批评。例如，合同出租是市场导向的主要原则，它有利于提高效率与效益，但却缩小了公共责任范围，也妨碍公共官员与民众的联系与沟通；分权有利于增强自主性和灵活性，但也带来了分散主义、本位主义、保护主义，并增加公共开支；私有化有助于精简政府机构，增强公共部门的活力，但也损害了公民参与，妨碍了政治导向，并产生公共责任方面的问题；放松管制为各部门机构松绑，增加灵活性，但也带来新的控制问题；结果导向等企业化管理方式提高了效率，但也产生了如何与公共职能有机结合的问题；顾客至上提供了回应性、多样性的服务，但却把公民降低为一般的消费者。

其四，对于"新公共管理"的具体模式特别是"企业化政府"模式，人们也提出了十分尖锐的批评：该模式忽视了政府治理模式中制度与分权对政府的约束作用，它打破或侵蚀了立法、行政和司法三个部门的权力平衡，片面强调结果（产出）和目标而非投入和过程，市场导向原则将损害政治制度的稳定性，"顾客至上"原则将产生分配上的重大难题。[③] 该模式还包含四大价值冲突和价值矛盾：企业自主与民主负责之间的价值冲突，公

---

① Ewan Ferlie et al. *The New Public Management in Action*. Oxford：Oxford University Press，1996：3-6.

② C. Pollitt. *Managerialism and Public Service*：*The Anglo-American Experience*. Oxford：Basic Blackwell，1990：126，121.

③ 丁煌. 西方企业家政府理论述评. 国外社会科学，1999（6）：47-48.

共企业图景与公民参与价值之间的冲突，企业运转的隐蔽性与民主所要求的开放性之间的冲突，企业管理要求敢于承担风险与公共财政处置责任之间的矛盾。

在实践中它还遇到了人员精减问题、规章制度删除问题、权力下放问题、等级问题、政治与行政分离问题、是公民还是顾客问题、谁来负责问题、价值取向问题、改革的力度与持久性问题等。①

① 张梦中，斯特劳斯曼．美国联邦政府改革剖析．中国行政管理，1999（6）：43-45.

第七章

当代西方国家的司法制度

司法制度是一个国家政治制度的重要组成部分，是围绕司法权的行使而设立的司法机关和相应组织的性质、职权、组织体系、基本原则及工作制度等一系列规范的总和，其中法院制度是司法制度的核心。在西方国家分权原则下，司法权是与立法权、行政权并列的三权之一。根据西方国家的宪法，司法权就是法院的审判权，即各级法院对民事、刑事、行政案件在内的各种诉讼案件的裁决权。为保证司法活动的顺利运转，还需要其他机关的配合，主要是检察机关和司法行政机关。因此，狭义的司法机关仅指行使审判权的机关，即法院；广义的司法机关还包括检察机关和司法行政机关等。由于政体和历史传统不同等诸多原因，西方各国司法制度各具特色，在法院的设置、职权及与立法机关的关系，检察机关的地位及职权等方面都存在差异。

司法权的运作方式与立法权、行政权不同，司法机关是以独立的公断人的身份，通过公正审理和裁决各种诉讼来实施法律的，它赋予国家强制力道义的内涵。因此，西方各国的司法制度在维护法治和特定的社会秩序、保证民主政治体制的正常运转、保障公民的合法权益等方面发挥着不可替代的作用。

第一节　司法制度概述

一、司法权的特点

《牛津法律大辞典》对司法的解释是，司法是政府的主要职能之一，包括查明事实、确定与之有关的法律，以及就所查明的事实运用有关的法律，即对权利主张、争论和争议加以断定。从根本上说，司法职能是判定性的，即裁决争端。① 据此可以得出结论，司法权就是法院的裁判权，西方国家的这个基本认同与司法权的历史起源是一致的。但是，在

① 沃克．牛津法律大辞典．北京：法律出版社，2003：613-614．

西方国家的政治实践中，三权并不是绝对分立的，也有相互渗透和交叉的现象。法院的司法权通过立法、司法活动获得了拓展，有些国家的法院获得了违宪审查权或法律解释权。因此，现代社会司法权的含义更丰富，构成也更多样。除了裁判权，还包括法律解释权、违宪审查权等。

司法权行使的方式及原则与立法权、行政权不同，有着自己鲜明的特点。作为社会公正的化身（至少在理念上），西方国家的法院行使司法权有如下特点：

1. 被动性

行政权与司法权都在执行法律，但行政权是主动的，它不需要等待告发，完全可以在其职权范围内自主设立“议事日程”；而法院则是完全被动的，它不能主动行使职权，而实行“不告不理”的原则。非因当事人请求不得启动司法程序，而且司法程序必须围绕当事人请求的事项进行，这是世界各国审判活动的通则。对法院的这种特点，法国政治思想家托克维尔总结道：“向它告发一个犯罪案件，它就惩罚犯罪的人；请它纠正一个非法行为，它就加以纠正；让它审查一项法案，它就予以解释。但是，它不能自己去追捕罪犯、调查非法行为和纠察事实。如果它主动出面以法律的检查者自居，那它就有越权之嫌。”①

2. 终局性

司法的终局性可以从两个方面来理解。一方面，法院是社会上几乎所有纠纷的最终裁判者，行政行为是否合法不能由自身来判断，只有司法机关对此有最终的判断权；另一方面，法院在裁判任何案件时，都必须给出一个最终的裁判方案，而且该方案要在法律效力上具备稳定性，从而达到定分止争的目的。一般情况下，法院裁判一旦生效，双方当事人不得再向法院提出重新审判的要求，其他机关也不得再受理这一案件。司法最终裁决原则是现代法治社会的一项基本原则，正是在这个意义上，司法公正被视为社会公正的最后一道防线。

3. 依法性

只服从法律，这是法院与其他国家机关不同的又一特点。其一，法院的管辖权是法律明文规定的。其二，法院在审理和裁决案件时，只服从法律，不受政府、政党、媒体等的影响，这是法院司法权的最显著特征。法院是以判决的形式宣告法律的适用性，因此必须严格依据法律做出判决，“法无明文规定不为罪”，而行政机关则在法律范围内有一定的自由裁量权。其三，一般说来，法院只解决纠纷中的法律问题，不受理政治问题，如政府施政效果好坏不属于法院的管辖范围。

4. 权威性

司法权的行使以国家强制力为后盾，其依法所做出的裁决或判决具有强制性，即必须得到执行。“司法权体现了浓厚的国家强制力，如果没有这种强制力，则法律就是‘无焰的火，不亮的光’，法律秩序就不可能形成。”② 为此，如果出现不执行法院裁判的情况，法院可以强制执行，以维护法院裁判的权威性。权威性的另一个表现就是司法权的终极性，其所做出的裁判是最终的裁判。

---

① 托克维尔．论美国的民主：上卷．北京：商务印书馆，1988：110-111.

② 王利明．司法改革研究．北京：法律出版社，2001：9.

5. 中立性

法院是诉讼当事人之间的公断人，这就要求法院在发生争议的当事人之间保持一种超然和中立的态度，而不能对任何一方有所偏袒或歧视。法官一旦不能保持中立，就极有可能在认定事实和适用法律方面产生偏差，以致做出错误的判断。因此，司法权的中立性是保障司法公正的前提条件之一。根据司法权中立性的要求，“司法权主体本身与待决的社会冲突事实和利益之间必须具有非关联性，司法者的个人价值取向、情感等因素对冲突双方没有任何偏异倾向，并在裁断的过程中不受任何来自外部因素的干扰或影响”①。

二、司法权的功能

从严格的意义上讲，司法权主要是通过审理和裁决诉讼来实施法律，保证宪法和法律的正确实施，维护宪法和法律的尊严，其主要功能是解决争端。随着司法权的拓展，司法权在国家政治生活中的功能和作用也大大增强。其功能可以分为基础性功能和扩展性功能，基础性功能是指决定司法制度产生的基本功能，即解决社会冲突；扩展性功能则是以基础性功能良性发挥为前提和依托的衍生性功能，包括公共政策形成功能、权力制衡功能、权利保障功能和警示教育功能。正是这些功能的有效发挥，“才使得西方国家的民主政治能够走向一个更稳健也更公正的轨道”，可以说，“没有现代的司法制度和司法活动，就没有现代的民主政治”。②

1. 解决纠纷

通过裁判各种诉讼案件平亭曲直，定分止争是司法本身固有的功能，是由其存在目的所产生的根本功能。解决争端是法院最为重要的职能，并始终为其他功能的实施创造条件。“它构成法院制度产生的基础、运作的主要内容和直接任务，亦是其他功能发挥的先决条件。”③

从社会的角度来说，利益纷争或冲突是普遍存在的，而司法就是国家为当事人双方提供的不用武力解决争端的方法。尽管法院不是解决纠纷的唯一主体，但在法治社会中，司法是解决社会冲突最有效、最权威的方式。一般说来，除了少数政治问题如外交、国家安全及战争权力之外，社会上发生的任何冲突，包括公民之间，各种组织之间，公民、组织和国家相互之间的各种冲突，都可以诉诸法院通过司法程序来解决，法院通过查清事实、适用法律给出一个最终的裁决方案，使得纠纷平息。而且，与其他解决纠纷的主体相比，法院的裁判具有最高的权威性。

2. 制定公共政策

从严格的意义上说，法院主要是法律等公共政策的适用者，但在现代社会中，西方国家的法院在适用法律的过程中往往也在不同程度上创制公共政策。正如美国著名大法官卡多佐先生所言：“随着岁月的流逝，随着我越来越多地反思司法过程的性质……我已经渐渐懂得：司法过程的最高境界并不是发现法律，而是创造法律。”④ 原因很简单：“即使是

---

① 郝银钟．检察权质疑．中国人民大学学报，1999（3）．

② 胡伟．司法政治．香港：三联书店（香港）有限公司，1996：231．

③ 左卫民．法治社会中的法院功能．人民法院报，2002-03-20．

④ 卡多佐．司法过程的性质．北京：商务印书馆，2009：101．

最好的法律，也存在漏洞。”“这是因为，其一，立法者的观察能力有限，不可能预见将来的一切问题，其二，立法者的表现手段有限，即使预见将来的一切问题，也不可能在立法上完全表现出来。”① 这就必然导致现实生活中的纠纷和冲突，而司法权作为解决纠纷的最后方式，为谋求纠纷的平息，必须对社会的各种需求做出积极的回应，发挥类似政治那样的功能。

法院主要通过两种方式形成公共政策。一是通过解释法律或创造新的判例形成新的政策，在法律不完善、存有漏洞、法律规定不明确或相冲突、法律落后于社会现实等情况下，法院都可以通过具体案件的判决对宪法、法律做出新的创造性的解释或制定新判例，从而形成新的政策。1954年，美国联邦最高法院在布朗诉托皮卡教育委员会案的判决中，推翻了1896年在普莱西诉弗格森案中确立的“隔离但平等”的原则，宣布实行种族隔离的公立学校违反了《宪法》第14条修正案“同等的法律保护原则”，开了最高法院反对种族歧视的先河，并最终促使国会在1957年、1960年和1964年通过了几个民权法案。可以说，在制定有关种族关系的政策上，最高法院起到了核心的作用。② 二是通过司法审查权来干预公共政策。司法审查权是宣布一项法律、法令、政策或行政行为因违反宪法而无效的权力。在美国、日本等很多西方国家，普通法院有违宪审查权，德国等国设立宪法法院行使违宪审查权。从1798年到2004年，美国联邦最高法院共宣布170件联邦法律违宪。③在联邦德国，从1951年成立至1990年底，联邦宪法法院宣布同期联邦议院通过的4 298件法案中的198项联邦法律无效或违宪。④ 通过违宪审查权的行使，法院实际上迫使议会或行政机关改变主要政策。对此，英国学者维尔曾指出：“在美国政治史上，一些十分重大的决定不是由总统或国会做出的，而是由最高法院做出的。”⑤

司法权的被动性、个案性、中立性等特征，都决定了司法的政策功能是有限的。与立法或行政机关相比，法院的公共政策制定范围要小得多。当然，在不同的国家，法院的政策制定功能有很大差异。在英美法系国家，包括司法审查受到严格限制的英国，法官在裁决案件过程中可以立法，法院的政策制定功能就比较显著，在政治生活中扮演着非常重要的角色。而在大陆法系国家，法官在审理案件中只能依据法律，不得依据判例，不能任意解释、创造法律，法院的政策制定功能只体现在宪法法院的违宪审查中。还有些国家如日本，其法院长期奉行司法克制主义，对许多诉之门前的案件都以属于政治问题为由回避，法院的公共政策功能就很有限。

3. 制衡权力

真正意义上的权力分立原则，并不仅仅在于在国家权力体系中区分出几种权力，关键是权力之间的相互制衡，以实现民主政体的良性运行。在西方各国，无论是实行权力分立的国家，还是坚持议会至上的国家，都十分重视国家权力之间的制约，实现以权力制约权

---

① 王洪．司法判决与法律推理．北京：时事出版社，2002：25.

② 沃塞曼．美国政治基础．北京：中国社会科学出版社，1994：123-126.

③ George C. Edwards Ⅲ, Martin P. Watten berg&Robert L. Lineberry. *Government in America: People, Politics, and Policy*. New York: Pearson Education Inc., 2004: 535.

④ 宋冰．读本：美国与德国的司法制度及司法程序．北京：中国政法大学出版社，1998：572.

⑤ 维尔．美国政治．北京：商务印书馆，1981：211.

力。司法权作为三权中的一权，必然要承担权力制衡的功能，否则，就无法实现权力之间的平衡。“在制衡制中，法官实际上已变得如此重要，应予特别重视。”①

司法权的权力制衡功能主要体现在两个方面。第一，通过司法审查制度实现对立法权和行政权的制约。在实行司法审查制的国家，司法机关有权通过司法程序审查立法机关制定的法律、行政机关的法令及行政行为是否合宪，并宣布违宪的法律、法令及行为无效或不予适用。司法机关通过审理具体案件的方式，宣布国会制定的法律或行政机关的行政命令或行政行为无效，或不予适用，可以对这两个机关的权力形成强有力的制约，防止它们滥用权力，保障立法权和行政权在既定的政治体系内规范运行。第二，通过解决立法权、行政权之间的矛盾冲突，“保护宪法结构中政府三部门的分立、同等和独立的地位”②。由于权力分立将权力分给了联邦政府的几个部门，而联邦制又将权力分给了州政府和联邦政府，因而冲突就是不可避免的了。分权就需要有一个裁判员，而法院基本上充当了这个角色。③ 立法权和行政权由于管理事项的重叠和交叉，加之政党政治的影响，往往会产生权限争议和矛盾冲突，出现权力结构的失衡。而司法权的被动性减少了与其他两权发生冲突的可能性，非选举的终身法官又能够保持中立、超然的立场，因此，当立法权和行政权发生矛盾冲突时，法院就以中立者的身份担当起调解裁判的职责，谨慎地调节权力冲突，以实现立法权和行政权之间的平衡，维护分权格局。美国内战结束后到20世纪初，国会通过立法权掌握了调控社会经济发展的权力，形成国会政府，导致国会与总统权力严重失衡。最高法院凭借司法审查权，限制国会管制和干预经济的权力，从某种程度上抑制了国会权力的过分膨胀。到1892年，最高法院在菲尔德诉克拉克案中支持加强总统的行政任意性权力。从此，总统权力开始扩大，总统与国会的权力渐趋平衡。进入20世纪以后，总统的权力不断扩大，以至于出现“帝王般的总统”，形成了以总统为中心的三权关系的新格局。当总统权力过分膨胀危及宪法体制时，最高法院又会限制总统的权力，发挥平衡作用。在1952年的扬斯顿钢板和钢管公司诉索耶案中，最高法院裁决，杜鲁门总统在朝鲜战争期间为防止破坏性的罢工而接管钢铁厂是违宪的，重申行政权的行使必须有宪法或法律的授权。

中央与地方的矛盾和冲突也是很多西方国家面临的现实问题，法院在协调和平衡整体与局部关系，维护国家主权和法制统一方面，也是不可或缺的，在联邦制国家尤其如此。美国在建国初期，州权强大，而联邦相对较弱，最高法院通过1819年麦卡洛克诉马里兰、1824年吉本斯诉奥格登这两个里程碑案件的判决，宣布违反联邦法律的州法无效，有效地扩大了联邦政府的权力。而当联邦政府强势到侵犯州权时，最高法院也会通过宣布联邦法律违宪等方式限制联邦政府权力的不适当扩大，维护联邦政府与州政府之间的权力平衡。在加拿大，政府通过法院维护国家统一。加拿大是多民族国家，主要居民是英裔和法裔加拿大人，后者主要聚集在魁北克省。20世纪80年代，魁北克省执政的魁北克党提出魁北克政治上实现独立、经济上与加拿大其他地区保持联系，即“主权-联系”的主张，

---

① 伯恩斯，等. 民治政府. 北京：中国社会科学出版社，1996：43.

② Louis Fisher. *Constitutional Conflicts between Congress and the President*. Princeton: Princeton University Press, 1985: 15.

③ 沃塞曼. 美国政治基础. 北京：中国社会科学出版社，1994：120.

谋求独立。1980年和1995年，魁北克省就独立问题在全省举行两次公民投票，结果要求独立的主张均遭否决。1998年，加拿大政府向加拿大最高法院提起诉讼，要求最高法院就魁北克省政府是否有权力单方面宣布脱离加拿大、根据国际法魁北克是否拥有自决权、如果国际法与国内法在此问题上发生冲突该如何解决等问题做出法律解释。8月，最高法院做出裁决，宣布加拿大联邦宪法和国际法都不允许单方面决定独立，一个省无权单方面决定从加拿大联邦分裂出去。

法院通过制约立法权和行政权，调节立法与行政、中央与地方之间的权力矛盾和冲突，从而有效地防止权力的滥用和权力的扩张，维持国家权力结构的稳定和平衡，维护国家的领土完整和主权统一。托克维尔对此有精彩的评论："联邦的安定、繁荣和生存本身，全系于七位联邦法官之手。没有他们，宪法只是一纸空文。行政权也依靠他们去抵御立法机构的侵犯，而立法权则依靠他们使自己不受行政权的进攻。联邦依靠他们使各州服从，而各州则依靠他们抵制联邦的过分要求。"①

4. 保障权利

从政府权力与公民权利的关系上看，政府权力产生于公民权，因此，政府权力的最终指向是公民权。尊重和保障公民权是宪制民主的根本目的和基本原则，既防范国家权力对公民权利的侵害，也防止多数人对少数人的暴虐。正如麦迪逊所指出的那样："一个共和国最伟大之处不仅在于保护社会不受其统治者的压迫，而且能保护其一部分成员免受另一部分成员的不公正。"②

在宪法架构中，司法权解决纠纷和制衡权力的功能正好符合宪制民主保障权利的要求。首先，司法权的纠纷解决功能通过裁决公民、各种组织相互之间的纠纷，对合法权利受到侵害的一方给予有效的救济，从而保护公民或组织的合法权利免受他人或组织的侵害。其次，司法权的权力制衡功能可以使司法权通过对立法权、行政权的有效制约，防止两权可能产生的滥用，从而保护公民权利不受立法权和行政权的侵害。再次，司法权的权力制衡功能还可以通过调节立法权与行政权，使之保持适当的张力，维护分权体制，有效地防止任一权过分强大而形成专制，而专制是公民权利的天敌。最后，司法权的权力制衡功能可以平衡中央权力与地方权力尤其是联邦权与州权，既防止州权恣意损害国家法制统一，又防范联邦权过大而过分侵犯州权，从而保障公民的权利和自由。法院通过具体案件的判决，将请求变成权利，不断扩大原有的权利，创造新的权利，这使得法院成为"最重要的公民权利与自由的保护者"，"许多法官在扩大并深化公民权利与公民自由问题上起着带头作用"。③ 据统计，从1937年到1979年，在美国联邦最高法院宣布的49个违宪的联邦法律中，有47个同宪法保障的个人权利有关。④ 20世纪五六十年代，在美国社会普遍存在着种族歧视的情况下，美国最高法院通过审理布朗诉托皮卡教育委员会案，彻底否定了"隔离但平等"的原则，"将拖延已久的法律面前人人平等的原则扩及美国黑人"，"向

---

① 托克维尔. 论美国的民主：上卷. 北京：商务印书馆，1988：169.

② 汉密尔顿，等. 联邦党人文集. 北京：商务印书馆，1980：266.

③ 沃塞曼. 美国政治基础. 北京：中国社会科学出版社，1994：144.

④ 翟桔红. 论美国联邦最高法院司法审查权的平衡作用. 武汉大学学报，2002（5）.

前迈出了具有持久重要性的一步”,[①] 开启了黑人民权时代。20世纪60年代，最高法院更是在种族平等、性别平等、政治公正等方面捍卫公民权利。值得一提的是，在1964年的纽约时报公司诉沙利文案中，最高法院确立了公共人物例外论的原则，最大限度地保障大众传媒批评政府及其官员的权利。在德国，宪法法院的一个个判决，催生了人民对宪法和基本人权的尊重，这种尊重以前就根本没存在过。因此，在德国公众的印象中，法院是不向政治压力屈服的、保障普遍利益的保卫者。[②]

5. 警示教育

司法权通过强制性的公正解决纠纷，行使法律解释权和司法审查权，还可以发挥警示教育的功能。在西方国家，公开审判和陪审团制度都可以发挥警示教育功能。公开审判是西方国家法院在审判过程中的一个基本原则，除了涉及国家机密、个人隐私和未成年人犯罪及法律另有规定的案件外，法院审理案件都公开进行。公开审判一方面可以将法院的审判活动置于社会的监督之下，有利于司法公正。另一方面，对社会又有警示教育的作用。法院通过司法程序，确定某种行为是否违约，某种行为是否犯罪，对违约者判决赔偿，对犯罪者给予刑罚，对合法权利受到侵害的当事人给予救济，起到了惩恶扬善的作用，满足了人们对正义的需求，从而使人们敬畏法律，产生守法的动机。公开审判传播了法律知识，便于人们了解法律，从而更好地遵守法律。陪审团制度使普通公民有机会参与司法审判过程，这些公民通过参加审判，不仅直接了解到法律知识，更体验到法律精神。正如托克维尔所指出的那样：“应当把陪审团看成是一所常设的免费学校，每个陪审员在这里运用自己的权利，经常同上层阶级的最有教养和最有知识的人士接触，学习运用法律的技术，并依靠律师的帮助、法官的指点，甚至两造的责问，而使自己精通了法律。”[③]

法院的教育功能还体现在引导社会健康的法律观念和法律意识方面。“法律并不仅仅是保护利益的工具，它还是表达我们的价值观和身份的工具。围绕着人工流产、宗教、同性恋、同居及其他许多问题是否具有合法性的争论，法院业已成为表达不同生活方式的相对价值及对立性观点的舞台。”[④] 而在审判过程中，法官的裁判活动都遵照一定的价值观，经由审判将特定观念以多种方式宣扬，且经过日常的反复性的司法活动加以强化，从而内化于社会大众的内心之中，引导其行为循主流价值观而为。[⑤] 在美国，公民权利的适用范围在不断扩大，而“使这一过程发生的是一些法官和民间团体，他们的‘典型案例’缓慢地改变了公众的做法”。[⑥]

三、司法原则

司法原则是司法权在行使过程中所遵循的基本准则和基本精神，它是一个国家司法理

---

① 林克，卡顿. 1900年以来的美国史：下. 北京：中国社会科学出版社，1983：38.

② 胡伟. 司法政治. 香港：三联书店（香港）有限公司，1996：48.

③ 托克维尔. 论美国的民主：上卷. 北京：商务印书馆，1980：316-317.

④ 小岛武司，等. 司法制度的历史与未来. 北京：法律出版社，2000：24.

⑤ 左卫民. 法治社会中的法院功能. 人民法院报，2002-03-20.

⑥ 沃塞曼. 美国政治基础. 北京：中国社会科学出版社，1994：154.

念的集中体现，渗透于各项具体的制度安排和程序中，成为司法活动的指南。西方国家司法原则的主要内容，学界并无一致意见。① 最重要的司法原则包括公正、独立和民主。

1. 司法公正原则（judicial justice）

司法公正原则是西方国家司法制度的总原则，它既是司法独立、司法民主等原则的集中体现，又是它们的终极价值目标。

公正与司法有着内在的联系，司法的功能就在于平亭曲直、定分止争。很显然，司法这种矫正社会不公的功能在本质上就要求司法本身具有公正性，司法制度真正永恒的生活基础就在于它的公正性。公正是司法的灵魂，司法公正对实现社会正义具有重要的意义。培根说过："一次不公的判断比多次不平的举动为祸尤烈。因为这些不平的举动不过弄脏了水流，而不公的判断则把水源败坏了。"②

司法公正是公认的司法原则，但对于司法公正的标准，历来众说纷纭。③ 从西方各国的司法实践看，司法公正作为一项总的司法原则，是实体公正与程序公正的有机结合与高度统一，从这个意义上说，司法公正原则主要包括程序公正和实体公正。

（1）程序公正。诉讼程序是实施实体法的保证，程序公正是司法公正的基本路径。马克思曾指出："审判程序和法律应该具有同样的精神，因为审判程序只是法律的生命形式，因而也是法律的内部生命的表现。"④ 近代以来西方国家提出了"正当程序革命"，强调诉讼应当以"正当程序"为核心，只有程序的公正，才能保证结果的公正。英国宪法学权威戴雪认为，英国法律中的公民权利，是指程序上非依英国普通法不得剥夺的权利，⑤ 由此可见程序的重要性。

公正的司法程序是实现司法公正的载体和核心，它不仅可以实现公正，而且可以兼顾效率。效率的价值同样体现了公正的要求，西方法学界有一句著名的谚语：迟来的正义等于无正义。这表明了审理期限的过度迟延根本违背了正义的原则。因此，在实现公正的前提下，效率也是司法应当追求的重要目标。这就要求司法的每个环节都必须严格依照诉讼程序进行，严格的诉讼程序最大限度地限制了司法者在解决纠纷时可能出现的主观随意性，为司法机关公正、高效地解决纠纷提供了保障。

在西方各国的司法实践中，程序公正主要表现在以下五个方面：

第一，设置公正法院。西方很多国家把法院（law court）叫作公正法院（court of justice）⑥。认为要保证司法公正，首先要设置公正法院，即依据宪法和法律设立法院，并要求法院在宪法和法律规定的范围内行使司法权。欧洲历史上相继出现过诸如星宫法院、宗教裁判所等特刑庭，这些法庭没有法定的诉讼程序，更谈不上审判结果的公正，在很大程度上是统治者迫害异己分子的工具。因此，资产阶级革命胜利后，很多国家的宪法都明确规定，法院必须依法设立，严禁私自设立特别法院和私设法庭。

---

① 陈业宏，唐鸣．中外司法制度比较．北京：商务印书馆，2000：37-38.

② 培根．论司法．培根论说文集．北京：商务印书馆，1983：193.

③ 胡夏冰，冯仁强．司法公正与司法改革研究综述．北京：清华大学出版社，2001：6-7.

④ 马克思，恩格斯．马克思恩格斯全集：第1卷．北京：人民出版社，1956：178.

⑤ 胡伟．司法政治．香港：三联书店（香港）有限公司，1996：67.

⑥ 龚祥瑞，罗豪才，吴撷英．西方国家的司法制度．北京：北京大学出版社，1980：116.

第二，法官公正无私。法官是案件的最终裁判者，这就要求法官在审理案件的过程中严守中立的立场，不能有任何偏私。具体说来，“法官中立”要求：法官同争议的事实和利益没有关联性，对案件保持超然和客观的态度；法官与当事人双方保持同等的距离，不对任何一方存有歧视或偏爱。

第三，诉讼当事人有权获知全部的诉讼权利和诉讼程序，有平等的机会表达自己的意见。由于刑事案件的控方是国家的检察机关，为保证诉讼过程的公平、控方与辩方权利与地位的平等，西方各国一般都以法律规定刑事案件被告人享有的权利。一般说来，刑事案件的被告人享有以下权利：被告有权知道自己被拘留或逮捕的理由；被告有权在询问中始终保持沉默；被告享有由公正的陪审团予以迅速和公开审判的权利；被告有权要求律师的帮助；被告在审讯中有不自证其罪的权利，相反，控方却要举出证据来证实被告有罪；被告不得因同一犯罪行为受两次审判；被告不受残酷和非常的惩罚；被告有权得到免费的法律援助。

第四，公开审判。司法不仅是公正的、高效的，同时其实现的过程还必须是看得见的。一般说来，除了涉及国家机密、个人隐私、未成年人犯罪及法律另有规定外，所有案件的审理都公开进行。不仅诉讼过程公开，允许当事人到庭陈述、做证，允许公民旁听，允许新闻记者采访报道，而且诉讼结果公开，无论是公开审理还是依法不公开审理的案件，判决结果和判决书均向社会公开。①

第五，诉讼程序平等地适用于任何人，不得因出身、种族、性别、宗教信仰、居住地域等的不同而区别对待。如瑞士《宪法》第 60 条规定：“诉讼程序，对于他州公民应与本州公民同等待遇。”

（2）实体公正。实体公正是司法公正最重要的体现，甚至是唯一的体现。实体公正是司法的终极目标，从一定意义上说，司法机关的一切制度设计包括司法程序都是为了确保裁判结果的公正。

实体公正意味着对案件事实的准确认定和对实体法的正确适用。准确认定事实是正确适用法律的前提，但案件事实具有不可再现性，因此，只能是根据证据认定事实。正确适用法律是实体公正的核心和保障，其基本要求是法官在适用实体法时对一切案件和一切人应当遵循统一的标准，而不做不适当的区别对待。其具体标志有二：一是罪刑法定，罪名及其量刑应该是法律明确规定的。超过了法律的规定，则绝对是不公正的。二是在适用法律时，一视同仁，不偏不倚。对相同情况下的案件做出同样的处理，对不同的案件则做出不同的处理，不允许任何人享有特权或受到歧视。

2．司法独立原则（judicial independence）

司法独立是西方国家司法制度的基本原则。西方学者认为，司法权的运用是通过审理和裁决诉讼来进行的，因此，只有实行司法独立，才能确保法院的公正超然，公民的权利和自由才能得到有效的保障。

西方各国的司法独立原则是在不同历史条件下形成与确立的。英国的司法独立是在资产阶级与封建王权的斗争中逐步形成的。司法裁决纠纷的功能及英国衡平法的传统，使司

① 何家弘．中外司法体制研究．北京：中国检察出版社，2004：149.

法被资产阶级视为限制王权、维护个人权利和自由的积极力量。为限制专横的王权侵犯公民的权利，资产阶级主张，非司法机关，非按特定的司法程序不得对任何人进行逮捕和审讯。为防止王权干涉司法审判活动，资产阶级又提出司法独立原则，并以法律的形式确定下来。1701 年的《王位继承法》规定，国王非经上下两院的请求，不得将法官免职。

法国思想家孟德斯鸠在总结英国经验的基础上，系统提出了权力分立的学说，强调司法权同立法权、行政权分立是公民自由的前提。“如果司法权不同立法权和行政权分立，自由也就不存在了。如果司法权同立法权合而为一，则将对公民的生命和自由施行专断的权力，因为法官就是立法者。如果司法权同行政权合而为一，法官便将握有压迫者的力量。”① 孟德斯鸠的学说为西方国家确立司法独立原则奠定了理论基础。

在美国摆脱英国的统治、寻求独立并建立一个统一的合众国的过程中，以汉密尔顿为代表的美国思想家从权力机关之间分权制衡以防止专制集权的高度对司法独立原则做了进一步的阐释。汉密尔顿认为，在立法、行政、司法三权相互制约而达成的权力平衡中，司法权至关重要。在他看来，与立法权、行政权相比，司法权对社会危害最小，是制约立法权、行政权的有力手段。但“司法部门既无军权，又无财权”，“既无意志，又无强制”，相对于议会和政府对全社会的积极而全面的管理，司法权相对弱小，极易受到其他两权的侵犯。因此，他不仅主张法官职务终身制，以确保司法的公正不阿，而且他还主张授予法院“宣布违反宪法明文规定的立法为无效”的权力，以防范来自其他部门的干预和侵犯，保持三权之间的平衡，防止任何一权专横。②

此后，司法独立原则在资本主义世界得到了普遍的确认。法国 1791 年《宪法》规定：在任何情况下，司法权不得由国民议会和国王行使。1958 年《宪法》规定：法官为终身职。1946 年日本《宪法》规定：一切司法权属于法院，所有法官依良心独立行使职权，只受宪法和法律的约束。1947 年《意大利共和国宪法》规定：法官只服从法律。1993 年俄罗斯《宪法》规定：俄罗斯联邦境内的审判权只由法院行使；法官是独立的，只服从俄罗斯联邦宪法和联邦法律；法官不可撤任。

尽管各国的法律规范不甚相同，但司法独立总的精神是一致的。司法独立作为司法的一项根本原则，其基本含义主要包括三个方面：

（1）司法机关地位独立。司法机关的设置、权限、活动方式和程序等，都由法律明确规定。司法机关一经设立，除非法律明确规定，任何机关和个人都无权改变或撤销。而且，司法机关的经费包括人员工资和活动经费按照法律规定实行预算单列，由国库直接拨付。

（2）司法活动独立。司法机关依照法律规定，按照法定程序独立行使司法权，自主进行司法活动，其他任何国家机关、社会团体或个人均不得行使司法权或干预司法审判活动。而且，一个法院的审判活动，不受另一个法院的干涉。上级法院对下级法院的不当判决，也只能依据上诉程序进行变更。

（3）法官独立。从根本上说，司法独立的核心是法官独立，因为只有法官独立，才能

---

① 孟德斯鸠．论法的精神．北京：商务印书馆，1961：156.

② 汉密尔顿，等．联邦党人文集．北京：商务印书馆，1980：390-396.

确保法官的裁判过程或裁判结果不受外界的任何影响，因此，法官独立也是司法独立的重要保障。为此，西方各国一般都以法律规定法官职务终身制。法官一经法定程序任命，非经弹劾不得被免职、撤职或令其提前退休。而且，法官在审判活动中的言行不受法律追究。

权力分立是一项总原则，其在西方各国政治实践中有不同的表现形式，因此各国司法独立的制度形态也有所差异。英国和美国代表了司法独立的两种基本制度形态。长期以来，英国采取的是君主立宪的议会制政体形式，议会具有至高无上的地位，权力倾向于相互融合而非分立，上院议长、司法大臣和最高上诉法院首席大法官由一人兼任集中体现了三权的相互融合性。因此，在“弱分立，弱制衡”的制度背景下，司法独立性的保持主要来源于法律对法官独立性的保护，从而保障审判活动不受干预。2009 年 10 月 1 日，英国司法制度有了重大调整，最高法院正式成立，改变了长久以来由上院中的法律贵族行使最高司法权的传统，将最高司法权从上院分离出来。正如最高法院院长菲利普斯勋爵所说，这是联合王国第一次实现清晰的权力分立，意义重大。把最高司法权从立法机构分离出来，将更加强调司法独立。① 但是，最高法院无权审查议会的立法是否合宪，即法院没有司法审查权。对与《欧洲联盟法案》相冲突的国内法，最高法院只能不予适用，而不能宣告法案无效。对此，英国宪法学者戴雪在 20 世纪的总结仍然有效：“英国的法官从未主张自己有权撤销议会立法，他们也从未撤销议会立法；相反，议会有权废除法官创造的法律，并经常废除法官创造的法律。”② 美国最为彻底地推行权力分立与制衡，立法权、行政权和司法权分别由国会、总统和最高法院掌握并独立行使；三者在机构上、人事上相互独立，国会议员与总统分别由选民选举产生，有一定的任期，最高法院法官由总统提名，经参议院同意后任命，但终身任职。最高法院有审查国会制定的法律和总统发布的行政命令是否违宪，并宣布违宪的法律和行政命令无效的权力。美国的权力分立体制使司法权得到了扩展，司法独立不仅通过法官的地位和职务保障来确保司法审判活动不受干预，而且授予司法机关必要的权力以防范其他部门的侵犯，从而使司法独立的制度形态达到了一个新的高度。

然而，法官的根本职责是适用法律，在任何一个社会中，法律都是占主导地位的阶级或阶层的意志的反映。法官在判决时，不仅要受到自身的政治理念的影响，而且还往往受到利益集团、公众舆论的压力和影响。因此，完全“超阶级”“独立”的法官是不存在的，在大多数情况下，法官的判决同一个社会中的主流价值观念是一致的。

3. 司法民主原则（judicial democracy）

司法民主是西方国家司法制度的另一项重要原则，它既是司法公正原则的必然要求，也是民主政治的重要形式，亦是实现民主的重要方式之一。

与政治民主一样，司法民主的理念也来源于启蒙思想家的人民主权理论。美国著名学者罗伯特·达尔有如下阐述：“司法民主根源于以下司法观念：一是司法权来源于人民，

① 黄鸣鹤，赵蕾. 世上多了一个最高法院：英国最高司法权十月革命“二流最高法院”有一流之处. http://www.infzm.com/content/35932.

② A. V. Dicey. *An Introduction to the Study of the Law of the Constitution*. London：Macmillan，1959：60；何海波. 没有宪法的违宪审查：英国故事. 中国社会科学，2005（2）.

二是司法机关存在的必要性，三是司法机关必须尊重人格尊严和价值，四是司法权的有限性，五是以民为本的司法制度才具有生命力。”① 可见，司法权同国家的其他权力一样来源于人民，司法机关是接受人民的委托行使司法权的。这在西方一些国家的宪法中得到了体现：西班牙宪法明确表示司法权来自人民；意大利宪法规定，司法权以人民的名义行使。公正地解决纠纷是司法机关存在的全部理由，而公正解决纠纷的价值目标是保障人权，保障法律面前人人平等的权利，这就需要民主制度的保障。民主的要义在于公民参与，司法民主也要求公民参与司法。通过各种制度安排使公民以各种形式参与到司法活动中，既实现了司法权的社会分享，将民意引入司法过程，体现民主精神，同时又实现了社会权利对司法权的制约，可以有效地防止司法权的滥用，保障司法公正。西方法制史表明，公民之所以接受法院的裁决，是因为他们相信他们服从法院就是服从自己。在这一意义上，一个缺乏民主、频频背离民意的司法注定不可能长久地被民众所尊重。正是在这一意义上，司法民主才具有了长久和重大的价值，赋予司法权合法性和权威。正因如此，许多国家在司法改革中都强调司法民主的价值，并探索其实现方式。日本司法制度改革审议会将“国民的司法参加”作为日本21世纪司法制度改革的三大支柱之一，其在2001年6月提出的报告指出：“通过一般国民对审判过程的参与，就能将国民健全的社会常识反映到诉讼程序中来。这样就会加深国民对司法的理解和支持，同时，司法就会得到坚实的国民基础。”② 英国在2002年的司法改革报告中，也提出了增加公众参与的改革建议：“现代化的刑事司法改革必须让更广泛的民众参与。在这方面，我们得益于有一个健康的民众参与传统，每年，英格兰和威尔士两地有近2.9万名法官审理绝大多数的案件，有近20万人担任陪审员工作。”③

在西方各国，公民直接或间接参与司法的广度和深度不断扩展，对法官选任的参与、对法院审判活动的参与等制度化的参与形式都体现了司法民主的要求。

西方各国法官的产生方式主要有两种：一是任命，二是选举。大多数国家的法官由国家元首或议会或政府首脑任命产生，但任命权会受到制约，而这种制约在一定程度上也体现了民主精神。如美国联邦法院的所有法官都由总统提名，经参议院审议同意后任命，而参议院是民意代表机构，由选民直接选举产生。日本各级法院的法官都是由天皇或内阁任命产生的，但最高法院法官的任命还必须交付国民审查。实际上是国民对已经任命的法官进行信任投票，且这种审查每10年进行一次。而世纪之交的日本司法改革，为避免国民审查制度流于形式，又规定了保障措施——法官的信息公开，同时进一步强化了国民对法官候选人提名的知情权和咨询权。

选举制尤其是直接选举制最能体现司法的民主性，尽管汉密尔顿对民选法官心存忧虑，认为他们会因此过分迁就民意而无法忠实履行其作为宪法防御堡垒的艰巨职责，④ 但

---

① 达尔．论民主．北京：商务印书馆，1999：43.

② 最高人民检察院法律政策研究室．支撑21世纪日本的司法制度：日本司法制度改革审议会意见书．北京：中国检察出版社，2004：94.

③ 最高人民检察院改革研究室．所有人的正义：英国司法改革报告．北京：中国检察出版社，2003：273.

④ 汉密尔顿，等．联邦党人文集．北京：商务印书馆，1980：395.

选举制有助于“使法官的权力与选民的愿望相一致”。[①] 目前美国有 28 个州由公民直接选举产生法官，4 个州由州立法机关选举产生法官，另有 11 个州采取本州公民审查制。[②] 德国宪法法院的 16 名法官分别由联邦议院和联邦参议院选举产生。

在民主体制下，公民不仅可以选举和评判法官，还可以以适当方式亲自参与到司法程序中去，比如担任辩护人和陪审员。辩护是指被告人及其委托的人在法院审理案件时对起诉涉及的指控所做的申述和辩解，以证明被告人无罪、罪轻因而免除或减轻刑罚。在西方国家，辩护人一般都由职业律师担任，因此，辩护制度同律师制度是密不可分的。

律师的历史可以追溯到古罗马时期，当时法律制度比较发达，于是就出现了一批专门替人辩护和诉讼的专业人员。但律师制度作为司法民主的重要组成部分与西方民主的确立密切相关。在封建君主专制时期，司法机关采用秘密的诉讼方式，并常常刑讯逼供，有的甚至不许被告的证人出庭做证。对此，资产阶级提出了公开审判、被告人有辩护权等诉讼原则。1679 年，英国的《人身保护法》用法律形式确认了被告人的辩护权。资产阶级取得政权后，大都在宪法中明确规定被告有辩护的权利。如 1791 年美国《宪法》第 6 条修正案规定，在刑事诉讼中，被告人有权“接受法庭律师辩护的协助”。同年，法国宪法规定，从预审开始，就不得禁止被告人接受辩护人的援助。为保证被告行使辩护权，辩护逐渐职业化、制度化，形成现代律师制度。西方各国还普遍实行法律援助制度，由政府出钱或指派律师为请不起律师的被告人辩护。作为一种需要专门知识和使命感的自由职业，律师群体的根本价值在于为公众服务的精神。律师通过担任法律顾问、出庭为当事人辩护等方式，在为当事人主张权利的同时维护了社会正义，对司法公正起到了制度性的保障作用。西方法制史早已表明，没有职业律师阶层就不可能有真正的法治和司法民主。

陪审制度是普通公民参与法院审判的制度，其历史最早可追溯到古希腊奴隶制共和国时期。公元前 6 世纪，雅典建立了陪审法院，审判结果由陪审法官投票表决。现代意义上的陪审制度起源于英国。1066 年，随着诺曼底公爵成功征服大不列颠，诺曼人在审判中设立陪审团（jury）的古老习惯也传到了英国，并得到了不断发展和完善。1164 年，亨利二世颁布《克拉灵顿诏令》，规定在审理土地纠纷和重大刑事案件的时候应该找 12 名了解案情的当地居民担任陪审员，陪审员有义务就案情及被告人是否有罪宣誓做证。1275 年，爱德华一世颁布《威斯敏斯特条例》，规定所有刑事案件必须实行陪审制。1352 年，爱德华三世将陪审团分为大陪审团和小陪审团，前者负责起诉，后者负责案件的事实审查。

资产阶级革命时期，许多启蒙思想家都肯定了陪审制度，并从天赋人权的理论出发，赋予它新的意义，强调每个人都有权由“和自己同类的人”来审判。与此同时，资产阶级把陪审制作为向封建主争取司法权、保障自身利益的一种强有力的手段，提出了“人民代表参加审判”的口号。在民主制度确立后，西方各国普遍采用陪审制，并把它作为人的一项不可剥夺的权利和自由的保障。美国《宪法》第 3 条第 2 款规定，除弹劾案外，一切犯罪由陪审团审判。第 5 条修正案规定，非经大陪审团的报告或起诉，任何人不受死罪或其他重罪的宣判。第 6 条修正案还规定，在一切刑事诉讼中，被告人享有由犯罪行为发生地

---

① 小岛武司，等．司法制度的历史与未来．北京：法律出版社，2000：6-7.

② 曹沛霖，陈明明，唐亚林．比较政治制度．北京：高等教育出版社，2005：300.

的州或地区的公正陪审团予以迅速和公开审判的权利。

在西方国家，支持陪审制的核心理念是，陪审制是民主参与的体现。“实行陪审制度，就可把人民本身，或至少把一部分公民提到法官的地位。这实质上就是陪审制度把领导社会的权力置于人民或这一部分公民之手。”“陪审制度，像普选权一样，同是人民主权学说的直接结果，而且是这种学说的最终结果。陪审制度和普选权，是使多数能够进行统治的两个力量相等的手段。”① 陪审团的成员来自社会各个阶层，“可以在司法程序的核心领域代表公众发出决定性的声音”。因此，陪审团审判一方面可以将普通公民带入法律的专业世界，在一定程度上弥补了法官与社会脱节的缺陷；另一方面又使普通公民分享了法院的司法审判权，在一定意义上发挥了以权利制约权力的作用。在美国，每年约有 100 万民众被邀请以陪审员身份从事案件的审理活动，这种做法被认为体现了司法活动中的民主主义。②

陪审团的产生方式最能体现司法的民主性，西方各国的陪审团基本上都是从公民中直接遴选产生的。遴选陪审团一般要经过两个步骤，第一步是抽选，即从选民名单或者是电话号簿中随机抽选，产生陪审团候选人；第二步是庭选，将抽选出的陪审员候选人召集到法院，由法官和律师挑选出合格的人担任案件的陪审员。庭选通常先由法官向陪审团候选人提出特定的问题，以此判断他们是否胜任，当事人及其律师可以否决陪审员，当然在数量上有限制，如法国规定被告最多只能否决 5 人。

公开审判是对秘密审判的否定，是世界各国公认的公正审判方式。1791 年，美国《宪法》第 6 条修正案第一次确认了公开审判原则。此后，西方各国都以立法的形式明确规定了公开审判原则。1948 年，联合国大会通过的《世界人权宣言》第 10 条规定：人人完全平等地有权由一个独立而无偏倚的法庭进行公正和公开的审讯，以确定他的权利和义务并判定对他提出的任何刑事指控。1966 年通过的《公民权利和政治权利国际公约》进一步确认：所有的人在法庭和裁判所前一律平等。在判定对任何人提出的任何刑事指控或确定他在一件诉讼案中的权利和义务时，人人有资格由一个依法设立的合格的、独立的和无偏倚的法庭进行公正和公开的审讯。

公开审判制度是一个国家司法民主的重要体现，“被视为使司法裁判制度更贴近于人民的必要手段”。③ 严格地说，辩护制度和陪审制度只是使部分公民参与到司法程序中，而公开审判将法院的审判活动置于全体社会成员的监督之下。

第二节　司法机关的组织结构

在西方各国，狭义的司法机关指法院，广义的司法机关还包括检察机关。由于各国法律体系、历史传统和政治体制不同，西方各国司法机关的设置也有很大的差异。

---

① 托克维尔. 论美国的民主：上卷. 北京：商务印书馆，1988：314.

② 张建伟. 司法竞技主义：英美诉讼传统与中国庭审方式. 北京：北京大学出版社，2005：114.

③ 卡佩莱蒂，等. 当事人基本程序保障权与未来的民事诉讼. 北京：法律出版社，2000：54；崔英楠，刘风景. 公开审判制度的理论与实践. 中国社会科学院研究生院学报，2003（3）.

一、法院

各种类型的法院是司法机关的核心。经过长期的历史实践，西方各国都形成了一套组织严密的法院体系。

1. 法院的分类

西方各国的法院名目繁多，为研究方便，根据不同的角度，按不同的标准可以将其做如下的分类。

以法系为分类标准，可将法院分为大陆法系（the continental law system）的法院和英美法系（the Anglo-American law system）的法院。大陆法系只承认制定法，即由议会通过的法律，因此，其法律结构单一，与此相适应，这些国家的法院组织体系也相对简单。在法国，法院系统由普通法院系统和行政法院系统组成，在这两种法院之外设立权限争议法庭，负责审理普通法院和行政法院在审判权限上的争议案件。英美法系国家的法律结构比较复杂，既有制定法，又有判例法，不仅有普通法，而且有衡平法，因此，这些国家的法院体系也比较庞杂。英国在 19 世纪 70 年代以前有各种各样的法院，民事法院、刑事法院、衡平法院、习惯法法院、遗嘱法院、宗教法院等，各种法院在适用法律、诉讼程序、审判方式等方面都有所差异。后来英国多次对法院系统进行改革，1971 年议会通过了《法院法》，取消了衡平法院，对法院组织进行了全面改革和简化，但法院组织仍比较复杂。

以国家结构为分类标准，可将法院分为联邦法院（the federal court）和州法院（the state court）。联邦制国家由于国家结构形式与单一制国家不同，其法院体制也与单一制国家的法院体制有所差异，而同为联邦制国家，其法院体制也不尽一致。美国等国实行双轨制，即设立联邦和州两套法院系统，前者适用联邦宪法和联邦法律，后者除适用联邦宪法和联邦法律外，还适用州宪法和州法律，两者之间没有从属关系。而同为联邦制的瑞士则实行单一的法院体制，瑞士联邦设立统一的法院系统，州自行设立法院系统，联邦不在各州设立联邦的法院，联邦在州的司法权由各州行使，但终审权在联邦法院。德国和俄罗斯的法院体系属混合制。普通法院实行单轨制，设立统一的法院系统。德国的联邦法院和州法院实际上是一个系统。各州设立自己的法院系统，统一适用联邦法律和州法律，行使初审权和一定的上诉管辖权。联邦设立联邦法院，作为最高审级的法院。宪法法院则实行双轨制，德国分设联邦宪法法院和州宪法法院。俄罗斯的司法体系构成比较复杂。普通法院、军事法院和仲裁法院实行统一的等级体系，宪法法院系统采取双轨制，分设联邦宪法法院和联邦主体宪法法院，两者相互独立，互不统属。

从法院审理案件的性质来看，法院有民事法院（the civil court）和刑事法院（the criminal court）之分。民事法院主要审理有关债务、合同、婚姻关系等方面的纠纷案件，刑事法院则主要审理涉及犯罪行为的案件。民事案件与刑事案件在起诉、责任承担方式等方面都有所不同。因此，有些国家分设民事法院和刑事法院，分别审理民事案件和刑事案件。英国比较典型，其民事法院系统由郡法院、高等法院、上诉法院民事庭组成，刑事法院系统由治安法院、王室法院、上诉法院刑事庭组成，而最高法院是统一审理民刑事案件的终审机关。瑞士在州法院系统分设民事法院和刑事法院，联邦法院统一审理民刑事案件。法国的基层法院系统也分设民事法院和刑事法院，而上诉法院和最高法院则统一审理民刑事案件。大部分国家如美国、日本、俄罗斯等，不分设两类法院，各级法院统一审理民刑事案件。

在普通的民刑事法院之外，西方各国一般都设有审理特定案件的专门法院，如军事法院（the military court）、行政法院（the administrative court）、宪法法院（the constitutional court）等。专门法院和普通法院都是统一的审判体系的组成部分，共同行使国家的审判权。它们的区别主要在于，专门法院是按特定的组织（如军队）和特定的案件（如违宪案件）建立的审判机关，而普通法院则是按地域设立的审判机关。因此，专门法院的案件管辖范围是特定的，如军事法院只受理军队中现役军人的犯罪案件，而宪法法院只受理有关违反宪法的案件。各国国情和司法体制不同，专门法院的设置也有差异。如美国有联邦申诉法院、联邦税务法院，德国有财税法院、劳动法院、社会福利法院等，俄罗斯有军事法院、仲裁法院等。

从审级上看，西方各国的法院一般都设三级或者四级，分为初审法院、上诉法院和终审法院。初审法院基本上是基层法院，审理轻微的民刑事案件。上诉法院多为区域性法院，主要审理初审法院的上诉案件，同时受理不属于初审法院管辖的重大民刑事案件。终审法院是最高审判机关，是全国各级法院的终审机关。各国终审法院的具体设置有所不同，美国是联邦最高法院，是合众国所有案件的最终裁判机关。德国联邦法院是普通法院的终审法院，但联邦宪法法院可以撤销其违宪判决。法国的最高法院之上有权限争议法庭，负责审理最高法院和行政法院出现的争议。英国的终审法院是最高法院。

应该指出的是，传统上，各国法院系统中的终审机构是各国的最高审级，享有司法终审权。但是，欧盟成员国的司法终审权是不完整的，在各国的终审机构之上，还有欧洲法院。任何与欧盟法律相关的案件都可向欧洲法院提起上诉，欧洲法院为终审法院。欧洲法院设在卢森堡，由各成员国根据协议任命的 13 位法官组成，任期 6 年。

2. 英国的法院组织

英国的法律体系属于英美法系，其特点是法律结构比较复杂，既有制定法，又有判例法，既有普通法，又有衡平法，因此，英国的法院体系非常复杂。[①] 自 1873 年开始，英国多次对法院组织进行改革，相继通过了《最高法院组织法》（1873 年）、《法院组织法》（1875 年）、《最高法院司法（统一）法》（1925 年）、《验尸官法》（1926 年）、《治安法官法》（1952 年）、《法院法》（1971 年）、《最高法院规则》（2009 年）。通过改革，法院组织体系有所简化，但与其他国家相比，英国的法院系统仍比较复杂。从审理案件的性质上看，分为民事法院和刑事法院两大相对独立的系统；从地区上看，英格兰和威尔士地区的法院设置是一个模式，而苏格兰和北爱尔兰都拥有自己独特的法院系统；从审级上看，分为基层法院、高等法院和王室法院、上诉法院、最高法院四级。英格兰和威尔士的法院系统如图 7－1 所示。[②]

① 考克瑟，等. 当代英国政治. 北京：北京大学出版社，2009：399.

② Robert Leach，Bill Coxall，Lynton Robins. *British Politics*. Palgrave：Macmillan，2011：253.

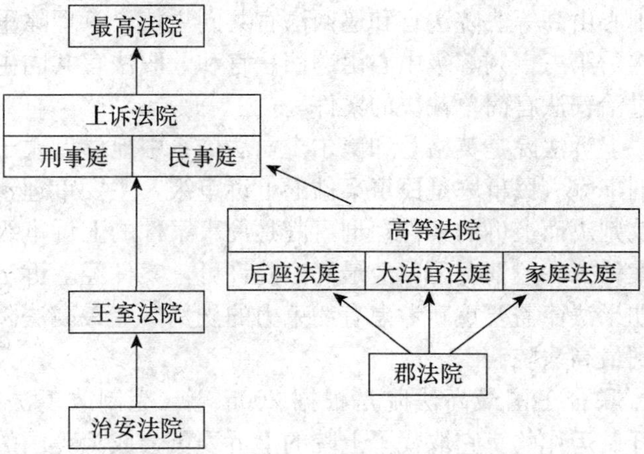

图 7-1　英格兰和威尔士的法院系统

（1）基层法院。英国的基层法院由郡法院、治安法院及其他专门法院和法庭组成。郡法院设于 1846 年，是专门受理民事案件的基层法院，主要负责审理轻微的民事案件，郡法院还对侵权、债务、合同、破产、收养、未成年人的监护等案件具有管辖权。郡法院不是按照行政区划而是按司法区设置的，英国共有 260 个郡法院。①

治安法院审理轻微的刑事案件，如交通违章案件等，不设陪审团。英格兰和威尔士大约 98%的刑事案件都由治安法院审理。② 根据有关法律，治安法院受理一小部分有关家庭诉讼的民事案件，但绝大部分一般民事案件都由郡法院审理。治安法院还兼有美国的大陪审团的职能，决定是否有足够的证据起诉犯罪。目前，英国共有约 700 个治安法院。③ 治安法院的法官分为领薪的与不领薪的两种，不领薪的占多数。

（2）高等法院和王室法院。高等法院设于 1873 年，其全称是英格兰和威尔士高等法院，受理较为重要的民事案件或来自郡法院的上诉案件。在特殊情况下，也受理来自治安法院和王室法院的上诉案件。高等法院目前设大法官法庭、后座法庭和家庭法庭等三个分庭。大法官法庭负责适用衡平法，主要审理有关信托、抵押、破产、遗嘱争议、合伙、公司法等方面的诉讼，下设专利法庭和公司法庭。后座法庭负责适用习惯法，主要审理有关合同、侵权等方面的案件，下设商业法庭和海事法庭。家庭法庭主要审理有关家庭纠纷的案件，如离婚、儿童监护、收养等。

王室法院是根据 1971 年的《法院法》，由巡回法庭和四季法庭合并改组而来的。它是单一的法院，但在全国设立若干个巡回审判区分别审理案件，英格兰和威尔士被划分为 6 个巡回审判区，大约有 90 个法庭。④ 王室法院由高等法院法官、巡回法官和兼职法官三种等级的法官组成，每个巡回审判区设立三种不同的审判等级中心。第一审判等级中心由高等法院法官主持，既审理叛国、谋杀等重大刑事案件，又审理高等法院自身管辖的民事案

---

① Robert Leach，Bill Coxall，Lynton Robins. *British Politics*. Palgrave：Macmillan，2011：253.

② Bill Jones et al. *Politics UK*. *6th ed*. Essex：Pearson Education Limited，2007：602.

③ Jorgen S. Rasmussen&Joel C. Moses. *Major European Governments*. Belmont，California：Wadsworth Publishing Company，1995：198.

④ 同②603.

件；第二审判等级中心由高等法院法官和巡回法官共同主持，审理除重大刑事案件外的其他应上诉的刑事案件；第三审判等级中心由巡回法官和兼职法官共同主持，主要审理轻微的刑事案件以及经过治安法官简单裁决的案件。

（3）上诉法院。上诉法院是英格兰和威尔士司法体系中地位仅次于最高法院的高级法院，下设民事庭和刑事庭。民事庭是民事案件的上诉审级，主要审理不服郡法院、高等法院、劳资法院等法院判决而上诉的案件；刑事庭是刑事案件的上诉审级，主要审理不服王室法院判决的上诉案件。一般情况下，经最高法院许可，案件经上诉法院到最高法院，但在极个别情况下，如果法律需要重新考虑有约束力的先例，经最高法院许可，案件可以从高等法院直接上诉到最高法院。①

（4）最高法院。联合王国最高法院是根据 2005 年《宪制改革法案》，于 2009 年 10 月 1 日正式成立并开始运作的。它取代了上院的上诉委员会成为英国的最高终审机构，上院上诉委员会的 12 位常任上诉法官同时成为最高法院的法官。最高法院的主要职责是审理来自英格兰、威尔士及北爱尔兰三个司法管辖区的上诉案件，与上院的上诉委员会一样，最高法院有权审理来自苏格兰的民事上诉案件，但若要获最高法院受理，事先必须要由两名苏格兰大律师确认上诉理由合理。

（5）专门法院和苏格兰法院系统。在民刑事法院之外，英国还设有军事法院、少年法院、劳资关系法院、反垄断法院等专门法院。

苏格兰有相对独立的法院系统。郡法院负责审理民事案件，郡官法院兼管民事和刑事案件，其上诉审级是苏格兰高等法院，这是苏格兰刑事案件的最高上诉审级，民事案件可以上诉到最高法院。

3. 美国的法院组织

美国是联邦制国家，法院系统实行双轨制，有联邦和州两套司法体系。前者是根据宪法，由联邦国会建立的联邦法院系统，适用联邦宪法和联邦法律；后者是各州建立的州法院系统，在适用联邦宪法和联邦法律的同时，还适用州宪法和法律。两者彼此独立，互不从属，在功能和运作上各有自己的特色。美国法院系统如图 7-2 所示。②

（1）联邦法院系统。根据宪法和相关法律，联邦法院的管辖范围主要包括：涉及联邦宪法、法律及美国与其他国家缔结条约的案件，涉及大使、其他使节和领事的案件，以联邦政府为一方当事人的案件，有关海事法和海事管辖权的案件，涉及不同州之间、不同州公民之间及本国公民与外国公民之间的案件等。联邦法院系统如图 7-3 所示。③

联邦法院系统由联邦地区法院、联邦上诉法院和联邦最高法院及军事法院等专门法院组成。联邦地区法院是美国联邦法院系统中的基层法院，根据人口数量和案件数量设置，每州至少设一个司法区，有 26 个州构成单独的司法区，其他各州被划分为两个以上的司法区，其中 3 个州（纽约州、得克萨斯州和加利福尼亚州）各有 4 个司法区。目前，包括

---

① Bill Jones et al. *Politics UK*. *6th ed*. Essex：Pearson Education Limited，2007：604.

② Christine Barbour，Gerald C. Wright. *Keeping the Republic*：*Power and Citizenship in American Politics*. Washington，D. C.：CQPress，2009：454.

③ Lawrence Baum，*American Courts*：*Process and Policy*. Boston：Houghton Mifflin Company，2008：26.

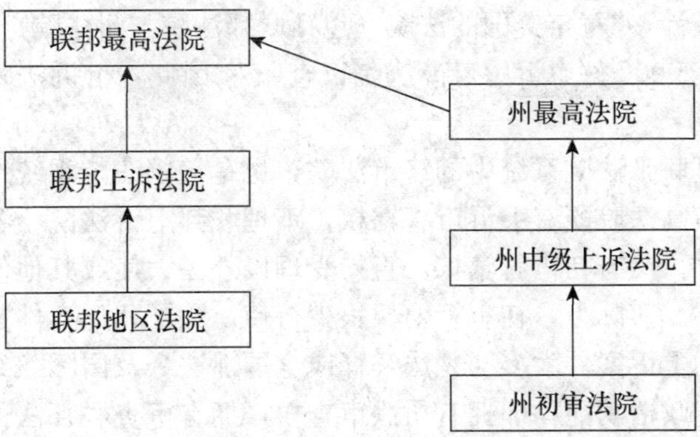

图 7-2　美国的法院系统

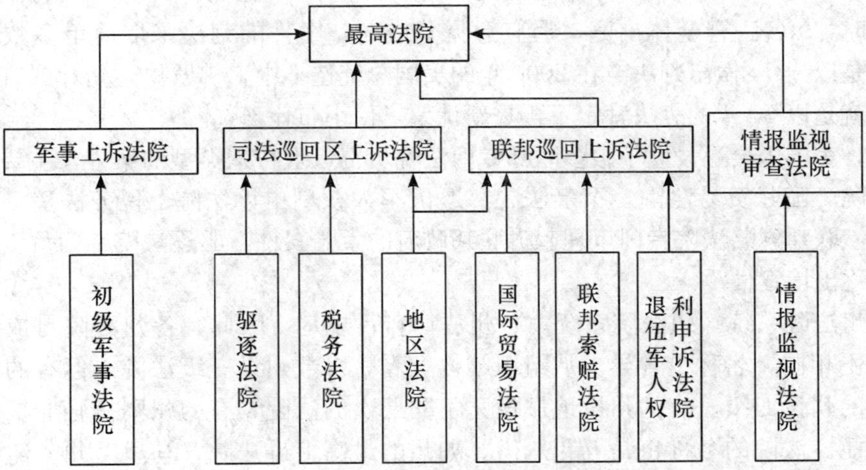

图 7-3　美国联邦法院系统

哥伦比亚特区、波多黎各在内，美国共有 94 个地区法院。[①] 联邦地区法院只有第一审管辖权，主要审理比较重大的民刑事案件。联邦地区法院是联邦法院系统中唯一实行陪审制的法院。对美国地区法院的判决，可以上诉到联邦上诉法院，也有少数案件可直接上诉到联邦最高法院。

联邦上诉法院，习惯上又叫巡回上诉法院，是联邦法院系统中的中级法院。目前，美国共有 13 个上诉法院，其中 12 个是按地域设立的，美国 50 个州及海外领地共划分为 12 个巡回区，其中首都华盛顿所在的哥伦比亚特区单独作为一个司法巡回区，每个巡回区设一个上诉法院。第 13 个上诉法院是 1982 年设立的联邦上诉法院，面向全国，主要负责审理有关专利、税收、国际贸易案件及美国政府作为被告的上诉案。与联邦地区法院相反，联邦上诉法院没有初审管辖权，只有上诉审管辖权，主要受理不服联邦地区法院、专门法院判决及不服联邦独立机构裁决的上诉案，而且只就下级法院适用法律是否恰当进行审理，不审理事实问题。联邦上诉法院的绝大部分判决是终审判决，只有少数案件能上诉到

① Lawrence Baum. *American Courts*: *Process and Policy*. Boston: Houghton Mifflin Company, 2008: 27.

联邦最高法院。据统计，“每年美国的法院（包括联邦法院与州法院）审理1 000万件以上案件，只有4 000至5 000件申诉由最高法院审查”。① 因此，上诉法院也是相当重要的政策制定者。②

联邦最高法院是联邦法院系统中的终审法院，也是美国法院系统中的终审法院，设在首都华盛顿。联邦最高法院既有上诉审管辖权，审理联邦上诉法院、各州最高法院及其他联邦法院的上诉案件，又有初审管辖权，直接受理以外国大使或其他使节及美国各州为一方当事人的诉讼案件。实际上，初审管辖权很少行使。除了死刑案件自动上诉到最高法院外，最高法院审理的上诉案件大多与宪法解释或全国性法令及国际条约有关。除了司法功能外，最高法院还有政治功能，即拥有司法审查权，拥有审查联邦法律、州法律及行政命令、行政行为是否合宪并宣布违宪的法律和行政命令无效的权力。联邦最高法院有法官9人，其中一人为首席大法官，只负责开庭和行政工作，审理案件时与其他法官权力相同。审理案件时，9名法官全体出庭，遇有意见分歧时，案件的判决采取简单多数决定的原则，经常是以5∶4做出判决。在2000年的美国总统选举中，佛罗里达州计票有误，联邦最高法院就是以5∶4的表决裁定不再重新计票，使小布什当选。

此外，美国国会还设立了很多联邦专门法院负责审理特殊类型的案件，主要包括：联邦索赔法院、国际贸易法院、军事法院、退伍军人权利申诉法院、税务法院、驱逐法院等。其中，联邦索赔法院专门审理起诉联邦政府的索赔案件，驱逐法院专门负责审理恐怖疑犯的驱逐出境案件。

（2）州法院系统。州法院系统由各州法律自行规定，因此，各州法院自成体系，组织结构互不相同，名称也各异。从组织结构上看，多数州设三级法院，但有的州只设两级，也有的州设四级。有的州按地域设立不同层次的法院，有的州则按轻罪、重罪划分法院的职能。法院的名称也是五花八门。如州的最高上诉法院，马里兰州、纽约州称之为上诉法院，马萨诸塞州、缅因州称之为最高司法法院，西弗吉尼亚州叫作最高上诉法院，康涅狄格州叫再审法院。③ 因此，有学者指出，美国有50个州，就有50套法院系统。

州法院与联邦法院是平行的司法体系，宪法和法律没有规定由联邦法院管辖而又不禁止州法院管辖的案件，州法院均有管辖权。州法院系统审理案件的数量大大超过了联邦法院，美国50个州的初审法院每年受理的民事和刑事案件多达2 900万件，而美国地区法院受理的案件在30万件以下。④ 而且，大部分案件由州法院终审判决，能上诉到美国最高法院的案件很少。因此，对于普通公民的日常生活来说，州法院是主要的法院。

4. 法国的法院组织

法国的法院设置比较独特，分为普通法院和行政法院两个互不统属的系统，普通法院又分为民事和刑事两个体系，负责审理民刑事案件，行政法院审理行政诉讼案件。在这两

① 沃塞曼. 美国政治基础. 北京：中国社会科学出版社，1994：109.

② Lawrence Baum. *American Courts*: *Process and Policy*. Boston: Houghton Mifflin Company, 2008: 30.

③ 宋冰. 读本：美国与德国的司法制度及司法程序. 北京：中国政法大学出版社，1998；杨弘志，丁大炜. 美国的法院系统. 法制与社会，2008（10下）：99.

④ 韩苏琳. 美英德法四国司法制度概况. 北京：人民法院出版社，2008：6.

种法院系统之外设立权限争议法庭，审理普通法院和行政法院在审判权限上的争议案件。法国法院组织系统如图 7－4 所示。[1]

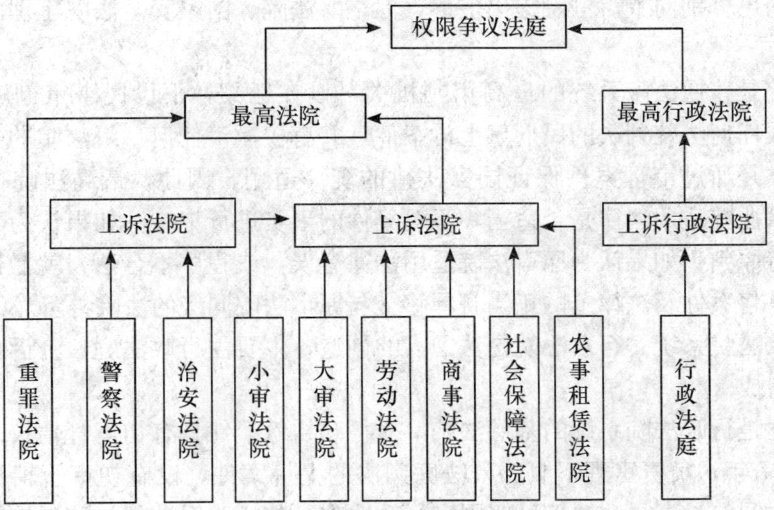

图 7－4　法国法院组织系统

（1）普通法院系统。普通法院分初审法院、上诉法院和最高法院。初审法院分刑事和民事两个系统，前者主要包括警察法院、治安法院及重罪法院，后者主要包括小审法院、大审法院、劳动法院、商事法院、社会保障法院和农事租赁法院等。警察法院主要审理轻微的刑事案件，全国共有 473 所；治安法院则审理轻罪案件，全国共有 139 所；重罪法院又称巡回法院，负责审理重大刑事犯罪案件，[2] 按行政区划设立，每个省设一所，共有 96 所。与其他法院不同，重罪法院不是常设机构，而是定期（一般一个季度）开庭，其判决是终审判决，一般不能上诉，只能就法律问题向最高法院申请复议。小审法院只受理 3 万法郎以下的民事案件，其诉讼程序比较简单，全国共有 473 所。大审法院主要审理较大的民事案件，法律没有明文规定由其他法院管辖的民事案件都可由大审法院管辖，但离婚案件、知识产权案件、不动产拍卖案件则专属于大审法院管辖，全国共设 181 所。劳动法院是审理劳动合同纠纷的裁判机关，其法官是劳资双方的代表，因此审理案件不领报酬，全国共有 271 所。商事法院负责审理商人之间的纠纷、有关商事公司职员诉讼及商人破产案件，全国共有 191 所。社会保障法院专门负责有关社会福利案件，全国共设 116 所。农事租赁法院专门审理关于农地租佃纠纷案件，全国共有 413 所。此外，法国还设有国家安全法院，主要审理违反军纪的犯罪案件和间谍、危害国防等和平时期颠覆活动的案件。

上诉法院也分民刑事系统，专门审理不服初审判决的上诉案件。上诉法院既不按省（96 个）设，也不按大区（22 个）设，全国共设 35 所民事上诉法院、33 所刑事上诉法

① William Safran. *The French Polity*. New York：Pearson Education Inc.，2009：330.

② 法国刑法将刑事案件分为轻微罪、轻罪和重罪，与此相适应，分别设警察法院、轻罪法院和重罪法院审理相关的案件。

院。[①] 上诉法院不具有初审管辖权，但对上诉案件的管辖权是排他的。由小审法院、大审法院、劳动法院、商事法院、社会保障法院、农事租赁法院、治安法院、警察法院审理的民刑事案件均可分别向上诉法院提出上诉，但重罪法院、国家安全法院审理的第一审刑事案件除外。

最高法院是普通法院系统的最高审判机关，设在巴黎，下设民事审判庭和刑事审判庭，受理不服任何法院判决的民刑事上诉案件，并有权撤销任何一级法院的判决。最高法院的主要任务是通过审理案件保证国家法律的统一适用，因此，最高法院在审理上诉案时，只审查原法院适用法律是否适当，不对案件的事实进行审查。如果认为下级法院判决正确，就维持原判；如果认为原审法院适用法律有误，或程序不合法，就撤销原判，但不做判决，而是将案件及法律上的正当解释移交与原审法院同级的法院再审。

（2）行政法院系统。行政法院是法国人的创造，主要由行政法庭、上诉行政法院、最高行政法院组成。

行政法庭是行政法院系统的基层法院，对行政纠纷案件具有初审管辖权。上诉行政法院设立于 1987 年，负责审理不服行政法庭判决的上诉案件，没有初审管辖权，只有上诉审管辖权。法国的最高行政法院又叫国家行政法院，包括非诉讼部门和诉讼部门，前者负责为政府提供法律咨询，后者负责受理不服下级行政法院判决的上诉案件，同时对一些重大行政案件有初审管辖权。国家行政法院的院长由总理兼任，总理不能视事时，由司法部长代理。其判决一般是终审判决，但在某些情况下，权限争议法庭可以撤销其裁决。

（3）权限争议法庭。普通法院和行政法院两套独立的法院系统，不可避免地会发生权限争议，因此，1872 年设立权限争议法庭，专门处理两个法院系统所产生的权限争议。具体而言，权限争议法庭主要处理三类案件：一是普通法院和行政法院都认为不属于自己管辖的案件；二是普通法院和行政法院都认为应由自己管辖的案件；三是普通法院和行政法院都进行了审理，但做出了相互矛盾裁决的案件。前两类案件，权限争议法庭决定由哪个法院来审理即可，而第三类案件，权限争议法庭有权审理并做出裁决。权限争议法庭做出的裁决是终审裁决，不许上诉。

5. 德国的法院组织

德国实行联邦制，法院的设置也分为联邦法院和州法院两个系统，但与美国法院组织不同，除了宪法法院实行双轨制外，德国的联邦法院和州法院不是两个平行的系统，而是一个统一的体系。德国的法院系统由宪法法院、普通法院、行政法院、劳动法院、财政法院、社会法院等不同的系统组成，形成多系统的法院格局。德国的法院系统如图 7－5 所示。[②]

（1）宪法法院。德国的宪法法院分为联邦宪法法院和州宪法法院两级，前者根据《德国基本法》设立，后者根据各州的宪法设立。两者各自独立，没有隶属关系。联邦宪法法院的地位超过其他联邦法院，是德国的最高司法机关。其职权是维护《德国基本法》的实施，有权审查联邦和州的法律是否符合《德国基本法》，并可以解决各宪法机构之间、联

---

① William Safran. *The French Polity*. New York: Pearson Education Inc., 2009: 330.

② 陈志斌. 德国政体教程. 上海：华东师范大学出版社，2007：479-480.

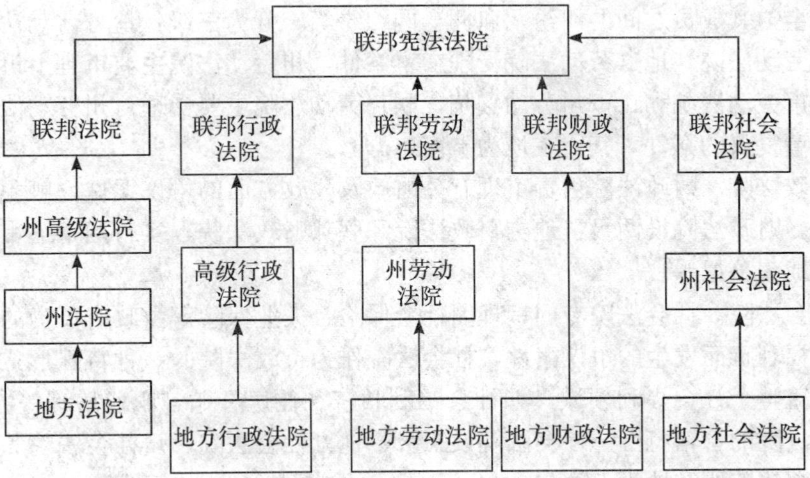

图7-5　德国的法院系统

邦和州之间、州与州之间的争议，对联邦总统的弹劾案进行裁决，对联邦法院法官违反基本法的行为进行裁决，对公民由于基本权利受到侵害的申诉进行裁决。因此，宪法法院在维护基本法、维护德国宪法秩序、保护公民基本权利方面发挥着重要的作用，被誉为德国的"基本法卫士"。州宪法法院的职权是维护州宪法的实施，审查本州的法律，处理本州公共机构之间的争议。宪法法院审理案件实行一审终审制。

（2）普通法院。德国的普通法院系统分为四级，即地方法院、州法院、州高级法院和联邦法院。联邦法院所在地为卡尔斯鲁厄。

地方法院是最基层的法院，审理小额民事案件和轻微的刑事案件，受理商务方面的登记事项。州法院是第二级的法院，按照法律规定受理不属初级法院审理的民刑事案件，并受理不服初级法院判决的上诉案件。州高级法院是第三级的法院，是州法院系统的最高审级，主要审理上诉和申请复议的案件，同时对反政府罪、间谍罪、恐怖活动罪和重大集团犯罪等侵犯国家利益的案件有初审管辖权。联邦法院是普通法院系统的终审法院，主要审理申请复议且上诉标的在3万欧元以上的案件，同时也作为州高级法院审理的重大刑事案件的二审法院，对州高级法院的判决进行复审。联邦法院的大部分判决是终审判决。如果案件涉及宪法上的问题，将被移送到联邦宪法法院。

（3）行政法院。同法国一样，德国设有独立的行政法院系统，分为三级，即地方行政法院、高级行政法院和联邦行政法院，实行三级三审制，但有些案件可以从地方行政法院直接上诉至联邦行政法院，事实上成为两审终审制。行政法院是与行政机构相分立、独立行使司法管辖权的审判机关，"审理公共机构在行使职权时与个人（包括自然人和法人）发生的争议"，"任何因为行政决定影响个人权利的争议都可以在行政法院提起"。① 联邦行政法院主要受理对高级行政法院的判决提起上诉和申请复议的案件，其所在地为柏林。

（4）劳动法院。劳动法院专门负责审理劳动争议案件，如劳资纠纷、工会与雇主协会

---

① 宋冰．读本：美国与德国的司法制度及司法程序．北京：中国政法大学出版社，1998：128.

的纠纷、工会与其成员之间的纠纷及雇佣合同纠纷等，分为三级：地方劳动法院、州劳动法院和联邦劳动法院。地方劳动法院受理初审案件，州劳动法院主要审理上诉案件，各州都设立有一审劳动法院和二审州劳动法院，联邦劳动法院主要受理对州劳动法院的判决提起上诉和申请复议的案件，其所在地为卡塞尔。

（5）财政法院。财政法院负责审理有关财政及税收方面的争议案件，触犯刑法时由普通法院管辖。财政法院设两级：地方财政法院和联邦财政法院，实行两审终审制。联邦财政法院所在地为慕尼黑。

（6）社会法院。社会法院专门审理因社会保险、失业保险等由政府负责的赔偿及国家法律规定的福利费而发生的争议案件，社会法院作为行政法院的一种特殊形式，其司法管辖权并非涵盖整个社会福利领域，如社会福利救济、住房补贴、职业培训等方面的纠纷，则属于行政法院的管辖范围。社会法院设三级：地方社会法院、州社会法院和联邦社会法院，联邦社会法院所在地为卡塞尔。

由于存在不同的法院系统，法院判决相互矛盾的可能性大大增加，1968 年，德国建立了联邦法院的联席会议，由各联邦法院的主席组成，主要讨论有争议的案件的法律适用问题，以避免在重大法律原则问题上出现冲突。

二、检察机关

西方国家的检察机关是代表国家提起公诉、追究犯罪，实施法律监督的机关。它以国家强制力做保障，通过向法院提起诉讼来追究犯罪，从而保护公民权益和社会秩序。因此，检察机关一直被视为社会公共利益的代表。

在人类社会发展的很长一段时间里，许多国家在追诉犯罪方面实行私人追诉主义，将追诉犯罪权赋予公民个人。但由于公民个人力量有限，不易取得证据及恐惧等主观因素，常常主动或被迫放弃对犯罪的追诉权。有的国家虽然对犯罪实行国家追诉，但通常控审不分，由一个机构负责案件的侦查、起诉和审判，这导致干预犯罪的权力过分集中，导致有些法官滥用职权、贪赃枉法。因此，两者都不能有效地制止犯罪，切实保护公民的合法权益和社会秩序。

法国是世界上最早建立检察制度的国家。12 世纪末，法国国王在各地设立了国王代理人，办理国王委托的各种事务，当国王利益受到侵害时，代表国王进行追诉。到 14 世纪，国王的代理人从执行私权追诉转变为对犯罪行为进行公诉，开创现代检察制度的先河。后来，国王代理人的权限不断扩展，除了检举、告发犯罪外，还扩展到侦查犯罪、监督司法行政等事务。1808 年，拿破仑颁布了法国第一部刑事诉讼法典，规定了检察官在刑事诉讼中的地位和职权，“建立起了起诉、预审和审判职权分立的原则，即检察机关行使起诉权，预审法官行使预审权，包括收集犯罪证据、认定犯罪事实和犯罪性质，审判法官独立行使审判权”，[①] 标志着检察制度的诞生。在法国的影响下，西方许多国家先后建立起检察制度，采取国家公诉的方式追究犯罪。随着形势的发展，检察机关的组织设置不断完善，其职能也得到了扩展。

---

① 金明焕．比较检察制度概论．北京：中国检察出版社，1991：18.

1. 检察机关的组织设置

西方各国检察机关的组织设置各有特色。从检察系统内部关系看，单一制国家在全国设立统一的检察系统，如日本的检察机关的设置与各级法院相对应，分四个层次，最高检察厅、高等检察厅、地方检察厅、区检察厅。此外，在高等法院、地方法院和家庭法院派设分院的地区，以法务大臣命令的形式设置与之对应的高等检察厅、地方检察厅的分厅。各级检察机关实行垂直领导，上级检察厅对下级检察厅有指挥监督权。英国原来没有一个统一的检察系统，除少数重大案件由检察总长监督下的检察处提起公诉外，大多数刑事案件由警察部门提起公诉。1985 年，英国颁布了《犯罪追诉法》，对检察机关的设立及犯罪的起诉等方面，做了一系列新的规定。据此，1986 年 10 月 1 日，英国建立了独立于警察部门的中央检察机关——皇家检察署，将起诉权从警察部门剥离出来，集中由检察机关行使。根据随后制定的《皇家检察官规则》，皇家检察署是英格兰和威尔士的公共事业单位，负责起诉由警察局侦查终结的所有刑事案件。① 皇家检察署分为中央和地区两级检察机构，除总部外，经过改革，皇家检察署在英格兰和威尔士设立 42 个地区检察署，基本上与警区相一致，负责所在地的刑事案件起诉工作。② 与其他联邦制国家不同，俄罗斯也是设立统一的检察系统，由联邦总检察院，联邦主体（共和国、边疆区、州、联邦直辖市、自治州、自治专区等）检察院、区（市）检察院及军事检察院等专门检察院组成。俄罗斯《宪法》规定，俄罗斯联邦检察机关是下级检察长服从上级检察长和俄罗斯联邦总检察长的集中统一体系。

而联邦制国家与国家结构形式相适应，一般设立两套检察系统。美国的检察体制具有“三级双轨，相互独立”的特点。③ 所谓三级，是指美国的检察机关设联邦、州和市三级；所谓双轨，是指美国有联邦和地方两套检察系统，两者各自独立，不存在隶属关系，也没有监督和指导的关系。美国联邦检察系统由联邦司法部中具有检察职能的部门和联邦地区检察署组成，其首脑是联邦检察长，同时也是联邦的司法部长。美国联邦司法系统分为 94 个司法管辖区，每区设一个联邦检察署，由一名联邦检察官和若干助理检察官组成。地方检察系统以州检察机构为主，一般由州检察长和州检察官组成。在联邦制下，各州的检察系统设置不尽相同。州检察官的司法管辖区一般以县为单位，但在人口稀少的地区也可能由几个县组成。全美国共有 2 700 个州检察署。州检察官的名称也五花八门，包括州检察官、地区检察官、县检察官、公诉律师、县公诉人、法务官等。④ 市检察机构是独立于州检察机构的地方检察机构，但并非所有的城市都有自己的检察机构。在那些没有检察机构的城市，检察工作归州检察官负责。联邦和地方检察官产生的方式不同，联邦检察长和联邦检察官由总统提名经参议院同意后任命，而绝大多数州检察长由州议会选举产生，州地区检察官由本地区的选民选举产生。此外，美国历史上还设立过独立检察官。1972 年，“水门事件”发生后，司法部长任命了“特别检察官”进行深入调查。1978 年，国会通过《政府行为准则法》，将任命特别检察官的做法制度化。1982 年，特别检察官正式更名为

---

① 程汉大，李培峰．英国司法制度史．北京：清华大学出版社，2007：404.

② 郑先红，徐前，凌瑾．英国司法制度概述及启示．中国司法，2011（12）.

③ 何家弘．检察制度比较研究．北京：中国检察出版社，2008：8.

④ 同③9.

独立检察官。独立检察官的人选来自检察系统之外的法律界人士，其职责是调查总统及其他高级官员的非法行为，搜集证据并向国会提出建议。独立检察官在调查过程中，拥有管辖范围内的“充分和独立的权力”。美国共任命过8位独立检察官，包括调查“水门事件”的贾瓦斯基和调查克林顿“桃色事件”的斯塔尔。当初，设立独立检察官是为了排除政治干扰，更有效地反对高官腐败。但在两党制的政治框架下，独立检察官又不可避免地成为政党政治斗争的工具。1999年6月30日，《独立检察官法》在争议中未能得到延期，① 独立检察官也成为历史。

德国、加拿大也是设立两套检察系统。德国分别在联邦法院、州高级法院和州法院内设联邦总检察院、州级总检察院和州检察院。德国的检察机构隶属于行政系统，联邦总检察院受联邦司法部领导，州级总检察院和州级检察院受州司法部领导。联邦检察院和州检察系统没有垂直的领导关系，各自独立。联邦总检察长领导联邦的检察工作，但对各州的检察机构没有领导权和管理权。州检察院自成一体，上下级是命令与服从的关系，州总检察长统一领导州的检察工作。但加拿大的检察机关分为联邦和省两个系统。2006年，加拿大进行了检察机构改革。之前，加拿大联邦检察系统隶属于司法部，由总部（刑事司法局）和司法部各个地区检察官署组成。2006年12月，加拿大颁布了《联邦检察署署长法》，对检察体制进行改革。根据法律，加拿大成立了联邦检察署，从此，加拿大检察机构不再隶属于司法部，成为独立的联邦检察机构，依据联邦法律独立行使职权。联邦检察署包括位于首都渥太华的总部办公室、11个地方官署、5个地方分署和一些同时隶属于竞争局的擅长竞争法诉讼的联邦检察官员组成。②

从检察机关与法院的关系看，西方国家检察机关大都独立行使职权，不受法院制约。在组织设置上，大致可分为审检合署制和审检分离制。大陆法系国家一般采取审检合署制，法国、德国、意大利都属这种类型，检察机关设在相应的法院内。法国没有设立与各级法院平行的检察机关，而是由司法部向各级法院派驻检察官。除基层法院由当事人或警察提起诉讼外，每级刑事法院都派驻有检察官，而且检察官与法官地位一样，穿同样的制服，享有同样的特权和保障。由于检察官在开庭发言时立而不坐，被称为“站着的法官”，而审判官被称为“坐着的法官”。德国的检察机关也与各级普通法院对应设置，每一法院配置一个检察机关。意大利在各级法院中设置检察官，检察官具有法官资格。英美法系的国家一般实行审检分离制，设立相对独立的检察机关。英国的检察机关独立于法院系统之外，也不隶属于行政机关，是一个相对独立的系统。美国、日本等国也是在法院之外设立检察系统。日本的检察机关在二战后经历了从大陆法系模式向英美法系模式转变的过程。战前，日本仿效大陆法系国家检察制度的模式，主要受法国和德国的影响，在法院中设检事局负责检察工作。战后，检察机关从法院系统中独立出来，设立检察厅，统一负责全国的检察工作。

在检察机关与行政机关的关系上，无论是审检合署制还是审检分离制，西方国家的检察机关大都隶属于司法行政机关。法国的检察机关由司法部领导，所有检察官均由司法部

① 《独立检察官法》规定，该法的有效期为5年，期满后是否延续，由国会决定。

② 何家弘．检察制度比较研究．北京：中国检察出版社，2008：79.

长提名，总统任命，总检察长向司法部长负责。德国的检察机关隶属于司法部，联邦总检察长和副总检察长接受联邦司法部长的领导；州检察机关从属于州司法部，州高等检察院检察长要接受州司法部长的领导。日本的检察机关隶属法务省，法务大臣可以对检察权的行使进行指挥和监督。美国的联邦检察机关与司法行政机关是合二为一的，联邦司法部实际上就是联邦检察机关，只是内部机构分工不同而已。① 联邦总检察长兼任司法部长。加拿大的联邦检察机关原来也设在司法部内，为加强刑事起诉的独立性，2006 年 12 月，加拿大检控署取代了联邦检控署，成为独立的机构。② 但英国、俄罗斯的检察机关既不与法院合署，也独立于行政系统，自成相对独立的体系。

2. 检察机关的职权

西方各国检察机关的性质和法律地位不尽相同。大部分国家尤其是英美法系国家，将检察机关定位为公诉机关，在刑事案件中负有指挥侦查、提起公诉的权力，同时有的国家检察机关也参与民事和行政诉讼案件；大陆法系国家一般视检察机关为司法监督机关，除了行使公诉权外，还有监督法院的审判程序、庭审活动是否合法的权力；俄罗斯的检察机关是护法机关，③ 其作用是保障法律的至高无上和国家、人民利益的实现，拥有从公诉、监督法院审判判决执行到监督各部门企事业单位和公职人员执法情况的广泛权力。总之，西方各国检察机关职权的大小因各国检察机关的性质和地位不同而有所差异。一般说来，与英美法系国家的检察机关相比，大陆法系国家检察机关的地位比较高，其职权范围也要宽泛一些。但总的看来，西方各国的检察机关一般都有下列权力：

(1) 公诉权。代表国家向法院提起公诉，并出庭支持公诉。追诉犯罪是检察机关的最基本的职权，也是检察权产生的基本制度价值，一般都由国家的刑事诉讼法明确规定。在具体实践中，很多国家对犯罪的追诉都实行检察官提起公诉为主、被害人自诉为辅的原则。重大的刑事案件由检察机关向法院提起公诉，但轻微的刑事案件，允许被害人自诉，英国、美国、法国、德国都是如此。但日本实行所谓的“检察官起诉垄断主义”，法律不承认检察官以外的人有起诉权，所有的刑事案件都由检察官提起公诉，不允许被害人进行自诉。美国《宪法》第 5 条修正案明确规定：非经大陪审团提出公诉，公民不受死罪或不名誉罪的宣告。因此，美国检察机关的公诉权与其他国家有所不同，较轻的刑事犯罪案件，由检察官提起公诉或公民自诉。重罪的起诉由大陪审团和检察官共同承担，在检察机关提起公诉之前，必须由大陪审团做出决定，有的州还要经过地方法院预审。经过大陪审团的审查或地方法院预审之后，决定提起公诉的案件，由检察机关作为公诉人正式向法院提起公诉。

(2) 侦查权。一般说来，对刑事案件的侦查权主要由警察部门行使，但西方各国的检察机关都在一定程度上行使侦查权。英美法系国家检察机关的侦查权比较有限。英国皇家检察院“赖以建立的原则是明确区分侦查权（属于警察局）与起诉权（属于皇家检察院）”，④ 因此，绝大多数刑事案件的侦查权都是由警察机关行使，检察机关只对少数重

---

① 何家弘. 中外司法体制研究. 北京：中国检察出版社，2004：108.

② 张健. 加拿大联邦检察体制改革最新动态. 人民检察，2007 (21).

③ 曹沛霖，陈明明，唐亚林. 比较政治制度. 北京：高等教育出版社，2005：293.

④ 张福森. 各国司法体制简介. 北京：法律出版社，2003：51.

大刑事案件进行侦查。在美国，主要侦查机关同样是警察机关，但检察机关可以对重大贪污、行贿受贿、警察腐败等刑事案件进行直接侦查。联邦检察机关专门设立了侦查机关，即美国联邦调查局，直接受联邦总检察长的领导和指挥，对涉及联邦的重大刑事案件进行侦查。相对而言，大陆法系国家检察机关的侦查权要广泛一些。法国的检察机关可以直接行使侦查权，也有权指挥辖区内的警察追查违法犯罪行为。“德国的检察机关实际上对所有刑事案件都有侦查权”，① 根据刑事诉讼法的规定，检察官可以直接对各种刑事案件进行侦查，并有权直接指挥警察机关进行侦查。检察官是侦查程序的启动者，侦查机关发现刑事案件需进行侦查，必须得到检察官的批准。《俄罗斯联邦刑事诉讼法典》赋予检察机关进行刑事侦查的权力，检察长有权亲自进行侦查，也可以委托下级检察长侦查任何犯罪案件。

各国检察机关都有侦查监督权。有的国家法律明确规定检察机关对侦查活动进行监督。如《俄罗斯联邦检察机关法》规定，联邦检察机关有权对侦查机关是否侵犯公民的权利和自由等方面进行监督。另外，所有案件侦查活动结束后，都要将案卷材料移送检察机关，由检察机关审查，并决定是否起诉，检察机关在决定起诉的过程中，也在行使着对侦查活动的监督权。

（3）干预民事诉讼。西方各国普遍赋予检察机关参与民事诉讼的权力，以维护国家利益和社会公共利益。在民事诉讼中，检察机关可以代表国家对涉及国家和社会公众利益的重大民事案件向法院提起诉讼，也可以参与非检察机关起诉的案件。英国的总检察长、副总检察长对涉及政府重大利益的民事案件，可以代表英王和政府出庭参加诉讼；在美国，检察机关有权在公法秩序受到损害时，为维护公法秩序而提起民事诉讼。在联邦政府作为原告时，联邦总检察长代表联邦提出起诉，而州检察长代表州政府参与诉讼。法国认为，检察机关有责任保护无能力保护自己的人，因此，法院在审理有关未成年人、精神病患者等无行为能力人的民事案件时，必须通知检察机关。俄罗斯的监察机关在民事诉讼中曾拥有广泛的权力，2003 年通过的《民事诉讼法典》对检察长参加民事诉讼做了严格的限定，而且检察长在民事诉讼中不再具有监督者的地位。

（4）监督法院的审判活动。在这方面，英美法系国家检察机关的权限相对较小。在美国的某些州，法律明确规定包括检察官在内的控告一方不享有上诉权。根据判例，美国联邦和州的检察机关不能对无罪或轻罪判决提起上诉。只有当被告人上诉，而上级法院以法律适用不当为由撤销原审判决时，检察官才可以向上一级法院直至联邦最高法院提出上诉。大陆法系国家检察机关的审判监督权比较广泛。在法国，根据相关法律，检察机关负有监督法院适用法律的职责，如果检察官认为法院的裁判不当或有明显错误，可以上诉的方式声明不服。德国和意大利的检察机关都有权对法院的整个审判活动，包括庭审程序和裁判结果进行全面监督。在德国，如果对调查证据和法官当庭处分有异议，检察官可以提出声明异议；如果认为法院裁判有失公正，检察官有权提出抗诉。② 在意大利，对违法不公的裁判，检察机关可以向上诉法院提出抗诉，还可以就法院适用法律向最高法院提出抗

① 陈业宏，唐鸣．中外司法制度比较．北京：商务印书馆，2000：117.

② 同①111.

诉。俄罗斯的检察官有权就他们参加审理的案件提出抗诉，检察长可以在其职权范围内对所有非法和证据不足的法院裁判提出抗诉。对已经发生法律效力的裁判，如果检察长认为裁决缺乏根据，可以按审判监督程序提出抗诉。

（5）充当政府的法律顾问，为政府提供法律咨询。检察机关一般都有义务为政府提供法律咨询，就政府提出的法律问题发表意见，提出解决办法。英国的总检察长就是政府的法律顾问，其职责是就英王和政府的法律咨询提供意见，充当政府起草法律草案的顾问，并在议会中代表政府答复议员的有关质询。美国的总检察长也是总统的法律顾问，负责向总统及各部门首长提供法律咨询。在美国语言中，检察官与律师为同一个词，也可以理解为检察官是政府一方的律师。

三、司法行政机关

司法行政机关是辅助司法审判机关，对司法领域的行政事务进行管理的国家行政机关，“当行使司法权时，常有关联之行政行为，以求司法（审判）权活动之圆满，而辅佐司法（审判）权行使之行政事务，谓之司法行政”。① 其独特的权力制衡和保障功能，维系着司法体制的合理架构和良性运行，使之成为国家司法体制中不可缺少的重要组成部分。

西方各国一般都在行政系统内设立司法行政机关，联邦制国家有联邦和州两套司法行政机关。大部分国家的司法行政机关称司法部，如法国、德国、加拿大等。日本设法务省。美国法院系统的司法行政工作主要由法院系统自行管理，设有联邦法院司法行政管理局负责联邦法院的日常运行，但联邦司法部也有部分司法行政权能。英国没有独立的司法行政机关，其司法行政权主要由大法官部行使，2003 年 6 月，英国首相布莱尔对内阁进行了重大改组，成立了一个新的部门——宪法事务部，取代了大法官部。“新成立的宪法事务部总揽原大法官、苏格兰事务大臣和威尔士事务大臣所负责的大部分事务，负责所有司法机关的行政管理事务。”② 宪法事务部的设立使得行政机构与司法机构彻底分立。2007 年 5 月 9 日，英国组建司法部。新组建的司法部合并了宪法事务部和原来内政部的部分职能，负责管理法院、监狱、缓刑和宪法的其他事务。这次改革使“英国内政部正式一分为二，改为内政部和司法部两个独立部门”。③

由于各国历史传统、政治体制等的不同，司法行政机关的职权不可避免地存在一些差异，但总体说来，西方各国的司法行政机关都行使下列职权：第一，管理法院的司法行政事务，主要包括法院和法庭的管理、法院经费的预算与执行，法官选任的准备工作及法官和司法人员的培训、调动等事宜。美国、俄罗斯的法院自行管理部分司法行政事务，但法官背景调查、提名仍由司法部负责。第二，负责司法考试和律师考试，德国、法国的司法部、日本的法务省负责司法考试或律师考试。英美法系国家的律师考试一般由律师协会组织，但受司法行政部门的指导，司法行政部门是律师业的行业管理机关。第三，指导管理

---

① 汪瀚章．法律大辞典．上海：大东书局，1934：280；张建伟．刑事司法体制原理．北京：中国公安大学出版社，2002：14．

② 曲广娣．英国司法行政制度述要．中国司法，2014（7）．

③ 英国司法部成立 90 天：稳中求变．法制日报，2007-08-06．

法律服务业，司法鉴定、公证机关、仲裁机关、律师业、法律援助等法律服务业都由司法行政部门负责管理或指导。第四，领导检察机关，除了英国等国的检察机关属于独立的政府机关，自成体系外，大部分西方国家的检察机关接受司法行政机关的领导。有的国家如美国，司法部长同时兼任总检察长。第五，执行生效的裁决，绝大多数国家如美国、法国、德国等国的司法行政机关管理监狱、看守所等劳动改造机关，负责刑罚的执行。美国、法国、德国、加拿大等国的司法行政机关还负责民事判决的执行。第六，担任政府的法律顾问，很多西方国家的司法行政部门是政府的法律顾问，负责处理政府有关法律方面的事务，同时负责移民、出入境管理和国际司法协助等事务。

审判权与司法行政权的分离，一方面，从制度上使审判权和司法行政权形成一种监督制约关系，避免权力的过分集中，可以防止司法专横和司法腐败；另一方面，将非审判事务从法院分离出去，避免法院在人财物方面与有关方面发生利益冲突，减少社会对法院独立审判的干扰，能够使法官处于一种超脱和中立的地位，确保司法裁判的公正性。

从原则上说，司法行政机关的职权只限于司法行政管理，无权干涉法院的具体审判活动，既不能干预也不能更改法院的判决。对法院审判活动的监督，来自上级法院或检察机关。这种把对法院的监督职能和行政管理职能区别开来的做法，在一定程度上保证了司法审判权的独立。但在实践中，由于司法行政权往往涉及法官的任命、考绩、晋升等人事管理事宜，因此，政府可以通过司法行政权对法官施加影响，最主要的手段就是利用法官的提名权、任命权来选择同党或政见一致的人担任法官，这样就基本上能保证法官的判决不超出统治秩序的既定轨道。

第三节　审判工作制度

在具体的审判实践中，围绕着司法独立、司法公正等基本原则，西方各国都建立了一套与之相适应的制度，其中主要包括审级制度、法官制度、陪审制度和律师制度。

一、审级制度

所谓审级制度，是指法律规定的，一起诉讼案件经过几级法院审理才告终结的制度。审级制度的产生与设定是与司法的基本理念——公正密不可分的，它通过不同级别的法院对同一案件的层层裁判，可以相当程度地矫正因法官个人认识能力的欠缺或不当的司法行为而可能造成的不公正，最大限度地实现司法公正。

理想的审级制度需要在公正与效率之间找到合适的平衡点。仅就审判的实体公正而言，审级越多越有利于寻求正确判决，但从审判的效率角度看，审级过多会造成审判的迟延，最终得到的不过是“迟来的正义”，而且审级过多不仅给当事人也会给法院增加负担，造成诉讼成本上升、司法资源浪费。

西方国家大都实行三审终审的审级制度。有的国家是三级三审制，如法国、加拿大、意大利和美国联邦法院系统；有的国家是四级三审制，如英国、日本和俄罗斯。尽管由于历史传统不同，各国的具体审级结构和复审模式有很大的差异，但各级法院的功能配置大致相同。第一审一般在基层法院进行，注重事实的认定，因此必须要经过言词辩论程序，并将现行法律正确地适用于认定的事实，以解决纠纷。第二审一般在上诉法院（各国具体的法院名称并不一致）进行，侧重继续完成第一审的职能，确保公正地解决纠纷。第二审的方式在西方各国并不一致。有的国家如日本，上诉审程序不仅审查第一审法院的诉讼材料及法院裁判是否适当，而且接受新的诉讼证据。由于英美法系的国家在某些案件中适用陪审团制度，所以上诉制度比较复杂。陪审团审理的案件，当事人只能针对在原审法院中已经提出过异议的事项提出上诉。因此，上诉审就是法律审，新的证据自然就会受到禁止。如果没有陪审团参加审理的案件，上诉审既包括法律审，也包括事实审。第三审也是终审在最高法院进行，第三审一般是法律审，审查下级法院适用法律是否适当，以保障法律的正确适用。同时，诉讼管辖制度使相似的案件可能在不同的法院初审，由于法官认识和法律素养上的差异，判决结果可能大相径庭。如美国的联邦法院系统就存在比较严重的对同一犯罪判处不同刑罚的现象，1984 年，美国国会还专门成立了联邦课刑委员会并制定了法律，试图解决这个问题。但到 1989 年，超过 150 个联邦地区法官宣布这个法律违宪，而另有 115 个法官裁定有效。① 这种情况在其他西方国家也不同程度地存在。而审级制度则使案件的终审权归属同一法院，这样就保证了适用法律的统一，进而保障了整个司法体系的统一。

二、法官制度

法官制度是司法独立原则的核心内容之一。柏拉图说得明白，要使纸上的法律变为现实，非有合适的官员不可，否则，即使城邦安排再好，如果执法官不合适，那么不仅无法再制定好的法律，连已有的法律也会给城邦带来极大的危害。② 法官是案件的最终裁判者，司法的公正离不开高素质的法官。因此，西方许多国家的宪法都明确规定了法官的地位及与其相应的一系列制度。其主要内容包括法官的选任制、法官的不可更换制和退休制、法官高薪制及法官的惩戒制度。

西方各国的法官都依一定的程序产生，其产生方式主要有两种：一种是任命，一种是选举。大多数国家的法官由国家元首或议会或政府首脑任命产生，如美国联邦法院的所有法官都由总统提名，经参议院同意后任命；在州法院系统中，加利福尼亚、弗吉尼亚等州的法官由州长或州议会任命。日本最高法院院长由内阁提名，天皇任命。俄罗斯联邦宪法法院、最高法院的法官由总统提名，联邦委员会任命；其他联邦法官由总统任命。德国联邦法院法官由联邦司法部长与法官选举委员会共同推选，联邦总统任命。加拿大联邦最高法院的 9 名大法官由总理提名，总督任命。选举制指法官由公民或议会选举产生，如德国宪法法院的 16 名法官，分别由联邦议院和联邦参议院选举产生。美国绝大多数州法院的法官是通过选举产生的，有 28 个州的法官由公民直接选举产生，4 个州的法官由本州立法机关选举产生。③ 在 2005 年司法改革前，英国的高级法官由大法官（lord chancellor）推荐，首相提名，英王任命。根据 2005 年颁布的《宪制改革法案》，在法官选任程序上引进

---

① George C. Edwards Ⅲ, Martin P. Wattenberg&Robert L. Lineberry. *Government in America: People, Politics, and Policy*. New York: Pearson Education Inc., 2004: 512.

② 张乃根. 西方法哲学史纲. 北京：中国政法大学出版社，1993：25.

③ 曹沛霖，陈明明，唐亚林. 比较政治制度. 北京：高等教育出版社，2005：300.

了遴选委员会（the judicial appointments commission）制度，在最高法院法官部分称为选拔委员会（supreme court selection commissions）制度。最高法院法官出缺，需要选任法官时，大法官组织一个最高法院选拔委员会。根据2013年《最高法院遴选规则》，最高法院法官选拔委员会提出人选，作为建议人选推荐给大法官。如果大法官同意，则将候选人名单交给首相，由首相建议女王任命。最高法院以外的法官由法官遴选委员会审核资格，大法官有异议权。

无论是任命还是选举，西方各国一般都有严格的法官任职资格规定。英国和美国的法官采取"年长加精英"的选拔方式，从优秀的律师中选拔法官。如英国的上诉法院法官通常在从执业15年以上的出庭律师中选择，高等法院法官要有10年以上的出庭律师经历，要成为最高法院法官，必须具备下列条件之一：（1）担任高级法官2年；（2）具有15年的司法任用资格；（3）成为一名行业内合格从业者至少15年。高级法官指的是在高等法院、苏格兰高等民事法院或者更高级的法官担任法官，而司法任用资格指的是在英格兰和威尔士担任高级出庭律师，"行业内合格从业者"是指可在苏格兰高等民事法院或者苏格兰高等刑事法院出庭的出庭律师或者北爱尔兰出庭律师。[①] 在美国，法学院毕业并获得法律职业博士（JD），经过律师资格考试合格，在美国律师协会登记注册，且在律师界表现突出的美国公民，才有可能成为法官。大陆法系国家大多是采取考试选拔的方式，即在国家统一司法考试的基础上再进行任命或选举。如在法国，法官候选人通常应当完成大学4年法学专业学业，毕业考试通过后还要参加国家统一组织的司法考试。合格者进入波尔多国家法官学院进行为期31个月的专业培训，如不被淘汰方有可能成为法官。日本的司法考试有"世界上最难的考试"之称，分为两次，第一次考试主要通过笔试检测应试者是否掌握法学学士的一般科目知识，第二次考试以法律科目为重点，侧重应试者的理解力和判断力。两次考试合格后还要经过两年的研修，才能正式成为法官。因此，尽管西方各国的法官选任方式不同，但在选任时都非常注重法官的法律素养、品格操守等资格条件，所以，不同方式选拔出来的法官，其素质并没有太大的差异。

法官的不可更换制指法官一经任命或选举担任审判职务，在任期届满前，非经弹劾，不得被免职、撤职或令其提前退休。由于"短期任职的法官，不论如何任命或由谁任命，均将在一些方面使其独立精神受到影响"，[②] 因此，西方大多数国家实行法官终身制。法国宪法明确规定法官为终身职。美国宪法也规定，最高法院和下级法院的法官如行为端正，得继续任职。英国、德国、意大利、加拿大等国的法官都是终身任职。有的国家法官虽有一定任期，如日本为10年，瑞士为6年，但可以连任，没有限制，实际上一些有名望的法官几乎终身任职。据统计，美国有一半以上的大法官去世时是在任上的。[③] 美国联邦最高法院大法官鲁斯·巴德·金斯伯格，1993年由克林顿总统任命为联邦最高法院法官，2020年9月18日在任上去世，享年87岁。无论是终身制还是任期制，在任期届满前非经弹劾程序都是不可更换的。法官不可更换制确保法院在三权中不可或缺的地位。在法官不可更换制下，国家元首或政府首脑虽然可以任命与他政治理念相近的法官，但却无法

① 江国华，朱道坤．世纪之交的英国司法改革研究．东方法学，2010（2）．
② 汉密尔顿，等．联邦党人文集．北京：商务印书馆，1980：395．
③ 李道揆．美国政府和美国政治．北京：商务印书馆，1999：514．

控制他所任命的法官，[①] 从而为法官独立提供了切实的保障，使司法成为制约行政和立法的有效工具。许多国家还规定，法官享有司法豁免权，在执行职务时，其言论、行为不受追究；对法官进行弹劾只限于叛国罪、贿赂罪或其他严重罪行，而不涉及其失职行为。

在明确法官不可更换制的同时，西方各国还确立了法官的退休制度，规定法官任职到一定年龄可以退休。西方各国的法官退休年龄一般比其他公职人员大，而且退休后可以得到优厚的退休金。美国联邦法院的法官为终身制，因此，法律没有明确规定法官的退休年龄。但规定法官年满 70 岁，任法官 10 年，或者年满 65 岁，任法官 15 年，如本人自愿，可以退休，退休后的薪俸与任职期间相同。德国联邦法院大法官 68 岁，其他法院法官 65 岁退休。日本最高法院法官和简易法院法官的退休年龄为 70 岁，其他法院法官为 65 岁。

法官高薪制是保障司法公正的又一个措施。法官的专职制决定了法官收入构成的单一性，所以，西方国家一般都实行法官高薪制，以实现高薪养廉，保证法官的公正不阿。具体说来，英美法系国家法官的待遇要比文官丰厚。英国大法官的年俸与首相相同，美国联邦最高法院首席大法官年薪与副总统相同，日本最高法院院长的薪俸与总理大臣相同。大陆法系国家传统上一直将法官作为公务员管理，法官的待遇与公务员基本相同。在西方各国，法官的高薪制受到法律的保护，美国《宪法》第 3 条第 1 款规定，法官的报酬在他们继续任职期间不得减少，其他西方国家也大都明确规定，法官薪俸在任期内不得减少。而且，法院的经费受到比较严格的保障。英国法官的工资从统一资金中支出，无须议会投票表决。俄罗斯的法官经费由联邦财政统一预算。

西方各国都以法律明确规定法官纪律来规范法官的行为，一些国家还规定了对违纪法官的惩戒措施。西方各国的法官纪律一般包括如下内容：在任职期间不得兼任行政职务，不得兼任议员，不得从事教学以外的营利性职业，也不得有政党身份或从事政治活动。[②] 美国在 1924 年就提出了《法官行为规范》，并在 1972 年进行了修改。该规范对法官在法庭上的行为责任和在法庭外的活动做了详尽而严格的规定，以约束法官的行为。为了保证法官纪律的执行，联邦和州法院系统设立了法官行为调查委员会或类似的组织，专门处理法官的违法违纪问题。对于有问题的法官，可以给予警告、公开警告、短期停止工作直至撤销法官资格等惩罚。1999 年，全美共有 99 名州法院的法官受到惩戒，其中 22 人被公开警告，7 人被剥夺职位。2002 年，纽约州就有 28 名法官受到惩戒，其中 7 人被剥夺法官职位。[③] 德国的法官纪律是由法官法规定的，德国联邦法院和各州都设立法官职务法庭，就对法官的惩戒进行裁决。对违法违纪的法官，可以给予申诫、减俸、降级和休职等处分。法国设立最高司法委员会负责审判法官的违法违纪案件，根据情况可给予处分并记入档案、强行调动职位、停止部分职责、降级一等、降职、强制退休以及罢免（带退休金或不带退休金）等处罚。

---

① 艾森豪威尔总统就曾对由他任命的最高法院首席大法官厄尔·沃伦做出的裁决大为恼怒，以至于说出对沃伦的任命是“我的最大错误”的话来。尼克松总统任命的沃伦·伯格首席大法官领导下的最高法院，在 1974 年美利坚合众国诉尼克松案中裁定尼克松总统应交出白宫录音带。

② 龚祥瑞．比较宪法与行政法．北京：法律出版社，1985：250.

③ 严仁群．美国法官惩戒制度论要．法学评论，2004 (6).

法官不可更换制、高薪制、退休制主要着眼于法官权利的保障，具有积极的激励功能；而法官选任制和法官惩戒制则侧重于法官义务的规定，起着消极的约束作用。无论如何，西方各国的法官制度对保证司法独立、公平审判原则的贯彻确实具有积极的作用。

三、陪审制度

陪审制度是西方国家司法民主的一个组成部分和重要形式，也是保障司法公正的重要措施。

当今世界多数国家都在一定程度上实行陪审制，但由于各国法律文化传统、国体、政体的差异，陪审制度形成了不同的模式。概括起来，主要有两种，一种是以美国为代表的英美法系国家的陪审制（jury system），一种是以法国为代表的大陆法系国家的参审制（mixed jury system）。

英美法系国家的陪审团主要有两种，即大陪审团和小陪审团。

大陪审团的成员人数各国不甚相同，通常由 12 到 23 名陪审员组成。[①] 根据美国联邦诉讼规则的规定及美国的陪审实践，美国的大陪审团一般由 16～23 名成员组成。大陪审团不出庭，而且也不用于民事案件。其主要职能是在刑事案件中，对犯罪指控进行调查并决定是否将案件提交法院审判。在审理案件过程中，大陪审团是秘密进行工作的。在询问证人时，只有检察官可以在场，但在陪审团进行讨论和表决时，一般情况下检察官也不得在场。陪审团的裁决要求多数同意。如果大陪审团认为检察官提出的证据不足或不能成立，此案便不得起诉，反之，便由检察官向法院提出公诉。理论上，从检察官的立场上看，大陪审团的优越性在于它有权传讯证人并要求他们做证或提供记录材料，否则就要被定为藐视法庭罪；从被告的角度看，由公民组成的陪审团有权拒绝检察官提出的控告或要求采取的其他行动，从而有效地防止了检察官的专断，保护公民免于被不公正地控告犯有刑事罪。

大陪审团在历史上曾经起到过积极的作用，但随着社会的发展，大陪审团在英国逐渐衰落了。英国在 1933 年就已基本上放弃了大陪审团，1948 年正式废除了大陪审团制度。但在美国，大陪审团仍然发挥作用。联邦法院和东部、北部的一些州法院在审理重大刑事案件时继续沿用大陪审团制度，在安达信公司涉嫌妨碍司法案、克林顿与莱温斯基绯闻案等重大案件中，大陪审团都发挥了重要作用。

小陪审团，一般由 12 名陪审员组成。但从 20 世纪 70 年代起，为减少陪审团费用、节约时间，各州对小陪审团进行了精简，允许陪审团少于 12 人。美国最高法院在 1978 年巴柳诉佐治亚案中裁定，由 5 人组成的陪审团违宪。因此，美国的小陪审团在 6～12 人之间。小陪审团的职能是出庭参与民刑事案件的审理，被告有权无条件地要求与本案有牵连的陪审员回避。在庭审前，陪审员要进行宣誓，然后出庭听取原被告的陈述，双方律师询问证人及辩论。在法庭辩论结束之后，法官会就该案的有关法律问题做出说明。陪审员随即退入陪审室，进行讨论和表决。如果是民事案件，陪审团要裁决原被告双方谁胜谁败，如果遇有请求损害赔偿的情况，陪审团还要裁定是否应予赔偿以及赔偿数额。

---

① 曹沛霖，陈明明，唐亚林．比较政治制度．北京：高等教育出版社，2005：300.

如果是刑事案件，陪审团只裁定被告有罪或无罪。如陪审团裁定被告无罪，被告即被当场释放；如裁定被告有罪，则由法官按法律科以刑罚。陪审团的裁决，过去一般遵循全体一致的原则，如几次表决仍不能取得一致，该陪审团便宣告解散，重新组成陪审团再行审理，有时一桩案件要经多次审理。现在已不要求全体一致，只要多数陪审员同意，裁决就可成立。

大陆法系国家的参审制与英美法系国家的陪审团制不同，大陆法系国家没有大陪审团，而小陪审团也不参与民事案件的审理，只审理刑事重罪案件。如法国只在重罪法庭中启用陪审团。陪审团与法官一起组成合议庭共同审理案件，陪审团不仅要判定案件事实，而且要就刑罚问题进行投票表决。在审判过程中，陪审团与法官地位平等，权力相同。在被告人是否有罪和处以何种刑罚的问题上，合议庭要进行投票表决。在表决被告人是否有罪的问题时，合议庭必须有 2/3 以上的人同意才能做出不利于被告人的判决；在表决对被告人处以何种刑罚的问题时，合议庭只需简单多数票赞成即可通过。陪审团的组成人数在各国有很大差别，法国为 9 人，奥地利为 8 人，而德国仅为 2 人。

担任陪审员需要具备一定的资格。一般说来，陪审员必须是本国公民，没有受过刑事处罚，享有政治权利，能阅读和书写本国语言文字，而且要身体健康，智力健全，没有精神疾患，与本案没有利害关系。年龄条件各国不尽相同，法国是 30 岁以上，美国是 21 岁到 70 岁，英国是 18 岁至 70 岁，俄罗斯是 25 岁至 70 岁。至于居住期限，美国规定要在某司法辖区至少居住 1 年，英国要求在英国居住 5 年以上。此外，各国都禁止有关案件中的证人、翻译、检举人、鉴定人、申诉人和当事人等担任本案的陪审员，法官如认为某人不适宜担任本案的陪审员，可以要求其回避。原被告双方的律师对陪审团的候选人也有否决权。许多国家还禁止“对司法系统过于了解”的人，即法官、律师、警察、法院职员、检察官、监狱官员等担任陪审员。还有一些“承担着更重要的工作”的人，如议员、政府首脑、军人、医生等，有权选择免除陪审团服务。

陪审制度在产生之初，曾备受推崇。英国法官丹方就曾指出：“陪审团的审理是正义的工具、是宪法的车轮，它像一盏明灯照耀着自由的存在。”① 但现今社会对陪审制度的意见很不一致，很多人对其持怀疑甚至否定的态度，认为陪审员缺乏专业知识和审判经验，不能准确、公正地判案，而且陪审团审理程序相对烦琐，影响诉讼的效率。为应对这些挑战，英国在 21 世纪初的司法改革中，对陪审团审理案件的范围做了限定，规定严重、复杂的欺诈案件，其他复杂的案件，陪审团受到不当干扰的案件等，允许由法官单独审理，无须启用陪审团。但是，并不能因此认为陪审制度在世界范围出现了衰落的趋势，作为司法民主的重要形式之一，陪审制度在多数国家重大刑事案件的审理中仍发挥着重要的作用②，尤其是在大陆法系国家得到广泛应用。在法国，虽然只有重罪法庭才适用陪审制，但根据相关法律，法定刑为 5 年以上徒刑或苦役的案件即为重罪案件，因此，法国陪审制的适用范围是非常广泛的。在瑞典，除了轻微的刑事案件，所有案件都适用陪审制。据统计，2004 年，审理一审案件的地方法院，总计有法官 667 名，而非职业法官为 5 278

① 王利明．司法改革研究．北京：法律出版社，2001：423．

② 吴大英．西方国家政治制度剖析．北京：经济管理出版社，1996：214．

名。在上诉法院，有上诉法官431人，非职业法官608名。[①] 而且，有些曾废除陪审制的国家近年来又恢复了陪审制。俄罗斯于1993年开始实行英美法系的陪审制度，在法院审理重大刑事案件中由陪审团进行事实审，法官进行法律审。2004年，俄罗斯颁布《俄罗斯联邦普通法院陪审员法》，明确规定了陪审员的资格及选任问题。日本在世纪之交进行的司法改革中，一项重要措施就是恢复陪审制度，“通过一般国民对审判过程的参与”，以“加深国民对司法的理解与支持”，“确立更坚实的司法国民基础”。[②] 2004年日本国会正式通过《关于裁判员参与刑事审判的法律》，2009年5月正式实施。日本最高法院于2007年制定了《裁判员参加刑事审判的规则》，以配合该法的实施。在美国，被告人要求获得陪审团审理的权利仍然是一项宪法权利，只要宪法不变，陪审团就有存在的依据。1996年，美国华盛顿特区司法系统成立了一个由36名陪审员代表、律师代表和法官代表等组成的陪审制专项研究委员会。1998年2月，该委员会提出的一个调查报告认为，陪审制不是应该取消，而是应该进行改革和现代化。

四、律师制度

在西方各国的律师制度中，英国、美国、意大利等国采用所谓的二元主义律师制度。英国的律师分为出庭律师（barrister，又译大律师、高级律师）和事务律师（solicitor，又称小律师、诉状律师）。前者可在各级法院出庭为被告辩护，执业10年后，可申请大法官任命他为皇家大律师；后者主要是处理与案件审判相关的各种事务，充当出庭律师与当事人之间的联系人，可以在低级法院出庭。美国把律师分为公职律师和私人律师。公职律师是专门为政府机关、法院、检察机关服务的律师，一般只为供职的部门提供服务而不面向社会，如在法院工作的律师主要接受法院的指定为无钱请律师的被告人提供法律服务；私人律师是自由开业的律师，可以接受当事人委托，办理任何律师业务。法国在1971年以前，律师业分为诉讼代理人、辩护律师、商事诉讼代理人和法律顾问。诉讼代理人相当于英国的诉状律师，辩护律师类似于英国的出庭律师。1971年，法国通过立法，规定辩护律师、诉讼代理人和商事诉讼代理人，由新的律师职业取代。1990年，议会又通过立法，规定至1992年1月，律师和法律顾问合并。在西方各国，随着律师业务范围的日益扩大，加之法律越来越多，分类越来越细，律师的专业化分工倾向越来越明显，出现了专门研究某门法律、专门办理某类案件的律师，如专利律师、合同律师、税法律师、婚姻家庭律师等专业律师。

既然现代社会律师成了一种专门职业，自然就需要律师的职业准入制度，西方各国都对律师资格的取得做了严格的规定。一般说来，要取得律师执业资格，需具备以下条件：本国公民，具有法学专业教育背景，通过特定的资格考试，品行良好。各国的具体规定大不相同。在英国，要取得出庭律师资格，必须年满21周岁，在四大律师学院[③]之一完成3年的学习，并通过统一的资格考试。诉状律师一般要求年满21周岁，通过法律协会的考

① 何兵．陪审制度的意义．人民法院报，2005-04-25．

② 最高人民检察院法律政策研究室．支撑21世纪日本的司法制度：日本司法制度改革审议会意见书．北京：中国检察出版社，2004：94．

③ 即林肯律师学院、格雷律师学院、内殿律师学院和中殿律师学院，设立于15世纪。

试，完成一定期限初级律师事务所的实习，然后向法律协会提交申请，办理相关手续后，可以取得律师资格。美国没有统一的律师资格考试，律师考试由各州负责，各州都有本州关于律师考试的法律。各州的资格规定不甚一致，但一般说来，大学法学院毕业、品行良好的美国公民，或具有永久居留权的外国人通过律师资格考试，再由州律师协会进行精神状况和品行的审查，合格后方可取得律师资格。由于律师资格考试为各州负责，因此，取得的律师资格一般也仅在各州有效。多数州不承认其他州的律师资格，也有的州相互承认对方律师资格，有的州对已在其他州执业 5 年以上的律师免试。法国、德国、日本实行统一的司法考试制度，法官、检察官和律师都从相同的司法考试中产生。与其他国家相比，德国的律师选拔程序更为严格。想成为律师的法学专业的毕业生，学习结束后必须参加国家考试。这种考试是第一次国家考试，分为笔试和口试，而笔试又分为家庭论文和监督考试两部分。家庭论文为开卷考试，通过后，参加闭卷形式的监督考试，连考 3 天。通过笔试方可参加口试。通过第一次国家考试的考生必须按照要求申请见习，作为职前培训，将所学知识应用于实践，见习期一般为 2 年。见习生在见习期结束之前必须参加第二次国家考试，这次考试考查学生是否已经真正具备从事法律相关职业所需的知识和技能。通过后，方可向当地的律师协会提出律师职业资格的申请，律师协会审查决定后，由州司法行政部门颁发执业许可。很多国家在不断探索适合新形势的法律职业者选拔制度。日本为了适应 21 世纪的状况，提出了“面向 21 世纪的司法改革计划”，指出，“为使司法人才能在 21 世纪的日本起到社会所期待的应有作用”，“不能单纯靠司法考试的分数来选拔司法人才，而应完善一套将法学教育、司法考试、司法进修这三者有机地紧密联系在一起的司法人才培养制度”。①

律师肩负着维护国家和公民合法权益、实现社会正义的重要使命，因此，西方各国都以不同的方式明确律师的各种权利。其中比较重要的也是共同的权利有律师业务垄断权和辩护豁免权。前者指只能由律师向社会和公民个人提供法律服务，律师在提供法律服务时，享有采用正当的方法调查、搜集证据、会见被告人、出庭等权利。后者指律师在履行职务时，发表的言论不受法律追究。同时，西方各国还高度重视律师的职业道德规范，并制定了严格而系统的职业行为准则。主要包括：律师应承担对委托人的责任，如实向委托人通报事实，不得同时担任一个案件的双方代理人，不得谋求所代理案件的利益；律师应承担对法院的义务，尊重法官，不得采取不正当手段影响法官和陪审员；保守在业务活动中接触到的秘密。

在当代西方社会，律师的业务范围非常广泛，从私人到企业、政府部门，从诉讼案件到财产继承等非诉讼法律事务，从国内经济活动到涉外经济活动，都有律师介入。归纳起来，律师的职能主要包括以下两个方面：

第一，参与诉讼，为当事人辩护。律师在民、刑事诉讼中接受当事人的委托，担任代理人或辩护人，在事实上和法律上为当事人辩护，保护当事人的合法权利和利益。律师的主要职能是辩护，日本干脆就把律师称为辩护士。在诉讼中，尽管检察官、法官、律师的

① 最高人民检察院法律政策研究室. 支撑 21 世纪日本的司法制度：日本司法制度改革审议会意见书. 北京：中国检察出版社，2004：56.

最终目的都是维护法律的正确实施，但他们的角色截然不同。检察官是国家和社会公共利益的代言人，法官是所谓的独立的公断人，而律师则是当事人利益的代表，为当事人的利益进行辩护。① 西方许多国家如英、美、法等，在诉讼中实行对抗制，由对抗的双方（在民事诉讼中是双方的律师，在刑事诉讼中是公诉人和被告律师）负责搜集证据，进行辩论。陪审制度的实行增加了法庭辩论对裁判结果的影响力。因此，律师的才能对一场诉讼的结局，即当事人的权利和利益受到保护的程度，往往有很大的影响。保证被告辩护权的实现，是律师制度发展的原动力，也是律师的重要职责。

第二，担任法律顾问，提供法律咨询。目前，担任政府机关、企业、团体甚至是个人的法律顾问，提供法律咨询，已成为律师的一个重要活动领域。在现代社会，随着政府职能的扩大，企业生产经营活动空间范围的扩展，发生纠纷的可能性增加了，而法律条文越来越多，越来越复杂，非法律职业人士很难具备在社会活动中所需的法律知识和技巧，而律师凭借其渊博的法律知识和娴熟的法律技巧而成为社会中不可或缺的角色。因此，越来越多的律师受聘到政府部门和企业中做法律顾问。在美国，司法部门雇用律师 2 000 余名，纽约市政府的法律事务部有 400 多名律师。每 20 名律师中就有 2 人被企业包括保险公司和银行聘为法律顾问。② 在西方社会，在社会生活的各个方面，从业务谈判、签订合同到专利申请、商标注册，都有律师的参与。这不仅弥补了非法律职业者法律知识的不足，更重要的是，律师的提前介入，在很大程度上减少了可能出现的法律纠纷。

在英美法系国家，律师还是晋升法官的必经途径。在美国，律师的政治作用更加明显：美国总统中大部分是律师出身，美国国会里超过 60%的参议员和众议员是律师出身，在州长和州立法机关的议员中，律师的比例也很大。③

在西方大多数国家，律师是自由职业者，如德国《律师法》规定，律师是司法的独立人员。因此，律师管理实行行业自治为主、国家有效参与的管理模式。各国都设有律师协会，主要负责制定行业规则、认定律师资格、保障律师权利、处理违纪律师等事务。美国设有全美律师协会、州律师联合公会和市、县律师会，日本有日本律师联合会和地方律师协会。律师的执业机构是律师事务所，当然各国的具体名称有所不同。在西方国家，律师事务所有三种形式：单独开业的律师事务所、合伙开业的律师事务所和具有法人资格的律师事务所。随着经济全球化的发展及律师专业化分工的发展，单独开业或合伙的律师事务所已不能满足社会的需要，因此，律师事务所的一个明显的发展趋势是大型化，出现了具有法人资格的法律公司。

---

① 龚祥瑞．比较宪法与行政法．北京：法律出版社，1985：254.

② 陈业宏，唐鸣．中外司法制度比较．北京：商务印书馆，2000：324-325.

③ 伯曼．美国法律讲话．北京：生活·读书·新知三联书店，1988：206.

第八章

当代西方国家的社会监督制度

对权力的监督与制约是西方政治理论和政治实践的一个重要论题，近代思想家洛克、孟德斯鸠等人创立的分权制衡理论，成为西方国家民主制度的一个基本原则。从广义上看，分权制衡不仅是国家立法、行政、司法三权之间的分立和相互制约，还包括各种非国家权力与国家权力之间的制衡，其中最重要的是公民、利益集团和大众传媒等社会力量对国家权力的制约与监督，体现了权利制约权力、社会制约权力的权力制约思路。社会监督所具有的广泛性、敏锐性、公开性等特点使其在权力监督制约体系中占有独特的地位，它们与政治监督一起，构成了西方国家全方位的权力监督制约格局。

与立法、行政、司法等政府机构不同，公民、利益集团和大众传媒并不是作为公共权力机构存在并发挥作用的，而是另有自己的组织和运行方式，三者密切关联。公民通过宪法赋予的权利参与国家政治生活，有权监督公共权力的运作，但公民个人的力量和影响毕竟是有限的，因此，利益集团就成为公民参与政治生活和制约政府权力的便利途径，并借助大众传媒形成舆论压力；在现代社会，大众传媒是公民及利益集团获悉各种信息，表达意见并监督政府的主要手段。通过利益集团，具有共同利益的公民向政府表达自己的利益需求，迫使政府在制定政策时兼顾不同的利益。当政府的决策越来越透明时，利益集团在客观上就形成了对国家权力的有效制约，发挥着“第三院”的独特作用。通过大众传媒，公民一方面可以获悉公共权力的运作；另一方面可以自由地表达自己的意见，包括批评政府及其官员，从而形成对政府权力的有效制约和监督。大众传媒被称为除了立法、行政、司法部门之外的“第四部门”，① 新闻记者也被人们誉为“无冕之王”。

第一节　公民对政府的监督与制约

主权在民是西方国家宪法的一项重要原则，而其实质则是公民对政治过程的参与和监

① 伯恩斯，等．美国式民主．北京：中国社会科学出版社，1993：378.

督，这构成了民主制度的实质与核心。从静态的结构来讲，公民监督权是体现主权在民的一系列制度；从动态的过程来看，公民监督是一系列的政治参与活动。而对于监督主体来说，公民监督权既是宪法确认的公民权利，又是具有人民主权性质的权力，它构成了一个国家监督体系的基础，是监督体系有效运转的动力源泉。

一、公民监督制约政府的理论基础和现实条件

在近代政治学中，社会契约论是自由主义思想家们解释国家产生的社会基础的重要理论工具。① 根据社会契约论，在国家产生之前，人类社会处于一种自然状态，尽管不同思想家对自然状态的解释存在很大差距，但有一点是相同的，就是在自然状态下，存在着自然法调节人们的行为规范，而且人们享有某些自然权利，即作为人天生具有的权利，不可剥夺。但由于自然状态难以满足人的全部需要，而且由于人的自私或无知，自然法常常受到侵犯，自然状态在某些情况下也会出现非正义。为克服自然状态下的种种不便，人们就通过订立契约，放弃自己在自然状态下的部分权利，建立政府。由此可见，合法的政府产生于被统治者的同意，政府是人们通过与统治者订立契约而建立的，目的是保护基本的自然权利。人们对政府的行为有控制的权力，当政府行为损害了人们的基本权利，人们可以起来反抗政府；人们在订立契约时放弃的是部分权利，因此，政府的权力一定是有限的，只限定在保护人们的自由、财产和生命等基本权利的范围内。美国思想家杰斐逊对此有如下经典的表述："一切人都是生而平等的，造物主赋予他们某些不可出让的权利，其中包括生存、自由和追求幸福的权利。为了保卫这些权利，才成立政府，而政府是经过受其治理的人民的同意才获得权力的。任何形式的政府一旦变成了这些目的的破坏者，人民就有权加以变更。"② 社会契约论导出的主权在民原则，将权利作为权力的源泉和归宿，权力的行使不能背离权利的要求，权利天然地具有对权力的监督制约功能，这在西方各国的宪法中都得到了充分的体现，为公民监督制约政府提供了坚实的理念支撑和法律保障。

为了对国家权力进行监督和控制，最大限度地保护个人自由，自由主义思想家提出了权力分立学说，这一理论"是自由主义为了实现有限政府的设想而进行的一种制度上的具体设计"。③ 洛克是近代最早提出权力分立学说的思想家，他把国家权力划分为立法权、行政权和对外权，希望通过权力的划分实现对权力的约束。"如果同一批人同时拥有制定和执行法律的权力，这就会给人们的弱点以绝大诱惑，使他们动辄要攫取权力，借以使他们免于服从他们所制定的法律，并且在制定和执行法律时，使法律适合于他们自己的私人利益，因而他们就与社会的其余成员有不相同的利益，违反了社会和政府的目的。"④ 孟德斯鸠创立了完整的分权理论，其分权理论的出发点与洛克完全一致，即防止权力被滥用，保护个人自由。孟德斯鸠将政府权力划分为立法权、行政权和司法权，更重要的是，他提出了"以权力制约权力"的主张，使分立之后的三权彼此之间相互制约，以防止权力集中于一个部门而被滥用。权力分立及其相互制衡的思想在其后的美国宪法中得到了应

---

① 唐士其．西方政治思想史．北京：北京大学出版社，2002：214.

② 方纳．杰斐逊文选．北京：商务印书馆，1963：7-8.

③ 同①270.

④ 洛克．政府论：下篇．北京：商务印书馆，1995：89.

用，并成为西方国家政治制度设计的指导原则。

孟德斯鸠的“以权力制约权力”的分权理论最大的局限在于，“它只考虑到国家内部权力的制约，而没有考虑到对国家权力这个巨大权力本身的制约才是权力制约问题的终极目标”。[①] 就是说，权力分立制度紧紧依靠官员在政府权力层面上的相互制约，还不足以保障个人抗衡国家力量，要有效地防止专制和多数暴政，除了权力的力量外，还需要国家之外的社会力量，包括公民个人、社会组织和其他社会力量对国家和政府的监督与制约，实现以权利制约权力、以社会制约权力。就以权利制约权力而言，杰斐逊的思想值得一提。他认为，“构成一个国家或社会的人民是那个国家中一切权利的源泉”，“任何政府如果单纯托付给人民的统治者，就一定蜕化。所以，只有人民本身才是政府的唯一可靠的保护人”。[②] 防止政府腐化堕落的可靠途径就是让人民参与政治过程、监督政府。杰斐逊把人民能否对政府进行有效控制视为衡量一个政府是不是共和制的标准。他指出，人民选出代表之后，有权经常监督他们，并有权随时撤换不称职的代表，这样专制暴政就不会产生。“当每一个人都参与他的区政府或较高级政府的监督工作，觉得自己不仅在一年一度进行选举的那一天而且每天都是事务管理的参与者；当这个州里没有一个人不是本州大大小小参议会的议员时，他们就会宁愿粉身碎骨，也不肯让恺撒或拿破仑那样的人来夺取他们的权力。”[③]

无论是社会契约论、主权在民，还是权力分立学说，以权力制约权力，以权利制约权力，都为公民监督制约政府提供了坚实的理论基础，也成为西方国家政治制度设计的基本原则。根据这些原则，西方国家先后以宪法或法律的形式确认了公民的基本权利，并建立了相应的权利保障制度，从而为公民监督制约政府提供了现实条件，使公民监督制约政府的权利从纸上条文变成了政治生活中的现实。

1787 年美国颁布第一部成文宪法，并以修正案的形式确立了公民的基本权利。此后，西方各国的宪法一般都把公民的基本权利作为一个重要部分加以详细规定，并随着社会的发展不断扩展已有权利，补充新的权利，逐渐形成了较完善的权利保障体系。传统上，将公民权利分为财产权、平等权、自由权、受益权和参与权等五类。[④] 从消极的意义上看，公民权利作为国家权力不可逾越的界限，限定了国家权力的范围，起到了制约国家权力的作用；从积极的意义上看，公民权利作为公民参与国家政治生活的手段，界定了国家权力行使的方式，发挥着监督制衡国家权力的功能。

二、公民监督制约政府的方式

如前所述，公民对政治过程的参与和监督是近代以来主权在民、分权制衡原则的具体体现，它具体是以公民基本权利及其保障机制展开的，因为公民主要以权利作为参与国家生活的手段，这些公民权利及其保障机制即是公民参与监督政治过程的方式。归纳起来，大致可将其分为知情权、以集体方式行使的监督制约权和以个体方式行使的监督制约权等三类。

---

① 周蔚．社会制约权力：市民社会中权力制约模式的选择．理论观察，2008（5）．

② 资产阶级政治家关于人权、自由、平等、博爱言论选录．北京：世界知识出版社，1963：58．

③ 方纳．杰斐逊文选．北京：商务印书馆，1963：58．

④ 详细论述请参见本书第二章第二节。

（一）知情权

知情权，英文为“the right to know”，又称了解权、知晓权或获知权，作为特指一种权利主张的法学概念，是由美国新闻编辑肯特·科珀（Kent Copper）在1945年首次提出的。其基本含义是公民有权知道他应该知道的事情，国家应最大限度地确认和保障公民知悉、获取信息，尤其是政务信息的权利。20世纪60年代后，“知情权”一词被广泛应用并很快被作为公民的政治民主权利得到各国法律确认。很多国家都制定了信息公开的法律，来保障公民的知情权。一般说来，议会属于民意代表机关，司法机关一般以公开审判为基本准则，都不存在专门的信息公开问题。只有行政机关权力范围宽，自由裁量权大，且在历史上缺乏公开透明的传统。因此，知情权主要针对的是行政机关即狭义的政府的信息。从各国的实践看，世界上已经制定信息公开法律的国家中，绝大多数都是对行政机关的信息公开做出规定。①

就政治实践而言，在知情权这一概念正式提出之前，北欧诸国就从制度上对知情权加以保障。早在1766年，瑞典就制定了《出版自由法》，在世界上首开“信息公开”之先河。该法废除了以往对出版物进行事前审查的做法，允许自由印刷并传播政府文件。其后，该法几经修改，最终确认任何人均有权查阅政府文件，一切国家机关均成为公开的对象。1966年，美国颁布《信息自由法》。根据该法，除了涉及国防、外交政策、贸易秘密等保密的文件外，联邦政府的文件和档案可供公民查阅。1974年，国会又通过了一项修正案，规定法院可以对政府确定的保密文件进行审查。1976年，颁布《阳光下的政府法》，即公开会议法，规定各级联邦政府的部门会议公开举行。在互联网出现后，鉴于互联网在保障公民政治性权利的行使和言论自由等方面具有不可或缺的作用，为顺应电子信息化的要求，西方一些国家纷纷立法保护公民获取电子信息的权利。1996年克林顿总统签署了《电子信息自由法案》，而且规定政府机构应当提供大量的在线信息，从而保障公众获取电子信息的权利。据统计，2003年，美国已建立各级政府网站212万多个②，以保证公民能够及时有效地获取信息。2010年，芬兰立法将“宽带接入权”确认为公民基本权利之一，以保护芬兰居民使用高速网络的权利。迄今为止，丹麦、加拿大、法国、德国、意大利、澳大利亚、日本、英国等国都相继制定了相关的法律，保障公众知情权已成为政府的基本义务。西方国家的知情权制度一般遵循以下四个原则：（1）公开信息原则。依法公开信息是政府部门必须履行的义务。政府有义务将信息定期真实地公开，为此，要有官方信息出版物，建立规范的官方信息出版物制度和检索制度。（2）同等获取原则。任何公民具有同等利用政府信息的资格。公民可通过三种途径获取政府文件：政府公报、政府登记或文件索引、依请求获得。（3）政府举证原则。如果政府拒绝提供官方文件，须负责举证依据合法合理的理由。（4）司法救济原则。如果公民申请获取信息而未得到，可以向有关部门投诉，如问题得不到解决，还可以到法院起诉，谋求司法救济。③

一般情况下，除涉及国家安全和个人隐私外，任何公民都有权了解政府各部门的职责及工作情况，政府官员的财产、公务活动甚至个人活动等有关信息。互联网的出现为公民

---

① 后向东．论“信息公开”的五种基本类型．中国行政管理，2015（1）．

② 袁俊锋，杨云革．美国公众参与立法机制及其启示．中共四川省委省级机关党校学报，2009（4）．

③ 吴丕，等．政治监督学．北京：北京大学出版社，2007：195．

知情权的实现提供了便利，很多国家都建立了政府信息公开系统，公民在网上可以了解政府公务活动及政府官员的各种信息，真正实现阳光下的政府。加拿大的政府网站不仅有政府部门的职责及工作情况，而且有部长以上政府官员的财产及公务活动的有关信息。从2004年4月起，政府又在官方网站上公布了部长、大使及其他高级官员的开支明细表，非常详细。例如，安大略省的省长来中国四川和苏州考察，考察团几个人、花费多少及如何花费，都在网上公布，接受公众监督。

为处理公民因获取政府信息而发生的申诉，加拿大专门成立了信息专员办公室，设1位专员，2位助理，30个工作人员，负责受理公民的投诉。在接到投诉后，要在30日内做出处理。

在现代社会，获取信息的权利是最基本的权利，知情权是公民行使一切民主自由权利的必要基础和基本前提，而保障知情权是现代国家民主的基础要素和防止出现恶劣政府的必要条件。如果公民对政府管理一无所知，就无法形成对公共事务的意见进而对其施加影响，也便无法监督政府机关及其公务人员的活动。只有当公民可以最大限度地自由获取政府信息，充分了解公共权力的运行时，参与和监督才能成为可能。对知情权的确认和保障，使公民有机会充分获取各种至关重要的信息，这本身就是对政府的一种全方位监督，而且在获取信息的基础上，公民可以有效地参与政治过程，进一步监督制约政府，更好地保障公民权利的实现。

（二）以集体方式行使的监督制约权

这一类公民权利，实质上是作为主权者的公民以集体方式行使的对国家等政治体的先赋性、基础性权力，亦即作为主权者、立法者的公民对于国家事务、社会事务的最高管理权和决策权。所谓先赋性和基础性权利，是指从现代民主政治和法治理论的逻辑上，始终保留在全体公民手中的支配和制约政府权力的权利，对于政府权力具有本源性和优先权，它构成现代国家赖以存在的前提和基础。① 这一类权利主要包括选举和罢免权、公民投票权、集会游行示威权等，相应地构成了公民监督制约政府的不同方式。

1．选举和罢免权

选举和罢免权是公民对国家代议机关和国家公职人员进行挑选的权利，是作为主权者的公民管理国家的首要权利，是公民权利制约国家权力的最基本、最重要的方式之一。

在西方各国，上至政府首脑，下至社区管理者，大部分公职都经由公开竞争性的选举产生。如在美国，从联邦到地方的各级公共职位都要经选举产生，公民要选举国会参众两院的议员、总统，要选举所在州的州议会议员、州长，所在市的市议会议员、市长，有些州还要选举法官、地方教育委员会成员，等等，各种选举几乎接连不断。西方各国都实行普选权原则，即达到一定年龄的公民都有选举权。选举制度使公民参与国家政治生活、监督政府成为可能。选举制与任期制紧密结合在一起，公民在定期选举中有变更原来选择的机会，因此，为获得选民的支持赢得连任，候选人必须了解公民的利益和要求，并在政策纲领中有所体现，这就为公民监督政府及其公职人员提供了有效的手段。美国一些州还实行罢免权制度，本区选民在对议员、行政官员或法官等由他们选举产生的政府官员严重不

① 刘巧红．西方的公民权利制约国家权力论及其启示．理论探索，2004（6）．

满时，可以通过投票罢免其职务。据统计，20 世纪六七十年代以来，被罢免的州级官员主要有：1971 年爱达荷州两名州议员，1983 年密歇根州两名州参议员，1988 年亚利桑那州州长，1995 年加利福尼亚州两名州众议员，1996 年威斯康星州一名州参议员。[①] 罢免是公民监督政府官员最有效的手段之一，通过行使罢免权，迫使政府在政治过程中关注公民的利益需求，并在个人品行方面严格要求自己，以赢得公民的支持。

2. 公民投票权

公民投票也称“全民投票”或“全民公决”，一般指西方国家通过公民直接投票来批准法律，决定对内对外政策、政治制度、国家领土的变更或国家独立等重大事项的决策方法。[②] 从历史上看，公民投票制度起源于古希腊雅典的公民大会。到了近代，西方国家在宪法中纷纷确认了公民投票制度，赋予公民对包括制宪在内的国家重大事项的决定权，作为对代议制民主治理形式的补充，在一定程度上可以对议会和政府起到制约作用，使它们在立法和制定政策时不得不考虑民意，既可以事先防范议员和政府官员违背选民的意愿而追逐私人利益，又可以事后否决议会既定的立法，从根本上体现主权在民原则。法国《宪法》第 3 条规定：“国家主权属于法国人民。人民行使主权须通过其代表或公民投票。”《德国基本法》规定，关于重新划分联邦区域的法律，须经公民投票认可。

由于西方各国历史传统、宪制等方面的差异，各国公民投票的事项、程序也不尽相同。从内容上看，对政府构成强有力监督制约的公民投票主要包括以下三类。

第一，法律议题，包括就宪法和法律进行的创制和复决。创制指公民自己提出关于宪法或法律的建议案，要求付诸全民投票表决，目的在于防止议会拒绝制定民意所要求的宪法或法律。在瑞士，任何政党、团体或公民，都可以就宪法修正案或法律案提出创制案。美国在联邦一级没有实行公民创制，但有 20 多个州实行公民创制，包括制宪创制和立法创制。其中还有些州采取直接创制制度，选民提出法律创制案后，直接交付公民表决。复决是对宪法或议会的立法进行投票表示赞成或反对，目的在于防止议会制定违反民意的宪法或法律。最早以公民投票方式批准的宪法是美国马萨诸塞州 1780 年宪法和新罕布什尔州 1783 年宪法。1831 年，在瑞士圣加仑州，公民投票被运用于批准普通立法。[③] 第二次世界大战后，许多国家宪法的制定和修改几乎把公民复决作为宪法生效和宪法修正案通过的必经程序，如 1958 年法国宪法是由公民复决通过后生效的。在瑞士，联邦议会通过的任何一项法律，在公告后 90 天内，只要有 5 万选民或 23 个州中的 8 个州提出要求，就应该在法案通过的 9 个月内进行公民投票。也就是说，人民才是宪法和法律真正及最后的决定者。

第二，政策议题，指就国家政治、经济、社会等领域的重大问题或改革措施进行公民投票。这类议题范围较宽，不仅包括经济政策、教育政策、福利政策、政府体制、环保问题、人权问题等宏大议题，而且还包括诸如学校开学时间等具体而微的问题，在公民投票

---

① Joseph F. Zimmerman. *The Recall: Tribunal of the People*. New York: Praeger Publishers, 1997: 92-93.

② 中国社会科学院世界经济与政治研究所，《世界经济与政治》编辑部. 当代世界政治实用百科全书. 北京：中国社会出版社，1993：114.

③ 米勒，等. 布莱克维尔政治学百科全书. 北京：中国政法大学出版社，2002：684.

比较发达的国家，尤其如此。在意大利，公民投票的议题既包括离婚和堕胎的合法化，众议院 3/4 的议席通过相对多数代表制选举产生等重大事项，[①] 也包括是否取消对成立企业工会的限制、电视台在影剧院节目中能否插播广告等细微事项。[②] 在瑞士，诸如限制工人人数、采用夏令时、要求汽车乘客系安全带、各地学校开学时间等，都在公民投票之列。2014 年 9 月 18 日，根据英国首相卡梅伦与苏格兰首席部长萨尔蒙德于 2012 年 10 月 15 日签订的《爱丁堡协议》，苏格兰就是否应该从英国分离出去成为一个独立的主权国家举行公民投票。投票结果是 55.3%投票反对苏格兰独立，联合王国得以延续。

第三，涉外议题，指就一国参加或退出国际组织或国际行动，批准或废除国际性条约而进行的公民投票。瑞士宪法规定，未规定期限和不许废弃的国际条约、涉及加入国际组织的国际条约、导致权利多边统一的国际条约，以及关于参加集体安全组织或跨国集团事项均须交付全民和各州表决。1986 年 3 月，瑞士首次就加入联合国问题举行公民投票，结果遭到 3/4 的选民和所有州的反对。2002 年 3 月，瑞士就加入联合国再次举行公投，结果有 55%的选民与 12 个州投票赞成，以“双重多数”赞成瑞士加入联合国，瑞士得以在同年 9 月正式成为联合国会员国。2001 年 3 月，瑞士就社会党提出的“立即与欧盟进行瑞士加入欧盟谈判”的倡议举行公民投票，接近 77%的瑞士人投票否决了这一倡议，拒绝加入欧盟；2005 年 6 月 5 日，瑞士全民公决以微弱多数通过了《申根协定》，同意瑞士加入欧盟多国间互免签证的申根区。1998 年 5 月，英国北爱尔兰地区和爱尔兰共和国以全民公决的方式通过了《北爱和平协议》。2004 年 10 月，欧盟 25 个成员国的领导人在罗马签署了《欧盟宪法条约》。条约必须在欧盟全部成员国根据本国法律规定、通过公民投票或议会投票方式批准后方能生效。但在 2005 年 5 月、6 月，法国、荷兰两个欧盟创始成员国的公民投票否决了该条约，导致欧盟制宪危机。2014 年 3 月 16 日，在乌克兰总统亚努科维奇政府宣布暂停与欧盟签署联系国协定，恢复与俄、白、哈三国关税同盟加强经济合作谈判而引发的乌克兰危机过程中，克里米亚就克里米亚并入俄罗斯还是继续留在乌克兰举行全民公决，结果 96.77%的投票者支持克里米亚并入俄罗斯。[③] 针对这一结果，俄罗斯喜出望外，迅速完成了克里米亚并入俄罗斯的相关法律程序，而欧盟和美国认为公投是在俄罗斯武力胁迫下进行的，不承认公投结果，并对俄罗斯进行制裁。2016 年 7 月 28 日，俄总统普京签署命令，将南部联邦管区和克里米亚联邦区合并改组为新的南部联邦区。

3. 集会游行示威权

集会游行示威是指一定数量的公民聚集于公共场所或列队行进在公共道路表达要求或反对、声援等共同意愿的活动。从广义上说，集会游行示威的权利也属于言论自由或表达自由的范畴，因为集会游行示威的目的无非是表达某种政治见解并期望获得广泛的支持和同情。[④] 其核心价值在于，在其他渠道不能解决问题的情况下，通过这种公开的比较激烈的群体活动，表达公民的意见和要求，从而引起社会的广泛关注，在可能的情况下，启动解决问题的法律和其他机制，争取立法或政策方面的改善。由此可见，集会游行示威自由

---

① M. Donald Hancock. *Politics in Europe*. *3rd ed*. New York：Palgrave Macmillan，2002：331.

② 廉思，尤建春. 全民公决制度的概念研究. 贵州社会科学，2009（5）.

③ 柳丰华. 乌克兰危机：内因、大国博弈因素与前景. 俄罗斯学刊，2014（3）.

④ 张千帆. 宪法学导论. 北京：法律出版社，2004：553.

不仅是一种权利，而且是公民监督政府、争取权利的重要工具。近代以来，各国宪法都确认了公民集会游行示威的权利，《德国基本法》第8条规定：所有德国人均有和平及不携带武器集会之权利，无须事前报告或许可。公民举行和平集会的权利受到切实保障。美国《宪法》第1条修正案对游行示威作了特别的保障：国会不得……剥夺人民和平集会及向政府请愿救济之权利。因此，美国没有涉及集会游行示威的联邦法律，所有关于集会游行示威的法规均由地方政府制定，有的州制定了有悖于这条修正案的法令，对集会游行示威自由做过多的限制。联邦最高法院做出有关1925年吉特洛诉纽约州及1937年德·琼格诉俄勒冈州等案件的判决，确认第1条修正案适合于美国各州，使言论自由及集会自由之联邦宪法规定均可适用于各州，并约束地方政府在制定有关言论自由、宗教自由及集会自由之规定时均不得违背联邦宪法。

在实践中，集会游行示威自由在表达要求、监督政府、保障权利方面发挥了巨大作用。20世纪60年代，美国黑人在马丁·路德·金的领导下，通过集会游行示威方式，成功地迫使美国政府废除了不平等的种族制度，使美国黑人获得了与白人相同的法律地位和法律保护。60年代初兴起的黑人民权运动在1963年达到高潮，这一年，在南部11个州的115个城市发生930起抗议示威。在被马丁·路德·金称为“美国种族隔离最彻底的城市”的亚拉巴马州伯明翰市，4月2日开始发动了著名的伯明翰游行抗议，黑人群众连续多次举行大规模的抗议示威，迫使政府取消了种族隔离措施。1963年8月28日，华盛顿举行了有史以来规模最大的游行示威活动，包括白人在内的25万人参加了游行示威。在民权运动的巨大压力下，美国国会于1964年通过了《民权法案》，1965年通过《选举权法》，正式以联邦立法的形式结束种族歧视和种族隔离制度，给予黑人平等的选举权。法国人更是有示威抗议的传统。2006年1月，法国总理德维尔潘推出一项名为“首次雇佣合同”的新劳动法案，其实质条款是雇主在与毕业生签订第一份劳动合同的两年内，可以随意解聘，除支付合同中止补偿金以外无须承担违约责任，引起了社会尤其是大学生的强烈反响，法国国内随即爆发了大规模的游行示威活动。3月18日，法国再次爆发大规模的示威抗议活动，组织者估计当天全国范围共有130万～140万人参加游行，其中仅巴黎就有40万人。在强大的压力之下，4月12日、13日，法国国民议会、参议院分别通过了一项旨在帮助青年人就业的新法案，以取代在法国引发大规模抗议浪潮的“首次雇佣合同”法案。2018年11月17日至2019年6月15日，为抗议马克龙政府提高燃油税，法国爆发了大规模的抗议活动，由于参与者身穿黄色背心，史称黄马甲运动。与传统的罢工和抗议示威活动不同，黄马甲运动既不是政党也不是社会组织发起的，而是群众利用网络发起的抗议活动，参加者自己也标榜“自发与非政治性”，而且拒绝和反对同政党或社会组织合作。黄马甲运动的持续迫使马克龙政府采取措施解决危机，其中之一是成立“全国公共辩论委员会”（CNDP），组织和领导全国大辩论。全国大辩论围绕着税务和公共开支、政府和公共部门管理、生态转型、民主和公民权益等4大主题展开。在全国大辩论期间，全法国超过150万人直接参与，其中1/3是通过会议，1/3通过官方网站，剩下1/3则是通过信件。全国大辩论期间，全国公共辩论委员会组织了10 000场辩论会。2019年4月25日，马克龙总结了全国大辩论成果，就全国大辩论的4大主题采取了如下的主要措施：每月领取低于2 000欧元退休金的退休者免征所得税；不因经济状况关闭学校和医院；进行议会改革，议员人数减少25%～30%，20%席位改为比例代表制选举产生，以更多地体现政党的代表性；考虑取消专门培养政治精英的法国国家行政学院；减少政府开支，裁减不必要的机构；降低企业税，降低所得税额50亿欧元；举国动员推动环保与数字经济；发展就业。①之后，黄马甲运动渐渐平息。

当然，游行示威取得成效也是需要条件的。政府若是坚持己见，游行示威也只是表示意愿而已。法国是世界上福利最好的国家之一。由于受金融危机及人口老龄化加剧等因素影响，法国退休基金赤字成倍增长，国库空虚。法国政府不得不进行退休制度改革。但战后享受了数十年高福利生活的法国人无法忍受福利待遇的下降，导致改革步履维艰。2010年6月，萨科齐政府宣布退休改革草案，拟将退休年龄从目前的60岁延长到2018年的62岁，领取全额退休金的法定年龄由目前的65岁延长至2023年的67岁。消息一出，法国就发生大罢工，数百万人走上街头抗议。9月7日，草案第一次提交国民议会讨论，法国工会组织了大罢工及示威游行，超过200万人走上街头。② 10月2日，法国再次爆发全国性示威游行，法国全国共有200多场抗议活动，近300万人参与了游行示威。③ 尽管如此，在萨科齐总统的强硬坚持下，国民议会和参议院分别于9月15日、10月5日审议通过了该法案。随后，反对党法国社会党议员以退休改革"破坏平等原则"为由，上诉到宪法委员会，希望该机构能够阻止改革施行。宪法委员会在11月9日发布公报说，法案关键条款符合宪法规定，驳回了上诉。萨科齐总统在9日连夜签署了法案。10日，《退休制度改革法》全文刊登在法国《政府公报》上，从而为这一轮退休制度改革画上句号。

（三）以个体方式行使的监督制约权

以个体方式行使的监督制约权，是公民行使宪法和相关法律赋予公民的自由和权利。与以集体方式行使的监督制约权周期性行使不同，这些权利和自由可以经常性甚至每时每刻地行使，因此，尽管它们不直接决定国家的政治制度和政府的政策，但它们深刻地影响甚至决定政府的运作及政策安排。这类监督制约方式主要有批评建议、参与听证及提起宪法诉讼和行政诉讼。

1. 批评建议

公民对政府机关及其工作人员的工作提出批评既是主权在民的题中应有之义，也是言论自由的自然引申。根据社会契约论，国家和政府是由公民让渡权力组建起来的，天然地要接受公民的批评与监督。作为公共权力的源头，公民有权监督政府及其官员的工作，并对其工作中的失误提出批评。而言论自由使公民批评政府的权利得到了可靠的保障。可以说，没有言论自由，公民就不可能对政府官员的所作所为提出批评。

西方各国的宪法都明确赋予公民言论自由权，并通过相关法律法规对言论自由及批评政府的权利予以规范。以美国为代表的英美法系的国家还特别保护公民批评政府的自由，在言论自由和官员名誉权之间倾向于保护言论自由。1923年，伊利诺伊州在审理《芝加

---

① 吴国庆．从黄马甲运动看法国政府社会危机治理．社会治理，2019（8）．

② 抗议退休体制改革 法国逾200万人游行示威．http://news.xinhuanet.com/world/2010-09/08/c_12528677.htm.

③ 法国爆发第三轮全国性游行示威抗议退休制度改革．http://news.ifeng.com/world/detail_2010_10/04/2700339_0.shtml.

哥论坛报》报道失实一案中指出："宁可让一个人或报纸在报道偶尔失实时不受惩罚，也不能使全体公民由于担心受惩罚而不敢批评一个无能和腐化的政府。"① 到1964年纽约时报公司诉沙利文一案的判决，政府官员基本上被排除在诽谤法的保护之外了。

基于基督教的原罪说，西方民众天然地不信任政府及其官员，认为政府是靠不住的，这种对政府及其官员近乎本能的政治警醒，使西方民众总是千方百计地监督政府，对政府及其官员评头品足，更以揭露政府及其官员的丑闻为乐事。公民可以公开发表批评政府及其官员的言论，可以在公开场所进行演讲，也可借助报纸、广播、电视等大众传媒，互联网的出现更是给公民提供了方便快捷的表达方式。更为重要的是，互联网削弱了政府的信息控制能力，使普通公民掌握了一定的话语主动权，为公民批评政府提供了前所未有的广阔平台。西方各国政府不仅为公民批评政府提供保障，还以各种形式主动听取公民的意见。希腊政府专门设定进谏日，民众在这一天可以向政府官员进忠告、献计策、诉苦衷，政府官员则一一加以记录，以便研究改进。从1994年起，日本全国各地陆续建立起了民间行政观察员制度，民众自发成立了"全国公民权利代言人联络会议"，定期召开会议，对政府行为进行日常监督，并要求公开财务。

除了公开批评政府，公民还有权向有关部门举报政府官员的不法行为。在廉洁程度较高的芬兰，任何公民都可依法自由举报政府官员的违法行为；政府设立司法总监和议会督察员两种监察官员，接受和审理普通公民对官员与公务员的举报。日本的反腐败监察机构都设有"公益举报窗口"，检举人可以通过上访、信函、电话、传真、网络等多种形式直接或间接举报腐败行为。为保护举报人免受打击报复，很多国家还设立了举报人保护制度，鼓励公民举报。在英国，1998年《公众利益披露法》提供了针对举报人的法律保护框架，保护举报人免于受害和被解雇。2004年，日本特别制定了《公益举报人保护法》，努力保护揭发违法舞弊行为的举报人。该法明文规定，要为举报人严格保密，不得以任何形式泄露举报人的真实身份和信息；不得以任何方式报复举报人，如果发生这种情况，将按有关法律严肃处理。美国将举报人称为"吹哨人"，专门制定了保护举报人的《吹哨人保护法》。基于该法，设立了一个独立部门，即特别检察官办公室，专门调查因揭发政府而遭到处罚的政府雇员提出的申诉。美国还用经济手段激励公众揭发不法行为，在收到举报人投诉、告发后，如果政府决定作为原告参与起诉，举报人可获得赔偿额的15%～25%，如果政府不参与，举报人可以自行调查、起诉，并可获得赔偿额的25%～30%。②

2. 参与听证

听证制度发端于英国，作为正当法律程序的一项具体形式，听证制度最初仅适用于司法程序，其目的是以程序的公正确保司法结果的公平。在这一制度形式从英国传入美国后，被移植到行政程序中。1946年，美国颁布了《联邦行政程序法》，明确规定行政机关做出具体行政行为必须经过听证程序，确立听证程序在行政程序中的核心地位。随着听证程序的不断完善，听证制度逐渐进入政府决策领域，成为在决策过程中广泛获取相关信息的重要方式。同时，立法机关在立法、监督等领域也采用听证程序。二战后，听证制度日

① 李道揆．美国政府和美国政治．北京：商务印书馆，1999：135．

② 法之．国外的举报人制度．云南支部生活，2006（8）．

益为越来越多的西方国家所采用，成为众多国家的司法、立法和行政运作中的一种颇具实效和影响力的程序性民主形式，也成为公民参与政府决策、监督政府的一种重要途径。

根据听证内容的不同，西方国家的听证形式可分为三种：一是立法性听证，主要是议会、政府在制定法律草案或政策时为广泛听取意见而举行的听证会；二是监督性听证，是议会监督、复核行政部门的工作而举行的听证会；三是调查性听证，是议会对某一项社会关注的热点问题、重要的公职候选人及被指控的知名人士进行公开调查而举行的听证会。

一般地，立法听证会由议会委员会或相关政府部门发起，人民团体或利益集团也可主动致函立法部门和行政机关，要求就某一法案或行政工作失误等事项召开听证会。一旦决定听证，一般要提前一周发布公告，公告内容主要包括听证的时间、地点及主题。选择证人是听证准备中的重要工作。在美国，公民只需在一张登记表上签字，并注明自己的观点是同意还是反对该议案，即可以成为证人。证人登记后，由委员会邀请便可以出庭做证。通常情况下，听证会要包括持所有观点的代表，但某些时候听证只邀请有代表性的证人。

除了涉及国家安全可以举行秘密听证外，听证一律公开举行，使公民有机会了解听证的过程及证人的观点。听证会是抗辩性的，先由证人进行陈述，一般是支持方、反对方交替进行。他们可以提出对听证主题赞成或反对的意见，也可以提出提案中存在的问题及可能造成的不良后果等。证人陈述后，由委员会委员根据事先确定的规则顺序对证人进行询问。听证会结束后，证人要审核听证笔录并签名确认。委员会要根据听证会的意见形成报告向议会提交，报告要说明听证会提出的意见，同时要说明是否采纳这些意见及其理由。听证笔录和听证报告，都必须立卷归档以备核查。法案通过后，听证会的证言将向社会公开，如果重要不同意见没有被采纳，将会受到公众的监督。因此，参与听证不仅是公民公开表达自己观点和意见的权利，而且是公民个体抗衡公权力的特殊保障机制。

3．提起宪法诉讼和行政诉讼

作为一项基本人权，诉权是公民权利受到侵害后所产生的一种特殊权利，即可以向有管辖权的法院提起诉讼、寻求司法救济的权利。诉讼救济是公民权利最权威、最公正的救济形式，很多西方国家的宪法都确认了这一基本权利。《意大利共和国宪法》规定：任何人为保护其权利和合法利益，皆有权向法院提起诉讼。《德国基本法》规定：如权利遭受公共机构侵犯，任何人有权向法院提起诉讼，如普通法院之外的其他法院对此无管辖权，可向普通法院提起诉讼。公民的诉权意味着，公民在其合法权利遭受立法机关、行政机关的侵害或妨碍时，有权向法院提起诉讼，寻求司法救济，因此，公民的诉权就成为公民个人权利制约公共权力的有效方式，主要包括行政法诉权和宪法诉权。

行政法诉权是公民享有的在权利受到行政机关不法行政行为侵害时依法提起诉讼的权利。西方各国的行政程序法都规定了公民启动行政诉讼的权利，将其作为公民权利制约行政机关行为、保障政府行为合法的重要手段。宪法诉权是公民享有的在宪法权利受到侵害时依法提起诉讼的权利，当今许多西方国家都建立了宪法诉讼制度，专司保障公民宪法权利之责。行政诉讼解决的是行政法争议，主要是行政机关适用法律引发的纠纷；而宪法诉讼解决的是宪法争议，其实质是公民权利与国家权力的冲突，公民宪法权利的公权利属性决定了对它的侵犯来自国家而非个人，因此，公民提起行政诉讼或宪法诉讼，被告只能是公权力，而不能是私权利主体。行政诉讼的被告只能是行政机关，宪法诉讼中的被告主要是议会，其次还有国家元首（如总统）、政府首脑（如总理）等。①

2007 年 11 月，德国联邦议院和联邦参议院相继通过了新的《电讯信息数据存储法案》（简称《数据储存法》），并于 2008 年 1 月 1 日起正式实施。根据该法，不论是否为犯罪嫌疑人，所有民众每份进出的邮件、每个打进打出的电话以及所有互联网的使用情况都将被自动存储并保留半年。此法案在获通过前就充满了争议，通过后更是反对声不断。反对者认为储存和监视互联网和电话的数据，侵犯了公民至关重要的隐私权，频频向宪法法院提出上诉，法院曾于 2008 年 3 月和 11 月先后两次做出重要裁决，称当局只有在极端情况下或具有授权时才可接触这些数据。但是，德国民众并不满足于此，2009 年 12 月，共有 34 995 名德国民众发起了有史以来规模最大的违宪诉讼，指控《数据储存法》违宪。② 2010 年 3 月 2 日，德国联邦宪法法院做出裁决，2008 年初生效的《数据储存法》违宪，到目前为止储存的数据应被立即删除。由此可见，公民诉权的最终目的是通过对立法机关制定的法律、行政机关制定的行政法规及做出的行政行为是否合法、合宪做出判断来保障公民权利，实现对权力的有效制约。

由于法律体系、政治体制、历史传统等方面存在差异，西方各国行政诉讼和宪法诉讼的具体实施各有特色。英美法系的国家没有行政法院和宪法法院系统，所有诉讼都由普通法院审理。英国是不成文宪法国家，公民的宪法权利与一般权利没有明确的区别，体现在诉讼上，就是法院在处理权利诉讼中不区别权利的行政诉讼和宪法诉讼。美国所有的权利诉讼都是由普通法院负责审理。当公民的权利受到行政机关侵害时向法院提起行政诉讼，法院对行政的合法性进行审查；如果公民质疑行政行为所依据的法律的合宪性，法院则对该法律是否合宪进行审查，即违宪审查。大陆法系国家一般在普通法院之外单独设立行政法院和宪法法院，专门审理行政诉讼和宪法诉讼，通过一套不同于普通法院的诉讼程序解决权利与权力的纠纷。德国设立了行政法院和宪法法院两套司法系统，权限严格分工，前者只审理行政诉讼案件，后者只负责宪法案件。公民如果认为自己的权利受到行政权力侵害，先向行政法院提起行政诉讼。在诉讼过程中，公民如果认为行政行为依据的法律违宪，可向行政法院提出，行政法院如果认为该法律违宪，要中止诉讼，提请宪法法院对该法律进行违宪审查；如果行政法院认为该法律并不违反宪法，可直接依据法律做出判决，公民可以在判决后向宪法法院提出宪法诉讼。公民如果认为自己的宪法权利受到侵害，又无法通过行政诉讼获得救济，也可以直接向宪法法院提起宪法诉讼。法国的情况比较特殊，法国没有真正意义上的宪法诉讼，公民个人不能直接提起宪法诉讼，只能通过国会议员或特定机关向宪法委员会提出审查法律合宪的请求。公民权利受到行政机关侵害时，可以向行政法院提起行政诉讼，由行政法院审查行政行为是否合宪。

以上是公民个人以宪法和法律赋予的权利为武器，通过个体或集体行动对政治过程的参与和监督。在西方国家，公民往往结成利益集团，以集体的力量，并常常借助大众传媒形成强大的公共舆论对政府进行监督和制约。

---

① 马岭．违宪审查相关概念之分析．法学杂志，2006（3）．

② 焦公．德宪法法院开审最大规模集体诉讼案．法治周末，2010-01-07．

三、公民监督的政治作用

公民对政府的监督制约是主权在民原则的自然推论，也是公民权利的内在价值蕴涵和必然指向。在民主制下，公民为维护公共利益和自身权益，通过各种方式参与政治过程、监督政府，形成了独具特色的公民监督制度，构成了对公共权力强有力的制约。这是由公民监督的特点所决定的。

公民监督具有其他监督系统所不具备的特点，归纳起来，主要有以下五个方面：

第一，监督主客体的广泛性，这是公民监督最基本的特点。在西方国家，主权在民原则意味着所有公民都具有监督政府的权利，因此，公民监督的主体是一个国家的每个公民，不仅人数众多，而且分布广泛，遍布各个地区、各个行业。在政府监督体系中，各个监督系统都有特定的监督范围，而公民监督的客体包括所有国家机关及其工作人员，上至国家元首，下至办事员，都在公民监督的范围之内。

第二，监督内容的全面性。与国家监督机构监督内容的特定性不同，公民监督的内容非常宽泛，涉及政治、经济、文化、社会生活等各个领域及各个方面，贯穿于权力运行的全过程。国家机关工作人员的职务行为和非职务行为、工作表现和道德品行，都在公民的监督视野之内，可以说，凡是有公共权力存在的地方，就有公民监督的无形网络。

第三，监督方式的多样性。公民可以通过不同渠道，采用多种形式监督国家机关及其工作人员。公民可以通过选举、罢免等方式选择更换国家领导人，可以通过写信、面谈、打电话等方式给国家机关及其工作人员提出意见和建议，还可以通过报纸、杂志、网络等大众传媒发表评论批评政府，也可以通过集会游行示威等激烈的方式表达自己的意愿和要求。

第四，监督主体的独立性。相对国家监督体系而言，公民监督是来自国家机关外部的监督。与内部监督体系监督主体依附或受制于监督客体的情况不同，作为监督主体的公民所处的位置比较超脱、独立，与监督客体没有人际关系范畴内的利益联系，这就决定了公民监督的客观、公正和有效。

第五，监督行为的自觉性。公民对国家机关及其工作人员的监督，或是出于对国家、民族的责任感，或是为维护自己的合法权益，无论哪种情况，监督行为均出自公民内心的自觉自愿，而非任何外力的强制。这就决定了公民监督的经常性和持久性。

公民监督是一项重要的宪法权利。从静态结构看，公民监督体现了主权在民的宪法原则；从动态过程看，公民监督是公民政治参与的重要形式。西方各国实践表明，公民监督是国家权力监督体系的重要组成部分，在防止权力滥用、维护宪法秩序方面发挥着不可替代的作用，具有重要的意义和价值。

首先，公民监督是防止权力滥用的可靠保证。政府的目的是保障人们原则上在有任何形式的政府之前就享有的权利，但在政治实践中，“一切有权力的人都容易滥用权力，这是万古不易的一条经验。有权力的人们使用权力一直到遇有界线的地方才休止”。[①] 为防止国家权力滥用，西方各国都建立了一整套的监督制度，包括设立权力之间的制衡、专门

---

① 孟德斯鸠．论法的精神．北京：商务印书馆，1961：154.

监督机构的监督以及公民对政府的监督。公民监督的特点决定了其对国家机关及其工作人员的监督在防止权力滥用方面发挥着不可替代的保障功能。其一，公民是社会实践的直接参加者，其主体范围广泛，无处不在，任何国家机关及其工作人员都处在监督之下。公民往往又是权力滥用行为的直接受害者，因此，公民对国家机关及其工作人员的监督最直接、最敏锐，政府工作人员的一言一行、一举一动，都在公民的监督之下。其二，监督主体独立是监督有效的一个重要前提，而公民完全独立于国家权力体系之外，其监督行为不受国家机关的制约，相反，公民的选举罢免权、公民投票权等权利是制约国家机关的有力武器。其三，公民监督不仅自成体系，而且将自身的监督融进了其他监督之中，使之成为整个监督体系的基础。公民对权力滥用等行为的揭露、举报为专门监督机关提供了有价值的线索。实践证明，如果离开了公民监督，其他监督就成了无源之水、无本之木。公民监督所起到的震慑作用是其他监督形式所无法比拟的。

其次，公民监督是政治稳定的重要保障。政治稳定是指“政治体系具有较高的合法性，即政治系统使人们产生和坚持现存政治制度是社会的最适合制度之信仰的能力”。[①] 这表明，政治稳定的根本在于社会对政治体系的自觉认同。从这个意义上看，政治稳定离不开有效的公民监督。其一，如果排除公众对重大决策的参与，将会造成政策上的失误，[②] 一旦决策失误，就会影响公民对政府的认同。而公民监督是民众向政府表达诉求的重要途径，可以使政府及时准确地了解民众的愿望和利益需求，从而做出符合大多数人意愿的理性决策。其二，公民监督为民众维护自身权益、宣泄不满情绪提供了多样化的合法渠道。当公民合法权益受到侵害时，公民可以采取多种形式维护自身的权益，包括公开揭露、举报、游行示威等，使政府可以及时感知社会问题，对利益受损的个人或群体给予适当的救济，从而缓解矛盾，防止社会动荡。

最后，公民监督是民主制度的重要基石。西方各国都以主权在民为基本的政治原则，将其奉为圭臬。主权在民的宗旨在于人民是一切权力的所有者，政府的政策和行为以人民的意志为依归。“只有当受治者同治者遵循国家服务于公民而不是公民服务于国家，政府为人民而存在而不是相反这样的原则时，才有民主制度存在。”[③] 在代议民主制下，民主政治的核心问题就是要建立有效的监督制约制度，使公民有足够的力量监督和控制政府，确保治者的权力真正在受治者的同意下，遵从受治者的意愿行使。因此，普通公民不仅要有选举权，将管理国家的权力赋予一部分人，而且还要有对政府的监督权，时刻监控权力的运行。正如美国学者杰斐逊所指出的那样，在代议制共和国里，“人民是公权的唯一可靠的宝库”，“假如他们一旦不关心公共事务了，那么你（爱德华·卡林顿上校）和我，以及国会和州议会、法官和州长，都要变成豺狼了，这似乎是一般天性的规律”。[④] 西方各国的实践证明，只有从根本上保留公民对政府的监督权、对政治过程的参与权，才能有效地保证公共权力的行使对人民负责，才能保证主权在民原则的切实贯彻。可以说，没有公民的参与和监督，就没有真正的民主制度。

---

① 李普塞特．政治人：政治的社会基础．上海：上海人民出版社，1997：55.
② 彼得斯．政府未来的治理模式．北京：中国人民大学出版社，2001：68.
③ 萨托利．民主新论．北京：东方出版社，1993：38.
④ 方纳．杰斐逊文选．北京：商务印书馆，1963：51-52.

当然，也应该看到，公民对政治过程的参与和监督所依恃的是宪法赋予公民的种种权利。这些权利在一定程度上可以起到监督和制约国家权力的作用，但它们并不是权力，不具有强制力，国家机关掌握着如何对待公民监督的主动权。而且，公民个体力量和影响有其不可避免的局限性。因此，公民监督的实际效果也不可夸大。

第二节　利益集团对政治过程的参与和监督

利益集团，又称压力集团、院外集团，是指具有共同利益和目标的社会成员为了一定目的而结成的影响政府政策的有组织的集团。利益集团是西方国家政治生活中十分普遍的现象，是西方国家政治制度和权力结构的有机组成部分，是西方国家议会制度和政党制度的有效补充。利益集团通常采用游说、影响选举、诉讼等方式表达自己的利益诉求，对政府内外政策的制定都发挥着重要的影响，被称为"第二圈的政策制定者"、国会上下两院之外的"第三院"，发挥着监督政府运作和制约政府权力的功能。

一、利益集团的产生与发展

利益集团的出现，是与近代生产方式的发展紧密联系在一起的。近代生产方式的一个直接结果是日益细密的专业化分工，而专业化分工又导致了社会经济利益的多元化，利益的多元化造成了利益的分歧甚至冲突。为了维护各自的利益，具有相同利益的人们自然会联合起来，形成利益集团。詹姆斯·麦迪逊指出："造成党争的最普遍而持久的原因，是财产分配的不同和不平等。有产者和无产者在社会上总会形成不同的利益集团。债权人和债务人也有同样的区别。土地占有者集团、制造业集团、商人集团、金融业集团和许多较小的集团，在文明国家里必然会形成，从而使他们划分为不同的阶级，受到不同情感和见解的支配。"① 利益的多元化为利益集团的发展提供了坚实的基础，俄罗斯利益集团的发展就是一个很好的证明。苏联解体前，苏联共产党作为全体人民根本利益的代表，发挥着利益整合的功能，不同的利益通过共产党来划一。换句话说，在共产党的领导下，全体人民的根本利益是高度一致的。在这种情况下，国家政治生活中就没有利益集团的地位。1990年以来，伴随着俄罗斯政治、经济制度的转型，社会结构分化，利益日趋多元化，体现不同利益的利益集团应运而生，出现了金融工业集团、军事工业集团、卢日科夫集团、图列耶夫集团等众多的利益集团，且发展速度十分惊人。1993年，俄罗斯只有一个金融工业集团，1995年发展到27个，1997年超过60家，参加的企业达1 000余家，金融信贷机构90多个。②

从政治上说，自由民主的政治体制为利益集团的发展提供了一个基本前提。首先，宪法所规定的结社自由权和集会自由权为利益集团的合法存在提供了法律依据和保障。《德国基本法》第9条规定：所有德国人都有结成会社、团体的权利；保障每一个人和一切行业都享有为保护和改善劳动条件和经济条件而结社的权利。第8条规定公民享有集会自由

---

① 汉密尔顿，等. 联邦党人文集. 北京：商务印书馆，1980：46-47.

② 董晓阳. 俄罗斯利益集团. 北京：当代世界出版社，1999：17.

的权利。《法兰西第五共和国宪法》规定：任何人皆有借职工团体维护其利益，并加入其所选择的职工团体的权利。俄罗斯《宪法》第 30 条规定：每个人都有结社权，包括成立工会以保护其利益的权利。美国宪法虽然没有明确规定结社自由，但《宪法》第 1 条修正案规定的言论、出版自由，和平集会和向政府申冤请愿的权利实际上包含了结社权。在 1958 年全美有色人种协进会诉亚拉巴马州案中，最高法院正式裁决，为促进信仰和看法而结社是受到《宪法》第 14 条修正案保护的。其次，代议制民主使得利益集团成为政治生活之必需。代议制民主有效运作的前提是公民对政治生活的积极参与，“沉默的公民或许会成为独裁者的理想臣民，但对于民主制度来说，却是一场灾难”。① 在代议制下，具有特定利益的人群，都面临着如何使自己独特的利益得到体现和保护的问题。而公民个人的要求常常是分散的，难以得到有效的表达，因此，为实现自己的利益，人们自然就会联合起来介入政治生活，由此导致了利益集团的兴盛。

二战以后，西方社会经历了巨大的变化。经济和科技的突飞猛进引发了众多的社会问题，导致了政府对经济和社会生活的广泛干预。与此同时，教育事业的发展尤其是高等教育的普及促进了公民参与意识的增强及参与水平的提高。在这种大背景下，利益集团无论在数量、规模还是活动的范围、手段方面都发生了深刻的变化。调查表明，2/3 以上的美国人至少参加一个团体。② 年满 14 岁的德国西部公民，有 58%的人参加社团。③ 法国有 2 200 万人至少参加一个社团，占 15 岁以上的人口的 45%。④ 因此，在西方各国存在众多的利益集团。90 年代中期，全德正式注册登记的利益集团约 20 万个。⑤ 到 2011 年，在德国注册的各种协会共有 544 701 个。⑥ 而在法国，1994 年各种社团的数量超过 70 万个。⑦ 如此数量众多的利益集团在组织规模、经济实力等方面有很大差异，代表的利益需求及政策倾向也相去甚远，但在西方民主制的大背景下，它们具有共同特征。

第一，利益集团具有多样化的特征。如前所述，西方各国的利益集团数以几十万计，种类繁多，广泛存在于政治、经济和社会生活的各个领域。正如托克维尔所概括的那样：“既有宗教团体，又有道德团体；有认真和无聊的团体，有一般和特殊的团体，有规模庞大和规模甚小的团体。”⑧ 学界一般按利益集团追求的主要目的进行分类，将利益集团分为经济类利益集团、政治社会权益类利益集团、公共利益集团和寻求其他目的的利益集团。⑨

经济类利益集团的主要目的是维护和促进本集团成员的经济利益，这类利益集团在各国的利益集团中数量最多，影响也最大。这一类利益集团按照行业又可分为工商企业、农

---

① 达尔．论民主．北京：商务印书馆，1999：107.

② Schmidt，Shelley，Bardes. *Ford*：*American Government and Politics Today*. Boston：Wadsworth Cengage Learning，2012：245.

③ 顾俊礼．德国的利益集团．德国研究，2000（1）.

④ William Safran. *The French Polity*. New York：Pearson Education Inc.，2009：193.

⑤ 同③.

⑥ 鲁茨欧．德国政府与政治．北京：北京大学出版社，2010：39.

⑦ 同④.

⑧ 托克维尔．论美国的民主：上卷．北京：商务印书馆，1988：635-636.

⑨ 李道揆．美国政府和美国政治．北京：商务印书馆，1999：282.

业、劳工和专业团体等四类。美国的全国制造商协会、劳联—产联、全国农场主协进会、美国医学会；德国的德国工业联合会、德国雇主联合会、德国工商大会、德国工会联合会；英国的职工大会、英国工业联合会；加拿大的加拿大制造业协会、加拿大劳工大会、加拿大农业联盟；日本的经济团体联合会、日本经营者团体联盟、全日本劳动总同盟、日本劳动组合总评议会、日本农业协同组合、日本医师会；俄罗斯的石油工业家联盟、军工企业联盟、商人圆桌会议、银行家俱乐部、农民与农场主协会等都是各国非常有影响的经济类利益集团。政治类利益集团的主要目的在于争取成员的政治权利，提高其社会地位。影响较大的有美国的全美有色人种协进会、妇女选民联盟，德国的德国妇女委员会、被驱逐出家园者联合会，英国的警察联合会、家庭权利集团，法国的退休军人联合会、妇女解放运动，俄罗斯的基督教民主联盟、人民东正教运动、士兵母亲委员会联盟；等等。公共利益集团主要是指以公共利益为其目标的利益集团，它们维护的不是某一集团的特殊利益，而是基于某种信仰和原则的人类的共同利益。二战后利益集团的一个突出变化就是公共利益集团的快速发展。目前，西方各国都有消费者权益保护、环境保护、反战、人权、动物权利等方面的利益集团，如美国的共同事业、拉尔夫·纳德集团、地球之友，英国的核武裁军运动、全国反对活体解剖协会，日本的日本消费者联盟、拥护宪法国民联合、禁止核武器日本国民会议，俄罗斯的绿党、俄罗斯人权组织，等等。寻求其他目的的利益集团因其追求的目的不同，主要有政府利益集团、单一问题利益集团等。前者如美国的全国州长会议、美国市长会议，日本的全国都道府县议会议长会、全国知事会等；后者主要是围绕某一特定问题而产生的利益集团，如在美国，就是否应该允许堕胎问题产生了反对堕胎的“生命的权利”组织和赞成堕胎的“全国堕胎权行动联盟”。

近年来，随着欧洲一体化的不断深化，欧盟政策对成员国的影响越来越大，因此，利益集团越来越关注欧盟的政策制定，并力图施加影响。一些成员国的利益集团在布鲁塞尔都设有办事处直接进行游说，或者委托咨询公司为它们游说。为克服民主赤字，欧盟对利益集团参与政策制定过程进行规范，使之日益程序化和制度化。2011 年，欧盟委员会和欧洲议会制定了一个共同的透明化登记表，所有针对欧盟机构游说的利益集团和利益组织都必须在该表中注册。到 2015 年 10 月底，该登记表已经有超过 8 500 条登记信息。[①] 同时利益集团出现了联合的趋势，出现了诸如欧洲工业和雇主工会联合会、欧洲公共服务工会联合会、欧洲贸易工会联合会、欧洲消费者联盟和欧洲环保协会等利益集团。这些利益集团在特定问题上表达自身的利益需求，参与欧盟的政策制定过程。但由于不同国家文化、利益的差异，这些利益集团在一些问题上很难达成共识。

第二，利益集团具有制度化的特征。其一，利益集团自身的组织机制具有制度化的特征。西方国家的利益集团是以合法注册的组织形式出现的，因此，一般都有明确的组织目标和固定的组织结构，包括从决策机构到日常执行的部门，大多数利益集团还设有分支机构，有众多的雇员和可观的预算。“在各大利益集团中，主席和理事会成员都是名誉任职的名人，他们一般都是大企业的经理或理事会成员；同时，他们由一个专家型工作人员组

① 埃辛. 利益集团在欧盟指令草案政策咨询中的参与分析. 德国研究，2015 (4).

成的工作机构来支持。”[①] 例如，英国工业联合会设总目标委员会为其常设机构，有440名职员，1978年的预算开支近460万英镑，下设工资、工作条件、经济、就业政策等34个常设委员会和12个地方理事会。2002年，法国的利益集团共有全兼职雇员160万，各种活动开支308万亿法郎，占国民生产总值的3.7%。[②] 其二，利益集团与政府的关系具有制度化的特征。除各种非正式的联系外，西方国家的利益集团与政府都建立了正式的联系，很多国家的宪法或法律都有政府与利益集团关系的规定。法国宪法规定设立经济和社会委员会，根据政府的请求，就法律、法令、命令的草案及法律建议案，提出自己的意见，并接受政府就有关共和国或者共同体的经济性质或社会性质的一切问题的咨询。经济和社会委员会大约有200名成员，其中70%由利益集团提名，其余由政府提名。[③] 德国的联邦议院和联邦政府的议事规则都强调，在起草法律草案或做出决议之前，要听取有关利益集团的意见。虽然英国在这方面没有成文的规定，但英国政府历来有征询利益集团意见的传统，尤其是在制定经济领域的法律或政策之前，都要同有关的利益集团磋商。英国前首相威尔逊曾说过：我们的责任就是要考虑英国工业联合会（CBI）、职工大会（TUC）以及其他利益集团的意见。[④] 不仅如此，一些重要利益集团的代表人士还进入政府设立的种类繁多的各种委员会，就一些重要问题进行讨论，提出自己的主张。1998年11月，德国施罗德政府为解决长期居高不下的失业率问题而组成的“圆桌会议”，就包括了德国影响比较大的利益集团——德国雇主全国联合会、德国工业联合会和德国工会联合会。政府把与利益集团磋商看成是一种必须履行的责任，如果利益集团不愿与相关官员磋商，就意味着对政府或议会的批评，甚至作为拒绝合作的借口。

利益集团与政党是不同的政治组织，其成员构成和政治目标都有差异。利益集团是为寻求某种特定的利益而组织起来的，其成员社会背景一般相差不大，具有职业、行业、族裔的界限，尤其是经济类和政治类利益集团。利益集团参与政治不是为了执政，而是为实现自己具体而实际的利益。而政党的成员构成比较复杂，包括来自各职业、各行业、各族裔、各种宗教的人。政党参与政治是为了执掌政权，控制政府。但利益集团和政党都是政府与公民的中介环节，都具有利益表达的功能，两者有着千丝万缕的联系。尽管大部分利益集团都公开声明自己是不带党派偏见的，但实际上不少利益集团有非常明显的党派倾向。利益集团与政党关系最为密切的是英国。“英国的利益集团，尤其工会，是与政党政治高度结合的。在工党内，工会提供该党将近90%的党员、党代表大会85%以上的选票以及85%的收入。工会占有工党全国执行委员会28个席位中的18个，并包办1/3以上的工党议员。”[⑤] 乃至工党素有2/3的利益集团、1/3的政党之称。英国职工大会的主要领导人每年都出席工党的年会，工党的主要领导人也被邀请参加英国职工大会的年会。在法国

① 顾俊礼．西欧政治．北京：经济科学出版社，2001：323.

② William Safran. *The French Polity*. New York：Pearson Education Inc.，2009：179.

③ Jorgen S. Rasmussen&Joel C. Moses. *Major European Governments*. Belmont，California：Wadsworth Publishing Company，1995：253.

④ 胡康大．英国政府与政治．台北：台湾扬智出版公司，1998：315.

⑤ 阿尔蒙德，小鲍威尔，等．当代比较政治学：世界展望．北京：商务印书馆，1993：255-256.

和意大利，“工会会员按照政治路线分裂为社会党工会、共产党工会以及基督教工会”①。“德国工业联合会与基督教民主联盟——基督教社会联盟及保守的政治家们有悠久的密切联系，而工会联合会与社会民主党有密切联系。”② 在美国，“各政党本身被看作是各集团的联合：民主党是劳工、种族团体、黑人、天主教徒、大城市居民、黑人知识分子，以及南方人的联盟；而共和党则是中等阶级、白领工人、乡村和小城镇居民、市郊居民，以及新教徒的联盟”③。1978 年，工会集团几乎倾其所有，将 95%的捐款用于支持民主党的候选人，而工商集团将 60%的捐款给了共和党。④ 此外，在一定条件下，利益集团也会发展成政党。活跃于西方社会的绿党，就是由以保护生态环境为主要目标的利益集团发展而来的。1984 年，法国的生态主义联合会和生态主义绿党联合成绿党，参加总统和议会选举；1996 年，美国著名的利益集团拉尔夫·纳德集团的领导人拉尔夫·纳德宣布参加总统选举，该组织后发展成绿党。

在政治过程中，利益集团和政党往往互有所求。政党有上台执政的机会，因此，利益集团要实现自己的利益，往往要借助政党的力量。而政党在选举过程中和上台执政后，都离不开利益集团的支持，尤其是在选举过程中，利益集团的财政支持和选票支持对政党竞选具有至关重要的作用。

二、利益集团的主要活动方式

利益集团的根本目的就是对政府的政策施加影响，以实现自己特定的利益。为达到这个目的，利益集团采取了多种多样的方式，其政治参与几乎渗透到所有的政治领域及政治过程的各个环节。利益集团不仅游说立法机关和行政机关，使通过的法律和政策对自己有利，并通过提起或参加诉讼寻求法律的变更；而且还介入选举过程，通过帮助公职候选人竞选建立与日后决策者的联系，并通过发动选民、制造舆论、抗议示威等方式影响政府。

1. 游说立法机关和行政机关

立法机关和行政机关是最直接的政策制定者，因此，游说立法机关和行政机关是利益集团进行游说施加压力的重点。游说的基本目的是向立法机关和行政机关表明本集团在某一问题上的立场和观点，使之接受，并在政策上有所体现。要达到此目的，除了公开表明态度外，与议员和政府官员建立良好的私人关系也是必要的。

(1) 出席立法机关和行政机关举行的各种听证会并做证。在西方国家，无论是议会立法还是政府制定政策，通常都举行听证会，听取各方面的意见。各利益集团大都利用这个有利时机，派出自己的代表或雇用专职的游说专家出席听证会，并就听证会的主题阐述本集团的意见和要求，极力维护本集团的利益。2005 年，在德国联邦议院正式注册的利益团体有 1 896 个，注册的代表（院外游说者）也有上千名。这些注册的组织和代表可以要

---

① 阿尔蒙德，小鲍威尔，等. 当代比较政治学：世界展望. 北京：商务印书馆，1993：256.

② 同①416-417.

③ 赖伊. 谁掌管美国：里根年代. 北京：世界知识出版社，1985：304.

④ James Q. Wilson. *American Government*: *Institutions and Policies*. Lexington: D. C. Heathand Company, 1980: 223.

求旁听联邦议院和联邦政府机构的一些相关会议。[①] 1985 年，美国国会为审议《陆路交通与统一调配援助法案》，众议院公共工程和交通委员会下设的陆路交通小组委员会举行了为期 3 天的听证会，共有 53 个利益集团出席，它们提出了很多的利益要求。其中，有 18 个利益集团提出了 98 项不同的政策要求。[②]

（2）参加立法机关或行政机关设立的各种咨询机构。随着政府管理职能的增多和日益复杂化，政府在决策时也需要征询社会各界的意见，于是协调不同利益的各种咨询机构就应运而生。利益集团自然求之不得，纷纷派代表参加这些咨询机构，堂而皇之地表达自己的利益要求，对政府决策过程施加直接影响。

据统计，20 世纪 70 年代中期，美国联邦政府各部门就有各种顾问委员会 1 250 个，英国政府的特别顾问委员会和常设顾问委员会则超过 1 560 个。在日本，各种法律草案的制定都要通过各种专门的审议会讨论、修订。除总理直属的 50 个审议会外，政府各省厅设有 200 多个审议会。而且，首相、省厅大臣等内阁成员还设有私人咨询机构，如中曾根政府时期，就有首相的和平问题审议会、文化教育恳谈会，厚生大臣的社会保障长期展望恳谈会，劳动大臣的劳资关系法研究会。在这些各种各样的咨询机构中，大部分成员都是各利益集团的代表。在法国，"私人利益集团与国家之间的不可缺少的合作由顾问委员会予以制度化，大多数政府机关都附设顾问委员会，委员主要是政府官员和集团代表。……决策者往往唯利益集团之命是听，因此行政职能就分配给了各个社会经济集团"。[③] 在德国，在联邦政府范围内共有 189 个咨询委员会和 174 个监事会，其中活跃着各种利益团体。[④]

（3）为议员或政府官员提供各种信息。利益集团在游说的过程中，向议员和政府官员提供各种相关的信息，包括利益集团的会议文件、声明，有关经济和社会问题的动态，有关议案的背景资料和专业分析，等等。对政府官员尤其是议员来说，现代政府事务的复杂性使他们不可能在所有领域都拥有足够的专业知识以做出理性的判断，而利益集团对它们关注的问题往往有比较深刻的了解和认识，因此，议员或政府官员迫切需要利益集团提供的背景资料和详尽的分析报告。很多西方国家都在立法或政策制定程序中规定了利益集团的咨商地位。例如，德国联邦政府各部的共同工作规章中就规定："在准备法律草案的过程中，专业领域的代表或是利益团体代表可以被咨询和提供文件以供讨论，他们应有表达其态度和立场的机会。"[⑤] 有时利益集团还为议员和政府官员提供议会斗争的策略甚至帮助起草法律草案等相关文件。利益集团意识到，提供的信息越全面、越详细，游说成功的可能性就越大。为此，英国职工大会于 2005 年建立了一个新的资料库，为议会特别委员会提供书面或口头材料，向议员和政府部门提供研究报告、民意调查结果、情况通讯和建议等，供其决策时参考。

---

① 鲁茨欧．德国政府与政治．北京：北京大学出版社，2010：53-54.

② Allan J. Cigler&Burdett A. Loomis. *Interest Group Politics*. Washington，D. C.：Congressional Quarterly Inc.，1991：260-261.

③ 阿尔蒙德，小鲍威尔，等．当代比较政治学：世界展望．北京：商务印书馆，1993：330.

④ 同①63.

⑤ 同①57.

总统也是利益集团游说的目标，但利益集团接触总统的机会有限，主要是通过影响总统对高层行政官员的任命来影响其政策。总统在任命内阁成员时，通常会考虑人选能否为主要的利益集团接受。例如，劳工部长必须得到劳联—产联及其他劳工组织的支持，商业部长必须为重要的企业集团所接受。同样，利益集团也会试图影响联邦最高法院法官的任命。例如，全美步枪协会会全方位调查候选人对于枪支管制问题的态度，全美保护自然资源选民联盟，会关注候选人对环境保护的立场，并根据调查结果采取支持或反对的措施。

（4）与议员或政府官员建立良好的私人关系。密切的人际关系可以使利益集团政治资源的效益得以有效发挥，从而增强其政治影响力，因此，利益集团非常重视与议员或政府官员建立良好的私人关系。除了利用天然的同学、同乡等关系外，利益集团还根据事关自己利益的议员或政府官员的爱好，安排不同方式的社交活动，以期在轻松的气氛中联络感情，建立私谊，宴请、度假、旅游等都会收到不错的效果。实际上，重要的利益集团无不在议会和行政机构中有自己的朋友。英国职工大会在每年夏天举办夏日招待会，为工会常务委员会成员和资深会员提供接触各个党派政治家和两院议员的机会。职工大会还常常在工会大楼为新当选的议员举办招待会，不断建立起新的政治关系网络。

2. 诉诸司法

利益集团常常在立法和行政机关不能满足它们的要求时，转而求诸法院，通过司法程序实现自己的目标。由于西方一些国家的法院尤其是美国的法院在制定政策过程中发挥着独特的作用，司法机关也就必然成为利益集团游说的目标。因此，尽管法官有中立、非党派的特点，“但司法活动还是反映了各种利益的竞争，很少有哪个利益集团能够远离司法机关的活动”。①

（1）影响法官的任命。美国的法官分为联邦法院法官和州法院法官两个系统。根据美国宪法，联邦法院法官由总统提名，参议院批准。参议院批准程序实际上使任命法官的权力从总统转移到参议员手中，而由于种种原因，参议员更多地考虑利益集团的反应。1930年，胡佛总统提名联邦巡回上诉法院的法官，来自北卡罗来纳州的约翰·帕克为联邦最高法院法官。但帕克曾因决定支持不平等的劳动合同而与劳工组织结怨，而且他也不受黑人团体的欢迎。在劳联—产联和全美有色人种协进会的反对下，参议院最终没有通过对帕克的提名。无独有偶，1970年，尼克松总统提名联邦上诉法院法官G. 哈罗德·卡斯韦尔为联邦最高法院法官，也是因为全美有色人种协进会和劳联-产联的反对而未获批准。1987年，最高法院持中间立场的刘易斯·鲍威尔大法官宣布退休，给了里根总统第三次任命大法官的机会。② 里根提名与他理念相近、支持他司法革命的罗伯特·博克为大法官候选人，遭到参议院中民主党人的反对，83个以上的利益团体也表示反对。美国公众自由联盟放弃了自己不反对大法官候选人的一贯立场，称博克“不适合”出任最高法院大法官。③ 最终，参议院否决了提名。

---

① 杜鲁门. 政治过程：政治利益与公共舆论. 天津：天津人民出版社，2005：519.

② 1981年，里根提名桑德拉·戴·奥康纳为联邦最高法院大法官，实现了任命一位女性进入最高法院的大选承诺；1986年，里根提名伦奎斯特为首席大法官，接替退休的首席大法官沃伦·厄尔·伯格，同时任命安东尼·斯卡利亚接替伦奎斯特在最高法院空出的职位。

③ 李丹. 罗伯特·博克：大法官之梦的破灭. 世界文化，2017（9）.

美国的州法院法官主要由任命和选举两种方式产生，对于民选法官，由于涉及经费和选票问题，利益集团的影响力更加明显。

（2）向法院提起诉讼。美国的最高法院具有司法审查权，因此，当利益集团认为自己的利益受到国会立法或政府行为损害时，就向法院提起诉讼，直接在法庭上向法官提出自己的利益诉求及理由，争取通过法官的裁决推翻国会的立法或撤销行政行为，维护自己的利益。早在19世纪，托克维尔就指出："在美国，很少有提出的政治问题是无法解决的，只是解决的迟早问题，这些问题会在法庭上得以解决。"[①] 在这方面，全美有色人种协进会是最成功的利益集团之一。这个组织成立于1910年，面对当时美国社会根深蒂固的种族歧视，它选择以法院诉讼作为主要的斗争策略。从20世纪30年代开始，协进会就不断向法院提出诉讼，要求废除违反宪法的种族隔离制度。1950年的斯韦特诉佩因特、麦克劳林诉俄克拉何马州高等教育委员会、1954年的布朗诉托皮卡教育委员会、1956年的盖尔诉布劳德、1968年的格林诉新肯特郡学校委员会等都是具有里程碑意义的案件。通过这一系列案件的判决，不仅最终废除了种族隔离制度，而且在一定程度上转变了美国社会的种族歧视观念。据统计，自1955年到1985年，被提请联邦法院的民事案件数量从每年的5万件增加到每年的25万件。研究表明，利益集团数量的增长是案件数量大幅增加的原因之一，利益集团在院外活动中没有达到目的的事情被提交到法院解决。[②] 2018年2月14日，佛罗里达州帕克兰市发生历史上最严重的校园枪击事件，造成17人死亡，15人受伤。3月9日，佛罗里达州州长斯科特签署控枪法案，在多个方面加强枪支管控，包括将持枪年龄从18岁提高到21岁、禁止销售和持有可将半自动步枪改装成全自动步枪的装置、扩大执法人员没收枪支弹药的职权、加强校园安保等。斯科特签署法案几个小时后，全美步枪协会对佛罗里达州的控枪法案提出起诉，认为新法违反了美国《宪法》第2条修正案保障美国公民持枪的权力。

（3）作为"法院之友"参加诉讼。所谓"法院之友"（amicuscuriae，又叫"法庭之友"），是指在法院审理案件的过程中，向法院提供与案件有关的事实或者适用法律方面的意见的当事人之外的第三人。法院在审理案件过程中，允许并鼓励"法院之友"在法庭上提供情况或陈述自己的立场，支持诉讼中的任何一方。20世纪以后，美国联邦法院允许利益集团以"法院之友"的身份介入诉讼，这就给利益集团影响司法过程提供了更多的机会和便利。很多利益集团遇到与本集团利益或与本集团关注的社会问题相关的案件，都会给法庭写一份意见书，说明有关的情况并阐述自己的立场和观点。"从目前美国的审判实践看，'法院之友'主要是由各种利益集团充当。"[③] "法院之友"的意见书对法官了解和处理案件有非常大的影响。20世纪中叶，向美国最高法院提交意见书的比例还很小，仅超过20%。1956—1965年提交意见书的数量就有比较大的增加，比例超过30%。1966—1975年提交的意见书数量就显著增加，比例超过50%。1969—1985年提交意见书的平均比例达到59%。1986—1995年，提交意见书的平均比例超过80%。1986—2003年

① 托克维尔．论美国的民主：上卷．北京：商务印书馆，1988：280.

② Benjamin Ginsberg and Martin Shefter. *Politics by Other Means*: *The Declining Importance of Elections in America*. New York: Basic Books, 1990: 151-152.

③ 张泽涛．美国"法院之友"制度研究．中国法学，2004（1）.

提交意见书的案件比例达到 88%。而在 1996—2003 年，有 95%的案件提交意见书。而且，法官在判决时引用“法院之友”书状意见书的比例也在增加。在 1994—2003 年，只有 1994 年引用意见书的比例低于 30%，其他的时候均超过 30%，在 1998 年、2002 年和 2003 年都超过了 40%，在 2001 年引用率将近 40%。①

3. 介入选举过程

为增强自己的影响力，利益集团都不遗余力地介入选举过程，通过各种手段影响选举结果，为日后的成功游说做好准备，有的利益集团还直接参加竞选活动。

（1）提供竞选资金。在西方国家中，除了德国等少数国家向参加竞选的大党提供几乎所有的财政支持外，很多国家的政党或候选人需要另外筹集竞选经费。美国国会议员的候选人不能享受政府资助，全部自筹竞选资金。而利益集团是重要的财源，其捐款已成为公职候选人竞选经费的一个重要来源。特别是随着竞选费用的增加，议员更加依赖利益集团的捐款。利益集团把竞选捐款看成是一种政治投资，纷纷慷慨解囊，以期获得高额回报。

在英国，工党的活动经费主要来自参加工党的工会会员交纳的政治资金。这种资金占工党总部总收入的比例，60 年代高达 71.6%。“倘若没有工会的资助，工党不仅无法活动，甚至威胁到它的生存。”② 保守党中央的活动经费主要来源于企业界的捐款，在大选年，这种捐款可达 80%。③ 英国宪法学家艾沃·詹宁斯爵士曾说：“英国的许多立法是来自利益集团的，并为利益集团的代表修改。国会的反对，也往往实际上是利益集团的反对。”④ 日本政党的收入也主要是来自个人、企业和团体的捐款。

为消除金钱对选举的消极影响，各国都纷纷以法律规范竞选资金的筹措和使用。法国相关法律规定，个人每年对政党的捐款不得超过 6 500 欧元，对每位候选人在每次选举中的捐款不得超过 4 000 欧元。⑤ 美国于 1971 年通过了《联邦选举法》，并于 1974 年做了修正。竞选法对筹款的数额规定了上限，并且要求公开款项的来源及去向。竞选法尽管限制银行、公司、工会等组织直接捐款给候选人，但准许员工以自愿的方式，成立政治行动委员会，筹集竞选资金。还规定政治行动委员会为总统和国会议员候选人竞选所进行的独立开支⑥不受限制。此法一出，各种政治行动委员会如雨后春笋般迅速发展起来，其为候选人提供的竞选资金也呈直线上升的趋势。1974 年，美国有 608 个政治行动委员会，到 2003 年，其数量已达 4 027 个。⑦ 2016 年，仅非附属性委员会就有 5 455 个，而 2010 年时的数量是 2 122 个。⑧ 值得注意的是，在现实政治生活中，政治行动委员会实际上都是由

---

① 肖永平，李韶华. 美国法庭之友制度的价值纬度与实证研究. 东方法学，2011（4）.

② 胡康大. 英国政府与政治. 台北：台湾扬智出版公司，1998：324.

③ 同②328.

④ 雷飞龙. 英国政府与政治. 台北：台湾商务印书馆，2010.

⑤ 靳晓光. 西方政党经费问题初探. 兰州学刊，2008（9）.

⑥ 独立开支指不得与竞选者发生联系的开支，既不能是应竞选者的要求，也不能同竞选者发生任何合作、协商或一致行动。

⑦ George C. Edwards Ⅲ, Martin P. Wattenberg & Robert L. Lineberry. *Government in America: People, Politics, and Policy*. New York: Pearson Education Inc., 2004: 335.

⑧ 倪春纳. 政治献金与美国的选举政治. 当代世界与社会主义，2018（5）.

公司、工会或者各种行业协会组建，有明显的利益集团背景。在2015—2016年选举周期里，政治行动委员会（不包括超级政治行动委员会）共接受了22亿美元的捐献，向候选人捐献了4.7亿美元，其中，向候选人捐献最多的是北美国际劳工联盟政治行动委员会，达到了689万美元。在2016年大选中，政治行动委员会分别向共和党和民主党的候选人捐献了2.8亿美元和1.9亿美元，美国房地产商协会募集的捐献超过了1 000万美元。[①]利益集团还通过软钱[②]间接为各类候选人造势。由于软钱无须公开用途，各政党全国委员会都将筹集到的软钱大量投入关键的选战中。除了直接为候选人造势外，还通过政治行动委员会帮助候选人做广告。据统计，在2000年的选举中，共和党三个全国委员会筹集到软钱2.44亿美元，民主党三个全国委员会共筹集到软钱2.43亿美元。[③] 鉴于软钱带来的种种负面影响，2002年，国会通过了《两党竞选改革法案》（又称《麦凯恩-法因戈尔德法案》），禁止政党全国委员会筹集和使用任何联邦法律限制之外的资金，从法律上堵住了软钱的漏洞。但利益集团还可以通过"527组织"[④] 筹集和使用软钱，对选举结果施加影响。在选举过程中，"527组织"不得明确呼吁公众选举或不选特定的候选人，主要通过选民动员和投放议题支持广告介入选举。日本的情况大致相同，为了规范政党行为，1948年制定《政治资金规正法》，对向政治家、政党提供资金的途径和数额以及政治家对资金的使用都做出了明确的规定。之后，日本国会不断根据形势的变化对此法进行了48次修改。1975年的修正案规定社会团体向某个政党或议员提供的政治捐款不得超过150万日元，但对政治团体的捐款则没有数额的限制；1994年的修正案进一步限制公司、工会等团体的政治捐款额度；1999年的修正案全面禁止企业、工会等团体向政治家个人的政治献金；2000年的修正案改革了日本政治资金管制体系；2005年，日本国会再次修改《政治资金规正法》，最终将政治团体的年捐赠额度修改为5 000万日元。[⑤] 处于转型时期的俄罗斯，利益集团向候选人提供竞选资金也是不遗余力的。1993年议会选举，国家财政给每个正式登记竞选的政党和竞选联盟提供1亿卢布的经费，但"俄罗斯选择"额外支出10亿多卢布，俄罗斯统一和谐党额外支出7.3亿卢布，亚博卢联盟额外支出2.8亿卢布，俄罗斯自由民主党额外支出9 800万卢布。这些额外支出的竞选经费的大部分由金融工业集团及其下属企业买单。[⑥]

（2）帮助候选人竞选。利益集团在选举中还常常利用自己的影响力，直接帮助候选人竞选。大到如何筹款和确定竞选战略，小到如何与选民见面，都在利益集团的考虑之内。利益集团还通过各种方式向选民宣传它们支持的候选人的政策倾向，发动选民投票，而且

① 倪春纳. 政治献金与美国的选举政治. 当代世界与社会主义，2018（5）.

② 软钱指不受《联邦选举法》限制的支持竞选的费用，它可以来自公司和工会，数额没有任何限制。不能用于联邦选举，但可以用于政党的日常开支，包括选民登记、召开政治集会等活动及在电视、报纸等各种媒体上刊登广告等。

③ 赵可金，朱锦屏. 论美国竞选财政中的"软钱革命". 美国研究，2003（1）.

④ "527组织"，特指根据美国《联邦税法》第527款成立的，以影响公职人员的提名、选举和任命为主要目标的非政党、非政治行动委员会的政治组织。其募集的资金、会员费等收入享有免税的待遇，但需要向国家税务局报告捐献来源和支出信息。

⑤ 朱清秀. 从《政治资金规正法》的改革看战后日本的金权政治. 日本研究，2014（2）.

⑥ 董晓阳. 俄罗斯利益集团. 北京：当代世界出版社，1999：119.

影响选民的投票意向。通过这些工作，利益集团可以使一位友好的候选人赢得更多的选票，也可以使一个不友好的候选人失去大量的选票。对公职候选人来说，选票在某种程度上比竞选资金更重要，因为选票直接决定其能否赢得选举的胜利，筹集资金最终还是为争取更多的选票。因此，具有聚集选票能力的利益集团往往具有很强的政治影响力。日本农业协同组合（简称“农协”）是日本最大的农业和农民团体，拥有800多万成员，在选票上占有优势。其也一直采取各种方式助选，致力于将支持“农协”的候选人选进国会。在1995年日本议会选举中，“农协”下属团体——全国农业者农政运动组织协议会推荐了40名候选人参选参议员，在其努力之下，最后有34人成功当选。在法国、德国和意大利，由于农村地区有很多选区，农业工会就拥有强大的政治影响力。

在这方面，1996年俄罗斯的总统大选很有典型意义。1996年初，俄罗斯各方都推出自己的总统候选人。民意调查显示，俄共总统候选人久加诺夫的支持率最高，为17%，而叶利钦位居第10，支持率只有5%。在这种情况下，叶利钦政府政策最大和最直接的受益者——金融工业集团决定全力支持叶利钦竞选，不仅为叶利钦提供了其竞选费用7 000万美元的大部分，① 而且参加了叶利钦的竞选智囊团，还利用金融工业集团经营的多个庞大的媒介集团，展开强大的宣传攻势，盛赞叶利钦是民族之父，同时将俄共与苏共相提并论，暗示选民，如果久加诺夫当选就意味着回到过去集权恐怖时代。结果在1996年7月的第二轮总统选举中，叶利钦获得53.82%的选票，蝉联俄罗斯总统。这场选战与其说是叶利钦的胜利，不如说是金融工业集团的胜利。无独有偶，在1997年英国大选中，英国职工大会将劳工权利的议题引入选举辩论，发起了选举运动。运动伊始，英国职工大会的总书记就告知媒体这一运动有两重目的：第一是告诉所有选民，劳工权利这一重要议题取决于下届政府，希望选民注意候选人在这些议题上的立场并在投票时加以考虑；第二是告诉候选人及其政党，在政治领域，劳工权利是受选民们关注的议题。为此，英国职工大会制作了电影广告、大型宣传牌、传单和海报，并在报纸、杂志上广泛宣传。电影广告播放了4个星期，观众超过220万人，英国职工大会在电影院门厅摆放的近25万张免费明信片被取走；近1 000个宣传牌放置了4个星期；在全国各地区的新闻报刊上刊登广告，各地电视和广播都进行了报道。在3个月的时间里散发了85万份传单、7万份海报、2万个资料包，回应了1 200个电话。拿到这些资料的有个人、组织、政治团体和工会会员。一项民意调查显示，这一运动使72%的选民希望政治家更多地谈论劳工权利；涉及就业问题时，这一百分比上升到75%。② 可见，英国职工大会的政治参与活动成功地影响了议会大选过程。

4. 诉诸公众

当利益集团缺乏游说议员和政府官员的途径，或者游说遇到阻力进展不佳时，利益集团常常诉诸公众，通过发动选民，利用大众传媒制造舆论，或者组织抗议示威等手段，对政府施加压力，以达到自己的目的。

（1）发动选民。利益集团常常就某个问题鼓动其成员或同情其立场的选民通过写信、

---

① 董晓阳. 俄罗斯利益集团. 北京：当代世界出版社，1999：120.

② TUC General Council Report，1997；常晶，张利华. 英国职工大会的政治参与途径、特点及启示. 当代世界与社会主义，2009 (5).

打电话、直接会面等方式，向议员或政府官员阐明立场，施加压力。在西方国家，议会及总统选举制度使得选民手中的选票对政治家的政治生涯来说具有至关重要的意义，因此，发动选民支持利益集团的做法往往能收到不错的效果。

多数利益集团都有专人负责发动选民，他们掌握着各个选区的选民名单，一旦需要，他们采取各种方式与选民联系，呼吁选民采取行动，向议会和行政机关施加压力。1983年，美国国会的一项税收修正案引起了银行经营者的不满，美国银行家协会就发动基层选民向议员抗议。他们印发了大量的相关材料进行宣传，同时以明信片的形式制作了大量打印好姓名、地址的抗议书，与每月的银行结账单一起寄给客户，还将此明信片附在《读者文摘》中。此后不久，220万份信件雪片似的飞向国会。在强大的选民压力面前，"立法者很快废除了这项政策"。①

（2）利用大众传媒。由于大众传媒在现代社会的广泛影响，利用大众传媒是利益集团的常用手段。利益集团通过精心策划，在报纸、杂志、广播、电视上发布新闻稿、读者来信，并发表评论，引起公众对某一问题的关注，形成强大的舆论攻势，从而对政府施加压力。在西方国家，大部分媒体是私营的，很多有影响的报刊、电台、电视台都由财团控制，它们可以很方便地利用大众传媒引导舆论，对政府施加自己的影响。另外，利益集团也利用大众传媒树立自己的良好形象。工商利益集团希望人们把它们看作是使美国伟大的力量，而不是追求高额利润的富人集团；而农场主希望树立努力为人们提供食物的勤劳的家庭形象，而不是巨大的替代家庭农场的农商集团。② 因此，各个利益集团都会通过在媒体发布信息、广告等方式进行公关。"9·11"事件之后，媒体充满了来自各种不同集团的广告，表达他们对"9·11"事件遇难者的同情。

（3）抗议示威。抗议示威也是利益集团阐明自己立场、实现既定目标的有效方式。利益集团可以通过组织游行、静坐、抗议性集会、罢工等方式表达自己的利益诉求，吸引政府和公众的关注。抗议示威造成的轰动效应往往也会使利益集团的要求得到满足。在美国历史上，黑人民权运动、反越战运动、女权运动等都曾广泛使用这种方式。直至今天，游行抗议、罢工仍是利益集团重要的斗争方式。1994年10月27日，俄罗斯的独立工会联合会在莫斯科、圣彼得堡等地发动了有550多万人参加的大规模集会，抗议劳动群众的社会经济情况不断恶化，要求政府归还拖欠的工人工资，减少失业人数。在工会的压力下，切尔诺梅尔金政府采取了保护工人收入的措施。2002年12月10日，为抗议布什为"倒萨（达姆）"而步步紧逼的军事行动，美国"和平联合会"组织了万人游行示威活动，有70多个组织参加。由于法国的利益集团依赖于政府提供经费及正式咨询机构的会员资格，相对政府，利益集团处于比较弱势的地位，利益集团通常利用直接示威来弥补制度上的不足。因此，在法国，大规模的抗议、罢工、堵塞道路、中断公共服务是法国民主政治的常态。③ 2003年法国政府打算提高退休年龄，尤其是公务员的退休年龄，遭到了公务员工会的反对。当年5月、6月，法国爆发了大规模的罢工和示威游行活动。近年来，由于国际

①② George C. Edwards Ⅲ, Martin P. Wattenberg & Robert L. Lineberry. *Government in America: People, Politics, and Policy*. New York: Pearson Education Inc., 2004: 338.

③ O. Fiona Yap. *Comparative Politics 09/10*. New York: McGraw-Hill Companies, 2009: 46.

金融危机的影响，欧美各国经济低迷，失业率增加，导致罢工、游行示威运动此起彼伏，对各国政府的经济政策、福利政策造成了不同程度的冲击。据统计，在意大利，2009 年全国总罢工 87 起，2010 年达到 128 起；在德国，2010 年罢工 131 起，2011 年 158 起。在俄罗斯，2010 年罢工 205 起，2011 年 262 起。① 这些罢工绝大多数都由工会等利益集团组织。2014 年 11 月 13 日，法国全国警察联盟工会发动法国警察在巴黎巴士底广场举行示威游行，要求法国内政部改善警察的工作条件。2014 年 7 月 10 日，英国多家工会组织百万人大罢工并走上街头示威，抗议政府削减工资和养老金，参加者包括教师、公务员、环卫工人等。这是卡梅伦政府 2010 年上台后最大的一次罢工运动。

一般情况下，抗议示威采取非暴力的和平方式，但在一定条件下，也会演变成暴力冲突。1999 年美国纽约，2006 年法国巴黎，2009 年德国柏林，2011 年英国伦敦、伯明翰等许多城市，都曾发生过因示威游行而引发的暴力冲突事件。

为使上述方式发挥最大效用，利益集团往往综合运用多种方式，而且一般并不是由本集团的领导或成员直接从事院外活动，而是花钱雇用专门从事院外活动的职业说客进行。西方很多国家都设有各种各样的政治咨询公司、公关公司、法律顾问公司等，接受客户的委托，专门从事游说立法机关和行政机关的业务。在加拿大首都渥太华地区，仅工商利益集团就雇用 2 000 多人专门“公关”政府机构。② 这些专业游说公司的人员大部分是有着丰富政治资源的前议员或离任的政府官员，例如克林顿政府的国务卿奥尔布赖特、白宫国家安全顾问伯杰和国防部长科恩，在卸任后都开设了公关公司，以游说为业。1998 年，美国就有 138 名前国会议员成为正式注册的说客。③ 这些专职游说者有丰富的政治经验、良好的人际关系，熟悉议会和政府的运作，因此，利益集团出钱请他们出面，往往能收到事半功倍的效果。

上面粗略地讨论了利益集团影响政治过程的方式。显然，在不同政治体制的国家、不同的利益集团、不同的历史时期，利益集团的活动方式是有所差异的，体现出不同的特点。

美国实行总统制，国会在立法方面具有很强的主动性，行使更为有效的决策权，因此，利益集团历来将对国会的游说作为重点。而在实行议会制的英国、日本和加拿大等国，行政机关享有向议会提出法律草案的权力，议会的立法受到行政机关的强力影响，因此，这些国家的利益集团更倾向于把游说行政机关作为重点。而且，在议会制的国家中，执政党既控制行政机关，又掌握着议会的多数，而且政党的纪律严明，议员的自主性较小，因此，利益集团同样重视对相关政党的支持，通过影响政党政策来影响政府政策。法国的政治体制是半总统制半议会制，议会自主立法，但也受到行政机关的制约，因此，法国的利益集团采取双头并进的方式，同等重视对议会和行政机关的游说。各国法院在政治体制中的不同地位和作用，也导致利益集团游说策略的差异。美国的法院具有审查国会立法和行政命令、行政行为是否合宪的权力，因此，美国的利益集团非常注意影响法院，而在其他国家，普通法院很少行使这种权力，利益集团也极少求诸法院。俄罗斯处于转型时

---

① 于海清，等. 国际金融危机下欧美地区罢工潮透视. 国外社会科学，2013 (5).

② 宋玉波. 西方国家利益集团的政治功能分析. 求实，2004 (7).

③ 刘润忠. 美国游说街生意兴隆. 环球时报，2001-07-20.

期，其利益集团的活动除了采用传统的方式外，更有自己的特色。比较突出的就是利益集团的代表直接进入政府核心领导层，从院外活动影响决策到直接参与决策过程。1996 年 8 月，叶利钦总统任命私人银行家弗·波塔宁为俄罗斯第一副总理。当时，波塔宁领导的银行是俄罗斯五大银行之一，拥有 1.5 亿美元的金融资本，在俄罗斯首富排行榜上位居第四。10 月，叶利钦又任命俄罗斯金融工业资本的代表，俄罗斯十大企业家之一的鲍里斯·别列佐夫斯基为俄罗斯国家安全会议副秘书，负责经济问题。其中的原因并不复杂，对叶利钦来说，此举是金融工业集团出巨资大力支持其竞选总统的政治回报，而对利益集团来说，这是它们在转型时期保护自己利益的最佳途径。正如别列佐夫斯基在接受英国《金融时报》记者采访时公开表示的那样："必须参加政府以保护俄罗斯的资本主义，商界认识到如果商界得不到巩固，如果我们不是强大和果断的，就丧失机会，要让俄罗斯的市场过渡自动地去进行，那是不可能的。因此，必须运用我们的全部权力去实现这一过渡。"①

在同一个国家，不同的利益集团由于自身资源、规模、领导人影响力等因素的差异，也会导致它们采取不同的策略。一般说，实力雄厚、人数众多、与政府有良好关系的利益集团更多地采用直接游说立法机关和行政机关的办法；而实力较弱的集团往往缺乏通畅的游说立法机关和行政机关的渠道，因此，更多地采用法院诉讼，甚至发动游行示威的方式，引起广泛的社会关注，并进而影响决策。在不同的历史时期，由于社会大环境的差异，同一个利益集团也可能采取不同的方式。在 20 世纪 40—60 年代，黑人在美国社会中的地位很低，缺乏游说立法机关和行政机关的有效渠道，因此，全美有色人种协进会选择了司法诉讼和游行示威等方式。随着种族隔离制度的废除、教育的发展，很多黑人进入了国会、内阁甚至最高法院，他们也改变了活动策略，工作重点开始转向立法机关和行政机关。进入 90 年代以来，随着网络技术和信息通信技术的发展，草根游说②越来越为各大利益集团所倚重。互联网技术使得组织大规模的草根游说更为方便快捷，而议员对选票的需求使得他们不能忽视大规模选民的要求，草根游说因此更为有效。

三、利益集团对政治过程的监督与制约作用

形形色色的利益集团的存在是现代民主社会的一个基本社会现象，反映了利益多元化的事实。公民通过利益集团参与政治过程，影响政府决策，制约公共权力，是多元民主社会的一个基本特征。作为民主社会中一支不可或缺的力量，利益集团为实现自己的利益介入政治过程，客观上形成了对政府行为和国家权力的监督与制约。

（一）实现社会权利对国家权力的制衡

政府之间的权力分立及社会权利对国家权力的制衡，是民主法治得以确立和运行的根本性保障。在强大的国家机器面前，孤立分散的个人十分渺小和脆弱，无力与国家权力相抗衡，而利益集团为个人抵御国家权力提供了组织保障。"这些群体（团体）使权力被有

---

① 董晓阳. 俄罗斯利益集团. 北京：当代世界出版社，1999：35.

② 草根游说，相对于专业游说而言，指的是动员华盛顿政治圈外的资源来进行游说的策略，主要包括为获得全国民众支持而进行的政治动员活动。

效地肢解了，它们都享有权利，并进行着权力的交易。每个群体为了自己的利益都力图影响着公共政策的制定，为此形成的冲突和交易过程，却造成了一种竞争性均衡的趋势，产生了从长远来看总体上对公民有利的政策。”① 在西方国家，利益集团是合法存在的，它把分散的个人组织起来，形成有组织的力量，并通过各种有效的方式介入政治过程表达自己的利益诉求，迫使政府在制定政策的过程中考虑不同利益集团的呼声，兼顾不同的利益。在实现自己利益的过程中，利益集团不仅“为公民提供了一种特殊的、往往非常有效的政治生活的表达途径”，② 拓宽了公民参与国家政治生活的渠道，从而保护个人免受政府权力的侵犯；而且为少数群体提供了表达利益的渠道，“已成为反对多数专制的一项必要保障”，“反对暴政的堤坝”，③ 构成了对政府权力的有效制约，发挥着抵御国家权力扩张，防止出现极权政权的重要功能。

（二）敦促政府弥补疏漏

20 世纪以来，尤其是二战以后，人类社会发展的节奏明显加快，科学技术日新月异，社会问题大量涌现，这些都给政府工作带来了严重的挑战。面对千头万绪的社会问题，官僚化的政府机构难免会在现实生活中显得捉襟见肘，难以有效地从纷繁复杂的社会现象感知社会的真正需要，导致政府管理出现大量的漏洞。而利益集团存在于公众之中，对社会问题有深刻的体察和了解，可以从不同的领域和角度向政府提供各种信息，再以各种方式向政府传达各种社会呼声和利益要求，促使政府把一些隐性的社会问题列入议事日程，加以解决，满足各种社会需要。在这方面，比较突出的是环保问题。在工业化初期，各国政府或多或少都有片面追求经济增长的倾向，而对人类长远发展至关重要的环保问题没有给予应有的重视。西方国家的一些环境保护组织敏锐地发现了环境污染及生态平衡的破坏问题，通过各种方式向政府施加压力，同时通过大众传媒制造舆论，并发动了游行示威运动，终于使社会认识到环境保护的重要性，而且迫使政府立法采取严格的环保措施。1970 年，美国成立了环境保护局，1972 年 6 月，由联合国发起的“第一届人类环境大会”在瑞典斯德哥尔摩召开，环境保护事业正式引起世界各国政府的重视。而环境保护运动最初是由公共利益集团发起的。

（三）督促公职人员遵纪守法，廉洁自律

利益集团为实现自己的利益诉求而介入政治过程，它们关注政府发生的一切及公职人员的一举一动，这形成了对政府及其官员的无所不在的监督。美国学者威廉·基夫曾指出：利益集团对政府活动的注意，会促进官员们慎重思考其决定的前景。④ 尽管很多国会议员和政府官员具有利益集团背景或受到利益集团的游说，但他们在考虑特殊的利益时，必须在法律许可的范围内，不得超越法律的限制；同时还必须兼顾其他集团的利益及公共利益，否则其他利益集团就会群起而攻之，使他们轻则身败名裂，重则身陷囹圄。20 世纪 70 年代轰动世界的洛克希德公司跨国贿赂案就是由另一家公司揭露出来的。1975 年 6 月，诺思罗普公司执行委员会主席向参议院全国公司调查会承认该公司

① 达尔．民主理论的前沿．北京：生活·读书·新知三联书店，1999：78.
② 达尔．论民主．北京：商务印书馆，1999：194.
③ 托克维尔．论美国的民主：上卷．北京：商务印书馆，1988：194.
④ 李道揆．美国政府和美国政治．北京：商务印书馆，1999：312.

同海外的咨询者达成了许多秘密协定，通过种种途径向外国皇室成员、政府首脑及国会议员等行贿，同时表示它是仿效洛克希德飞机公司的做法，从而揭开了一个涉及日本、联邦德国、荷兰、意大利、沙特阿拉伯、土耳其、西班牙、巴西和菲律宾等许多国家的跨国腐败大案。

美国的一些利益集团还采取评议在职议员的办法对议员施加影响。它们根据自己的标准，对国会议员在一些重大问题上的投票情况进行记录并评议，评出等级。目前大约有60个集团每年向社会公布它们的评议结果，其中有劳联—产联，评谁是亲劳工的；美国人拥护民主行动组织，评谁是自由派；美国人宪法行动联盟，评谁是保守派；美国保护自然资源选民联盟，评谁是赞成环境保护的。这些评议的主要目的是为利益集团及其成员在今后国会选举中支持或反对这些议员提供依据，但公开这些记录就使得它对选民的影响超出了本集团的成员。因此，议员们一般都很重视这些集团的评议，在一些重大问题上自然要思虑再三。美国的社会廉政中心以监督政府政策，特别是监督选举而著称。为防止“收买总统”，该中心长期监视着总统候选人政治资金的来源，并向社会公开捐款情况。在美国，人们可以随意查询政治捐款情况。

当然，利益集团毕竟不是体制内的力量，不掌握公共权力，其对政府的监督制约要发挥积极效果，需要一定的条件。如利益博弈规则的公平和透明、决策者高度的自主性和权威性以及高超的利益整合能力等等。在现实政治运作中，这些条件在一定程度上的缺失导致利益集团对政府的监督制约作用有着不可避免的局限性。首先，议员和政府官员都各有自己的立场和看法，利益集团要想通过游说或其他手段改变其立场也不是一件容易的事。这种事例举不胜举。2003年3月20日，美国政府不顾国内日益高涨的反战声浪，发动了伊拉克战争。同年7月25日，法国国民议会和参议院不顾针对退休制度改革计划而爆发的大规模的罢工和示威抗议活动，还是通过了这项具有争议性的改革计划。无独有偶，2010年6月，在萨科齐政府宣布退休改革草案，拟提高退休年龄后，在数月内，法国爆发了多次大规模的罢工和游行示威。还是在政府的强硬坚持下，退休改革草案最终获得通过。其次，社会存在众多的利益集团，而它们的利益是不同的，甚至是互相冲突的。在一些重大的政策问题上，常常是一些利益集团坚决支持，而另一些利益集团则强烈反对，政府迫于利益集团的压力，往往无所作为，直接导致政府效率低下。众所周知，美国的枪支暴力一直是困扰美国社会的一个问题，近年来，由于枪击案件频发，越来越多的民众呼吁对枪支进行管控。但全美步枪协会、第二修正案基金会、公民拥有武器委员会等利益集团强烈反对枪支管制，其中全美步枪协会是美国规模和影响力最大的利益集团，它们采取各种形式向国会和政府游说和施压，使得政府的禁枪举措步履维艰。奥巴马连任后，明确表示第二任的施政重点是枪支管制和移民改革。然而，2013年4月17日，参议院否决了两党议员提出的枪支管制法案，奥巴马怒斥这是“耻辱的一天”，指责投反对票的议员向拥枪利益集团妥协。再次，各种资源在社会成员之间、利益集团之间的分配是不均衡的，有着雄厚的经济实力、受过良好教育的上层阶层的人更易组成利益集团，而弱势群体则很难组成利益集团。据美国学者拉扎斯菲尔德（Lazarsfeld）的调查，在受访者中，参加团体的比例随着社会经济地位的降低而稳步下降，在社会经济地位较高的受访者中，有72%的人是一个或几个团体的成员，而在社会经济地位较低的受访者中，只有35%的人参加团体。[①] 而且，较之弱势群体的利益集团，掌握众多资源的强势利益集团拥有更多的影响政府决策的机会和更强的政治影响力。如前所述，在枪支案频发、民众强烈呼吁控枪的背景下，由于全美步枪协会等拥枪利益集团规模大、实力雄厚，导致政府枪支管制方案受挫。因此，仅有利益集团之间的竞争并不能保证民主社会的多元平衡，而只是多元主义幌子下的精英统治。正如美国学者沙茨施耐德所指出的那样："多元主义天堂的缺陷就在于，天堂的合唱曲带有强烈的上等阶层的音调。"[②] 最后，利益集团为了实现本集团的利益最大化，会采取各种方式影响议员和政府官员，提供政治资金是利益集团影响政治过程的主要方式，利益集团将巨额资金捐献给议员和政府官员，而议员和政府官员在制定政策时尽力为这些集团争取更多的利益，这就造成了权力与金钱的恶性循环。有的利益集团为达到目的，甚至向议员和政府官员行贿。西方各国层出不穷的贪污渎职案件，如日本的洛克希德案、利库路特案，德国科尔政府的政治献金案，法国的财长豪宅案等等，都是"金权政治"的真实写照。

当然，由于各国历史文化传统、政治制度等的差异，利益集团在国家政治生活中的作用也呈现出不同的特点。美国等国属多元主义模式，利益集团建立在自愿的基础上，其自主性比较强，与公共权力保持相当的距离，它们可以自由地决定组织结构、确定目标、选择领导人，也有自己的资金来源，政府的政策是各利益集团彼此竞争博弈的结果。而法国、德国等国则属于法团主义模式，宪法和法律明确保障利益集团的官方地位，实行强制性的会员资格制度，国家通过颁发许可证等方式承认利益集团在某一领域代表性的垄断地位，利益集团与公共机构的联系高度制度化，政府资助利益集团的活动，同时控制领导人的选择和利益的表达。[③]

第三节　大众传媒对政府的监督与制约

大众传媒是大众传播媒介的简称，主要指作为交流、传播信息的工具和中介。从传统意义上说，大众传媒包括印刷媒介（报纸、杂志、书籍等）与电子媒介（电影、广播、电视等）两大类。近年来，随着电脑和网络技术的迅速发展，电子出版物及网络作为一种新型的、多功能的信息传播工具成为大众传媒的一个新成员，其在社会尤其是青少年中的影响日益扩大。

按照西方国家的传统观念，大众传媒应该是独立的、自由的，能够反映各种观念与政见，并且对政府行为有一种不可替代的监督作用。大众传媒是一柄"双刃剑"，既可以被民众启动，形成对政府的有效制约，又可以被统治集团利用，成为政府进行社会控制的利器。在其巨大影响力的背后，起决定作用的依然是各种现实政治经济力量的对比和角逐。

---

① E. E. Schatt Schnerder. *The Semisovereign People: A Realist's View of Democracy in America*. Chicago: The Dryden Press，1975：32.

② 同①34-35.

③ William Safran. *The French Polity*. New York：Pearson Education Inc.，2009：182-183.

一、言论出版自由[①]与大众传媒的地位

现代民主社会的一个基本价值观是各种社会力量都有机会平等地参与政治生活，在公平竞争和妥协中形成公共政策。而言论出版自由要求保障不同意见的自由表达，为所有人表达自己的观点提供便利的渠道。在现代社会，人们表达意见的最直接、最方便、最主要的渠道就是报纸、杂志、广播、电视、网络等大众传播媒介，因此，言论出版自由是民主制度的基石。

大众传媒作为言论的载体，体现着公民享受言论出版自由的状况，而对言论出版自由的法律保障又是大众传媒能够发挥有效作用的基础。与公民的其他权利一样，言论出版自由的实现经历了一个漫长的发展过程。在大众传媒发展的初期，几乎各国都对言论出版自由进行严格的限制，未经特许不得印刷书刊。

新兴的资产阶级认识到言论出版自由是反对专制争取民主的重要武器，提出了“天赋人权”的口号。1644 年，在因出版纠纷接受英国议会的质询时，约翰·弥尔顿做了题为“论出版自由”的演讲，指出：言论出版自由是“一切自由中最重要的自由”，“这自由是一切伟大智慧的乳母”。真理是通过各种观点、意见和思想的公开辩论和自由竞争获得的，因此，要获得真理，就必须保障人们自由表达自己意见的权利。[②] 法国雅各宾派的领袖罗伯斯庇尔曾形象地指出：“出版自由是鞭挞专制主义的最可怕的鞭子。”[③] 没有出版自由，其他自由就得不到保障。因此，他主张，每个人都有以任何方式发表自己见解的权利，出版自由不受任何形式的限制。美国资产阶级革命家托马斯·杰斐逊也指出：“民意是我们政府的基础。所以我们的首要目标是维护这一权利。如果由我来决定，我们是要一个没有报纸的政府还是要一个没有政府的报纸，我会毫不犹豫地选择后者。”[④]

随着资产阶级革命的胜利，言论出版自由被写入宪法，作为基本的公民权利而受到了保护。法国《人权宣言》确认：“自由传达思想和意见是人类最宝贵的权利之一。因此每个公民都有言论、著述和出版自由。”美国《宪法》第 1 条修正案明确规定：国会不得制定法律剥夺公民的言论和出版自由。《德国基本法》第 5 条规定：人人有以口头、文字和绘画的形式自由地表达和传播自己的观点以及自由地从公开渠道获取信息的权利，新闻自由及通过广播电视和电影进行报道的自由受到保障，不实行新闻检查制度。

尽管言论出版自由在法律上得到了确认，但言论出版自由的滥用曾使西方新闻界陷入一片混乱。杰斐逊对言论出版自由的美好理想就受到现实的无情冲击：“从没有读过报纸的人比那些读报纸的人更为信息灵通，正如一个一无所知的人比脑子里装满谎言和谬误的人更接近真理。”[⑤] 在这种情况下，政府试图对媒体进行控制，尤其是在国内矛盾尖锐和国际形势紧张的时期。因此，对于言论出版自由的界定随着形势的发展在不断变化，这又是一个漫长的斗争过程，这个过程的总趋势是大众传媒享有言论出版自由的范围不断

---

① “Freedom of press”一词中文有不同译法：出版自由、报刊自由、新闻自由等。

② 尤光付．中外监督制度比较．北京：商务印书馆，2003：432.

③ 中国社会科学院法学研究所资料室．资本主义国家民权法规及其简析．北京：法律出版社，1982：1.

④ 彼得森．杰斐逊集．北京：生活·读书·新知三联书店，1993：980.

⑤ 同④1365.

扩大。

报道自由是新闻自由的一个重要方面，大众传媒如果无权采访、报道消息，那么民众了解的权利和批评的权利也就无从谈起。美国新闻学家威金斯认为："公民了解的权利——有权了解政府的活动，使用政府部门的文件、记录，是民主制度理论的固有权利。"① 否认大众传媒的报道权利，就是否认公民的知情权，实际上就否认了民主制的根本原则。在英国，1771 年开始允许报纸采访、报道议会的会议。在美国，参议院于 1789 年向报界开放了大门，众议院在 1795 年准许新闻界参与它的会议。法国是较早以宪法确认议会会议公开的国家，1791 年《宪法》第 1 条规定：立法会议的讨论应当是公开的，会议记录应予付印。时至今日，各国的议会会议都公开进行，不仅新闻记者可以采访报道，而且公民可以旁听，电视台还进行实况转播。日本国会还对记者开放专门委员会会议，允许记者旁听会议并进行报道。政府会议公开始于美国 1976 年的《阳光下的政府法》，该法规定，合议制行政机关的会议必须公开举行，只规定了十项免除公开举行会议的理由。

报道自由的另一重要进展是知情权的确立。在民主社会，公民参与政治生活是以掌握充分全面的信息为前提的，因此，知情权的确立，在现代社会具有重要的意义。公民有权了解政府活动，而政府有权保密。如果公民和大众传媒只是被动地接受信息，那么言论出版自由及参政权都无从保障。而知情权保障了公民积极主动寻求、获取信息的权利，换句话说，确认了公民的知情权，也就设定了政府公开信息的义务，这才是知情权的最本质特征。在现代社会，公民获得信息主要是通过大众传媒，因此，公民的知情权在一定意义上就是大众传媒的知情权。与议会相比，政府部门的信息公开建设滞后很多，而政府信息公开又是公众知情权确立的重要标志。信息公开制度较为完备的美国在 1946 年通过了《联邦行政程序法》，首次制定有关政务公开的条款，规定公民可以获取行政机关的文件资料，但同时又规定了种种限制，尤其是规定行政机关可基于"正当理由"和"公共利益"而拒绝公开相关信息。1966 年，在国内的压力下，美国国会通过了《信息自由法》，明确了"公开是原则，不公开是例外"的基本指导思想，规定行政机关的记录或档案都必须以某种形式公开，除非它们享有特别豁免权。美国人把《信息自由法》看成是国家的荣誉和开放社会的象征，其签署和实施日期都定在 7 月 4 日——美国的国庆日。约翰逊总统在签署该法时表示："在国家安全许可的范围内，人民能够得到全部信息时，民主政府才能更好地运行。……在这个社会里，人民的知情权受到重视和保护。"

大众传媒是否真正拥有对当权者的批评自由，是资产阶级革命后争取言论出版自由的另一个重要方面。资产阶级革命后，各国都取消了对新闻出版的事前检查制度，但关键的问题是大众传媒发表这类言论是否应受事后惩罚，换句话说，如何判定这类言论罪与非罪的界限。

1798 年，美国国会通过了《反煽动叛乱法》，将"撰写、印行、口头表示或出版……反对美国政府或国会任何一院，或总统的任何不真实的、丑闻的和恶意的文章或言论"定为犯罪行为。1801 年 3 月，该法自动失效。在此期间，共有 14 人被控告违反此法，其中 10 人受审，8 人被定罪（均为报界人士）。1833 年，最高法院裁定，《权利法案》仅确

---

① 杨柏华，明轩. 资本主义国家政治制度. 北京：世界知识出版社，1984：384.

立联邦政府不得侵犯个人权利，而州政府不属受限制之列。这使得在19世纪很长一段时间里，各州法院对媒体的批评性言论经常以诽谤罪、煽动叛乱罪等罪名加以惩处。

19世纪末20世纪初，随着资本主义的发展，社会生活日益复杂，政府越来越广泛地干预经济、社会生活的方方面面。政府的职能扩大了，政府机构及其工作人员也增多了，随之而来的是官僚主义、玩忽职守、贪污腐化等弊端的不断出现。在这种情况下，一些有识之士开始重新认识新闻界的作用，重申自由报纸在监督政府公正守法、保护民众利益方面不可替代的作用。1908年，美国堪萨斯州法院在科尔曼诉麦克伦南案的判决中判定，只要报纸的出版者动机纯正，对公众尽到了道义上的责任，即使他犯了诽谤罪，也应当认为他无罪。1923年，伊利诺伊州在审理《芝加哥论坛报》报道失实一案中进一步指出："宁可让一个人或报纸在报道偶尔失实时不受惩罚，也不能使全体公民由于担心受惩罚而不敢批评一个无能和腐化的政府。"① 1925年，最高法院在吉特洛诉纽约州一案中裁定，第1条修正案对言论和出版自由的保护，属于任何州或联邦政府都不能加以限制的几项关键性的个人自由。这就推翻了1833年做出的州不受《权利法案》约束的裁决，从而开始了各州保护言论出版自由的时代。

20世纪六七十年代，大众传媒在批评政府及其官员方面取得的另一进展是美国最高法院通过纽约时报公司诉沙利文等一系列判决确立的公共人物（public figure）例外论。其基本原则是，对于公众事务的辩论，应当是毫无拘束、富有活力和广泛公开的，它可以是针对政府公职人员等公众人物的言辞激烈有时甚至令人极不愉快的尖锐抨击。公众人物必须承受媒体哪怕是不属实的批评和指责，除非他有证据证明发表那一言论是出于真正的恶意以及此言论的确对自己造成了具体的伤害。从此，大众传媒在诽谤诉讼中就处于非常有利的地位，甚至在一定意义上摆脱了诽谤指控的威胁。

随着报道与批评自由的不断扩大，大众传媒基本上确立了它在西方国家政治生活中的地位和作用。而大众传播媒介自身随着科学技术的进步也获得了巨大的发展。

继印刷技术之后，电子技术及信息通信技术的发展在大众传媒的发展史上也具有重大意义。电报、电话、无线电广播、电影、电视、传真机、通信卫星、电子计算机及网络等技术的出现深刻地改变了大众传媒的面貌，也大大地强化了它的社会和政治影响。首先，媒体构成发生了很大变化，除了当初一枝独秀的印刷媒介外，又出现了广播、电视、互联网等新的媒介工具。而电视和互联网在普及性上已经超过了报纸和杂志。互联网以其互动性、时效性强等有利特点，已于1998年被联合国教科文组织正式认可，成为继报纸、广播、电视之后的第四大传播媒体。其次，媒体的数量急剧增长。西方发达国家的电视机拥有量，从1970年的2.72亿台猛增到1997年的6 075亿台。电视频道的数量也成倍增加。欧洲从20世纪80年代初的120个增加到2000年的400个。90年代中期，美国一般家庭收看的电视频道约40个，2002年猛增到100个左右。互联网更是以惊人的速度迅速发展。1993年，全球有153个网站，9万名用户。② 根据联合国信息和通信技术专门机构国际电信联盟（ITU）统计，从2005年到2018年，发达国家的互联网用户数从51.3%增加

① 李道揆. 美国政府和美国政治. 北京：商务印书馆，1999：135.

② 李良荣，等. 当代西方新闻媒体. 上海：复旦大学出版社，2003：23-30.

至 80.9%；而在发展中国家互联网用户数从 7.7%增加至 45.3%。截至 2019 年底，全球互联网用户达到 41 亿人，占世界人口总数的 53.6%。[①] 2015 年，英国有 86% 的家庭拥有互联网。[②] 再次，媒体传递信息的速度有了惊人的提高。1776 年美国宣布独立的消息用了 29 天才从费城传到东南部的查理斯顿。1981 年，美国总统里根在遭到枪击 4 分钟后，世界各地就得到了这个消息。而现在，共时态的现场直播使一些重大事件几乎在发生的同时就传遍世界。最后，互联网的出现使媒体传播信息的方式发生了根本性的变化。报纸、电台、电视等传统媒体的信息主要是单向传输的，媒体的编辑记者掌握着话语权，控制着发言的内容和形式。而在网络中，信息是立体式地传播，网民既是信息的接受者，也是信息的发布者，每个网民都掌握着一定的话语权，可以对接收到的信息即时进行反馈，更方便了意见的交流。在一定意义上可以说，互联网真正实现了启蒙思想家所倡导的思想和观念的自由市场。

由此可见，技术的进步带来了大众传媒的大发展，而大众传媒的发展又深刻地影响了西方人的政治和社会生活。今天，大众传媒对人们的思想、观念乃至生活方式正发挥着越来越大的影响。澳大利亚费尔法克斯公司的创始人约翰·费尔法克斯在其创办的报纸《先驱报》上有一则具有很强广告意味的说辞："要知道上帝建立了哪些丰功伟业，去读你的圣经，而要知道上帝允许今日的世人可以干什么，请读你的《先驱报》。"[③] 这尽管有夸张之嫌，却足以反映大众传媒在人们日常生活中的重要性。据统计，一个普通美国成年人将近一半的闲暇时间用来看电视、听广播及阅读报刊。一周平均下来，每天有 7 个多小时接触大众传媒提供的新闻或娱乐节目，而看电视的时间要占到 3/4。[④] 美国儿童看电视的时间比上学的时间长，普通家庭平均每台电视机的开机时间在 6 小时以上，超过 2/3 的美国人认为他们所有或大部分新闻来自电视，而电视是他们最信任的传播媒介。[⑤] 皮尤研究中心"互联网与美国生活项目"的调查结果显示，互联网时代，在美国成年人典型的一天中，78%通过本地电视台获取新闻，73%从全国性的电视网例如 CBS、CNN 或 FOX 这样的电视台获取新闻，61%从互联网中获取新闻，50%通过当地报纸获取新闻，17%通过阅读全国性报纸如《纽约时报》或《今日美国》获取新闻，92%已经习惯从多种信息来源和信息平台获得新闻。只有 38%只依赖离线新闻来源，仅有 2%只依赖互联网获得每天的新闻。[⑥] 在德国，2005 年的统计显示，每人平均每天看电视的时间是 220 分钟，听广播 221 分钟。[⑦] 在英国，97%以上的家庭至少有 1 台电视机，人们每周平均看电视 25 小时以上，占休闲时间的 27%；收听广播 16 小时以上，占休闲时间的 18%。[⑧] 鉴于这种广泛的影响

---

① https://www.itu.int/en/ITU-D/Statistics/Pages/stat/default.aspx.

② 特鲁斯，托马斯勋爵，莱德．改革英国的司法制度．中国应用法学，2017（1）.

③ 根室．澳新内幕．上海：上海译文出版社，1979；韩锋，刘樊德．当代澳大利亚．北京：世界知识出版社，2004：291.

④ Doris A. Graber. *Mass Media and American Politics*. Washington D. C.: CQ Press，1996：3-4.

⑤ Thomas R. Dye&Harmon Zeigler. *American Politics in the Media Age*. Monterey：Brooks/Cole Publishing Company，1989：5.

⑥ 杨晓白．2010 年美国受众新闻消费特征报告．青年记者，2010（4）（上）.

⑦ 鲁茨欧．德国政府与政治．北京：北京大学出版社，2010：324.

⑧ 冷淞．英国媒体产业化现状．当代电视，2004（3）.

力，大众传媒成了西方社会民众的重要信息来源。英国的一项调查显示，超过70%的观众信任电视新闻，认为它们是公正准确消息的来源。[①] 随着网络尤其是移动互联网的发展，网络越来越成为人们获取信息、进行政治参与的重要渠道。据2019年的调查统计，全球网民平均每天上网时间为6小时42分钟。美国人的平均上网时间为6小时31分钟，英国是5小时46分钟。在受调查的国家中，日本人的上网时间最少，平均每天只有3小时45分钟。显而易见，社交媒体占据了人们上网的大量时间。[②] 随着人们阅读习惯的改变，社交网站成为人们获取新闻的重要来源。

二、大众传媒对政府的监督与制约

根据西方的民主理论，多数人选举少数人进行统治，但多数人有参与政府决策、监督少数人的权利。大众传媒作为政府与公众的中介环节，为公众向政府表达诉求及监督政府提供了便利的途径。大众传媒在提供民众参与政治生活渠道的同时，亦对政府形成了强有力的制约，从而弥补了代议制民主的缺陷。

（一）设定议程

“设定议程是大众传媒的最重要的权力。”[③] 它是指大众传媒的这样一种能力：“通过反复播出某类新闻报道，强化该话题在公众心目中的重要程度。”[④] 在西方民主社会，民意是政府决策和执行的重要依据，而大众传媒是民意表达的最主要的渠道。因此，在一定程度上可以说，大众传媒就是民意的代名词，这使得大众传媒在政府决策过程中发挥着举足轻重的制约作用。在美国，对决策者的一项调查结果表明，高级官员已形成了一种共识：国会及公众能否接受政府的政策，主要看媒体如何报道。[⑤]

对于普通民众而言，绝大多数人是通过大众传媒获得外部世界信息的。人们倾向于了解大众传媒关注的问题，并依据大众传媒对各种问题的评论，形成自己的看法。一项调查显示，一般人很难明确地说出自己在某些问题上的立场，对于重大问题大多数人只能记住很少的事实，大多数人都看不出问题之间的联系，很多人都很容易改变自己对问题的观点。[⑥] 这就决定了大众传媒在很大程度上可以决定社会乃至政府的议事日程。在这方面，大众传媒是社会的守门人（gate keeper），[⑦] 决定信息的取舍。大众传媒报道什么、不报道什么，就决定了什么是新闻；采用何种方式报道，就决定了该新闻的重要性；从什么角度报道，就在一定程度上决定了公众的思考方向。最终的选择权在大众传媒，而非公众和政府。大众传媒通过对某些问题着重渲染，影响公众关注的主题，形成所谓的焦点、热点问题；同时又通过大量的背景报道和分析评论引导公众思考的角度，形成社会对焦点、热点

---

① Bill Jones et al. *Politics UK*. 6th ed. Essex：Pearson Education Limited，2007：218.

② 最新统计：全球网民每天上网近7小时中国平均超5小时. https://tech.qq.com/a/20190204/003850.htm.

③ Thomas R. Dye&Harmon Zeigler. *American Politics in the Media Age*. Monterey：Brooks/Cole Publishing Company，1989：117.

④ 塞佛林，坦卡德. 传播理论：起源、方法与应用. 北京：华夏出版社，2000：246.

⑤ 薛福康. 既合作，又制衡，共同维护政治制度//顾耀铭. 我看美国媒体. 北京：新华出版社，2000.

⑥ 班尼特. 新闻：政治的幻象. 北京：当代中国出版社，2005：89.

⑦ James Q. Wilson. *American Government*：*Institutions and Policies*. Lexington：D. C. Heath and Company，1980：238.

问题的普遍看法，以此设定社会的议事日程，并利用公众舆论的强大压力推动政府把这些焦点、热点问题作为优先解决的问题，纳入政府的议事日程。

美国学者马丁·林斯基及其同事们的一项调查显示，大约有60%接受调查的资深联邦官员认为大众传媒“对联邦政策有实质性影响……其中10%以上的人甚至认为报纸具有决定性的影响”。[①] 大众传媒深刻地影响了人们的兴趣所在，“大众传媒报道的事件、人物和形势会引起人们的关注，排在决策者的议事日程。而大众传媒忽视的问题则很少被民众或其领导人讨论”。因此，“电视是伟大的立法者。电视把现实告诉人们。实际上，每个人似乎都不会反对，只要电视不报道，美国就什么事也不会发生”。[②] 1992年，索马里爆发了内乱，内乱和饥荒造成民不聊生。美国媒体对此进行了报道，电视画面中骨瘦如柴的饥民和严重营养不良的儿童，给美国普通民众带来了强烈的震撼。美国人认为，美国不能袖手旁观。随着饥民死亡人数的不断增加，民众的呼声越来越高，社会舆论几乎一边倒地认为政府应该立即采取行动以遏制局势的进一步恶化。在这种情况下，没有时间做理性的分析判断，布什政府决定向索马里派兵。这是一次典型的媒体为政府设定议程的事例。美国外交家乔治·坎南认为：“毫无疑问，朝野上下对政府这次行动的支持主要是媒介对索马里事件曝光的结果。”《纽约时报》电视批评家沃尔特·古德曼更直接指出，出兵索马里是典型的电视决策。[③] 但在1993年10月，当CNN重复播放美军士兵尸体被辱的画面时，美国公众强烈要求克林顿政府“带孩子回家”。在舆论的压力下，克林顿宣布，1994年3月31日美国从索马里撤军。在美国干涉索马里的过程中，媒体尤其是电视发挥了威力：“电视不再是反映事实，它就是事实。如果饥饿的索马里儿童上了电视，全世界都想为此做些什么。如果没上电视，他们就不存在，人们什么也不会去做。……如今索马里的混乱还是那么糟，但是媒体走了——美国和联合国部队也走了。”[④]

大众传媒设定议程的作用在越南战争期间美国政府政策的转变过程中表现得也十分明显。越战初期，大众传媒对美国政府基本上保持了一种合作的态度。1965—1966年，美国在越南的战争逐步升级，大众传媒的态度逐渐发生了变化，许多媒体开始质疑这场战争的正义性。大众传媒增加了对前线战事的报道，对美国军队在战场的死伤情况逐日做传真报道，而美国军队夷平越南村庄及美国军队屠杀越南平民的非人道行为的报道更是使美国公众感到震惊。从1968年起，大众传媒中反战的呼声越来越高。这时，《纽约时报》披露了一份“五角大楼文件”，披露了政府为扩大越南战争，在战争初期采取手段蒙骗民众的事实。媒体的报道使美国公众相信，美国卷入越战是种错误，公众对越战的支持率迅速下降。当哥伦比亚广播公司著名的节目主持人沃尔特·克朗凯特公开对战争提出批评时，约翰逊总统开始意识到美国不可能取得战争的胜利。当时，约翰逊总统曾感慨地对他的新闻

---

① Martin Linsky, et al. *Impact: How the Press Affects Federal Policymaking*. New York: Norton&Company, 1986: 84.

② Thomas R. Dye&Harmon Zeigler. *American Politics in the Media Age*. Monterey: Brooks/Cole Publishing Company, 1989: 117.

③ 李琨. 爱恨情结：美国媒体对政府外交政策的影响//顾耀铭. 我看美国媒体. 北京：新华出版社，2000：209.

④ 瑟罗. 资本主义的未来. 北京：中国社会科学出版社，1998：143.

秘书说，失去了克朗凯特，也就失去了美国的民众。在此种情况下，美国政府不得不重新考虑对越南的政策。这是美国历史上的第一场“电视战争”①。

当然，大众传媒不可能决定战争及其进程，但它可以左右民众的态度，从而为社会设定议程。对此美国政治学家怀特总结道：“在美国，如果新闻界还没有准备好公众的思想，那么任何国会的重大立法、任何国外冒险、任何外交活动、任何重大的社会改革都不可能成功。”② 美国记者马文·卡尔布也表达了相同的观点：“任何一个在白宫、国会山，或者是五角大楼做出的重大或是微小的决定，都不能不把新闻的因素考虑进去。要想把任何一种观点‘卖’给美国老百姓，首先需要媒体理解、接受并且愿意以一种特定的方式向老百姓宣传。”③ 这一判断也适用于其他西方国家。1990 年 11 月，日本海部俊树内阁将《联合国和平合作法案》提交国会审议。一石激起千层浪，此法案遭到了空前激烈的反对。《朝日新闻》《每日新闻》等大报不约而同地发表社论，反对日本向海外派兵。与此同时，日本各界也举行了多次游行示威，于是，此法案未经国会表决即成为废案。但随后的宫泽内阁对媒体施加了压力，指令全国五大报纸积极宣传政府向海外派遣自卫队参加联合国维和行动的方针政策及其重要意义。日本的主流媒体开始转变态度，对政府向海外派兵表示理解。五家全国性报纸及几十家地方报纸纷纷报道有关政府见解的文章、评论，广泛宣传向海外派兵的重要性。由于大众传媒的导向作用，大部分日本国民也多持支持或默认的态度。获得了舆论的支持，国会于 1992 年 6 月通过了《联合国和平合作法案》。1999 年小渊内阁顺利在国会通过日美防卫合作指针相关法案，媒体也是功不可没的。

大众传媒这种左右统治者言行的能力颇使当权者头疼。美国前总统卡特的白宫律师劳埃德·卡特勒就曾在《外交政策》杂志上撰文公开抱怨：“一个问题无论多么紧要，只要没有什么电视报道涉入，在白宫的日程表上就可以安排在随便哪个早晨。人们常常把它搁置一旁，先考虑最新的电视新闻中出现的意外事件，并要及时在下一次节目中对此做出适当反应。”④

（二）批评监督政府

按照西方的民主理论，大众传媒是为公众而不是为政府服务的，政府是公民的会犯错误的公仆，天然具有滥用职权的倾向。因此，需要对政府进行监督，而大众传媒由于传递信息迅速、受众面广等特点成为最有效的手段之一。正如一位德国学者所说：“如果没有报刊、广播电台和电视台发现弊端，并通过报道引起议会的质询和派出调查委员会，民主社会就会处于屈服于腐败或官僚主义专横的危险之中。”⑤ 美国总统托马斯·杰斐逊也曾主张：“报纸要对政府提供一种其他机构无法提供的监督作用。”⑥ 从实践中看，无论是从其自身的社会责任出发，还是为扩大媒体自身的影响力，西方国家的大众传媒历来以批评政府及其官员、揭露政治丑闻为乐事。大到政府官员贪污渎职，小到公职人员个人的私生

---

① Sarah Oates, *Introduction to Media and Politics*. London: Sage Publications Ltd., 2008: 115-117.
② Theodore H. White. The Making of the President 1972. New York: Atheneum Publishers, 1973: 245.
③ 班尼特. 新闻：政治的幻象. 北京：当代中国出版社，2005：23.
④ 史密斯. 权力游戏：华盛顿是如何工作的：下册. 北京：中国人民大学出版社，1991：94.
⑤ 麦恩. 联邦德国大众传播媒介. 北京：德意志联邦共和国驻中国大使馆，1994：7.
⑥ 杨柏华，明轩. 资本主义国家政治制度. 北京：世界知识出版社，1984：384.

活，无不在大众传媒的注视之下。一旦政府及其官员的腐化、渎职等丑闻公诸报端、见诸电视，往往会激起强烈反响，从而形成强大的舆论压力，使有关官员轻则陷入困境，重则身败名裂。大众传媒的这种监督作用形成了对政府强大的制约，因此，人们称大众传媒为政府的“第四部门”，行使除立法权、行政权、司法权之外的“第四种权力”。

大众传媒监督政府的作用在美国“水门事件”之后被西方学者推崇备至。1972 年 6 月 17 日，尼克松总统连任委员会的 5 名共和党党员因潜入位于华盛顿水门大厦的民主党全国委员会总部，窃听民主党竞选的情报而当场被捕。案发翌日，《华盛顿邮报》记者鲍勃·伍德沃德和卡尔·伯恩斯坦在该报头版显著位置报道了此事。当时这个事件被认为是一个未遂的盗窃案。为不影响连任，当时的总统尼克松下令掩盖事实。同年 11 月，尼克松竞选连任成功。但《华盛顿邮报》冲破重重阻力，对这一事件进行了广泛、深入的追踪调查，发现了一系列非法丑闻，其矛头直指白宫和总统本人。这些丑闻包括：滥用数百万美元共和党竞选经费，这些经费中的很大一部分募集情况违反了 1971 年的《联邦选举法》；闯入事件本身及随后的掩盖事实，既超越了道德伦理准则，又超越了法律界限。美国其他媒体也争相报道，由此展开了美国历史上少有的持续两年的新闻攻势。在媒体的攻势下，1973 年初，参议院成立了“水门事件”特别调查委员会，对此事进行深入调查。面对不可避免的弹劾，1974 年 8 月 8 日，尼克松总统引咎辞职，造成美国立国以来总统辞职的先例。“水门事件”是大众传媒发挥监督作用的一个里程碑式的事件。一方面，“水门事件”的真相大白是从《华盛顿邮报》记者的跟踪调查开始的，这个事实足以证明媒体监督的重要性；另一方面，大众传媒在报道“水门事件”中所表现出来的勇气和韧性，也确立了大众传媒在民主社会中的地位。《华盛顿邮报》因此获得当年的普利策“公共服务荣誉奖”。

尼克松之后，美国历届总统都程度不同地受到大众传媒的批评。1986 年，里根政府向伊朗秘密出售武器以换取人质，被大众传媒曝光。大众传媒紧追不舍，又揭发出里根政府把军火交易所得用于支持尼加拉瓜反政府武装。这桩被称为“伊朗门事件”的丑闻在美国造成了“自‘水门事件’以来最大的轰动”。绕过国会向伊朗秘密出售武器，违反了武器出口控制法和国家安全法；以武器换人质，与美国的外交政策相悖；而擅自挪用有关款项支持尼加拉瓜反政府军，又与国会通过里根总统签署的《博兰修正案》相冲突。尽管里根政府最后度过了危机，但当时的民意测验表明，里根的声望下降了 14 个百分点。克林顿的负面新闻更多，“很少有政治家像比尔·克林顿那样一次次感受到媒体一哄而上群起攻之所带来的刺痛。在 1992 年的大选中，克林顿的私通事件、吸毒、逃兵役以及其他个人问题，使得关于他的新闻五味俱全。克林顿的人品问题在大选期间成了媒体的主要新闻”。① 在任期期间，克林顿更因“白水门事件”、“旅行门事件”、“档案门事件”和“拉链门事件”频繁地受到媒体的穷追猛打。

在其他西方国家，大众传媒也在一定程度上发挥着监督政府的作用。日本的新闻媒体在揭露政府高官的腐败丑闻方面可与美国媒体相媲美，包括几起涉及日本首相的腐败大案，都是在媒体深入的调查报道和穷追猛打下取得突破性进展的。1974 年 10 月，日本

---

① 班尼特. 新闻：政治的幻象. 北京：当代中国出版社，2005：219.

《文艺春秋》发表了《田中角荣研究——他的财源与人缘》一文，披露首相田中角荣的财产来源和幕后复杂的人事关系，引起社会舆论的关注。此后，国会也做出反应，就此事进行调查。在压力之下，11 月，田中被迫辞职。但事情并没有结束。1976 年 2 月，《朝日新闻》又揭露美国洛克希德公司通过丸红公司和儿玉向日本政界高层人士行贿的丑闻。一时间，日本朝野震动，所有大众传媒纷纷以大量篇幅专门对洛克希德贿赂案进行追踪报道，很快有迹象表明，此案涉及田中角荣。在媒体和社会舆论的压力下，东京地方检察厅、国税局和警视厅共同进行调查，参议院和众议院也先后成立了洛克希德问题特别调查委员会，彻底调查此案。7 月，田中角荣被捕，并于 1977 年 1 月受到审判。①

2004 年 4 月，正当日本各界讨论养老保险制度改革之时，日本媒体披露，小泉内阁的总务大臣、经济产业大臣和防卫厅长官等人没有按照日本法律按时缴纳国民年金保险费，当即引起日本国内的强烈震动。日本国民要求政府公布真相，并公布每一位内阁大臣缴纳养老保险费的情况。政府百般为自己开脱责任，但媒体穷追不舍，随后，内阁官房长官、财务大臣、金融经济财政大臣等内阁成员漏缴国民保险年金的丑闻接连曝光，媒体更将矛头直接指向日本首相小泉。在野党也利用这一事件不断攻击政府。为平息国民的不满，5 月 7 日，内阁官房长官福田康夫被迫引咎辞职。5 月 14 日，小泉的私人秘书也在记者招待会上承认，小泉在 1980 年到 1986 年期间没有缴纳国民年金保险费，但又辩解说，这并不违反法律，因为当时日本法律并没有强制性的规定。但毫无疑问，这一事件对小泉在民众中的威望是个极大的打击。日本《朝日新闻》2005 年 2 月 1 日公布的一项民意调查显示，小泉及其内阁的支持率已下降到 33%，是小泉 2001 年 4 月担任日本首相以来的最低点。②2013 年 11 月，媒体曝光了东京都知事猪濑在 2012 年 12 月的竞选中接受德洲会 5 000 万日元资金一事，引起社会关注，东京地方检察厅特别搜查本部随即启动了调查程序。尽管猪濑一再声称是个人借款，但德洲会的负责人却向检察厅承认是政治献金。根据日本政治资金规正法，如果政治家接受政治献金，必须在个人的政治资金报告书上明确写明。写明了无罪，不写明则算有罪。猪濑没有写，于是遭到舆论的追究，猪濑不得不宣告辞职。2014 年 3 月，东京地方检察厅特别搜查本部做出决定，认定猪濑从德洲会获得的 5 000 万日元的资金，是属于选举资金，因为没有申报，违反了公职选举法。由于猪濑在媒体曝光后，将全款退还给了德洲会，因此检察厅决定不逮捕他，但依然向东京简易法庭起诉。最终，猪濑被东京简易法庭判罚 50 万日元（约 3 万元人民币）。③

2005 年 2 月 6 日，法国著名的独立报纸《鸭鸣报》披露了法国经济、财政和工业部长埃尔韦·盖马尔租住巴黎市中心一栋豪宅的情况。豪宅位于巴黎市区的黄金地段，总面积为 600 平方米，每月租金高达 1.4 万欧元，完全由政府支付。消息传出，舆论哗然，并引

---

① 1983 年 10 月，东京地方法院一审判决，判处田中 4 年徒刑，罚金 5 亿日元，田中当场提出上诉。1987 年 7 月，东京高级法院做出了驳回上诉、维持原判的裁决。田中又上诉至日本最高法院。1995 年 2 月，最高法院做出终审裁决：驳回二审上诉，维持原判。至此，这场震惊世界、长达 19 年的重大受贿案正式落下了帷幕。而田中已于 1993 年 12 月去世。

② 小泉支持率跌破历史最低. 新京报，2005-02-03.

③ 看日本如何严打老虎苍蝇. http://www.ribenxinwen.com/html/jiaodianxinwen/2014/0515/20092.html，2015-03-28.

起法国政坛动荡。反对党立即向政府发难，要求总理拉法兰公布所有部长级官员的住房租金。此后，媒体又披露盖马尔在巴黎市区和郊区拥有多处房产。希拉克上台时曾承诺取缔公务员的“灰色收入”，并要求政府高层官员首先树立榜样，而这位希拉克总统的坚定支持者的豪宅不免使希拉克颜面尽失。迫于舆论、反对党及执政党内部的巨大压力，2月25日，盖马尔向拉法兰提出辞呈，提前结束了自己的政治生涯。

2009年5月8日，英国发行量超过80万份的主流报纸《每日电讯报》在头版位置发表报道《花费的真相》，披露英国下院议员津贴的用途和数额。接下来，它每天更新一部分议员报销明细。至5月中旬，英国议会的三大政党无一例外地卷入“报销门”，首相布朗及其全体内阁成员、反对党领袖戴维·卡梅伦及其影子内阁成员等英国政坛的重量级人物都牵涉其中。这些报销账单中的不少报销内容，虽然没有违反议会规章条文，但明显违反了诚信自律的原则。因此，账单一经披露，立即引起舆论哗然，英国民众谴责议会下院坐满了千方百计捞取私利的骗子。在舆论的压力下，内政大臣史密斯、就业与养老金大臣珀内尔等内阁成员纷纷宣布辞职。英国广播公司在6月4日进行的民调显示，近五成英国选民认为，多数议员都是贪污的。由英国《星期日泰晤士报》委托民调机构展开的一项民调结果显示，超过一半英国人认为首相戈登·布朗继续担任首相职务有损国家利益。[①] 6月21日，下院议长迈克尔·马丁正式辞职，成为自1695年以来第一位辞职的议长。

2011年12月，德国《图片报》曝光了当时的德国总统武尔夫在2008年担任下萨克森州州长期间利用职务便利低息贷款购房。更戏剧性的是，媒体曝料称武尔夫曾向主编施压，要求不能刊登丑闻。消息一出，舆论哗然。虽然随后武尔夫立即公开道歉，强调从未威胁媒体，但随后的民调显示，46%的德国人认为武尔夫应当辞职。2012年2月16日，德国汉诺威检察院向联邦议院提出申请，要求取消武尔夫的豁免权，并计划对其展开调查，这是联邦德国历史上第一次对在任总统展开调查。17日，武尔夫在总统府发表简短的电视讲话，表示他已经失去民众的信任，因此决定辞去代表着全民道德模范的总统职位。尽管在其后的2014年2月27日，德国下萨克森州汉诺威地方法院宣布，对武尔夫涉嫌利用职权收受好处的指控不成立，但此事结束了武尔夫的总统生涯，对武尔夫的名誉造成了不可挽回的损失。

在西方人看来，政府官员是国家权力的化身，因此，他们不仅要有卓越的治国才能，还要有诚实正直的品格和较高的道德水准。因此，除了官员的不法、渎职行为外，政治家的私生活也在大众传媒的监督之下。在以自由著称的美国，民众也希望他们的总统一生道德清白。在1987年的美国总统竞选中，呼声甚高的民主党候选人加里·哈特的一段婚外情被媒体披露，舆论哗然，哈特的支持率迅速下降，哈特不得不放弃总统竞选人的资格，退出竞选。1998年1月17日，一个白宫实习生与总统有染的消息在网上公布后，传统媒体全力追踪，揭开了历时长达一年对克林顿总统绯闻的调查序幕。克林顿先是极力否认并试图掩盖，但在媒体、独立检察官、国会的压力下，又被迫承认并做出道歉。12月，众议院通过了对克林顿做伪证和妨碍司法的弹劾案，使克林顿成为美国历史上第二位面临弹劾危机的总统。尽管参议院经过审判，于1999年2月投票否决了对克林顿的弹劾条款，

---

① 过半英国人认为布朗该下台. http://news.sina.com.cn/o/2009-06-15/130515792061s.shtml.

但总统的“道德权威逐渐消逝了”，“他的权威遭受了如此重大的额外损失，以至于它……难以完全有效了”。①

应该指出的是，大众传媒对政府的制约与监督，无论是设定议程，还是监督批评政府，都是通过影响、引导舆论来实现的。舆论是社会上相当数量的公众对他们共同关心的问题所表示的个人意见、态度的汇集，单个人的意见并不构成舆论，因此，舆论的形成有很多因素。但毫无疑问，大众媒体作为言论、意见的载体，是舆论的启动者和引导者。

在舆论的形成过程中，大众传媒的作用主要有：(1) 告知作用，即报道消息。按照西方的民主理论，民主制度需要民众的广泛参与。而公众要参与政治生活，就必须成为“有所知的公民”。他应该尽可能多地获得关于当前政治事态的信息，以便做出理智的政治判断和政治抉择。事实上，如果公民对当前事态一无所知，就不会形成舆论。大众传媒是公众获得信息的主要来源，因此，大众传媒的告知作用就是以最快的速度向最广泛的公众报道关于当前事态的基本信息，保证公众获得形成舆论所必需的信息。实际上，大众传媒在很大程度上决定人们思考什么、关心什么。(2) 引导作用，即确定舆论的导向。在现代社会，人们的生活节奏明显加快，知识也以惊人的速度更新。因此，人们既没有时间和精力也缺乏知识和经验去了解政治事件背后的前因后果，并据此做出理智的分析和判断。因此，人们依赖于大众传媒提供的信息。事实上，大众传媒不仅报道政治事件，而且常常就该事件进行评论，这种评论可以对公众产生潜移默化的影响，使之自觉不自觉地接受。正如金尼·杨布拉德所说：“媒介在多数时间为多数人做出区分：什么是真的，而什么不是（存在的）；什么是重要的，而什么不是（优先的）；什么是好的，什么是坏的（价值观）；以及什么与其他事务联系和以什么（关系）联系。”②

三、大众传媒的政治作用

在西方各国的政治结构中，作为政府的“第四部门”，大众传媒是资产阶级民主制的重要组成部分。大众传媒通过表达民意，帮助政府官员了解公众的意愿，并通过制造舆论，对政府的决策和施政起着制约与监督的作用。但是大众传媒与政府并非水火不容，政府是大众传媒的主要信息来源，而大众传媒也可以为政府宣传政策意图和施政纲领。因此，大众传媒同政府相互依赖，既合作，又制衡，共同维护西方的民主制度及其价值观。

大众传媒是民主制有效运作的保障。大众传媒对民主制度健康运作的作用已为人们所公认：“只有新闻自由才能使各种对立的看法进行辩论。不管民主的定义是什么，没有新闻自由，民主本身就无法存在。”③ 大众传媒通过其特有的政治透镜功能，将政府的运作与公众紧密地联系起来，成为公众行使民主权利的基本途径；而大众传媒背后的巨大力量又使得它能与政府三大部门分庭抗礼，成为政府权力之外制约、监督政府不可替代的重要力量，构成西方民主制度更为根本性的保障。美国政治学家萨托利就认为，选举权本身是民主的保障机制，而民主实质性的保障却来自这样的条件，即公民们能够获得信息，并且

① 波斯纳. 国家事务：对克林顿总统的调查、弹劾与审判. 北京：法律出版社，2001：244-245.

② 葳庞德. 传媒的历史与分析：大众媒介在加拿大. 北京：北京广播学院出版社，2002：103.

③ 希尔斯曼. 美国是如何治理的. 北京：商务印书馆，1986：390.

统治者面临舆论制造者的压力。民意是政府的真正基础。[①]

民主制的核心是保障公民对国家政治生活的参与，公众参与国家政治生活是民主政治的标志。为此，公民需要获得充分的信息和传播信息的有效渠道，如果公众不能公平地获得充分的信息，或者不能自由地表达自己的意见，那么参与国家政治生活就成为一句空话，民主就成了无水之源。民主制度之所以兴旺，某种程度上归因于新闻媒介传播的信息。[②] 大众传媒向公民源源不断地提供有关社会政治生活的信息，满足公民的知情权，为公众参与政治生活提供信息保障；另一方面，大众传媒又为所有公民自由发表意见提供了平台。因此，“大众传媒通过信息和观点支撑民主”。[③]

大众传媒在防止政府滥用权力方面发挥着不可替代的作用。美国最高法院在 1931 年尼尔诉明尼苏达州案的判决中重申大众传媒对政府进行监督的必要性：“政府工作变得更加复杂，渎职和腐化的机会成倍地增加……凡此种种无不表明特别需要一个有警惕性的和勇敢的报界。”[④] 对大众传媒来说，对政府各部门及其官员进行监督，防止政府滥用权力，保护公民的合法权益，既是一种权利，又是一种责任。

西方国家一直标榜大众传媒的独立性，美国声称其报刊、电台、电视台是世界媒体中最自由、最独立的；日本媒体历来都标榜自己是独立于政府的“独行侠”，既不受政府控制，也不受民意的制约。而且大众传媒具有传播速度快、受众面广等特点，因此，大众传媒在监督政府方面具有不可替代的作用。对西方国家的大众传媒来说，监督政府、对政府的政策及官员提出批评是自己的社会责任。因此，挖掘丑闻、批评政府是媒体的永恒主题。从 20 世纪初的美国黑幕揭发运动到 70 年代的“水门事件”、日本的洛克希德贿赂丑闻，直到 20 世纪末克林顿的“旅行门”“白水门”“拉链门”，2009 年英国的“报销门”，大众传媒揭丑的传统理念得以继承和发扬。

值得注意的是，大众传媒虽然被视为一种权力，但它毕竟是一种软权力，不同于可独立发挥作用的国会立法权、行政机关执行权和法院审判权。大众传媒对政府的制约与监督往往并不产生直接的后果，它必须与公众及政治过程结合起来，才能真正发挥作用。因此可以说，“第四权力”的职能是揭露问题、启动议程，而处理问题则是其他三权的职责范围。尼克松在“水门事件”曝光之后，依然成功地连任总统，甚至声言要吊销《华盛顿邮报》所属母公司的营业执照。尼克松后来被迫辞职，绝不仅仅是因为报纸披露了他的政治丑闻，而是因为国会要弹劾他。洛克希德贿赂案经媒体报道后，在国内的舆论压力下，日本的检察厅、警视厅、国税厅组成了联合调查小组，参议院、众议院也成立了洛克希德问题特别调查委员会，有 460 多人包括国会议员、内阁成员、全日空、丸红公司职员受到了传唤调查，终于查清了事实真相，并将田中角荣等主要责任人绳之以法。

不可否认的是，大众传媒本质上并不是政府的对立面，而是政府的同谋，与其他三权既制衡，又合作，共同维护西方国家的民主制度。大众传媒对政府进行制约与监督的终极

---

① Giovanni Sartori. *The Theory of Democracy Revisited*. New York: Chatham House Publishers Inc., 1987: 86.

② 阿特休尔. 权力的媒介. 北京：华夏出版社，1989：18-19.

③ 李良荣，等. 当代西方新闻媒体. 上海：复旦大学出版社，2003：186.

④ 李道揆. 美国政府和美国政治. 北京：商务印书馆，1999：136.

目的是使政府及其官员的行为符合民主制下的基本价值规范，使政府权力在既定的轨道上运行，履行着社会公器的职能。2004 年美国媒体曝光虐俘事件为此做了最好的注脚。4 月 28 日，美国哥伦比亚广播公司在美国军方一再要求其延迟公开报道两周后，公布了美军在伊拉克阿布格莱布监狱虐待伊拉克战俘的照片。随后，《纽约客》周刊、《华盛顿邮报》、《纽约时报》及英国的《每日镜报》都相继刊登了有关虐俘的消息。消息传出，美国国内和世界舆论一片哗然。许多国家的政府都纷纷表态，强烈谴责虐俘事件。阿拉伯世界则爆发了抗议美军暴行的示威游行。在压力之下，美国国务卿赖斯和总统布什被迫向公众道歉。虐俘事件对美国的外交战略造成了很大的冲击，也使美国的道义形象受到了严重的损害。表面上看，大众传媒不惜牺牲"国家利益"，与政府采取对立的立场。"然而，透过这个层次，我们可以发现，正是通过这种不断的冲突、批评和监督、修正，现行的主流价值观，如自由、民主等等得到了反复的认同，建立在这个价值体系上的现行政治体制也因此得到了不断的巩固和加强。"① 而美国形象受损等消极后果不过是民主社会良性发展的必要代价。

鉴于大众传媒在政治生活中的重要作用，利益集团、财团、政党等各种社会力量都试图影响、利用大众传媒，更重要的是，大众传媒还受到政府的管理、影响甚至操纵。美国学者利昂·西格尔对美国两家以富有批判性闻名的报纸——《纽约时报》和《华盛顿邮报》的新闻内容进行的研究显示：政府官员是近 3/4 重要新闻的来源，只有 1/6 的新闻源自政府之外。而且绝大部分新闻内容来源于新闻制造者，其中 24.7%来源于访谈，24.5%来源于记者招待会，17.5%来源于通稿，13%来源于官方公报。② 班尼特因此得出结论说："最好的新闻媒体，也非常依赖于官方这一狭隘的新闻来源所提供的政治消息。""其报道中的基本信息仍然代表着官方的论调。"③ 一位德国学者也得出了相似的结论：一个由政治家、机关干部、舆论工作者和新闻发言人组成的卡特尔从事着情报的散布，他们尽其所能地让新闻为他们自己服务。④ 而另一方面，鉴于大众传媒的巨大影响力，西方各国政府对此都非常重视。美国前总统里根的第一任白宫联络主任戴维·格根就曾公开说："我们要尽我们的所能控制人们看到的东西，我们要塑造它，而不是让电视塑造它。……你必须想办法把它控制在有利于你的方面。"⑤ 因此，各国政府都综合运用多种手段对大众传媒施加影响，调控新闻的数量、质量及其导向。

随着互联网技术的发展，构筑于互联网之上的新媒体颠覆了传统媒体的传播方式和传播逻辑，给大众传媒与政府的关系增加了新的变量。一方面，在后真相时代，社交网站、自媒体成为人们获取信息的重要渠道，而且每个人都可以成为信息采集者、制造者和发布者，传统主流媒体的影响力下降，民众与政府间的信息不对称大大降低，政府主导舆论的难度越来越大；另一方面，网络犯罪也越来越多，给国家和社会带来巨大损失，这给政府

---

① 李琨．爱恨情结：美国媒体对政府外交政策的影响//顾耀铭．我看美国媒体．北京：新华出版社，2000：223.

② 班尼特．新闻：政治的幻象．北京：当代中国出版社，2005：153-154.

③ 同②155.

④ 麦恩．联邦德国大众传播媒介．北京：德意志联邦共和国驻中国大使馆，1994：301.

⑤ 史密斯．权力游戏：华盛顿是如何工作的：下册．北京：中国人民大学出版社，1991：95.

审查和监管提供了理由，西方国家的政府倾向于通过对网络犯罪的立法来将审查和监管合法化。

第一，制定完备的法律法规进行约束。西方国家对大众传媒的调控主要通过制定法律法规来实现。在美国历史的不同时期，国会根据情况的变化制定了各种各样的法律约束媒体的言论。1798 年，美国国会通过了《反煽动叛乱法》，禁止口头或书面发表攻击政府、国会两院或在职总统的言论。一战时期，美国政府对媒体的管理更为严厉，1917 年，颁布了《惩治间谍法》；1918 年，颁布了《惩治煽动叛乱法》，规定严惩对美国政府形式、陆海军、国旗等使用不忠诚的、亵渎的谩骂或侮辱性语言的人或机构。一战结束后，美国根据这两个法律，起诉了 2 000 多人，近一半人被判有罪。20 世纪初，随着无线电广播的发展，1912 年美国颁布了《无线电法》，1934 年颁布了《联邦通信法》。近年来，随着互联网的发展，美国加强了网络空间安全方面的立法。自 2002 年以来，美国通过了近 50 部与网络空间安全有关的联邦法律，其中包括 1986 年的《电子通信隐私法》，1987 年的《计算机安全法》，1995 年的《削减公文法》，2001 年的《爱国者法案》，2002 年的《国土安全法》、《电子政务法》和《联邦信息安全管理法》，2012 年的《网络安全法案》和《确保 IT 安全法案》，2016 年的《反宣传法》。由此可见，互联网每向前发展一步，美国的立法都会及时地跟进，确保监管没有盲区和漏洞。英国法律对媒体的监管十分严格，据统计，英国限制媒体报道政府事务的成文法有 251 个，限制媒体自由的法令达 50 多个，① 主要包括 1911 年的《国家保密法》（1989 年修订）后的《国家保密法》、1996 年的《诽谤法》、2000 年的《恐怖主义法》（2006 年修订）、2002 年的《广播法》、2003 年的《通信法案》等。自 2017 年以来，线下和线上的广告也在监管之列。“在英国，任何媒体若存在法案中所谓的犯罪倾向，就会受到相关机构的严厉审查。”②

日本在 1950 年，颁布了《电波法》《广播法》《电波监督管理委员会设置法》，对广播通信事业进行规范。值得关注的是，2013 年 10 月 25 日，日本国会不顾国内的反对，通过了《特定秘密保护法》，将防卫、外交、反间谍和反恐等 4 个领域特别需要保密的情报指定为“特定秘密”，国家公务员泄密将受到严惩。

第二，设置媒体管理机构进行管控。1934 年，美国根据《联邦通信法》，设立了联邦通信委员会，这是一家独立的政府部门，直接对国会负责。其主要职能是通过制定管制标准和行为准则以及发放许可证对广播电视进行管制。2003 年 12 月，英国合并了独立电视委员会、广播标准委员会、无线监管局等 5 家管理机构，成立了统一的电信监管机构——通信管理局，主要监管商业性质的广播电视媒体。2006 年成立了 BBC 托管委员会，负责对公营广播服务商 BBC 的管理。日本对媒体机构的管理主要靠行业协会的自律，很少设立专门的管理机构。但日本政府可以通过其他方式管控媒体。NHK 是日本影响力最大的也是唯一的公共电视台，在日本政坛曾流行这样的话：谁掌握 NHK，谁就掌握了国家舆论动向。因此，日本政府对其十分重视，操控经营委员会。经营委员会由 12 名委员组成，

---

① Julian Petley. *The Regulation of Media Content*//*The Media in Britain*. London：MacMillian Press Ltd.，1999：143-145；另见：史亭玉．试析英国媒体的法律监管框架．广东省社会主义学院学报，2012（1）.

② 张宇．西方国家审查和监管制度如何影响数字媒体及其社会活动：以英国的媒体监管和影响为例．国际新闻界，2020（4）.

其职权是任命NHK会长（NHK的最高领导），决定NHK的经营方针和业务运营。根据相关法律，经营委员由社会上有名望的人担任，但选人过程并不公开透明，通常由主管广播电视的日本总务厅办公厅和执政党党鞭决定。执政党和政府自然会利用这个机会选任与自己主张一致的人士。因此，NHK对执政党、政府的态度就是不言而喻的。2014年底，NHK经营委员会改选了4名成员，全部都与安倍本人关系密切，继而NHK的会长也就顺理成章地由亲安倍的人担任了。

对外宣传更受到西方国家的重视。美国政府早在一战期间就设立了公共信息委员会，负责发布信息，协调政府的宣传工作。二战中，美国成立战时新闻处，负责新闻发布和战时宣传工作，而且还成立了新闻检查局，对新闻进行检查。1953年，美国新闻署成立，负责对外宣传。1999年，克林顿政府改组新闻署，成立了国际公共信息小组，统一协调对外宣传。2003年1月，美国又成立全球传播办公室，在新的历史条件下，通过新的传播战略向世界输出美国的理念和价值观。具有讽刺意味的是，美国有专门的机构负责对外宣传，但又防范其他国家对美国进行宣传。2017年，根据2016年颁布的《反宣传法》，美国国务院成立“反外国宣传和虚假新闻中心”，专门负责协调监视以破坏美国国家利益为目的的外国宣传和散布谣言的情况，制定打击外国宣传和散布谣言的战略，并向那些从事信息分析和收集、对抗外国谣言的公民社会群体、非政府组织、记者和私人公司及研究机构提供资金支持。“今日俄罗斯”电台主编西莫尼扬称，美国的这一行为表明，它并不遵守其对外宣扬的言论自由规则。①

第三，建立完善的新闻发布制度进行引导。任何一个国家，媒体都需要来自政府的信息，政府就利用信息优势引导甚至操控媒体。1913年3月，在美国总统威尔逊的倡议下，白宫举行定期的新闻发布会，这是世界上第一个正式的新闻发布制度。当今世界主要国家都建立了自己的新闻发布制度。新闻发布会是政府首脑、高级官员和国会议员发布消息、诱导舆论的好机会。他们可以通过有意回避一些问题、透露一些重大政策、强调某些问题并提出自己的看法等手段左右大众传媒，巧妙地将一些问题的报道或评论引上官方的轨道，或至少有利于官方。美国学者唐·米莫对此做了一个概括：“总统的记者招待会与其说是一个自由集会，不如说是一场排练好的、制造新闻的演出。”②

西方各国的政府尤其是政府首脑都有自己的传媒体系。美国行政机关有白宫新闻局和总统新闻发言人办公室，新闻局的主要职责是制定新闻宣传政策，协调白宫与其他部门的关系；总统新闻发言人办公室负责收集和发布与总统及其领导的联邦政府行政部门有关的新闻和信息，并对国内外的突发或关注度较高的事件做出回应，直接向大众传媒宣布国内外重大事件及政府的原则立场。美国国会两院的议员都有自己的新闻办公室，主要任务就是同大众传媒沟通。在日本，政府各部门都设有记者俱乐部，如首相官邸记者俱乐部、防卫厅长官记者俱乐部、平河俱乐部等等。加入记者俱乐部的记者多为各报社、电视台的资深记者，其中一些名牌记者与政治家的私交很好。记者要获得重要的政治情报、发表独家新闻，政治家想得到外界的支持，两者互有需要，密切互动。如此互动的结果是，在大多

① 萧达，林鹏飞，李俊峰，等. 美国拨款8 000万美元成立对抗中俄的宣传中心. 环球时报，2016-12-26.

② 杨柏华，明轩. 资本主义国家政治制度. 北京：世界知识出版社，1984：397.

数情况下，尤其是有组织的利益集团参与不多的时候，大众传媒中的政治观点与政府要人的观点基本一致。英国内务部制定了危机发生后 90 分钟的新闻危机协调制度，在危机发生时，这个机制立即启动，及时研究事件并确定合适的新闻发布口径，以便占得引导舆论的先机。

第四，通过隐瞒、掩盖消息进行控制。政府的所作所为与公众的利益息息相关，因此，大众传媒的新闻大部分都是政府及其官员的活动，其消息源就是政府。如果政府官员向大众传媒封锁消息，大众传媒直至社会就无从知道政府在做什么，也就无从参与和监督。以国家机密为由向大众传媒封锁消息，是西方各国政府的一贯做法。

美国号称拥有最独立、最自由的大众传媒，在信息自由方面也走在前面。1966 年国会通过了《信息自由法》，1974 年，国会修正了该法，1976 年，国会通过了《阳光下的政府法》，对大众传媒及公民使用政府文件做出了一系列的具体规定。但是，法律同时又规定了例外情况，包括需要保密的国防、外交文件等。于是，政府将许多材料列入例外而拒绝公开。在对外政策方面，官方的新闻控制更为严密。1983 年 10 月，在美军登陆并占领格林纳达时，为确保军事行动成功，美军实行了严厉的战时新闻管制：所有的战地采访记者必须经军方批准，所有的战地实地采访必须经军方安排，所有的战地新闻稿必须经军方事先审查。在 2001—2002 年的阿富汗战争中，信息控制更为严格，记者要想了解任何未经政府新闻署加工的信息都非常困难。实际上，在越战之后的历次战争中，大众传媒的报道都被置于官方的严格控制之下，以至于有记者抱怨他们是国防部无须付酬的雇员，代表国防部为外界准备关于战争的新闻。①

英国政府是西方国家中较典型的封闭型政府。根据 1958 年颁布的《公共档案法》，官方档案要过 50 年才能公开。1967 年，在公众的压力之下，政府将这一时限减至 30 年。但 1970 年政府又延长了一些文件的保密期。实际上，政府每年公开的档案只占总数的 1%左右。英国还有一个特殊的国防警告制度，根据这个制度，大众传媒不得报道与国家安全有关的任何信息，包括防务计划、核武器及其设施、电台和雷达设施等内容。

由此可见，尽管大众传媒报道自由的幅度从法律上看是越来越大了，而且新媒体的出现也影响了政府对信息的掌控，但大部分有关决策的消息还是掌握在政府手中，除非对政府有利，否则政府不可能向大众传媒提供消息。

由于政府控制了大部分重要信息的分配，又拥有对大众传媒的管理权，还掌握着很多左右大众传媒的手法，因此，大众传媒很容易沦为政府的宣传工具，这在对外政策方面表现得尤为明显。1990 年，海湾战争前夕，一个科威特女孩出现在美国国会听证会上，自称在科威特一家医院工作。她向国会议员们控诉伊拉克军队袭击医院，把婴儿从保温箱扔到地上摔死的恶行。这段录像在全美各电视台播出并多次为老布什政府所引证，它对于动员美国公众支持美国在海湾地区的军事行动发挥了很大的作用。直到 1992 年，美国广播公司和哥伦比亚广播公司才披露，那位女孩原来是科威特驻美大使的女儿扮演的。② 无独有偶，1998 年，美国和北约对南联盟开战之前，西方各主要国家媒体出乎意料地口径一

---

① 班尼特. 新闻：政治的幻象. 北京：当代中国出版社，2005：160.

② 同①66-67.

致，大肆渲染南联盟政府在科索沃实行种族灭绝政策，屠杀阿族人。4月，美国一电视台现场直播节目中，一位来自科索沃的少女声泪俱下，控诉南联盟军队杀害其双亲、枪杀村民、抢劫财产的非人道行径。这一系列报道引发了西方公众对南联盟政府的讨伐，得到了美国国内舆论的支持，美国和北约军队才敢未经联合国授权干涉南联盟内政，对南联盟动武。事后查明，那位科索沃少女是阿尔巴尼亚驻美大使的女儿，压根没有到过科索沃。① 实际上，无论是在海湾战争中，还是在科索沃战争中，很多报道都出自“人为的设计”。类似这样政府编制或传播的谎言往往长期得不到澄清，即使最后真相大白，但事过境迁，新闻媒体和公众的注意力早已转到了其他热点问题，况且战争已经结束，政府的目的早已达到了。

美国前总统尼克松对此有比较深刻的见解：“既然以电视为主要宣传工具和消息来源的时候已经到来，因此，现代的总统就必须比他们的前任具备更为复杂但也更表面化的专业才能，他们必须学好驾驭舆论的艺术。不仅为了获得竞选的胜利，而且也为了进一步宣传他们所信奉的计划与事业，与此同时，他们还得费尽心机避免被人指责为操纵舆论。”② 新媒体的兴起在一定程度上改变了各国的政治生态。通过新媒体，政治家与民众有了更便利的直接沟通意见的渠道，对传统媒体的依赖度大大降低；而民众可以直接了解政治家的政策，依靠自己的判断做出政治选择。在奥巴马竞选总统时，新媒体就展现出了强大的影响力。而特朗普更是深谙利用新媒体塑造民意之道，绕过传统主流媒体，以推特为媒介，主导国内舆论走向，传播执政理念，甚至一反历届总统力图与媒体保持良好关系的常态，经常公开激烈批评主流媒体，指责媒体是美国人民的敌人。在集会场合，直接称CNN负责白宫新闻报道的记者阿科斯塔为骗子。尽管特朗普与媒体之争的背后有着深刻的党派因素，但特朗普敢于向传统主流媒体挑战，还在于他拥有了新媒体这个新式武器，可以按照他的意愿来营造社交舆论场的民意。在他看来，权力已经不再属于传统媒体。由此可见，新媒体改变了传统媒体对政治的影响，正在重塑媒体与政治的关系。

---

① 李良荣，等. 当代西方新闻媒体. 上海：复旦大学出版社，2003：183.

② 尼克松. 尼克松回忆录：上册. 北京：商务印书馆，1978：458.

参考书目

一、中文书目

托夫勒. 第三次浪潮. 北京：生活·读书·新知三联书店，1984.

利普哈特. 民主的模式：36 个国家的政府形式和政府绩效. 北京：北京大学出版社，2006.

利普哈特. 选举制度与政党制度：1945—1990 年 27 个国家的实证研究. 上海：上海人民出版社，2016.

阿特休尔. 权力的媒介. 北京：华夏出版社，1989.

奥罗姆. 政治社会学导论. 上海：上海世纪出版集团，2006.

海伍德. 政治学. 北京：中国人民大学出版社，2006.

海伍德. 政治学的思维方式. 北京：中国人民大学出版社，2014.

奥斯本，盖布勒. 改革政府：企业精神如何改革着公营部门. 上海：上海译文出版社，1996.

考克瑟，等. 当代英国政治：第 4 版. 北京：北京大学出版社，2009.

阿尔蒙德，鲍威尔. 比较政治学：体系、过程和政策. 北京：东方出版社，2007.

包刚升. 政治学通识. 北京：北京大学出版社，2015.

蔡定剑，杜钢建. 国外议会及其立法程序. 北京：中国检察出版社，2002.

梅里亚姆. 美国政治思想史. 北京：商务印书馆，1984.

陈思泽. 当代比较政府：美、英、德、法、日政治体系. 台北：台湾风云论坛出版社，1996.

陈业宏，唐鸣. 中外司法制度比较. 北京：商务印书馆，2000.

陈志斌. 德国政体教程. 上海：华东师范大学出版社，2007.

陈志尧. 英国议会. 台北：台湾商务印书馆，1986.

程汉大，李培锋. 英国司法制度史. 北京：清华大学出版社，2007.

戴高乐. 战争回忆录：第3卷：下. 北京：世界知识出版社，1981.
米勒，等. 布莱克维尔政治学百科全书. 北京：中国政法大学出版社，2002.
威尔逊，等. 英国行政管理. 北京：商务印书馆，1991.
董晓阳. 俄罗斯利益集团. 北京：当代世界出版社，1999.
杜鲁门. 政治过程：政治利益与公共舆论. 天津：天津人民出版社，2005.
高洪. 日本政党制度论纲. 北京：中国社会科学出版社，2004.
龚祥瑞，罗豪才，吴撷英. 西方国家的司法制度. 北京：北京大学出版社，1980.
顾耀铭. 我看美国媒体. 北京：新华出版社，2000.
国家行政学院国际合作交流部. 西方国家行政改革述评. 北京：国家行政学院出版社，2000.
戈斯内尔，等. 美国政党和选举. 上海：上海译文出版社，1980.
伊罗生. 群氓政治：群体认同与政治变迁. 桂林：广西师范大学出版社，2007.
韩苏琳. 美英德法四国司法制度概况. 北京：人民法院出版社，2008.
汉密尔顿，等. 联邦党人文集. 北京：商务印书馆，1980.
何家弘. 中外司法体制研究. 北京：中国检察出版社，2004.
麦恩. 联邦德国大众传播媒介. 北京：德意志联邦共和国驻中国大使馆，1994.
胡建淼. 世界宪法法院制度研究. 杭州：浙江大学出版社，2007.
胡盛仪，等. 中外选举制度比较. 北京：商务印书馆，2001.
胡伟. 司法政治. 香港：三联书店（香港）有限公司，1996.
蒋劲松. 责任政府新论. 北京：社会科学文献出版社，2005.
庞顿，吉尔. 政治学导论. 北京：社会科学文献出版社，2003.
金邦贵. 法国司法制度. 北京：法律出版社，2008.
金太军. 当代各国政治体制：南欧诸国. 兰州：兰州大学出版社，1998.
班尼特. 新闻：政治的幻象. 北京：当代中国出版社，2005.
迈耶，等. 比较政治学：变化世界中的国家和理论. 北京：华夏出版社，2001.
戴蒙德，冈瑟. 政党与民主. 上海：上海人民出版社，2012.
李良荣，等. 当代西方新闻媒体. 上海：复旦大学出版社，2003.
李寿祺. 利益集团与美国政治. 北京：中国社会科学出版社，1988.
李松玉. 制度权威研究：制度规范与社会秩序. 北京：社会科学文献出版社，2005.
梁琴，钟德涛. 中外政党制度比较. 北京：商务印书馆，2000.
刘建飞，等. 英国议会. 北京：华夏出版社，2002.
刘明波. 国外行政监察理论与实践. 济南：山东人民出版社，1990.
卢梭. 社会契约论. 北京：商务印书馆，1980.
达尔. 论民主. 北京：商务印书馆，1999.
罗豪才，吴撷英. 资本主义国家的宪法和政治制度. 北京：北京大学出版社，1983.
黑格，等. 比较政府与政治导论：第5版. 北京：中国人民大学出版社，2007.
马啸原. 西方政治制度史. 北京：高等教育出版社，2004.
葳庞德. 传媒的历史与分析：大众媒介在加拿大. 北京：北京广播学院出版

社，2002.

罗斯金，等. 政治科学. 北京：华夏出版社，2001.

孟德斯鸠. 论法的精神. 北京：商务印书馆，1961.

密尔. 代议制政府. 北京：商务印书馆，1982.

马基雅维利. 君主论. 北京：商务印书馆，1985.

潘恩. 潘恩选集. 北京：商务印书馆，1981.

潘德礼. 俄罗斯十年：上卷. 北京：世界知识出版社，2003.

彭萍萍. 欧盟利益集团与政策制定. 北京：中央编译出版社，2012 .

潘一禾. 观念与体制：政治文化的比较研究. 上海：学林出版社，2002.

齐树洁. 英国司法制度. 厦门：厦门大学出版社，2005 .

夸克. 合法性与政治. 北京：中央编译出版社，2008.

人民代表大会制度研究所. 与人大代表谈西方议会制度. 北京：人民出版社，2004.

亨廷顿. 变化社会中的政治秩序. 上海：上海人民出版社，2008.

亨廷顿. 第三波：20 世纪后期民主化浪潮. 上海：上海三联书店，1998.

施密特，等. 美国政府与政治. 北京：北京大学出版社，2005.

世界知识年鉴编辑部. 世界知识年鉴（2003/2004）. 北京：世界知识出版社，2003.

宋冰. 读本：美国与德国的司法制度及司法程序. 北京：中国政法大学出版社，1998.

宋玉波. 民主政制比较研究. 北京：法律出版社，2001.

孙哲. 权威政治. 上海：复旦大学出版社，2004.

谭君久. 当代各国政治体制：美国. 兰州：兰州大学出版社，1998.

谭融. 美国利益集团政治研究. 北京：中国社会科学出版社，2002.

唐昊. 竞争与一致：利益集团政治影响下的美国霸权逻辑解析. 北京：人民出版社，2010.

唐士其. 西方政治思想史. 北京：北京大学出版社，2002.

唐晓. 议会监督. 北京：世界知识出版社，2009.

田穗生，等. 中外代议制度比较. 北京：商务印书馆，2000.

戴伊，等. 民主的嘲讽. 北京：世界知识出版社，1991.

怀特，瓦根伯格，纳尔逊. 加拿大政府与政治. 北京：北京大学出版社，2004.

王长江. 政党现代化论. 南京：江苏人民出版社，2004.

王长江. 世界政党比较概论. 北京：中共中央党校出版社，2003.

王沪宁. 比较政治分析. 上海：上海人民出版社，1987.

王雷保. 公务员职位分类教程. 北京：机械工业出版社，1989.

王晓民. 国外议会研究文丛：第 2 辑. 北京：中国财政经济出版社，2003.

王祖茂. 当代各国政治体制：北欧诸国. 兰州：兰州大学出版社，1998.

维尔. 美国政治. 北京：商务印书馆，1981.

吴国庆. 当代各国政治体制：法国. 兰州：兰州大学出版社，1998.

吴丕，等. 政治监督学. 北京：北京大学出版社，2007.

吴志成．当代各国政治体制：德国和瑞士．兰州：兰州大学出版社，1998.
威尔逊．国会政体：美国政治研究．北京：商务印书馆，1986.
谢鹏程．公民的基本权利．北京：中国社会科学出版社，1999 .
谢岳．大众传媒与民主政治．上海：上海交通大学出版社，2005.
许崇德．国家元首．北京：人民出版社，1982.
许崇德．宪法．北京：中国人民大学出版社，1999.
徐美君．司法制度比较：以英美德三国为主要考察对象．北京：中国人民公安大学出版社，2010.
许振洲．法国议会．北京：华夏出版社，2001.
荀春生，等．展望二十一世纪：汤恩比与池田大作对话录．北京：国际文化出版公司，1985.
巴尔赞．从黎明到衰落：西方文化生化五百年．北京：世界知识出版社，2002.
杨翠柏，等．印度政治与法律．成都：四川出版集团巴蜀书社，2004.
杨云彪．公民的选举．北京：中国大百科全书出版社，2008.
杨祖功，等．西方政治制度比较．北京：世界知识出版社，1992.
尤光付．中外监督制度比较．北京：商务印书馆，2003.
俞可平．权利政治与公益政治．北京：社会科学文献出版社，2005.
俞可平．政治与政治学．北京：社会科学文献出版社，2003.
奥尔德里奇，等．美国政府．波士顿：霍夫顿·米夫林出版社，1986.
洛克．政府论：上、下篇．北京：商务印书馆，1964.
麦克里兰．西方政治思想史．海口：海南出版社，2003.
密尔．论自由．北京：商务印书馆，2008.
奈斯比特．大趋势．北京：中国社会科学出版社，1984.
熊彼特．资本主义、社会主义和民主主义．北京：商务印书馆，1979.
曾波，等．权力不自由．北京：中国社会出版社，2005.
布莱斯．现代民治政体．长春：吉林人民出版社，2001.
詹宁斯．英国议会．北京：商务印书馆，1959.
张彩凤．比较司法制度．北京：中国人民公安大学出版社，2007.
张福森．各国司法体制简介．北京：法律出版社，2003.
张立荣．中外行政制度比较．北京：商务印书馆，2002.
张世贤，陈恒钧．比较政府．台北：五南图书出版股份有限公司，2000.
赵永华．大众传媒与政治变迁．北京：中国古籍出版社，2013.
郑楚宣，等．当代中西政治制度比较．广州：广东人民出版社，2002.

二、英文书目

Allan J. Cigler & Burdett A. Loomis. *Interest Group Politics*. CQ Press，2002.
Andrew Heywood. *Politics*. *4th ed*. Palgrave Macmillan，2013.
Bill Jones et al. *Politics UK*. *6th ed*. Essex：Pearson Education Limited，2007.

C. Pollitt. *Managerialism and Public Service: The Anglo-American Experience*. Oxford University Press, 1990.

David Alistar Yalof. *Pursuit of Justices: Presidential Politics and the Selection of Supreme Court Nominees*. University of Chicago Press, 1999.

David Judge. *Political Institutions in the United Kingdom*, Oxford University Press, 2005.

David M. O Brien. *Storm Center: The Supreme Court in American Politics*. Norton, 2003.

David P. Conradt. *The German Polity*. *5th ed*. Longman Publishing Group, 1993.

D. Hughes. *Public Management and Administration: An Introduction*. *2nd ed*. Macmillan Press LTD, ST Martins Press Inc, 1998.

Doris A. Graber. *Mass Media and American Politics*. Congressional Quarterly Inc, 1996.

Doris A. Graber, Johanna L. Dunaway. *Mass Media and American Politics*. SAGE Publications Inc, 2014.

Ewan Ferlie et al. *The New Public Management in Action*. Oxford University Press, 1996.

G. Bingham Powell, Jr. &Russell J. Datton. *Comparative Politics Today—A World View*. *11th ed*. Pearson Education, Inc, 2015.

Gillian Peele. *Governing the UK*. *4th ed*. Oxford University Press, 2004.

Gregory S. Mahler. *Comparative Politics: Exploring Concepts and Institutions Across Nations*. *6th ed*. Lynne Rienner Publishers, 2019.

Herbert Jacob et al. *Courts, Law and Politics in Comparative Perspective*. Yale University Press, 1996.

Jeffrey Kopstein & Mark Lichbach. *Comparative Politics—Interests, Identities, and Institutions in A Changing Global Order*. Cambridge University Press, 2000.

Jeffrey M. Berry. *The Interest Groups Society*. Addison Wesley Longman, 1997.

Jannifer Gandhi and Ruben Ruiz-Rufino edit. *Routledge Handbook of Comparative Political Institutions*, Routledge, 2015.

Jorgen S. Rasmussen & Joel C. Moses. *Major European Governments*. *9th ed*. Wadsworth Publishing Company, 1995.

Kenneth Newton and Jan W. Van Deth. *Foundations of Comparative Politics*. 3rd ed. Cambridge University Press, 2016.

Kenneth M. Goldstein. *Interest Groups, Lobbying, and Participation in American*. Cambridge University Press, 1999.

Lawrence Baum. *American Courts: Process and Policy*. Houghton Mifflin Company, 2008.

Manfred G. Schmidt. *Political Institutions in the Federal Republic of Germany*.

Oxford University Press，2003.

Marc Landy & Sidney M. Milkis. *American Government—Balancing Democracy and Rights*. *2nd ed*. Cambridge University Press，2008.

Marcus E. Ethridge & Howard Handelman. *Politics in a Changing World*. *4th ed*. Thomson Wadsworth，2008.

Maxwell McCombs. *Setting the Agenda*: *The Mass Media and Public Opinion*. Polity Press，2014.

M. Donald Hancock et al. *Politics in Europe—An Introduction to the Politics of the United Kingdom*, *France*, *Germany*, *Italy*, *Sweden*, *Russia*, *and the European Union*. Palgrave Macmillan，2002.

M. Donald Hancock. *Politics in Western Europe*. Chatham House Publishers Inc，1993.

Michael J. Kryzanek. *Comparative Politics—A Policy Approach*. West View Press，2004.

Paul Silk & Rhodri Walters. *How Parliament Works*. *4th ed*. Addison Wesley Longman Limited，1998.

Peter Holmes. *Introducing Politics for AS Level*. Peter Holmes，2008.

Philip Giddings. *The Future of Parliament—Issues for a New Century*. Palgrave Macmillan，2005.

R. A. W. Rhodes，Sara A. Binder，Bert A. Rockman edited. *The Oxford Handbook of Political Institutions*，Oxford University Press. 2006.

Richard S. Katz. *Political Institutions in the United States*，Oxford University Press，2007.

Robert Elgie. *Political Institutions in Contemporary France*，Oxford University Press. 2003.

Rod Hague，Martin Harrop & John McCormic. *Comparative Government and Politics*. *10th ed*. Palgrave，Macmillan Press Ltd，2016.

Roger H. Davidson & Walter J. Oleszek. *Congress and Its Members*. CQ Press，2000.

Thomas R. Dye & Harmon Zeigler. *American Politics in the Media Age*. Brooks/Cole Publishing Company，1989.

Walter J. Oleszek. *Congressional Procedures and the Policy Process*. *5th ed*. Congressional Quarterly Inc，2001.

William P. Browne. *Groups*, *Interests*, *and Public Policy*. Georgetown University Press，1998.

William Safran. *The French Polity*. *7th ed*. Pearson Education：New York Inc，2009.

W. N. Coxall. *Parties & Pressure Groups*. *7th ed*. Longman Group Limited，1986.

图书在版编目（CIP）数据

当代西方政治制度导论 / 唐晓，王为，王春英著
--3版. --北京：中国人民大学出版社，2022.5
新编21世纪政治学系列教材
ISBN 978-7-300-30516-5

Ⅰ.①当… Ⅱ.①唐…②王…③王… Ⅲ.①政治制度-西方国家-现代-高等学校-教材 Ⅳ.①D521

中国版本图书馆CIP数据核字（2022）第053485号

新编21世纪政治学系列教材
当代西方政治制度导论（第三版）
唐　晓　王　为　王春英　著
Dangdai Xifang Zhengzhi Zhidu Daolun

出版发行	中国人民大学出版社		
社　　址	北京中关村大街31号	**邮政编码**	100080
电　　话	010-62511242（总编室）		010-62511770（质管部）
	010-82501766（邮购部）		010-62514148（门市部）
	010-62515195（发行公司）		010-62515275（盗版举报）
网　　址	http://www.crup.com.cn		
经　　销	新华书店		
印　　刷	北京密兴印刷有限公司	**版　　次**	2011年4月第1版
开　　本	787 mm×1092 mm　1/16		2022年5月第3版
印　　张	22.25 插页1	**印　　次**	2024年11月第4次印刷
字　　数	520 000	**定　　价**	68.00元

教学支持说明

（教学课件）

中国人民大学出版社政治与公共管理出版分社秉承“出教材学术精品，育人文社科英才”的出版宗旨，多年来，出版了大批高质量的公共管理、教育学、政治学、政治理论公共课教材和学术著作。

我们为本教材制作了相应的 PPT 教学课件，任何一位采用本书作为授课教材的教师均可免费获得该课件。为了确保该课件仅为授课教师获得，烦请您填写如下材料，并将相关信息通过 E-mail 发送给我们，我们将在收到相关信息后通过 E-mail 给您发送该课件。欢迎您加入我们的 QQ 群（全国政管教师交流群，群号为 236159213），或登录我社官方网站（www. crup. com. cn），注册并认证成为教师会员，以获得更好的服务。

我们的联系方式：

地址：（100872）北京市中关村大街甲 59 号文化大厦 1202 室

中国人民大学出版社政治与公共管理出版分社

电话：（010）82502724　62514775（传真）

E-mail：gggleбfs@vip. 163. com

QQ 群：236159213

兹证明＿＿＿＿＿＿＿大学/学院＿＿＿＿＿＿院/系＿＿＿＿＿＿专业＿＿＿＿＿＿学年第＿＿＿＿＿＿学期开设的＿＿＿＿＿＿＿＿＿课程，采用中国人民大学出版社出版的＿＿＿＿＿＿＿＿＿＿＿＿＿＿＿＿＿＿＿＿＿（书名、作者）作为本课程教材。授课教师为＿＿＿＿＿＿＿，授课班级共＿＿＿＿个、学生＿＿＿＿人。授课教师需要与本书配套的教学课件。

联 系 人：＿＿＿＿＿＿＿＿＿＿＿＿＿＿＿

通信地址：＿＿＿＿＿＿＿＿＿＿＿＿＿＿＿

邮　　编：＿＿＿＿＿＿＿＿＿＿＿＿＿＿＿

电　　话：＿＿＿＿＿＿＿＿＿＿＿＿＿＿＿

E-mail：＿＿＿＿＿＿＿＿＿＿＿＿＿＿＿＿

系/院主任：＿＿＿＿＿＿（签字）

（系/院办公室章）

＿＿＿＿年＿＿＿月＿＿＿日